2022

MARA SAAD

TJDFT EM ESQUEMAS

- LEI DE ORGANIZAÇÃO JUDICIÁRIA DO DISTRITO FEDERAL E DOS TERRITÓRIOS
- REGIMENTO INTERNO DO TRIBUNAL DE JUSTIÇA DO DISTRITO FEDERAL E DOS TERRITÓRIOS
- PROVIMENTO GERAL DA CORREGEDORIA APLICADO AOS JUÍZES E OFÍCIOS JUDICIAIS

ATUALIZADO COM AS ALTERAÇÕES PROMOVIDAS PELA LEI Nº 13.264/2016, COM A EMENDA REGIMENTAL Nº 19/2021 E COM O PROVIMENTO GERAL DA CORREGEDORIA Nº 46/2020

QUASE 1.000 QUESTÕES COMENTADAS

BÔNUS *ON-LINE*:

- PROVIMENTO JUDICIAL APLICADO AO PROCESSO JUDICIAL ELETRÔNICO
- ATUALIZADO COM AS ALTERAÇÕES PROMOVIDAS PELO PROVIMENTO 50, DE 12 DE JUNHO DE 2020.

2022 © Editora Foco
Autora: Mara Saad
Diretor Acadêmico: Leonardo Pereira
Editor: Roberta Densa
Assistente Editorial: Paula Morishita
Revisora Sênior: Georgia Renata Dias
Capa Criação: Leonardo Hermano
Diagramação: Ladislau Lima e Aparecida Lima
Impressão miolo e capa: FORMA CERTA

Dados Internacionais de Catalogação na Publicação (CIP) de acordo com ISBD

S111t   Saad, Mara

         TJDFT em esquemas / Mara Saad. - 3. ed. - Indaiatuba, SP : Editora Foco, 2022.

         624 p. ; 17cm x 24cm.

         Inclui índice e bibliografia.

         ISBN: 978-65-5515-373-6

         1. Direito. 2. Lei de Organização Judiciária. 3. Tribunal de Justiça do Distrito Federal. I. Título.

2021-3637   CDD 340   CDU 34

Elaborado por Vagner Rodolfo da Silva - CRB-8/9410

Índices para Catálogo Sistemático:

1. Direito 340
2. Direito 34

DIREITOS AUTORAIS: É proibida a reprodução parcial ou total desta publicação, por qualquer forma ou meio, sem a prévia autorização da Editora FOCO, com exceção do teor das questões de concursos públicos que, por serem atos oficiais, não são protegidas como Direitos Autorais, na forma do Artigo 8º, IV, da Lei 9.610/1998. Referida vedação se estende às características gráficas da obra e sua editoração. A punição para a violação dos Direitos Autorais é crime previsto no Artigo 184 do Código Penal e as sanções civis às violações dos Direitos Autorais estão previstas nos Artigos 101 a 110 da Lei 9.610/1998. Os comentários das questões são de responsabilidade dos autores.

NOTAS DA EDITORA:
Atualizações e erratas: A presente obra é vendida como está, atualizada até a data do seu fechamento, informação que consta na página II do livro. Havendo a publicação de legislação de suma relevância, a editora, de forma discricionária, se empenhará em disponibilizar atualização futura.
Erratas: A Editora se compromete a disponibilizar no site www.editorafoco.com.br, na seção Atualizações, eventuais erratas por razões de erros técnicos ou de conteúdo. Solicitamos, outrossim, que o leitor faça a gentileza de colaborar com a perfeição da obra, comunicando eventual erro encontrado por meio de mensagem para contato@editorafoco.com.br. O acesso será disponibilizado durante a vigência da edição da obra.

Impresso no Brasil (09.2021) – Data de Fechamento (09.2021)

2022
Todos os direitos reservados à
Editora Foco Jurídico Ltda.
Avenida Itororó, 348 – Sala 05 – Cidade Nova
CEP 13334-050 – Indaiatuba – SP

E-mail: contato@editorafoco.com.br
www.editorafoco.com.br

APRESENTAÇÃO

O conteúdo do presente livro é detido ao estudo da Legislação Interna Aplicada ao Tribunal de Justiça do Distrito Federal e dos Territórios, a qual abrange a Lei de Organização Judiciária do Distrito Federal e dos Territórios, o Regimento Interno do Tribunal de Justiça do Distrito Federal e dos Territórios e o Provimento Geral da Corregedoria Aplicado aos Juízes e Ofícios Judiciais.

A presente edição traz substanciais alterações introduzidas nas normas objeto de estudo, as quais se apresentam devidamente atualizadas até a data da publicação.

Com linguagem acessível, o livro emprega em sua metodologia quadros esquemáticos, notas explicativas, tabelas, desenhos, simplificações e organogramas, a fim de facilitar a compreensão e a memorização dos temas abordados de forma simplificada e dinâmica, sem perda de tempo.

Cabe esclarecer que alguns quadros esquemáticos não seguem a ordem rígida dos artigos, pois foram organizados de forma a ensejar melhor compreensão do conteúdo. Além disso, os artigos regimentais autoexplicativos, por prescindirem de esclarecimentos, foram transcritos de forma literal nas tabelas.

Para os que querem se aprofundar, o livro explica os institutos jurídicos mencionados mas não conceituados nos atos normativos em estudo.

Para o leitor testar o aprendizado, foram selecionadas questões de provas de concursos anteriores e elaboradas outras, inéditas, totalizando quase 1000 questões, devidamente adaptadas à realidade atual, catalogadas e organizadas na ordem dos capítulos, seções e subseções, todas com os respectivos gabaritos comentados, de modo a propiciar ao leitor conhecer os conteúdos mais abordados pelas bancas examinadoras de concurso.

O livro tem como destinatários os magistrados, os servidores da Casa, os advogados e demais interessados no tema, em especial os candidatos ao concurso do TJDFT, seja para o cargo de Juiz de Direito, seja para os cargos de Analista Judiciário e de Técnico Judiciário, seja ainda para a outorga de delegações de Serventias Extrajudiciais do Distrito Federal (para estes últimos, interessam a Lei de Organização Judiciária do Distrito Federal e o Regimento Interno do TJDFT), com necessidades prementes de conhecer as normas que regulamentam a Justiça do Distrito Federal e dos Territórios.

Espera-se que, de posse dos conhecimentos adquiridos com este livro, o leitor atinja os objetivos almejados.

A autora

SUMÁRIO

PARTE I – LEI DE ORGANIZAÇÃO JUDICIÁRIA DO DISTRITO FEDERAL E DOS TERRITÓRIOS 1

LEI Nº 11.697, DE 13 DE JUNHO DE 2008 3

LIVRO I – DA ESTRUTURA DA JUSTIÇA DO DISTRITO FEDERAL E DOS TERRITÓRIOS 3

    TÍTULO I – DISPOSIÇÕES PRELIMINARES 3

    TÍTULO II – DO TRIBUNAL DE JUSTIÇA DO DISTRITO FEDERAL E DOS TERRITÓRIOS 9

        CAPÍTULO I – DA COMPOSIÇÃO DO TRIBUNAL 9

        CAPÍTULO II 14

            Seção I – Da Competência 14

            Seção II – Da Competência do Tribunal Pleno, Conselho Administrativo, Conselho da Magistratura, Conselho Especial, das Câmaras e das Turmas 31

            Seção III – Das Atribuições do Presidente 31

            Seção IV – Das Atribuições do Primeiro e Segundo Vice-Presidentes 32

            Seção V – Das Atribuições do Corregedor 32

        CAPÍTULO III – DO PROCEDIMENTO E JULGAMENTO DO TRIBUNAL 37

    TÍTULO III – DO PRIMEIRO GRAU DE JURISDIÇÃO NO DISTRITO FEDERAL ... 39

        CAPÍTULO I – DA COMPOSIÇÃO 39

        CAPÍTULO II – DAS COMPETÊNCIAS DAS VARAS EM GERAL 42

            Seção I – Do Tribunal do Júri 42

            Seção II – Da Vara Criminal 44

            Seção III – Da Vara de Entorpecentes e Contravenções Penais 46

            Seção IV – Da Vara de Delitos de Trânsito 47

            Seção V – Da Vara de Execuções Penais 49

            Seção VI – Da Vara de Execuções das Penas e Medidas Alternativas 50

            Seção VII – Da Vara Cível 52

            Seção VII-A – Da Vara de Execução de Títulos Extrajudiciais e de Conflitos Arbitrais 53

Seção VIII – Da Vara da Fazenda Pública	54
Seção IX – Da Vara de Família	59
Seção X – Da Vara de Órfãos e Sucessões	61
Seção XI – Da Vara de Acidentes do Trabalho	63
Seção XII – Da Vara da Infância e da Juventude	63
Seção XIII – Da Vara de Registros Públicos	67
Seção XIV – Da Vara de Precatórias	68
Seção XV – Da Vara de Falências e Concordatas	69
Seção XVI – Da Vara de Meio Ambiente, Desenvolvimento Urbano e Fundiário	70
Seção XVII – Da Vara de Execução Fiscal	70
CAPÍTULO III – DA JUSTIÇA MILITAR DO DISTRITO FEDERAL	72
CAPÍTULO IV – DO JUIZADO ESPECIAL DE FAZENDA PÚBLICA	78
CAPÍTULO V – DO JUIZADO ESPECIAL CÍVEL E CRIMINAL	78
CAPÍTULO VI – DOS JUÍZES DE DIREITO	79
CAPÍTULO VII – DOS JUÍZES DE DIREITO SUBSTITUTOS	79
CAPÍTULO VIII – DAS SUBSTITUIÇÕES	82
CAPÍTULO IX – DOS JUÍZES DE PAZ	86
TÍTULO IV – DOS MAGISTRADOS DO DISTRITO FEDERAL	87
CAPÍTULO I – DAS NORMAS GERAIS	87
CAPÍTULO II – DO PROVIMENTO DOS CARGOS	88
CAPÍTULO III – DA ANTIGUIDADE	99
CAPÍTULO IV – DAS FÉRIAS, RECESSOS E FERIADOS	101
CAPÍTULO V – DA AJUDA DE CUSTO	102
CAPÍTULO VI – DOS DEVERES E SANÇÕES	103
LIVRO II – DOS SERVIÇOS AUXILIARES	103
TÍTULO I – DA CLASSIFICAÇÃO	103
TÍTULO II – DAS ATRIBUIÇÕES	104
CAPÍTULO I – DAS SECRETARIAS E DEMAIS SERVIÇOS	104
CAPÍTULO II – DOS OFÍCIOS JUDICIAIS	105
CAPÍTULO III – DOS DIRETORES DE SECRETARIA, OFICIAIS DE JUSTIÇA, CONTADORES-PARTIDORES, DISTRIBUIDORES E DEPOSITÁRIOS PÚBLICOS	108
CAPÍTULO IV – DOS SERVIÇOS NOTARIAIS E DE REGISTRO NO DISTRITO FEDERAL	110
Seção Única – Dos Serventuários	113

LIVRO III – DOS SERVIDORES DA JUSTIÇA DO DISTRITO FEDERAL E DOS TERRITÓRIOS 114

    TÍTULO ÚNICO – DO REGIME JURÍDICO 114

        CAPÍTULO ÚNICO – DO PROVIMENTO DOS CARGOS 115

LIVRO IV – DISPOSIÇÕES GERAIS 118

PARTE II – REGIMENTO INTERNO DO TRIBUNAL DE JUSTIÇA DO DISTRITO FEDERAL E DOS TERRITÓRIOS 123

PARTE PRIMEIRA – DA ORGANIZAÇÃO, DA COMPOSIÇÃO E DA COMPETÊNCIA .. 125

    TÍTULO I – DA ORGANIZAÇÃO 125

    TÍTULO II – DA COMPOSIÇÃO E DA COMPETÊNCIA 140

        CAPÍTULO I – DO CONSELHO ESPECIAL 140

        CAPÍTULO II – DO CONSELHO DA MAGISTRATURA 157

        CAPÍTULO III – DA CÂMARA DE UNIFORMIZAÇÃO 162

        CAPÍTULO IV – DAS CÂMARAS ESPECIALIZADAS 164

            Seção I – Das Disposições Gerais 164

            Seção II – Das Câmaras Cíveis 168

            Seção III – Da Câmara Criminal 169

        CAPÍTULO V – DAS TURMAS ESPECIALIZADAS 172

            Seção I – Das Disposições Gerais 172

            Seção II – Das Turmas Cíveis 173

            Seção III – Das Turmas Criminais 173

        CAPÍTULO VI – DAS DISPOSIÇÕES COMUNS AOS CAPÍTULOS ANTERIORES .. 177

        CAPÍTULO VII – DAS COMISSÕES 180

            Seção I – Da Comissão de Regimento Interno 181

            Seção II – Da Comissão de Jurisprudência 182

            Seção III – Da Comissão de Acompanhamento de Estágio Probatório 182

    TÍTULO III – DO PRESIDENTE DO TRIBUNAL, DO PRIMEIRO VICE-PRESIDENTE, DO SEGUNDO VICE-PRESIDENTE E DO CORREGEDOR DA JUSTIÇA 185

    TÍTULO IV – DOS DESEMBARGADORES 194

        CAPÍTULO I – DAS DISPOSIÇÕES GERAIS 194

        CAPÍTULO II – DAS FÉRIAS, DOS AFASTAMENTOS E DAS SUBSTITUIÇÕES .. 198

        CAPÍTULO III – DOS JUÍZES SUBSTITUTOS DE SEGUNDO GRAU 209

PARTE SEGUNDA – DOS SERVIÇOS E DO PROCESSO JUDICIAL 214

TÍTULO I – DAS DISPOSIÇÕES GERAIS 214

    CAPÍTULO I – DO REGISTRO E DA CLASSIFICAÇÃO DOS FEITOS 214

    CAPÍTULO II – DO PREPARO E DA DESERÇÃO 218

    CAPÍTULO III – DA DISTRIBUIÇÃO 224

    CAPÍTULO IV – DO RELATOR 235

    CAPÍTULO V – DO REVISOR 239

    CAPÍTULO VI – DAS PAUTAS DE JULGAMENTO 248

TÍTULO II – DAS SESSÕES 254

    CAPÍTULO I – DAS DISPOSIÇÕES GERAIS 254

    CAPÍTULO II – DAS SESSÕES DE JULGAMENTO 259

    CAPÍTULO III – DO JULGAMENTO ELETRÔNICO 280

    CAPÍTULO IV – DAS SESSÕES SOLENES E DAS ESPECIAIS 282

    CAPÍTULO V – DAS DECISÕES E DAS NOTAS TAQUIGRÁFICAS............. 284

TÍTULO III – DOS PROCESSOS EM ESPÉCIE 293

    CAPÍTULO I – DA COMPETÊNCIA ORIGINÁRIA 293

        Seção I – Da Ação Direta de Inconstitucionalidade 294

            Subseção I – Da Admissibilidade e do Procedimento da Ação Direta de Inconstitucionalidade 295

            Subseção II – Da Liminar em Ação Direta de Inconstitucionalidade........... 298

        Seção II – Da Ação Declaratória de Constitucionalidade....................... 302

            Subseção I – Da Admissibilidade e do Procedimento da Ação Declaratória de Constitucionalidade 302

            Subseção II – Da Liminar em Ação Declaratória de Constitucionalidade.... 304

        Seção III – Das Disposições Comuns às Seções Anteriores 305

            Subseção I – Da Decisão na Ação Direta de Inconstitucionalidade e na Ação Declaratória de Constitucionalidade 305

            Subseção II – Da Reclamação ao Conselho Especial............................ 312

        Seção IV – Da Ação Penal Originária 314

        Seção V – Da Ação Rescisória 319

        Seção VI – Da Reclamação 322

        Seção VII – Da Avocatória 326

        Seção VIII – Da Carta Precatória... 327

        Seção IX – Do Conflito de Competência 328

Seção X – Do Desaforamento 330

Seção XI – Do *Habeas Corpus* 334

Seção XII – Do *Habeas Data* 338

Seção XIII – Do Inquérito 338

Seção XIV – Da Intervenção Federal no Distrito Federal ou nos Territórios 339

Seção XV – Do Mandado de Injunção 340

Seção XVI – Do Mandado de Segurança 340

Seção XVII – Do Protesto, da Notificação e da Interpelação 343

Seção XVIII – Da Reclamação no Processo Penal 343

Seção XIX – Da Representação por Indignidade para o Oficialato 346

Seção XX – Da Representação para a Perda da Graduação das Praças 347

Seção XXI – Da Revisão Criminal 348

Seção XXII – Da Suspensão de Segurança 350

CAPÍTULO II – DA COMPETÊNCIA RECURSAL 351

Seção I – Do Agravo de Instrumento 352

Seção II – Da Apelação Cível 353

Seção III – Da Apelação Criminal 355

Seção IV – Da Carta Testemunhável 356

Seção V – Do Recurso de *Habeas Corpus* 357

Seção VI – Do Recurso em Sentido Estrito 359

CAPÍTULO III – DOS RECURSOS DE DECISÕES PROFERIDAS PELO TRIBUNAL E PELO PRESIDENTE DO TRIBUNAL 360

Seção I – Do Agravo Interno 360

Seção II – Dos Embargos de Declaração Cíveis 362

Seção III – Dos Embargos de Declaração Criminais 365

Seção IV – Dos Embargos Infringentes e de Nulidade Criminais 365

Seção V – Do Recurso Extraordinário e do Recurso Especial 367

Seção VI – Do Recurso Ordinário 369

CAPÍTULO IV – DOS PROCESSOS INCIDENTES E DOS INCIDENTES PROCESSUAIS 370

Seção I – Do Incidente de Arguição de Inconstitucionalidade 370

Seção II – Do Incidente de Assunção de Competência 373

Seção III – Do Incidente de Resolução de Demandas Repetitivas 377

Seção IV – Da Exceção e do Incidente de Impedimento e Suspeição 381

Seção V – Da Exceção da Verdade.. 384

Seção VI – Da Anistia, da Graça e do Indulto.. 384

Seção VII – Da Habilitação.. 385

Seção VIII – Do Incidente de Falsidade... 386

Seção IX – Da Tutela Provisória nos Processos de Competência Originária e das Medidas Cautelares nos Feitos Criminais.. 387

Seção X – Da Reabilitação.. 387

Seção XI – Da Restauração de Autos... 388

Seção XII – Da Súmula... 389

Seção XIII – Do Incidente de Desconsideração da Personalidade Jurídica...... 392

TÍTULO IV – DAS DISPOSIÇÕES FINAIS... 395

CAPÍTULO I – DAS DISPOSIÇÕES GERAIS.. 395

CAPÍTULO II – DOS PRAZOS.. 396

CAPÍTULO III – DOS DADOS ESTATÍSTICOS... 397

CAPÍTULO IV – DA DIVULGAÇÃO DA JURISPRUDÊNCIA DO TRIBUNAL 398

PARTE TERCEIRA – DA ORGANIZAÇÃO, DA COMPOSIÇÃO E DA COMPETÊNCIA ADMINISTRATIVA DO TRIBUNAL... 401

TÍTULO I – DA ORGANIZAÇÃO ADMINISTRATIVA... 401

TÍTULO II – DA COMPOSIÇÃO E DA COMPETÊNCIA ADMINISTRATIVAS...... 401

CAPÍTULO I – DO TRIBUNAL PLENO.. 401

CAPÍTULO II – DO CONSELHO ESPECIAL.. 403

CAPÍTULO II-A – DO CONSELHO DA MAGISTRATURA................................. 409

CAPÍTULO III – DAS DISPOSIÇÕES COMUNS AOS CAPÍTULOS ANTERIORES. 411

CAPÍTULO IV – DAS ATRIBUIÇÕES ADMINISTRATIVAS DO PRESIDENTE DO TRIBUNAL, DO PRIMEIRO VICE-PRESIDENTE, DO SEGUNDO VICE-PRESIDENTE E DO CORREGEDOR DA JUSTIÇA 413

Seção I – Das Atribuições do Presidente do Tribunal................................... 413

Seção II – Das Atribuições do Primeiro Vice-Presidente do Tribunal............... 415

Seção III – Das Atribuições do Segundo Vice-Presidente do Tribunal 416

Seção IV – Das Atribuições do Corregedor da Justiça.................................. 416

TÍTULO III – DOS PROCEDIMENTOS ADMINISTRATIVOS.............................. 423

CAPÍTULO I – DAS ELEIÇÕES PARA OS CARGOS DE DIREÇÃO................. 423

CAPÍTULO II – DA ELEIÇÃO DE DESEMBARGADOR E JUIZ DE DIREITO PARA O TRIBUNAL REGIONAL ELEITORAL.. 427

CAPÍTULO III – DA INDICAÇÃO DE ADVOGADOS E DE MEMBROS DO MINISTÉRIO PÚBLICO 430

CAPÍTULO IV – DO PROVIMENTO DOS CARGOS NA MAGISTRATURA DE CARREIRA 433

    Seção I – Da Nomeação 433

    Seção II – Da Remoção, da Promoção, do Acesso e da Permuta 434

        Subseção I – Das Disposições Gerais 435

        Subseção II – Da Remoção 440

        Subseção III – Da Promoção 444

        Subseção IV – Do Acesso 446

        Subseção V – Da Permuta 448

CAPÍTULO V – DO PROCESSO ADMINISTRATIVO DISCIPLINAR RELATIVO A MAGISTRADOS 451

    Seção I – Do Procedimento Preliminar 451

    Seção II – Do Processo Disciplinar 452

CAPÍTULO VI – DAS PENALIDADES DISCIPLINARES 457

    Seção I – Da Advertência e da Censura 457

    Seção II – Da Remoção Compulsória, da Disponibilidade e da Aposentadoria Compulsória 458

    Seção III – Da Demissão 460

    Seção IV – Do aproveitamento do magistrado em disponibilidade 461

CAPÍTULO VII – DA APURAÇÃO DE FATO DELITUOSO IMPUTADO A MAGISTRADO 465

CAPÍTULO VIII – DA VERIFICAÇÃO DE INVALIDEZ 468

CAPÍTULO IX – DO PROCEDIMENTO DE ACOMPANHAMENTO DE ESTÁGIO PROBATÓRIO 471

TÍTULO IV – DAS DISPOSIÇÕES FINAIS E TRANSITÓRIAS 477

PARTE III – PROVIMENTO GERAL DA CORREGEDORIA APLICADO AOS JUÍZES E OFÍCIOS JUDICIAIS 483

TÍTULO I – DOS JUÍZES DE DIREITO E DOS OFÍCIOS JUDICIAIS 485

    CAPÍTULO I – DOS JUÍZES DE DIREITO 485

        Seção I – Das Atribuições em Geral 485

        Seção II – Dos Elogios 488

    CAPÍTULO II – DOS OFÍCIOS JUDICIAIS 489

Seção I – Das Varas de Natureza Cível 489

Seção II – Das Varas de Natureza Criminal 493

Seção III – Dos Juizados Especiais 502

    Subseção I – Das Normas Gerais 502

    Subseção II – Dos Juizados Especiais Cíveis e de Fazenda Pública 504

    Subseção III – Dos Juizados Especiais Criminais 506

CAPÍTULO III – DAS SECRETARIAS DAS VARAS 509

Seção I – Dos Diretores de Secretaria 509

Seção II – Do Expediente e das Rotinas em Geral 512

Seção III – Da Cor da Capa dos Autos 516

Seção IV – Das Anotações na Capa dos Autos 525

Seção V – Da Numeração das Folhas dos Autos 528

Seção VI – Do Protocolo de Petições e Demais Documentos 532

Seção VII – Da Juntada 533

Seção VIII – Das Publicações no Diário de Justiça eletrônico – DJe 535

Seção IX – Dos Mandados 537

Seção X – Dos Depósitos Judiciais e dos Alvarás de Levantamento de Valores ... 541

Seção XI – Das Certidões, dos Ofícios, dos Alvarás e dos Demais Documentos 542

Seção XII – Dos Documentos e dos Feitos Sob Sigilo ou em Segredo de Justiça 545

Seção XIII – Das Cartas de Guia 548

Seção XIV – Da Consulta e da Carga de Autos 550

Seção XV – Da Baixa no Sistema Informatizado e do Arquivamento 555

CAPÍTULO IV – DAS INSPEÇÕES E DAS CORREIÇÕES JUDICIAIS 558

Seção I – Das Inspeções Judiciais 558

Seção II – Das Correições Judiciais 562

TÍTULO II – DO PLANTÃO JUDICIAL 565

CAPÍTULO I – DO PLANTÃO JUDICIÁRIO DE PRIMEIRO GRAU DE JURISDIÇÃO 565

Seção I – Disposições Gerais 565

Seção II – Do Plantão Judiciário Semanal 572

Seção III – Do Plantão Judiciário no Período do Feriado Forense 572

TÍTULO III – DOS SERVIDORES SUBORDINADOS À CORREGEDORIA 574

CAPÍTULO I – DAS NORMAS GERAIS 574

Seção I – Dos Deveres 574

Seção II – Dos Elogios 576
CAPÍTULO II – DA APURAÇÃO DISCIPLINAR 577
TÍTULO IV – DOS ÓRGÃOS SUBORDINADOS À CORREGEDORIA 580
CAPÍTULO I – DA DISTRIBUIÇÃO.. 580
CAPÍTULO II – DOS DEPÓSITOS PÚBLICOS 586
CAPÍTULO III – DA GUARDA DE OBJETOS DE CRIME.................................... 590
CAPÍTULO IV – DOS LEILÕES PÚBLICOS COLETIVOS.................................... 592
CAPÍTULO V – DAS CONTADORIAS-PARTIDORIAS.. 593
CAPÍTULO VI – DOS OFICIAIS DE JUSTIÇA 594
Seção I – Das Atribuições dos Oficiais de Justiça 594
Seção II – Da Distribuição, do Cumprimento e da Devolução dos Mandados ... 596
CAPÍTULO VII – DO RECOLHIMENTO E DO CONTROLE DAS CUSTAS PROCESSUAIS... 600
TÍTULO V – DISPOSIÇÕES FINAIS E TRANSITÓRIAS...................................... 607

SUMÁRIO *ON-LINE*

PROVIMENTO JUDICIAL APLICADO AO PROCESSO JUDICIAL ELETRÔNICO 2017 1
TÍTULO I – Do Processo Judicial Eletrônico.. 3
CAPÍTULO I – DAS DISPOSIÇÕES GERAIS... 3
CAPÍTULO II – DO ACESSO AO SISTEMA PJE 6
CAPÍTULO III – DA DISPONIBILIDADE DO SISTEMA..................................... 7
CAPÍTULO IV – DO PETICIONAMENTO ELETRÔNICO 10
CAPÍTULO V – DA DISTRIBUIÇÃO.. 16
CAPÍTULO VI – DA CONSULTA AOS ATOS PROCESSUAIS E ÀS DECISÕES JUDICIAIS 23
CAPÍTULO VII – DA TRAMITAÇÃO DOS PROCESSOS ELETRÔNICOS........... 26
Seção I – Das Disposições Gerais e Providências Iniciais....................... 26
Seção II – Da Prática e da Comunicação dos Atos Processuais.............. 27
Subseção I – Dos Depósitos Judiciais e dos Alvarás de Levantamento de Valores 31
Subseção II – Das Comunicações oficiais entre órgãos do TJDFT 32
Seção III – Da Contagem e do Controle dos Prazos 35

Seção IV – Da Digitalização e da Guarda de Documentos 38
Seção V – Do arquivamento 41
CAPÍTULO VIII – DA INSPEÇÃO E DA CORREIÇÃO JUDICIAL 42
Seção I – Da Inspeção 42
Seção II – Da Correição Judicial 47
CAPÍTULO IX – DAS DISPOSIÇÕES FINAIS E TRANSITÓRIAS 51

Acesse JÁ os conteúdos ON-LINE

ATUALIZAÇÃO em PDF
para complementar seus estudos*

Acesse o link:
www.editorafoco.com.br/atualizacao

* As atualizações em PDF serão disponibilizadas sempre que houver necessidade, em caso de nova lei ou decisão jurisprudencial relevante, durante o ano da edição do livro.
* Acesso disponível durante a vigência desta edição.

Parte I
LEI DE ORGANIZAÇÃO JUDICIÁRIA DO DISTRITO FEDERAL E DOS TERRITÓRIOS

LEI Nº 11.697, DE 13 DE JUNHO DE 2008

Dispõe sobre a organização judiciária do Distrito Federal e dos Territórios e revoga as Leis nºs 6.750, de 10 de dezembro de 1979, 8.185, de 14 de maio de 1991, 8.407, de 10 de janeiro de 1992, e 10.801, de 10 de dezembro de 2003, exceto na parte em que instituíram e regularam o funcionamento dos serviços notariais e de registro no Distrito Federal.

O PRESIDENTE DA REPÚBLICA Faço saber que o Congresso Nacional decreta e eu sanciono a seguinte Lei:

LIVRO I
DA ESTRUTURA DA JUSTIÇA DO DISTRITO FEDERAL E DOS TERRITÓRIOS

TÍTULO I
DISPOSIÇÕES PRELIMINARES

Art. 1º Esta Lei organiza a Justiça do Distrito Federal e dos Territórios e regula o funcionamento dos seus serviços auxiliares, dos seus servidores e da estrutura dos serviços notariais e de registro.

OBSERVAÇÕES PRELIMINARES

A Constituição Federal confere aos Estados o poder de organizar sua Justiça, observados os princípios estabelecidos no texto constitucional, cabendo à Constituição do Estado definir a competência dos tribunais e ao Tribunal de Justiça a iniciativa da lei de organização judiciária (art. 125, *caput*, e seu § 1º).

O Distrito Federal, por sua singularidade, ora se equipara aos Estados, ora aos Municípios, pois acumula as competências legais conferidas a ambos os entes da federação. A Lei Orgânica do Distrito Federal (LODF) é a lei maior no âmbito do Distrito Federal e ostenta *status* de constituição local, mas nada dispõe acerca da competência da Justiça do Distrito Federal e dos Territórios.

A Justiça do Distrito Federal e dos Territórios, no desempenho da jurisdição, equipara-se à Justiça Estadual pois realiza as mesmas atividades jurisdicionais desta (art. 92, VII, CF). No âmbito administrativo, todavia, é órgão de natureza federal, dada a sua peculiar condição de ser mantida e organizada pela União (art. 21, XIII, CF).

A competência da Justiça do Distrito Federal e dos Territórios é definida pela **Lei nº 11.697, de 13/6/2008**, denominada **Lei de Organização Judiciária do Distrito Federal e dos Territórios (LOJDFT)**, de iniciativa do Tribunal de Justiça do Distrito Federal e dos Territórios.

A **LODFT** constitui-se, pois, de um conjunto de normas que organiza a Justiça do Distrito Federal e dos Territórios. Ela estabelece normas sobre a organização e a competência, regula o funcionamento dos serviços auxiliares, estabelece regras para os servidores e estrutura os serviços prestados pelas serventias extrajudiciais (nome dado aos Ofícios de Notas e de Registro).

Sobre a natureza da Lei de Organização Judiciária do Distrito Federal e dos Territórios, o Superior Tribunal de Justiça (STJ) já se pronunciou no sentido de que *ainda que tenha sido editada pelo Congresso Nacional e seja considerada lei federal em si, a lei ostenta conteúdo normativo com status de lei local, porquanto regula temas inerentes ao Tribunal de Justiça do Distrito Federal e Territórios. Logo, sua análise escapa da competência constitucional do STJ, ou seja, afasta a necessidade da missão uniformizadora do STJ e, por isso, deve incidir, por analogia, a Súmula n. 280/STF: "por ofensa a direito local não cabe recurso extraordinário"*. (Precedentes: AgRg no AgRg no Ag 1.170.369/DF, Relator Ministro Arnaldo Esteves Lima, Primeira Turma, DJe 15/5/2012; AgRg no AREsp 184.261/DF, Relator Ministro Luis Felipe Salomão, Quarta Turma, DJe 13/9/2013; e AgRg no AgRg no AgRg na MC 20.867/DF, Relator Ministro Mauro Campbell Marques, Segunda Turma, DJe 4/9/2013) **(REsp 1404292/DF, Relator Ministro Arnaldo Esteves Lima, Primeira Turma, DJe 11/9/2014)**.

Atualmente, **não existem territórios federais**, mas podem vir a ser criados, pois o art. 18, § 3º, da Constituição Federal prevê que *"Os Estados podem incorporar-se entre si, subdividir-se ou desmembrar-se para se anexarem a outros, ou **formarem novos Estados ou Territórios Federais**, mediante aprovação da população diretamente interessada, através de plebiscito, e do Congresso Nacional, por lei complementar"*. Em razão do permissivo constitucional, e já prevendo sua criação no futuro, o legislador ordinário fez incluir na Lei de Organização Judiciária a organização e o funcionamento da Justiça dos Territórios.

A **LODFT** abrange tanto os **Ofícios Judiciais** (Justiça de Primeira Instância ou de Primeiro Grau de Jurisdição) quanto o **Tribunal de Justiça** do Distrito Federal e dos Territórios (Justiça de Segunda Instância ou Justiça do Segundo Grau de Jurisdição). A instância é uma espécie de hierarquia entre os órgãos do Poder Judiciário, sendo a primeira instância o órgão de menor hierarquia.

A **Primeira Instância ou Primeiro Grau de Jurisdição** é formada por Juízes de Direito do Distrito Federal e dos Territórios e por Juízes de Direito Substitutos do Distrito Federal. O Juiz é **órgão singular** da justiça, ou seja, decide as causas unipessoalmente e é, em regra, o primeiro órgão a conhecer do processo levado a julgamento.

A **Segunda Instância ou Segundo Grau de Jurisdição** é constituída pelo Tribunal de Justiça do Distrito Federal e dos Territórios. O Tribunal de Justiça é **órgão colegiado**, que decide coletivamente, por meio de órgãos julgadores (Tribunal Pleno, Conselho Especial, Câmaras, Turmas), os quais são formados por um grupo de juízes denominados **desembargadores**. O Tribunal possui **competência recursal**, ou seja, julga as causas em segunda instância, reexaminando as decisões de primeiro grau; e possui **competência originária**, ou seja, julga os processos que se iniciam no próprio tribunal, sendo, nestes casos, o primeiro órgão a conhecer da ação levada a julgamento.

Aos juízes de primeiro grau de jurisdição compete processar e julgar as causas em primeira instância. As decisões ou sentenças por eles proferidas são submetidas a reexame no segundo grau de jurisdição (ou em segunda instância) quando a pessoa interessada, denominada "parte" no processo, inconformada com o resultado do julgamento, interpuser recurso ao Tribunal. O processo então será reexaminado por um dos órgãos julgadores do Tribunal competentes para o julgamento do recurso. Os desembargadores membros do órgão julgador proferirão seus votos, mantendo ou modificando a decisão prolatada pelo Juiz. Ao julgamento proferido pelos tribunais dá-se o nome de **acórdão**.

Art. 2º Compõem a Justiça do Distrito Federal e dos Territórios:

I – o Tribunal de Justiça;

> O **Tribunal de Justiça** é o órgão colegiado de segundo grau de jurisdição, ou de segunda instância, constituído por seus órgãos julgadores (Tribunal Pleno, Conselho Especial, Conselho da Magistratura, Câmara de Uniformização, Câmaras especializadas e Turmas especializadas) e por seus membros, denominados **desembargadores**.
> Ao Tribunal compete processar e julgar **os recursos** provenientes das decisões proferidas pelos juízes singulares, de primeiro grau de jurisdição ou de primeira instância, bem como **as ações originárias** previstas em lei, que se iniciam no próprio Tribunal.
> As decisões do Tribunal de Justiça são, em regra, proferidas de forma coletiva pelos órgãos julgadores, mas podem também ser tomadas por um desembargador, unipessoalmente, por meio de uma decisão monocrática.
> Os desembargadores, quando decidem monocraticamente, o fazem como porta-voz do órgão colegiado a que pertencem. As decisões tomadas pelos órgãos julgadores são denominadas **"acórdãos"**.
> Os órgãos julgadores também são conhecidos como órgãos colegiados ou ainda como órgãos fracionários, quando constituídos de apenas uma fração dos membros do Tribunal.

II – o Conselho Especial;

> O **Conselho Especial** é o órgão especial do Tribunal, criado de acordo com o permissivo do art. 93, XI, da Constituição Federal para o **exercício das atribuições administrativas e jurisdicionais delegadas da competência do Tribunal Pleno**. É constituído de 21 desembargadores e tem como função jurisdicional julgar as causas de maior complexidade e relevância política, tais como ações diretas de inconstitucionalidade, mandados de segurança originários, ações penais originárias, entre outras.
>
> Sobre a composição do Conselho Especial, ver os arts. 7º/12 do Regimento Interno; sobre a competência do órgão julgador, ver art. 13 (função jurisdicional) e 363 (função administrativa) do Regimento Interno.

III – o Conselho da Magistratura;

> **O Conselho da Magistratura** é órgão colegiado do Tribunal de Justiça, composto pela administração superior do Tribunal, ou seja, pelo Presidente, pelo Primeiro Vice-Presidente, pelo Segundo-Vice-Presidente e pelo Corregedor. É presidido pelo Presidente do Tribunal e possui a competência definida no Regimento Interno.
>
> Sobre a composição e a competência do Conselho da Magistratura, ver os arts. 14/16 do Regimento Interno.

IV – os Tribunais do Júri;

> **Os Tribunais do Júri** são os órgãos jurisdicionais de primeira instância competentes para o processamento e julgamento dos crimes dolosos contra a vida (homicídio, feminicídio, infanticídio, aborto e induzimento, instigação ou auxílio a suicídio).
>
> Sobre a competência dos Tribunais do Júri, ver os arts. 18/19 desta lei.

V – os Juízes de Direito do Distrito Federal e dos Territórios;

> **Juiz de Direito** é o funcionário investido de função jurisdicional a quem compete decidir, em primeira instância, os conflitos de interesses levados a seu julgamento. Trata-se de **órgão singular** do Primeiro Grau de Jurisdição (Justiça de Primeira Instância). É também denominado juízo singular ou juízo monocrático.
>
> Sobre a competência dos Juízes de Direito, ver o art. 45 desta lei.
>
> Ver ainda as atribuições dos Juízes de Direito estabelecidas no art. 1º do Provimento Geral da Corregedoria.

VI – os Juízes de Direito Substitutos do Distrito Federal;

> **Juiz de Direito Substituto** é o funcionário investido de função jurisdicional, em início de carreira, a quem compete decidir os conflitos de interesses postos a seu julgamento. Trata-se de **órgão singular** do Primeiro Grau de Jurisdição (Justiça de Primeira Instância). É também denominado juízo singular ou juízo monocrático.
> O ingresso na carreira da magistratura no Distrito Federal se dá no cargo de Juiz de Direito Substituto. Eles substituem os juízes de direito e auxiliam nas varas das diversas Circunscrições Judiciárias do Distrito Federal, não possuindo localização fixa. Somente após dois anos de exercício na classe é que serão promovidos a Juízes de Direito e titularizados em uma Vara.
>
> Sobre a competência dos Juízes de Direito Substitutos, ver os arts. 46/47 desta lei.

VII – a Auditoria e o Conselho de Justiça Militar.

LEI DE ORGANIZAÇÃO JUDICIÁRIA DO DISTRITO FEDERAL E DOS TERRITÓRIOS — ART. 2º

Auditoria e Conselho de Justiça Militar é o órgão jurisdicional competente para processar e julgar os crimes militares previstos em lei específica, praticados por oficiais e praças da Polícia Militar e do Corpo de Bombeiros Militar do Distrito Federal, e também as ações judiciais ajuizadas contra atos disciplinares militares, **ressalvada a competência do Júri quando a vítima for civil (art. 125, § 4º, da CF)**. É constituída, em primeiro grau, por um juiz de direito, denominado juiz-auditor e pelos Conselhos de Justiça; e em Segundo grau, pelo Tribunal de Justiça.

Sobre a Justiça Militar do Distrito Federal, ver os arts. 36/41 desta lei.

PARA PRATICAR

JULGUE OS ITENS A SEGUIR COM BASE NA LEI DE ORGANIZAÇÃO JUDICIÁRIA DO DISTRITO FEDERAL E DOS TERRITÓRIOS, MARCANDO "C" QUANDO A QUESTÃO ESTIVER CORRETA E "E" QUANDO A QUESTÃO ESTIVER ERRADA.

1. **(Cespe/TJDFT/Técnico Judiciário//2013)** Os tribunais do júri compõem a justiça do Distrito Federal e dos territórios. ( )
2. **(Cespe/TJDFT/Técnico Judiciário/2003 – desmembrada e adaptada)** Nos termos da Lei de Organização Judiciária do Distrito Federal e dos Territórios (LOJDFT), os órgãos integrantes da Justiça do Distrito Federal e dos territórios não incluem o Conselho da Magistratura. ( )
3. **(Cespe/TJDFT/Técnico Judiciário/2003 – desmembrada e adaptada)** Nos termos da Lei de Organização Judiciária do Distrito Federal e dos Territórios (LOJDFT), os órgãos integrantes da Justiça do Distrito Federal e dos territórios não incluem os Tribunais do Júri do Distrito Federal. ( )
4. **(Cespe/TJDFT/Técnico Judiciário/2003 – desmembrada e adaptada)** Nos termos da Lei de Organização Judiciária do Distrito Federal e dos Territórios (LOJDFT), os órgãos integrantes da Justiça do Distrito Federal e dos territórios não incluem as Varas das Circunscrições Judiciárias de Brasília. ( )
5. **(Cespe/TJDFT/Analista Judiciário/1999 – adaptada)** Além dos juízes de direito e dos juízes de direito substitutos, integra a Justiça do Distrito Federal o Conselho da Magistratura. ( )
6. **(Inédita)** O Tribunal de Justiça é órgão integrante da Justiça do Distrito Federal e dos Territórios como são os Juízes de Direito e os Juízes de Paz. ( )

COMENTÁRIOS

1. (C) A questão está correta porque não há palavras restritivas tais como "só" ou "somente". Embora existam outros órgãos integrantes da Justiça (Tribunal de Justiça, Conselho Especial, Conselho da Magistratura, Juízes de Direito, Juízes de Direito Substitutos e Auditoria Militar), é correto afirmar que os Tribunais do Júri integram a Justiça do Distrito Federal e dos Territórios (art. 2º e incisos da LOJDFT).
2. (E) O Conselho da Magistratura é um dos órgãos integrantes da Justiça do Distrito Federal e dos Territórios (art. 2º, III). Os demais órgãos são: o Tribunal de Justiça, o Conselho Especial, os Tribunais do Júri, os Juízes de Direito do Distrito Federal e dos Territórios, os Juízes de Direito Substitutos do Distrito Federal e a Auditoria e o Conselho de Justiça Militar (art. 2º e incisos).
3. (E) Os Tribunais do Júri são órgãos integrantes da Justiça do Distrito Federal e dos Territórios (art. 1º, IV). Os demais órgãos são: o Tribunal de Justiça, o Conselho Especial, o Conselho da Magistratura, os Juízes de Direito do Distrito Federal e dos Territórios, os Juízes de Direito Substitutos do Distrito Federal e a Auditoria e o Conselho de Justiça Militar (art. 2º e incisos).
4. (C) As Varas das Circunscrições Judiciárias de Brasília não estão na lista de órgãos que integram a Justiça do DFT (art. 2º). Os órgãos integrantes da Justiça do Distrito Federal e dos Territórios são: o Tribunal de Justiça, o Conselho Especial, o Conselho da Magistratura, os Tribunais do Júri, os Juízes de Direito do Distrito Federal e dos Territórios, os Juízes de Direito Substitutos do Distrito Federal e a Auditoria e o Conselho de Justiça Militar (art. 2º e incisos).
5. (C) A questão está correta, porque não há palavras restritivas tais como "só" ou "somente". Embora existam outros órgãos integrantes da Justiça (Tribunal de Justiça, Conselho Especial, Tribunais do Júri, Auditoria Militar), é correto afirmar que os juízes de direito, os juízes de direito substitutos e o Conselho da Magistratura integram a Justiça do DFT (art. 2º e seus incisos).

6. (E) O Tribunal de Justiça e os Juízes de Direito são órgãos integrantes da Justiça do Distrito Federal e dos Territórios, não os Juízes de Paz. Para relembrar, são órgãos que compõem a Justiça do Distrito Federal e dos Territórios: o Tribunal de Justiça, o Conselho Especial, o Conselho da Magistratura, os Tribunais do Júri, Os Juízes de Direito do Distrito Federal e dos Territórios, os Juízes de Direito Substitutos do Distrito Federal e a Auditoria e Conselho de Justiça Militar (art. 2º e incisos).

Art. 3º A competência dos magistrados, em geral, fixar-se-á pela distribuição dos feitos, alternada e obrigatória, na forma da lei.

Competência é a habilitação do magistrado ou do Tribunal para o julgamento de determinada causa. O Juiz não pode exercer a função jurisdicional em todos os lugares, tampouco pode decidir matérias de qualquer natureza, salvo nos casos em que atua em vara de competência geral.
A competência dos magistrados para o processamento e julgamento das ações judiciais é feita de diversas formas: em razão da pessoa, do lugar, do valor da causa, da matéria a ser examinada etc. A LOJDFT, em seu art. 3º, estabelece a fixação da competência da Justiça de Primeira Instância em razão **da distribuição dos feitos**. **A distribuição** é a repartição igualitária e alternada dos processos entre os magistrados. **A precedência da distribuição** fixa a competência quando, na mesma circunscrição judiciária, houver mais de um juiz igualmente competente para o julgamento da ação.
Circunscrição Judiciária é o nome dado, no Distrito Federal, para designar o limite territorial onde o juiz pode prestar a sua jurisdição. É o mesmo que "comarca".
A Justiça de Primeira Instância do Distrito Federal é dividida em várias Circunscrições Judiciárias, de acordo com a localização geográfica (Circunscrição Judiciária de Brasília, do Gama, de Taguatinga, de Planaltina etc.). Uma Circunscrição Judiciária pode abranger apenas uma ou mais de uma Região Administrativa do Distrito Federal.
Em uma Circunscrição Judiciária existem vários Ofícios Judiciais, nome dado para designar os Cartórios das Varas, que são o local onde os juízes exercem a sua atividade jurisdicional.
Em uma Circunscrição Judiciária pode haver **varas comuns** (cíveis, criminais, família) e **Varas especializadas (Tribunal do Júri, Auditoria Militar, Entorpecentes)**.
Também pode haver, em uma mesma Circunscrição Judiciária, **mais de uma vara com competência para o julgamento de causas de mesma natureza** (Ex.: Na Circunscrição Judiciária de Brasília há sete Varas de Família). Havendo em uma determinada circunscrição judiciária mais de uma vara competente para o julgamento de uma matéria específica, a distribuição dos processos entre os juízes será feita de forma obrigatória, alternada e paritária.
Na Justiça do Distrito Federal, existem ainda as **varas com competência em todo o Distrito Federal**. São varas especializadas em determinada matéria e que possuem jurisdição e competência para decidir os litígios provenientes de qualquer região administrativa do Distrito Federal (de Brasília, de Taguatinga, de Samambaia, de Sobradinho, de Planaltina, do Gama etc.) Trazem sempre a locução do "Distrito Federal" em sua denominação. **São exemplos de varas com competência em todo o Distrito Federal:** Varas de Fazenda Pública do DF, Vara de Fazenda Pública e Saúde do DF, Vara da Infância e da Juventude do DF, Vara Regional de Atos Infracionais da Infância e da Juventude do DF, Vara de ações Previdenciárias do DF, Vara de Precatórias do DF, Varas de Entorpecentes do DF, Vara de Registros Públicos do DF, Vara do Meio Ambiente, Desenvolvimento Urbano e Fundiário do DF, Vara de Falências, Recuperações Judiciais, Insolvência Civil e Litígios Empresariais do DF, Vara de Execuções Penais do DF, Vara de Execuções das Penas e Medidas Alternativas do DF, Varas de Execução Fiscal do DF, Vara de Execuções das Penas em Regime Aberto, Vara de Execução de Medidas Socioeducativas do DF, Juizados Especiais da Fazenda Pública do DF e a Auditoria Militar do DF.

LEI DE ORGANIZAÇÃO JUDICIÁRIA DO DISTRITO FEDERAL E DOS TERRITÓRIOS — ART. 4º

> Quando houver mais de uma vara especializada e com competência para atuar em todo o Distrito Federal, a distribuição será feita também de forma obrigatória, alternada e igualitária.
> Seguem exemplos para explicar como é feita a distribuição na Justiça de Primeira Instância. Ajuizada uma ação de anulação de escritura pública, o processo será distribuído diretamente à Vara de Registros Públicos, que é única no Distrito Federal com competência para apreciar a matéria. Ajuizada uma ação de alimentos na Circunscrição Judiciária de Brasília, cuja competência é da Vara de Família, o processo será distribuído a uma das sete Varas de Família existentes em Brasília com igual competência para o julgamento do feito, salvo se houver prevenção, caso em que a distribuição será feita ao juízo prevento.

PARA PRATICAR

7. **(Cespe/TJDFT/Analista Judiciário/1999)** A competência dos magistrados fixa-se, necessariamente e em caráter não passível de modificação, pela distribuição dos feitos, que é alternada e obrigatória. ( )

8. **(Cespe/TJDFT/Analista Judiciário/1998)** A organização judiciária do Distrito Federal está regulada em lei editada pela Câmara Legislativa do Distrito Federal, regularmente sancionada pelo Governador do Distrito Federal. ( )

9. **(Inédita)** A competência dos magistrados, quando determinada pela distribuição dos feitos, deverá ser alternada e obrigatória. ( )

COMENTÁRIOS

7. (E) Segundo o art. 3º, *a competência dos magistrados, em geral, fixar-se-á pela distribuição dos feitos, alternada e obrigatória, na forma da lei.* A locução "em geral" significa que a distribuição dos feitos fixa a competência dos magistrados quando na mesma circunscrição judiciária houver mais de um juiz igualmente competente para o julgamento da ação. Assim, a banca examinadora, ao inserir o advérbio "necessariamente", generalizou a questão, tornando-a incorreta.

8. (E) A organização judiciária do DF está regulada em lei federal (Lei nº 11.697/2008), editada pelo Congresso Nacional e regularmente sancionada pelo Presidente da República.

9. (C) Havendo em uma circunscrição judiciária mais de uma vara competente para o julgamento de uma ação, a distribuição dos processos entre os juízes será feita de forma obrigatória e alternada (art. 3º).

TÍTULO II
DO TRIBUNAL DE JUSTIÇA DO DISTRITO FEDERAL E DOS TERRITÓRIOS

CAPÍTULO I
DA COMPOSIÇÃO DO TRIBUNAL

Art. 4º O Tribunal de Justiça, com sede na Capital Federal, compõe-se de 48 (quarenta e oito) desembargadores e exerce sua jurisdição no Distrito Federal e nos Territórios. (*Redação dada pela Lei nº 13.264, de 2016*)

TRIBUNAL DE JUSTIÇA	
Sede	É o local físico onde funciona o Tribunal. O Tribunal de Justiça do Distrito Federal e dos Territórios tem sua sede na Capital Federal.
Jurisdição	É o poder-dever de decidir os conflitos de interesses estabelecidos entre as partes litigantes. O poder de decisão do Tribunal de Justiça do Distrito Federal e dos Territórios é delimitado à área do Distrito Federal e dos Territórios Federais. Isso quer dizer que o TJDFT não pode exercitar sua jurisdição em outro estado da federação ou em outro país.
Desembargador	É o nome dado para designar o **magistrado membro de Tribunal** de segunda instância (do Tribunal de Justiça do Distrito Federal, dos Tribunais de Justiça dos Estados, dos Tribunais Regionais Federais, dos Tribunais Regionais do Trabalho e dos Tribunais Regionais Eleitorais). É o juiz de segunda instância ou do segundo grau de jurisdição.

COMPOSIÇÃO DO TRIBUNAL
48 Desembargadores

1	2	3	4	5	6	7	8	9	10	11	12
13	14	15	16	17	18	19	20	21	22	23	24
25	26	27	28	29	30	31	32	33	34	35	36
37	38	39	40	41	42	43	44	45	46	47	48

PARA PRATICAR

10. **(Cespe/TJDFT/Analista Judiciário/1998)** A jurisdição do Tribunal de Justiça do Distrito Federal e dos Territórios (TJDFT), nos termos da lei, não ultrapassa os limites territoriais do DF. ( )

11. **(Inédita)** O poder do Tribunal de Justiça do Distrito Federal e dos Territórios para solucionar conflitos é delimitado à área geográfica do Distrito Federal. ( )

COMENTÁRIOS

10. (E) A jurisdição do Tribunal de Justiça do Distrito Federal e dos Territórios alcança não somente os limites geográficos do Distrito Federal, mas também os Territórios Federais (art. 4º).

11. (E) A jurisdição (poder de solucionar conflitos) do Tribunal de Justiça do Distrito Federal e dos Territórios é exercida não somente dentro da área geográfica do Distrito Federal, mas alcança também os Territórios Federais (art. 4º).

Art. 5º O Presidente, o Primeiro Vice-Presidente, o Segundo Vice-Presidente e o Corregedor serão eleitos por seus pares, na forma da Lei Orgânica da Magistratura Nacional – LOMAM, para um período de 2 (dois) anos, vedada a reeleição.

LEI DE ORGANIZAÇÃO JUDICIÁRIA DO DISTRITO FEDERAL E DOS TERRITÓRIOS — ART. 5º

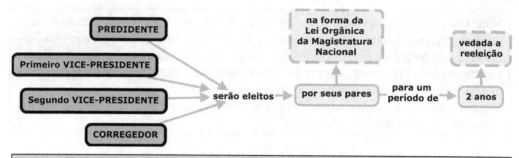

Pares: são os demais desembargadores do Tribunal.

Detalhes sobre a eleição dos cargos de direção do Tribunal, ver os arts. 4º, 42 e 371/376 do Regimento Interno e respectivo quadro esquemático.

§ 1º Vagando os cargos de Presidente, Primeiro e Segundo Vice-Presidentes ou Corregedor, realizar-se-á nova eleição para completar o mandato, salvo se faltarem menos de 6 (seis) meses para o seu término, caso em que a substituição do Presidente será feita pelo Primeiro e Segundo Vice-Presidentes, sucessivamente, e a destes ou do corregedor pelo desembargador mais antigo, observado o disposto no parágrafo único do art. 102 da Lei Complementar nº 35, de 14 de março de 1979 – Lei Orgânica da Magistratura Nacional.

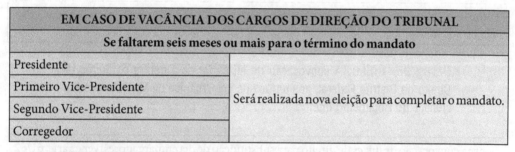

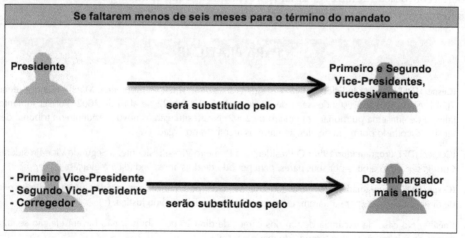

ART. 6º   TJDFT – EM ESQUEMAS

> **Nota:** O art. 42 do Regimento Interno reproduz o § 1º do art. 5º da LOJDFT, trazendo uma pequena diferença quanto à substituição dos membros de direção: Se faltarem menos de seis meses para o término do mandado, a presidência será exercida pelo Primeiro Vice-Presidente; e a Primeira Vice-Presidência, a Segunda Vice-Presidência ou a Corregedoria da Justiça, pelos demais membros, observada a ordem decrescente de antiguidade.
> Veja que, pelo texto do Regimento Interno, o Presidente não será substituído pelo Segundo-Vice, ao contrário do que estabelece a LOJDFT.

§ 2º A eleição do Segundo Vice-Presidente proceder-se-á somente quando da composição total do número de desembargadores definido no art. 4º desta Lei.

> Esta regra, editada quando o Tribunal ainda era composto por trinta e cinco membros, previu a criação do cargo de Segundo Vice-Presidente quando o Tribunal alcançasse o número de quarenta desembargadores. Isso veio a acontecer com a edição da Lei nº 12.434/2011 e o primeiro desembargador a exercer o cargo de Segundo Vice-Presidente foi eleito no dia 5 de maio de 2012 pelo Tribunal Pleno e tomou posse no dia 5 de junho do mesmo ano.

Art. 6º A substituição de desembargador processar-se-á na forma da Lei Orgânica da Magistratura Nacional e do Regimento Interno.

> Sobre a substituição de desembargador, ver os arts. 52/63 do Regimento Interno e respectiva tabela esquematizada.

Parágrafo único. A convocação de juízes far-se-á dentre os Juízes de Direito do Distrito Federal, nos termos da Lei Orgânica da Magistratura Nacional e do Regimento Interno.

> Sobre a convocação de juízes de direito para substituição de desembargadores, ver os arts. 61/62 do Regimento Interno e respectiva tabela esquemática.

PARA PRATICAR

12. **(Cespe/TJDFT/Analista Judiciário/2003)** Considere a seguinte situação hipotética. Maria era a presidente do TJDFT, e seu mandato estender-se-ia de 23 de abril de 2000 a 22 de abril de 2002. Por ser fumante, ela faleceu de enfisema pulmonar em janeiro de 2002. Nessa situação, o novo presidente do tribunal deveria ter sido escolhido por meio de eleição entre os membros do órgão. ( )

13. **(Cespe/TJDFT/Programador/1997)** O Presidente, o Primeiro Vice-Presidente, o Segundo Vice-Presidente e o Corregedor serão eleitos por seus pares, para período de dois anos, vedada a reeleição. ( )

14. **(Cespe/TJDFT/Programador/1997)** Havendo necessidade, poderão ser convocados juízes de direito e juízes de direito substitutos para atuarem, temporariamente, no Tribunal de Justiça. ( )

15. **(Inédita)** No caso de vacância de um dos cargos de direção do Tribunal, não haverá eleição se faltarem menos de seis meses para o término do mandato. ( )

LEI DE ORGANIZAÇÃO JUDICIÁRIA DO DISTRITO FEDERAL E DOS TERRITÓRIOS — ART. 7º

16. **(Inédita)** O desembargador presidente do TJDFT possui mandato de dois anos, sendo permitida a reeleição por igual período. ( )

COMENTÁRIOS

12. (E) Quando Maria faleceu (janeiro de 2002), faltavam três meses para o término do mandato, que findaria em abril de 2002. Segundo a LOJDFT, se faltarem menos de seis meses para o término do mandato, não haverá nova eleição, mas apenas substituição. A substituição do Presidente deverá ser feita pelo Primeiro e Segundo Vice-Presidentes, sucessivamente, e a destes ou do Corregedor pelo desembargador mais antigo (art. 5º, § 1º).

13. (C) A questão limita-se a reproduzir, em sua literalidade, o art. 5º, onde se lê: O Presidente, o Primeiro Vice-Presidente, o Segundo Vice-Presidente e o Corregedor serão eleitos por seus pares, na forma da Lei Orgânica da Magistratura Nacional – LOMAN, para um período de 2 (dois) anos, vedada a reeleição.

14. (E) A convocação de magistrados para a substituição de desembargador será feita somente entre os juízes de direito não incluindo os juízes substitutos (art. 6º, parágrafo único).

15. (C) No caso de vacância dos cargos de direção do Tribunal, faltando menos de seis meses para o término do mandato, não haverá eleição, mas somente substituição, caso em que a substituição do Presidente deverá ser feita pelo Primeiro e Segundo Vice-Presidentes, sucessivamente, e a destes ou do Corregedor pelo desembargador mais antigo (art. 5º, § 1º).

16. (E) O mandado do presidente do Tribunal, e igualmente o do Primeiro e Segundo Vice-Presidentes e do Corregedor, é de dois anos, mas é vedada a reeleição (art. 5º).

Art. 7º Não poderão ter assento na mesma Turma ou Câmara do Tribunal de Justiça desembargadores cônjuges ou parentes em linha reta ou colateral, inclusive por afinidade, até o 3º (terceiro) grau.

Não poderão compor a mesma Turma ou Câmara
- desembargadores cônjuges; - desembargadores parentes em linha reta ou colateral, inclusive por afinidade, até o terceiro grau.

| Parentes pelo vínculo sanguíneo:
Em linha reta ascendente:
- pais, avós e bisavós (1º, 2º e 3º graus, respectivamente).
Em linha reta descendente:
- filhos, netos e bisnetos (1º, 2º e 3º graus, respectivamente).
Em linha colateral:
- irmãos (2º grau);
- tios e sobrinhos (3º grau). | Parentes por afinidade:
- sogros, sogras, genros, noras, padrastos, madrastas, enteados e enteadas (1º grau);
- cunhados e cunhadas (2º grau). |

Nota: O Regimento Interno, em seu art. 6º, repete a mesma regra do art. 7º da LOJDFT. Mas faz um acréscimo, dispondo, no § 1º do mesmo artigo que "**nos julgamentos do Conselho Especial**, a intervenção de um dos desembargadores, nos casos de que trata este artigo, determinará o impedimento do outro, o qual será substituído quando necessário, na forma determinada neste Regimento". E acrescenta, no § 2º, que "o impedimento do parágrafo anterior não se aplica aos julgamentos de matéria administrativa no Tribunal Pleno e do Conselho Especial".

PARA PRATICAR

17. **(Cespe/TJDFT/Analista Administrativo/2007)** Examine a situação hipotética. Marcelo é desembargador, compondo uma das turmas do TJDFT. Felipe é primo de Marcelo e tomou posse no cargo de desembargador do TJDFT. Nessa situação, não há óbice a que Felipe tenha assento na mesma turma em que Marcelo é membro. ( )

18. **(Cespe/TJDFT/Técnico Judiciário/2003)** Considere a seguinte situação hipotética. Fernando e Letícia, casados entre si, são juízes de direito aprovados em regular concurso público. Com o tempo, vieram a ser promovidos, no mesmo mês, para o cargo de desembargador do TJDFT. Nessa situação, por serem ambos juízes de carreira, não haveria impedimento legal a que os dois viessem a ser lotados na mesma turma de julgamento do tribunal. ( )

19. **(Cespe/TJDFT/Programador/1997)** Não poderão compor a mesma turma ou câmara desembargadores cônjuges ou parentes até o terceiro grau. ( )

20. **(Inédita)** No Tribunal de Justiça, dois desembargadores primos podem atuar no mesmo órgão julgador, pois o impedimento previsto na LOJDFT somente diz respeito aos cônjuges ou parentes em linha reta ou colateral, inclusive por afinidade, até o terceiro grau. ( )

COMENTÁRIOS

17. (C) A LOJDFT proíbe que desembargadores cônjuges ou parentes até o terceiro grau integrem a mesma Turma ou Câmara. O grau de parentesco entre primos é de quarto grau. Assim, não há impedimento a que Felipe componha a mesma Turma do primo Marcelo (art. 7º).

18. (E) Fernando e Letícia são cônjuges, estando, portanto, impedidos de atuarem na mesma Turma, conforme dispõe o art. 7º da LOJDFT: "não poderão ter assento na mesma Turma ou Câmara desembargadores cônjuges ou parentes em linha reta ou colateral, inclusive por afinidade até o 3º grau". A regra vale para desembargadores provenientes da carreira de Juiz, do Ministério Púbico ou de advogado, de forma que o enunciado "por serem ambos juízes de carreira" não altera a regra sobre o impedimento.

19. (C) A questão limita-se a reproduzir, em sua literalidade, o art. 7º, que assim dispõe: "Não poderão ter assento na mesma Turma ou Câmara desembargadores cônjuges ou parentes em linha reta ou colateral, inclusive por afinidade até o 3º grau"

20. (C) A Lei proíbe que desembargadores cônjuges ou parentes até o terceiro grau integrem a mesma Turma ou Câmara. O grau de parentesco entre primos é de quarto grau. Assim, não há impedimento a que dois desembargadores primos atuem no mesmo órgão julgador (art. 7º).

CAPÍTULO II
Seção I
Da Competência

Art. 8º Compete ao Tribunal de Justiça:

> **Nota:** A Lei de Organização Judiciária dispõe, no art. 8º, sobre a competência do **Tribunal de Justiça**, reunindo atribuições administrativas e competências jurisdicionais dos diversos órgãos julgadores, como o Tribunal Pleno, o Conselho Especial, o Conselho da Magistratura, a Câmara de Uniformização, as Câmaras Especializadas e as Turmas Especializadas. O Regimento Interno, diferentemente, separa as competências por órgão jurisdicional.

LEI DE ORGANIZAÇÃO JUDICIÁRIA DO DISTRITO FEDERAL E DOS TERRITÓRIOS — ART. 8º

I – processar e julgar originariamente:

Processar e julgar originariamente	Com relação à competência dos Tribunais em geral, ora deparamos com a expressão PROCESSAR E JULGAR, ora com expressão JULGAR. Qual a diferença entre elas? PROCESSAR E JULGAR: significa que o tribunal exerce a competência originária, ou seja, o processo inicia e termina no âmbito do próprio Tribunal. É o caso de ações ou recursos ajuizados diretamente no primeiro grau e que sobem para reexame pelo Tribunal. Processar e julgar originariamente significa que o tribunal julga a causa na qualidade de primeiro órgão julgador e conduzirá o processo do início até o trânsito em julgado. JULGAR: significa que o tribunal exerce a competência recursal, ou seja, a demanda é processada em outro órgão julgador e enviada ao tribunal para o julgamento do recurso. É o caso, por exemplo, dos recursos interpostos no primeiro grau de jurisdição contra as decisões de juízes e/ou oriundos de tribunal ou de órgão julgador de hierarquia inferior.

a) nos crimes comuns e de responsabilidade, os Governadores dos Territórios, o Vice-Governador do Distrito Federal e os Secretários dos Governos do Distrito Federal e dos Territórios, ressalvada a competência da Justiça Eleitoral;

b) nos crimes comuns, os Deputados Distritais, e nestes e nos de responsabilidade, os Juízes de Direito do Distrito Federal e dos Territórios, os Juízes de Direito Substitutos do Distrito Federal e dos Territórios, ressalvada a competência da Justiça Eleitoral;

Crimes comuns	São os praticados pelas pessoas das quais não se exige uma qualificação especial; são pessoas comuns do povo. São exemplos de crimes comuns o roubo, o furto, o tráfico de entorpecentes, o homicídio, o estelionato, entre outros.
Crimes de responsabilidade	São infrações praticadas por agentes públicos, cujas penas não possuem natureza criminal, mas civil, política e administrativa, como, por exemplo, a perda do cargo público e inabilitação por um certo período de tempo para o exercício de funções públicas.

c) os mandados de segurança e os habeas data contra atos do Presidente do Tribunal e de qualquer de seus órgãos e membros, do Procurador-Geral da Justiça do Distrito Federal e dos Territórios, dos Juízes do Distrito Federal e dos Territórios, do Governador do Distrito Federal, dos Governadores dos Territórios, do Presidente do Tribunal de Contas do Distrito Federal e de qualquer de seus membros, do Procurador-Geral do Distrito Federal e dos Secretários de Governo do Distrito Federal e dos Territórios;

Mandado de Segurança	É a ação que visa proteger direito líquido e certo, não amparado por *habeas corpus* ou *habeas data*, quando o responsável pela ilegalidade ou abuso de poder for autoridade pública ou agente de pessoa jurídica no exercício de atribuições do Poder Público (art. 5º, LXIX, CF).
Habeas Data	É a ação que visa garantir a obtenção de informações ou a correção de dados existentes em relação à pessoa do requerente, constantes de registros ou banco de dados de entidades governamentais ou de caráter público (art. 5º, LXXII, CF).
Nota: Distingue-se o 'Procurador-Geral de Justiça do Distrito Federal e dos Territórios' do 'Procurador-Geral do Distrito Federal' por ser o primeiro o chefe maior do Ministério Público do Distrito Federal e dos Territórios, enquanto o segundo figura como o chefe maior da advocacia pública do Distrito Federal. O Ministério Público é instituição essencial à função jurisdicional do Estado (art. 127, CF) e a Procuradoria do Distrito Federal exerce a representação judicial e a consultoria jurídica do Distrito Federal (art. 132, CF).	

d) os habeas corpus, quando o constrangimento apontado provier de ato de qualquer das autoridades indicadas na alínea c deste inciso, exceto o Governador do Distrito Federal;

e) os mandados de injunção, quando a elaboração da norma regulamentadora for atribuição de órgão, entidade ou autoridade do Distrito Federal, quer da administração direta, quer da indireta;

Habeas Corpus	É a ação que visa à proteção da liberdade de ir e de vir da pessoa (art. 5º, LXVIII, CF).
Mandado de Injunção	É a ação que visa suprir uma omissão da Administração Pública quanto à elaboração de lei de sua iniciativa (art. 5º, LXXI, CF).

Segue uma tabela, contendo de forma esquematizada, a competência do Tribunal de Justiça para processar e julgar os feitos relacionados nas alíneas *a*, *b*, *c*, *d* e *e* do inciso I do art. 8º.

COMPETÊNCIA DO TRIBUNAL DE JUSTIÇA DO DISTRITO FEDERAL E DOS TERRITÓRIOS PROCESSAR E JULGAR ORIGINARIAMENTE				
Nos Crimes Comuns *Ressalvada a competência da justiça eleitoral*	Nos Crimes de Responsabilidade *Ressalvada a competência da justiça eleitoral*	Mandados de Segurança e **Habeas Data**	Habeas Corpus	Mandados de Injunção
(*)	(**)	Governador do DF	(***)	
Vice-Governador do DF	Vice-Governador do DF			
Governadores dos Territórios	Governadores dos Territórios	Governadores dos Territórios	Governadores dos Territórios	

COMPETÊNCIA DO TRIBUNAL DE JUSTIÇA DO DISTRITO FEDERAL E DOS TERRITÓRIOS PROCESSAR E JULGAR ORIGINARIAMENTE					
Secretários de Governo do DF	Secretários de Governo do DF	Secretários de Governo do DF	Secretários de Governo do DF	
Secretários de Governo Territórios	Secretários de Governo dos Territórios	Secretários de Governo dos Territórios	Secretários de Governo dos Territórios	
Deputados Distritais				
Juízes de Direito do Distrito Federal e dos Territórios	Juízes de Direito do Distrito Federal e dos Territórios	Juízes do Distrito Federal e dos Territórios (****)	Juízes do Distrito Federal e dos Territórios (****)	
Juízes de Direito Substitutos do Distrito Federal	Juízes de Direito Substitutos do Distrito Federal			
(*)	(*)	Presidente, órgãos e membros do TJDFT	Presidente, órgãos e membros do TJDFT (***)	
(*)	(*)	Procurador-Geral de Justiça do DFT	Procurador-Geral de Justiça do DFT (***)	
	(**)	Procurador-Geral do DF	Procurador-Geral do DF	
(*)	(*)	Presidente e membros do Tribunal de Contas do DF	Presidente e membros do Tribunal de Contas do DF (***)	
				Quando a elaboração da norma regulamentadora for atribuição de órgão, entidade ou autoridade do Distrito Federal, quer da administração direta, quer da indireta.
(*) Compete ao Superior Tribunal de Justiça processar e julgar: **nos crimes comuns**, o Governador do Distrito Federal; **nos crimes comuns e de responsabilidade**, os Desembargadores do TJDFT e os membros do Tribunal de Contas do Distrito Federal, entre outros (art. 105, I, *a*, CF).				
(**) Compete à Câmara Legislativa do Distrito Federal processar e julgar originariamente, **nos crimes de responsabilidade**, o Governador do Distrito Federal, os Deputados Distritais e o Procurador-Geral do Distrito Federal (arts. 60, XXIV, XXV e XXXI e 103 da Lei Orgânica do Distrito Federal), em razão do princípio da separação dos poderes.				

ART. 8º   TJDFT – EM ESQUEMAS

**COMPETÊNCIA DO TRIBUNAL DE JUSTIÇA
DO DISTRITO FEDERAL E DOS TERRITÓRIOS
PROCESSAR E JULGAR ORIGINARIAMENTE**

(***) A LOJDFT confere ao Tribunal de Justiça a competência originária para processar e julgar os *habeas corpus* contra as autoridades elencadas no art. 8º, I, c, exceto o **Governador do Distrito Federal**. No rol de autoridades da alínea c, encontram-se, entre outras, o **Presidente, órgãos e membros do Tribunal de Justiça do Distrito Federal, o Presidente e membros do Tribunal de Contas do DF e o Procurador-Geral de Justiça do Ministério Público do Distrito Federal e dos Territórios**. Todavia, segundo o art. 105, I, c, da Constituição Federal, a competência para processar e julgar os *habeas corpus* contra ato dessas autoridades aqui referenciadas é do Superior Tribunal de Justiça. Obs.: Assim, o leitor deve estar atento para as diferenças entre o texto constitucional e o desta lei, cabendo lembrar que, nos casos de concurso, o candidato **deverá levar em consideração o texto da legislação questionado pela banca examinadora**, deixando de lado eventuais incompatibilidades entre eles.

(****) A LOJDFT usou de forma genérica "Juízes do Distrito Federal e dos Territórios", abrangendo tanto os Juízes de Direito (do Distrito Federal e dos Territórios) quanto os Substitutos (do Distrito Federal).

---

f) os conflitos de competência entre órgãos do próprio Tribunal;

g) as ações rescisórias e as revisões criminais de seus julgados;

h) os pedidos de uniformização de sua jurisprudência;

i) os embargos infringentes de seus julgados;

j) os embargos declaratórios a seus acórdãos;

l) as reclamações formuladas pelas partes e pelo Ministério Público, no prazo de 5 (cinco) dias, contra ato ou omissão de juiz de que não caiba recurso ou que, importando em erro de procedimento, possa causar dano irreparável ou de difícil reparação;

m) as representações por indignidade para o Oficialato da Polícia Militar e Corpo de Bombeiros do Distrito Federal e dos Territórios;

n) a ação direta de inconstitucionalidade de lei ou ato normativo do Distrito Federal em face de sua Lei Orgânica;

o) a ação declaratória de constitucionalidade de lei ou ato normativo do Distrito Federal em face de sua Lei Orgânica;

II – julgar as arguições de suspeição e impedimento opostas aos magistrados e ao Procurador-Geral de Justiça;

III – julgar os recursos e remessas de ofício relativos a decisões proferidas pelos Juízes de Direito do Distrito Federal e dos Territórios;

IV – julgar a exceção da verdade nos casos de crime contra a honra em que o querelante tenha direito a foro por prerrogativa da função;

V – julgar os recursos das decisões dos membros do Tribunal nos casos previstos nas leis de processo e em seu Regimento Interno;

VI – executar as decisões que proferir, nas causas de sua competência originária, podendo delegar aos juízes de primeiro grau a prática *de atos não decisórios*;

OUTRAS COMPETÊNCIAS JURISDICIONAIS DO TRIBUNAL DE JUSTIÇA
Processar e julgar: • os conflitos de competência entre órgãos do próprio Tribunal; • as ações rescisórias e as revisões criminais dos próprios julgados; • os pedidos de uniformização de sua jurisprudência; • os embargos infringentes de seus julgados; • os embargos declaratórios a seus acórdãos; • as reclamações formuladas pelas partes e pelo Ministério Público, no prazo de 5 (cinco) dias, contra ato ou omissão de juiz de que não caiba recurso ou que, importando em erro de procedimento, possa causar dano irreparável ou de difícil reparação; • as representações por indignidade para o Oficialato da Polícia Militar e Corpo de Bombeiros do Distrito Federal e dos Territórios; • a ação direta de inconstitucionalidade de lei ou ato normativo do Distrito Federal em face de sua Lei Orgânica; • a ação declaratória de constitucionalidade de lei ou ato normativo do Distrito Federal em face de sua Lei Orgânica.
Julgar as arguições de suspeição e impedimento opostas aos magistrados e ao Procurador-Geral de Justiça.
Julgar os recursos e remessas de ofício relativos a decisões proferidas pelos Juízes de Direito do Distrito Federal e dos Territórios.
Julgar a exceção da verdade nos casos de crime contra a honra em que o querelante tenha direito a foro por prerrogativa da função.
Julgar os recursos das decisões dos membros do Tribunal nos casos previstos nas leis de processo e em seu Regimento Interno.
Executar as decisões que proferir, nas causas de sua competência originária, podendo delegar aos juízes de primeiro grau a prática de atos não decisórios.
Nota: Os conceitos e procedimentos de cada uma das espécies de ação ou de recurso acima relacionadas estão dispostos de forma pormenorizada no Título III do Regimento Interno do Tribunal que trata "dos processos em espécie" (arts. 136/343 do RI).

VII – aplicar as sanções disciplinares aos magistrados; decidir, para efeito de aposentadoria, sobre sua incapacidade física ou mental, bem como quanto à disponibilidade e à remoção compulsória de Juiz de Direito;

VIII – aplicar pena de demissão ou perda da delegação, se for o caso, aos integrantes dos serviços auxiliares da Justiça do Distrito Federal e dos Territórios;

IX – decidir sobre a perda de posto e da patente dos oficiais e da graduação dos praças;

X – elaborar lista tríplice para o preenchimento das vagas correspondentes ao quinto reservado aos advogados e membros do Ministério Público, bem como para a escolha dos advogados que devem integrar o Tribunal Regional Eleitoral do Distrito Federal, observado o disposto no inciso III do art. 120 da Constituição Federal;

XI – eleger os desembargadores e juízes de direito que devam integrar o Tribunal Regional Eleitoral do Distrito Federal;

XII – indicar ao Presidente do Tribunal o juiz que deva ser promovido por antiguidade ou merecimento e autorizar permutas;

XIII – indicar ao Presidente do Tribunal os juízes que devam compor as Turmas Recursais;

XIV – promover o pedido de Intervenção Federal no Distrito Federal ou nos Territórios, de ofício ou mediante provocação;

XV – elaborar o Regimento Interno do Tribunal;

XVI – aprovar o Regimento Administrativo da Secretaria e da Corregedoria;

XVII – organizar os serviços auxiliares, provendo os cargos, na forma da lei;

XVIII – decidir sobre matéria administrativa pertinente à organização e ao funcionamento da Justiça do Distrito Federal e dos Territórios;

XIX – organizar e realizar os concursos para o ingresso na Magistratura do Distrito Federal e dos Territórios;

XX – organizar e realizar concursos públicos para provimento dos cargos do Quadro do Tribunal de Justiça;

XXI – organizar e realizar concursos públicos para o exercício da atividade notarial e de registro;

XXII – dispor sobre normas e critérios para o concurso de remoção dos notários e oficiais de registro;

XXIII – propor ao Congresso Nacional o Regimento de Custas das Serventias Judiciais e dos Serviços Notariais e de Registro a viger no Distrito Federal e Territórios;

DEMAIS COMPETÊNCIAS DO TRIBUNAL DE JUSTIÇA (DE NATUREZA ADMINISTRATIVA)
Aplicar as sanções disciplinares aos magistrados; decidir, para efeito de aposentadoria, sobre sua incapacidade física ou mental, bem como quanto à disponibilidade e à remoção compulsória de Juiz de Direito. **Obs.:** No Regimento Interno, esta competência é do Conselho Especial (art. 363, II).
Aplicar pena de demissão ou perda da delegação, se for o caso, aos integrantes dos serviços auxiliares da Justiça do Distrito Federal e dos Territórios. **Obs.:** No Regimento Interno, esta competência é do Conselho Especial (art. 363, VI).

LEI DE ORGANIZAÇÃO JUDICIÁRIA DO DISTRITO FEDERAL E DOS TERRITÓRIOS — ART. 8º

DEMAIS COMPETÊNCIAS DO TRIBUNAL DE JUSTIÇA (DE NATUREZA ADMINISTRATIVA)
Decidir sobre a perda de posto e da patente dos oficiais e da graduação dos praças. **Obs.:** No Regimento Interno, esta competência é da Câmara Criminal (art. 23, VI).
Elaborar lista tríplice para o preenchimento das vagas correspondentes ao quinto reservado aos advogados e membros do Ministério Público, bem como para a escolha dos advogados que devem integrar o Tribunal Regional Eleitoral do Distrito Federal, observado o disposto no inciso III do art. 120 da Constituição Federal. **Obs.:** No Regimento Interno, esta competência é do Tribunal Pleno (art. 361, V).
Eleger os desembargadores e juízes de direito que devam integrar o Tribunal Regional Eleitoral do Distrito Federal. **Obs.:** No Regimento Interno, esta competência é do Tribunal Pleno (art. 361, IV).
Indicar ao Presidente do Tribunal o juiz que deva ser promovido por antiguidade ou merecimento e autorizar permutas. **Obs.:** Sem previsão no Regimento Interno.
Indicar ao Presidente do Tribunal os juízes que devam compor as Turmas Recursais. **Obs.:** Sem previsão no Regimento Interno.
Promover o pedido de Intervenção Federal no Distrito Federal ou nos Territórios, de ofício ou mediante provocação. **Obs.:** No Regimento Interno, esta competência é do Conselho Especial (art. 13, II).
Elaborar o Regimento Interno do Tribunal. **Obs.:** No Regimento Interno, esta competência é do Tribunal Pleno (art. 361, XII).
Aprovar o Regimento Administrativo da Secretaria e da Corregedoria. **Obs.:** No Regimento Interno, esta competência é do Tribunal Pleno (art. 361, XII, última parte).
Organizar os serviços auxiliares, provendo os cargos, na forma da lei. **Obs.:** Sem previsão no Regimento Interno.
Decidir sobre matéria administrativa pertinente à organização e ao funcionamento da Justiça do Distrito Federal e dos Territórios. **Obs.:** No Regimento Interno, esta competência é do Presidente do Tribunal (art. 367, XVIII).
Organizar e realizar os concursos para o ingresso na Magistratura do Distrito Federal e dos Territórios. **Obs.:** No Regimento Interno, esta competência é do Conselho Especial, com alterações (art. 363, IV). Ver também a competência do Presidente (art. 367, IV).
Organizar e realizar concursos públicos para provimento dos cargos do Quadro do Tribunal de Justiça. **Obs.:** No Regimento Interno, esta competência é do Conselho Especial, com alterações (art. 363, IV). Ver ainda a competência do Presidente (art. 367, IV).
Organizar e realizar concursos públicos para o exercício da atividade notarial e de registro. **Obs.:** Sem previsão no Regimento Interno.

DEMAIS COMPETÊNCIAS DO TRIBUNAL DE JUSTIÇA (DE NATUREZA ADMINISTRATIVA)
Dispor sobre normas e critérios para o concurso de remoção dos notários e oficiais de registro. **Obs.:** Sem previsão no Regimento Interno.
Propor ao Congresso Nacional o Regimento de Custas das Serventias Judiciais e dos Serviços Notariais e de Registro a viger no Distrito Federal e Territórios. **Obs.:** No Regimento Interno, esta competência é do Conselho Especial, com alterações (art. 373, VII). Ver ainda a competência do Conselho da Magistratura (art. 15, II).
Designar, sem prejuízo de suas funções, até 2 (dois) Juízes de Direito para Assistentes da Presidência do Tribunal e até 4 (quatro) Juízes de Direito para Assistentes do Corregedor de Justiça, a eles podendo ser delegadas funções correicionais em cartórios judiciais e Serviços Notariais e de Registro. **Obs.:** No Regimento Interno, esta competência é do Conselho Especial, com alterações (art. 363, VIII).

XXIV – designar, sem prejuízo de suas funções, até 2 (dois) Juízes de Direito para Assistentes da Presidência do Tribunal e até 4 (quatro) Juízes de Direito para Assistentes do Corregedor de Justiça, a eles podendo ser delegadas funções correicionais em cartórios judiciais e Serviços Notariais e de Registro.

PARA PRATICAR

21. **(Cespe/TJDFT/Analista Judiciário – Área Judiciária/2015)** O TJDFT tem competência originária para processar e julgar o governador e o vice-governador do DF em crimes comuns e de responsabilidade. ( )

22. **(Cespe/TJDFT/Juiz Substituto/2013)** No que se refere à Lei de Organização Judiciária do TJDFT e às suas disposições, assinale a opção correta.

a) Compete ao TJDFT processar e julgar originariamente os *habeas corpus* quando o constrangimento apontado provier de ato do governador do DF.

b) Essa lei, editada pelo Poder Legislativo da União, possui conteúdo normativo com *status* de lei federal, ainda que regule matérias próprias do TJDFT.

c) A análise da ofensa a essa lei pode ser feita por meio de recurso especial.

d) Em relação aos crimes comuns, inclusive os de natureza eleitoral, compete ao TJDFT processar e julgar originariamente o vice-governador do DF e os secretários dos governos do DF e dos territórios.

e) Compete ao TJDFT processar e julgar originariamente as reclamações formuladas pelas partes e pelo MP, no prazo de cinco dias, contra ato ou omissão de juiz não mais passível de ataque por via recursal ou que, importando em erro de procedimento, possa causar dano irreparável ou de difícil reparação.

23. **(Cespe/TJDFT/Técnico Judiciário/2007 - adaptada)** Juliano, nomeado para o cargo de secretário do governo do Distrito Federal (DF), foi acusado da prática de crime de porte ilegal de arma. Nessa situação, a competência para processá-lo e julgá-lo é do Tribunal de Justiça. ( )

24. **(Cespe/TJDFT/Analista Judiciário/2003)** Embora em algumas situações se aplique a regra para julgamento de ações rescisórias segundo a qual esse julgamento compete a órgão judiciário superior àquele que haja

produzido o julgado, as ações rescisórias contra acórdãos do TJDFT devem ser julgadas pelo próprio tribunal. ( )

25. **(Cespe/TJDFT/Analista Judiciário/2003)** Se uma Turma Cível e uma Turma Criminal do TJDFT gerarem a instauração de um conflito de competência no curso de determinado processo, caberá ao Superior Tribunal de Justiça o julgamento do incidente, para definir o órgão com competência para a causa. ( )

26. **(Cespe/TJDFT/Analista Judiciário/2003)** Se, no âmbito da jurisdição do TJDFT, um secretário de governo cometer um crime eleitoral, não caberá ao TJDFT o julgamento da respectiva ação penal. ( )

27. **(Cespe/TJDFT/Analista Judiciário/2003)** Caso um cidadão impetre *habeas corpus* contra o governador do Distrito Federal (DF), a competência para julgamento será do TJDFT. ( )

28. **(Cespe/TJDFT/Analista de Sistemas/2000)** Considere a seguinte situação hipotética: Ludmila é secretária do governo do Distrito Federal e, em certa ocasião, em um gesto impensado, matou, com vontade livre e consciente, usando arma de fogo, uma pessoa por quem nutria rancor. O crime ocorreu durante uma discussão que ela e a vítima tiveram na residência desta, em Taguatinga – DF. Nessa situação, Ludmila, apesar do cargo que ocupa, deverá submeter-se ao tribunal do júri competente para julgar os homicídios ocorridos naquela cidade. ( )

29. **(Cespe/TJDFT/Analista Judiciário/1998)** O governador do DF será processado e julgado, originariamente, pelo Tribunal de Justiça. ( )

30. **(Cespe/TJDFT/Analista Judiciário/1998)** O TJDF é competente para processar e julgar originariamente o *habeas corpus* impetrado contra ato do governador do DF, mas não é competente para processar e julgar originariamente mandado de segurança impetrado contra ato da mesma autoridade. ( )

31. **(Cespe/TJDFT/Técnico Judiciário/1998)** Mandados de segurança contra ato do Tribunal serão julgados pelo Conselho da Magistratura. ( )

32. **(Cespe/TJDFT/Analista Judiciário/1997 – desmembrada)** Inclui-se na competência do Tribunal de Justiça, de acordo com a Lei de Organização Judiciária do Distrito Federal, processar e julgar, originariamente, os crimes, quaisquer que sejam, praticados pelo vice-governador e pelos secretários do governo do Distrito Federal. ( )

33. **(Cespe/TJDFT/Analista Judiciário/1997 - desmembrada)** Inclui-se na competência do Tribunal de Justiça, de acordo com a Lei de Organização Judiciária do Distrito Federal, processar e julgar, originariamente, os crimes, quaisquer que sejam, praticados pelos juízes de direito e pelos juízes de direito substitutos do Distrito Federal. ( )

34. **(Cespe/TJDFT/Analista Judiciário/1997 - desmembrada)** Inclui-se na competência do Tribunal de Justiça, de acordo com a Lei de Organização Judiciária do Distrito Federal, processar e julgar, originariamente, os mandados de segurança contra ato do próprio Tribunal, de seus órgãos e de seus membros, bem como contra atos dos juízes do Distrito Federal, do Governador do Distrito Federal, do Tribunal de Contas do Distrito Federal e dos secretários do governo do Distrito Federal. ( )

35. **(Cespe/TJDFT/Analista Judiciário/1997 - desmembrada)** Inclui-se na competência do Tribunal de Justiça, de acordo com a Lei de Organização Judiciária do Distrito Federal, processar e julgar, originariamente, as ações rescisórias e as revisões criminais dos próprios julgados. ( )

36. **(Cespe/TJDFT/Analista Judiciário/1997 - desmembrada)** Inclui-se na competência do Tribunal de Justiça, de acordo com a Lei de Organização Judiciária do Distrito Federal, processar e julgar, originariamente, os embargos de declaração opostos a seus acórdãos. ( )

37. **(Cespe/TJDFT/Analista Judiciário/1997 - desmembrada)** Inclui-se na competência do Tribunal de Justiça, de acordo com a Lei de Organização Judiciária do Distrito Federal, processar e julgar, originariamente, os embargos infringentes opostos a seus acórdãos. ( )

38. **(Inédita)** O Tribunal de Justiça é competente para julgar as infrações penais comuns praticadas por desembargador. ( )

39. **(Inédita)** Ao Tribunal de Justiça compete processar e julgar, originariamente, os deputados distritais tanto nos crimes comuns quanto nos de responsabilidade. ( )

40. **(Inédita)** Compete ao Tribunal de Justiça promover, de ofício ou mediante provocação, o pedido de intervenção federal no Distrito Federal ou nos Territórios. ( )

COMENTÁRIOS

21. (E) Segundo dispõe o art. 8º, I, a, da LOJDFT, o TJDFT não dispõe de competência originária para o julgamento do governador do DF em crimes comuns e de responsabilidade, mas somente do vice-governador do DF, lembrando que a competência para julgar o Governador do DF nos crimes comuns é do STJ (art. 105, I, a, CF), e nos crimes de responsabilidade é a Câmara Legislativa do DF (arts. 60, XXIV, XXV e XXXI e 103 da Lei Orgânica do Distrito Federal).

22. Está correta a alternativa E.

    (a) Está errada, pois o processo e julgamento de habeas corpus impetrado contra o Governador do DF é da competência originária do STJ (art. 105, I, c, CF);

    (b) Está errada, pois o STJ já se pronunciou sobre a natureza da LOJDFT, dispondo que *1. a Lei de Organização Judiciária do Distrito Federal, muito embora seja formalmente lei federal, editada pelo Poder Legislativo da União, possui conteúdo normativo com status de lei local, pois regula matérias próprias do Tribunal de Justiça do Distrito Federal e Territórios, circunstância esta que afasta a necessidade da missão uniformizadora do Superior Tribunal de Justiça. 2. Incidência, por analogia, do enunciado n. 280 da Súmula do Supremo Tribunal Federal: "Por ofensa a direito local não cabe recurso extraordinário". Precedentes.* (AgRg no AREsp 184261 / DF, Relator Luis Felipe Salomão, quarta Turma, DJe 13/09/2013);

    (c) Está errada, pois, conforme decisão do STJ, a análise de ofensa a essa lei, por ostentar *status* de local, escapa da competência constitucional do STJ. (AgRg no AREsp 184261/DF, Relator Luis Felipe Salomão, quarta Turma, DJe 13/09/2013);

    (d) Está errada, pois a competência originária do TJDFT para processar e julgar o vice-governador do DF e os secretários dos governos do DF e dos territórios é somente quanto aos crimes comuns, excetuados os crimes de natureza eleitoral, de competência da Justiça Eleitoral (art. 8º, I, b).

    (e) Está correta, conforme expressa e literal previsão do art. 8º, I, l, que assim dispõe: "Compete ao TJDFT processar e julgar originariamente as reclamações formuladas pelas partes e pelo MP, no prazo de cinco dias, contra ato ou omissão de juiz de que não caiba recurso ou que, importando em erro de procedimento, possa causar dano irreparável ou de difícil reparação".

23. (C) O porte ilegal de arma é um crime comum. Os crimes comuns – e também os de responsabilidade - praticados por secretários de governo do Distrito Federal são processados e julgados pelo Tribunal de Justiça (art. 8º, I, a).

24. (C) De fato, o julgamento de ações rescisórias é, em regra, realizado por um órgão de hierarquia superior àquele que haja produzido o julgado objeto da rescisão. Todavia, em se tratando de rescisão de julgados do Tribunal de Justiça, compete ao próprio Tribunal julgar as ações rescisórias de seus julgados (art. 8º, g).

25. (E) A competência para o julgamento de conflito de competência entre órgãos do Tribunal é do próprio Tribunal de Justiça (art. 8º, f). Ao Superior Tribunal de Justiça compete julgar os conflitos entre Tribunais e entre Juízes de Tribunais diferentes (art. 105, I, d, CF).

26. (C) O Tribunal de Justiça não tem competência para julgar crime eleitoral cometido por secretário de governo, mas somente os crimes comuns e de responsabilidade (art. 8º, I, a). Os crimes eleitorais são processados e julgados pela justiça eleitoral.

27. (E) A competência para julgar os *habeas corpus* impetrados contra o Governador do Distrito Federal é do Superior Tribunal de Justiça (art. 105, I, c, da CF).

28. (E) Essa questão, tida como errada pelo Cespe, foi elaborada no ano 2000 e corrigida à luz da letra fria da LOJDFT. Veja que na questão Ludmila é secretária de Governo do DF e cometeu o crime de homicídio, classificado pela lei penal como crime comum. Em regra, a competência constitucional para o julgamento de crimes dolosos contra a vida é dos Tribunais do Júri, ressalvadas as hipóteses de haver sido o crime cometido por autoridades com foro por prerrogativa de função. A ressalva então, à época da elaboração da questão, alcançaria Ludmila, em razão da previsão contida no art. 8º, I, a, da LOJDFT sobre a competência do TJDFT para o processo e julgamento de crimes comuns praticados por secretários

de governo do DF. Ocorre, todavia, que a respeito da competência constitucional do Tribunal do Júri, hoje vige a Súmula Vinculante 45 do STF, editada em Sessão Plenária de 08/4/2015 que assim dispõe: "A competência constitucional do Tribunal do Júri prevalece sobre o foro por prerrogativa de função estabelecido exclusivamente pela Constituição Estadual." Assim, considerada a questão sob a ótica da jurisprudência atual, embora seja permitido às Constituições Estaduais instituir foro por prerrogativa de função (art. 125, § 1º, CF), elas não podem excluir a competência constitucional do Tribunal do Júri para o julgamento de crimes dolosos contra a vida (art. 5º, XXXVIII, d), a não ser em relação às autoridades a quem a Constituição Federal concede tal privilégio. É o caso, por exemplo, dos governadores dos Estados e do Distrito Federal que possuem a prerrogativa de serem julgados pelo STJ pela prática de crimes comuns, inclusive homicídio (art. 105, I, *a*, CF). No caso específico do Distrito Federal, a Lei Orgânica do Distrito Federal (LODF), que possui *status* de constituição local, nada dispõe a respeito da matéria, ficando exclusivamente a cargo da LOJDFT instituir foro especial por prerrogativa de função, como é o caso, entre outros, dos secretários de governo do DF que são processados e julgados pelo TJDFT nos crimes comuns e de responsabilidade. E como a Constituição Federal não concede aos secretários de governo do DF tal privilégio, haverão eles de ser julgados nos Tribunais do Júri em caso de cometimento de crimes dolosos contra a vida. Hoje, então, à luz da jurisprudência atual, a questão estaria correta.

29. (C) A competência para processar e julgar o Governador do Distrito Federal é do Superior Tribunal de Justiça, nos crimes comuns (art. 105, I, *a*, CF); nos crimes de responsabilidade, a competência é da Câmara Legislativa do Distrito Federal (arts. 60 arts. 60, XXIV, XXV e XXXI e 103 da Lei Orgânica do Distrito Federal).

30. (E) Não compete ao Tribunal de Justiça do DFT, mas sim ao Superior Tribunal de Justiça julgar o *habeas corpus* contra ato do Governador do DF (art. 105, I, *c*, CF). Todavia, compete ao TJDFT julgar o mandado de segurança impetrado contra ato da mesma autoridade (art. 8º, I, *c*). A banca examinadora trocou a competência correta pela incorreta com o intuito de confundir o candidato desatento.

31. (E) O julgamento de mandados de segurança contra ato do Tribunal é da competência originária do Tribunal de Justiça (art. 8º, I, *c*).

32. (E) A questão é muito genérica, pois inseriu a locução "quaisquer que sejam". A competência do Tribunal de Justiça não é para processar e julgar quaisquer crimes cometidos pelo vice-governador ou secretário de governo do DF, entre outras autoridades, mas os crimes comuns e de responsabilidade, excluídos os eleitorais, os quais serão julgados pela justiça eleitoral (art. 8º, I, *a*).

33. (E) A questão é muito genérica, pois inseriu a locução "quaisquer que sejam". A competência do Tribunal de Justiça não é para processar e julgar qualquer crime, mas somente os crimes comuns e de responsabilidade praticados pelos Juízes de Direito e Juízes de Direito Substitutos do Distrito Federal, excluídos os eleitorais, os quais serão julgados pela justiça eleitoral (art. 8º, I, *b*).

34. (C) A questão limita-se a reproduzir, em sua literalidade, o art. 8º, I, *c*, que assim dispõe: "Compete ao Tribunal de Justiça processar e julgar originariamente os mandados de segurança e os *habeas data* contra atos do Presidente do Tribunal e de qualquer de seus órgãos e membros, do Procurador-Geral da Justiça do Distrito Federal e dos Territórios, dos Juízes do Distrito Federal e dos Territórios, do Governador do Distrito Federal, dos Governadores dos Territórios, do Presidente do Tribunal de Contas do Distrito Federal e de qualquer de seus membros, do Procurador-Geral do Distrito Federal e dos Secretários de Governo do Distrito Federal e dos Territórios".

35. (C) A questão limita-se a reproduzir, em sua literalidade, o art. 8º, I, *g*, que assim dispõe: "Compete ao Tribunal de Justiça processar e julgar originariamente as ações rescisórias e as revisões criminais de seus julgados".

36. (C) A questão limita-se a reproduzir, em sua literalidade, o art. 8º, I, *j*, que assim dispõe: "Compete ao Tribunal de Justiça processar e julgar originariamente os embargos de declaração a seus acórdãos".

37. (C) A questão limita-se a reproduzir, em sua literalidade, o art. 8º, I, *i*, que assim dispõe: "Compete ao Tribunal de Justiça processar e julgar originariamente os embargos infringentes de seus julgados".

38. (E) O Tribunal de Justiça não é competente para julgar crimes praticados por desembargadores. A competência para processar os desembargadores dos Tribunais de Justiça dos Estados e do Distrito Federal, nos crimes comuns e de responsabilidade, é originária do Superior Tribunal de Justiça (art. 105, I, *a*, CF),

cabendo relembrar que cabe ao Tribunal de Justiça processar e julgar os juízes de direito do Distrito Federal e dos Territórios e os juízes de direito substitutos do Distrito Federal nos crimes comuns e de responsabilidade, ressalvada a competência da justiça eleitoral (art. 8º, I, b).

39. (E) A competência originária do Tribunal de Justiça para o julgamento de deputados distritais é somente quanto aos crimes comuns, não os de responsabilidade nem os eleitorais (art. 8º, I, b). Os crimes de responsabilidade praticados por deputados distritais são julgados pela Câmara Legislativa do Distrito Federal (art. 60 da Lei Orgânica do Distrito Federal) e os crimes eleitorais são julgados pela justiça eleitoral.

40. (C) Cabe ao Tribunal de Justiça promover, de ofício ou mediante provocação, o pedido de intervenção federal no Distrito Federal ou nos Territórios (art. 8º, XIV).

§ 1º O procedimento da reclamação das ações direta de inconstitucionalidade e declaratória de constitucionalidade será regulado pelo Regimento Interno.

Ação Direta de Inconstitucionalidade	**Por ação**: é a ação judicial que visa declarar que uma lei, ou parte dela, é inconstitucional, ou seja, que contraria os ditames da Constituição Federal ou das Constituições Estaduais.
	Por omissão: é a ação judicial por meio da qual se busca, ante a inércia do Poder Público, cientificar o legislador negligente para que adote as medidas necessárias ao cumprimento do texto constitucional.

Ação Declaratória de Constitucionalidade	É a ação judicial que visa declarar que uma lei ou ato normativo foi editada conforme os ditames da Constituição Federal ou das Constituições Estaduais.

§ 2º Podem propor a ação direta de inconstitucionalidade:

I – o Governador do Distrito Federal;

II – a Mesa da Câmara Legislativa do Distrito Federal;

III – o Procurador-Geral de Justiça;

IV – a Ordem dos Advogados do Brasil, Seção do Distrito Federal;

V – as entidades sindicais ou de classe, de atuação no Distrito Federal, demonstrando que a pretensão por elas deduzida guarda relação de pertinência direta com os seus objetivos institucionais;

VI – os partidos políticos com representação na Câmara Legislativa.

§ 3º Podem propor a ação declaratória de constitucionalidade:

I – o Governador do Distrito Federal;

II – a Mesa da Câmara Legislativa do Distrito Federal;

III – o Procurador-Geral de Justiça.

AÇÃO DIRETA DE INCONSTITUCIONALIDADE (ADI)	AÇÃO DECLARATÓRIA DE CONSTITUCIONALIDADE (ADC)
Quem pode ajuizar a ação	**Quem pode ajuizar a ação**
- o Governador do Distrito Federal; - a Mesa da Câmara Legislativa do Distrito Federal; - o Procurador-Geral de Justiça; - a Ordem dos Advogados do Brasil, Seção do Distrito Federal; - as entidades sindicais ou de classe, de atuação no Distrito Federal, **demonstrando que a pretensão por elas deduzida guarda relação de pertinência direta com os seus objetivos institucionais;** - os partidos políticos com representação na Câmara Legislativa.	- o Governador do Distrito Federal; - a Mesa da Câmara Legislativa do Distrito Federal; - o Procurador-Geral de Justiça.

§ 4º Aplicam-se ao processo e julgamento da ação direta de inconstitucionalidade perante o Tribunal de Justiça do Distrito Federal e dos Territórios as seguintes disposições:

I – o Procurador-Geral de Justiça será sempre ouvido nas ações diretas de constitucionalidade ou de inconstitucionalidade;

II – declarada a inconstitucionalidade por omissão de medida para tornar efetiva norma da Lei Orgânica do Distrito Federal, a decisão será comunicada ao Poder competente para adoção das providências necessárias e, tratando-se de órgão administrativo, para fazê-lo em 30 (trinta) dias;

III – somente pelo voto da maioria absoluta de seus membros ou de seu órgão especial, poderá o Tribunal de Justiça declarar a inconstitucionalidade de lei ou de ato normativo do Distrito Federal ou suspender a vigência em decisão de medida cautelar.

§ 5º Aplicam-se, no que couber, ao processo e julgamento da ação direta de inconstitucionalidade de lei ou ato normativo do Distrito Federal, em face da sua Lei Orgânica, as normas sobre o processo e o julgamento da ação direta de inconstitucionalidade perante o Supremo Tribunal Federal.

PROCESSO E JULGAMENTO DAS AÇÕES DIRETA DE INCONSTITUCIONALIDADE	
Normas aplicadas	Normas que versem sobre o processo e o julgamento da ação direta de inconstitucionalidade perante o Supremo Tribunal Federal, naquilo que couber aplicar.

PROCESSO E JULGAMENTO	
DAS AÇÕES DIRETA DE INCONSTITUCIONALIDADE	
Normas passíveis de controle de constitucionalidade pelo TJDFT	Leis ou atos normativos do Distrito Federal que estejam em dissonância com a **Lei Orgânica do Distrito Federal**, a qual possui *status* de Constituição do Distrito Federal. Obs.: Quando a inconstitucionalidade da lei ou ato normativo for arguida em face da Constituição Federal, a competência para o julgamento da ADI será do Supremo Tribunal Federal.
Autoridade que sempre será ouvida antes do julgamento	O Procurador-Geral de Justiça.
Quorum mínimo para declarar a inconstitucionalidade de lei ou de ato normativo do Distrito Federal ou suspender a vigência em decisão de medida cautelar	**Maioria absoluta dos membros do Tribunal ou de seu órgão especial.**
Ação de Inconstitucionalidade por Omissão	Uma vez declarada a inconstitucionalidade por omissão de medida para tornar efetiva norma da Lei Orgânica do Distrito Federal, a decisão será comunicada ao Poder competente para adoção das providências necessárias e, tratando-se de órgão administrativo, para fazê-lo em 30 (trinta) dias.
Nota: O Regimento Interno dispõe de forma pormenorizada sobre o processamento e julgamento das ações direta de inconstitucionalidade e das ações declaratórias de constitucionalidade. A respeito, ver quadro esquemático relativo aos arts. 136/153 do Regimento Interno.	

PARA PRATICAR

41. **(Cespe/TJDFT/Técnico Judiciário – Área Administrativa/2015)** Aqueles que são legitimados para propor ação direta de inconstitucionalidade podem também ajuizar ação declaratória de constitucionalidade. ( )

42. **(Cespe/TJDFT/Técnico Judiciário/2013)** Considere que determinado partido político com representação na Câmara Legislativa tenha ajuizado ação direta de inconstitucionalidade perante o TJDFT discutindo norma da Lei Orgânica do DF. Nessa situação, no processo e julgamento da ação, o procurador-geral de justiça deverá, obrigatoriamente, ser ouvido. ( )

43. **(Cespe/TJDFT/Analista Judiciário/2013)** Considere que determinada entidade de classe do DF pretenda ajuizar, no TJDFT, ação direta de inconstitucionalidade para discutir, em face de sua Lei Orgânica, ato normativo do DF. Nesse caso, a referida entidade deverá demonstrar que a pretensão deduzida guarda relação direta com seus objetivos institucionais. ( )

44. **(Cespe/TJDFT/Analista Judiciário /2003)** A Seccional do DF da Ordem dos Advogados do Brasil é legitimada ao ajuizamento de ação direta de inconstitucionalidade (ADIn) no TJDFT e não estará obrigada a demonstrar que a norma atacada na ação guarda nexo de pertinência com seus objetivos institucionais. ( )

X – **(Cespe/TJDFT/Analista Judiciário/2000 - adaptada)** Acerca da ação direta de inconstitucionalidade (ADIn) cuja competência é do TJDFT, assinale (C) quando questão estiver correta e (E) quando a questão estiver incorreta.

LEI DE ORGANIZAÇÃO JUDICIÁRIA DO DISTRITO FEDERAL E DOS TERRITÓRIOS — ART. 8º

45. A ação direta de inconstitucionalidade cabe contra lei distrital, ato normativo produzido no âmbito do DF ou contra a Lei Orgânica do DF, naquilo em que se contrapuserem à Constituição da República. ( )

46. Entre outros órgãos, entes e autoridades, têm legitimidade para ajuizar a ADIn o Procurador-Geral da República e partido político com representação no Congresso Nacional ou na Câmara Legislativa. ( )

47. Entidades sindicais ou de classe com atuação no Distrito Federal detêm legitimidade para propor a ação, bastando, para tanto, que o objeto dela seja de competência do TJDFT e que tenham recebido autorização da assembleia geral ou do órgão equivalente, segundo seus estatutos. ( )

48. Representará o Ministério Público na ação direta de inconstitucionalidade o Procurador-Geral de Justiça ou, na ausência deste, o Procurador-Geral da República. ( )

49. Cabe a concessão de medida cautelar no processo da ADIn de competência do TJDFT, a qual, no entanto, depende do voto da maioria absoluta dos membros do Tribunal ou de seu órgão especial. ( )

50. **(Cespe/TJDFT/Analista Judiciário 1998)** A ação direta de inconstitucionalidade pode ser ajuizada por qualquer pessoa do povo, sem representação de advogado. ( )

X – **(Inédita)** Sobre a ação indireta de inconstitucionalidade e a ação declaratória de constitucionalidade, responda (C) se a questão estiver CERTA e (E) se estiver ERRADA.

51. As entidades sindicais e de classe de atuação no Distrito Federal podem propor ação declaratória de constitucionalidade. ( )

52. Somente pelo voto da maioria absoluta de seus membros ou de seu órgão especial, poderá o Tribunal de Justiça declarar a inconstitucionalidade de lei ou de ato normativo do Distrito Federal ou suspender a vigência em decisão de medida cautelar. ( )

53. **(Banca TRT 24ªR – Juiz do Trabalho/2012 – adaptada)** Declarada a inconstitucionalidade por omissão de medida para tornar efetiva norma da Lei Orgânica do Distrito Federal, será dada ciência ao poder competente para a adoção das providências necessárias e, tratando-se de órgão administrativo, para fazê-lo em até noventa dias. ( )

54. **(Inédita)** Aplicam-se, no que couber, ao processo e julgamento da ação direta de inconstitucionalidade de lei ou ato normativo do Distrito Federal, em face da sua Lei Orgânica, as normas sobre o processo e o julgamento da ação direta de inconstitucionalidade perante o Supremo Tribunal Federal. ( )

55. **(Inédita)** O Procurador-Geral do Distrito Federal possui legitimidade para ingressar com ação direta de inconstitucionalidade no TJDFT frente à lei distrital. ( )

COMENTÁRIOS

41. (E) Segundo as disposições da LOJDFT, nem todos os legitimados para propor a ação direta de inconstitucionalidade (ADI) podem propor a ação declaratória de constitucionalidade (ADC). A ADI pode ser proposta: a) pelo Governador do Distrito Federal; b) pela Mesa da Câmara Legislativa do Distrito Federal; c) pelo Procurador-Geral de Justiça; d) pela Ordem dos Advogados do Brasil, Seção do Distrito Federal; e) pelas entidades sindicais ou de classe, de atuação no Distrito Federal, demonstrando que a pretensão por elas deduzida guarda relação de pertinência direta com os seus objetivos institucionais; f) pelos partidos políticos com representação na Câmara Legislativa (art. 8º, § 2º). Já ADC somente pode ser proposta pelos três primeiros legitimados da ADI, ou seja: a) pelo Governador do Distrito Federal; b) pela Mesa da Câmara Legislativa do Distrito Federal; c) pelo Procurador-Geral de Justiça (art. 8º, § 3º).

42. (C) O Procurador-Geral de Justiça, que é o membro mais graduado do Ministério Público do Distrito Federal e dos Territórios, será sempre ouvido nas ações direta de inconstitucionalidade ou de constitucionalidade (art. 8º, § 4º, I, da LOJDFT).

43. (C) As entidades sindicais ou de classe com atuação no Distrito Federal podem propor a ação direta de inconstitucionalidade para discutir lei distrital em face da Lei Orgânica do Distrito Federal, devendo, de fato, demonstrar que a norma atacada na ação guarda nexo de pertinência direta com os seus objetivos institucionais (art. 8º, § 2º, V). Trata-se do denominado "requisito da pertinência temática" que diz respeito à relação que deve existir necessariamente entre os objetivos das entidades sindicais ou de classe e o conteúdo da norma tida como inconstitucional. Sem a demonstração desse requisito, elas não poderão ajuizar a ação direta de inconstitucionalidade.

44. (C) A Seccional do DF da Ordem dos Advogados do Brasil está elencada como um dos legitimados para o ajuizamento da ação direta de inconstitucionalidade, sendo correto afirmar que não estará obrigada a demonstrar que a norma atacada na ação guarda nexo de pertinência com seus objetivos institucionais. O requisito da pertinência temática somente é exigido às entidades sindicais ou de classe (art. 8º, § 2º, IV e V).

45. (E) No âmbito do TJDFT, a ação direta de inconstitucionalidade de lei ou ato normativo do Distrito Federal é cabível naquilo que se contrapuser à Lei Orgânica do Distrito Federal, e não à Constituição Federal, como afirma a questão (art. 8º, I, n). Quando a lei ou o ato normativo do Distrito Federal estiver em dissonância com a Constituição Federal, a ação direta de inconstitucionalidade será cabível perante o Supremo Tribunal Federal.

46. (E) No âmbito do TJDFT, não tem legitimidade para ajuizar a ADIn o Procurador-Geral da República, mas o Procurador-Geral de Justiça (do Ministério Público do Distrito Federal e dos Territórios). Também não tem legitimidade para propor a ação direta de inconstitucionalidade o partido político com representação no Congresso Nacional, mas aquele com representação na Câmara Legislativa do Distrito Federal. O Procurador-Geral de Justiça e o partido político com representação no Congresso Nacional tem legitimidade para propor a ADIn perante o Supremo Tribunal Federal. Para relembrar, no âmbito do TJDFT, "podem propor a ação direta de inconstitucionalidade: I – o Governador do Distrito Federal; II – a Mesa da Câmara Legislativa do Distrito Federal; III – o Procurador-Geral de Justiça; IV – a Ordem dos Advogados do Brasil, Seção do Distrito Federal; V – as entidades sindicais ou de classe, de atuação no Distrito Federal, demonstrando que a pretensão por elas deduzida guarda relação de pertinência direta com os seus objetivos institucionais; VI – os partidos políticos com representação na Câmara Legislativa" (art. 8º, § 2º, e incisos).

47. (E) No âmbito do TJDFT, entidades sindicais ou de classe com atuação no Distrito Federal detêm legitimidade para ajuizar a ação direta de inconstitucionalidade desde que demonstre a pertinência temática, ou seja, que comprove que a pretensão deduzida na ação guarda relação direta com os seus objetivos institucionais. A LOJDFT não exige, para a propositura da ação, a autorização da assembleia geral ou do órgão equivalente segundo os seus estatutos (art. 8º, § 2º, V).

48. (E) No âmbito do TJDFT, o Ministério Público será representado pelo Procurador-Geral de Justiça (do Ministério Público do Distrito Federal e dos Territórios), não havendo previsão de representatividade por parte do Procurador-Geral da República, específica para as ações direta de inconstitucionalidade ajuizadas perante o Supremo Tribunal Federal (art. 8º, § 2º, III).

49. (C) O art. 8º, § 4º, III, da LOJDFT dispõe que "somente pelo voto da maioria absoluta de seus membros ou de seu órgão especial, poderá o Tribunal de Justiça declarar a inconstitucionalidade de lei ou de ato normativo do Distrito Federal ou suspender a vigência em decisão de medida cautelar". Pela leitura do dispositivo legal, é possível concluir que cabe concessão de medida cautelar no processo da ADIn de competência do TJDFT, a qual dependerá do voto da maioria absoluta dos membros do Tribunal ou de seu órgão especial, o Conselho Especial.

50. (E) Pessoas comuns do povo não possuem legitimidade para ajuizar ação direta de inconstitucionalidade, mas somente aquelas elencadas no art. 8º, § 2º, quais sejam: O Governador do Distrito Federal; a Mesa da Câmara Legislativa do Distrito Federal; o Procurador-Geral de Justiça do Distrito Federal e Territórios; a Ordem dos Advogados do Brasil, Seccional do Distrito Federal; o partido político com representação na Câmara Legislativa do Distrito Federal; a entidade sindical ou de classe com atuação no Distrito Federal, a qual demonstrará que a pretensão por ela deduzida guarda relação de pertinência direta com seus objetivos institucionais.

51. (E) Segundo o art. 8º, § 3º da LOJDFT, somente podem propor a ação declaratória de constitucionalidade: I – o Governador do Distrito Federal; II – a Mesa da Câmara Legislativa do Distrito Federal; III – o Procurador-Geral de Justiça. As entidades sindicais ou de classe não estão no rol de legitimados para a ação declaratória de constitucionalidade. Portanto, entidades sindicais e de classe não estão legitimados para propor ação declaratória de constitucionalidade.

LEI DE ORGANIZAÇÃO JUDICIÁRIA DO DISTRITO FEDERAL E DOS TERRITÓRIOS   ART. 9º

52. (C) A questão limita-se a reproduzir, em sua literalidade, o art. 8º, § 4º, III, onde se lê: "Somente pelo voto da maioria absoluta de seus membros ou de seu órgão especial poderá o Tribunal de Justiça declarar a inconstitucionalidade de ato normativo do Distrito Federal ou suspender a vigência da decisão de medida cautelar".

53. (E) Declarada a inconstitucionalidade por omissão de medida para tornar efetiva norma da Lei Orgânica do Distrito Federal, a decisão será comunicada ao poder competente para a adoção das providências necessárias e, em se tratando de órgão administrativo, para fazê-lo em até trinta dias e não em até noventa dias como afirmado na questão (art. 8º, § 4º, II).

54. (C) A questão limitou-se a reproduzir, em sua literalidade, o art. 8º, § 5º, que assim dispõe: "aplicam-se, no que couber, ao processo e julgamento da ação direta de inconstitucionalidade de lei ou ato normativo do Distrito Federal, em face da sua Lei Orgânica, as normas sobre o processo e o julgamento da ação direta de inconstitucionalidade perante o Supremo Tribunal Federal".

55. (E) Os legitimados para ingressar com a ação direta de inconstitucionalidade frente à lei distrital são: o Governador do Distrito Federal; a Mesa da Câmara Legislativa do Distrito Federal; o Procurador-Geral de Justiça; a Ordem dos Advogados do Brasil, Seção do Distrito Federal; as entidades sindicais ou de classe, de atuação no Distrito Federal, demonstrando que a pretensão por elas deduzida guarda relação de pertinência direta com os seus objetivos institucionais; os partidos políticos com representação na Câmara Legislativa (art. 8º, § 2º). Atente-se para a distinção entre o Procurador-Geral do Distrito Federal e o Procurador-Geral de Justiça do Distrito Federal e dos Territórios. O primeiro é o chefe da advocacia pública do DF e não detém competência para ingressar com a ação direta de inconstitucionalidade; já o Procurador-Geral de Justiça do DFT, como chefe maior do Ministério Público do Distrito Federal e dos Territórios detém essa legitimidade (art. 8º, § 2º, III).

Seção II
Da Competência do Tribunal Pleno, Conselho Administrativo, Conselho da Magistratura, Conselho Especial, das Câmaras e das Turmas

Art. 9º O Regimento Interno do Tribunal de Justiça disporá sobre a organização, competência, atribuição e funcionamento do Tribunal Pleno, do Conselho Administrativo, do Conselho Especial, do Conselho da Magistratura, das Câmaras, das Turmas e das Turmas Recursais, observadas as respectivas especializações e o disposto na Lei Orgânica da Magistratura Nacional.

Detalhes sobre a organização, a competência, a atribuição e o funcionamento dos órgãos julgadores do Tribunal, ver o Regimento Interno do Tribunal. As Turmas Recursais são tratadas em Regimento próprio.

Nota: O Regimento Interno do TJDFT eliminou o nome "Conselho Administrativo" do seu texto. Hoje, o Conselho Especial do Tribunal exerce função jurisdicional (art. 13) e administrativa (art. 363).

Seção III
Das Atribuições do Presidente

O Presidente é um dos desembargadores integrantes do Tribunal de Justiça, eleito pelo Plenário para administrar e dirigir os trabalhos do Órgão. É a autoridade máxima do Tribunal e tem suas atribuições definidas no art. 10 desta lei e nos arts. 26 (atribuições jurisdicionais) e 303 (atribuições administrativas) do Regimento Interno.

Art. 10. São atribuições do Presidente:

I – dirigir os trabalhos do Tribunal;

II – representar o Poder Judiciário do Distrito Federal e dos Territórios em suas relações com os demais Poderes e autoridades;

III – conceder a delegação para o exercício da atividade notarial e de registro, bem como extingui-la, nos casos previstos em lei, declarando vago o respectivo serviço;

IV – autorizar, na forma da lei, a ocupação de áreas de prédios da Justiça do Distrito Federal e dos Territórios.

Parágrafo único. As demais competências serão fixadas pelo Regimento Interno.

Seção IV
Das Atribuições do Primeiro e Segundo Vice-Presidentes

O **Primeiro Vice-Presidente** é um dos desembargadores integrantes do Tribunal de Justiça, eleito pelo Plenário para substituir o Presidente em suas faltas e impedimentos. Tem suas atribuições definidas no art. 11 desta lei e nos arts. 44 (atribuições jurisdicionais) e 368 (atribuições administrativas) do Regimento Interno.

O **Segundo Vice-Presidente** é um dos desembargadores integrantes do Tribunal de Justiça, eleito pelo Plenário para substituir, em caso de impedimento do Primeiro Vice-Presidente, o Presidente em suas faltas e impedimentos. Tem suas atribuições definidas no art. 11 desta lei e nos arts. 45 (atribuições jurisdicionais) e 369 (atribuições administrativas) do Regimento Interno.

Art. 11. São atribuições do Primeiro e Segundo Vice-Presidentes substituírem, sucessivamente, o Presidente em suas faltas e impedimentos, bem como praticar todos os atos que lhe forem atribuídos no Regimento Interno.

Parágrafo único. Os Vice-Presidentes serão substituídos em suas faltas e impedimentos na forma que dispuser o Regimento Interno.

Sobre a substituição dos integrantes de cargos de direção do Tribunal, ver o art. 57 do Regimento Interno.

Seção V
Das Atribuições do Corregedor

O **Corregedor de Justiça** é um dos desembargadores integrantes do Tribunal de Justiça, eleito pelo Plenário e figura como a autoridade responsável pela fiscalização e regularidade dos serviços prestados pelas Serventias Judiciais (nome dado aos Cartórios das Varas) e pelas Serventias Extrajudiciais (nome dado aos Serviços de Notas e de Registro), assegurando a correta aplicação das normas legais pertinentes. Tem suas atribuições definidas no art. 12 desta lei e nos arts. 47 (atribuições jurisdicionais) e 370 (atribuições administrativas) do Regimento Interno.

Art. 12. São atribuições do Corregedor:

I – supervisionar e exercer o poder disciplinar, relativamente aos serviços forenses, sem prejuízo do que é deferido às autoridades de menor hierarquia;

II – instaurar sindicância e processo administrativo disciplinar para apurar infrações praticadas pelos notários, oficiais de registro e afins e seus prepostos, aplicando as penas cabíveis, exceto a perda de delegação;

III – exercer a fiscalização dos atos notariais e de registro, zelando para que sejam prestados com rapidez, qualidade satisfatória e de modo eficiente;

IV – designar o Juiz Diretor do Fórum das circunscrições judiciárias do Distrito Federal e fixar-lhe as atribuições;

V – designar o Juiz de Direito Substituto responsável pela distribuição da Circunscrição Judiciária de Brasília;

VI – indicar à nomeação os Diretores de Secretaria das Varas vagas, os Depositários Públicos, os Contadores-Partidores e os Distribuidores;

VII – regular a atividade do Depositário Público, dispondo especialmente sobre as formas de controle dos bens em depósito, bem como as atividades dos Contadores-Partidores e Distribuidores.

§ 1º O Corregedor poderá delegar a juízes a realização de correição nas serventias e a presidência de processos administrativos disciplinares, salvo para apurar a prática de infração penal atribuída a juiz.

§ 2º A correição geral dos Territórios será feita pessoalmente pelo Corregedor e abrangerá, no mínimo, em cada ano, a metade das circunscrições neles existentes, de forma que, no final do biênio, estejam todas inspecionadas.

Correições são inspeções feitas para a verificação de irregularidades nas serventias judiciais (varas) e nas serventias extrajudiciais (cartórios de notas e de registros).
As correições nas serventias judiciais do Distrito Federal podem ser feitas por Juízes por delegação do Corregedor de Justiça. Nos Territórios, a correição geral será feita pessoalmente pelo Corregedor e abrangerá, em cada ano, no mínimo, a metade das circunscrições existentes, de forma que, no final de dois anos, todas as varas existentes devem estar inspecionadas.

Sobre as inspeções e as correições judiciais, ver arts. 105/114 do Provimento Geral da Corregedoria.

---

§ 3º O Corregedor será substituído em suas faltas e impedimentos na forma que dispuser o Regimento Interno.

ATRIBUIÇÕES DO PRESIDENTE DO TRIBUNAL	ATRIBUIÇÕES DO PRIMEIRO E DO SEGUNDO VICE-PRESIDENTES	ATRIBUIÇÕES DO CORREGEDOR
- **dirigir os trabalhos** do Tribunal; - **representar o Poder Judiciário do Distrito Federal e dos Territórios** em suas relações com os demais Poderes e autoridades; - **conceder a delegação** para o exercício da atividade dos cartórios extrajudiciais (notarial e de registro), bem como extingui-la, nos casos previstos em lei, declarando vago o respectivo serviço; - **autorizar,** na forma da lei, a ocupação de áreas de prédios da Justiça do Distrito Federal e dos Territórios. Obs.: as demais competências serão fixadas pelo Regimento Interno.	- **substituir,** sucessivamente, o **Presidente** em suas faltas e impedimentos, bem como praticar todos os atos que lhe forem atribuídos no Regimento Interno.	- **supervisionar** e **exercer o poder disciplinar,** relativamente aos serviços forenses, **sem prejuízo do que é deferido às autoridades de menor hierarquia** (o exercício do poder disciplinar conferido aos juízes não fica excluído em razão dessa atribuição do Corregedor); - **instaurar** sindicância e processo administrativo disciplinar para apurar infrações praticadas pelos titulares e empregados dos cartórios extrajudiciais (notários, oficiais de registro e afins e seus prepostos) aplicando as penas cabíveis, **exceto a perda de delegação** (*); - **exercer a fiscalização** dos atos notariais e de registro, zelando para que sejam prestados com rapidez, qualidade satisfatória e de modo eficiente; **designar** o Juiz Diretor do Fórum das circunscrições judiciárias do Distrito Federal e fixar-lhe as atribuições; **designar** o Juiz de Direito Substituto responsável pela distribuição dos processos da Circunscrição Judiciária de Brasília; - **indicar à nomeação** os Diretores de Secretaria **das Varas vagas** (**), os Depositários Públicos, os Contadores-Partidores e os Distribuidores; - **regular a atividade do Depositário Público** (servidor responsável pela guarda de bens apreendidos), dispondo especialmente sobre as formas de controle dos bens em depósito, bem como as atividades dos **Contadores-Partidores** (servidores responsáveis pela realização de cálculos, avaliações e partilha de bens) e **Distribuidores** (responsáveis pelo registro da distribuição dos processos e ainda pelo fornecimento à população em geral de certidões de todas as ações comuns que tramitam na Justiça do Distrito Federal; - **delegar a juízes a realização de correição** (verificação de irregularidades) nas serventias (cartórios das Varas) e a presidência de processos administrativos disciplinares, salvo para apurar a prática de infração penal atribuída a juiz (esta atribuição é exclusiva do Tribunal).

LEI DE ORGANIZAÇÃO JUDICIÁRIA DO DISTRITO FEDERAL E DOS TERRITÓRIOS — ART. 12

ATRIBUIÇÕES DO PRESIDENTE DO TRIBUNAL	ATRIBUIÇÕES DO PRIMEIRO E DO SEGUNDO VICE-PRESIDENTES	ATRIBUIÇÕES DO CORREGEDOR
Sobre as atribuições do Presidente, ver os arts. 43 (atividade jurisdicional) e 367 (atividade administrativa) do RITJDFT.	Sobre as atribuições do Primeiro e Segundo Vice-Presidentes, ver os arts. 44/45 (atividade jurisdicional) e 368/369 (atividade administrativa) do RITJDFT.	Sobre as atribuições do Corregedor, ver os arts. 47 (atividade jurisdicional) e 370 (atividade administrativa) do RITJDFT.
Sobre as atribuições do Presidente, ver os arts. 43 (atividade jurisdicional) e 367 (atividade administrativa) do RITJDFT.		
Sobre as atribuições do Primeiro e Segundo Vice-Presidentes, ver os arts. 44/45 (atividade jurisdicional) e 368/369 (atividade administrativa) do RITJDFT.		
Sobre as atribuições do Corregedor, ver os arts. 47 (atividade jurisdicional) e 370 (atividade administrativa) do RITJDFT.		
(*) A concessão e a extinção de delegação dos notários e registradores é atribuição do Presidente do Tribunal (art. 10, III, da LOJDFT).		
(**) A indicação de diretores de Secretarias para as varas titularizadas é feita pelo próprio Juiz de direito titular.		

PARA PRATICAR

56. **(Cespe/TJDFT/Técnico Judiciário – Área Administrativa/2015)** É atribuição do presidente do Tribunal de Justiça do Distrito Federal e Territórios (TJDFT) a supervisão e o exercício do poder disciplinar em relação aos serviços forenses, sem prejuízo do que é deferido às autoridades de menor hierarquia. ( )

57. **(Cespe/TJDFT/Notários/Outorga de Provimento/2003 - adaptada)** Nos termos da LOJDFT, não é competência do presidente do respectivo Tribunal de Justiça decidir sobre matéria administrativa pertinente à organização e ao funcionamento da Justiça do Distrito Federal e dos Territórios, assim como tampouco é competência dele decidir acerca da remoção compulsória de juiz de direito do Distrito Federal. ( )

58. **(Cespe/TJDFT/Programador/1997)** As correições nas serventias judiciais serão realizadas exclusivamente pelo Corregedor, e a presidência de inquéritos administrativos será sempre de sua responsabilidade. ( )

59. **(Inédita)** O Corregedor deverá realizar, pessoalmente, a correição geral dos Territórios, devendo, ao final de dois anos, finalizar a atividade correicional em todas as circunscrições judiciárias porventura existentes. ( )

60. **(Inédita)** Cabe ao Corregedor fazer pessoalmente a correição geral dos Territórios, podendo, nas serventias do Distrito Federal, delegar a juízes a realização do ato. ( )

61. **(Inédita)** Após regular procedimento administrativo instaurado contra Júlio, titular de um cartório extrajudicial, concluiu-se pela aplicação da penalidade de perda de delegação. Nessa situação, caberá ao corregedor de justiça aplicar a penalidade. ( )

X – **(Inédita)** Em relação ao Corregedor de Justiça, à luz da LOJDFT, responda (C) quando a questão estiver correta, e (E), quando estiver errada.

62. O Corregedor de Justiça é um dos membros do Tribunal de Justiça, escolhido para o cargo por ato do Presidente da Corte para exercer as atribuições delegadas do Tribunal Pleno. ( )

63. A competência do Corregedor para a supervisão e exercício do poder disciplinar relativo aos serviços forenses exclui a das autoridades de menor hierarquia. ( )

64. Compete ao Corregedor indicar à nomeação os Diretores de Secretaria das Varas, os Depositários Públicos, os Contadores-Partidores e os Distribuidores. ( )

65. O Corregedor pode delegar a juízes a realização de correições nos cartórios das varas, tanto no Distrito Federal quanto nos Territórios. ( )

66. Compete ao Corregedor presidir os processos administrativos disciplinares, podendo delegar a tarefa a juízes, salvo para apurar a prática de infração penal atribuída a juiz. ( )

67. É atribuição do Corregedor designar o Juiz Diretor do Fórum das Circunscrições Judiciárias do Distrito Federal e fixar-lhe as atribuições. ( )

X – (Inédita) Considerando o que dispõe a LOJDFT a respeito das competências do TJDFT, do seu Presidente, do Primeiro Vice-Presidente, do Segundo Vice-Presidente e do Corregedor, julgue os itens a seguir como (C) certos ou (E) errados:

68. Compete ao Corregedor conceder a delegação para o exercício da atividade notarial e de registro, bem como extingui-la, nos casos previstos em lei, declarando vago o respectivo serviço. ( )

69. É atribuição do Corregedor instaurar sindicância e processo administrativo disciplinar para apurar infrações praticadas pelos notários, oficiais de registro e afins e seus prepostos, aplicando as penas cabíveis, exceto a perda de delegação. ( )

70. Compete o Presidente do Tribunal propor ao Congresso Nacional o Regimento de Custas das Serventias Judiciais e dos Serviços Notariais e de Registro a viger no Distrito Federal e Territórios. ( )

71. É atribuição do Corregedor de Justiça exercer a fiscalização dos atos notariais e de registro, zelando para que sejam prestados com rapidez, qualidade satisfatória e de modo eficiente. ( )

72. Compete ao Tribunal de Justiça autorizar, na forma da lei, a ocupação de áreas de prédios da Justiça do Distrito Federal e dos Territórios. ( )

COMENTÁRIOS

56. (E) É atribuição do Corregedor e não do Presidente do Tribunal supervisionar e exercer o poder disciplinar, relativamente aos serviços forenses, sem prejuízo do que é deferido às autoridades de menor hierarquia (art. 12, I).

57. (C) É do Tribunal de Justiça e não do Presidente do Tribunal a competência para decidir sobre matéria administrativa pertinente à organização e ao funcionamento da Justiça do Distrito Federal e dos Territórios (art. 8º, XVIII), assim como é decidir acerca da remoção compulsória de juiz de direito do Distrito Federal (art. 8º, VII). (C). Aqui cabe uma observação: Caso fosse elaborada com base no texto do Regimento Interno, a questão estaria correta no tocante à competência prevista no primeiro segmento (decidir sobre matéria administrativa pertinente à organização e ao funcionamento da Justiça do Distrito Federal e dos Territórios), pois, segundo o RI, tal atribuição é mesmo do Presidente do Tribunal. E quanto ao segundo segmento (decidir acerca da remoção compulsória de juiz de direito do Distrito Federal), a competência, segundo o RI, é do Conselho Especial (art. 363, II).

58. (E) A Correição nas serventias judiciais e a presidência de processos administrativos disciplinares são atribuições do corregedor, mas não exclusivas, podendo ele delegar a tarefa aos juízes, salvo quanto à presidência de processos administrativos se o objetivo for apurar a prática de infração penal atribuída a juiz (art. 12, § 1º). A banca restringiu a questão ao inserir os advérbios "exclusivamente" e "sempre", tornando a questão incorreta.

59. (C) A correição geral dos Territórios será feita pessoalmente pelo Corregedor e abrangerá, no mínimo, em cada ano, a metade das circunscrições neles existentes, de forma que, no final do biênio, estejam todas inspecionadas (art. 12, § 2º).

60. (C) A correição geral dos Territórios será feita pessoalmente pelo Corregedor, podendo, nas serventias judiciais, delegar a realização do ato a juízes (art. 12, §§ 1º e 2º).

61. (E) Cabe ao Corregedor de Justiça instaurar sindicância e processo disciplinar para apurar infrações praticadas por notários, oficiais de registro e afins e seus prepostos, podendo aplicar as penas cabíveis, exceto a perda da delegação (art. 12, II). A perda de delegação é aplicada pelo Tribunal de Justiça (art. 8º, VIII, LOJDFT). Sob à ótica do Regimento Interno, essa competência é do Conselho Especial (art. 298, VII).

LEI DE ORGANIZAÇÃO JUDICIÁRIA DO DISTRITO FEDERAL E DOS TERRITÓRIOS — ART. 14

62. (E) O Corregedor de Justiça é um dos membros do Tribunal, eleito pelos demais desembargadores (seus pares) na forma da Lei Orgânica da Magistratura Nacional - LOMAN, para mandato de dois anos (art. 5º) e suas atribuições estão expressamente previstas no art. 12 da LOJDFT.

63. (E) A competência do Corregedor para a supervisão e exercício do poder disciplinar relativo aos serviços forenses não exclui a das autoridades de menor hierarquia (art. 12, I).

64. (E) A questão apresenta um detalhe sutil, que pode induzir o candidato a erro. De fato, cabe ao Corregedor indicar à nomeação os Depositários Públicos, os Contadores-Partidores e os Distribuidores. Todavia, quanto aos Diretores de Secretaria, a indicação feita pelo Corregedor limita-se às **varas vagas** (art. 12, VI), pois a indicação do Diretor das varas titularizadas compete ao respectivo juiz titular (art. 45, IV).

65. (E) A Correição geral dos Territórios será feita pessoalmente pelo Corregedor (art. 12, § 2º). Nos ofícios judiciais do Distrito Federal, as correições poderão ser delegadas a juízes (art. 12, § 1º).

66. (C) A questão limitou-se a reproduzir, em sua literalidade, o art. 12, § 1º, parte final, que assim dispõe: "o Corregedor poderá delegar a juízes a presidência de processos administrativos disciplinares, salvo para apurar a prática de infração penal atribuída a juiz".

67. (C) A questão limitou-se a reproduzir, em sua literalidade, o art. 12, V, que assim dispõe: "São atribuições do Corregedor: designar o Juiz Diretor do Fórum das Circunscrições Judiciárias do Distrito Federal e fixar-lhe as atribuições".

68. (E) É atribuição do Presidente do Tribunal e não do Corregedor conceder e extinguir a delegação para o exercício da atividade notarial e de registro (art. 10, III).

69. (C) A questão limitou-se a reproduzir, em sua literalidade, o art. 12, II, que assim dispõe: "são atribuições do Corregedor instaurar sindicância e processo administrativo disciplinar para apurar infrações praticadas pelos notários, oficiais de registro e afins e seus prepostos, aplicando as penas cabíveis, exceto a perda de delegação".

70. (E) Compete ao Tribunal de Justiça e não ao Presidente do Tribunal propor ao Congresso Nacional o Regimento de Custas das Serventias Judiciais e dos Serviços Notariais e de Registro (art. 8º, XXIII).

71. (C) A questão limitou-se a reproduzir, em sua literalidade, o art. 12, III, que assim dispõe: "é atribuição do Corregedor de Justiça exercer a fiscalização dos atos notariais e de registro, zelando para que sejam prestados com rapidez, qualidade satisfatória e de modo eficiente".

72. (E) É atribuição do Presidente do Tribunal, e não do Tribunal de Justiça, autorizar, na forma da lei, a ocupação de áreas de prédios da Justiça do Distrito Federal e dos Territórios (art. 10, IV).

CAPÍTULO III
DO PROCEDIMENTO E JULGAMENTO DO TRIBUNAL

Art. 13. O Regimento Interno disciplinará o procedimento e o julgamento dos feitos* pelo Tribunal, obedecido o disposto na lei processual e nesta Lei.

> "Feitos" é o termo utilizado para denominar os "autos do processo".
>
> Sobre o procedimento e julgamento dos processos de competência do Tribunal de Justiça, ver os arts. 136/343 do RITJDFT.

Art. 14. Após a distribuição e até a inclusão em pauta para julgamento, o relator presidirá o processo, determinando a realização de diligências que entender necessárias.

Parágrafo único. Verificando o relator que a competência para a causa é de outro órgão, encaminhará os autos por despacho à redistribuição.

> Este capítulo trata do procedimento e julgamento dos processos no Tribunal de Justiça. Os processos que chegam ao Tribunal, seja em razão de sua competência originária ou recursal, são repartidos entre todos os desembargadores de igual competência e são julgados, em regra, por um órgão colegiado (Turma, Câmara ou Conselho). Cada desembargador recebe um determinado número de processos dos quais será **o relator**. Ao relator cabe dirigir o processo a partir da distribuição até a inclusão em pauta para julgamento. A pauta de julgamento é uma lista onde constam os números dos processos a serem julgados. A lista é publicada no Diário da Justiça Eletrônico pelo menos cinco dias antes da data do julgamento para conhecimento das partes litigantes e dos advogados. Caso o relator, após recebido o processo, verifique que a competência para o julgamento da causa não é do órgão a que ele pertence, deverá proferir um despacho, encaminhando o processo à redistribuição.
>
> Sobre a competência do relator, ver o art. 87 (nos feitos cíveis) e 89 (nos feitos criminais) do RITJDFT.

Art. 15. Nas ações criminais de competência originária do Tribunal, o julgamento poderá ser realizado em sessão secreta, atendendo ao interesse público, nos termos da Constituição Federal.

> **Ação criminal de competência originária (ou ação penal originária)** é a ação ajuizada diretamente no Tribunal de Justiça para apuração de crimes praticados por certas autoridades públicas que possuem prerrogativa em razão da função que exercem (secretários de governo, deputados distritais, juízes de direito etc.). Quando o interesse público o exigir, o julgamento **poderá ser realizado em sessão secreta**, nos termos da Constituição Federal.
>
> Sobre o procedimento da ação penal originária, ver os arts. 171/186 do Regimento Interno.

PARA PRATICAR

73. **(Cespe/TJDFT/Analista Judiciário/2007)** Jailson impetrou mandado de segurança em face de ato do Tribunal de Contas do DF, o qual foi distribuído para uma das turmas cíveis do TJDFT. Nessa situação, se o relator designado para presidir o mandado de segurança verificar que a competência para o julgamento é do Conselho Especial, ele deverá elaborar relatório e encaminhá-lo aos demais membros da Turma, pedindo pauta para julgamento, para que a questão da competência seja decidida pelo órgão colegiado. ( )

74. **(Cespe/TJDFT/Analista Judiciário/2003)** Não obstante a norma constitucional que prevê a publicidade dos julgamentos do Poder Judiciário, o julgamento das ações penais de competência originária do TJDFT será sempre em sessão secreta, de acordo com a LOJDFT. ( )

75. **(Cespe/TJDFT/Analista Judiciário/1998)** Após a distribuição e até a inclusão em pauta para julgamento, o presidente da turma dirigirá e instruirá o processo. ( )

76. **(Cespe/TJDFT/Analista Judiciário/1998)** Far-se-á em sessão secreta, no Tribunal de Justiça, o julgamento de um juiz de direito que cometa crime de homicídio. ( )

77. **(Cespe/TJDFT/Programador/1997 - adaptada)** As ações penais de competência originária do Tribunal serão sempre julgadas em sessão pública. ( )

COMENTÁRIOS

73. (E) Se após distribuídos os autos o relator verificar que a competência para o julgamento da causa é de outro órgão, não lhe caberá relatar o feito, devendo encaminhar os autos por despacho à redistribuição (art. 14, parágrafo único).

74. (E) Não é sempre que o julgamento das ações penais de competência originária será público. Ele poderá ser realizado em sessão secreta, se for do interesse público, nos termos da Constituição Federal (art. 15).

75. (E) A competência para dirigir e instruir o processo a partir da distribuição e até a inclusão do feito em pauta para julgamento é do Relator, e não do presidente da turma, como afirma a questão (art. 14).

76. (E) Em regra, a sessão para o julgamento de um juiz de direito é pública, mas nas ações penais de competência originária do Tribunal, o julgamento poderá ser realizado em sessão secreta, atendendo ao interesse público, nos termos da Constituição Federal (art. 15). O verbo no futuro do presente (far-se-á) deu caráter de obrigatoriedade, tornando o enunciado incorreto.

77. (E) Nas ações penais de competência originária do Tribunal, o julgamento poderá ser realizado em sessão secreta, atendendo ao interesse público, nos termos da Constituição Federal (art. 15).

TÍTULO III
DO PRIMEIRO GRAU DE JURISDIÇÃO NO DISTRITO FEDERAL

CAPÍTULO I
DA COMPOSIÇÃO

Art. 16. A Magistratura de Primeiro Grau do Distrito Federal compõe-se de Juízes de Direito e Juízes de Direito Substitutos.

A **Magistratura de Primeiro Grau de Jurisdição** (ou Justiça de Primeira Instância) compõe-se de Juízes de Direito e Juízes de Direito Substitutos.

A **Magistratura de Segundo Grau de Jurisdição** (ou Justiça de Segunda Instancia) compõe-se dos desembargadores do TJDFT, os quais integram os órgãos colegiados (Tribunal Pleno, Conselho Especial, Conselho da Magistratura, Câmara de Uniformização, Camarás especializadas e Turmas especializadas).

Art. 17. A Justiça de Primeiro Grau do Distrito Federal compreende as Circunscrições Judiciárias com o respectivo quantitativo de Varas definido no Anexo IV desta Lei.

COMPOSIÇÃO DA JUSTIÇA DE PRIMEIRO GRAU DO DISTRITO FEDERAL – ANEXO IV		
Circunscrições judiciárias	Varas existentes	Varas a serem criadas
Competência em todo o DF	20	20
Especial de Brasília	56	13
Brazlândia	6	2
Ceilândia	20	0

COMPOSIÇÃO DA JUSTIÇA DE PRIMEIRO GRAU DO DISTRITO FEDERAL – ANEXO IV		
Circunscrições judiciárias	Varas existentes	Varas a serem criadas
Gama	12	3
Paranoá	8	3
Planaltina	8	5
Samambaia	14	0
Sobradinho	8	6
Taguatinga	20	0
Santa Maria	10	0
Núcleo Bandeirante	0	9
São Sebastião	0	6
Riacho Fundo	0	6
Total	182	73

Nota! Hoje, o quadro acima **não mais reflete a realidade da Justiça do Distrito Federal**. Após a edição desta lei, já foram extintas e criadas muitas varas no Distrito Federal.

§ 1º As especializações das Varas referidas no caput deste artigo serão definidas pelo Regimento Interno, obedecendo-se às competências dos Juízos definidas nos arts. 18 a 44 desta Lei e mediante estudo técnico.

A despeito da redação do § 1º do art. 17 da LOJDFT, o Regimento Interno não define as especializações das Varas.

§ 2º O Tribunal de Justiça poderá utilizar, como critério para criação de novas Circunscrições Judiciárias, as Regiões Administrativas do Distrito Federal, mediante Resolução.

As áreas de jurisdição das Circunscrições Judiciárias do Distrito Federal correspondem, em regra, às das respectivas Regiões Administrativas do Distrito Federal. Assim, temos as circunscrições judiciárias de Brasília, de Taguatinga, de Águas Claras, do Guará, de Samambaia, de Ceilândia, de Sobradinho, de Planaltina, entre outras. Uma circunscrição judiciária pode abranger mais de uma Região Administrativa, como é o caso da Circunscrição Judiciária de Águas Claras que abarca as Regiões Administrativas de Águas Claras e também a de Vicente Pires. O critério utilizado para a criação de novas circunscrições é o das próprias Regiões Administrativas do Distrito Federal. Isso quer dizer que, constatada a necessidade de se criar uma nova circunscrição judiciária em razão do crescimento da população (ex.: Vicente Pires), **o Tribunal poderá fazê-lo mediante Resolução**.

LEI DE ORGANIZAÇÃO JUDICIÁRIA DO DISTRITO FEDERAL E DOS TERRITÓRIOS — ART. 17

Curiosidade!: Veja, a seguir, a título de curiosidade, a relação das atuais circunscrições judiciárias instaladas e as áreas de competência de cada fórum, conforme divulgado em página oficial do Tribunal.

CIRCUNSCRIÇÃO JUDICIÁRIA	REGIÃO ADMINISTRATIVA ATENDIDA
BRASÍLIA	Brasília, Cruzeiro, Lago Sul, Lago Norte, Sudoeste/Octogonal, Varjão, Setor Complementar de Indústria e Abastecimento (Estrutural); Jardim Botânico, SIA (Setor de Indústria e Abastecimento).
TAGUATINGA	Taguatinga
GAMA	Gama
SOBRADINHO	Sobradinho, Sobradinho II, Fercal
PLANALTINA	Planaltina
BRAZLÂNDIA	Brazlândia
CEILÂNDIA	Ceilândia, Sol Nascente, Pôr do Sol
SAMAMBAIA	Samambaia
PARANOÁ	Paranoá
SANTA MARIA	Santa Maria
SÃO SEBASTIÃO	São Sebastião
NÚCLEO BANDEIRANTE	Núcleo Bandeirante, Candangolândia, Parkway
RIACHO FUNDO	Riacho Fundo I, Riacho Fundo II
GUARÁ	Guará
RECANTO DAS EMAS	Recando das Emas
ÁGUAS CLARAS	Águas Claras, Vicente Pires, Arniqueiras
ITAPOÃ	Itapoã

§ 3º O Tribunal de Justiça poderá remanejar Varas dentre as Circunscrições Judiciárias, quando for conveniente e oportuno.

> Para exemplificar, havendo mais de uma Vara Criminal em determinada Circunscrição Judiciária, uma delas poderá ser remanejada para outra Circunscrição se for conveniente para o bom atendimento dos serviços judiciais.

§ 4º O Tribunal de Justiça poderá designar mais de uma das competências definidas nos arts. 18 a 44 desta Lei para 1 (uma) só Vara, observada a conveniência e oportunidade.

ART. 18 — TJDFT – EM ESQUEMAS

> Para exemplificar, existindo uma Vara Criminal na Circunscrição Judiciária de Sobradinho, nela poderá, de acordo com a conveniência e oportunidade, ser incluída a competência especializada da Vara do Tribunal do Júri, passando o juiz respectivo a exercer as duas atribuições: da Vara Criminal e do Tribunal do Júri.

PARA PRATICAR

78. **(Cespe/Analista Judiciário/2007)** Conforme dispõe a Lei de Organização judiciária do Distrito Federal, para cada região administrativa do DF corresponde uma área de jurisdição das circunscrições judiciárias do DF. ( )

79. **(Inédita)** A Justiça de Primeiro Grau do Distrito Federal compreende as Circunscrições Judiciárias com o respectivo quantitativo de Varas definido em lei. ( )

80. **(Inédita)** A magistratura de Primeiro Grau do Distrito Federal compõe-se de Juízes de Direito, Juízes de Direito Substitutos e Juízes militares integrantes da Justiça Militar do DF. ( )

81. **(Inédita)** A Justiça de Primeiro Grau do Distrito Federal compõe-se de Juízes de Direito e Juízes de Direito Substitutos. ( )

COMENTÁRIOS

78. (E) O art. 17, § 2º, dispõe que "o Tribunal de Justiça poderá utilizar, como critério para criação de novas Circunscrições Judiciárias as Regiões Administrativas do Distrito Federal mediante Resolução". Isso não significa que cada região administrativa do Distrito Federal corresponda a uma circunscrição judiciária. A região administrativa de Vicente Pires, por exemplo, pertence à circunscrição judiciária de Águas Claras, pelo menos até que o Tribunal resolva considerá-la individualmente para a criação de uma nova circunscrição.

79. (C) A questão limitou-se a reproduzir o art. 17 em sua literalidade: A Justiça de Primeiro Grau do Distrito Federal compreende as Circunscrições Judiciárias com o respectivo quantitativo de Varas definido no Anexo IV da LODFT.

80. (E) A magistratura de Primeiro Grau do Distrito Federal compõe-se de Juízes de Direito e Juízes de Direito substitutos (art. 16). Os juízes militares compõem os Conselhos de Justiça, os quais integram a Justiça Militar, mas não fazem parte da magistratura do Distrito Federal, cabendo lembrar que o Juiz Auditor, que compõe a Justiça Militar, é Juiz de carreira, pertencente à magistratura do Primeiro Grau do Distrito Federal (art. 39).

81. (E) A Justiça de Primeiro Grau do Distrito Federal compreende as Circunscrições Judiciárias com o respectivo quantitativo de Varas definido em anexo da Lei de Organização Judiciária do Distrito Federal (art. 17). Não confunda Justiça de Primeiro Grau com Magistratura de Primeiro Grau, esta sim, compõe-se de Juízes de Direito e Juízes de Direito Substitutos (art. 16).

CAPÍTULO II
DAS COMPETÊNCIAS DAS VARAS EM GERAL

Seção I
Do Tribunal do Júri

Art. 18. Os Tribunais do Júri terão a organização e a competência estabelecidas no Código de Processo Penal.

LEI DE ORGANIZAÇÃO JUDICIÁRIA DO DISTRITO FEDERAL E DOS TERRITÓRIOS — ART. 19

Os Tribunais do Júri são os órgãos jurisdicionais de natureza constitucional, competentes para o processamento e julgamento dos crimes dolosos contra a vida, tentados ou consumados: homicídio, feminicídio, infanticídio, aborto e induzimento, instigação ou auxílio a suicídio (arts. 121/128 do Código Penal).

Atenção! Em regra, quando um crime é praticado em conexão com outro da competência da Vara do Tribunal do Júri, esta atrairá para si também a competência para o julgamento do crime conexo.

Art. 19. Compete ao Juiz-Presidente do Tribunal do Júri:

I – processar os feitos da competência do Tribunal do Júri, ainda que anteriores à propositura da ação penal, até julgamento final;

A ação penal pública inicia-se, em regra, com o recebimento, pelo juiz, da denúncia oferecida pelo Promotor de Justiça. Existem, todavia, procedimentos que tramitam antes da propositura da ação penal, como, por exemplo, os inquéritos policiais, os pedidos de liberdade provisória, as diligências. O art. 19 da LOJDFT inclui, entre as competências do **Juiz-Presidente do Tribunal do Júri**, processar também os procedimentos que antecederem a propositura da ação penal de competência do Júri, até julgamento final desta.

II – processar e julgar *habeas corpus*, quando o crime atribuído ao paciente for da competência do Tribunal do Júri;

Habeas corpus é a ação que visa à proteção da liberdade de ir e de vir da pessoa.
Os *habeas corpus* referentes a réus acusados da prática de crimes dolosos contra a vida serão processados e julgados pelo Juiz-Presidente do Tribunal do Júri.

III – exercer as demais atribuições previstas nas leis processuais.

O procedimento dos crimes de competência do Tribunal do Júri está previsto nos arts. 406/497 do Código de Processo Penal.

As atribuições do Presidente do Tribunal do Júri estão previstas no art. 497 do CPP.

Parágrafo único. Em cada Tribunal do Júri, oficiará, sempre que possível, um Juiz de Direito Substituto, que terá competência para a instrução dos processos, sem prejuízo de outras atribuições que lhe sejam cometidas pelo titular da Vara.

Em cada Vara do Tribunal do Júri, **sempre que for possível, oficiará, juntamente com o Juiz titular, um Juiz de Direito Substituto, que terá competência para promover a fase instrutória dos processos** (apresentação de defesa preliminar, inquirição de testemunhas, realização de perícias etc.), que antecede a fase de julgamento pelos Jurados.
A competência conferida ao juiz substituto para realizar a instrução dos processos **não exclui outras atribuições que porventura lhe sejam conferidas pelo Juiz-Presidente da Vara.**

Seção II
Da Vara Criminal

Art. 20. Compete ao Juiz da Vara Criminal:

I – processar e julgar os feitos criminais da competência do juiz singular, ressalvada a dos juízos especializados, onde houver;

> Este artigo estabelece, como atribuições do Juiz da Vara Criminal, o processamento e julgamento dos processos criminais de competência do juiz singular, ressalvada a dos juízos especializados, onde houver.
>
> A Lei de Organização Judiciária dispõe sobre as Varas com competência especializada para o processamento e julgamento de determinados crimes.
>
> São elas:
>
> **Varas dos Tribunais do Júri**, com competência para processar e julgar os crimes dolosos contra a vida (arts. 18/19);
>
> **Varas de Entorpecentes e Contravenções Penais**, com competência para processar e julgar: I - os crimes relativos a tráfico de entorpecentes e os com ele conexos, ou seja, praticados em concurso com outro crime, ressalvada a competência do Tribunal do Júri, e II - as causas relativas às contravenções penais, salvo quando conexas com infração da competência de outra Vara (art. 21);
>
> **Varas de Delitos de Trânsito**, com competência para processar e julgar os processos relativos às infrações penais previstas na legislação de trânsito, ressalvada a competência de outra Vara em crimes conexos ou seja, quando praticados em concurso com outro crime, e a dos Juizados Especiais Criminais (art. 22).
>
> Assim, excluídos os crimes de competência das Varas especializadas, **compete ao Juiz da Vara Criminal comum** processar e julgar, de forma residual, os demais crimes previstos na legislação penal, ressalvada a hipótese em que o acusado for autoridade com prerrogativa de função. Nesse caso, a depender da hierarquia funcional da autoridade, será ela processada originariamente pelo TJDFT, pelo Superior Tribunal de Justiça ou pelo Supremo Tribunal Federal, por meio da ação penal originária.

II – praticar atos anteriores à instauração do processo, deferidos aos juízes de primeiro grau pelas leis processuais penais.

> A ação penal pública inicia-se, em regra, com o recebimento, pelo juiz, da denúncia oferecida pelo Promotor de Justiça. Existem, todavia, procedimentos que tramitam antes da propositura da ação penal, como, por exemplo, os inquéritos policiais, os pedidos de liberdade provisória, as diligências. O art. 20, II, da LOJDFT, inclui, entre as competências dos Juízes criminais, a prática dos atos anteriores à instauração do processo judicial.

> Sobre o procedimento das varas de natureza criminal, ver os arts. 5º/20 do Provimento-Geral da Corregedoria.

PARA PRATICAR

82. **(Cespe/TJDFT/Analista Judiciário 2007)** Rogério foi preso em flagrante pelo crime de tentativa de homicídio. Em virtude de supostas irregularidades no ato da prisão e outras nulidades, Rogério impetrou *habeas corpus*. Nessa situação, a competência para processar e julgar o *habeas corpus* é do tribunal do júri da circunscrição judiciária do DF em que ocorreu o fato. ( )

83. **(Cespe/TJDFT/Analista Judiciário/2003)** O roubo é legalmente considerado pelo Código Penal como crime contra o patrimônio, mesmo quando seguido de morte da vítima; nos casos de roubo seguido de morte, a competência para julgar a correspondente ação penal será do tribunal do júri, nos termos da LOJDFT. ( )

84. **(Cespe/TJDFT/Analista Judiciário/2003)** De acordo com a sistemática de competência das varas do tribunal do júri no Distrito Federal (DF), os inquéritos policiais instaurados para apurar o cometimento de crimes dolosos contra a vida serão de competência das varas criminais comuns e somente após o oferecimento da denúncia por parte do Ministério Público, com a consequente instauração da ação penal, surgirá a competência jurisdicional do tribunal do júri. ( )

85. **(Cespe/TJDFT/Analista Judiciário/1999)** Nas varas do tribunal do júri, em razão da competência constitucional desse órgão e do princípio do juiz natural, todos os atos processuais de todos os feitos devem ser praticados, necessariamente, pelo juiz titular. ( )

86. **(Cespe/TJDFT/Analista Judiciário/1999)** Aos juízes das varas criminais sem denominação específica em função de matéria compete processar e julgar quaisquer processos criminais, obedecida a distribuição. ( )

87. **(Cespe/TJDFT/Analista Judiciário/1998)** Os tribunais do júri têm competência para julgar recursos interpostos contra sentenças proferidas por juízes de varas criminais, em matéria de crimes dolosos contra a vida. ( )

COMENTÁRIOS

82. (C) Compete ao presidente do Tribunal do Júri processar e julgar *habeas corpus*, quando o crime atribuído ao paciente for da competência do próprio Tribunal do Júri (art. 18, II). No caso, o crime de tentativa de homicídio, quando este for doloso, é de competência do Tribunal do Júri, cabendo-lhe, portanto, apreciar os *habeas corpus* respectivos.

83. (E) O crime de roubo, ainda que seguido de morte, é classificado como crime contra o patrimônio, e não crime contra a vida. Sendo assim, a competência para processar e julgar esse tipo de crime é da vara criminal comum, e não do Tribunal do Júri, ao qual compete processar e julgar os crimes dolosos contra a vida (art. 18).

84. (E) Compete ao Tribunal do Júri processar os feitos de sua competência, ainda que anteriores à propositura da ação penal, até julgamento final (art. 19, I). Assim, os inquéritos policiais instaurados para apurar crimes dolosos contra a vida, que são procedimentos antecedentes à propositura da ação penal, serão sempre da competência do tribunal do júri.

85. (E) Nas varas do tribunal do júri, sempre que possível oficiará um Juiz de Direito Substituto, que terá competência para realizar a instrução dos processos, sem prejuízo de outras atribuições que lhe sejam cometidas pelo juiz titular da vara (art. 19, parágrafo único). Assim, não é somente do juiz titular a competência para praticar os atos processuais.

86. (E) Aos juízes das varas criminais comuns compete processar e julgar os feitos criminais de competência do juiz singular, excluídos os crimes de competência dos juízes especializados (Júri, Entorpecentes, Delitos de Trânsito), onde houver (art. 20, I).

87. (E) Os tribunais do júri não têm competência para julgar recursos. Trata-se de órgão competente para o julgamento de crimes dolosos contra a vida (art. 18) A competência para julgar recursos interpostos contra sentenças de juízes é do Tribunal de Justiça (art. 8°, III).

Seção III
Da Vara de Entorpecentes e Contravenções Penais

Art. 21. Compete ao Juiz da Vara de Entorpecentes e Contravenções Penais:

I – processar e julgar os feitos relativos a entorpecentes ou substâncias capazes de determinar dependência física ou psíquica e os com eles conexos, ressalvada a competência do Tribunal do Júri;

> Com o advento da Lei nº 11.343/2006, que instituiu o Sistema Nacional de Políticas sobre Drogas, a competência da Vara de Entorpecentes e Contravenções, no tocante ao processamento e julgamento dos crimes, ficou restrita, em tese, às hipóteses que dizem respeito ao tráfico (fabricação, plantação, cultivo, importação, exportação, instigação, comercialização de drogas etc.) e associação para o tráfico. As condutas tipificadas como "crime de uso para consumo próprio" não são mais apenadas com pena de reclusão, mas sim, "de advertência sobre os efeitos das drogas, prestação de serviços à comunidade, medida educativa de comparecimento à programa ou curso educativo", e o agente que as cometer será processado e julgado perante os juizados especiais criminais, na forma do disposto nos arts. 60 e ss. da Lei nº 9.099, de 26/9/1995, salvo se houver concurso de crimes.
> **Atenção!**
> Crime de uso para consumo próprio conexo com outro crime (roubo, por exemplo) => competência da Vara que julga o outro crime.
> Crime de tráfico conexo com crime de competência do Tribunal do Júri => competência do Tribunal do Júri.
> Crime de tráfico conexo com crimes de competência de outra vara de natureza criminal, exceto o Tribunal do Júri => competência da Vara de Entorpecentes e Contravenções Penais.

II – decretar interdições, internamento e quaisquer medidas de natureza administrativa previstas na legislação pertinente;

III – baixar atos normativos visando à prevenção, à assistência e à repressão, relacionados com a matéria de sua competência;

IV – fiscalizar os estabelecimentos públicos ou privados destinados à prevenção e à repressão das toxicomanias e à assistência e à recuperação de toxicômanos, baixando os atos que se fizerem necessários;

V – processar e julgar as causas relativas às contravenções penais, salvo quando conexas com infração da competência de outra Vara.

> **Contravenções penais** são as infrações penais de menor potencial ofensivo, punidas com pena de prisão simples ou multa, e julgadas pelos Juizados Especiais Criminais.
> O art. 61 da Lei 9.099/1995 dispõe sobre a competência dos Juizados Especiais Criminais para o julgamento das contravenções penais e dos crimes a que a lei comine pena máxima não superior a dois anos.
> **Atenção!** Se a contravenção penal for praticada em conexão com crime de competência de outra vara, esta atrairá para si a competência para o julgamento também da contravenção penal.

LEI DE ORGANIZAÇÃO JUDICIÁRIA DO DISTRITO FEDERAL E DOS TERRITÓRIOS — ART. 22

PARA PRATICAR

88. **(Cespe/TJDFT/Analista Judiciário/2003)** Ainda que uma contravenção penal seja conexa com crime de competência de vara criminal comum, o julgamento da contravenção caberá à vara de contravenções; deverá, nesse caso, haver o desmembramento dos autos. ( )

89. **(Cespe/TJDFT/Analista Judiciário/2003)** A competência do Poder Judiciário consiste essencialmente no julgamento de litígios, mas os juízes das varas de entorpecentes possuem também a de expedir atos normativos relacionados à prevenção, à assistência e à repressão em matéria de entorpecentes. ( )

90. **(Cespe/TJDFT/Analista Judiciário/1999)** Processo por crime relativo a substância entorpecente pode ser julgado no tribunal do júri. ( )

91. **(Cespe/TJDFT/Analista Judiciário/1997 – adaptada)** Tratando-se de crime envolvendo tráfico de entorpecentes, a ação penal respectiva será processada e julgada em uma das varas criminais de Brasília. ( )

92. **(Inédita)** Praticados em conexão os crimes de tráfico de drogas e receptação de veículo roubado, a competência para o processamento e julgamento dos crimes é da vara de entorpecentes e contravenções penais. ( )

COMENTÁRIOS

88. (E) Se a contravenção penal for praticada em conexão com crime de competência de outra vara, esta atrairá para si a competência para o julgamento também da contravenção penal (art. 21, V).

89. (C) Além de processar e julgar os feitos relativos a entorpecentes, compete ao Juiz da Vara de Entorpecentes entre outras, baixar atos normativos visando à prevenção, à assistência e à repressão, relacionados com a matéria de sua competência (art. 21, III).

90. (C) Processo por crime relativo a entorpecentes pode ser julgado no Tribunal do Júri quando o crime relativo a entorpecentes for praticado em conexão com outro crime da competência do Tribunal do Júri (art. 21, I).

91. (E) Tratando-se de crime envolvendo tráfico de entorpecente, a competência será da Vara Especializada de Entorpecentes (art. 21, I).

92. (C) Compete ao Juiz da vara de entorpecentes e contravenções penais processar e julgar os feitos relativos a entorpecentes ou substâncias capazes de determinar dependência física ou psíquica e os com eles conexos, ressalvada a competência do tribunal do júri. (art. 21, I) Para esclarecer a regra, cabe um exemplo: se o crime de tráfico é praticado em conexão com o crime de receptação, a Vara de Entorpecentes atrai a competência para o julgamento dos dois crimes; todavia, caso fosse praticado, além do tráfico e da receptação, também um homicídio doloso, a competência passaria a ser do tribunal do júri, pois a este compete o julgamento dos crimes dolosos contra a vida e os com eles praticados em conexão.

Seção IV
Da Vara de Delitos de Trânsito

Art. 22. Compete ao Juiz da Vara de Delitos de Trânsito processar e julgar os feitos relativos às infrações penais previstas na legislação de trânsito, ressalvada a competência de outra Vara em crimes conexos e a dos Juizados Especiais Criminais.

A Vara de Delitos de Trânsito é a Vara especializada para apreciar e julgar os processos relativos a infrações previstas na legislação de trânsito, como, por exemplo, o homicídio culposo na direção de veículo automotor, previsto no art. 302 do Código de Trânsito Brasileiro (Lei nº 9.503/1997).
Atenção!
Homicídio doloso praticado na direção de veículo automotor => competência da Vara do Tribunal do Júri.
Infração de trânsito praticada conexa com crime de competência de outra vara => competência da outra vara.
As infrações de trânsito de menor potencial ofensivo, ou seja, a que a lei comine pena máxima não superior a 2 (dois) anos (lesão corporal culposa, omissão de socorro, entregar direção à pessoa não habilitada etc.), cumulada ou não com multa, são processadas e julgadas pelos Juizados Especiais Criminais.

Para conhecimento: após a edição da Resolução nº 15, de 4/11/2014, que criou a Circunscrição Judiciária do Guará, não mais existe a Vara Especializada de Delitos de Trânsito da Circunscrição Judiciária de Brasília. A competência das Varas Criminais de Brasília foi ampliada para processar e julgar os feitos relativos às infrações penais previstas na legislação de trânsito, ressalvada a competência de outra Vara em crimes conexos e a dos Juizados Especiais Criminais.

Para facilitar a memorização, segue na tabela abaixo a lista de alguns delitos que podem ser julgados em diferentes varas de natureza criminal, dependendo do caso.	
CRIME	**COMPETÊNCIA**
Crimes dolosos contra a vida (homicídio, feminicídio, infanticídio, aborto, induzimento, instigação ou auxílio a suicídio)	Tribunal do Júri (art. 18).
Crimes relativos a entorpecentes ou substâncias capazes de determinar dependência física ou psíquica	Vara de Entorpecentes e Contravenções Penais (art. 21, I).
	Vara do Tribunal do Júri, quando praticados em conexão com crime doloso contra a vida (art. 21, I).
Infrações penais previstas na legislação de trânsito	Vara de Delitos de Trânsito (art. 22).
	Vara do Tribunal do Júri, quando praticados em conexão com crime doloso contra a vida (art. 22).
	Vara de Entorpecentes e Contravenções Penais, quando praticados em conexão com crime relativo a entorpecentes (art. 22).
	Vara do Juizado Especial Criminal, se o crime for de menor potencial ofensivo (art. 22, parte final).

LEI DE ORGANIZAÇÃO JUDICIÁRIA DO DISTRITO FEDERAL E DOS TERRITÓRIOS — ART. 23

Para facilitar a memorização, segue na tabela abaixo a lista de alguns delitos que podem ser julgados em diferentes varas de natureza criminal, dependendo do caso.

CRIME	COMPETÊNCIA
Infrações penais comuns (roubo, furto, estelionato, estupro, receptação, crimes culposos contra a vida etc.)	Vara Criminal (art. 20, I).
	Vara do Tribunal do Júri (onde houver), quando praticados em conexão com crime doloso contra a vida (art. 20, I).
	Vara de Entorpecentes e Contravenções Penais (onde houver), quando praticados em conexão com crime relativo a entorpecentes (art. 20, I).

PARA PRATICAR

93. **(Cespe/TJDFT/Notários/Outorga de Provimento/2003)** Se um indivíduo deliberadamente utilizar seu automóvel para atropelar um desafeto, aproveitando ocasião em que este atravesse uma via pública, o processo para julgar o crime praticado pelo motorista caberia a uma das varas de delitos de trânsito. ( )

94. **(Cespe/TJDFT/Técnico Judiciário/2003)** Os homicídios decorrentes de acidentes de trânsito serão julgados pelo tribunal do júri, ainda quando cometidos culposamente. ( )

95. **(Cespe/TJDFT/Analista Judiciário/1997)** Uma ação penal por homicídio culposo cometido em acidente de trânsito será processada e julgada na Vara do Tribunal do Júri. ( )

COMENTÁRIOS

93. (E) A questão descreve um crime doloso contra a vida, ou seja, praticado com a intenção de matar. O processo e julgamento dos crimes dolosos contra a vida é da competência do Tribunal do Júri (art. 18).

94. (E) Ao Tribunal do Júri compete o julgamento dos crimes dolosos contra a vida (art. 18). Os homicídios decorrentes de acidentes de trânsito somente serão julgados pelo tribunal do júri se cometidos dolosamente. Os homicídios culposos decorrentes de acidentes de trânsito são julgados pela Vara de Delitos de Trânsito, onde houver, ou, não havendo, na vara criminal comum (art. 22).

95. (E) A competência do Tribunal do Júri é para os crimes dolosos contra a vida. Homicídio culposo cometido em acidente de trânsito será processado e julgado na Vara de Delitos de Trânsito, onde houver, ou, não havendo, na vara criminal comum (arts. 19 e 22).

Seção V
Da Vara de Execuções Penais

Art. 23. Compete ao Juiz da Vara de Execuções Penais:

I – a execução das penas e das medidas de segurança e o julgamento dos respectivos incidentes;

II – decidir os pedidos de unificação ou de detração das penas;

III – homologar as multas aplicadas pela autoridade policial nos casos previstos em lei;

IV – inspecionar os estabelecimentos prisionais e os órgãos de que trata a legislação processual penal;

V – expedir as normas e procedimentos previstos no Código de Processo Penal.

> A atuação do juiz da Vara das Execuções Penais inicia-se após a condenação do acusado. A ele compete fiscalizar o cumprimento da pena privativa de liberdade (detenção e reclusão) e das medidas de segurança (internação) impostas ao condenado e ao internado pelos juízes naturais das causas. Entre as suas principais atribuições estão a de decidir os pedidos de unificação (somas) ou de detração (redução) das penas de prisão e fiscalizar os presídios e demais órgãos responsáveis pelo cumprimento das penas.

Seção VI
Da Vara de Execuções das Penas e Medidas Alternativas

> Com o advento da Lei nº 9.099/95 foram criados os Juizados Especiais Criminais com competência para processar e julgar os crimes de menor repercussão social e de pequeno potencial ofensivo (praticados sem violência ou grave ameaça), assim entendidos as contravenções penais e os crimes a que a lei comine pena máxima não superior a dois anos, cumulada ou não com multa (art. 61 da Lei nº 9.099/1995).
> As penas aplicadas a esses delitos são denominadas **"penas restritivas de direitos"** (Lei nº 9.714/1998), as quais possuem caráter educativo e são impostas ao infrator em substituição à pena de prisão. São espécies de penas restritivas de direito:
> prestação pecuniária (pagamento em dinheiro à vítima ou a seus familiares);
> prestação de outra natureza (fornecimento de cesta básica ou medicamentos etc.);
> prestação de serviços à comunidade ou entidades públicas (cumprimento de tarefas gratuitas de acordo com a aptidão do condenado a entidades assistenciais, hospitais, escolas, orfanatos etc.);
> interdição temporária de direitos (proibição de exercer cargo ou função ou atividade pública);
> limitação de fim de semana (permanência em casa de albergado por cinco horas nos finais de semana).
> Há, também, no âmbito dos juizados especiais criminais, **as medidas alternativas que visam substituir a pena de prisão,** constituindo uma forma de vantagem oferecida, a fim de se evitar a instauração do processo, das quais são espécies **a suspensão condicional do processo e a transação penal.**

Art. 24. Compete ao Juiz da Vara de Execuções das Penas e Medidas Alternativas:

I – a execução de penas restritivas de direito provenientes de sentença penal condenatória, da suspensão condicional da pena e o regime aberto em prisão domiciliar e livramento condicional;

II – fixar as condições do regime aberto em prisão domiciliar;

III – o acompanhamento e a avaliação dos resultados das penas e medidas alternativas, articulando, para esse fim, as ações das instituições, órgãos e setores, externos e internos, envolvidos no programa;

LEI DE ORGANIZAÇÃO JUDICIÁRIA DO DISTRITO FEDERAL E DOS TERRITÓRIOS — ART. 24

> A competência do Juiz da Vara de Execuções das Penas e Medidas Alternativas (VEPEMA) vai além da **execução de penas restritivas de direito**, pois abrange também as decisões sobre a **suspensão condicional da pena**, o **livramento condicional** do acusado, o **regime aberto em prisão domiciliar**, os **pedidos de unificação das penas restritivas de direito** e, ainda, a **supervisão e acompanhamento do cumprimento das medidas alternativas,** entre outras.

IV – desenvolver contatos e articulações com vistas na busca de parcerias e celebração de convênios e acordos capazes de ampliar e aprimorar as oportunidades de aplicação e execução das penas e medidas alternativas;

V – colaborar com a Vara de Execuções Penais na descentralização de suas atividades;

VI – designar a entidade credenciada para cumprimento da pena ou medida alternativa, em cada caso, supervisionando e acompanhando seu cumprimento;

VII – inspecionar os estabelecimentos onde se efetive o cumprimento de penas ou medidas alternativas;

VIII – decidir os pedidos de unificação das penas referidas no inciso I do caput deste artigo, bem como julgar os respectivos incidentes;

IX – coordenar os núcleos descentralizados de execução das penas e medidas alternativas.

> Compete, ainda, ao Juiz da VEPEMA designar as entidades credenciadas para o cumprimento da pena ou medida alternativa; realizar acordos com o objetivo de aumentar as oportunidades de aplicação e execução das penas e medidas alternativas; fiscalizar os estabelecimentos destinados ao cumprimento de penas ou medidas alternativas; e acompanhar e avaliar o resultado da aplicação das penas e medidas alternativas.

> Outras atribuições do Juiz da VEPEMA são: colaborar com a Vara de Execuções Penais, afastando desta a centralização das tarefas relativas à aplicação das penas e distribuindo melhor as competências com vistas à melhoria e celeridade do serviço; e ainda coordenar os núcleos responsáveis pela execução das penas e medidas alternativas.

Parágrafo único. O Tribunal poderá estabelecer mecanismos de cooperação entre as Varas de Execuções das Penas e Medidas Alternativas – VEPEMA, Varas de Execuções Penais – VEP, Varas Criminais e Juizados Especiais Criminais, em matéria de execução e acompanhamento das penas e medidas alternativas.

PARA PRATICAR

96. (Cespe/TJDFT/Programador/1997) Não tem competência para processar e julgar qualquer ação criminal um juiz de direito da vara de execuções penais. ( )

97. (Cespe/TJDFT/Analista Judiciário/1997) Sendo condenado em mais de uma ação criminal, o réu deverá postular a unificação das penas que lhe foram impostas ao juízo criminal que o sentenciou. ( )

98. **(Inédita)** É da competência do Juiz da Vara de Execuções Penais fixar as condições do regime aberto em prisão domiciliar e decidir sobre o livramento condicional. ( )

99. **(Inédita)** Compete ao juiz da vara de execuções penais a execução das penas restritivas de direito. ( )

100. **(Inédita)** Pretendendo obter a detração da pena, o condenado deverá requerê-la no Juízo das Execuções Penais. ( )

101. **(Inédita)** Compete ao juiz da vara de execução penal decidir sobre pedidos de suspensão condicional da pena, de livramento condicional e de regime aberto em prisão domiciliar. ( )

COMENTÁRIOS

96. (C) A competência do juiz de direito da vara de execuções penais diz respeito à execução da pena e inicia-se após o julgamento das ações penais, não detendo a vara de execuções poder para julgar o acusado (art. 23).

97. (E) A competência para julgar o pedido de unificação das penas é do juiz da Vara de Execuções Penais, e não do juízo criminal que sentenciou o réu (art. 23, II).

98. (E) Compete ao Juiz da Vara de Execuções das Penas e Medidas Alternativas fixar as condições do regime aberto em prisão domiciliar e também decidir sobre o livramento condicional (art. 24, I e II).

99. (E) Tratando-se de execução de penas restritivas de direito, a competência é do Juiz da vara de execuções das penas e medidas alternativas (VEPEMA) (art. 24, I). A vara das execuções penais (VEP) tem competência para a execução das penas privativas de liberdade (art. 23, I).

100. (C) Compete ao juiz da vara de execuções penais (VEP) decidir, entre outros, os pedidos de unificação ou de detração das penas (art. 23, II).

101. (E) Compete ao juiz da vara de execuções das penas e medidas alternativas (VEPEMA) e não à vara de execuções penais (VEP) a execução de penas restritivas de direito provenientes de sentença penal condenatória, da suspensão condicional da pena e o regime aberto em prisão domiciliar e livramento condicional (art. 24, I).

Seção VII
Da Vara Cível

Art. 25. Compete ao Juiz da Vara Cível processar e julgar feitos de natureza cível ou comercial, salvo os de competência das Varas especializadas.

O art. 25 estabelece, como atribuições do Juiz da Vara Cível, o processamento e julgamento dos processos de natureza cível ou comercial (hoje, denominada empresarial), ressalvada a dos juízos especializados. Para conhecimento, na Justiça do Distrito Federal, as varas especializadas em matéria cível são, entre outras, as seguintes:

- **Varas da Fazenda Pública**, com competência para julgar os processos que envolvem os entes públicos do Distrito Federal.

- **Varas de Falências e Concordatas**, com competência para processar e julgar os feitos relativos a falências, recuperações judiciais e respectivas medidas cautelares (esta vara possui atribuição mista, de natureza cível e criminal, pois a ela compete julgar também os crimes falimentares – falências fraudulentas).

- **Vara de Meio Ambiente e Desenvolvimento Urbano e Fundiário**, com competência para processar e julgar os processos que versem sobre o meio ambiente natural, urbano, cultural e as questões relacionadas à ocupação do solo no Distrito Federal.

- **Vara de Execução Fiscal**, com competência para processar e julgar as ações de execução, quando envolver os entes públicos do Distrito Federal.

Seção VII-A
Da Vara de Execução de Títulos Extrajudiciais e de Conflitos Arbitrais
(Incluído pela Lei nº 13.850, de 2019)

Art. 25-A. Compete ao juiz da Vara de Execução de Títulos Extrajudiciais e de Conflitos Arbitrais: *(Incluído pela Lei nº 13.850, de 2019)*

> A Vara de Execução de Títulos Extrajudiciais e de Conflitos Arbitrais (VETE) tem competência para processar e julgar as execuções de títulos extrajudiciais e para atender demandas que envolvam a aplicação da Lei de Arbitragem, uma forma de solucionar conflitos de interesses sem a necessidade de acionar o Judiciário.

I – o processamento e o julgamento das execuções de títulos extrajudiciais, inclusive quando figurar como parte qualquer das pessoas jurídicas referidas no art. 35 desta Lei, ressalvada a competência da Vara de Execução Fiscal do Distrito Federal; *(Incluído pela Lei nº 13.850, de 2019)*

II – o processamento e o julgamento dos embargos do devedor, dos embargos de terceiro, das cautelares, dos processos incidentes e dos incidentes processuais relacionados às execuções de títulos extrajudiciais; *(Incluído pela Lei nº 13.850, de 2019)*

III – o processamento e o julgamento das ações decorrentes da Lei nº 9.307, de 23 de setembro de 1996 (Lei de Arbitragem), ressalvadas as questões falimentares de competência da Vara de Falências, Recuperações Judiciais, Insolvência Civil e Litígios Empresariais do Distrito Federal. *(Incluído pela Lei nº 13.850, de 2019)*

Compete ao juiz da VETE processar e julgar	- as execuções de títulos extrajudiciais(*) mesmo quando figurar como parte qualquer das pessoas jurídicas referidas no art. 35 desta lei(**)	ressalvada a competência da Vara de Execução Fiscal do Distrito Federal
	- os embargos do devedor, os embargos de terceiro, as cautelares, os processos incidentes e os incidentes processuais relacionados às execuções de títulos extrajudiciais;	
	- o processamento e o julgamento das ações decorrentes da Lei nº 9.307, de 23 de setembro de 1996 (Lei de Arbitragem)	ressalvadas as questões falimentares de competência da Vara de Falências, Recuperações Judiciais, Insolvência Civil e Litígios Empresariais do Distrito Federal.
(*) Os títulos extrajudiciais estão enumerados no art. 784 do Código de Processo Civil.		
(**) Fique atento: É da competência da Vara de Execução de Títulos Extrajudiciais e de Conflitos Arbitrais processar e julgar as execuções de títulos extrajudiciais ainda que figurem como parte o Distrito Federal ou entidades de sua administração descentralizada, inclusive empresas públicas e sociedades de economia mista de que participe.		

Seção VIII
Da Vara da Fazenda Pública

Art. 26. Compete ao Juiz da Vara da Fazenda Pública processar e julgar:

> As Varas da Fazenda Pública possuem competência em todo o Distrito Federal, ou seja, decidem causas ajuizadas por pessoas residentes e domiciliadas em qualquer circunscrição judiciária do Distrito Federal.

> A Vara da Fazenda Pública possui competência para processar e julgar as causas em que o Distrito Federal, entidade autárquica ou fundacional distrital ou empresa pública distrital forem autores, réus, assistentes, litisconsortes ou opoentes, excetuadas as ações de falência, as de acidentes de trabalho e as de competência da Justiça do Trabalho e dos Juizados Especiais da Fazenda Pública. A Lei 13.850/2019 excluiu das Varas da Fazenda Pública do Distrito Federal a competência para julgar as ações de interesse das sociedades de economia mista com participação do Governo do Distrito Federal, as quais passaram à competência das varas cíveis, ressalvadas as exceções legais (art. 35 desta lei, entre outras). Mas as ações distribuídas até a data em que entrou em vigor a lei continuarão tramitando até decisão final nas Varas de Fazenda Pública em que se encontram, vedada a redistribuição (art. 4º da referida lei).
> As Varas da Fazenda Pública estão instaladas na Circunscrição Judiciária de Brasília, mas possuem competência em todo o Distrito Federal, ou seja, decidem causas ajuizadas por pessoas residentes e domiciliadas em qualquer circunscrição judiciária do Distrito Federal.

I – as ações em que o Distrito Federal, entidade autárquica ou fundacional distrital ou empresa pública distrital forem autores, réus, assistentes, litisconsortes ou opoentes, excetuadas as ações de falência, as de acidentes de trabalho e as de competência da Justiça do Trabalho e dos Juizados Especiais da Fazenda Pública; (*Redação dada pela Lei nº 13.850, de 2019*)

> A Lei 13.850/2019 excluiu das Varas da Fazenda Pública do Distrito Federal a competência para julgar as ações de interesse das sociedades de economia mista com participação do Governo do Distrito Federal, as quais passaram à competência das varas cíveis, ressalvadas as exceções legais (art. 35 desta lei, entre outras). Mas as ações distribuídas até a data em que entrou em vigor a lei continuarão tramitando até decisão final nas Varas de Fazenda Pública em que se encontram, vedada a redistribuição (art. 4º da referida lei).

> **Autor** é a pessoa que ajuíza a ação.

> **Réu** é a pessoa contra quem é ajuizada a ação.

> **Assistente** é o terceiro estranho ao processo que, na possibilidade de vir a ser prejudicado por uma sentença, intervém espontaneamente em causa alheia com o intuito de ajudar uma das partes a vencer a demanda e tentar evitar, com isso, sofrer o prejuízo.

LEI DE ORGANIZAÇÃO JUDICIÁRIA DO DISTRITO FEDERAL E DOS TERRITÓRIOS — ART. 26

> **Litisconsorte** é a pessoa que litiga em conjunto com outra, no mesmo processo, seja como autor (litisconsorte ativo), seja como réu (litisconsorte passivo).

> **Opoente** é o terceiro estranho ao processo que intervém em causa alheia, mas se apresenta como legítimo titular do direito discutido.

II – as ações populares que interessem ao Distrito Federal, a entidade autárquica ou fundacional distrital ou a empresa pública distrital; (*Redação dada pela Lei nº 13.850, de 2019*)

> **Ação popular** é a ação por meio da qual se pode valer qualquer cidadão do povo para questionar judicialmente a validade de atos que considera lesivos ao patrimônio público, à moralidade administrativa, ao meio ambiente e ao patrimônio histórico e cultural (art. 5º, LXXIII, CF).

III – os mandados de segurança contra atos de autoridade do Governo do Distrito Federal ou de entidade autárquica ou fundacional distrital ou empresa pública distrital, ressalvada a competência originária do Tribunal de Justiça. (*Redação dada pela Lei nº 13.850, de 2019*)

> Aos juízes das Varas de Fazenda Pública compete processar os mandados de segurança somente quando impetrados contra as autoridades de menor hierarquia do Governo do Distrito Federal, de suas entidades autárquicas ou fundacionais ou de empresas públicas distritais. Assim, ficam excluídos da competência da Vara da Fazenda Pública os mandados de segurança impetrados contra as autoridades de maior hierarquia e que possuem foro privilegiado em razão da função que exercem (Governador do Distrito Federal, Secretários de Estado do DF, Procurador-Geral do Distrito Federal, entre outros), cuja competência originária é do Tribunal de Justiça, conforme o disposto no art. 8º, I, *c*, desta lei.

Parágrafo único. Os embargos de terceiro propostos pelo Distrito Federal, entidade autárquica ou fundacional distrital ou empresa pública distrital serão processados e julgados no juízo onde tiver curso o processo principal. (*Redação dada pela Lei nº 13.850, de 2019*)

> **Embargos de terceiro** é a ação ajuizada pela pessoa que, não sendo parte no processo, vier a sofrer algum risco de ser atingido na posse ou propriedade de seus bens, ou seja, vier a "sofrer constrição ou ameaça de constrição sobre bens que possua ou sobre os quais tenha direito incompatível com o ato constritivo" (art. 674 do Código de Processo Civil).
> A propositura de embargos de terceiro pelo Distrito Federal ou suas entidades em processo já em curso em vara cível comum **não** faz deslocar a competência para a Vara da Fazenda Pública, permanecendo o litígio perante o juízo onde tiver curso o processo principal.

ART. 26 — TJDFT – EM ESQUEMAS

Compete ao Juiz da Vara da Fazenda Pública Processar e Julgar			
- Os feitos em que	- o Distrito Federal; ou - entidade autárquica ou fundacional distrital; ou - empresa pública distrital; FOREM	AUTORES RÉUS ASSISTENTES LITISCONSORTES OPOENTES	EXCETO as ações: - de falência; - de acidentes de trabalho(*); - de competência da Justiça do Trabalho; - de competência dos Juizados Especiais da Fazenda Pública.
- As ações populares que interessem ao Distrito Federal, às suas entidades autárquicas ou fundacionais e às empresas públicas distritais.			
- Os mandados de segurança contra atos de autoridade do Governo do Distrito Federal e de suas entidades autárquicas ou fundacionais e de empresas públicas distritais (ressalvada a competência do Tribunal – art. 8º, I, c, desta lei).			
(*) As ações de acidente de trabalho a que se refere esta lei são aquelas propostas por servidores do Distrito Federal contra o ente público distrital.			

	Exceções	
A competência para o julgamento dos processos envolvendo a Fazenda Pública	será desviada para a vara especializada de Falência e Concordatas	quando o processo envolver matérias relativas a Falência e Concordatas.
	será desviada para a vara especializada de Acidente do Trabalho	quando o processo envolver matérias relativas a Acidente do Trabalhos.
	será desviada para a Justiça do Trabalho	quando o processo envolver matérias de competência da Justiça do Trabalho.
	será desviada para os Juizados Especiais da Fazenda Pública	quando o processo envolver matérias de competência dos Juizados Especiais da Fazenda Pública.
	será do juízo onde tiver curso o processo principal	quando - o Distrito Federal ou - as suas entidades autárquicas ou fundacionais; ou - as empresas públicas distritais propuserem EMBARGOS DE TERCEIRO.

PARA PRATICAR

102. **Cespe/TJDFT/Juiz Substituto/2015 - desmembrada)** No que concerne à organização judiciária do DF, assinale a opção correta, à luz da legislação pertinente. A interposição de embargos de terceiro pelo DF em processo que tramite em vara cível de circunscrição judiciária do TJDFT implicará o deslocamento de competência para alguma vara de fazenda pública do TJDFT. ( )

LEI DE ORGANIZAÇÃO JUDICIÁRIA DO DISTRITO FEDERAL E DOS TERRITÓRIOS   ART. 26

103. **(Cespe/TJDFT/Analista Judiciário – Área Judiciária/2015)** Ação de indenização por acidente de trabalho ajuizada por servidor contra o DF deverá ser processada e julgada por uma das varas de fazenda pública. ( )

104. **(Cespe/TJDFT/Analista Judiciário/2007)** Em ação de demarcação, em que litigam dois particulares, o DF foi oficiado para informar sobre eventual interesse que possuísse na causa. Analisada a questão pelos órgãos competentes, o DF percebeu que parcela do imóvel objeto do litígio encontrava-se em terras públicas, de sua titularidade. Nessa situação, a propositura de embargos de terceiros pelo DF para defesa da posse atrai a competência para processar e julgar a causa aos juízes das varas de fazenda pública do DF. ( )

105. **(Cespe/TJDFT/Analista Judiciário /2003)** Se um processo tramitar por uma vara cível e, na fase de execução, o DF opuser embargos de terceiro, a vara cível deverá declinar de sua competência para uma das varas da fazenda pública e a esta remeter os autos do processo, para que nela prossiga o trâmite. ( )

106. **(Cespe/TJDFT/Analista Judiciário/2003)** Considere a seguinte situação hipotética. Uma empresa ajuizou ação em face de um indivíduo, e o processo foi distribuído a uma vara cível da Circunscrição Especial Judiciária de Brasília. No curso do processo, o Distrito Federal foi admitido como litisconsorte passivo na causa. Nessa situação, o ingresso posterior do DF na relação processual não terá o efeito de alterar a competência para o julgamento da ação, que deverá permanecer na vara cível para a qual fora distribuída. ( )

107. **(Cespe/TJDFT/Analista Judiciário/1999)** Se uma ação qualquer houver sido distribuída a uma vara cível e o Distrito Federal requerer sua admissão no processo na qualidade de assistente, caberá ao próprio juiz da vara cível analisar o requerimento e, se deferi-lo, prosseguir no julgamento da causa, em razão do princípio do juiz natural e da regra da prevenção. ( )

108. **(Cespe/TJDFT/Analista Judiciário/1998)** João ajuizou ação de indenização contra Benício, em face da rescisão antecipada de contrato de arrendamento rural celebrado entre as partes, ora litigantes. Devidamente citado, Benício apresentou contestação, afirmando que o imóvel, objeto do contrato de arrendamento rural, havia sido vendido para um terceiro. O juiz da causa, analisando a documentação constante dos autos, deduziu a existência de interesse do Distrito Federal (DF), tendo em vista que as terras em discussão lhe pertenciam, e determinou que fosse oficiado o DF para manifestar-se a esse respeito. Após esse fato, o DF interveio no processo na condição de oponente. Nessa situação, a ação inicialmente proposta na vara cível passará à competência de uma das varas de fazenda pública do DF. ( )

109. **(Cespe/TJDFT/Analista Judiciário/1997)** As ações populares em que o governador do DF figurar no polo passivo serão processadas e julgadas, originariamente, no TJDF. ( )

110. **(Cespe/TJDFT/Analista Judiciário/1997)** Os embargos de terceiro, opostos pelo DF a um processo de conhecimento, serão processados e julgados em uma das varas da fazenda pública – para onde será remetido o processo embargado. ( )

111. **(Cespe/TJBA/adaptada)** Carlos Matias, servidor público do Distrito Federal, no exercício de suas funções, sofreu acidente de trabalho que resultou na perda parcial dos movimentos de um de seus membros. Em razão desse fato, Carlos Matias ajuizou ação acidentária para obter a devida reparação. Nessa situação, a competência para processar e julgar o referido feito é de uma das Varas de Fazenda Pública do Distrito Federal. ( )

112. **(Inédita)** Ajuizada uma ação em que figure como interessada a Fazenda Pública do Distrito Federal, envolvendo matéria relativa à falência e concordatas, a competência para processar e julgar o feito será da vara de falências e concordatas. ( )

113. **(Inédita)** As ações populares ajuizadas por qualquer cidadão do povo serão processadas e julgadas perante as Varas da Fazenda Pública quando houver interesse do Distrito Federal, de suas autarquias, fundações e empresas públicas. ( )

COMENTÁRIOS

102. **(E)** As ações em que o Distrito Federal, as suas entidades autárquicas ou fundacionais ou as empresas públicas distritais forem autores, réus, assistentes, litisconsortes ou opoentes são, em regra, processadas e julgadas em uma das varas especializadas da Fazenda Pública (art. 26, I). Todavia, tratando-se de embargos de terceiro, eles não serão processados e julgados na vara especializada da Fazenda Pública, mas perante o juízo onde tiver curso o processo principal. Assim, no caso em análise, se o Distrito

Federal opuser embargos de terceiro em ação em curso na vara cível, isso não implicará o deslocamento de competência para alguma vara da fazenda pública, devendo os embargos serem processados na vara cível onde tiver curso o processo principal (art. 26, parágrafo único).

103. (E) As ações em que o Distrito Federal, as suas entidades autárquicas ou fundacionais ou as empresas públicas distritais forem autores, réus, assistentes, litisconsortes ou oponentes são, em regra, processadas e julgadas em uma das varas especializadas da Fazenda Pública, exceto quando o processo envolver matéria relativa a acidentes de trabalho, falência, ou ainda se for da competência da Justiça do Trabalho ou dos Juizados Especiais da Fazenda Pública (art. 26, I). Nesses casos, a competência será desviada para a vara especializada respectiva (Vara de Acidente do Trabalho ou Vara de Falências e Concordatas) ou para o Juízo competente (Justiça do Trabalho ou Juizado Especial da Fazenda Pública). Na questão em análise, a ação de indenização por acidente de trabalho deverá ser processada e julgada na vara de Acidente do Trabalho, por se tratar de matéria relativa a essa competência.

104. (E) As ações em que o Distrito Federal, as suas entidades autárquicas ou fundacionais ou as empresas públicas distritais forem autores, réus, assistentes, litisconsortes ou oponentes são, em regra, processadas e julgadas em uma das varas especializadas da Fazenda Pública (art. 26, I). Todavia, tratando-se de **embargos de terceiro** propostos pelo Distrito Federal etc., eles serão processados e julgados perante o juízo onde tiver curso o processo principal (art. 26, parágrafo único) No caso em análise, os embargos de terceiro propostos pelo Distrito Federal serão processados na mesma vara em que tramita a ação de demarcação.

105. (E) As ações em que o Distrito Federal, as suas entidades autárquicas ou fundacionais ou as empresas públicas distritais forem autores, réus, assistentes, litisconsortes ou oponentes são, em regra, processadas e julgadas em uma das varas especializadas da Fazenda Pública (art. 26, I). Todavia, tratando-se de **embargos de terceiro** propostos pelo Distrito Federal etc., eles não serão processados e julgados na vara especializada da Fazenda Pública, mas perante o juízo onde tiver curso o processo principal. Assim, no caso em análise, se o Distrito Federal propuser embargos de terceiro na fase de execução, competirá à vara cível o julgamento do processo, não devendo declinar de sua competência para uma das varas da fazenda pública (art. 26, parágrafo único).

106. (E) As ações em que o Distrito Federal, as suas entidades autárquicas ou fundacionais ou as empresas públicas distritais forem autores, réus, assistentes, litisconsortes ou oponentes são, em regra, processadas e julgadas em uma das varas especializadas da Fazenda Pública (art. 26, I). Na questão em análise, o processo foi distribuído a uma vara cível de Brasília, mas no curso do processo o Distrito Federal foi admitido como litisconsorte passivo na causa. Nesse caso, haverá alteração da competência, pois o feito deverá ser julgado pela vara competente da Fazenda Pública do Distrito Federal.

107. (E) As ações em que o Distrito Federal, as suas entidades autárquicas ou fundacionais ou as empresas públicas distritais forem autores, réus, assistentes, litisconsortes ou oponentes são, em regra, processadas e julgadas em uma das varas especializadas da Fazenda Pública (art. 26, I). Na questão em análise, a ação foi distribuída a uma vara cível e o Distrito Federal requereu a sua admissão no feito na qualidade de assistente. Se o juiz deferir o pedido, o processo não prosseguirá na vara cível, devendo ser remetido a uma das varas especializadas da Fazenda Pública onde deverá ser processado e julgado.

108. (C) As ações em que o Distrito Federal, as suas entidades autárquicas ou fundacionais ou as empresas públicas distritais forem autores, réus, assistentes, litisconsortes ou oponentes são, em regra, processadas e julgadas em uma das varas especializadas da Fazenda Pública (art. 26, I). Na questão em análise, a intervenção do Distrito Federal na condição de oponente faz deslocar a competência da vara cível para uma das varas especializadas da Fazenda Pública do Distrito Federal.

109. (E) A competência para processar e julgar as ações populares contra o Distrito Federal etc. é da Vara da Fazenda Pública (art. 26, II). Aqui cabe um esclarecimento: a competência do Tribunal de Justiça para processar e julgar as ações originárias ajuizadas contra certas autoridades do Governo do Distrito Federal limita-se aos mandados de segurança, *habeas data* e mandados de injunção, não se incluindo as ações populares (art. 8°, I, c e e).

110. (E) As ações em que o Distrito Federal, as suas entidades autárquicas ou fundacionais ou as empresas públicas distritais forem autores, réus, assistentes, litisconsortes ou oponentes são, em regra, processadas e julgadas em uma das varas especializadas da Fazenda Pública (art. 26, I). Todavia, tratando-se de embargos de terceiro propostos pelo Distrito Federal etc., eles não serão processados e julgados na vara especializada da Fazenda Pública, mas perante o juízo onde tiver curso o processo principal (art. 26, parágrafo único).

111. (E) As ações em que o Distrito Federal, as suas entidades autárquicas ou fundacionais ou as empresas públicas distritais forem autores, réus, assistentes, litisconsortes ou oponentes são, em regra, processadas e julgadas em uma das varas especializadas da Fazenda Pública, exceto quando o processo envolver matéria relativa a acidentes de trabalho, falência, ou ainda se for da competência da Justiça do Trabalho ou dos Juizados Especiais da Fazenda Pública (art. 26, I). Nesses casos, a competência será desviada para a vara especializada respectiva (Vara de Acidente do Trabalho ou Vara de Falências e Concordatas) ou para o Juízo competente (Justiça do Trabalho ou Juizado Especial da Fazenda Pública). Na questão em análise, a ação acidentária ajuizada por Carlos Matias será processada e julgada na vara de Acidente do Trabalho, por se tratar de matéria relativa a essa competência.

112. (C) As ações em que o Distrito Federal, as suas entidades autárquicas ou fundacionais ou as empresas públicas distritais forem autores, réus, assistentes, litisconsortes ou oponentes são, em regra, processadas e julgadas em uma das varas especializadas da Fazenda Pública, exceto quando o processo envolver matéria relativa a acidentes de trabalho, falência, ou ainda se for da competência da Justiça do Trabalho ou dos Juizados Especiais da Fazenda Pública (art. 26, I). Nesses casos, a competência será desviada para a vara especializada respectiva (Vara de Acidente do Trabalho ou Vara de Falências e Concordatas) ou para o Juízo competente (Justiça do Trabalho ou Juizado Especial da Fazenda Pública). Na questão em análise, tratando-se de matéria relativa à falência e concordata, a competência para o julgamento da ação é da vara com essa especialização.

113. (C) Compete aos Juízes da Vara da Fazenda Pública do Distrito Federal processar e julgar as ações populares que interessem ao Distrito Federal, às suas entidades autárquicas ou fundacionais ou às empresas públicas distritais (art. 26, II).

Seção IX
Da Vara de Família

Art. 27. Compete ao Juiz da Vara de Família:

I – processar e julgar:

a) as ações de Estado;

Ações de estado são aquelas que dizem respeito à filiação e ao estado civil da pessoa. São as ações de divórcio, de separação judicial, de união estável, de investigação de paternidade etc.

b) as ações de alimentos;

Ações de alimentos são aquelas em que o requerente busca obter o pagamento de uma pensão alimentícia para garantir o seu sustento.

c) as ações referentes ao regime de bens e à guarda de filhos;

Regime de bens é um conjunto de normas aplicáveis ao casamento que visam determinar quais os bens adquiridos antes e depois do casamento serão partilhados entre os cônjuges.
A guarda de filhos é a ação por meio da qual um dos genitores (pai ou mãe) pede em juízo a obtenção da guarda dos filhos.
Nota: Aos juízes da Vara de Família compete processar e julgar não somente as ações de guarda de filhos, mas também **as demais ações de guarda**, em que alguém (parentes, curadores, tutores, estranhos) pede em juízo para obter a guarda de determinada pessoa (seja esta menor de idade ou incapaz), ressalvada a competência da Vara da Infância e da Juventude, nas hipóteses em que o menor estiver em situação irregular.

d) as ações de petição de herança, quando cumuladas com as de investigação de paternidade;

> **Petição de herança** é a ação ajuizada por um herdeiro não incluído no inventário, que precisa comprovar que tem direito à herança, seja por meio da ação de investigação de paternidade ou outra ação que comprove o parentesco com o autor da herança (o falecido).
>
> **Atenção!** Ações de petição de herança NÃO cumuladas com as de investigação de paternidade => competência do Juiz das Varas de Órfãos e Sucessões (art. 28, V, desta lei).

e) as ações decorrentes do art. 226 da Constituição Federal;

> O art. 226 da Constituição Federal dispõe sobre a proteção que o Estado deve dar à família, ao casamento, à união estável etc.

II – conhecer das questões relativas à capacidade e curatela, bem como de tutela, em casos de ausência ou interdição dos pais, ressalvada a competência das Varas da Infância e da Juventude e de Órfãos e Sucessões;

III – praticar os atos de jurisdição voluntária necessários à proteção de incapazes e à guarda e administração de seus bens, ressalvada a competência das Varas da Infância e da Juventude, de Órfãos e Sucessões e de Entorpecentes e Contravenções Penais;

> **Capacidade:** cabe ao juiz da Vara de Família a verificação da capacidade de um indivíduo para o exercício da vida civil.
>
> **Curatela:** cabe ao juiz da Vara de Família nomear um curador para cuidar da representação de pessoas maiores de dezoito anos incapazes por si mesmos de cuidar de seus interesses.
>
> **Tutela:** cabe ao juiz da Vara de Família nomear tutor para substituir, com relação aos menores de idade, o poder familiar na ausência dos pais.
>
> **Interdição:** é o instituto jurídico que visa restringir alguém da prática de atos da vida civil.
>
> **Atos de jurisdição voluntária:** são ações em que não há litígio.
>
> **Atenção!** Tratando-se de **criança ou adolescente nas hipóteses do art. 98 da Lei nº 8.069/1990** (desamparados pela falta ou omissão dos pais ou responsável, por ação ou omissão da sociedade ou do Estado, ou em razão de sua conduta infracional), a competência para conhecer dos **pedidos de tutela, curatela, guarda, capacidade etc. é do Juiz da Vara da Infância e da Juventude** (art. 30, § 1º, I, desta lei).
> Tratando-se de **tutela de órfãos**, a competência é da **Vara de Órfãos e Sucessões**, ressalvada a competência da Vara da Infância e da Juventude (art. 28, III, desta lei).

IV – processar justificação judicial relativa a menores que não se encontrem em situação descrita no art. 98 da Lei nº 8.069, de 13 de julho de 1990;

> **Justificação Judicial** é a ação por meio da qual se busca provar um fato ou uma relação jurídica da qual não se tenha prova escrita, a fim de servir de simples documento ou para instruir ação judicial.
> **Atenção!** A competência para processar a justificação judicial relativa a menores em situação irregular é da Vara da Infância e da Juventude.

V – declarar a ausência;

> **Declaração de ausência** é o ato pelo qual o juiz declara a ausência de determinada pessoa que se encontra, há muito tempo, desaparecida. A ausência pode ser declarada por morte presumida.
> **Atenção!** A arrecadação dos bens de ausentes é atribuição da Vara de Órfãos e Sucessões (art. 28, II, desta lei).

VI – autorizar a adoção de maiores de 18 (dezoito) anos.

> **Atenção!** A competência para conhecer dos pedidos de **adoção de menores de 18 anos** (art. 1.618 do Código Civil) é do Juiz da Vara da Infância e da Juventude (art. 30, III, desta lei).

Seção X
Da Vara de Órfãos e Sucessões

Art. 28. Compete ao Juiz da Vara de Órfãos e Sucessões:
I – processar e julgar os feitos relativos a sucessões causa mortis;

> A **sucessão *causa mortis*** consiste na transmissão dos bens da pessoa falecida aos herdeiros, seja por meio de inventário (sucessão legal) ou por meio de testamento (sucessão testamentária).

II – processar e julgar a arrecadação de herança jacente, bens de ausentes e vagos;

> **Arrecadação de herança jacente** é a destinação dada aos bens de quem não possui herdeiros ou estes são desconhecidos.
> **Arrecadação de bens de ausentes** é a destinação dada aos bens da pessoa desaparecida e declarada ausente por ato do juiz.
> **Atenção!** A declaração de ausência é atribuição do Juiz da Vara de Família (art. 27, V, desta lei).
> **Arrecadação de bens vagos** (herança vacante) é a destinação dada aos bens da herança da qual houve renúncia por parte dos herdeiros.

III – praticar os atos relativos à tutela de órfãos, ressalvada a competência das Varas da Infância e da Juventude;

IV – praticar os atos de jurisdição voluntária necessários à proteção de órfãos e à guarda e administração de seus bens, ressalvada a competência das Varas da Infância e da Juventude;

> **Atenção!**
> **Atenção!**
> - **Tutela, em casos de ausência ou interdição dos pais** => competência da Vara de Família (art. 27, II).
> - **Tutela de órfãos** => competência da Vara de Órfãos e Sucessões, ressalvada a competência da Vara da Infância e da Juventude (art. 28, III).
> **Atos de jurisdição voluntária necessários à proteção de incapazes e à guarda e administração de seus bens** => competência da Vara de Família (art. 27, III).
> **Proteção de órfãos e da guarda e administração de seus bens** => competência da Vara de Órfãos e Sucessões, ressalvada a competência da Vara da Infância e da Juventude (art. 28, IV).
> **Tutela, proteção de incapazes e guarda e administração de bens de crianças ou adolescentes** nas hipóteses do art. 98 da Lei nº 8.069/1990 (desamparados pela falta ou omissão dos pais ou responsável, por ação ou omissão da sociedade ou do Estado, ou em razão de sua conduta infracional) => competência da Vara da Infância e da Juventude (art. 30, § 1º).

V – processar e julgar as ações de petição de herança quando não cumuladas com as de investigação de paternidade.

> **Atenção!** Ações de petição de herança cumuladas com as de investigação de paternidade => competência do Juiz da Vara de Família (art. 27, I, *d*, desta lei).

PARA PRATICAR

114. **(Cespe/TJDFT/Analista Judiciário/2007)** Vinícius, com o falecimento do seu pretenso pai, ajuizou ação de petição de herança cumulada com ação de investigação de paternidade, para demandar o reconhecimento de seu direito sucessório e obter a restituição da herança a que teria direito. Nessa situação, com base na Lei de Organização Judiciária do DF, a competência para processar e julgar esse feito é de uma das varas de família da circunscrição judiciária do lugar do último domicílio do falecido. ( )

115. **(Cespe/TJDFT/Analista Judiciário/2007)** Antônio desapareceu de seu domicílio, sem ter dado notícias e sem ter deixado procurador ou representante para administrar seus bens. Os familiares de Antônio, diante dessa situação, decidiram requerer judicialmente a declaração de ausência e a nomeação de um curador dos bens deixados por Antônio. Nessa situação, de acordo com a lei em apreço, a competência para processar e julgar o aludido feito é da vara de família. ( )

116. **(Cespe/TJDFT/Técnico Judiciário/1998 – modificada)** A união civil de um determinado casal foi celebrada em janeiro de 1985. Dessa união nasceram três filhos. Em fevereiro de 1988, o casal decidiu separar-se, sem, contudo, chegar a um acordo acerca das cláusulas da separação. O pai resolveu, então, ingressar em juízo para discutir, preventivamente, a guarda dos filhos. A competência para processar e julgar a referida ação é da Vara da Infância e da Juventude. ( )

117. **(Cespe/TJDFT/Analista Judiciário/1997)** Na circunscrição judiciária de Brasília, as ações de investigação de paternidade são julgadas na vara de órfãos e sucessões. ( )

118. **(Cespe/TJDFT/Programador/1997)** As ações de alimentos são processadas e julgadas nas varas cíveis das respectivas circunscrições judiciárias. ( )

119. **(Cespe/TJDFT/Analista Judiciário/1997)** A competência para o julgamento de uma ação de divórcio é da Vara de Família. ( )

120. **(Cespe/TJDFT/Analista Judiciário/1997 – modificada)** A competência para o julgamento de uma ação de separação consensual é da Vara Cível. ( )

121. **(Inédita)** Segundo a Lei de Organização Judiciária do Distrito Federal e dos Territórios, causas relativas a regime de bens, estado e capacidade das pessoas é da competência da Vara de Família. ( )

COMENTÁRIOS

114. (C) As ações de petição de herança, quando cumuladas com as ações de investigação de paternidade, como é o caso em questão, são da competência da Vara de Família (art. 26, I, d). Quando não cumuladas com as ações de investigação de paternidade são da competência da Vara de Órfãos e Sucessões (art. 28, V).

115. (C) Compete ao Juiz da Vara de Família declarar a ausência e conhecer das questões relativas à curatela em casos de ausência dos pais (art. 27, II e V).

116. (E) A ação de guarda de filhos é da competência da Vara de Família (art. 27, I, c). Somente nos casos em que a criança esteja em situação irregular (de abandono pelos pais ou pela sociedade ou em razão de sua conduta infracional) é que a competência será da Vara da Infância e da Juventude (art. 30, § 1º, I), o que não é o caso de pais em litígio de separação.

117. (E) A competência para processar e julgar as ações de investigação de paternidade é da Vara de Família, e não da Vara de Órfãos e Sucessões. A regra vale para qualquer circunscrição judiciária, onde houver o juízo especializado de família, e não somente para Brasília (art. 27, I, a).

118. (E) As ações de alimentos são processadas e julgadas pelo Juiz da Vara de Família das respectivas circunscrições judiciárias (art. 27, I, b).

119. (C) As ações de estado em geral (divórcio, separação judicial, união estável, investigação de paternidade etc.) são da competência do Juiz da Vara de Família (art. 27, I, a).

120 (E) As ações de estado em geral (divórcio, separação judicial, união estável, investigação de paternidade etc.) são da competência do Juiz da Vara de Família (art. 27, I, a).

121. (C) Compete ao Juiz da Vara de Família processar e julgar, entre outras, as ações de Estado (art. 27, I, a), as ações referentes ao regime de bens (art. 27, I, c) e conhecer das questões relativas à capacidade e curatela (art. 27, II).

Seção XI
Da Vara de Acidentes do Trabalho

Art. 29. (*Vetado*)

Seção XII
Da Vara da Infância e da Juventude

A Lei nº 8.069/1990, denominada Estatuto da Criança e do Adolescente (ECA), foi editada para regulamentar a Constituição no tocante aos direitos das crianças e dos adolescentes.
No âmbito judicial, a Vara da Infância e da Juventude (VIJ) é o órgão encarregado de zelar pela garantia dos direitos das crianças e dos adolescentes, além de impor sanções nos casos de prática de atos infracionais.
"Considera-se criança, para efeitos da Lei nº 8.069/1990, a pessoa até doze anos de idade incompletos, e adolescente aquela entre doze e dezoito anos de idade".

Art. 30. Compete ao Juiz da Vara da Infância e da Juventude:

I – conhecer de representações promovidas pelo Ministério Público para apuração de ato infracional atribuído a adolescente, aplicando as medidas cabíveis;

II – conceder a remissão, como forma de suspensão ou extinção do processo;

> As atribuições previstas nos incisos I e II possuem natureza criminal.
>
> **Ato infracional** é toda conduta praticada por criança ou adolescente descrita na lei como crime ou contravenção penal.
> **Nota:** Constitui impropriedade técnica denominar como "crime" o ato infracional cometido por crianças e adolescentes. Também não se cogita falar de "prisão", mas de "apreensão" de menor. O procedimento para apuração de ato infracional atribuído a adolescente inicia-se com a **representação do Ministério Público**.
>
> **Remissão** é uma espécie de perdão concedido pelo juiz ao adolescente, importando na suspensão ou extinção do processo.

III – conhecer de pedidos de adoção e seus incidentes;

IV – conhecer de ações civis fundadas em interesses individuais, difusos ou coletivos afetos à criança e ao adolescente;

V – conhecer de ações decorrentes de irregularidades em entidades de atendimento, aplicando as medidas cabíveis;

VI – aplicar penalidades administrativas nos casos de infrações contra norma de proteção a criança ou adolescente;

VII – conhecer de casos encaminhados pelo Conselho Tutelar, aplicando as medidas cabíveis.

> As atribuições previstas nos incisos III a VI possuem natureza cível.
>
> **Conselho Tutelar** "é o órgão permanente e autônomo, não jurisdicional, encarregado pela sociedade de zelar pelo cumprimento dos direitos da criança e do adolescente" (art. 131 do ECA).

§ 1º Quando se tratar de criança ou adolescente, nas hipóteses do art. 98 da Lei nº 8.069, de 13 de julho de 1990, é também competente o Juiz da Vara da Infância e da Juventude para o fim de:

I – conhecer de pedidos de guarda e tutela;

II – conhecer de ações de destituição do pátrio poder, perda ou modificação da tutela ou guarda;

III – suprir a capacidade ou o consentimento para o casamento;

IV – conhecer de pedidos baseados em discordância paterna ou materna, em relação ao exercício do pátrio poder;

LEI DE ORGANIZAÇÃO JUDICIÁRIA DO DISTRITO FEDERAL E DOS TERRITÓRIOS — ART. 30

V – conceder a emancipação, nos termos da lei civil, quando faltarem os pais;

VI – designar curador especial em casos de apresentação de queixa ou representação ou de outros procedimentos judiciais ou extrajudiciais em que haja interesses de criança ou adolescente;

VII – conhecer de ações de alimentos (art. 98 da Lei nº 8.069, de 13 de julho de 1990);

VIII – determinar o cancelamento, a retificação e o suprimento dos registros de nascimento e óbito.

> **Atenção!** As atribuições previstas no § 1º e seus incisos serão do Juiz da VIJ quando a situação da criança ou do adolescente incluir-se nas hipóteses do art. 98 da Lei nº 8.069/1990 (desamparados pela falta ou omissão dos pais ou responsável, por ação ou omissão da sociedade ou do Estado, ou em razão de sua conduta infracional) (art. 30, § 1º, desta lei).
> Fora essas situações, a competência é, nos casos dos incisos I, II e VII, do Juiz da Vara de Família.

§ 2º Compete, ainda, ao Juiz da Vara da Infância e da Juventude o poder normativo previsto no art. 149 da Lei nº 8.069, de 13 de julho de 1990, e a direção administrativa da Vara, especialmente:

I – receber, movimentar e prestar contas dos recursos orçamentários consignados ao juizado;

II – celebrar convênios com entidades públicas ou privadas para melhor desempenho das atividades de proteção, assistência e vigilância de menores;

III – designar comissários voluntários de menores;

IV – conceder autorização a menores de 18 (dezoito) anos para quaisquer atos ou atividades em que ela seja exigida.

O art. 30, § 2º, dispõe sobre a competência administrativa do Juiz da Vara da Infância e da Juventude.

O poder normativo previsto no art. 149 do (ECA) diz respeito à:
- autorização para entrada e permanência de menores desacompanhados dos pais em estádios, bailes, boates, casas de jogos eletrônicos, estúdios de cinema, teatro, rádio e TV;
- participação em espetáculos públicos e concursos de beleza.

A VIJ, em razão de sua peculiaridade, possui orçamento próprio, cabendo ao Juiz da Vara receber, movimentar e prestar contas dos recursos orçamentários destinados ao Juízo.

Comissários voluntários de menores são pessoas que desempenham trabalhos preventivos, a fim de prevenir a ocorrência de ameaça ou violação aos direitos da criança e do adolescente.

Ao Juiz da VIJ compete ainda conceder autorização a menores de 18 (dezoito) anos para quaisquer atos ou atividades em que ela seja exigida.

PARA PRATICAR

122. **(Cespe/TJDFT/Analista Judiciário/1999)** Todas as ações que envolvam interesse de menor serão julgadas pela vara da infância e da juventude. ( )

123. (Cespe/TJDFT/Analista Judiciário/1999) De acordo com a LOJDFT, compete à vara da infância e da juventude processar e julgar ação ajuizada pelo Ministério Público do Distrito Federal e dos Territórios (MPDFT), por meio de denúncia, pela prática de crime atribuível a criança ou adolescente. ( )

124. (Inédita) Compete ao Juiz da Vara da Infância e da Juventude, entre outros, conhecer de representações promovidas pelo Ministério Púbico para apuração de ato infracional atribuído a criança e a adolescente, aplicando as medidas cabíveis. ( )

COMENTÁRIOS

122. (E) A questão é muito genérica e abrangente, pois fala em "todas as ações que envolvem menores". Nem todas as ações que envolvem interesse de menor serão julgadas pela Vara da Infância e da Juventude, mas notadamente aquelas em que o menor esteja em situação irregular (de abandono pelos pais ou pela sociedade ou em razão de sua conduta infracional) (art. 30, § 1º). Há processos que envolvem interesses de menores e que são da competência da Vara de Família (art. 27) ou da Vara de Órfãos e Sucessões (art. 28), entre outras.

123. (E) Compete à Vara da Infância e da Juventude conhecer das representações do Ministério Público para apuração de ato infracional atribuído ao adolescente. Em matéria de Vara da Infância e da Juventude, não se usa o nome "denúncia", mas "representação", nem se usa o termo "crime", mas "ato infracional" (art. 30, I). O erro da questão, portanto, está relacionado aos termos técnicos inapropriados utilizados propositadamente pela banca para formular a questão.

124. (E) Não há previsão na LOJDFT de apuração de ato infracional atribuído a criança, mas apenas **a adolescente**, pois aos primeiros aplicam-se medidas protetivas, enquanto aos segundos são aplicáveis medidas socioeducativas (art. 30, I).

Para facilitar a memorização, segue na tabela abaixo algumas competências comuns às Varas de Família, de Órfãos e Sucessões e da Infância e da Juventude e as peculiaridades de cada uma delas:	
Ações de Estado	Vara de Família (art. 27, I, *a*).
Ação de guarda	Vara de Família (art. 27, I, *c*).
	Vara da Infância e da Juventude quando se tratar de menor em situação irregular (art. 30, § 1º, I).
Ação de alimentos	Vara de Família (art. 27, I, *b*).
	Vara da Infância e da Juventude quando se tratar de menor em situação irregular (art. 30, § 1º, VII).
Regime de bens	Vara de Família (art. 27, I, *c*).
Ação de petição de herança	Vara de Família, quando cumuladas com a de investigação de paternidade (art. 27, I, *d*).
	Vara de Órfãos e Sucessões quando não cumulada com a de investigação de paternidade (art. 28, V).
Capacidade, curatela, tutela em caso de ausência ou interdição dos pais	Vara de Família (art. 27, II).
	Vara de Órfãos e Sucessões, quando se tratar de **tutela** de órfãos, ressalvada a competência da VIJ (art. 28, III).
	Vara da Infância e da Juventude quando se tratar de hipótese de menores em situação irregular (art. 30, § 1º, I e III).

Para facilitar a memorização, segue na tabela abaixo algumas competências comuns às Varas de Família, de Órfãos e Sucessões e da Infância e da Juventude e as peculiaridades de cada uma delas:	
Atos de jurisdição voluntária	Vara de Família, se necessários à proteção de incapazes e à guarda e administração de seus bens (art. 27, III).
	Vara de Órfãos e Sucessões se necessários à proteção de órfãos e à guarda e administração de seus bens (art. art. 28, IV).
	Vara da Infância e da Juventude se necessários à proteção de menores em situação irregular (art. 27, III e 28, IV).
Justificação Judicial relativa a menores	Vara de Família, se o menor não estiver em situação irregular (art. 27, IV).
Declaração de ausência	Vara de Família (art. 27, V).
Sucessão *causa mortis*	Vara de Órfãos e Sucessões (art. 28, I).
Arrecadação de herança jacente	Vara de Órfãos e Sucessões (art. 28, II).
Arrecadação de bens de ausentes	Vara de Órfãos e Sucessões (art. 28, II).
Arrecadação de bens vagos	Vara de Órfãos e Sucessões (art. 28, II).
Adoção de maiores de 18 anos	Vara de Família (art. 27, VI).
Adoção de menores de 18 anos	Vara da Infância e da Juventude (art. 30, III).

Seção XIII
Da Vara de Registros Públicos

Art. 31. Compete ao Juiz de Registros Públicos:

I – inspecionar os serviços notariais e de registro, velando pela observância das prescrições legais e normativas, e representar ao Corregedor quando for o caso de aplicação de penalidades disciplinares;

II – baixar atos normativos relacionados à execução dos serviços notariais e de registro, ressalvada a competência do Corregedor;

III – processar e julgar as questões contenciosas e administrativas que se refiram diretamente a atos de registros públicos e notariais em si mesmos;

IV – fixar orientação no tocante à escrituração de livros, execução e desenvolvimento dos serviços, segundo normas estabelecidas pela Corregedoria-Geral da Justiça.

ART. 32 | TJDFT – EM ESQUEMAS

A Vara de Registros Públicos é a vara especializada para fiscalizar, baixar atos normativos, processar e julgar processos contenciosos e administrativos relativos às **serventias extrajudiciais (Serviços Notariais e de Registro – Lei nº 8.935/1994)**. São ações que correm na Vara de Registro Público, entre outras, a de anulação ou retificação de registro civil, anulação ou retificação de escritura pública e dúvida registrária.

Serviços Notariais são os Cartórios de Notas e os Cartórios de Protesto de Títulos.
Os profissionais responsáveis pelos Serviços Notariais denominam-se Notários ou Tabeliães.

Serviços de Registro são os Cartórios de Registro Civil: Cartórios de Registro de Imóveis; os Cartórios de Registro de Títulos e Documentos e Civil das Pessoas Jurídicas; os Cartórios de Títulos e Documentos; e os Cartórios de Registro de Distribuição.
Os profissionais responsáveis pelos Serviços de Registros denominam-se Oficiais de Registro ou Registradores.

PARA PRATICAR

125. **(Inédita)** Além do Corregedor de Justiça, o Juiz da Vara de Registros Públicos do Distrito Federal tem competência para aplicar certas penalidades aos titulares dos serviços notariais e de registro. ( )

COMENTÁRIOS

125. (E) Não compete ao Juiz de Registros Públicos aplicar penalidade aos titulares das serventias extrajudiciais. Entre as suas competências está a de inspecionar os serviços notariais e de registro, velando pela observância das prescrições legais e normativas, e representar ao Corregedor quando for o caso de aplicação de penalidades disciplinares (art. 31, I).

Seção XIV
Da Vara de Precatórias

Art. 32. Compete ao Juiz da Vara de Precatórias cumprir todas as cartas precatórias, rogatórias e de ordem remetidas ao Distrito Federal, ressalvada a competência das Varas de Falências e Concordatas, Execuções Penais, Infância e da Juventude e Auditoria Militar.

Os atos processuais (citação, penhora, arresto, inquirição de testemunhas, busca e apreensão etc.) podem ser praticados dentro ou fora dos limites de jurisdição do magistrado (art. 201 do CPC). Se os atos tiverem que ser praticados fora da jurisdição do magistrado, este deverá se dirigir ao magistrado da Comarca destinatária, a fim de requerer o cumprimento do ato. O pedido é feito por intermédio de cartas precatórias, rogatórias ou de ordem, dependendo do caso.

Denominam-se **cartas precatórias** o instrumento de que dispõe o magistrado para fazer cumprir os atos processuais que devem ser praticados fora dos limites de sua jurisdição. São dirigidas ao magistrado da mesma categoria jurisdicional. Ex.: de juiz para juiz; ou de desembargador para desembargador.

LEI DE ORGANIZAÇÃO JUDICIÁRIA DO DISTRITO FEDERAL E DOS TERRITÓRIOS — ART. 33

Denominam-se **cartas rogatórias** o instrumento de que dispõe o juiz para fazer cumprir os atos processuais em país estrangeiro. São dirigidas à autoridade judiciária do país no qual se devem praticar os atos processuais. Ex.: carta rogatória expedida pela Justiça do Brasil para ser cumprida pela Justiça do Chile.

Denominam-se **cartas de ordem** o instrumento de que dispõe o magistrado de segundo grau para fazer cumprir os atos processuais que devem ser praticados dentro dos limites jurisdicionais do Tribunal. São dirigidas ao juiz subordinado ao tribunal de que ela emanar. Ex.: de desembargador para juiz da mesma jurisdição.

Denomina-se **juízo deprecante** aquele que enviou a carta precatória para cumprimento.

Denomina-se **juízo deprecado** aquele que recebeu a carta precatória para cumprimento.

Competência para o cumprimento de cartas precatórias, rogatórias e de ordem enviadas ao DF por juiz de outra Comarca, por autoridade judiciária estrangeira ou por Desembargador do próprio Tribunal ao qual é subordinado.	Regra	Juiz da Vara de Precatórias.
	Exceção	- Juiz da Vara de Falências e Concordatas nos feitos de sua competência; - Juiz da Vara de Execuções Penais, nos feitos de sua competência; - Juiz da Vara da Infância e da Juventude, nos feitos de sua competência; - Juiz da Auditoria Militar, nos feitos de sua competência.

Seção XV
Da Vara de Falências e Concordatas

Art. 33. Compete ao Juiz da Vara de Falências e Concordatas:

I – rubricar balanços comerciais;

II – processar e julgar os feitos de falências e concordatas e as medidas cautelares que lhes forem acessórias;

III – cumprir cartas rogatórias, precatórias e de ordem relativas aos processos mencionados no inciso II deste artigo;

IV – processar e julgar as causas relativas a crimes falimentares.

Atualmente, a Vara de Falências e Concordatas é denominada de "Vara de Falências, Recuperações Judiciais, Insolvência Civil e Litígios Empresariais do Distrito Federal", atendendo-se às disposições da Lei nº 11.101/2005. A sua competência foi ampliada após editada a Resolução nº 23, de 22/11/2010.

Ocorre a **falência** quando o devedor (empresário ou empresa) não pode realizar o pagamento de suas dívidas porque estas são superiores aos seus recursos econômicos disponíveis. No caso de falência da pessoa ou da empresa, é feita uma execução coletiva para a venda judicial forçada dos bens, a fim de satisfazer os credores.

A **concordata**, hoje denominada "**recuperação judicial**" tem por objetivo viabilizar a superação da situação de crime econômico-financeira do devedor, a fim de permitir a manutenção da fonte produtora, do emprego dos trabalhadores e dos interesses dos credores, promovendo, assim, a prevenção da empresa, sua função social e o estímulo à atividade econômica (art. 47 da Lei nº 11.101/2005).

A **insolvência civil** é a falência da pessoa, não comerciante e não industrial, que possui mais dívidas do que pode suportar o seu patrimônio.

Atenção! A Vara de Falências e Concordatas tem dupla natureza: cível e criminal, já que compete a ela processar e julgar os crimes falimentares (falências fraudulentas).

Seção XVI
Da Vara de Meio Ambiente, Desenvolvimento Urbano e Fundiário

Art. 34. Compete ao Juiz da Vara do Meio Ambiente, Desenvolvimento Urbano e Fundiário processar e julgar todos os feitos que versem sobre o meio ambiente natural, urbano e cultural, inclusive as questões relacionadas à ocupação do solo urbano ou rural e ao parcelamento do solo para fins urbanos, excetuadas as ações de natureza penal.

Parágrafo único. Passarão à competência do Juiz da Vara do Meio Ambiente, Desenvolvimento Urbano e Fundiário os feitos em curso nas Varas Cível e de Fazenda Pública do Distrito Federal, relacionados com as matérias indicadas no caput deste artigo.

Assim que foi criada a Vara de Meio Ambiente, Desenvolvimento e Fundiário, os processos em curso nas Varas Cíveis e de Fazenda Pública do Distrito Federal, relacionadas com o meio ambiente, ocupação e parcelamento do solo, passaram à sua competência.

Os **crimes contra o meio ambiente** são processados e julgados nas Varas Criminais, nos Juizados Especiais Criminais, se o crime for de pequeno potencial ofensivo, ou no Tribunal, se o acusado for autoridade com foro privilegiado por prerrogativa de função.

Seção XVII
Da Vara de Execução Fiscal

Art. 35. Compete ao Juiz da Vara de Execução Fiscal processar e julgar as execuções em que o Distrito Federal ou entidades de sua administração descentralizada, inclusive empresas públicas e sociedades de economia mista de que participe, forem autores, réus, assistentes, litisconsortes, intervenientes ou opoentes, excetuadas as de falência, acidentes de trabalho e de meio ambiente, desenvolvimento urbano e fundiário.

LEI DE ORGANIZAÇÃO JUDICIÁRIA DO DISTRITO FEDERAL E DOS TERRITÓRIOS — ART. 35

COMPETÊNCIA DA VARA DE EXECUÇÃO FISCAL			
Processar e julgar as execuções em que - o Distrito Federal ou - entidades de sua administração descentralizada - inclusive empresas públicas e - sociedades de economia mista de que participe forem	• autores • réus • assistentes • litisconsortes • intervenientes • opoentes	Regra	Juiz da Vara de Execução Fiscal.
		Exceção	- Juiz da Vara de Falências e Concordatas nos feitos de sua competência; - Juiz da Vara de Acidentes do Trabalho, nos feitos de sua competência; - Juiz da Vara do Meio Ambiente, Desenvolvimento Urbano e Fundiário, nos feitos de sua competência.

PARA PRATICAR

126. (Cespe/TJDFT/Analista Judiciário/2007) As cartas precatórias relativas a processos de falência devem ser cumpridas pela Vara de Falências e Concordatas. ( )

127. (Cespe/TJDFT/Técnico Judiciário/1998) As ações penais por crimes falimentares são processadas e julgadas nas varas criminais das respectivas circunscrições judiciárias. ( )

128. (Inédita) Apurado o cometimento de um crime falimentar, a competência para o processamento e julgamento da causa será de uma das varas criminais da circunscrição judiciária onde o crime foi praticado. ( )

129. (Inédita) A vara do meio ambiente, desenvolvimento urbano e fundiário possui natureza dúplice, ou seja, cível e criminal. Sendo assim, compete-lhe julgar os crimes praticados contra o meio ambiente e ocupação irregular do solo ( )

130. (Inédita) Compete à vara de execução fiscal processar e julgar as ações de execução em que a Fazenda Pública atuar, seja como parte ou como terceiro interessado. ( )

COMENTÁRIOS

126. (C) Em regra, as cartas precatórias são cumpridas nas Varas especializadas, de Precatórias. Todavia, há exceções a considerar sendo uma delas com relação à Vara de Falências e Concordadas a qual compete cumprir as cartas precatórias relativas aos processos de sua própria competência. As outras exceções são relativas às Varas de Execuções Penais, da Infância e da Juventude e da Auditoria Militar, competindo a cada uma delas cumprir as cartas precatórias relativas aos processos de sua própria competência (arts. 32 e 33, III). Na questão em análise, a carta precatória deverá ser cumprida pela Vara de Falências e Concordatas.

127. (E) As ações penais por crimes falimentares são processadas na própria Vara especializada, de Falências e Concordatas, a qual possui dupla natureza: cível e criminal, (art. 33, IV).

128. (E) Os crimes falimentares são processados e julgados na Vara de Falências e Concordatas que possui dupla natureza (cível e criminal) (art. 33, IV).

129. (E) A Vara do Meio Ambiente, Desenvolvimento Urbano e Fundiário não possui natureza dúplice, competindo-lhe processar e julgar todos os feitos que versem sobre o meio ambiente natural, urbano e cultural, excetuadas as ações de natureza penal (art. 34). Assim, a competência para processar e julgar os crimes praticados contra o meio ambiente ou de ocupação irregular do solo é das varas criminais comuns (art. 20, I).

130. (E) Nem todas as ações de execução de interesse da Fazenda Pública, seja como parte ou como terceiro interessado, são julgadas perante à vara de execução fiscal. As execuções em que o Distrito Federal atua como parte ou como terceiro interessado relativas a processos de falência, de acidentes de trabalho e de meio ambiente serão processadas e julgadas nas varas especializadas com essas competências (art. 35).

CAPÍTULO III
Da Justiça Militar do Distrito Federal

Segundo prevê o art. 125, § 3º, da Constituição Federal, nos Estados em que o efetivo militar seja superior a vinte mil integrantes, a lei estadual poderá criar, mediante proposta do Tribunal de Justiça, a Justiça Militar estadual, constituída, em primeiro grau, pelos juízes de direito e pelos Conselhos de Justiça e, em segundo grau, pelo próprio Tribunal de Justiça, ou por Tribunal de Justiça Militar.

À Justiça Militar (Estadual ou do Distrito Federal) compete processar e julgar, respectivamente, os militares dos Estados e do Distrito Federal, "nos crimes militares definidos em lei e as ações judiciais contra atos disciplinares militares, ressalvada a competência do júri quando a vítima for civil, cabendo ao tribunal competente decidir sobre a perda do posto e da patente dos oficiais e da graduação das praças" (art. 125, § 4º, CF)".

Aos Juízes de direito do juízo militar "compete processar e julgar, singularmente, os crimes militares cometidos contra civis e as ações judiciais contra atos disciplinares militares, cabendo ao Conselho de Justiça, sob a presidência de juiz de direito, processar e julgar os demais crimes militares" (art. 125, § 5º, CF).

A Justiça Militar do Distrito Federal foi criada pela LOJDFT mediante proposta do TJDFT. É o órgão jurisdicional com atribuição específica para processar e julgar os **crimes militares** praticados por **policiais militares e bombeiros militares** do Distrito Federal. É exercido em Segundo Grau de Jurisdição pelo **Tribunal de Justiça**, e em Primeiro Grau de Jurisdição por um juiz de direito da Circunscrição Judiciária de Brasília, denominado **Juiz-Auditor**, e pelos **Conselhos de Justiça**, órgãos compostos por quatro oficiais militares. Os Conselhos de Justiça são de duas espécies: o **Conselho Especial**, para processar e julgar os Oficiais; e o **Conselho Permanente**, para processar e julgar os praças.

Art. 36. A Justiça Militar do Distrito Federal será exercida:

I – pelo Tribunal de Justiça em segundo grau;

II – pelo Juiz-Auditor e pelos Conselhos de Justiça.

A JUSTIÇA MILITAR SERÁ EXERCIDA	
Em Segundo Grau de Jurisdição	Pelo Tribunal de Justiça.
Em Primeiro Grau de Jurisdição	pelo Juiz-Auditor; pelos Conselhos de Justiça.

§ 1º Compete à Justiça Militar o processo e o julgamento dos crimes militares, definidos em lei, praticados por Oficiais e Praças da Polícia Militar do Distrito Federal e do Corpo de Bombeiros Militar do Distrito Federal.

LEI DE ORGANIZAÇÃO JUDICIÁRIA DO DISTRITO FEDERAL E DOS TERRITÓRIOS — ART. 38

Crimes militares são aqueles praticados exclusivamente por militares no exercício da função e são descritos na lei especial com o objetivo de proteger interesses das instituições militares. Eis alguns crimes propriamente militares: aliciamento para motim; incitação à desobediência; prática de violência contra superior; desrespeito ao símbolo nacional e à farda; resistência mediante ameaça ou violência; promoção de fuga de preso; abandono do posto de serviço sem ordem superior; não apresentação à Corporação quando convocado; descumprimento de ordem superior etc.

§ 2º Os feitos de competência da Justiça Militar serão processados e julgados de acordo com o Decreto-Lei nº 1.002, de 21 de outubro de 1969 – Código de Processo Penal Militar e, no que couber, respeitada a competência do Tribunal de Justiça, pela Lei de Organização Judiciária Militar (Decreto-Lei nº 1.003, de 21 de outubro de 1969).

São aplicados ao processo e julgamento dos feitos de competência da Justiça Militar	- o Código de Processo Penal Militar (Decreto-Lei nº 1.002, de 21/10/1969; - a Lei de Organização Judiciária Militar (Decreto-Lei nº 1.003, de 21/10/1969), no que couber, respeitada a competência do Tribunal de Justiça.

Art. 37. A Justiça Militar será composta de 1 (uma) Auditoria e dos Conselhos de Justiça, com jurisdição em todo o Distrito Federal.

Parágrafo único. O cargo de Juiz-Auditor será preenchido por Juiz de Direito da Circunscrição Judiciária de Brasília, a ele cabendo presidir e relatar todos os processos perante os Conselhos de Justiça.

Art. 38. Os Conselhos de Justiça serão de 2 (duas) espécies:

I – Conselho Especial de Justiça, para processar e julgar os Oficiais;

II – Conselho Permanente de Justiça, para processar e julgar os Praças.

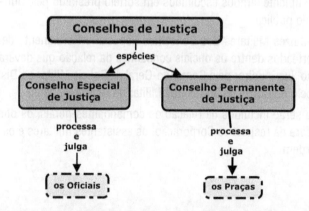

Oficiais	Possuem patente: tenente, capitão, major, tenente-coronel e coronel.
Praças	Não possuem graduação: soldado, cabo, sargento e subtenente.

Art. 39. O Conselho Especial de Justiça Militar será composto por 4 (quatro) Juízes Militares, de patente igual ou superior à do acusado, e do Juiz-Auditor.

§ 1º Na falta de oficial da ativa com a patente exigida, recorrer-se-á a oficiais em inatividade.

§ 2º O Conselho Permanente de Justiça compor-se-á de 4 (quatro) Juízes Militares, escolhidos dentre os oficiais da ativa, e do Juiz-Auditor.

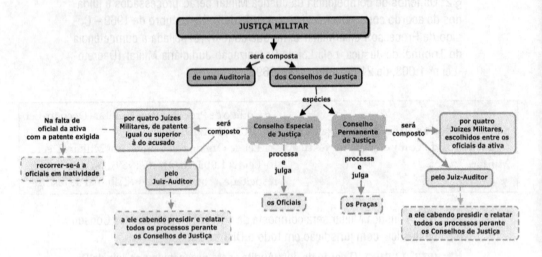

§ 3º Os Juízes Militares do Conselho Permanente de Justiça servirão pelo período de 4 (quatro) meses consecutivos e só poderão ser de novo sorteados após transcorrido o prazo de 6 (seis) meses, contados da dissolução do Conselho que tenham integrado.

Art. 40. Cada Juiz Militar do Conselho Especial ou Permanente de Justiça terá um suplente, ambos escolhidos em sorteio presidido pelo Juiz-Auditor em sessão pública.

§ 1º Os Juízes Militares dos Conselhos Especial e Permanente de Justiça serão sorteados dentre os oficiais constantes da relação que deverá ser remetida ao Juiz-Auditor pelo Comando-Geral da Polícia Militar do Distrito Federal e pelo do Corpo de Bombeiros Militar do Distrito Federal.

§ 2º Não serão incluídos na relação os comandantes-gerais, os oficiais em serviço fora da respectiva Corporação, os assistentes militares e os ajudantes de ordem.

LEI DE ORGANIZAÇÃO JUDICIÁRIA DO DISTRITO FEDERAL E DOS TERRITÓRIOS — ART. 41

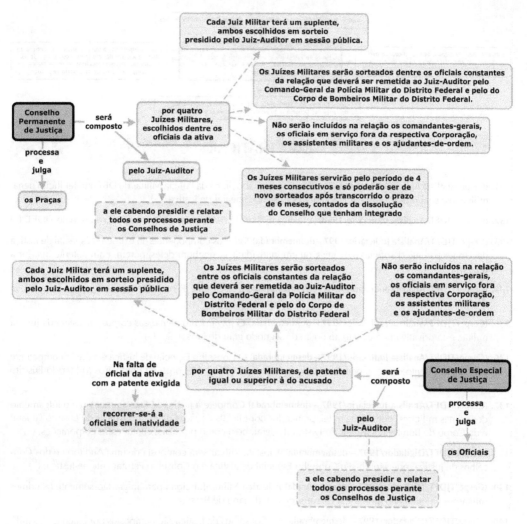

Art. 41. Compete ao Juiz-Auditor:

I – expedir alvarás, mandados e outros atos, em cumprimento às decisões dos Conselhos ou no exercício de suas próprias funções;

II – conceder habeas corpus, quando a coação partir de autoridade administrativa ou judiciária militar, ressalvada a competência do Tribunal de Justiça;

III – exercer supervisão administrativa dos serviços da Auditoria e o poder disciplinar sobre servidores que nela estejam localizados, respeitada a competência da Corregedoria de Justiça.

ART. 41 — TJDFT – EM ESQUEMAS

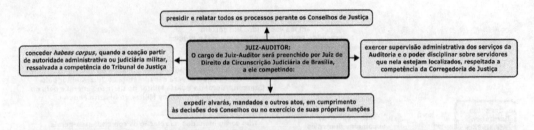

PARA PRATICAR

131. **(Cespe/Analista Judiciário/Área Jud./2013)** Se determinado praça da Polícia Militar do DF cometer ilícito penal militar, ele será processado e julgado pelo Conselho Especial de Justiça. ( )

132. **(Cespe/TJDFT/Analista Judiciário/1998)** A justiça militar do DF é exercida, em segundo grau, pelo TJDFT. ( )

133. **(Cespe/TJDFT/Analista Judiciário/1997 – desmembrada)** Todos os componentes do Conselho Especial de Justiça devem ter patente de oficial – da ativa ou em inatividade –, nenhum deles, porém, com patente inferior à do réu. ( )

134. **(Cespe/TJDFT/Analista Judiciário/1997 – desmembrada)** O Conselho Permanente de Justiça é órgão especial do TJDF. ( )

135. **(Cespe/TJDFT/Analista Judiciário/1997 – desmembrada)** O julgamento de *habeas corpus*, na esfera da justiça militar, está privativamente afeto ao órgão de segundo grau de jurisdição. ( )

136. **(Cespe/TJDFT/Analista Judiciário/1997 – desmembrada)** O Conselho Especial de Justiça é o órgão competente para o julgamento da ação penal, quando o acusado é oficial do Corpo de Bombeiros Militar do Distrito Federal. ( )

137. **(Cespe/TJDFT/Analista Judiciário/1997 – desmembrada)** Compete à Justiça Militar o processo e o julgamento dos crimes militares, definidos em lei, praticados por oficiais e praças da Polícia Militar do Distrito Federal e do Corpo de Bombeiros Militar do Distrito Federal, bem como por civis, contra essas corporações. ( )

138. **(Cespe/TJDFT/Digitador/1997 – desmembrada)** A Justiça Militar será composta de uma Auditoria e dos Conselhos de Justiça, que são dois: o Conselho Especial de Justiça e o Conselho Permanente de Justiça. ( )

139. **(Cespe/TJDFT/Digitador/1997 – desmembrada)** A Justiça Militar funciona para julgar tão-somente os crimes militares cometidos no âmbito da Circunscrição Judiciária de Brasília. ( )

140. **(Cespe/TJDFT/Digitador/1997 – desmembrada)** Os Conselhos de Justiça são compostos por cinco juízes militares. ( )

141. **(Cespe/TJDFT/Digitador/1997 – desmembrada)** Os Conselhos de Justiça são compostos por oficiais sorteados entre listas enviadas pelos comandos da Polícia Militar ou do Corpo de Bombeiros, conforme o caso, sendo, para tal fim, irrelevante a patente do acusado. ( )

142. **(Cespe/TJDFT/Programador/1997)** Os órgãos judiciais que exercem jurisdição militar no Distrito Federal incluem o Tribunal de Alçada Militar do Distrito Federal. ( )

143. **(Inédita)** A Justiça Militar do Distrito Federal possui jurisdição apenas na Circunscrição Judiciária de Brasília. ( )

144. **(Inédita)** A Justiça Militar não tem competência para apurar os crimes praticados por praças do Corpo de Bombeiros Militar do Distrito Federal. ( )

145. **(Inédita)** O juiz-auditor é recrutados mediante concurso público específico, destinado ao preenchimento de cargos da carreira da magistratura militar. ( )

146. **(Inédita)** O Conselho Permanente de Justiça, que é competente para julgar os praças da Polícia Militar do Distrito Federal e do Corpo de Bombeiros Militar do Distrito Federal, é composto de um juiz-auditor e de quatro juízes militares, escolhidos entre os oficiais da ativa. ( )

LEI DE ORGANIZAÇÃO JUDICIÁRIA DO DISTRITO FEDERAL E DOS TERRITÓRIOS — ART. 41

147. (Inédita) O Conselho Especial de Justiça, órgão da Justiça Militar do Distrito Federal, é composto por quatro juízes militares de patente igual ou superior à do acusado, e do Juiz-Auditor. Na falta de oficiais da ativa, recorrer-se-á a oficiais em inatividade. ( )

148. (Inédita) Em eventual julgamento de um capitão da Polícia Militar, o Conselho Especial de Justiça deverá ser integrado por oficiais da Polícia Militar, todos com patente de capitão. ( )

149. (Inédita) Segundo a LOJDFT, não poderão funcionar como Juízes Militares os oficiais da Polícia e do Corpo de Bombeiros que estejam prestando serviço fora da respectiva Corporação. ( )

COMENTÁRIOS

131. (E) Os crimes militares praticados por oficiais e praças da Polícia Militar do Distrito Federal (e também do Corpo de Bombeiros Militar do Distrito Federal) são processados e julgados perante a Justiça Militar (art. 36, § 1º). Os Oficiais são processados e julgados pelo Conselho Especial de Justiça (art. 38, I) e os praças são processados e julgados pelo Conselho Permanente de Justiça (art. 38, II). A banca examinadora trocou um órgão julgador por outro com o intuito de confundir o candidato desatento.

132. (C) A questão limitou-se a reproduzir, em sua literalidade, o art. 36, I, que assim dispõe: "A Justiça Militar do Distrito Federal será exercida: I – pelo Tribunal de Justiça em segundo grau; II – pelo Juiz-Auditor e pelos Conselhos de Justiça."

133. (E) O Conselho Especial de Justiça é composto por quatro juízes militares, de patente igual ou superior à do acusado, e do Juiz-Auditor (art. 39). Somente os juízes militares possuem patente (igual ou superior à do acusado); o Juiz-Auditor não é da carreira militar, mas sim Juiz de Direito da carreira da magistratura do Distrito Federal.

134. (E) O Conselho Permanente de Justiça, juntamente com o Conselho Especial de Justiça, constituem as duas espécies de Conselhos de Justiça que integram a Justiça Militar do Distrito Federal, a qual compõe a Justiça de Primeira Instância (art. 37). O órgão especial do Tribunal de Justiça é o Conselho Especial (art. 2º, II), o qual não se confunde com o Conselho Especial de Justiça que integra a Justiça Militar.

135. (E) O Julgamento de *habeas corpus* na esfera da justiça militar compete ao Juiz-Auditor, ressalvada a competência do Tribunal de Justiça (art. 41, II).

136. (C) Compete ao Conselho Especial de Justiça processar e julgar os oficiais do Corpo de Bombeiros Militar do DF (art. 38, I), cabendo relembrar que os praças são processados e julgados pelo Conselho Permanente de Justiça.

137. (E) A competência da Justiça Militar não inclui julgar os crimes praticados por civis, mas somente por Oficiais e Praças da Polícia Militar do DF e do Corpo de Bombeiros Militar do DF (art. 36, § 1º).

138. (C) A Justiça Militar será composta de uma Auditoria e dos Conselhos de Justiça que são de duas espécies: o Conselho Especial de Justiça, competente para processar e julgar os Oficiais; e o Conselho Permanente de Justiça, competente para processar e julgar os Praças (arts. 37 e 38).

139. (E) A Justiça Militar não funciona somente para julgar os crimes militares cometidos na Circunscrição Judiciária de Brasília, pois sua jurisdição abrange todo o Distrito Federal (art. 37). Aqui cabe chamar a atenção para o fato de que o cargo de Juiz-Auditor é preenchido por Juiz de Direito da Circunscrição Judiciária de Brasília (art. 37, parágrafo único), o que pode levar o candidato, equivocadamente, a pensar que a sua jurisdição também limita-se a essa região geográfica.

140. (E) Os Conselhos de Justiça são compostos por quatro Juízes Militares, e não cinco como afirma a questão. Na verdade, os quatro juízes militares, somados ao juiz-auditor, que é juiz de carreira da magistratura, totalizam cinco juízes, mas os juízes militares propriamente ditos são somente quatro (art. 39).

141. (E) Os Conselhos de Justiça são compostos por oficiais sorteados da relação remetida ao Juiz-Auditor pelo Comando-Geral da Polícia Militar do DF e pelo Corpo de Bombeiros Militar do DF, mas deverão ter a patente igual ou superior à do acusado (art. 40, § 1º, e art. 39). O segundo segmento da questão está, portanto, incorreto.

142. (E) O Tribunal de Alçada Criminal não compõe os órgãos com jurisdição militar no Distrito Federal. A Justiça Militar do Distrito Federal será exercida: I – pelo Tribunal de Justiça, em segundo grau; e II – pelo Juiz-Auditor e pelos Conselhos de Justiça (art. 36).

143. (E) A Justiça Militar do Distrito Federal possui jurisdição em todo o Distrito Federal e não somente na Circunscrição Judiciária de Brasília (art. 37). Atente-se para o fato de que o cargo de Juiz-Auditor é preenchido por Juiz de Direito da Circunscrição Judiciária de Brasília (art. 37, parágrafo único), o que pode levar o candidato a pensar, equivocadamente, que a jurisdição da Justiça Militar também limita-se a essa região geográfica.

144. (E) A competência da Justiça Militar abrange o processo e julgamento dos crimes militares, definidos em lei, praticados tanto por Oficiais quanto pelos Praças da Polícia Militar do DF e do Corpo de Bombeiros Militar do DF (art. 36, § 1º).

145. (E) O cargo de Juiz-Auditor não é exercido por um Juiz da carreira militar, mas por um Juiz de Direito da Circunscrição Judiciária de Brasília, pertencente à carreira da magistratura da Justiça do Distrito Federal e dos Territórios (art. 37, parágrafo único).

146. (C) Os dois segmentos da questão estão corretos. 1º) O Conselho Permanente de Justiça é competente para julgar os praças da Polícia Militar do Distrito Federal (art. 38, II). 2º) O Conselho Permanente de Justiça é composto de quatro Juízes Militares, escolhidos entre os oficiais da ativa, e do juiz-auditor (39, § 2º).

147. (C) A questão limita-se a reproduzir, em sua literalidade, o art. 39, *caput*, e § 1º, que assim dispõe: O Conselho Especial de Justiça Militar será composto por quatro juízes militares de patente igual ou superior à do acusado, e do Juiz-Auditor. Na falta de oficiais da ativa, recorrer-se-á a oficiais em inatividade.

148. (E) Em eventual julgamento de um capitão da Polícia Militar, o Conselho Especial de Justiça será composto pelo Juiz-Auditor e por quatro Juízes Militares, de patente igual ou superior à do acusado (art. 39). Assim, os Juízes Militares não precisam ter necessariamente a patente de capitão. Podem ter a patente de capitão ou superior (major, tenente, coronel etc.), mas nunca inferior a capitão.

149. (C) Não podem funcionar como Juízes Militares os oficiais que estejam prestando serviço fora da respectiva Corporação. A LOJDFT ainda exclui da relação os comandantes-gerais, os assistentes militares e os ajudantes de ordem (art. 40, § 2º).

CAPÍTULO IV
Do Juizado Especial de Fazenda Pública

Art. 42. (*Vetado*)

Sobre os Juizados Especiais de Fazenda Pública, ver com mais detalhes os arts. 23/29 do Provimento Geral da Corregedoria.

CAPÍTULO V
Do Juizado Especial Cível e Criminal

A Lei nº 9.099/1995 dispõe sobre os Juizados Especiais Cíveis e Criminais.
Os processos em trâmite nos Juizados Especiais Cíveis e Criminais orientar-se-ão pelos critérios da oralidade, simplicidade, informalidade, economia processual e celeridade, buscando, sempre que possível, a conciliação ou a transação.

Art. 43. Compete ao Juiz da Vara do Juizado Especial Cível a conciliação, o processo, o julgamento e a execução das causas cíveis de menor complexidade, na forma da lei.

Sobre os Juizados Especiais Cíveis, ver os arts. 23/29 do Provimento-Geral da Corregedoria e respectivos quadros esquemáticos.

Art. 44. Compete ao Juiz da Vara do Juizado Especial Criminal a conciliação, o processo e o julgamento das infrações penais de menor potencial ofensivo, na forma da lei, bem como o acompanhamento do cumprimento da transação penal e da suspensão condicional do processo.

Sobre os Juizados Especiais Criminais, ver os arts. 30/32 do Provimento Geral da Corregedoria e respectivos quadros esquemáticos.

CAPÍTULO VI
DOS JUÍZES DE DIREITO

Art. 45. Aos Juízes de Direito cabe, além de processar e julgar os feitos de sua competência:

I – inspecionar os serviços cartorários, informando, semestralmente, ao Corregedor o resultado das inspeções;

II – aplicar aos servidores que lhes sejam subordinados penalidades disciplinares que não excedam a 30 (trinta) dias de suspensão;

Nota: Do ponto de vista do Provimento Geral da Corregedoria (art. 133, I), o juiz pode aplicar aos servidores subordinados ao juízo penalidade de advertência ou de suspensão até trinta dias.

III – indicar servidores para substituição eventual de titulares;

IV – indicar à nomeação o cargo e as funções comissionadas da respectiva Secretaria.

Cabe aos Juízes de Direito titulares das varas apenas **indicar à nomeação** o diretor de Secretaria e os servidores para as funções comissionadas. O provimento propriamente dito dos cargos públicos entre eles a **nomeação**, é atribuição do Tribunal de Justiça (segundo o art. 77 desta Lei), e do Presidente do Tribunal de Justiça (segundo o art. 367, II e III do Regimento Interno).

CAPÍTULO VII
DOS JUÍZES DE DIREITO SUBSTITUTOS

O ingresso na carreira da magistratura dá-se no cargo de **juiz de direito substituto** e somente após dois anos de exercício do cargo o juiz substituto poderá ser promovido a juiz de direito. Uma vez promovido, o juiz passa a obter a garantia da inamovibilidade, ou seja, será localizado em uma vara específica e de lá somente poderá ser transferido a pedido ou mediante decisão em processo administrativo disciplinar (remoção compulsória). Ao juiz de direito substituto compete **substituir e auxiliar** os juízes de direito em suas faltas e impedimentos eventuais (férias, licenças, vacância etc.) (art. 46). Exercerá a **substituição** na hipótese de **afastamento do juiz de direito titular da vara**. Neste caso, o substituto terá **competência plena,** ou seja, poderá atuar como se o titular fosse. Diferentemente da substituição, **o auxílio** ocorre quando **o Juiz titular está em pleno exercício na Vara,** mas necessita da ajuda, em razão do número excessivo de processos em tramitação.

> Neste caso, a lei não fala em competência plena, **mas em competência para funcionar em quaisquer processos em curso na vara**. Ocorre, todavia, que não há juízes de direito substitutos em número suficiente para a substituição e o auxílio em todas as varas da Justiça do Distrito Federal e dos Territórios. Nos casos em que **não houver juiz de direito substituto designado**, a substituição do juiz titular, em suas faltas e impedimentos ocasionais, será feita por **seu substituto legal**, que é um **juiz de direito titular de outra serventia judicial**, conforme discriminado no art. 48 desta lei.

Art. 46. Compete aos Juízes de Direito Substitutos substituir e auxiliar os Juízes de Direito.

Parágrafo único. O Juiz de Direito Substituto na substituição do juiz titular terá competência plena.

Art. 47. O Juiz de Direito Substituto designado para auxiliar Juiz de Direito terá competência para funcionar em quaisquer processos em curso na Vara e, nessa qualidade, perceberá vencimentos integrais, atribuídos ao Juiz de Direito do Distrito Federal, observados, para todos os efeitos, os percentuais das diferenças de vencimentos entre esses cargos e o de Desembargador, na forma da lei que fixa os respectivos valores de retribuição.

Parágrafo único. O Vice-Presidente disporá sobre a designação de juízes auxiliares e definirá a forma de substituição e auxílio.

COMPETÊNCIA DOS JUÍZES DE DIREITO E DOS JUÍZES DE DIREITO SUBSTITUTOS	
Juízes de Direito	**Juízes de Direito Substitutos**
- processar e julgar os feitos de sua competência; - inspecionar os serviços cartorários, informando, semestralmente, ao Corregedor o resultado das inspeções; - aplicar aos servidores que lhes sejam subordinados penalidades disciplinares **que não excedam a 30 (trinta) dias de suspensão**; - indicar servidores para substituição eventual de titulares; - **indicar**, para fins de nomeação, os servidores que ocuparão o cargo e as funções comissionadas da respectiva Secretaria.	- substituir os Juízes de Direito, caso em que terão competência plena; - auxiliar os Juízes de Direito, caso em que poderão funcionar em quaisquer processos em curso na Vara.

PARA PRATICAR

150. **(Cespe/TJDFT/Analista Judiciário – Área Judiciária/2015)** Cabe aos juízes de direito aplicar penalidades disciplinares a servidores que lhes sejam subordinados, desde que a pena não exceda a trinta dias de suspensão. ( )

151. **Cespe/Cebraspe/TJDFT/Juiz Substituto 2/2016)** Conforme a Lei n.º 11.697/2008, entre outras atribuições, cabe aos juízes de direito inspecionar os serviços cartorários e

LEI DE ORGANIZAÇÃO JUDICIÁRIA DO DISTRITO FEDERAL E DOS TERRITÓRIOS — ART. 47

a) nomear, por portaria do juízo do qual seja titular ou substituto em exercício pleno, o cargo e as funções comissionadas do cartório pelo qual é responsável.
b) informar, semestralmente, ao corregedor o resultado das inspeções.
c) nomear, em procedimento próprio que ficará arquivado na própria serventia, com cópia para a corregedoria, o cargo e as funções comissionadas do cartório pelo qual é responsável.
d) aplicar as penalidades previstas em lei aos servidores que lhes sejam subordinados, desde que não excedam noventa dias.
e) aplicar qualquer uma das penalidades previstas em lei aos servidores que lhes sejam subordinados.

152. (Cespe/TJDFT/Analista Judiciário/2013) Considere que, em determinada vara do DF, um analista judiciário subordinado ao respectivo juiz de direito titular tenha cometido infração disciplinar. Nesse caso, cumprido o devido processo legal, a punição disciplinar máxima que o juiz poderá aplicar será de até trinta dias de suspensão. ( )

153. (Cespe/TJDFT/Analista Judiciário/2003) Compete aos juízes de direito nomear o diretor da secretaria da vara em que oficiem. ( )

154. (Cespe/TJDFT/Técnico Judiciário/2003) Além do corregedor geral da justiça do DF, os juízes de direito têm competência para aplicar sanções disciplinares aos funcionários que lhes sejam subordinados, em certos casos. ( )

155. (Cespe/TJDFT/Analista Judiciário/1999) Compete aos juízes de direito a aplicação de certas penalidades administrativas aos servidores que lhe são subordinados, bem como designar os substitutos eventuais dos servidores titulares da vara. ( )

156. (Cespe/TJDFT/Analista Judiciário/1999) Compete aos juízes de direito nomear o diretor da secretaria da vara respectiva. ( )

157. (Cespe/TJDFT/Analista Judiciário/1999) O juiz de direito substituto, ao substituir o titular da vara, terá competência nos limites estabelecidos em ato do presidente do Tribunal de Justiça. ( )

158. (Cespe/TJDFT/Analista judiciário/1997) O juiz de direito substituto designado para auxiliar juiz de direito poderá funcionar apenas nos processos por este indicados. ( )

COMENTÁRIOS

150. (C) A questão limita-se a reproduzir, em sua literalidade, o art. 45, II, que assim dispõe: Aos Juízes de Direito cabe aplicar aos servidores que lhes sejam subordinados penalidades disciplinares que não excedam a trinta dias de suspensão. Frise-se que tal atribuição é somente dos juízes de direito titulares da serventia, não alcançando os juízes de direito substitutos.

151. Está correta a alternativa B.
   (a) Está errada, pois não cabe aos Juízes de Direito, muito menos aos Juízes Substitutos, nomear servidores para o cargo e as funções comissionadas da respectiva secretaria, cabendo aos primeiros mas apenas indicar à nomeação os referidos servidores (art. 45, II).
   (b) Está correta, pois cabe aos Juízes de Direito inspecionar os serviços cartorários, informando, semestralmente, ao Corregedor o resultado das inspeções (art. 45, I).
   (c) Está errada, pois não cabe aos Juízes de Direito nomear servidores para o cargo e as funções comissionadas da respectiva secretaria, mas apenas indicar à nomeação os referidos servidores (art. 45, II).
   (d) está errada, pois aos Juízes de Direito compete aplicar aos servidores que lhes sejam subordinados penalidades disciplinares que não excedam a trinta dias de suspensão, e não a noventa dias, conforme afirmado na questão.
   (e) está errada, pois não cabe aos Juízes de Direito aplicar qualquer penalidade aos servidores que lhes sejam subordinados, mas apenas as penalidades disciplinares que não excedam a trina dias de suspensão (art. 45, II).

152. (C) Os juízes de direito titulares das varas só podem aplicar aos servidores que lhes sejam subordinados penalidades disciplinares que não excedam a trinta dias de suspensão.

153. (E) Não cabe aos Juízes de Direito nomear o diretor da secretaria da vara em que oficiem, mas apenas "indicar à nomeação" o servidor para ocupar o cargo (art. 45, IV).

154. (C) Além do Corregedor (art. 12, I), os juízes de direito possuem competência para aplicar penalidades disciplinares aos servidores que lhes sejam subordinados que não excedam a trinta dias de suspensão (art. 45, II).

155. (C) Aos Juízes de Direito cabe, além de outras atribuições, aplicar aos servidores que lhes sejam subordinados penalidades disciplinares que não excedam a trinta dias de suspensão (art. 45, II) e ainda indicar servidores para substituição eventual de titulares (art. 45, III).

156. (E) Não cabe aos Juízes de Direito nomear o diretor da secretaria da respectiva vara, mas apenas "indicar à nomeação" o servidor para ocupar o cargo (art. 45, IV).

157. (E) O juiz substituto, ao substituir o titular da vara, tem competência plena, e não nos limites estabelecidos em ato do Presidente do Tribunal (art. 46, parágrafo único).

158. (E) O juiz substituto designado para auxiliar juiz de direito poderá funcionar em qualquer processo em curso na Vara (art. 47).

CAPÍTULO VIII
DAS SUBSTITUIÇÕES

Art. 48. O Juiz de Direito, em suas faltas e impedimentos ocasionais, é substituído pelo da Vara da mesma competência e de numeração imediatamente superior.

§ 1º O Juiz da Vara de maior numeração será substituído pelo Juiz da 1ª Vara.

§ 2º Na Circunscrição Judiciária de Brasília, o Juiz da Vara de Órfãos e Sucessões será substituído pelo da 1ª Vara de Família da Circunscrição Judiciária de Brasília, ressalvada a criação de outra Vara de Órfãos e Sucessões; o Juiz da Vara de Meio Ambiente, Desenvolvimento Urbano e Fundiário será substituído pelo juiz da 1ª Vara da Fazenda Pública, ressalvada a criação de outra Vara de Meio Ambiente, Desenvolvimento Urbano e Fundiário; o da Vara de Execuções Penais e o da Vara de Execuções das Penas e Medidas Alternativas substituem-se mutuamente, ressalvada a criação de outras Varas de Execuções Penais e de Execuções das Penas e Medidas Alternativas; a substituição também será recíproca entre o substituto do Juiz da Vara de Registros Públicos e o da Vara de Acidentes de Trabalho, ressalvada a criação de outras Varas de Registros Públicos e de Acidentes de Trabalho.

§ 3º O Presidente do Tribunal do Júri e o Juiz-Auditor da Circunscrição Judiciária de Brasília substituem-se mutuamente.

§ 4º Na Circunscrição Judiciária de Taguatinga, Ceilândia, Samambaia e Gama, substituem-se mutuamente os Juízes dos Tribunais do Júri pelos respectivos Juízes das 1ᵃˢ Varas Criminais de Taguatinga, Ceilândia, Samambaia e Gama.

§ 5º Na Circunscrição Judiciária de Sobradinho, substituem-se mutuamente o Juiz do Tribunal do Júri e o Juiz da Vara Criminal e dos Delitos de Trânsito e os Juízes das Varas Cíveis e de Família, Órfãos e Sucessões.

§ 6º Na Circunscrição Judiciária de Planaltina, substituem-se mutuamente os Juízes do Tribunal do Júri e o Juiz da Vara Criminal e dos Delitos de Trânsito e os Juízes das Varas Cíveis e de Família, Órfãos e Sucessões.

§ 7º Na Circunscrição Judiciária de Brazlândia, substituem-se mutuamente o Juiz do Tribunal do Júri e o Juiz da Vara Criminal e dos Delitos de Trânsito e os juízes das Varas Cíveis e de Família, Órfãos e Sucessões.

§ 8º Na Circunscrição Judiciária do Núcleo Bandeirante, substituem-se mutuamente o Juiz do Tribunal do Júri e o Juiz da Vara Criminal e dos Delitos de Trânsito, e os Juízes das Varas de Família, Órfãos e Sucessões serão substituídos pelo Juiz de Direito Substituto designado.

§ 9º Na Circunscrição Judiciária de São Sebastião, substituem-se mutuamente o Juiz do Tribunal do Júri e o Juiz da Vara Criminal e dos Delitos de Trânsito, e os Juízes das Varas de Família, Órfãos e Sucessões serão substituídos pelo Juiz de Direito Substituto designado.

§ 10. Na Circunscrição Judiciária do Riacho Fundo, substituem-se mutuamente o Juiz do Tribunal do Júri e o Juiz da Vara Criminal e dos Delitos de Trânsito, e os Juízes das Varas de Família, Órfãos e Sucessões serão substituídos pelo Juiz de Direito Substituto designado.

§ 11. Na Circunscrição Judiciária de Santa Maria, substituem-se mutuamente o Juiz do Tribunal do Júri e o Juiz da Vara Criminal c dos Delitos de Trânsito, e os Juízes das Varas de Família, Órfãos e Sucessões serão substituídos pelo Juiz de Direito Substituto designado.

§ 12. O Juiz da Vara da Infância e da Juventude será substituído pelo Juiz de Direito Substituto designado.

§ 13. Na falta, ausência ou impedimento de juízes nas circunscrições judiciárias, serão eles substituídos pelos Diretores do Fórum da própria Circunscrição ou da Circunscrição mais próxima, conforme provimento da Corregedoria de Justiça.

DAS SUBSTITUIÇÕES

Juiz de Direito → será substituído pelo → Juiz da Vara da mesma competência e numeração imediatamente superior

Ex.: Juiz da 1ª Vara de Família de Brasília é substituído pelo Juiz da 2ª Vara de Família de Brasília.

Atenção! O Juiz da Vara de maior numeração será substituído pelo Juiz da 1ª Vara.
Ex.: o Juiz da 7ª Vara de Família de Brasília será substituído pelo Juiz da 1ª Vara de Família de Brasília.

Juiz da Vara de Órfãos e Sucessões de Brasília → será substituído pelo → Juiz da 1ª Vara de Família da Circunscrição Judiciária de Brasília, ressalvada a criação de outra Vara de Órfãos e Sucessões

Para conhecimento: Após a edição desta lei, foi criada a 2ª Vara de Órfãos e Sucessões, mas para efeito de prova de concurso vale o que está escrito nesta Lei.

Juiz da Vara de Meio Ambiente, Desenvolvimento Urbano e Fundiário → será substituído pelo → Juiz da 1ª Vara da Fazenda Pública, ressalvada a criação de outra Vara de Meio Ambiente, Desenvolvimento Urbano e Fundiário

ART. 48 — TJDFT – EM ESQUEMAS

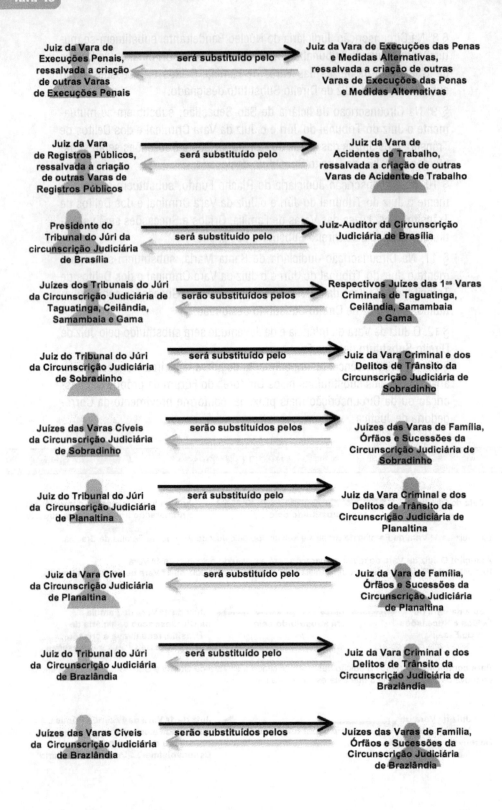

84

LEI DE ORGANIZAÇÃO JUDICIÁRIA DO DISTRITO FEDERAL E DOS TERRITÓRIOS — ART. 48

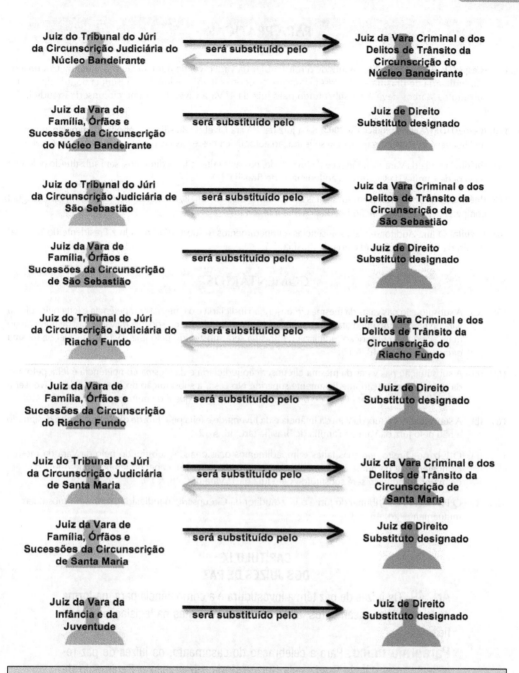

Na falta, ausência ou impedimento de juízes nas circunscrições judiciárias, serão eles substituídos pelos Diretores do Fórum da própria Circunscrição ou da Circunscrição mais próxima, conforme provimento da Corregedoria de Justiça.

PARA PRATICAR

159. (Cespe/TJDFT/2007) Marcos é juiz de direito titular da vara cível de numeração mais alta da Circunscrição Judiciária de Brasília – DF. Nessa situação, se ocorrer falta ocasional ou ausência do juiz de direito substituto, Marcos deverá ser substituído pelo juiz da 1ª Vara Cível da mesma circunscrição judiciária. ( )

160. (Cespe/TJDFT/Analista Judiciário/2003) Se o juiz da 3ª Vara Cível de Brasília estiver ocasionalmente ausente e não houver juiz substituto na vara, a substituição automática nesse caso caberá ao juiz da 2ª Vara Cível. ( )

161. (Inédita) O Juiz da Vara da Infância e da Juventude, em suas faltas e impedimentos, será substituído pelo Juiz da Vara de Família da Circunscrição Judiciária de Brasília. ( )

162. (Inédita) O Juiz de Direito, em suas faltas e impedimentos ocasionais, é substituído pelo Juiz da Vara de igual competência e de numeração imediatamente inferior. ( )

163. (Inédita) O Juiz-Auditor, em suas ausências e impedimentos, é substituído pelo Juiz Presidente do Tribunal do Júri da Circunscrição Judiciária de Brasília. ( )

COMENTÁRIOS

159. (C) A substituição nas varas da mesma circunscrição judiciária e da mesma competência é feita pelo juiz da vara de numeração imediatamente superior. No caso, a substituição do juiz da vara cível de numeração mais alta da Circunscrição Judiciária de Brasília será substituído pelo juiz da 1° Vara Cível da mesma circunscrição (art. 48, § 1°).

160. (E) A substituição nas varas da mesma circunscrição judiciária e da mesma competência é feita pelo juiz da vara de numeração imediatamente superior. No caso, a substituição do juiz da 3ª Vara Cível seria feita pelo Juiz da 4ª Vara Cível de Brasília, e não da 2ª Vara, que é de numeração inferior (art. 48).

161. (E) A substituição do Juiz da Vara da Infância e da Juventude é feita pelo Juiz de direito substituto designado e não pelo Juiz da Vara de Família de Brasília (art. 48, § 12).

162. (E) O Juiz de Direito, em suas faltas e impedimentos ocasionais, é substituído pelo da Vara da mesma competência e de numeração imediatamente superior (art. 48), cabendo lembrar que o Juiz da Vara de maior numeração será substituído pelo Juiz da 1ª Vara (art. 48, § 1°).

163. (C) O Presidente do Tribunal do Júri e o Juiz-Auditor da Circunscrição Judiciária de Brasília substituem-se mutuamente (art. 48, § 3°).

CAPÍTULO IX
DOS JUÍZES DE PAZ

Art. 49. Os juízes de paz têm a investidura e a competência para, na forma da lei, celebrar casamentos, além de outras previstas na legislação específica.

Parágrafo único. Para a celebração de casamento, os juízes de paz receberão importância fixada pela Corregedoria, observado o Regimento de Custas da Justiça do Distrito Federal.

Juízes de Paz são juízes leigos, sem função jurisdicional, com competência para analisar processos de habilitação para o casamento e celebrar os matrimônios. São indicados pelo Corregedor de Justiça e nomeados pelo Presidente do Tribunal de Justiça para atuar nos Serviços de Registros Civil do Distrito Federal.

PARA PRATICAR

164. (Cespe/TJDFT/Analista Judiciário/1999) Consoante a LOJDFT, aos juízes de paz compete julgar ações de menor complexidade nas varas de família. ( )

165. (Cespe/TJDFT/Analista Judiciário/1998) Os juízes de paz podem substituir juízes de direito com jurisdição nas varas de família. ( )

COMENTÁRIOS

164. (E) Juiz de Paz não exerce função jurisdicional. A ele compete realizar casamentos e promover a habilitação (art. 49).

165. (E) Juiz de Paz não exerce função jurisdicional, por isso não tem competência para substituir juiz de direito. A ele compete realizar casamentos e promover a habilitação (art. 49).

TÍTULO IV
DOS MAGISTRADOS DO DISTRITO FEDERAL

CAPÍTULO I
DAS NORMAS GERAIS

Art. 50. Aplicam-se aos magistrados do Distrito Federal e dos Territórios as normas da Constituição Federal, da Lei Orgânica da Magistratura Nacional, desta Lei e, subsidiariamente, as do Regime Jurídico dos Servidores Públicos Civis da União.

Art. 51. As nomeações e promoções de Juízes de Direito e Substitutos serão feitas pelo Presidente do Tribunal, mediante prévia indicação do Tribunal de Justiça.

Aos magistrados do Distrito Federal são aplicadas as seguintes normas	- a Constituição Federal;
	- a Lei Orgânica da Magistratura (LC nº 35/1975);
	- a Lei de Organização Judiciária do Distrito Federal (Lei nº 11.697/2008);
	- a Lei nº 8.112/1990, que instituiu o Regime Jurídico dos Servidores Públicos Civis da União, de forma subsidiária (para suprir a omissão das demais).
As nomeações e promoções de Juízes de Direito e Juízes Substitutos são feitas	Pelo Presidente do Tribunal, mediante prévia indicação do Tribunal de Justiça.
Na Justiça do Distrito Federal, a **nomeação** dos magistrados se dá no cargo de Juiz de Direito Substituto, após aprovação em concurso público. A **promoção** é a ascensão do Juiz de Direito Substituto ao cargo de Juiz de Direito, seja pelo critério de antiguidade, seja pelo critério de merecimento. É o deslocamento feito no plano vertical.	

CAPÍTULO II
DO PROVIMENTO DOS CARGOS

> **Nota:** O "provimento dos cargos da magistratura" é matéria tratada tanto na Lei de Organização Judiciária quanto no Regimento Interno do Tribunal de Justiça do Distrito Federal. Ocorre que o Regimento Interno, por meio das Emendas Regimentais nºs 11/2015 e 6/2016, introduziu alterações substanciais em alguns artigos de seu texto para se adequar à realidade atual. Tais alterações acabaram por tornar sem efeito alguns dispositivos desta Lei que antes eram coincidentes e agora foram modificados pelo Regimento. Assim, o leitor deve estar atento para as diferenças contidas em um e em outro ato normativo, lembrando que, nos casos de prova de concurso, o candidato **deverá levar em consideração o texto da legislação questionado pela banca examinadora**, deixando de lado possíveis e eventuais incompatibilidades havidas entre eles.
> A respeito da matéria, ver arts. 383/409 daquele ato normativo.

> **"Prover os cargos"** significa preencher as vagas existentes, vinculando o servidor ao cargo ou à função.
> Há dois tipos de provimento de cargos: o provimento originário, que se dá com a nomeação; e o provimento derivado, do qual são espécies a promoção, a readaptação, a reversão, o aproveitamento, a reintegração e a recondução.
> O provimento dos cargos dos servidores públicos em geral pode se dar em caráter efetivo ou provisório, sendo este último destinado aos cargos em comissão, também denominados de cargos de confiança, de livre nomeação e exoneração.
> **O provimento dos cargos da magistratura de primeiro e segundo graus** dar-se-á na forma desta Lei.

Art. 52. O ingresso na Carreira da Magistratura dar-se-á nos cargos de Juiz de Direito Substituto do Distrito Federal ou de Juiz de Direito dos Territórios e dependerá de concurso de provas e títulos realizado pelo Tribunal de Justiça, com a participação do Conselho Seccional da Ordem dos Advogados do Brasil do lugar em que se realizarem as provas, exigindo-se dos candidatos que satisfaçam os seguintes requisitos:

I – ser brasileiro no gozo dos direitos civis e políticos;

II – estar quite com o serviço militar;

III – ser Bacharel em Direito, graduado em estabelecimento oficial ou reconhecido;

IV – ter exercido durante 3 (três) anos, no mínimo, no último quinquênio, advocacia, magistério jurídico em nível superior ou qualquer função para a qual se exija diploma de Bacharel em Direito;

V – ter mais de 25 (vinte e cinco) e menos de 50 (cinquenta) anos de idade, salvo quanto ao limite máximo, se for magistrado ou membro do Ministério Público;

VI – ser moralmente idôneo.

LEI DE ORGANIZAÇÃO JUDICIÁRIA DO DISTRITO FEDERAL E DOS TERRITÓRIOS — ART. 53

Atenção! O Plenário do STF, no julgamento da ADI 5329/DF, de relatoria do Min. Marco Aurélio e designado para o acórdão o Min. Alexandre de Moraes, realizado em 14/12/2020, declarou a inconstitucionalidade do art. 52, V, da LOJ, por violação ao art. 93, I, da CF.

O ingresso na carreira da magistratura	dar-se-á nos cargos	- de Juiz de Direito Substituto do Distrito Federal; ou - de Juiz de Direito dos Territórios.
	dependerá	de aprovação em concurso público, nos termos do Regulamento aprovado pelo Conselho Especial, obedecidos os requisitos especificados em lei.
Requisitos para o ingresso na carreira da magistratura		- ser brasileiro no gozo dos direitos civis e políticos; - estar quite com o serviço militar; - ser Bacharel em Direito, graduado em estabelecimento oficial ou reconhecido; - ter exercido durante 3 (três) anos, no mínimo, no último quinquênio, advocacia, magistério jurídico em nível superior ou qualquer função para a qual se exija diploma de Bacharel em Direito; - ter mais de 25 (vinte e cinco) e menos de 50 (cinquenta) anos de idade, salvo quanto ao limite máximo, se for magistrado ou membro do Ministério Público *(requisito julgado inconstitucional pelo STF. Ver comentário do art. 52)*; - ser moralmente idôneo.

§ 1º Para a aprovação final no concurso, exigir-se-á exame de sanidade física e mental.

§ 2º O concurso terá validade de 2 (dois) anos, prorrogável 1 (uma) vez por igual período.

Art. 53. O concurso para provimento dos cargos iniciais de Juiz de Direito Substituto do Distrito Federal e dos Territórios da Carreira da Magistratura do Distrito Federal e dos Territórios será único, facultado aos candidatos aprovados, na ordem de classificação, o direito de opção para um ou outro cargo.

Parágrafo único. Poderá o Tribunal de Justiça determinar a realização de concurso apenas para o provimento de cargo de Juiz de Direito dos Territórios.

DO CONCURSO PARA PROVIMENTO DOS CARGOS DE JUIZ DE DIREITO SUBSTITUTO DO DISTRITO FEDERAL E DE JUIZ DE DIREITO DOS TERRITÓRIOS	
Aprovação em concurso púbico	É requisito obrigatório para o ingresso na carreira de magistratura.
Validade do concurso	2 (dois) anos, prorrogável 1 (uma) vez por igual período.
Será exigido do candidato para aprovação no concurso	Exame de sanidade física e mental.
Concurso único	Será único o concurso para provimento dos cargos iniciais de juiz de direito substituto do Distrito Federal e de juiz de direito dos Territórios, sendo facultado aos candidatos aprovados, na ordem de classificação, o direito de opção por um ou outro cargo.
Concurso exclusivo para os Territórios	Poderá ser determinada pelo Conselho Especial a realização de concurso apenas para o provimento de cargo de juiz de direito dos Territórios.

Art. 54. O preenchimento dos cargos de Juiz de Direito, à exceção da Circunscrição Judiciária de Brasília, far-se-á por promoção de Juízes de Direito Substitutos do Distrito Federal.

§ 1º Os cargos de Juiz de Direito da Circunscrição Judiciária de Brasília serão providos por remoção dos Juízes de Direito do Distrito Federal e dos Territórios, reservado aos últimos 0,1 (um décimo) das vagas, ou por promoção de Juiz Substituto, caso remanesça vaga não provida por remoção.

§ 2º Somente após 2 (dois) anos de exercício na classe, poderá o Juiz ser promovido ou removido, salvo se não houver com tal requisito quem aceite o lugar vago, ou se forem todos recusados pela maioria absoluta dos membros do Tribunal de Justiça.

§ 3º As indicações para promoção por merecimento serão, sempre que possível, feitas por lista tríplice, cabendo ao Tribunal a escolha do magistrado a ser promovido.

§ 4º No caso de promoção por antiguidade, o Tribunal de Justiça somente poderá recusar o Juiz mais antigo pelo voto de 2/3 (dois terços) dos seus membros, repetindo-se a votação até fixar-se a indicação.

DA REMOÇÃO E DA PROMOÇÃO	
Remoção	É a transferência **do juiz de direito,** a pedido, de uma vara para outra da mesma circunscrição judiciária ou de circunscrição judiciária distinta; é o deslocamento no plano horizontal.
Promoção	É a ascensão **do juiz de direito substituto** ao cargo de juiz de direito; é o deslocamento no plano vertical.

DA REMOÇÃO E DA PROMOÇÃO			
O preenchimento dos cargos de Juiz de Direito, exceto de Brasília	Far-se-á por promoção de Juízes de Direito Substitutos do Distrito Federal.		
O provimento dos cargos de Juiz de Direito de Brasília é feito	- por **remoção dos Juízes de Direito do Distrito Federal e dos Territórios**, reservado aos últimos 0,1 (um décimo) das vagas, ou - por **promoção de Juiz Substituto,** caso remanesça vaga não provida por remoção.		
Requisitos para a remoção ou promoção	**Regra**	2 (dois) anos de exercício na classe.	
^	**Exceção**	- se não houver Juiz com mais de dois anos de exercício na classe que aceite o lugar vago; ou - se forem todos recusados pela maioria absoluta dos membros do Tribunal de Justiça.	
Indicação para promoção por merecimento	Será, sempre que possível, feita por lista tríplice, cabendo ao Tribunal a escolha do magistrado a ser promovido.		
Indicação para promoção por antiguidade	**O Tribunal de Justiça somente poderá recusar o Juiz mais antigo pelo voto de 2/3 (dois terços) dos seus membros**, repetindo-se a votação até concluir a indicação.		

Art. 55. O provimento de cargo de Desembargador far-se-á por promoção de Juiz de Direito do Distrito Federal, por antiguidade e merecimento alternadamente, reservado 1/5 (um quinto) de lugares, que será preenchido por membros do Ministério Público do Distrito Federal e Territórios e advogados em efetivo exercício da profissão.

O Tribunal de Justiça do Distrito Federal e dos Territórios é composto de quarenta e oito desembargadores. A fração de 1/5 representa 9,6 desembargadores. Assim, dos quarenta e oito desembargadores, 9,6 vagas são reservadas ao quinto constitucional (MPDFT e advogados). E como não existe seis décimos de desembargador, o Tribunal arredonda o resultado para o número inteiro mais próximo, alcançando, neste caso, o total de dez membros. Destes, cinco são provenientes da carreira de advogado e cinco da carreira do Ministério Público do Distrito Federal e dos Territórios.

§ 1º Concorrerão à promoção os Juízes de Direito do Distrito Federal e dos Territórios, observadas as disposições constitucionais e da Lei Orgânica da Magistratura Nacional.

§ 2º Os lugares reservados a membros do Ministério Público ou da Ordem dos Advogados do Brasil serão preenchidos dentre aqueles de notório saber jurídico e de reputação ilibada, com mais de 10 (dez) anos de efetiva atividade profissional, indicados em lista sêxtupla pelos órgãos de representação das respectivas classes.

§ 3º Recebidas as indicações, o Tribunal formará lista tríplice, enviando-a ao Poder Executivo, que, nos 20 (vinte) dias subsequentes, escolherá um de seus integrantes para nomeação.

> A nomeação de desembargador proveniente de vaga do quinto constitucional é feita pelo Presidente da República, que escolherá um nome entre os três da lista tríplice enviada pelo Tribunal de Justiça. A nomeação do desembargador proveniente da carreira de Juiz é feita pelo Presidente do Tribunal.

§ 4º A indicação de membro do Ministério Público e de advogado será feita de modo a resguardar a igualdade de representação das 2 (duas) categorias e observar-se-á o critério de alternatividade, iniciando-se por advogado.

> **Para conhecimento:**
> As vagas provenientes do quinto constitucional devem observar a alternância e sucessividade, conforme prevê o art. 100, § 2º da Lei Orgânica da Magistratura Nacional, ou seja, ora são preenchidas por advogado, ora por membro do Ministério Público, alternada e sucessivamente. Ocorre que os Tribunais vinham adotando a chamada "tese da cadeira cativa", ou seja, quando vagava a cadeira de advogado, o Presidente do Tribunal enviava ofício à OAB; e quando vagava a cadeira de membro do MP, o ofício era encaminhado à Procuradoria. O CNJ, em 23/08/2016, julgou uma ação ajuizada pelo Ministério Público Federal e decidiu, com base em jurisprudência do STF, que, "havendo número ímpar de vagas, sempre que vagar qualquer uma das cadeiras destinadas ao quinto constitucional, ela deverá ser preenchida por representante da classe (OAB ou MP) que, até aquele momento, se encontrava em minoria na Corte." Assim, se, por exemplo, houver em um Tribunal três cadeiras preenchidas por advogados e duas por Membros do MP, a próxima vaga que surgir deverá ser preenchida por membro do MP. Mas se o número de vagas for par, continua a regra da cadeira cativa, ou seja, será preenchida por membro da mesma classe que preenchia a cadeira vaga.
> **Para efeito de prova de concurso, considere as disposições desta lei, que elege o critério de alternatividade, caso em que a alternância deverá ser iniciada por advogado.**

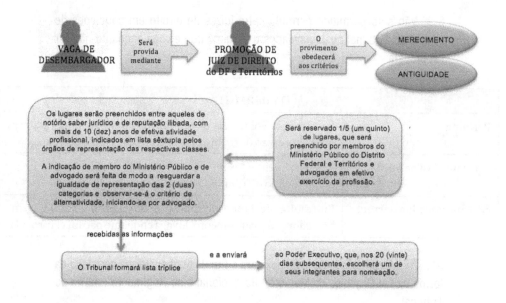

Art. 56. As remoções requeridas por juízes do Distrito Federal e dos Territórios vinculam-se a ato do Presidente do Tribunal e poderão dar-se para qualquer Circunscrição Judiciária, exceto para Vara da mesma natureza dentro da própria Circunscrição Judiciária.

§ 1º Os pedidos de remoção serão formulados no prazo de 15 (quinze) dias, a contar da declaração de vacância do cargo, publicada no Diário de Justiça.

DA REMOÇÃO	
As remoções requeridas por juízes do Distrito Federal e dos Territórios	Condicionam-se a ato do Presidente do Tribunal.
Pode ser feita a remoção	Para qualquer Circunscrição Judiciária.
Não pode ser feita a remoção	Para a Vara da mesma natureza dentro da própria Circunscrição Judiciária (*).
Pedidos de remoção	Serão formulados no prazo de 15 (quinze) dias, a contar da declaração de vacância do cargo, publicada no Diário de Justiça.
(*) Segue um exemplo para aclarar: o juiz da 1ª Vara de Família de Taguatinga não poderá ser removido para a 3ª Vara de Família da Circunscrição Judiciária de Taguatinga.	

§ 2º A requerimento dos interessados, será permitida a permuta, condicionada a ato do Presidente, ouvido o Tribunal.

§ 3º Não será permitido permuta entre juízes de direito em condições de acesso ao Tribunal de Justiça após o surgimento de vaga enquanto não for ela provida.

DA PERMUTA	
Permuta	É a remoção voluntária de um juiz de direito de uma vara para outra, em razão da troca de lugar com outro juiz de direito.
É permitida a permuta	A requerimento dos interessados, condicionada a ato do Presidente, ouvido o Tribunal.
Não é permitida a permuta	Entre juízes de direito em condições de ser promovido a Desembargador após o surgimento de vaga enquanto não for ela provida.

Art. 57. A verificação de invalidez para o fim de aposentadoria será feita na forma da Lei Orgânica da Magistratura Nacional e do Regimento Interno do Tribunal.

Sobre a verificação da invalidez, ver os arts. 433/439 do Regimento Interno e respectivo quadro esquemático.

PARA PRATICAR

166. (Cespe/TJDFT/Analista Judiciário – Área Judiciária/2015) Um quinto dos cargos de desembargador devem ser preenchidos por membros do Ministério Público do Distrito Federal e Territórios e por advogados em efetivo exercício da profissão. ( )

167. (Cespe/TJDFT/Analista Judiciário/2007) Sérgio é o juiz de direito mais antigo do TJDFT. Nessa situação, no caso de promoção por antiguidade, o tribunal de justiça somente poderá recusá-la a Sérgio pelo voto da maioria absoluta de seus membros. ( )

168. (Cespe/TJDFT/Analista Judiciário/2003) Estritamente de acordo com a LOJDFT, a vaga de desembargador do TJDFT destinada ao denominado quinto constitucional não pode ser provida por meio da nomeação de um membro do Ministério Público do Distrito Federal e Territórios (MPDFT) com menos de dez anos de carreira nesse órgão. ( )

169. (Cespe/TJDFT/Analista Judiciário/2003) Se ocorrer vaga em vara da Circunscrição Judiciária de Brasília, aquela deverá ser provida necessariamente por meio da remoção de juiz de direito de uma das demais circunscrições do DF. ( )

170. (Cespe/TJDFT/Analista Judiciário/2003) Um promotor de justiça com idade de 51 anos não poderá ter deferida a inscrição no concurso público para provimento do cargo de juiz de direito substituto do DF. ( )

171. (Cespe/TJDFT/Analista Judiciário/1999) Os magistrados da justiça do Distrito Federal são regidos, exclusivamente, pela Constituição da República e pela Lei Orgânica da Magistratura Nacional (LOMAN). ( )

172. (Cespe/TJDFT/Analista Judiciário/1999) A LOJDFT estabelece limites de idade mínimo e máximo para ingresso na magistratura, salvo, quanto ao segundo limite, em relação àqueles que já são magistrados ou membros do Ministério Público. ( )

173. (Cespe/TJDFT/Analista Judiciário/1999) No caso de vaga destinada à promoção por merecimento, a indicação dos nomes dos candidatos tem de ser efetivada, necessariamente, em lista tríplice. ( )

LEI DE ORGANIZAÇÃO JUDICIÁRIA DO DISTRITO FEDERAL E DOS TERRITÓRIOS — ART. 57

174. **(Cespe/TJDFT/Analista Judiciário/1999)** As vagas destinadas à advocacia e ao Ministério Público no Tribunal de Justiça são providas pelo nome indicado em lista uninominal, a partir de votação, respectivamente, pela OAB e pelo MPDFT. ( )

175. **(Cespe/TJDFT/Técnico Judiciário/1998)** Somente juízes de primeiro grau são promovidos a cargos de desembargador. ( )

176. **(Cespe/TJDFT/Técnico Judiciário/1998 – adaptada)** Dos quarenta e oito desembargadores, pelo menos nove são escolhidos entre membros do Ministério Público do Distrito Federal e Territórios. ( )

177. **(Cespe/TJDFT/Técnico Judiciário/1998)** Um advogado somente poderá concorrer ao cargo de desembargador se tiver mais de dez anos de efetiva atividade profissional. ( )

178. **(Cespe/TJDFT/Técnico Judiciário/1998)** Os juízes militares, integrantes do Conselho Especial de Justiça, não podem concorrer a cargos de desembargador. ( )

179. **(Cespe/TJDFT/Analista Judiciário/1998 – desmembrada e adaptada)** Supondo-se que um dos cargos de desembargador do TJDF tenha sido recentemente provido, é correto afirmar que o novo desembargador submeteu-se, necessariamente, a concurso público de provas e títulos. ( )

180. **(Cespe/TJDFT/Analista Judiciário/1998 – desmembrada e adaptada)** Supondo-se que um dos cargos de desembargador do TJDF tenha sido recentemente provido, é correto afirmar que advogados e membros do Ministério Público não puderam concorrer à vaga de desembargador, já que as regras alusivas ao quinto constitucional só autorizam os integrantes dessas categorias a concorrerem aos cargos iniciais da carreira magistratura. ( )

181. **(Cespe/TJDFT/Analista Judiciário/1998 – desmembrada e adaptada)** Supondo-se que um dos cargos de desembargador do TJDF tenha sido recentemente provido pelo quinto constitucional, é correto afirmar que o novo desembargador foi nomeado pelo Chefe do Poder Executivo. ( )

182. **(Cespe/TJDFT/Analista Judiciário/1998 – desmembrada e adaptada)** Supondo-se que um dos cargos de desembargador do TJDFT tenha sido recentemente provido, é correto afirmar que um juiz de direito substituto pode ter sido promovido ao referido cargo de desembargador, desde que a promoção tenha se efetivado pelo critério do merecimento. ( )

183. **(Cespe/TJDFT/Analista Judiciário/1997)** O ingresso na carreira dar-se-á, no Distrito Federal, no cargo de juiz de direito substituto. ( )

184. **(Cespe/TJDFT/Analista Judiciário/1997)** O candidato à magistratura pode ser graduado em direito em estabelecimento não oficial. ( )

185. **(Cespe/TJDFT/Analista Judiciário/1997)** O juiz em condição de ser promovido não pode ter a promoção recusada pelo Tribunal de Justiça. ( )

186. **(Cespe/TJDFT/Analista Judiciário/1997)** A lei exige o interstício mínimo de dois anos de exercício na classe para que o juiz seja promovido, salvo hipóteses excepcionais. ( )

187. **(Cespe/TJDFT/Analista Judiciário/1997)** Um quinto dos cargos de Desembargador será preenchido por membros do Ministério Público do Distrito Federal e Territórios e por advogados em exercício efetivo da profissão. ( )

188. **(Inédita)** A promoção de juiz de direito substituto e a remoção de juiz de direito requer dois anos de exercício na respectiva classe, salvo se não houver juiz com mais de dois anos na classe que aceite o lugar vago, ou se os que aceitarem forem recusados pelo voto de 2/3 (dois terços) dos membros do Tribunal de Justiça. ( )

189. **(Inédita)** Na circunscrição Judiciária de Brasília as vagas são reservadas para provimento por remoção de juízes de Direito do Distrito Federal e dos Territórios reservado aos últimos um décimo das vagas. Somente em caso de não provimento por remoção é que as vagas serão providas por promoção de juízes substitutos. ( )

190. **(Inédita)** Na justiça do Distrito Federal e dos Territórios o ingresso na carreira dar-se-á sempre no cargo de juiz substituto. ( )

191. **(Inédita)** Um advogado que exerceu a advocacia entre os anos de 1990 a 2008 não poderá concorrer ao cargo de juiz em concurso a ser realizado em 2015, já que não preenchido o requisito temporal referente ao exercício de função para a qual se exija diploma de Bacharel em Direito. ( )

192. **(Inédita)** O candidato que pretende submeter-se a concurso público para ingresso na magistratura do Distrito Federal deverá comprovar o exercício durante três anos, no mínimo, no último decênio, de advocacia, magistério jurídico em nível superior ou de outra função para a qual se exija diploma de Bacharel em Direito. ( )

ART. 57 — TJDFT – EM ESQUEMAS

193. (Inédita) O Concurso público para ingresso na magistratura do Distrito Federal e dos Territórios será realizado por banca examinadora escolhida mediante processo licitatório e terá validade de dois anos, prorrogável uma vez por igual período. ( )

194. (Inédita) O Candidato a concurso público para ingresso na magistratura do Distrito Federal e dos Territórios poderá optar pelo cargo de juiz substituto do DF ou juiz de direito dos Territórios, mas desde que o faça no ato da inscrição, não podendo fazê-lo depois de realizado o certame. ( )

195. (Inédita) Compete ao Presidente da República nomear desembargador do TJDFT integrante de vaga proveniente do quinto constitucional indicado em lista tríplice pelo Tribunal de Justiça, a qual deverá ser formada por aqueles de notório saber jurídico e de reputação ilibada, com mais de 10 (dez) anos de efetiva atividade profissional, indicados em lista sêxtupla pelos órgãos de representação das respectivas classes. ( )

196. (Inédita) Um quinto dos desembargadores do TJDFT será preenchido por membros do Ministério Público e por advogados, indicados em lista sêxtupla formada pelo Tribunal e enviada ao Poder Executivo para escolha e nomeação do desembargador. ( )

197. (Inédita) Um juiz de direito da vara de família não poderá ser removidos para vara de igual natureza dentro da mesma circunscrição judiciária. ( )

COMENTÁRIOS

166. (C) O provimento de cargo de Desembargador far-se-á por promoção de Juiz de Direito do Distrito Federal, por antiguidade e merecimento, reservado 1/5 (um quinto) de lugares que será preenchido por membros do MPDFT e advogados em efetivo exercício da profissão (art. 55).

167. (E) Nas vagas a serem providas pelo critério de antiguidade, o Tribunal somente pode recusar o nome do juiz mais antigo para o acesso ao cargo de desembargador pelo voto de 2/3 de seus membros, e não pelo voto da maioria absoluta como afirma a questão (art. 54, § 4º). Considerando o quadro atual de membros do Tribunal, 2/3 de 48 correspondem a 32 votos que é o número necessário para recusar o juiz mais antigo para acesso ao cargo de desembargador.

168. (C) Segundo A LOJDFT, Os lugares reservados a membros do Ministério Público do Distrito Federal e dos Territórios ou da OAB serão preenchidos entre aqueles de notório saber jurídico e de reputação ilibada, com mais de dez anos de efetiva atividade profissional. Assim, está correta a questão ao afirmar que a vaga de desembargador destinada ao quinto constitucional não pode ser provida por meio da nomeação de um membro do Ministério Público com menos de dez anos de carreira nesse órgão (art. 55, § 2º).

169. (E) As vagas em vara da circunscrição judiciária de Brasília não são providas somente por meio de remoção de juiz de direito de uma das circunscrições do Distrito Federal. Poderão ser providas também por Juízes de Direito dos Territórios reservados aos últimos um décimo das vagas, ou mediante promoção de juízes de direito substitutos, caso remanesça vaga não provida por remoção (art. 54, § 1º).

170. (E) De acordo a LOJ, para o ingresso na carreira magistratura não há limitação de idade quando o candidato já for magistrado ou membro do Ministério Público. Assim, o promotor de justiça com 51 anos poderá se inscrever no concurso público para provimento do cargo de juiz de direito substituto do DF (art. 52, V). Todavia, esse dispositivo foi declarado inconstitucional pelo STF, conforme já comentado.

171. (E) Os magistrados da justiça do Distrito Federal são regidos não somente pela Constituição Federal e pela Lei Orgânica da Magistratura Nacional, mas também pela Lei de Organização Judiciária do Distrito Federal (Lei nº 11.697/2008 e, subsidiariamente, pela Lei nº 8.112/1990 (Regime Jurídico dos Servidores Públicos Civis da União) (art. 50).

172. (C) A Lei de Organização Judiciária do DF estabelece o limite mínimo de 25 anos e o limite máximo de 50 anos para o ingresso na carreira da magistratura do Distrito Federal e dos Territórios. Quanto ao limite máximo, todavia, há uma exceção para aqueles que já forem magistrado ou membro do Ministério Público, os quais, mesmo após os cinquenta anos, poderão ingressar na carreira da magistratura do DF (art. 52, V). Todavia, esse dispositivo foi declarado inconstitucional pelo STF, conforme já comentado.

173. (E) A banca restringiu a questão ao inserir o advérbio "necessariamente", tornando a questão incorreta. No caso de vaga destinada à promoção por merecimento, a indicação dos nomes dos candidatos será feita, "sempre que possível", em lista tríplice, e não "necessariamente", como afirma a questão (art. 54, § 3º).

LEI DE ORGANIZAÇÃO JUDICIÁRIA DO DISTRITO FEDERAL E DOS TERRITÓRIOS   ART. 57

174. (E) O primeiro segmento está incorreto. A indicação dos nomes para provimento das vagas destinadas à advocacia e ao Ministério Público é feita em lista sêxtupla pelos órgãos de representação das respectivas classes, e não em lista uninominal, como afirma a questão (art. 55, § 2°). A alternatividade inicia-se, de fato, por advogado (art. 55, § 2°).

175. (C) O provimento de cargo de desembargador pelo critério de promoção é exclusivo de juízes de primeiro grau. O provimento dos cargos de desembargador pelos membros do MPDFT e advogados será feito mediante nomeação pelo Presidente da República após a formação de lista tríplice pelo Tribunal Pleno (art. 55).

176. (E) O Tribunal de Justiça é composto de quarenta e oito desembargadores. A fração de 1/5 representa 9,6 desembargadores. Assim, dos quarenta e oito desembargadores, 9,6 vagas são reservadas ao quinto constitucional (MPDFT e advogados). E como não existe seis décimos de desembargador, o Tribunal arredonda o resultado para o número inteiro mais próximo, alcançando, neste caso, o total de dez membros. Destes, cinco são provenientes do Ministério Público e cinco da carreira de advogados. A reserva de 1/5 é feita para ambas as classes em conjunto. Assim, o correto seria: dos quarenta e oito desembargadores, pelo menos cinco são escolhidos entre membros do MPDFT. Esta questão foi adaptada, considerando o quadro atual de quarenta e oito desembargadores. Aqui cabe um esclarecimento: o cálculo aritmético acima não está previsto na LOJDFT e foi realizado apenas a título de demonstração, com base na prática usual dos Tribunais em geral. Para efeito de prova de concurso, considere sempre as disposições previstas na Lei.

177. (C) Os lugares reservados a advogados ou membros do Ministério Público do Distrito Federal e dos Territórios serão preenchidos entre aqueles de notório saber jurídico e de reputação ilibada, com mais de dez anos de efetiva atividade profissional. Assim, está correta a questão ao afirmar que um advogado somente poderá concorrer ao cargo de desembargador se tiver mais de dez anos de efetiva atividade na carreira. A regra, não esqueça, vale também para membros do MPDFT (art. 55, § 2°).

178. (C) Tratando-se de justiça militar, somente o juiz-auditor poderá concorrer à vaga de desembargador, por ser juiz de direito da carreira da magistratura do Distrito Federal (art. 37, parágrafo único). Os juízes militares não são juízes de carreira da magistratura, mas membros da corporação militar.

179. (E) O provimento do cargo de desembargador dar-se-á por meio de acesso dos juízes de direito da carreira da magistratura do DF (art. 55) e dos membros do Ministério Público e advogados em vaga proveniente do quinto constitucional. Estes últimos são nomeados pelo Presidente da República, após a formação de lista tríplice feita pelo Tribunal (art. 55, 2°). Assim, somente os juízes de carreira submetem-se a concurso de provas e títulos, não os desembargadores provenientes da vaga do quinto constitucional.

180. (E) As regras alusivas ao quinto autorizam membros do MP e advogados a concorrerem à vaga de desembargador nas vagas reservadas às respectivas categorias (art. 55). Ocorre, todavia, que os cargos iniciais da carreira da magistratura são providos mediante concurso público de provas e títulos e o provimento inicial se dá no cargo de juiz de direito substituto (art. 52), sendo conclusivo que, pelas regras alusivas ao quinto constitucional, advogados e membros do Ministério Público não poderão concorrer aos cargos iniciais da carreira da magistratura.

181. (C) No caso de provimento de vaga pelo quinto constitucional, o Tribunal escolhe três entre os seis nomes enviados pela OAB ou pelo MP, dependendo da vaga a ser preenchida. Depois de formada a lista tríplice, o Tribunal a envia ao Poder Executivo que em vinte dias escolherá um de seus integrantes para nomeação (art. 55, § 3°). Isso quer dizer que a nomeação do desembargador, no caso de provimento de vaga pelo quinto constitucional, é feita pelo Presidente da República, que é o Chefe do Poder Executivo.

182. (E) Ambos os segmentos estão incorretos. 1°) Em regra, somente os juízes de direito podem ser promovidos a desembargador, não os juízes de direito substitutos; 2°) A promoção de juiz de direito ao cargo de desembargador é feita não somente pelo critério de merecimento, mas também de antiguidade, alternadamente (art. 55, parte inicial).

183. (C) O artigo limitou-se a reproduzir, em sua literalidade, o art. 52, primeira parte, que assim dispõe: "O ingresso na Carreira da Magistratura dar-se-á nos cargos de Juiz de Direito Substituto do Distrito Federal ou de Juiz de Direito dos Territórios..." Como a questão limita-se à carreira da magistratura no Distrito Federal, correto dizer que o ingresso se dá no cargo de Juiz de direito substituto.

184. (C) O candidato à carreira da magistratura pode ser graduado em direito em estabelecimento oficial ou reconhecido (art. 52, III).

185. (E) Na promoção por antiguidade, o Tribunal pode recusar o juiz mais antigo pelo voto de 2/3 dos seus membros (art. 54, § 4°).

186. (C) Somente após dois anos de exercício na classe, poderá o juiz ser promovido ou removido. Todavia, o interstício mínimo de dois anos para a promoção de juiz poderá ser dispensado quando não houver com tal requisito quem aceite o lugar vago, ou se forem todos recusados pela maioria absoluta dos membros do Tribunal de Justiça (art. 54, § 2º).

187. (C) A questão limita-se a reproduzir, em sua literalidade, o art. 5º, que assim dispõe: Um quinto das vagas para provimento do cargo de desembargador será reservado a membros do Ministério Público do Distrito Federal e dos Territórios e advogados em efetivo exercício da profissão (art. 55).

188. (E) A promoção de juiz de direito substituto e a remoção de juiz de direito requer, de fato, dois anos de exercício na respectiva classe, salvo se não houver com tal requisito quem aceite o lugar vago, ou se os que aceitarem forem recusados pelo voto da maioria absoluta dos membros do Tribunal de Justiça e não pelo voto de 2/3 como afirma a questão (art. 54, § 2º).

189. (C) Os cargos de Juiz de Direito da Circunscrição Judiciária de Brasília serão providos por remoção de Juízes de Direito do Distrito Federal e dos Territórios, reservado aos últimos 0,1 (um décimo) das vagas, ou por promoção de Juiz Substituto, caso remanesça vaga não provida por remoção (art. 54, § 1º).

190. (E) No Distrito Federal o ingresso na carreira da magistratura dar-se-á nos cargos de Juiz de Direito Substituto, mas nos Territórios o magistrado já ingressa na carreira exercendo o cargo de juiz de direito. A questão considerou a justiça do Distrito Federal e dos Territórios como um todo (art. 52).

191. (C) O advogado não poderá concorrer ao cargo de juiz, pois não preencheu o requisito do exercício da advocacia durante três anos, no mínimo, nos últimos cinco anos, conforme exigido pela lei. Para a inscrição ser aceita, a advocacia deveria ser exercida por três anos no período entre 2010 e 2015 (art. 52, IV).

192. (E) O candidato deverá comprovar o exercício durante 3 anos, no mínimo, no último quinquênio, e não no último decênio, de advocacia, magistério jurídico em nível superior ou de outra função para a qual se exija diploma de Bacharel em Direito (art. 52, IV).

193. (E) O primeiro segmento está incorreto e o segundo, correto. 1º) O concurso para ingresso na magistratura do Distrito Federal e dos Territórios é realizado pelo Tribunal, e não por banca examinadora escolhida mediante processo licitatório (art. 52); o concurso tem validade de dois anos prorrogável uma vez por igual período (art. 52, § 2º).

194. (E) O concurso para provimento dos cargos iniciais de Juiz de Direito Substituto do Distrito Federal e dos Territórios da Carreira da Magistratura do Distrito Federal e dos Territórios será único, facultado aos candidatos aprovados, na ordem de classificação, o direito de opção para um ou outro cargo. Assim, a opção poderá ser feita após a provação no certame e não somente no ato da inscrição como afirma a questão (art. 53).

195. (C) Todos os segmentos estão corretos. Os lugares reservados a membros do Ministério Público ou da Ordem dos Advogados do Brasil serão preenchidos entre aqueles de notório saber jurídico e de reputação ilibada, com mais de 10 (dez) anos de efetiva atividade profissional, indicados em lista sêxtupla pelos órgãos de representação das respectivas classes (art. 54, § 1º); Recebidas as indicações, o Tribunal formará lista tríplice, enviando-a ao Poder Executivo, que, nos 20 (vinte) dias subsequentes, escolherá um de seus integrantes para nomeação (art. 54, § 2º).

196. (E) De fato, um quinto dos desembargadores do TJDFT será preenchido por membros do Ministério Público e por advogados; a indicação, todavia, é feita em lista tríplice, e não em lista sêxtupla como afirma a questão; a lista tríplice é formada pelo Tribunal e enviada ao Poder Executivo para a escolha e nomeação do desembargador. Atente-se para a diferença entre a lista sêxtupla enviada ao Tribunal pelos órgãos de representação das respectivas classes e a lista tríplice formada pelo Tribunal e enviada ao Poder Executivo para nomeação (art. 54, §§ 1º e 2º).

197. (C) As remoções requeridas por juízes do Distrito Federal e dos Territórios vinculam-se a ato do Presidente do Tribunal e poderão dar-se para qualquer Circunscrição Judiciária, exceto para Vara da mesma natureza dentro da própria Circunscrição Judiciária. Assim, um juiz de direito da vara de família não poderá ser removido para outra vara de família dentro da mesma circunscrição judiciária. (art. 56)

CAPÍTULO III
DA ANTIGUIDADE

Antiguidade é o critério utilizado tendo em vista fatores relacionados com o tempo de serviço prestado pelo magistrado.
Merecimento é o critério utilizado tendo em vista os méritos obtidos na carreira.

Art. 58. A antiguidade dos juízes apurar-se-á:

I – pelo efetivo exercício na classe;

II – pela data da posse;

III – pela data da nomeação;

IV – pela colocação anterior na classe em que se deu a promoção;

V – pela ordem de classificação no concurso;

VI – pelo tempo de serviço público efetivo;

VII – pela idade.

§ 1º Para efeito de antiguidade, conta-se como de efetivo exercício a licença para tratamento de saúde.

§ 2º Para efeito da promoção a que se refere o parágrafo único do art. 61 desta Lei, somente se contará o tempo de exercício no cargo de Juiz de Direito no Distrito Federal.

O § 2º do art. 58 contém erro material, pois ele remete o leitor ao parágrafo único do art. 61, o qual não condiz com a matéria que se propunha retratar.

APURA-SE A ANTIGUIDADE DOS JUÍZES	
1º	pelo efetivo exercício na classe;
2º	pela data da posse;
3º	pela data da nomeação;
4º	pela colocação anterior na classe em que se deu a promoção;
5º	pela ordem de classificação no concurso;
6º	pelo tempo de serviço público efetivo;
7º	pela idade.
Para efeito de antiguidade, a licença para tratamento de saúde é contada como sendo de efetivo exercício no cargo.	

ART. 58 — TJDFT – EM ESQUEMAS

> **Nota!** A antiguidade é critério objetivo importante utilizado, entre outras hipóteses, no caso de provimento de cargos do Tribunal. Assim, tomemos por exemplo o provimento de cargo de Desembargador do TJDFT em vaga destinada a juiz de carreira da magistratura do Distrito Federal e dos Territórios pelo critério de antiguidade. Para apurar qual entre dois juízes de direito é mais antigo para ocupar a vaga, o primeiro critério a se considerar é a data do efetivo exercício na classe, ou seja, o dia em que o servidor assumiu as tarefas do cargo. Aquele que entrou em exercício primeiro será considerado o mais antigo. Mas se ambos os juízes entraram em exercício na mesma data, o desempate será feito pelo segundo critério, que é a data da posse. Mas suponhamos que ambos os juízes tomaram posse na mesma data, aí o desempate é feito pelo terceiro critério, que é a data da nomeação. E se ambos os juízes foram nomeados na mesma data, o desempate é feito pelo quarto critério, que é a colocação anterior na classe em que se deu a promoção, ou seja, será mais antigo aquele que foi promovido primeiro ao cargo de juiz de direito. Persistindo o empate, apura-se a ordem de classificação no concurso e por esse critério será considerado o mais antigo aquele que obteve a melhor classificação. Se por ironia do destino ainda persistir o empate, verifica-se se os juízes já exerceram cargo público efetivo e, se afirmativo, será considerado o mais antigo aquele que ingressou primeiro no serviço público. O último critério é a idade do juiz, caso em que será considerado mais antigo o mais idoso.

§ 3º A antiguidade no Tribunal apurar-se-á conforme estabelecido no Regimento Interno.

> A antiguidade dos desembargadores é apurada conforme a norma do art. 50 do RITJDFT.

PARA PRATICAR

198. (Cespe/TJDFT Notários/Outorga de Remoção/2014) Considere que os seguintes juízes de direito substitutos do TJDFT tenham realizado o mesmo concurso público para o ingresso na carreira e tenham sido nomeados e tomado posse na mesma data: Lúcio, com trinta e oito anos de idade, com quatro anos de tempo de serviço público efetivo anterior, aprovado em quinto lugar no concurso; Cláudio, com quarenta anos de idade, com dois anos de tempo de serviço público anterior, aprovado em terceiro lugar no concurso; José, com trinta anos de idade, sem tempo de serviço público anterior, aprovado em segundo lugar no concurso; Pedro, com vinte e seis anos de idade, sem tempo de serviço público anterior, aprovado em primeiro lugar no concurso; e João, com quarenta e cinco anos de idade, com dez anos de tempo de serviço anterior, aprovado em quarto lugar no concurso. Nessa situação hipotética, de acordo com a Lei n.º 11.697/2008, nesse grupo de juízes, o terceiro juiz de direito mais antigo é

A) Pedro.

B) Cláudio.

C) Lúcio.

D) José.

E) João.

199. (Cespe/TJDFT/Analista Judiciário/2007) Bruno possui 4 anos de efetivo exercício na magistratura do DF. Fernanda possui 4 anos e 2 meses na magistratura, mas teve de se afastar durante um período de 6 meses, em virtude de licença para tratamento de saúde. Nessa situação, Bruno é considerado mais antigo que Fernanda, para efeito de promoção por antiguidade. ( )

200. (Inédita) O primeiro critério para definir a precedência entre os juízes, considerando-se a antiguidade, será a data do efetivo exercício na classe. ( )

LEI DE ORGANIZAÇÃO JUDICIÁRIA DO DISTRITO FEDERAL E DOS TERRITÓRIOS   ART. 60

COMENTÁRIOS

198. Está correta a alternativa B

Segundo o art. 58 da LOJDFT, a antiguidade dos juízes apurar-se-á: I – pelo efetivo exercício na classe; II – pela data da posse; III – pela data da nomeação; IV – pela colocação anterior na classe em que se deu a promoção; V – pela ordem de classificação no concurso; VI – pelo tempo de serviço público efetivo; VII – pela idade. Na questão em análise, os juízes de direito substitutos realizaram o mesmo concurso público e foram nomeados e empossados na mesma data. Como ainda são substitutos e portanto não foram promovidos, o desempate não se dará pelo item IV (colocação anterior na classe em que se deu a promoção). Assim, prossegue-se pela ordem de classificação no concurso. Por esse critério, o juiz mais antigo é aquele aprovado em primeiro lugar no concurso (Pedro); o segundo mais antigo é José, aprovado em segundo lugar no concurso; **e o terceiro mais antigo é aquele aprovado em terceiro lugar no concurso (Cláudio).** O desempate, neste caso, foi estabelecido pelo quinto critério.

199. (E) Para efeito de antiguidade, a licença para tratamento de saúde é contada como de efetivo exercício no cargo (art. 58, § 2º). Assim, mesmo afastada durante seis meses para tratamento de saúde, Fernanda, que possui 4 anos e 2 meses de exercício na magistratura, é mais antiga que Bruno, que possui 4 anos.

200. (C) O primeiro critério para apurar a antiguidade dos juízes é, de fato, o efetivo exercício na classe. Os demais são: data da posse; data da nomeação; colocação anterior na classe em que se deu a promoção; ordem de classificação no concurso; tempo de serviço público efetivo; idade (art. 58).

CAPÍTULO IV
DAS FÉRIAS, RECESSOS E FERIADOS

Art. 59. Os Desembargadores, Juízes de Direito e Juízes de Direito Substitutos do Distrito Federal e dos Territórios gozarão férias individuais, na forma disciplinada pelo Regimento Interno do Tribunal de Justiça do Distrito Federal e dos Territórios.

O RITJDFT faz referência às férias dos magistrados no art. 52, dispondo que "os desembargadores gozarão férias individuais na forma disciplinada pelo Tribunal".
A competência para disciplinar as férias dos magistrados da Justiça do Distrito Federal e dos Territórios é do Primeiro Vice-Presidente, conforme previsão do art. 368, IV, do RITJDFT.

Art. 60. Será considerado feriado forense o período compreendido entre 20 de dezembro e 6 de janeiro.

§ 1º No feriado forense e nos dias em que não houver expediente forense, a Corregedoria regulará o plantão judiciário, designando juízes para conhecer de medidas urgentes em geral.

§ 2º Salvo as hipóteses previstas em lei, ficam suspensos os prazos durante o período de feriados forenses.

§ 3º Além dos feriados fixados em lei, também serão considerados como feriado forense pela Justiça do Distrito Federal e dos Territórios:

I – os dias da semana santa, compreendidos entre a quarta-feira e o domingo de Páscoa;

II – os dias de segunda-feira e terça-feira de carnaval e quarta-feira de cinzas;

III – os dias 11 de agosto, 1º e 2 de novembro e 8 de dezembro.

§ 4º O rodízio no plantão do Segundo Grau, nos feriados, finais de semana e nos dias em que não houver expediente, será definido pelo Regimento Interno da Corte.

DO FERIADO FORENSE	
São considerados feriados forenses	- o período compreendido entre 20 de dezembro e 6 de janeiro (recesso forense); - os feriados fixados em lei (previstos para os órgãos públicos em geral); - os dias da semana santa, compreendidos entre a quarta-feira e o domingo de Páscoa; - os dias de segunda-feira e terça-feira de carnaval e quarta-feira de cinzas; - os dias 11 de agosto, 1º e 2 de novembro e 8 de dezembro.
O atendimento será feito mediante plantão judiciário	- nos feriados forenses; - nos finais de semana; - nos demais dias em que não houver expediente forense.
Regulamento do plantão judiciário do Primeiro Grau de Jurisdição	É feito pela Corregedoria de Justiça, a quem compete designar juízes para conhecer de medidas urgentes em geral. Sobre o plantão Judiciário de Primeiro Grau, ver os arts. 115 a 126 do Provimento Geral da Corregedoria.
Rodízio no plantão do Segundo Grau de Jurisdição	Será definido pelo Regimento Interno do Tribunal (ver os arts. 344/346 do RITJDFT).
Prazos processuais durante o período de feriados forenses	Ficam suspensos, salvo as hipóteses fixadas em lei (art. 214 do CPC) No caso de **suspensão do prazo**, contam-se os dias transcorridos antes do feriado forense, voltando a contar novamente a partir do dia seguinte ao término do recesso. Quando há **interrupção do prazo**, o tempo anterior ao feriado forense é considerado inexistente e o prazo começa a correr do zero, a partir do dia seguinte ao término do recesso.

CAPÍTULO V
DA AJUDA DE CUSTO

Art. 61. A ajuda de custo para mudança e transporte será atribuída na época do deslocamento do magistrado e sua família do Território Federal para o Distrito Federal ou vice-versa.

Parágrafo único. A ajuda de custo de que trata o caput deste artigo será arbitrada pelo Presidente do Tribunal e cobrirá o valor das passagens aéreas e do transporte de móveis e utensílios.

Art. 62. Os Juízes de Direito dos Territórios terão direito a uma ajuda de custo para o pagamento de aluguel em locais onde não exista residência oficial a eles destinada.

Parágrafo único. O valor da ajuda de custo mencionada no caput deste artigo não excederá a 30% (trinta por cento) dos vencimentos básicos dos magistrados.

Ajuda de custo é uma verba indenizatória destinada a ressarcir o servidor público pelas despesas realizadas em decorrência de sua mudança de domicílio e instalação em outra sede, no interesse do serviço.

A LOJDFT prevê o pagamento de ajuda de custo para cobrir as despesas com mudança (transporte de móveis e utensílios) e transporte pessoal (passagens aéreas) que será fixada pelo Presidente do Tribunal em caso de deslocamento do magistrado e de sua família do Território Federal para o Distrito Federal ou vice-versa. Como atualmente não existem territórios, essa disposição legal não tem aplicação no âmbito do TJDFT.

O valor da ajuda de custo não excederá a 30% (trinta por cento) dos vencimentos básicos dos magistrados.

Os Juízes de Direito dos Territórios terão direito a uma ajuda de custo para o pagamento de aluguel nos locais em que não exista residência oficial a eles destinada.

CAPÍTULO VI
DOS DEVERES E SANÇÕES

Art. 63. Os deveres e sanções a que estão sujeitos os magistrados são os definidos na Lei Orgânica da Magistratura Nacional.

A Lei Complementar nº 35/1979, denominada de Lei Orgânica da Magistratura Nacional, lista, em seu art. 35, os deveres dos magistrados, incluindo, entre outros, o cumprimento dos prazos, pontualidade nos compromissos, urbanidade no tratamento. O art. 40, por sua vez, prevê as seguintes penalidades disciplinares: advertência, censura, remoção compulsória, disponibilidade, aposentadoria compulsória e demissão.

LIVRO II
DOS SERVIÇOS AUXILIARES

TÍTULO I
DA CLASSIFICAÇÃO

Art. 64. Os serviços auxiliares da Justiça serão executados:

I – pelos servidores do Quadro do Tribunal de Justiça em exercício nas Secretarias e nos Ofícios Judiciais;

II – pelos servidores dos Serviços Notariais e de Registro.

Art. 65. São Ofícios Judiciais os Cartórios dos diversos Juízos, os Serviços de Contadoria-Partidoria, de Distribuição e os Depósitos Públicos.

Os serviços auxiliares da Justiça são realizados	- pelos servidores do Quadro do Tribunal de Justiça em exercício nas **Secretarias do Tribunal;** são, em regra, subordinados ao Presidente do Tribunal;
	- pelos servidores do Quadro do Tribunal de Justiça em exercício nos **Ofícios Judiciais**, que compreendem os Cartórios dos diversos Juízos (Varas), os Serviços de Contadoria-Partidoria, de Distribuição e os Depósitos Públicos; são, em regra, subordinados ao Corregedor de Justiça; - pelos **servidores dos Serviços Notariais e de Registro** (serventias extrajudiciais).

PARA PRATICAR

201. (Cespe/TJDFT/Técnico Judiciário – Área Administrativa/2015) Além dos cartórios dos diversos juízos, também são ofícios judiciais os serviços de distribuição, de contadoria-partidoria e os depósitos públicos. ( )

202. (Inédita) Os serviços auxiliares da justiça são realizados pelos servidores do Quadro do Tribunal de Justiça em exercício nas Secretarias e nos Ofícios Judiciais, pelos servidores dos Territórios Federais e pelos servidores dos Serviços Notariais e de Registro. ( )

COMENTÁRIOS

201. (C) A questão limita-se a reproduzir, em sua literalidade, o art. 65, que dispõe: São Ofícios Judiciais os Cartórios dos diversos Juízos, os Serviços de Contadoria-Partidoria, de Distribuição e os Depósitos Públicos.

202. (E) Os serviços auxiliares da Justiça serão executados pelos servidores do Quadro do Tribunal de Justiça em exercício nas Secretarias e nos Ofícios Judiciais e pelos servidores dos Serviços Notariais e de Registro. Não estão incluídos na lista os servidores dos Territórios Federais (art. 64).

TÍTULO II
DAS ATRIBUIÇÕES

CAPÍTULO I
DAS SECRETARIAS E DEMAIS SERVIÇOS

Art. 66. As atribuições das Secretarias do Tribunal de Justiça e da Corregedoria serão definidas em seus respectivos regimentos, resoluções e provimentos.

Parágrafo único. As atribuições funcionais dos servidores do Tribunal de Justiça do Distrito Federal e dos Territórios bem como dos funcionários dos Serviços Notariais e de Registro serão definidas conforme o que dispõe o caput deste artigo.

As atribuições das Secretarias do Tribunal de Justiça e de seus respectivos servidores serão definidas por meio de seus correspondentes **Regimentos e Resoluções**.
As atribuições da Corregedoria, bem como dos seus servidores e dos Serviços Notariais e de Registro serão definidas por meio de seus correspondentes **Provimentos e Resoluções**.

CAPÍTULO II
DOS OFÍCIOS JUDICIAIS

Art. 67. Incumbe aos Cartórios das Varas a realização dos serviços de apoio aos respectivos Juízes, nos termos das leis processuais, das resoluções, dos provimentos da Corregedoria e das portarias e despachos dos Juízes aos quais se subordinam diretamente.

Art. 68. Incumbe ao Cartório de Registro de Distribuição o registro da distribuição dos feitos aos diversos Juízos do Distrito Federal, mediante comunicação dos Distribuidores, cabendo-lhe o fornecimento das correspondentes certidões.

Incumbe aos cartórios das varas	Realizar os serviços de apoio aos respectivos juízes, observando o que dispõe as leis processuais, as resoluções, os provimentos da Corregedoria, as Portarias e os despachos dos Juízes aos quais se subordinam diretamente.
Incumbe ao cartório de registro de distribuição	Fazer o registro da distribuição dos processos às Varas do Distrito Federal, mediante comunicação dos Distribuidores de cada Circunscrição Judiciária, cabendo-lhe o fornecimento das correspondentes certidões.

§ 1º A distribuição na Circunscrição Judiciária de Brasília será presidida por Juiz de Direito Substituto, designado por ato do Corregedor da Justiça, e, nos Territórios, quando houver mais de uma Vara, incumbirá ao Juiz Diretor do Fórum fazê-lo.

§ 2º Da audiência de distribuição, que será pública e terá horário prefixado, participarão 1 (um) representante do Ministério Público, designado pelo Procurador-Geral da Justiça, e 1 (um) representante da Ordem dos Advogados do Brasil, Seção do Distrito Federal.

§ 3º A eventual ausência do membro do Ministério Público ou do advogado não impede a realização do ato.

§ 4º Em caso de manifesta urgência, a distribuição será feita em qualquer horário.

§ 5º A distribuição dos feitos às Varas das Circunscrições Judiciárias de Taguatinga, Brazlândia, Gama, Sobradinho, Planaltina, Ceilândia, Samambaia, Santa Maria, Paranoá, São Sebastião, Núcleo Bandeirante e Riacho Fundo será efetuada pelo respectivo Juiz Diretor do Fórum.

DA DISTRIBUIÇÃO DOS FEITOS NA JUSTIÇA DE PRIMEIRA INSTÂNCIA	
Distribuição	É o ato pelo qual se promove a regular repartição, igualitária e alternada, das causas ajuizadas entre os magistrados. Ajuizada uma ação, o processo **será distribuído a um dos magistrados**, observadas a sua jurisdição e competência.

ART. 68 — TJDFT – EM ESQUEMAS

DA DISTRIBUIÇÃO DOS FEITOS NA JUSTIÇA DE PRIMEIRA INSTÂNCIA		
Autoridade responsável pela distribuição	Na Circunscrição Judiciária de Brasília	Será presidida por Juiz de Direito Substituto, designado por ato do Corregedor da Justiça.
	Nos Territórios	Incumbirá ao Juiz Diretor do Fórum, quando houver mais de uma Vara.
	Nas Varas das Circunscrições Judiciárias de Taguatinga, Brazlândia, Gama, Sobradinho, Planaltina, Ceilândia, Samambaia, Santa Maria, Paranoá, São Sebastião, Núcleo Bandeirante e Riacho Fundo	Será efetuada pelo respectivo Juiz Diretor do Fórum.
Natureza da audiência de distribuição	É pública (aberta a todos).	
Horário	É prefixado.	
Autoridades participantes da audiência de distribuição	- 1 (um) representante do Ministério Público, designado pelo Procurador-Geral da Justiça; - 1 (um) representante da Ordem dos Advogados do Brasil, Seção do Distrito Federal.	
Ausência de uma das autoridades	Não impede a realização do ato.	
Se houver manifesta urgência	A distribuição será feita em qualquer horário.	
Sobre a distribuição dos feitos na Justiça de Segunda Instância, ver os arts. 75/86 do RITJDFT.		
Sobre a Distribuição dos feitos na Justiça de Primeiro Grau, ver os arts. 135/148 do Provimento Geral da Corregedoria.		

PARA PRATICAR

203. (Cespe/Analista Judiciário/ Área Judiciária/2013). Na circunscrição judiciária de Brasília, a distribuição dos feitos é presidida por juiz de direito substituto, devendo participar da correspondente audiência de distribuição um representante do Ministério Público e um representante da Ordem dos Advogados do Brasil; entretanto, eventual ausência de algum deles não impedirá a realização do ato. ( )

204. (Cespe/TJDFT/Técnico Judiciário/2003) A distribuição dos feitos entre as varas do DF compete, em regra, aos juízes de direito titulares, que a realizarão em audiência pública à qual pode comparecer representante do Ministério Público e da Ordem dos Advogados do Brasil; a ausência destes, todavia, não impedirá a realização do ato. ( )

205. (Cespe/TJDFT/Analista Judiciário/1999) As audiências de distribuição devem contar, necessariamente, com a participação de membro do MPDFT e da Ordem dos Advogados do Brasil (OAB), sem os quais não se poderão realizar. ( )

LEI DE ORGANIZAÇÃO JUDICIÁRIA DO DISTRITO FEDERAL E DOS TERRITÓRIOS — ART. 68

206. (Cespe/TJDFT/Analista Judiciário/1999) Embora deva ocorrer em horário prefixado, a distribuição pode dar-se a qualquer momento, em caso de manifesta urgência. ( )

207. (Cespe/TJDFT/Analista Judiciário/1999) A distribuição dos feitos nas circunscrições judiciárias será realizada pelo juiz de direito substituto designado pelo presidente do Tribunal de Justiça com essa função específica. ( )

208. (Cespe/TJDFT/Analista Judiciário/1997) A distribuição não poderá realizar-se senão nas audiências designadas para os horários previamente fixados pelo juiz responsável. ( )

209. (Cespe/TJDFT/Analista Judiciário/1997) Há previsão, na lei, de que a audiência de distribuição poderá, se houver motivo bastante, ser realizada a portas fechadas. ( )

210. (Cespe/TJDFT/Analista Judiciário/1997) Da audiência de distribuição deverão tomar parte um representante do Ministério Público e outro da Ordem dos Advogados do Brasil, Seção do Distrito Federal, sendo que a ausência de um ou de outro não impedirá que se realize o ato. ( )

211. (Inédita) A distribuição dos feitos na Circunscrição Judiciária de Brasília será presidida por Juiz de Direito designado por ato do Corregedor de Justiça, e nas demais Circunscrições Judiciárias, será efetuada pelo respectivo Juiz Diretor do Fórum. ( )

COMENTÁRIOS

203. (X) Esta questão foi anulada pelo Cespe, por inexistência de dados objetivos para aferição. De fato, houve um erro de elaboração, de ordem objetiva, que impede a análise correta da questão. Veja que no enunciado, a banca examinadora incluiu a pessoa do juiz de direito substituto, do representante do MP e do representante da Ordem dos Advogados. E na oração final, a banca inseriu o locução "eventual ausência de algum deles", o que levou muitos candidatos a considerar que, na lista de autoridades dispensáveis, incluía-se a pessoa do Juiz de direito substituto. Como a LOJDFT prevê a possibilidade de ausência somente do membro do MP ou do advogado, a opção foi anular a questão (art. 68).

204. (E) O primeiro segmento está incorreto e o segundo, correto. A competência para a distribuição dos feitos na Circunscrição Judiciária de Brasília é do Juiz Substituto, e não do juiz de direito titular (art. 68, § 1º). A audiência é pública e a ausência de membro do MP ou da OAB não impede a realização do ato (art. 68, § 3º). Cabe relembrar que, nas demais Circunscrições Judiciárias, a competência é do respectivo Diretor do Fórum (art. 68, § 5º).

205. (E) Não é obrigatória, mas facultativa, a participação de membro do MPDFT ou da OAB nas audiências de distribuição dos feitos. A ausência de um deles não impede a realização do ato (art. 68, § 3º).

206. (C) A audiência de distribuição, em regra, terá horário prefixado (art. 68, § 2º). Em caso de manifesta urgência, todavia, a distribuição será feita em qualquer horário (art. 68, § 4º).

207. (E) Na Circunscrição Judiciária de Brasília, a distribuição dos feitos será presidida por Juiz de Direito Substituto designado por ato do Corregedor de Justiça, e não do Presidente do Tribunal, como afirma a questão (art. 68, § 1º). Cabe relembrar que nas demais circunscrições judiciárias, a distribuição será efetuada pelo respectivo Juiz Diretor do Fórum (art. 68, § 5º).

208. (E) A audiência de distribuição, em regra, terá horário prefixado (art. 68, § 2º). Em caso de manifesta urgência, todavia, a distribuição será feita em qualquer horário (art. 68, § 4º). A banca examinadora restringiu a questão ao inserir o "senão" (a não ser), tornando-a incorreta. Assim, havendo na lei a ressalva "quando houver manifesta urgência", é incorreto dizer que a audiência de distribuição somente poderá ser designada para os horários previamente fixados pelo juiz responsável.

209. (E) A audiência de distribuição será sempre pública. Não há na lei previsão de que poderá ser realizada a portas fechadas, nem se houver motivo bastante (art. 68, § 2º).

210. (C) A questão limitou-se a reproduzir, em sua literalidade, o art. 68, § 3º, que assim dispõe: A eventual ausência do membro do Ministério Público ou do advogado não impede a realização do ato".

211. (E) O primeiro segmento está incorreto e o segundo, correto: 1º) a distribuição na Circunscrição Judiciária de Brasília será presidida por Juiz de Direito Substituto, e não por Juiz de Direito, designado por ato do Corregedor da Justiça, (art. 68, § 1º); 2º) nas demais circunscrições judiciárias, a distribuição será efetuada pelo respectivo Juiz Diretor do Fórum (art. 69, § 5º).

Art. 69. Nas Circunscrições Judiciárias do Distrito Federal, haverá um serviço de Distribuição de Mandados, ao qual compete:

I – receber os mandados oriundos dos diversos Juízos;

II – proceder à sua distribuição entre os Oficiais de Justiça, conforme sistema de zoneamento fixado pelo Juiz Diretor do Fórum;

III – efetuar o registro dos mandados recebidos e distribuídos, velando para que sejam devolvidos aos Juízes de origem nos prazos legais e comunicando-lhes eventuais irregularidades;

IV – exercer as demais atribuições que lhe forem determinadas pelo Corregedor e pelo Juiz Diretor do Fórum.

DA DISTRIBUIÇÃO DE MANDADOS	
Mandado	É a ordem expedida pelo juiz para a realização de um ato processual, seja para citação, seja para intimação ou outra providência qualquer (penhora, despejo, busca e apreensão, reintegração de posse, libertação de preso etc.) relativa ao processo judicial.
Compete ao Serviço de Distribuição de Mandados, nas Circunscrições Judiciárias do Distrito Federal	• receber os mandados oriundos dos diversos Juízos; • proceder à sua distribuição entre os Oficiais de Justiça, conforme sistema de zoneamento fixado pelo Juiz Diretor do Fórum; • efetuar o registro dos mandados recebidos e distribuídos, zelando para que sejam devolvidos aos Juízes de origem nos prazos legais e comunicando-lhes eventuais irregularidades; • exercer as demais atribuições que lhe forem determinadas pelo Corregedor e pelo Juiz Diretor do Fórum.

Art. 70. Não serão feitas redistribuições de inquéritos e processos para as Varas criadas por esta Lei e para as Varas instaladas após a edição desta Lei, ressalvado o disposto nos arts. 34 e 35 desta Lei.

Parágrafo único. O Tribunal de Justiça, dentro do prazo de 30 (trinta) dias, contados da publicação desta Lei, baixará ato determinando para cada área prazo e quantitativo de novas distribuições, a partir das quais a distribuição será feita para todas as Varas da área.

CAPÍTULO III
DOS DIRETORES DE SECRETARIA, OFICIAIS DE JUSTIÇA, CONTADORES-PARTIDORES, DISTRIBUIDORES E DEPOSITÁRIOS PÚBLICOS

Art. 71. Aos Diretores de Secretaria, Oficiais de Justiça, Contadores-Partidores, Distribuidores e Depositários Públicos incumbe exercer as funções que lhes são atribuídas pelas leis processuais, provimentos da Corregedoria e resoluções, bem como executar as determinações do Corregedor, do Juiz Diretor do Fórum e dos Juízes aos quais são subordinados.

LEI DE ORGANIZAÇÃO JUDICIÁRIA DO DISTRITO FEDERAL E DOS TERRITÓRIOS — ART. 72

Diretor de Secretaria é o servidor encarregado da direção da secretaria da Vara.

Oficial de Justiça é o servidor encarregado de executar os mandados emanados dos juízes. São os responsáveis pela realização de citações, intimações, notificações, penhoras, despejos, buscas e apreensões, avaliação de bens e valores, remoção de bens e pessoas, cumprimento de alvarás de soltura, leilões e praças, reintegrações e imissões de posse. Cumpre-lhes ainda desempenhar quaisquer outras diligências e atividades por determinação superior, além de certificar nos autos a realização dos atos sob sua responsabilidade.

Contador-Partidor é o servidor responsável pela realização de cálculos processuais, avaliações e partilhas de bens.

Depositário Público é o servidor responsável pela guarda e conservação dos bens apreendidos por ordem judicial, a quem compete dispor sobre as formas de controle dos bens em depósito.

Distribuidor é o servidor responsável pelo registro da distribuição dos processos e ainda pelo fornecimento à população em geral de certidões de todas as ações comuns que tramitam na Justiça do Distrito Federal.

As funções dos referidos servidores são atribuídas pelas leis processuais, provimentos da Corregedoria e resoluções do Tribunal de Justiça. A todos cumpre executar as determinações do Corregedor, do Juiz Diretor do Fórum e dos Juízes aos quais são subordinados.

Ver como dispõe o Provimento Geral da Corregedoria sobre os Diretores de Secretaria (art. 33), os Oficiais de Justiça (arts. 175/176), os Depositários Públicos (arts. 149/161) e os Contadores-Partidores (arts. 170/174).

Parágrafo único. Os Oficiais de Justiça, nos casos indicados em lei, funcionarão como perito oficial na determinação de valores, salvo quando, a critério do juiz, forem exigidos conhecimentos técnicos especializados.

Aos oficiais de justiça incumbe, nos casos indicados em lei, fazer as avaliações de bens e valores, funcionando como perito oficial. Todavia, quando o caso exigir conhecimentos técnicos especializados, será nomeado um perito oficial para a realização da avaliação.

Art. 72. O Juiz Diretor do Fórum de cada Circunscrição Judiciária designará os oficiais de justiça que devam desempenhar as funções de porteiro dos auditórios, realizar as praças e os leilões individuais e coletivos, quando não indicado leiloeiro pelas partes.

Em cada Circunscrição Judiciária do Distrito Federal há um Fórum onde funcionam as Secretarias das Varas, também denominadas de Ofícios Judiciais.
O **Diretor do Fórum** é um Juiz de Direito a quem compete a administração do lugar, como se síndico fosse.
Aos juízes Diretores do Fórum compete designar os oficiais de justiça que devam desempenhar as funções de porteiro dos auditórios, realizar as praças e os leilões individuais e coletivos, quando as partes não indicarem o leiloeiro (pessoa com capacitação técnica especializada para realizar as praças e leilões).

ART. 73 — TJDFT – EM ESQUEMAS

Porteiro dos auditórios é o servidor incumbido de cuidar do expediente na sala das audiências, efetuar pregões de abertura e encerramento destas e realizar hastas públicas.

Hasta pública é o ato pelo qual é feita a alienação dos bens apreendidos por ordem judicial.

São formas de hasta pública os leilões e as praças. Os **leilões** são realizados para a alienação de bens móveis, no local onde estiverem os bens ou no local designado pelo juiz. **As praças** são realizadas para alienação de bens imóveis, no átrio do edifício do Fórum (art. 686, § 2º, do CPC).

Art. 73. Poderá o Corregedor designar um dos Depositários Públicos para servir como Coordenador dos Depósitos Públicos.

PARA PRATICAR

212. (Cespe/TJDFT/Técnico Judiciário/2013) As atribuições dos oficiais de justiça incluem atuar como perito oficial na determinação de valores nos casos indicados em lei. ( )

213. (Cespe/TJDFT/Analista Judiciário/1999) Em cada vara haverá um determinado número de oficiais de justiça, aos quais caberá a execução dos mandados expedidos pelos respectivos juízes. ( )

214. (Cespe/TJDFT/Analista Judiciário/1999) São funções que o oficial de justiça-avaliador pode desempenhar: funcionar como perito oficial na determinação de valores, funcionar como porteiro dos auditórios e realizar praças. ( )

COMENTÁRIOS

212. (C) Segundo dispõe o art. 71, parágrafo único, da LOJDFT, os "Oficiais de Justiça, nos casos indicados em lei, funcionarão como perito oficial na determinação de valores, salvo quando, a critério do juiz, forem exigidos conhecimentos técnicos especializados". Mesmo não tendo incluído a ressalva contida na lei (salvo quando exigidos conhecimentos técnicos), a questão está correta, pois a banca não incluiu termos restritivos como "sempre", "obrigatoriamente", "em qualquer caso".

213. (E) A distribuição de mandados não é feita pelas varas. Nas Circunscrições Judiciárias do Distrito Federal há um serviço de Distribuição de Mandados ao qual compete receber os mandados oriundos das diversas varas e distribuí-los entre os Oficiais de Justiça, conforme sistema de zoneamento fixado pelo Juiz Diretor do Fórum (art. 69).

214. (C) A questão limitou-se a reproduzir as funções previstas na LOJDFT: "Os Oficiais de Justiça, nos casos indicados em lei, funcionarão como perito oficial na determinação de valores, salvo quando, a critério do juiz, forem exigidos conhecimentos técnicos especializados (art. 71, parágrafo único). O Juiz Diretor do Fórum de cada Circunscrição Judiciária designará os oficiais de justiça que devam desempenhar as funções de porteiro dos auditórios, realizar as praças e os leilões individuais e coletivos, quando não indicado leiloeiro pelas partes" (art. 72).

CAPÍTULO IV
DOS SERVIÇOS NOTARIAIS E DE REGISTRO NO DISTRITO FEDERAL

Serviços Notariais são os Cartórios de Notas e os Cartórios de Protesto de Títulos.
Os profissionais responsáveis pelos Serviços Notariais denominam-se Notários ou Tabeliães.

Serviços de Registro são os Cartórios de Registro de Imóveis; os Cartórios de Registro de Títulos e Documentos e Civis das Pessoas Jurídicas; os Cartórios de Registro Civis das Pessoas Naturais e de Interdições e Tutelas; os Cartórios de Registro de Distribuição.
Os profissionais responsáveis pelos Serviços de Registros denominam-se Oficiais de Registro ou Registradores.

Art. 74. São os seguintes os Serviços Notariais e de Registro no Distrito Federal:

I – Circunscrição Judiciária de Brasília:

a) 3 (três) Ofícios de Notas e Protesto de Títulos;

b) 1 (um) Ofício de Notas;

c) 1 (um) Ofício de Protesto de Títulos;

d) 1 (um) Ofício de Notas, Registro Civil, Títulos e Documentos, Protesto de Títulos e Pessoas Jurídicas;

e) 2 (dois) Ofícios de Registro Civil e Casamento, Títulos e Documentos e Pessoas Jurídicas;

f) 2 (dois) Ofícios de Registro de Imóveis, permanecendo o 2º Ofício de Registro de Imóveis com a circunscrição registrária originária;

II – Circunscrição Judiciária do Núcleo Bandeirante:

a) 1 (um) Ofício de Protesto de Títulos;

b) 1 (um) Ofício de Registro de Imóveis;

c) 1 (um) Ofício de Notas, Registro Civil, Protesto de Títulos, Títulos e Documentos e Pessoas Jurídicas;

III – Circunscrição Judiciária de Taguatinga:

a) 2 (dois) Ofícios de Notas;

b) 1 (um) Ofício de Notas, Registro Civil, Títulos e Documentos, Protesto de Títulos e Pessoas Jurídicas;

c) 1 (um) Ofício de Registro de Imóveis;

d) 1 (um) Ofício de Registro Civil, Títulos e Documentos e Pessoas Jurídicas;

IV – Circunscrição Judiciária de Samambaia:

a) 1 (um) Ofício de Registro Civil, Títulos e Documentos e Pessoas Jurídicas;

b) 1 (um) Ofício de Notas;

V – Circunscrição Judiciária do Gama:

a) 2 (dois) Ofícios de Notas e Protesto de Títulos;

b) 1 (um) Ofício de Registro Civil, Títulos e Documentos e Pessoas Jurídicas;

c) 1 (um) Ofício de Registro de Imóveis;

VI – Circunscrição Judiciária de Ceilândia:

a) 1 (um) Ofício de Notas e Protesto de Títulos;

b) 1 (um) Ofício de Registro Civil, Títulos e Documentos e Pessoas Jurídicas;

c) 1 (um) Ofício de Registro de Imóveis;

VII – Circunscrição Judiciária de Sobradinho:

a) 1 (um) Ofício de Notas e Protesto de Títulos;

b) 1 (um) Ofício de Notas, Registro Civil, Títulos e Documentos, Protesto de Títulos e Pessoas Jurídicas;

c) 1 (um) Ofício de Registro Civil, Títulos e Documentos e Pessoas Jurídicas;

d) 1 (um) Ofício de Registro de Imóveis;

VIII – Circunscrição Judiciária de Planaltina:

a) 1 (um) Ofício de Notas e Protesto de Títulos;

b) 1 (um) Ofício de Registro Civil, Títulos e Documentos e Pessoas Jurídicas;

c) 1 (um) Ofício de Registro de Imóveis;

IX – Circunscrição Judiciária de Brazlândia:

a) 1 (um) Ofício de Notas, Registro Civil, Títulos e Documentos, Protesto de Títulos e Pessoas Jurídicas;

b) 1 (um) Ofício de Registro de Imóveis;

X – Circunscrição Judiciária do Paranoá: 1 (um) Ofício de Registro Civil, Títulos e Documentos e Pessoas Jurídicas.

| DOS SERVIÇOS NOTARIAIS E DE REGISTRO NO DISTRITO FEDERAL ||
Circunscrição Judiciária	Ofícios
Brasília	- 3 (três) Ofícios de Notas e Protesto de Títulos; - 1 (um) Ofício de Notas; - 1 (um) Ofício de Protesto de Títulos; - 1 (um) Ofício de Notas, Registro Civil, Títulos e Documentos, Protesto de Títulos e Pessoas Jurídicas; - 2 (dois) Ofícios de Registro Civil e Casamento, Títulos e Documentos e Pessoas Jurídicas; - 2 (dois) Ofícios de Registro de Imóveis, permanecendo o 2º Ofício de Registro de Imóveis com a circunscrição registrária originária.
Núcleo Bandeirante	- 1 (um) Ofício de Protesto de Títulos; - 1 (um) Ofício de Registro de Imóveis; - 1 (um) Ofício de Notas, Registro Civil, Protesto de Títulos, Títulos e Documentos e Pessoas Jurídicas.
Taguatinga	- 2 (dois) Ofícios de Notas; - 1 (um) Ofício de Notas, Registro Civil, Títulos e Documentos, Protesto de Títulos e Pessoas Jurídicas; - 1 (um) Ofício de Registro de Imóveis; - 1 (um) Ofício de Registro Civil, Títulos e Documentos e Pessoas Jurídicas.
Samambaia	- 1 (um) Ofício de Registro Civil, Títulos e Documentos e Pessoas Jurídicas; - 1 (um) Ofício de Notas.
Gama	- 2 (dois) Ofícios de Notas e Protesto de Títulos; - 1 (um) Ofício de Registro Civil, Títulos e Documentos e Pessoas Jurídicas; - 1 (um) Ofício de Registro de Imóveis.

DOS SERVIÇOS NOTARIAIS E DE REGISTRO NO DISTRITO FEDERAL	
Circunscrição Judiciária	Ofícios
Ceilândia	- 1 (um) Ofício de Notas e Protesto de Títulos; - 1 (um) Ofício de Registro Civil, Títulos e Documentos e Pessoas Jurídicas; - 1 (um) Ofício de Registro de Imóveis.
Sobradinho	- 1 (um) Ofício de Notas e Protesto de Títulos; - 1 (um) Ofício de Notas, Registro Civil, Títulos e Documentos, Protesto de Títulos e Pessoas Jurídicas; - 1 (um) Ofício de Registro Civil, Títulos e Documentos e Pessoas Jurídicas; - 1 (um) Ofício de Registro de Imóveis.
Planaltina	- 1 (um) Ofício de Notas e Protesto de Títulos; - 1 (um) Ofício de Registro Civil, Títulos e Documentos e Pessoas Jurídicas; - 1 (um) Ofício de Registro de Imóveis.
Brazlândia	- 1 (um) Ofício de Notas, Registro Civil, Títulos e Documentos, Protesto de Títulos e Pessoas Jurídicas; - 1 (um) Ofício de Registro de Imóveis.
Paranoá	- 1 (um) Ofício de Registro Civil, Títulos e Documentos e Pessoas Jurídicas.

Seção Única
Dos Serventuários

Art. 75. Os direitos dos empregados não remunerados pelos cofres públicos derivados do vínculo empregatício com o titular dos Serviços Notariais e de Registro são os previstos nas leis trabalhistas.

Nos Serviços Notariais e de Registros há empregados remunerados pelos cofres públicos e outros, cuja relação de emprego é regida pelas leis trabalhistas. Quanto aos primeiros, aplica-se a legislação prevista para os servidores públicos estatutários; quanto aos segundos, aplica-se o disposto na legislação trabalhista.

Parágrafo único. O Corregedor também poderá aplicar aos empregados das serventias não oficializadas penas disciplinares.

Além de aplicar penalidades aos Oficiais de Registro e dos Notários, o Corregedor poderá aplicar penas disciplinares também aos empregados dos cartórios extrajudiciais.

PARA PRATICAR

215. (Cespe/TJDFT/Notários/Outorga de Provimento/2014 – adaptada) De acordo com o que dispõe a Lei 11.697/2008, se o empregado de uma serventia não oficializada cometer infração disciplinar, a pena decorrente da infração pode ser aplicada

a) pelo conselho especial do TJDFT.

b) pelo presidente do TJDFT.

c) pelo corregedor do TJDFT.

d) por qualquer membro do TJDFT.

e) por um dos vice-presidentes do TJDFT.

216. (Inédita) O Corregedor de Justiça possui competência para aplicar penas disciplinares aos empregados das serventias extrajudiciais e também aos oficiais dos Cartórios. ( )

COMENTÁRIOS

215. Está correta a alternativa C: "São atribuições do Corregedor: instaurar sindicância e processo administrativo disciplinar para apurar infrações praticadas pelos notários, oficiais de registro e afins e seus prepostos, aplicando as penas cabíveis, exceto a perda de delegação" (art. 12, II). A perda da delegação é ato do Tribunal de Justiça (art. 8º, VIII).

216. (C) O Corregedor de Justiça tem competência para aplicar penas disciplinares aos oficiais e também aos empregados das serventias extrajudiciais (art. 75, parágrafo único).

LIVRO III
DOS SERVIDORES DA JUSTIÇA DO DISTRITO FEDERAL E DOS TERRITÓRIOS

TÍTULO ÚNICO
DO REGIME JURÍDICO

Art. 76. Aos servidores do Quadro do Tribunal de Justiça aplica-se o Regime Jurídico dos Servidores Públicos Civis da União, observado, também, o ordenamento jurídico que regulamenta o Plano de Cargos e Salários dos Servidores Públicos do Poder Judiciário Federal.

> Os servidores do Tribunal de Justiça, por se tratarem de servidores públicos federais, submetem-se ao Regime Jurídico dos Servidores Públicos Civil da União (Lei nº 8.112/1990) e também à legislação que regulamenta a Carreira do Poder Judiciário Federal, atualmente, Lei nº 13.317, de 20/07/2016, que alterou dispositivos da Lei nº 11.416/2006).

PARA PRATICAR

217. (Cespe/TJDFT/Técnico Judiciário – Área Administrativa/2015) O Regime Jurídico dos Servidores Públicos Civis da União é aplicável aos servidores do quadro do TJDFT. ( )

218. (Cespe/TJDFT/Analista Judiciário/1999) O regime jurídico dos servidores da justiça do Distrito Federal é, integralmente e apenas, o Regime Jurídico Único dos Servidores Civis da União, instituído pela Lei nº 8.112. ( )

COMENTÁRIOS

217. (C) Aos servidores do Quadro do Tribunal de Justiça aplica-se o Regime Jurídico dos Servidores Públicos Civis da União (art. 76). Além deste, aplica-se também o ordenamento jurídico que regulamenta o Plano de Cargos e Salários dos Servidores Públicos do Poder Judiciário Federal.

218. (E) Aos servidores da Justiça do Distrito Federal aplica-se não somente o Regime Jurídico dos Servidores Públicos Civis da União (Lei nº 8.112/1990), mas também o Plano de Cargos e Salários dos Servidores Públicos do Poder Judiciário Federal (atualmente, Lei 13.317, de 20/07/2016, que alterou a Lei nº 11.416/2006) (art. 76).

CAPÍTULO ÚNICO
DO PROVIMENTO DOS CARGOS

A LOJDFT dispõe, em seu art. 77, que a competência para o provimento dos cargos dos serviços auxiliares da Justiça é do **Tribunal de Justiça**. O Regimento Interno, diferentemente, estabelece que essa atribuição é do **Presidente do Tribunal** (art. 367, II).
"Cargo público é o conjunto de atribuições e responsabilidades previstas na estrutura organizacional que devem ser cometidas a um servidor" (art. 3º da Lei nº 8.112/1990).
Prover os cargos significa preencher as vagas existentes, vinculando o servidor ao cargo ou à função.
Há dois tipos de provimento de cargos: o provimento originário, que se dá com a nomeação; e o provimento derivado, do qual são espécies a promoção, a readaptação, a reversão, o aproveitamento, a reintegração, a recondução etc.
O provimento pode se dar em caráter efetivo ou em caráter provisório. Os **cargos efetivos** são aqueles em que o servidor ingressa no serviço público por meio de concurso público. Os **cargos de caráter provisório** são os denominados cargos em comissão, ou cargos de confiança, de livre nomeação e exoneração.

Art. 77. Compete ao Tribunal de Justiça do Distrito Federal e dos Territórios prover os cargos dos serviços auxiliares previstos na Constituição Federal.

Parágrafo único. Salvo para os cargos de confiança, as nomeações obedecerão à ordem de classificação no concurso.

Art. 78. Os cargos em comissão de Diretor da Secretaria dos Ofícios Judiciais, das Turmas, Câmaras, Conselhos e Secretarias Judiciárias serão preenchidos por Bacharéis em Direito, do Quadro de Pessoal do Tribunal de Justiça do Distrito Federal e dos Territórios, em efetivo exercício.

Parágrafo único. Os mesmos requisitos mencionados no caput deste artigo serão exigidos dos substitutos eventuais dos titulares.

Art. 79. Em cada serventia judicial haverá, além do titular, pelo menos 2 (dois) outros servidores ativos, Bacharéis em Direito.

Art. 80. Os cargos em comissão e as funções comissionadas da estrutura administrativa das Secretarias do Tribunal e da Corregedoria da Justiça serão preenchidos obedecendo aos critérios previstos no Plano de Cargos e Salários do Judiciário Federal.

ART. 80 — TJDFT – EM ESQUEMAS

Competência para o provimento dos cargos dos serviços auxiliares previstos na Constituição Federal	Tribunal de Justiça do Distrito Federal e dos Territórios.
Nomeações dos cargos efetivos	Obedecerão à ordem de classificação no concurso.
Nomeações dos cargos de confiança	São feitas livremente, sem ordem preestabelecida.
Cargos de Diretor de Secretaria das Varas e seus respectivos substitutos	São cargos em comissão preenchidos por **Bacharéis em Direito do Quadro de Pessoal do Tribunal de Justiça do Distrito Federal e dos Territórios em efetivo exercício.**
Cargos dos Secretários dos Órgãos julgadores do Tribunal (Turmas, Câmaras, Conselho) e seus respectivos substitutos	
Haverá em cada vara	Além do diretor de secretaria, pelo menos dois outros servidores Bacharéis em Direito em atividade.
Cargos em comissão e funções comissionadas da estrutura administrativa das Secretarias do Tribunal e da Corregedoria de Justiça	Serão preenchidos obedecendo aos critérios previstos no Plano de Cargos e Salários do Judiciário Federal (atualmente, Lei nº 12.774, de 28/12/2012).

PARA PRATICAR

219. **(Cespe/TJDFT/Técnico Judiciário/2013)** Caso esteja vago, o cargo em comissão de diretor da Secretaria de Ofícios Judiciais poderá ser ocupado por bacharel em direito, em administração ou em ciências contábeis, independentemente de o bacharel ser do quadro de pessoal do TJDFT. ( )

220. **(Cespe/TRE-GO – Analista Judiciário/2015 – adaptada)** Considere que o juiz de direito pretenda indicar ao presidente do TJDFT servidor para exercer o cargo de Diretor de Secretaria. Nessa situação, sua indicação pode ser tanto de um técnico judiciário quanto de um analista judiciário, já que ambos podem exercer o cargo comissionado, desde que seja bacharel em Direito, do quadro de pessoal da Secretaria do Tribunal, em efetivo exercício. ( )

X – **(Inédita)** Em relação ao cargo de diretor de secretaria, julgue os itens como (C) certos ou (E) errados.

221. O diretor de Secretaria de cada vara pode ser bacharel em ciências sociais. ( )

222. O diretor de secretaria de cada uma das varas é nomeado por livre escolha do presidente do TJDFT. ( )

223. O diretor de secretaria de cada vara é nomeado pelo respectivo juiz de direito titular. ( )

224. O cargo de diretor de secretaria de cada uma das varas deve ser ocupado por servidor ocupante de cargo efetivo de analista judiciário mais antigo da vara. ( )

225. **(Cespe/TJDFT/Juiz Substituto/2014)** Considerando o que dispõe a Lei nº 11.697/2008, assinale a opção correta:

a) A competência para o julgamento de habeas corpus impetrado em face de constrangimento proveniente de ato praticado pelo governador do DF é originária do TJDFT.

LEI DE ORGANIZAÇÃO JUDICIÁRIA DO DISTRITO FEDERAL E DOS TERRITÓRIOS — ART. 80

b) É da competência da vara da fazenda pública o julgamento no qual a Caixa Econômica Federal atue na condição de opoente em face de ação de execução, à exceção das ações de competência da vara de falência, acidente de trabalho e de meio ambiente, desenvolvimento urbano e fundiário.

c) Compete à justiça militar do DF julgar representação por indignidade para o oficialato contra capitão pertencente aos quadros da Polícia Militar do DF condenado por crime doloso contra a vida.

d) Considere a seguinte situação hipotética. Um juiz de direito substituto do TJDFT, residente e domiciliado na circunscrição judiciária de Taguatinga – DF, que conduzia veículo automotor, a caminho do seu local de trabalho, na circunscrição judiciária de Sobradinho – DF, matou, culposamente, indivíduo que atravessava faixa exclusiva para pedestre. Nessa situação hipotética, o magistrado será processado e julgado pelo juízo do lugar onde o fato ocorreu.

e) As atividades do depositário público do fórum da circunscrição judiciária de Ceilândia – DF são reguladas pelo corregedor do TJDFT.

COMENTÁRIOS

219. (E) Os cargos em comissão de diretor da Secretaria de Ofícios Judiciais – assim como o das Turmas, Câmaras, Conselhos e Secretarias Judiciárias – serão sempre preenchidos por Bacharéis em Direito, do Quadro de Pessoal do Tribunal de Justiça do Distrito Federal e dos Territórios, em efetivo exercício. Assim, não é possível um bacharel em administração ou em ciências contábeis ocupar cargo de diretor de Secretaria dos Ofícios Judiciais, nem tampouco o bacharel em direito que não pertença ao Quadro de Pessoal do Tribunal (art. 78 da LOJDFT).

220. (C) Os cargos de Diretor de Secretaria dos Ofícios Judiciais – e ainda das Turmas, Câmaras, Conselhos e Secretarias Judiciárias – serão preenchidos por Bacharéis em Direito, do Quadro de Pessoal do Tribunal de Justiça do Distrito Federal e dos Territórios, em efetivo exercício. A LOJDFT não exige, para o preenchimento dos cargos, que os servidores exerçam o cargo de Analista Judiciário, podendo sê-lo também um técnico judiciário (art. 78).

221. (E) Os cargos em comissão de Diretor da Secretaria dos Ofícios Judiciais – e também das Turmas, Câmaras, Conselhos e Secretarias Judiciárias - serão preenchidos por Bacharéis em Direito, do Quadro de Pessoal do Tribunal de Justiça do Distrito Federal e dos Territórios, em efetivo exercício. Assim, o diretor de secretaria não pode ser bacharel em ciências sociais, mas apenas bacharel em Direito (art. 78).

222. (E) O diretor de secretaria é nomeado pelo Presidente do Tribunal (art. 303, II) e a nomeação não é por sua livre escolha, mas por indicação do juiz de direito titular da vara (art. 45, IV).

223. (E) A nomeação de servidores é atribuição do Presidente do Tribunal. Ao juiz titular da vara cabe apenas indicar para nomeação o nome do diretor da respectiva vara (art. 45, IV).

224. (E) Os cargos em comissão de Diretor da Secretaria dos Ofícios Judiciais – e também das Turmas, Câmaras, Conselhos e Secretarias Judiciárias – serão preenchidos por Bacharéis em Direito, do Quadro de Pessoal do Tribunal de Justiça do Distrito Federal e dos Territórios, em efetivo exercício. Assim, para ocupar o cargo de diretor de secretaria são necessários três requisitos: a) ser servidor do quadro de Pessoal do TJDFT; b) ser servidor efetivo em pleno exercício do cargo; c) se bacharel em direito. A lei não faz nenhuma exigência quanto ao cargo exercido pelo indicado, se técnico ou se analista judiciário, nem que deva ser o servidor mais antigo da vara (at. 78).

225. Está correta a alternativa E

 (a) está errada, pois a competência para o julgamento de habeas corpus impetrado contra ato do governador do DF é originária do STJ e não do TJDFT (art. 105, I, c, CF).

 (b) está errada, pois, a competência das varas da Fazenda Pública é, em regra, restrita ao julgamento dos feitos em que o Distrito Federal, suas entidades autárquicas ou fundacionais ou empresas públicas distritais forem autores, réus, assistentes, litisconsortes ou opoentes, excetuadas as ações de falência, as de acidentes de trabalho e as de competência da Justiça do Trabalho e dos Juizados Especiais da Fazenda Pública (art. 26, I). Já as execuções fiscais são processadas e julgadas pela Vara de Execução Fiscal, restrita ao julgamento das execuções em que o Distrito Federal ou entidades de sua administração descentralizada, inclusive empresas públicas e sociedades de economia mista de que participe,

ART. 81   TJDFT – EM ESQUEMAS

forem autores, réus, assistentes, litisconsortes, intervenientes ou oponentes, exceturadas as de falência, acidentes de trabalho e de meio ambiente, desenvolvimento urbano e fundiário (art. 35). A questão em análise envolve a Caixa Econômica Federal que, por se tratar de empresa pública federal, não tem foro perante as varas da Fazenda Pública do DF mas sim perante a Justiça Federal (art. 109, I, CF).

(c) está errada, pois o julgamento da representação por indignidade para o oficialato contra oficiais da Polícia Militar do DF e do Corpo de Bombeiros Militar do DF é de competência do Tribunal de Justiça e não da Justiça Militar do DF como afirma a questão (art. 8º, I, m).

(d) está errada, pois a questão em análise descreve um crime comum (homicídio culposo cometido no trânsito) cometido por um juiz substituto e a competência para o julgamento de juízes de direito (titulares ou substitutos) do Distrito Federal pela prática de crimes comuns é do Tribunal de Justiça (art. 8º, I, b) e não da justiça do primeiro grau de jurisdição.

(e) está certa, pois são atribuições do Corregedor, entre outras, regular a atividade do Depositário Público, dispondo especialmente sobre as formas de controle dos bens em depósito, bem como as atividades dos Contadores-Partidores e Distribuidores (art. 12, VII).

LIVRO IV
DISPOSIÇÕES GERAIS

Art. 81. Fica criado o Instituto de Formação, Desenvolvimento Profissional e Pesquisa, como Escola de Administração Judiciária do Distrito Federal e dos Territórios, que tem como missão a capacitação e o aperfeiçoamento dos seus magistrados e servidores, bem como demais atividades afins.

§ 1º A estrutura do Instituto compreende o estabelecido no Anexo III desta Lei, observado cronograma previsto no Anexo V desta Lei e desde que atendidas as disposições constantes dos incisos I e II do § 1º do art. 169 da Constituição Federal.

§ 2º A organização e o detalhamento das competências do Instituto serão definidos por ato próprio do Tribunal de Justiça.

A LOJDFT criou o **Instituto de Formação, Desenvolvimento Profissional e Pesquisa**, como Escola de Administração Judiciária do Distrito Federal e dos Territórios, que tem como missão promover a educação corporativa do Tribunal, mediante a capacitação e o aperfeiçoamento dos seus magistrados e servidores por meio de cursos ministrados pela própria escola ou realizados em parcerias com instituições de ensino e outras afins, nacionais ou internacionais.

A organização e as atribuições do Instituto serão definidas por ato próprio do Tribunal de Justiça (Resolução nº 8, de 15/9/2008).

Art. 82. Fica criada a Ouvidoria-Geral da Justiça do Distrito Federal e dos Territórios, que tem como missão tornar a Justiça mais próxima do cidadão, ouvindo sua opinião acerca dos serviços prestados pelo Tribunal de Justiça do Distrito Federal e dos Territórios, colaborando para elevar o nível de excelência das atividades necessárias à prestação jurisdicional, sugerindo medidas de aprimoramento e buscando soluções para os problemas apontados.

LEI DE ORGANIZAÇÃO JUDICIÁRIA DO DISTRITO FEDERAL E DOS TERRITÓRIOS — ART. 83

A LOJDFT criou a **Ouvidoria-Geral de Justiça do Distrito Federal e dos Territórios**, que tem como missão "tornar a Justiça mais próxima do cidadão, ouvindo sua opinião acerca dos serviços prestados pelo Tribunal de Justiça do Distrito Federal e dos Territórios, colaborando para elevar o nível de excelência das atividades necessárias à prestação jurisdicional, sugerindo medidas de aprimoramento e buscando soluções para os problemas apontados".
Em síntese, o serviço foi criado para esclarecer dúvidas, receber reclamações, sugestões e elogios relativos ao funcionamento da Justiça do Distrito Federal e dos Territórios.

A organização e o detalhamento das competências da Ouvidoria-Geral serão definidos por ato próprio do Tribunal de Justiça (Resolução nº 6, de 17 de abril de 2012).

Art. 83. Fica criado o Programa de Modernização e Aperfeiçoamento da Justiça do Distrito Federal – PROJUS com o objetivo de executar os recursos financeiros arrecadados por esta Corte necessários à modernização e ao reaparelhamento da Justiça do Distrito Federal e dos Territórios, sem prejuízo da proposta orçamentária anual.

A LOJDFT criou o **Programa de Modernização e Aperfeiçoamento da Justiça do Distrito Federal (Projus)** com o objetivo de "executar os recursos financeiros arrecadados por esta Corte necessários à modernização e ao reaparelhamento da Justiça do Distrito Federal e dos Territórios, sem prejuízo da proposta orçamentária anual".
Os recursos do Projus serão aplicados, preferencialmente, na modernização e aperfeiçoamento dos serviços judiciários da Primeira Instância.

A organização e o detalhamento das atribuições do Programa serão definidos por ato próprio do Tribunal de Justiça.

§ 1º Os recursos arrecadados compreenderão:

I – custas, taxas, emolumentos, multas e fianças arrecadados no âmbito da Justiça do Distrito Federal e dos Territórios de Primeiro e Segundo Graus, ressalvado o que dispõe a Lei Complementar nº 79, de 7 de janeiro de 1994, os repasses devidos à Ordem dos Advogados do Brasil – Seccional do Distrito Federal (Decreto-Lei nº 115, de 25 de janeiro de 1967) e os casos legais de devolução de custas;

II – auxílios, subvenções, contribuições, doações de entidades privadas e transferências de instituições públicas, nacionais ou estrangeiras;

III – inscrição em concursos públicos de ingresso no quadro de pessoal e em provas seletivas de estagiários;

IV – inscrição para realização de cursos, simpósios, seminários e congressos promovidos pelo Tribunal de Justiça do Distrito Federal e dos Territórios;

V – venda de assinatura ou volumes avulsos de revistas, boletins ou outras publicações editadas pelo Tribunal de Justiça;

VI – aluguéis ou permissões de uso de espaços para terceiros onde funcionam atividades da Justiça do Distrito Federal e dos Territórios;

ART. 83   TJDFT – EM ESQUEMAS

VII – produto da alienação de equipamentos, veículos ou outros materiais permanentes inservíveis ou imprestáveis;

VIII – multas aplicadas a fornecedores por descumprimento contratual;

IX – quaisquer outros ingressos que lhe forem destinados por lei, bem como outros supervenientes.

§ 2º Os recursos do PROJUS serão aplicados, preferencialmente, na modernização e aperfeiçoamento dos serviços judiciários da Primeira Instância.

OS RECURSOS ARRECADADOS PELO TRIBUNAL COMPREENDEM (Justiça de Primeiro e Segundo Graus)	
- **custas:** preço pago em decorrência da prestação dos serviços judiciários desenvolvidos pelas serventias judiciais (Varas) ou das Secretarias dos órgãos colegiados do Tribunal;	ressalvado o que dispõe: * a Lei Complementar nº 79, de 07/1/1994) (valores destinados ao Funpen – Fundo Penitenciário Nacional = multas impostas em sentenças penais condenatórias com trânsito em julgado e de fianças quebradas ou perdidas); * os repasses devidos à Ordem dos Advogados do Brasil – Seccional do Distrito Federal (Decreto-Lei nº 115, de 25/1/1967); e * os casos legais de devolução de custas;
- **taxas:** o Regimento de Custas não faz referência ao pagamento de taxas judiciárias;	:::
- **emolumentos:** preço dos serviços cobrados pelas serventias extrajudiciais (Serviços Notariais e de Registro);	:::
- **multas:** preço pago em decorrência do descumprimento de norma jurídica ou de sentenças penais condenatórias com trânsito em julgado;	:::
- **fianças:** preço pago com o objetivo de obtenção e conservação da liberdade do condenado até a final sentença condenatória;	:::
- auxílios, subvenções, contribuições, doações de entidades privadas e transferências de instituições públicas, nacionais ou estrangeiras;	
- inscrição em concursos públicos de ingresso no quadro de pessoal e em provas seletivas de estagiários;	
- inscrição para realização de cursos, simpósios, seminários e congressos promovidos pelo Tribunal de Justiça do Distrito Federal e dos Territórios;	
- venda de assinatura ou volumes avulsos de revistas, boletins ou outras publicações editadas pelo Tribunal de Justiça;	
- aluguéis ou permissões de uso de espaços para terceiros onde funcionam atividades da Justiça do Distrito Federal e dos Territórios;	
- produto da alienação de equipamentos, veículos ou outros materiais permanentes inservíveis ou imprestáveis;	
- multas aplicadas a fornecedores por descumprimento contratual;	
- quaisquer outros ingressos que lhe forem destinados por lei, bem como outros supervenientes.	

§ 3º A estrutura do programa compreende o estabelecido no Anexo III desta Lei, observado o cronograma previsto no Anexo V desta Lei e desde que atendidas as disposições constantes dos incisos I e II do § 1º do art. 169 da Constituição Federal.

§ 4º A organização e o detalhamento das atribuições do Programa serão definidos por ato próprio do Tribunal de Justiça.

Art. 84. O Regimento Interno do Tribunal de Justiça do Distrito Federal e dos Territórios será revisto, para a regulamentação desta Lei, no prazo de 60 (sessenta) dias.

Art. 85. A criação dos cargos constantes do Anexo I desta Lei sujeita-se ao cronograma previsto no Anexo V desta Lei e desde que atendidas as disposições constantes dos incisos I e II do § 1º do art. 169 da Constituição Federal.

Art. 86. A criação dos cargos em comissão e das funções comissionadas constantes do Anexo II desta Lei, destinadas à estrutura judiciária, sujeita-se ao cronograma previsto no Anexo V desta Lei, e desde que atendidas as disposições constantes dos incisos I e II do § 1º do art. 169 da Constituição Federal.

§ 1º É vedado o aproveitamento, a transferência ou transformação de cargos em comissão e funções comissionadas destinados aos Cartórios e Secretarias Judiciais ainda não instalados nas unidades administrativas do Tribunal de Justiça.

§ 2º Ficam transformados os atuais cargos em comissão de Depositário Público de símbolo CJ-02 para CJ-03.

Art. 87. A criação dos cargos em comissão e das funções comissionadas constantes do Anexo III desta Lei, destinadas à composição da Estrutura Administrativa da Secretaria e da Corregedoria de Justiça, sujeita-se ao cronograma previsto no Anexo V desta Lei e desde que atendidas as disposições constantes dos incisos I e II do § 1º do art. 169 da Constituição Federal.

Art. 88. Ficam criadas as Varas constantes do Anexo IV desta Lei, desde que observado o cronograma previsto no Anexo V desta Lei e atendidas as disposições constantes dos incisos I e II do § 1º do art. 169 da Constituição Federal.

Parágrafo único. A criação das Varas mencionadas no caput deste artigo fica condicionada à autorização específica na lei de diretrizes orçamentárias do respectivo exercício, nos termos do § 1º do art. 99 da Constituição Federal.

Art. 89. As despesas resultantes da implementação dos dispositivos constantes desta Lei, relativas à criação de cargos, funções comissionadas e órgãos, constarão da programação de trabalho orçamentária do Tribunal de Justiça do Distrito Federal e dos Territórios conforme cronograma constante do Anexo V desta Lei.

§ 1º Ficam criados os cargos, funções e órgãos mencionados nesta Lei a partir de 1º de janeiro de cada exercício mencionado no Anexo V desta Lei.

§ 2º As despesas mencionadas no caput deste artigo deverão constar de autorização expressa constante da lei de diretrizes orçamentárias a cada exercício, até a final implantação do Anexo V desta Lei.

Art. 90. Esta Lei entra em vigor na data de sua publicação.

Art. 91. Revogam-se as Leis n°s 6.750, de 10 de dezembro de 1979, 8.185, de 14 de maio de 1991, 8.407, de 10 de janeiro de 1992, e 10.801, de 10 de dezembro de 2003.

Parágrafo único. (VETADO)

Brasília, 13 de junho de 2008; 187º da Independência e 120º da República.

LUIZ INÁCIO LULA DA SILVA
Luiz Paulo Teles Ferreira Barreto
Paulo Bernardo Silva
José Antonio Dias Toffoli

Parte II
REGIMENTO INTERNO
DO TRIBUNAL DE JUSTIÇA DO
DISTRITO FEDERAL E DOS TERRITÓRIOS

Dispõe sobre a organização e o funcionamento do Tribunal e estabelece as competências e atribuições de seus órgãos e da Administração Superior.

PARTE PRIMEIRA
DA ORGANIZAÇÃO, DA COMPOSIÇÃO E DA COMPETÊNCIA

TÍTULO I
DA ORGANIZAÇÃO

O Regimento interno do Tribunal de Justiça do Distrito Federal e dos Territórios constitui-se de um conjunto de normas editadas e aprovadas pelos próprios membros do Tribunal que servem para regular as atividades institucionais e judicantes atribuídas ao Órgão pela Constituição Federal. Ele regula as normas necessárias à compreensão do funcionamento do Tribunal, a sua organização, a composição, a competência, as atribuições dos membros, os serviços prestados, a tramitação dos processos no Órgão, entre outras matérias. Trata-se de lei *interna corporis*, ou seja, aquela que estabelece normas que dizem respeito exclusivamente ao respectivo Órgão.

A Constituição Federal, em seu art. 96, I, confere aos Tribunais a competência para *elaborar seus regimentos internos, com a observância das normas de processo e das garantias processuais das partes, dispondo sobre a competência e o funcionamento dos respectivos órgãos jurisdicionais e administrativos*. Essa garantia provém da **independência do Poder Judiciário** com relação aos demais poderes da República.

Sobre a natureza jurídica dos Regimentos Internos dos Tribunais, o Supremo Tribunal Federal pronunciou-se no julgamento da ADI 1105MC/DF, **no sentido de equipará-los à lei.** A prevalência da lei ou do regimento, diz a Excelsa Corte, "depende da matéria regulada, pois são normas de igual categoria". "Em matéria processual prevalece a lei; no que tange ao funcionamento dos tribunais o regimento interno prepondera".

O RITJDFT divide-se em três partes:

1ª Parte: dispõe sobre a organização, a composição e a competência do Tribunal. Aborda matérias sobre a organização do Tribunal, o número de membros, a competência jurisdicional dos órgãos judicantes, as férias, os afastamentos, as substituições dos membros do Tribunal, entre outros. Vai do artigo 1º ao 66.

2ª Parte: dispõe sobre os serviços e o processo judicial. Aborda matérias relativas às sessões de julgamento, aos processos sob julgamento, ao procedimento relativo aos processos em trâmite no Tribunal, entre outros. Vai do artigo 67 a 358.

3ª Parte: dispõe sobre a organização, a composição e a competência administrativa do Tribunal. Abarca matérias relativas à composição e funcionamento dos órgãos administrativos, às atribuições administrativas dos desembargadores, ao provimento dos cargos, ao processo disciplinar dos magistrados, entre outros. Vai do artigo 359 até o final.

Para melhor compreensão, seguem notas explicativas a respeito de alguns dos conteúdos abordados neste ato normativo.

ART. 1º — TJDFT – EM ESQUEMAS

A 'composição' diz respeito ao número de membros do Tribunal, a sua procedência, a forma de escolha e os requisitos para a escolha.

A 'organização' diz respeito à formação dos órgãos julgadores dos Tribunais, a ordenação e distribuição dos magistrados, a presidência dos órgãos, a competência para o julgamento de processos, entre outros. A divisão do Tribunal em órgãos julgadores visa dar mais eficiência à atividade jurisdicional.

A 'competência' diz respeito à aptidão do Tribunal para processar e julgar determinadas ações e recursos. É, por assim dizer, a licença conferida ao Tribunal para julgar as matérias relacionadas na Constituição Federal e na Lei de Organização Judiciária do Distrito Federal. Abrange a distribuição da competência entre os diversos órgãos julgadores.

As 'atribuições' dizem respeito às tarefas de natureza administrativa atribuídas aos membros do Tribunal e aos servidores da Corte no desempenho das funções cometidas pelo Tribunal.

Art. 1º O Tribunal de Justiça, com sede na Capital Federal, compõe-se de quarenta e oito desembargadores e exerce sua jurisdição no Distrito Federal e nos Territórios Federais. *(Redação dada pela Emenda Regimental nº 1, de 2016)*

TRIBUNAL DE JUSTIÇA	
Tribunal de Justiça	**O Tribunal de Justiça** é órgão do segundo grau de jurisdição, ou de segunda instância, constituído por seus órgãos julgadores (Tribunal Pleno, Conselho Especial, Conselho da Magistratura, Câmara de Uniformização, Câmaras especializadas e Turmas especializadas) e por seus membros, denominados **desembargadores**. Ao Tribunal compete processar e julgar **os recursos** provenientes das decisões proferidas pelos juízes singulares, de primeiro grau de jurisdição ou de primeira instância, bem como **as ações originárias** previstas em lei, que se iniciam e finalizam no próprio Tribunal. As decisões do Tribunal de Justiça são, em regra, proferidas de forma coletiva pelos órgãos julgadores, mas podem também ser tomadas por um desembargador, unipessoalmente, por meio de uma decisão monocrática. Os desembargadores, quando decidem monocraticamente, o fazem como porta-voz do órgão colegiado a que pertencem. As decisões tomadas pelos órgãos julgadores são denominadas **"acórdãos"**.
Sede	É o local físico onde funciona o Tribunal. O TJDFT tem sua sede na Capital Federal.
Jurisdição	É o poder-dever do juiz ou do tribunal de decidir os litígios levados à sua apreciação, aplicando a lei ao caso concreto. O poder de decisão do Tribunal de Justiça do Distrito Federal e dos Territórios é delimitado à área geográfica do Distrito Federal e dos Territórios Federais. Isso quer dizer que o TJDFT não pode exercitar sua jurisdição em outro estado da federação ou em outro país.

REGIMENTO INTERNO DO TRIBUNAL DE JUSTIÇA DO DISTRITO FEDERAL E DOS TERRITÓRIOS — ART. 2º

Desembargador	É o nome dado para designar o **magistrado membro de Tribunal** de segunda instância (dos Tribunais de Justiça dos Estados e do Distrito Federal e dos Territórios, dos Tribunais Regionais Federais, dos Tribunais Regionais do Trabalho e dos Tribunais Regionais Eleitorais). É o juiz de segunda instância ou do segundo grau de jurisdição.

COMPOSIÇÃO DO TRIBUNAL											
48 Desembargadores											
1	2	3	4	5	6	7	8	9	10	11	12
13	14	15	16	17	18	19	20	21	22	23	24
25	26	27	28	29	30	31	32	33	34	35	36
37	38	39	40	41	42	43	44	45	46	47	48

PARA PRATICAR

JULGUE O ITEM A SEGUIR COM BASE NO REGIMENTO INTERNO DO TRIBUNAL DE JUSTIÇA DO DISTRITO FEDERAL E DOS TERRITÓRIOS, MARCANDO "C" QUANDO A QUESTÃO ESTIVER CORRETA E "E" QUANDO A QUESTÃO ESTIVER ERRADA.

226. (Inédita) A jurisdição do Tribunal de Justiça do Distrito Federal e dos Territórios alcança os Territórios Federais.
( )

COMENTÁRIOS

226. (C) A Jurisdição do Tribunal de Justiça do Distrito Federal e dos Territórios alcança o Distrito Federal e também os Territórios Federais (art. 1º, parte final). A omissão do Distrito Federal não torna a questão incorreta já que a afirmação é verdadeira.

Art. 2º O Tribunal funciona:

I – em sessões:

a) do Tribunal Pleno;

O Tribunal Pleno	É o órgão do Tribunal integrado por todos os desembargadores (quarenta e oito desembargadores). Possui função administrativa e é presidido pelo Presidente do Tribunal (art. 3º).
Sobre a composição e a competência do Tribunal Pleno, ver os arts. 360/361 deste Regimento.	

b) do Conselho Especial;

O Conselho Especial	É o órgão especial do Tribunal, criado de acordo com o permissivo do art. 93, XI, da Constituição Federal, para o exercício das atribuições administrativas e jurisdicionais delegadas da competência do Tribunal Pleno. É constituído de vinte e um desembargadores e presidido pelo Presidente do Tribunal. Tem como função jurisdicional julgar as causas de maior complexidade e relevância política, tais como as ações direta de inconstitucionalidade, os mandados de segurança originários, as ações penais originárias, entre outras.
Sobre a composição do Conselho Especial, ver art. 7º deste Regimento. Sobre a competência do Conselho Especial no desempenho de suas funções jurisdicionais, ver o art. 13 deste Regimento. Sobre a competência do Conselho Especial no desempenho de suas funções administrativas, ver o art. 363 deste Regimento.	

c) do Conselho da Magistratura;

O Conselho da Magistratura	É o órgão composto pelos membros da administração superior do Tribunal, ou seja, pelo Presidente, pelo Primeiro Vice-Presidente, pelo Segundo Vice-Presidente e pelo Corregedor. É presidido pelo Presidente do Tribunal e possui a competência definida no Regimento Interno do Tribunal.
Sobre a composição do Conselho da Magistratura, ver o art. 14, *caput*, e seu parágrafo único, deste Regimento. Sobre a competência do Conselho da Magistratura, ver o art. 15 deste Regimento.	

d) da Câmara de Uniformização;

A Câmara de Uniformização	É o órgão criado para processar e julgar demandas específicas, criadas com o advento do Código de Processo Civil, entre elas o incidente de resolução de demanda repetitiva e o incidente de assunção de competência. É integrada e presidida pelo desembargador mais antigo das Turmas Cíveis, e pelos dois desembargadores mais antigos de cada uma delas.
Sobre a composição da Câmara de Uniformização, ver o art. 17 deste Regimento. Sobre a competência da Câmara de Uniformização, ver o art. 18 deste Regimento.	

e) das Câmaras especializadas;

As Câmaras especializadas	São órgãos julgadores com competência para processar e julgar as causas de média complexidade, constituindo uma espécie de órgão decisório de hierarquia inferior, se comparado ao Conselho Especial, e de hierarquia superior, se comparado às Turmas especializadas.
	São presididas pelo desembargador mais antigo no órgão, em rodízio anual.
	O Tribunal possui três Câmaras especializadas, sendo duas com especialidade na área cível e uma com especialidade na área criminal (art. 2º, parágrafo único).
	Os desembargadores integrantes das Câmaras especializadas integram também as Turmas especializadas.
Sobre a composição das Câmaras especializadas, ver os arts. 19, 20 e 22 deste Regimento. Sobre a competência das Câmaras especializadas na área cível, ver o art. 21 deste Regimento; sobre a competência da Câmara especializada na área criminal, ver o art. 23 deste Regimento.	

f) das Turmas especializadas.

As Turmas especializadas	São órgãos julgadores compostos de quatro desembargadores, que se reúnem com o *quorum* mínimo de três desembargadores cada uma. Possui competência para processar e julgar as causas de menor complexidade, constituindo uma espécie de órgão decisório de hierarquia inferior, se comparado às Câmaras especializadas.
	São presididas pelo desembargador mais antigo no órgão, em rodízio anual.
	O Tribunal possui onze Turmas especializadas, sendo oito Turmas com especialidade na área cível e três Turmas com especialidade na área criminal
	Os desembargadores das Turmas especializadas integram também as Câmaras especializadas.
Sobre a composição das Turmas especializadas, ver os arts. 24 e 25 deste Regimento. Sobre a competência das Turmas especializadas na área cível, ver o art. 26 deste Regimento. Sobre a competência das Turmas especializadas na área criminal, ver o art. 27 deste Regimento.	

II – em reuniões das comissões permanentes ou temporárias.

Comissões permanentes	São órgãos destinados a deliberar sobre proposições temáticas de interesse do Tribunal. Elas integram a estrutura institucional do Tribunal.
Comissões temporárias	São órgãos criados para deliberar sobre uma questão específica. Extinguem-se quando alcançado o fim a que se destinam ou quando expirado o prazo de duração.
Sobre a composição e as atribuições das comissões, ver os arts. 30/40.	

Parágrafo único. O Tribunal possui três Câmaras especializadas – duas cíveis e uma criminal – e onze Turmas – oito cíveis e três criminais. *(Redação dada pela Emenda Regimental nº 1, de 2016)*

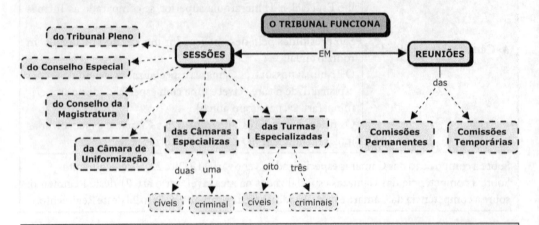

Entenda melhor a composição e a organização do Tribunal de Justiça

O Tribunal de Justiça compõe-se de **quarenta e oito desembargadores**, incluindo o Presidente do Tribunal, o Primeiro Vice-Presidente, o Segundo Vice-Presidente e o Corregedor. Reunidos em conjunto, ou por sua maioria absoluta, formam o **Tribunal Pleno**. Os quatro desembargadores da administração superior, enquanto cumprirem o mandato eletivo, não exercem atividades jurisdicionais nas Turmas especializadas nem nas Câmaras Especializadas. Assim, excluídos os ocupantes de cargos de direção, sobram quarenta e quatro desembargadores, os quais integram as **onze Turmas** do Tribunal, sendo oito especializadas em matéria cível e três especializadas em matéria criminal. Cada Turma compõe-se de quatro desembargadores (11 x 4 = **44**). Além das Turmas, os quarenta e quatro desembargadores integram também as **três Câmaras** do Tribunal, sendo duas especializadas na área cível e uma especializada na área criminal. Cada Câmara Cível compõe-se de dezesseis desembargadores; a Câmara Criminal é composta de doze desembargadores, totalizando as três Câmaras Especializadas quarenta e quatro membros. Além das Turmas e das Câmaras, há o **Conselho Especial** que é constituído de vinte e um desembargadores, incluindo-se, entre eles, o Presidente do Tribunal, o Primeiro Vice-Presidente, o Segundo Vice-Presidente e o Corregedor. Assim, resumindo, um desembargador do Tribunal de Justiça, além de integrar o Tribunal Pleno, integra também uma das Turmas especializadas do Tribunal e também uma das Câmaras especializadas. E pode ainda integrar o Conselho Especial e a Câmara de Uniformização, dependendo do caso.

Art. 3º O Tribunal Pleno, constituído pela totalidade dos desembargadores, é presidido pelo Presidente do Tribunal e possui atribuições administrativas.

DO TRIBUNAL PLENO	
Composição	A totalidade dos desembargadores (quarenta e oito).
Quem preside	O Presidente do Tribunal.
Atribuições	Administrativas.

REGIMENTO INTERNO DO TRIBUNAL DE JUSTIÇA DO DISTRITO FEDERAL E DOS TERRITÓRIOS — ART. 3º

PARA PRATICAR

227. **(Cespe/TJDFT/Analista Judiciário/2003 – adaptada)** O Tribunal de Justiça do Distrito Federal e dos Territórios (TJDFT) compreende duas Câmaras Cíveis e duas Criminais, as quais, por sua vez, se subdividem em seis Turmas Cíveis e três Turmas Criminais, respectivamente; a presidência das Câmaras cabe ao Primeiro Vice-presidente do Tribunal. ( )

228. **(Cespe/TJDFT/Analista Judiciário/2003 – adaptada)** O Tribunal de Justiça do Distrito Federal e dos Territórios funciona em sessões do Pleno, do Conselho Especial e da Magistratura, das Câmaras especializadas, as quais se subdividem em três Câmaras Cíveis e uma Criminal, e das Turmas especializadas, que se subdividem em seis Turmas Cíveis e três Turmas Criminais. ( )

229. **(Cespe/TJDFT/Analista Judiciário/1999 – adaptada)** O TJDFT funciona por meio do Pleno, do Conselho Especial, do Conselho da Magistratura, da Câmara de Uniformização, de três câmaras especializadas e de onze turmas especializadas. ( )

230. **(Cespe/TJDFT/Técnico Judiciário/1998)** O Tribunal possui três grupos de Câmaras especializadas, em função da matéria: Câmaras Cíveis, Criminal e Administrativa. ( )

231. **(Cespe/TJDFT/Programador/1997 – desmembrada e adaptada)** De acordo com o Regimento Interno do Tribunal de Justiça do Distrito Federal e dos Territórios (RITJDF), a Corte funciona em Tribunal Pleno, Conselho Especial, Câmaras especializadas e Turmas especializadas. ( )

232. **(Inédita)** O Tribunal de Justiça funciona por meio de seus órgãos, compreendendo estes o Tribunal Pleno, o Conselho Especial, o Conselho da Magistratura, três Câmaras especializadas e onze Turmas especializadas. ( )

COMENTÁRIOS

227. (E) O Tribunal compreende, de fato, duas Câmaras Cíveis, mas apenas uma Câmara Criminal (arts. 2º, I, e seu parágrafo único); a presidência das Câmaras cabe ao desembargador mais antigo no órgão em rodízio anual e não ao Primeiro Vice-Presidente do Tribunal (art. 19, § 1º); as duas Câmaras Cíveis, de acordo com o Regimento Interno atual, se subdividem em oito Turmas Cíveis e não mais em seis como antes (art. 19); e a Câmara Criminal se subdivide em três Turmas Criminais (art. 24).

228. (E) O Tribunal compreende duas Câmaras Cíveis, e não três como afirma a questão. As duas Câmaras Cíveis, juntamente com a Câmara Criminal, totalizam as três Câmaras Especializadas do Tribunal. Hoje, as Turmas especializadas se subdividem em oito Turmas Cíveis e em três Turmas Criminais (art. 2º, I, e seu parágrafo único).

229. (C) A questão reproduz o art. 2º, I, e seu parágrafo único, que assim dispõe: "O TJDFT funciona em sessões do Tribunal Pleno, do Conselho Especial, do Conselho da Magistratura, da Câmara de Uniformização, de três câmaras especializadas e de onze turmas especializadas".

230. (E) O Tribunal possui apenas dois grupos de Câmaras Especializadas em função da matéria: Câmara especializada em matéria cível (duas) e Câmara especializada em matéria criminal (uma). Não há Câmara especializada em matéria administrativa (art. 2º, parágrafo único). Ao que parece, a banca examinadora, ao inserir a locução "três grupos de câmaras especializadas", intencionou confundir o candidato desatento, pois no Tribunal há três câmaras especializadas, sendo duas com especialidade na área cível e uma com especialidade na área criminal.

231. (E) Além dos órgãos enumerados, o Tribunal funciona também em sessão do Conselho da Magistratura (art. 2º, I, c) e atualmente também da Câmara de Uniformização (art. 2º, I, d). A resposta, considerada errada pela banca examinadora, poderia eventualmente ensejar recurso, pois a exclusão de um dos órgãos integrantes do Tribunal, em tese, não tornaria a questão incorreta pelo modo como foi redigida, sem expressões restritivas, tais como "somente" ou "exclusivamente".

232. (E) Além dos órgãos enumerados, integra o Tribunal a Câmara de Uniformização (art. 2º, I, *d*).

Art. 4º O Presidente do Tribunal, o Primeiro Vice-Presidente, o Segundo Vice-Presidente e o Corregedor da Justiça são eleitos pelo Tribunal Pleno entre os seus membros, nos termos definidos neste Regimento.

Este dispositivo é repetido no art. 5º da LOJDFT.
Sobre a eleição dos cargos de direção, ver os arts. 371/376 deste Regimento.

§ 1º O Presidente, o Primeiro Vice-Presidente, o Segundo Vice-Presidente e o Corregedor da Justiça compõem a Administração Superior e integram o Conselho Especial e o Conselho da Magistratura, sem exercerem, no primeiro, as funções de relator ou de revisor. *(Alterado pela Emenda Regimental 16 de 02/09/2020)*

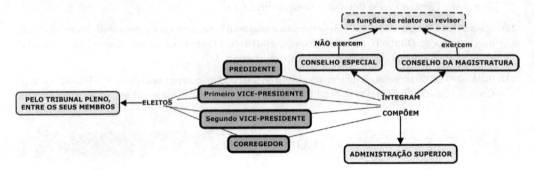

§ 2º O Presidente, o Primeiro Vice-Presidente, o Segundo Vice-Presidente e o Corregedor da Justiça, ao concluírem os respectivos mandatos, retornarão às Turmas, observado o seguinte:

I – o Presidente, o Primeiro Vice-Presidente, o Segundo Vice-Presidente e o Corregedor da Justiça integrarão, respectivamente, a Turma de que saírem os novos Presidente, Primeiro Vice-Presidente, Segundo Vice-Presidente e Corregedor da Justiça;

II – se o novo Presidente for o Primeiro Vice-Presidente, o Segundo Vice-Presidente ou o Corregedor da Justiça, o Presidente que deixar o cargo comporá a Turma da qual provier o novo Primeiro Vice-Presidente, o Segundo Vice-Presidente ou o novo Corregedor da Justiça;

III – se o novo Primeiro Vice-Presidente for o Segundo Vice-Presidente ou o Corregedor da Justiça, o Primeiro Vice-Presidente que deixar o cargo comporá a Turma da qual provier o novo Segundo Vice-Presidente ou o novo Corregedor da Justiça;

IV – se o novo Segundo Vice-Presidente for o Primeiro Vice-Presidente ou o Corregedor da Justiça, o Segundo Vice-Presidente que deixar o cargo comporá a Turma da qual provier o novo Primeiro Vice-Presidente ou o novo Corregedor da Justiça;

V – se o novo Corregedor da Justiça for o Primeiro Vice-Presidente ou o Segundo Vice-Presidente, o Corregedor da Justiça que deixar o cargo comporá a Turma da qual provier o novo Primeiro Vice-Presidente ou o novo Segundo Vice-Presidente.

§ 3º O retorno de que trata o parágrafo anterior deverá observar o óbice do art. 6º, mediante as permutas que se fizerem necessárias.

CONCLUÍDO O MANDATO			
\multicolumn{4}{c}{O Presidente, o Primeiro Vice-Presidente, o Segundo Vice-Presidente e o Corregedor da Justiça retornarão às Turmas, observado o seguinte:}			
Presidente	Primeiro Vice-Presidente	Segundo Vice-Presidente	Corregedor
Regra: integrará a Turma de que sair o **novo** Presidente.	**Regra**: integrará a Turma de que sair o **novo** Primeiro Vice-Presidente.	**Regra**: integrará a Turma de que sair o **novo** Segundo Vice-Presidente.	**Regra**: integrará a Turma de que sair o **novo** Corregedor.
Exceção: o Presidente que deixar o cargo comporá a Turma da qual provier o Primeiro Vice-Presidente, o Segundo Vice-Presidente ou o Corregedor, se um destes vier a ser o novo Presidente.	**Exceção**: o Primeiro Vice-Presidente que deixar o cargo comporá a Turma da qual provier o Segundo-Vice Presidente ou o Corregedor, se um destes vier a ser o novo Primeiro Vice-Presidente.	**Exceção**: o Segundo Vice-Presidente que deixar o cargo comporá a Turma da qual provier o Primeiro-Vice Presidente ou o Corregedor, se um destes vier a ser o novo Segundo Vice-Presidente.	**Exceção**: o Corregedor que deixar o cargo comporá a Turma da qual provier o Primeiro Vice-Presidente ou o Segundo Vice-Presidente, se um destes vier a ser o novo Corregedor.
\multicolumn{4}{l}{O retorno do magistrado às atividades jurisdicionais nas Turmas deve observar o óbice do parentesco previsto no art. 6º, mediante troca de lugares entre eles.}			

Explicando a regra:
Dos quarenta e oito desembargadores que integram o Tribunal Pleno, quatro exercem cargos de direção do Tribunal, quais sejam, o Presidente, o Primeiro Vice-Presidente, o Segundo Vice-Presidente e o Corregedor da Justiça. O desembargador eleito a cargo de direção provém de uma das Turmas especializadas, cíveis ou criminais. Ao assumir o cargo de direção, cessam as suas atividades nas Turmas, exceto quanto aos processos que, antes da posse, lhe houver sido distribuídos. Ao findar o mandato eletivo, ele deverá retornar às suas funções ordinárias nas Turmas, ocupando o lugar vago em decorrência da posse do seu respectivo sucessor, a menos que, não estando impedido, queira se candidatar a outro cargo de direção. Assim, o Presidente do Tribunal, ao término de seu mandato, ocupará a Turma da qual provier o seu sucessor. Todavia, se porventura o seu sucessor for um desembargador já ocupante de cargo de direção, o presidente que deixar o mandato ocupará o lugar vago deixado por quem vier a ocupar o lugar do seu sucessor.

Para facilitar a compreensão, cabe um exemplo: o desembargador Carlos, ocupante de vaga na 2ª Turma Cível, foi eleito Presidente e sucederá o desembargador José. Este, ao terminar o seu mandato eletivo, ocupará na 2ª Turma Cível o lugar deixado por Carlos, que passará a ser o novo Presidente. No entanto, se o desembargador José vier a ser sucedido pelo desembargador Marcos, que era Corregedor, José ocupará na Turma o lugar deixado pelo desembargador que vier a ser o novo Corregedor.

ART. 4º — TJDFT – EM ESQUEMAS

PARA PRATICAR

233. **(Cebraspe/STJ/Analista Judiciário/Áreas Administrativa/2018 – adaptada)** O presidente e o primeiro vice-presidente do TJDFT integram somente o Tribunal Pleno e a Corte Especial do tribunal. Ao concluir seus mandatos, no biênio subsequente ao término, é vedado ao primeiro vice-presidente ocupar o cargo de presidente do tribunal, devendo ambos retornar às turmas que ocupavam anteriormente. ( )

234. **(Cespe/TJDFT/Analista Judiciário – Área Judiciária/2015)** O corregedor da justiça do TJDFT integra o Conselho da Magistratura, logo pode exercer, nesse conselho, as funções de relator e de revisor. ( )

X – **(Cespe/STF/Analista Judiciário – Área Administrativa/2008 - adaptada)** O Tribunal de Justiça elegeu na tarde desta quarta-feira o desembargador Otávio como presidente da corte para o biênio 2018-2020. Otávio, que atualmente é primeiro vice-presidente do TJDFT, substitui o desembargador Eduardo, atual presidente. O desembargador Anastácio foi eleito ao cargo de primeiro vice-presidente. A desembargadora Fátima foi eleita para ocupar o cargo de segundo vice-presidente. O desembargador Humberto, atual segundo vice-presidente, foi escolhido para o cargo de corregedor, em substituição à desembargadora Carmem. Com base no texto acima, e de acordo com o Regimento Interno do TJDFT, julgue os próximos itens.

235. O desembargador Eduardo, assim que deixar o cargo de Presidente, passará a integrar a Turma de que sair o desembargador Anastácio. ( )

236. A desembargadora Carmem, assim que deixar o cargo de Corregedora, passará a integrar a Turma de que sair a desembargadora Fátima. ( )

237. **(Cespe/TJDFT/Analista Judiciário/2007)** Antônio, presidente do TJDFT, em virtude do término do seu mandato, foi sucedido por Luciana, Corregedora do TJDFT. Nessa situação, Antônio ocupará o cargo de sua sucessora e será titular do cargo de corregedor. ( )

238. **(Cespe/TJDFT/Analista Judiciário/2000 – adaptada)** Se o Ministério Público do Distrito Federal e Territórios (MPDFT) ajuizar ação penal contra autoridade que tenha foro privilegiado no Conselho Especial, essa ação não poderá ter como relator o presidente do Tribunal. ( )

239. **(Cespe/TJDFT/Analista Judiciário/1999)** O Presidente, o Primeiro e Segundo Vice-Presidentes e o Corregedor podem exercer a relatoria de processos. ( )

240. **(Cespe/TJDFT/Analista Judiciário/Taquígrafos/1997 – desmembrada e adaptada)** O Presidente, o Primeiro e Segundo Vice-Presidentes e o Corregedor do Tribunal de Justiça do Distrito Federal e dos Territórios (TJDF) integram o Conselho Especial e o Conselho da Magistratura do Tribunal, sem, contudo, exercerem, no primeiro, as funções de relator nem de revisor. ( )

241. **(Cespe/TJDFT/Analista Judiciário/1997 – desmembrada e adaptada)** O Presidente, o Primeiro e Segundo Vice-Presidentes e o Corregedor do Tribunal de Justiça do Distrito Federal e dos Territórios (TJDF) não integram qualquer dos órgãos fracionários do Tribunal, dedicando-se unicamente às atividades próprias das funções temporárias que desempenham, à exceção do Conselho Especial, em que exercem as mesmas funções jurisdicionais que os demais membros desse órgão. ( )

242. **(Inédita)** Pedro de Assis, Primeiro Vice-Presidente do TJDFT, ao término de seu mandato, candidatou-se e foi eleito para o cargo de Presidente, hoje ocupado por Mário de Sousa. Assim, findo o mandato, o desembargador Mário de Sousa passará a compor a Turma da qual provier o novo Primeiro Vice-Presidente. ( )

243. **(Inédita)** Sérgio, Presidente do TJDFT, em virtude do término do seu mandato, foi sucedido por Cláudio, desembargador eleito pelo Pleno. Nessa situação, Sérgio integrará a Turma da qual provier o seu sucessor. ( )

244. **(Inédita)** O Presidente do Tribunal, ao concluir o seu mandato, retornará à sua Turma de origem, observado o óbice do parentesco previsto no art. 6º do Regimento Interno, mediante permutas entre magistrados ( )

245. **(Inédita)** O Presidente do Tribunal, o Primeiro Vice-Presidente, o Segundo Vice-Presidente e o Corregedor de Justiça são eleitos pelo Conselho Especial entre os seus membros, nos termos previsto no Regimento Interno do Tribunal. ( )

COMENTÁRIOS

233. (E) O Presidente e o Primeiro Vice-Presidente do Tribunal – bem como o Segundo Vice-Presidente e o Corregedor – compõem a Administração Superior e integram o Conselho Especial e o Conselho da Magistratura (art. 4º, § 1º). Ao concluir seus mandatos, não retornarão às turmas de origem, pois as regras a serem observadas são as seguintes: o Presidente do Tribunal, ao findar o seu mandato, ocupará a Turma da qual provier o seu sucessor. Todavia, se porventura o seu sucessor for um desembargador já ocupante de cargo de direção, o presidente que deixar o mandato ocupará o lugar vago deixado por quem vier a ocupar o lugar do seu sucessor. O Primeiro Vice-Presidente, de igual forma, ocupará a Turma de que sair o novo Primeiro Vice-Presidente ou, se porventura o seu sucessor for um desembargador já ocupante de cargo de direção, ocupará o lugar vago deixado por quem vier a ocupar o lugar do seu sucessor (art. 4º, § 2º, e incisos). O mandato dos ocupantes de cargo de direção é, de fato, de dois anos (art. 41).

234. (E) Esta questão, inicialmente dada como certa, teve o gabarito alterado para errado. Ao que parece, a questão foi elaborada com base no art. 4º, § 1º, cuja redação é a seguinte: "O Presidente, o Primeiro Vice-Presidente, o Segundo Vice-Presidente e o Corregedor da Justiça integram o Conselho Especial e o Conselho da Magistratura, sem exercerem, no primeiro, as funções de relator ou de revisor". Por essa regra, a questão estaria correta. Ocorre que foram interpostos recursos pelos candidatos, apontando a existência de outra regra aparentemente conflitante: o art. 79, § 5º, que assim dispõe: "O Presidente do Tribunal, o Primeiro Vice-Presidente, o Segundo Vice-Presidente e o Corregedor da Justiça só exercerão a função de relator no Conselho da Magistratura". Já por essa regra, que trata especificamente de distribuição de processos, a questão estaria, de fato, errada. Como se vê, a Banca elaborou a questão com base em um dispositivo, mas corrigiu com base em outro, o que deveria ter acarretado a anulação da questão e não a alteração do gabarito como ocorreu.

235. (C) Se o novo Presidente for o Primeiro Vice-Presidente, o Presidente que deixar o cargo comporá a Turma da qual provier o novo Primeiro Vice-Presidente (art. 4º, II).

236. (C) Se o novo Corregedor da Justiça for o segundo vice-presidente, o corregedor que deixar o cargo comporá a Turma da qual provier o novo Segundo Vice-Presidente (art. 4º, V).

237. (E) Aqui cabe uma explicação inicial: o desembargador eleito a cargo de direção provém de uma das Turmas Especializadas, cíveis ou criminais. Ao assumir o cargo de direção, cessam as suas atividades nas Turmas, exceto quanto aos processos que, antes da posse, lhe tiverem sido distribuídos. Ao findar o mandato eletivo, ele deverá retornar às suas funções ordinárias nas Turmas, ocupando o lugar vago em decorrência da posse do seu respectivo sucessor. Assim, o Presidente do Tribunal, ao findar o seu mandato, ocupará a Turma da qual provier o seu sucessor. Todavia, se porventura o seu sucessor for um desembargador já ocupante de cargo de direção, o presidente que deixar o mandato ocupará o lugar vago deixado por quem vier a ocupar o lugar do seu sucessor. Assim, se Antônio, ao deixar o cargo de Presidente, for sucedido pela Corregedora Luciana, ele ocupará a Turma da qual provier o desembargador que, no novo mandato, suceder a Corregedora. O Regimento Interno proíbe que o desembargador que finda o seu mandato de presidente ocupe novo cargo de direção, salvo se estiver completando mandato por período inferior a um ano (art. 374). A banca elaborou a questão com o intuito de confundir, levando o candidato a pensar que, passando Luciana a ser a Presidente, Antônio ocuparia o lugar dela, o que não é verdade na questão em análise (art. 4º, § 2º, I).

238. (C) O Presidente do Tribunal integra o Conselho Especial e o Conselho da Magistratura, mas não exerce, no primeiro, as funções de relator nem de revisor. Assim, se o presidente do Tribunal não exerce a função de relator no Conselho Especial, é correto afirmar que não poderá funcionar como relator da ação penal a que se refere a questão. Também não poderão exercer a relatoria de processos o Primeiro e Segundo Vice-Presidentes e o Corregedor (art. 4º, § 1º).

239. (C) Os quatro membros da administração superior podem sim exercer a relatoria de processos, mas só no Conselho da Magistratura, cabendo lembrar que eles não desempenham essa função no Conselho Especial (art. 4º, § 1º).

240. (C) A questão reproduz a parte final do art. 4º, § 1º, que assim dispõe: "O Presidente, o Primeiro Vice-Presidente, o Segundo Vice-Presidente e o Corregedor da Justiça compõem a Administração Superior e integram o Conselho Especial e o Conselho da Magistratura, sem exercerem, no primeiro, as funções de relator ou de revisor".

241. (E) Os dois segmentos estão incorretos: 1º) o Presidente, o Primeiro e Segundo Vice-Presidentes e o Corregedor não se dedicam exclusivamente às atividades administrativas, pois integram, além do Tribunal Pleno, outros dois órgãos do Tribunal, quais sejam, o Conselho Especial e o Conselho da Magistratura; 2º) é incorreto afirmar que no Conselho Especial exercem as mesmas funções jurisdicionais que os demais membros do Órgão, pois, ao contrário dos demais, eles não desempenham a função de relator nem de revisor de processos (art. 4º, § 1º).

242. (C) Se Mário de Sousa, ao deixar o cargo de Presidente, foi sucedido pelo então Primeiro Vice-Presidente, ele ocupará a Turma da qual provier o desembargador que, no novo mandato, suceder o Primeiro Vice-Presidente (art. 4º, § 2º, II).

243. (C) O Presidente que concluir o seu mandato integrará a Turma de que sair o novo Presidente. Se Cláudio foi eleito pelo Pleno para ser o novo Presidente, Sérgio, assim que concluir o seu mandato, integrará a Turma da qual Cláudio provier (art. 4º, § 2º, I).

244. (E) O primeiro segmento está incorreto e o segundo, correto. 1º) O Presidente do Tribunal, ao concluir o seu mandato, não retornará à sua Turma de origem, mas sim à Turma de que sair o novo Presidente (art. 4º, § 2º, I) ou integrará a Turma da qual provier o Primeiro Vice-Presidente, o Segundo Vice-Presidente ou o Corregedor, se um destes vier a ser o novo Presidente (art. 4º, § 2º, II a V). 2º). De fato, será observado o óbice do parentesco, conforme determina o art. 4º, § 3º, mediante as permutas que se fizerem necessárias.

245. (E) O órgão competente para a eleição dos cargos de direção é o Tribunal Pleno e não o Conselho Especial, como afirma a questão (art. 4º).

Art. 5º O desembargador terá assento na Turma em que houver vaga na data de sua posse. Se empossado simultaneamente mais de um desembargador, a indicação da preferência por Turmas dar-se-á na ordem decrescente de antiguidade.

ASSENTO DOS DESEMBARGADORES NAS TURMAS	
Um desembargador empossado	Terá assento na Turma em que houver vaga na data da sua posse.
Mais de um desembargador empossado simultaneamente	A indicação da preferência por Turmas dar-se-á na ordem decrescente de antiguidade.
Sobre o critério de antiguidade no Tribunal, ver o art. 50 deste Regimento.	
Sobre a transferência de Turma, ver o art. 51 deste Regimento.	

PARA PRATICAR

246. (Cespe/TJDFT/Técnico Judiciário/1998) Considere a seguinte situação hipotética. Foram empossados, no mesmo ato, os desembargadores Armando, Breno e Carolina, todos oriundos da carreira de juiz de direito do DF. Pela posição na carreira, o mais antigo era Armando, seguido de Breno e Carolina, respectivamente. Ao tomarem posse, existia vaga na 1ª e na 2ª Turma Cível e na 1ª Turma Criminal. Nessa situação, o provimento das vagas nas turmas do tribunal ocorrerá mediante sorteio entre os novos desembargadores, uma vez que tomaram posse simultaneamente. ( )

247. (Cespe/TJDFT/Programador/1997 – desmembrada) O desembargador recém-empossado terá assento na turma em que houver vaga na data de sua posse. ( )

248. (Inédita) Empossados simultaneamente mais de um desembargador, terá preferência na escolha da Turma o que for mais antigo. ( )

REGIMENTO INTERNO DO TRIBUNAL DE JUSTIÇA DO DISTRITO FEDERAL E DOS TERRITÓRIOS — ART. 6º

COMENTÁRIOS

246. (E) O desembargador terá assento na Turma em que houver vaga na data de sua posse. Mas havendo mais de um desembargador empossado simultaneamente, a indicação da preferência será feita na ordem decrescente de antiguidade, e não por sorteio. Assim, na questão em análise, a preferência na escolha será de Armando, pois, na posição que ocupa na carreira, é o mais antigo entre eles (art. 5º).

247. (C) A questão reproduz o art. 5º, primeira parte, que assim dispõe: "O desembargador terá assento na Turma em que houver vaga na data de sua posse".

248. (C) O desembargador terá assento na Turma em que houver vaga na data de sua posse, mas havendo posse simultânea, a indicação da preferência da Turma dar-se-á na ordem decrescente de antiguidade entre os desembargadores empossados (art. 5º, segunda parte).

Art. 6º Não poderão ter assento, na mesma Turma ou Câmara, desembargadores cônjuges ou parentes em linha reta ou colateral, inclusive por afinidade, até o terceiro grau.

§ 1º Nos julgamentos do Conselho Especial, a intervenção de um dos desembargadores, nos casos de que trata este artigo, determinará o impedimento do outro, o qual será substituído, quando necessário, na forma determinada neste Regimento.

§ 2º O impedimento do parágrafo anterior não se aplica aos julgamentos de matéria administrativa no Tribunal Pleno e do Conselho Especial.

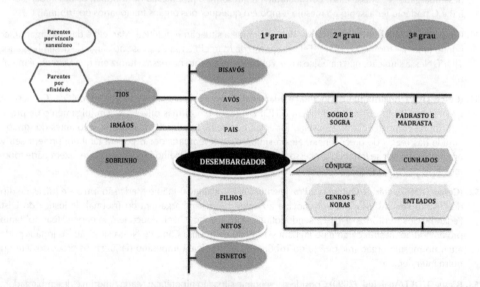

Nota: O parentesco pode ser estabelecido por laço consanguíneo ou por afinidade. Pode ser em linha reta, quando possui relação de ascendência ou descendência, ou seja, provém de um mesmo ancestral; ou em linha colateral, quando provém de um mesmo tronco, mas sem relação de ascendência. O cônjuge, nos termos da lei civil, não é considerado parente.

ART. 6º — TJDFT – EM ESQUEMAS

Desembargadores cônjuges ou parentes em linha reta ou colateral, até o terceiro grau, inclusive por afinidade.	Não poderão compor	a mesma Turma ou Câmara.	
	Poderão compor	o Conselho Especial (em julgamento de matéria judicial)	Mas a atuação de um dos desembargadores em determinado julgamento impedirá a atuação do outro, o qual será substituído, na forma determinada neste Regimento.
		o Conselho Especial em julgamentos de matéria administrativa	
		o Pleno em julgamentos de matéria administrativa	

PARA PRATICAR

249. (Cespe/TJ-RR – Titular de Serviços de Notas e de Registros/2013 – alterada) Considere, por hipótese, que o desembargador A do TJDFT seja primo do desembargador B que, por sua vez, é sobrinho, por afinidade, do desembargador C. Nesse caso, considerada a regra sobre o parentesco no Tribunal, os desembargadores A e B e C poderão ter assento ao mesmo tempo em qualquer dos órgãos fracionários do Tribunal. ( )

250. (Cespe/TJDFT/Analista Administrativo/2007) Examine a situação hipotética. Marcelo é desembargador, compondo uma das turmas do TJDFT. Felipe é primo de Marcelo e tomou posse no cargo de desembargador do TJDFT. Nessa situação, não há óbice a que Felipe tenha assento na mesma turma em que Marcelo é membro. ( )

251. (Cespe/TJDFT/Analista Judiciário/2003 – adaptada) Considere a seguinte situação hipotética. Os desembargadores A e B são irmãos e compõem o TJDFT, lotados em turmas diferentes. Em julgamento de processo judicial de competência do Conselho Especial, o desembargador A proferiu seu voto antes do irmão, em virtude das regras de precedência. Nessa situação, o desembargador B poderá também proferir seu voto normalmente, por se tratar de processo de competência do Conselho Especial, de que fazem parte todos os membros do tribunal. ( )

252. (Cespe/TJDFT/Notários/Outorga de Provimento/2003 – adaptada) João e Maria são irmãos e juízes de direito do Distrito Federal. Maria foi promovida ao cargo de desembargadora do Tribunal de Justiça do Distrito Federal e dos Territórios (TJDFT), sendo lotada na 1ª Câmara Cível. Pouco tempo depois, João foi também promovido ao mesmo cargo e pediu para ser lotado na mesma Câmara. Nessa situação, os irmãos poderão atuar no mesmo órgão fracionário do Tribunal, mas um ficará impedido de julgar os processos em que o outro intervier. ( )

253. (Cespe/TJDFT/Anal. Jud. /2000) Considere a seguinte situação hipotética: Maria Amorim é desembargadora do TJDFT e tem um sobrinho, Claudionor Amorim, que é juiz de direito do DF. Claudionor veio a ser promovido, por antiguidade, ao cargo de desembargador daquele Tribunal. Nessa situação, uma vez que a promoção do sobrinho decorreu apenas de fatores objetivos, nada impede que o novo desembargador venha a integrar qualquer um dos órgãos fracionários do Tribunal. ( )

254. (Cespe/TJDFT/Programador/1997 – desmembrada) Não poderão compor a mesma turma ou câmara desembargadores cônjuges ou parentes até o terceiro grau. ( )

REGIMENTO INTERNO DO TRIBUNAL DE JUSTIÇA DO DISTRITO FEDERAL E DOS TERRITÓRIOS ART. 6º

255. **(Cespe/TJDFT/Programador/1997 – desmembrada e adaptada)** Desembargadores cônjuges ou parentes até o terceiro grau poderão ter assento no Conselho Especial do Tribunal, sendo que, nos julgamentos de matéria judicial do órgão, a intervenção de um determinará o impedimento do outro. ( )

256. **(Inédita)** Se dois desembargadores cônjuges integrarem a mesma Turma, um deles estará impedido de proferir voto na sessão de julgamento. ( )

257. **(Inédita)** Desembargadores cônjuges poderão ter assento na mesma Câmara, desde que a intervenção de um determine o impedimento do outro. ( )

258. **(Inédita)** Desembargadores irmãos, em nenhuma hipótese, poderão ter assento na mesma Turma de julgamento do Tribunal. ( )

259. **(Inédita)** Presentes dois desembargadores irmãos em sessão de julgamento de matéria administrativa do Conselho Especial, o primeiro a votar excluirá a participação do outro no julgamento. ( )

COMENTÁRIOS

249. (E) A regra geral sobre o parentesco, segundo o Regimento Interno, é a de que "Não poderão ter assento na mesma Turma ou Câmara desembargadores cônjuges ou parentes em linha reta ou colateral inclusive por afinidade até o terceiro grau" (art. 6º). Nos julgamentos do Conselho Especial, em matéria judicial, a intervenção de um dos desembargadores determinará o impedimento do outro, o qual será substituído, quando necessário, na forma determinada no Regimento (art. 6º, § 1º). Esse impedimento, todavia, não se aplica aos julgamentos de matéria administrativa do Tribunal Pleno e do Conselho Especial (art. 6º, § 2º). Na questão em análise, os desembargadores A e B são primos, cujo parentesco é de quarto grau, não havendo, portanto, impedimento a que tenham assento na mesma Turma ou Câmara nem no Conselho Especial. Os desembargadores A e C também podem ter assento ao mesmo tempo em qualquer órgão fracionário do Tribunal, pois, na questão em análise não foi informado se há parentesco entre ambos. Já os desembargadores B e C são parentes em terceiro grau (sobrinho e tio, respectivamente) estando, portanto, impedidos de terem assento na mesma Turma ou Câmara. B e C podem, todavia, compor o Conselho Especial, só que, no julgamento de matéria judicial, a intervenção de um determinará o impedimento do outro, que deverá ser substituído.

250. (C) "Não poderão ter assento, na mesma Turma ou Câmara, desembargadores cônjuges ou parentes em linha reta ou colateral, inclusive por afinidade, até o terceiro grau". No caso em que o parentesco é entre primos, não há impedimento a que os desembargadores tenham assento na mesma turma, pois o parentesco entre primos é de quarto grau e o impedimento é com relação ao parentesco de até o terceiro grau (pais, avós, bisavós, filhos, netos, bisnetos, tios, irmãos e sobrinhos) (art. 6º).

251. (E) "Desembargadores cônjuges ou parentes em linha reta ou colateral, inclusive por afinidade, até o terceiro grau poderão ter assento no Conselho Especial em julgamento de matéria judicial, mas a intervenção de um dos desembargadores determinará o impedimento do outro, o qual será substituído, quando necessário, na forma determinada no Regimento (art. 6º, § 1º). Na questão em análise, trata-se de julgamento de processo judicial do Conselho Especial. Portanto, ao contrário do que afirma a questão, o desembargador B não poderá proferir seu voto normalmente, pois o seu irmão votou primeiro, devendo ser convocado desembargador para substituí-lo. O Órgão integrado pela totalidade dos membros do Tribunal é o Tribunal Pleno (art. 3º) e não o Conselho Especial, cuja composição é de vinte e um desembargadores (art. 7º).

252. (E) "Não poderão ter assento na mesma Turma ou Câmara desembargadores cônjuges ou parentes em linha reta ou colateral, inclusive por afinidade até o 3º grau" (art. 6º). Na questão em análise, João e Maria são irmãos, cujo parentesco é de segundo grau na linha colateral. Por isso, não poderão atuar na mesma Câmara.

253. (E) Sobrinho é parente na linha colateral em terceiro grau. Claudionor, por ser sobrinho de Maria, estará impedido de integrar a mesma Turma e a mesma Câmara integrada por ela (art. 6º). No Conselho Especial, em julgamentos de processos judiciais, a regra é diferente. Tia e sobrinho poderão integrar o Conselho Especial, mas o voto de um deles causará o impedimento do outro, que será substituído quando necessário (art. 6º, § 1º).

139

254. (C) A questão reproduz o art. 6º, que assim dispõe: Não poderão ter assento na mesma Turma ou Câmara desembargadores cônjuges ou parentes em linha reta ou colateral, inclusive por afinidade até o 3º grau".

255. (C) A questão reproduz o art. 6º, § 1º, que assim dispõe: "Nos julgamentos do Conselho Especial, a intervenção de um dos desembargadores, nos casos de que trata este artigo, determinará o impedimento do outro, o qual será substituído, quando necessário, na forma determinada neste Regimento".

256. (E) Desembargadores cônjuges ou parentes em linha reta ou colateral até o terceiro grau não podem ter assento na mesma Turma nem na mesma Câmara (art. 6º). Cabe lembrar que os cônjuges poderão ter assento nos julgamentos de matéria judicial do Conselho Especial, caso em que a intervenção de um deles determinará o impedimento do outro, que será substituído (art. 6º, § 1º), lembrando ainda que esse impedimento não se aplica aos julgamentos de matéria administrativa no Tribunal Pleno e no Conselho Especial (art. 6º, § 2º).

257. (E) Desembargadores cônjuges ou parentes em linha reta ou colateral até o terceiro grau não podem ter assento na mesma Turma nem na mesma Câmara (art. 6º). Cabe lembrar que os cônjuges poderão ter assento nos julgamentos de matéria judicial do Conselho Especial, caso em que a intervenção de um deles determinará o impedimento do outro, que será substituído (art. 6º, § 1º), lembrando ainda que esse impedimento não se aplica aos julgamentos de matéria administrativa no Tribunal Pleno e no Conselho Especial (art. 6º, § 2º).

258. (C) "Não poderão ter assento, na mesma Turma ou Câmara, desembargadores cônjuges ou parentes em linha reta ou colateral, inclusive por afinidade, até o terceiro grau" (art. 6º). O parentesco entre irmãos é de segundo grau na linha colateral, por isso irmãos, em nenhuma hipótese, poderão ter assento na mesma Turma de julgamento do Tribunal, nem na mesma Câmara. Cabe lembrar que os irmãos poderão ter assento nos julgamentos de matéria judicial do Conselho Especial, caso em que a intervenção de um deles determinará o impedimento do outro, que será substituído (art. 6º, § 1º), lembrando ainda que esse impedimento não se aplica aos julgamentos de matéria administrativa no Tribunal Pleno e no Conselho Especial (art. 6º, § 2º).

259. (E) A regra sobre o parentesco no Tribunal dispõe que não poderá ter assento na mesma Turma ou Câmara desembargadores cônjuges ou parentes em linha rela ou colateral, inclusive por afinidade, até o terceiro grau (art. 6º). Nos julgamentos de matéria judicial do Conselho Especial, a intervenção de um dos desembargadores determinará o impedimento do outro, o qual será substituído quando necessário (art. 5º, § 1º). Tal impedimento, todavia, não se aplica aos julgamentos de matéria administrativa no Tribunal Pleno e no Conselho Especial (art. 5º, § 2º). Tratando-se, pois, de sessão de julgamento de matéria administrativa do Conselho Especial, ambos os irmãos poderão votar, sem que haja impedimento.

TÍTULO II
DA COMPOSIÇÃO E DA COMPETÊNCIA

CAPÍTULO I
DO CONSELHO ESPECIAL

O Conselho Especial é o órgão especial do Tribunal, criado de acordo com o art. 93, XI, da Constituição Federal (*), para o **exercício das atribuições administrativas e jurisdicionais delegadas**** da competência do Tribunal Pleno**. É constituído de vinte e um desembargadores e tem como função jurisdicional julgar as causas de maior complexidade e relevância política, tais como mandados de segurança, ações direta de inconstitucionalidade, ações penais originárias, uniformização de jurisprudência, entre outras.

(*) "Nos tribunais com número superior a vinte e cinco julgadores, poderá ser constituído **órgão especial,** com o mínimo de onze e o máximo de vinte e cinco membros, para o exercício das atribuições administrativas e jurisdicionais delegadas da competência do tribunal pleno, provendo-se metade das vagas por antiguidade e a outra metade por eleição pelo tribunal pleno" (art. 93, XI, CF).

(**) O ato de delegação consiste em transferir para outrem os próprios poderes e atribuições. Ao exercer as atribuições delegadas do Tribunal Pleno, o Conselho Especial julga como se o Pleno fosse, e o limite da sua competência está estabelecido neste Regimento.

Art. 7º O Conselho Especial compõe-se de vinte e um membros e é presidido pelo Presidente do Tribunal. *(Redação dada pela Emenda Regimental nº 1, de 2016)*

COMPOSIÇÃO DO CONSELHO ESPECIAL																					
21 desembargadores																					
1	2	3	4	5	6	7	8	9	10	11	12	13	14	15	16	17	18	19	20	21
Os onze desembargadores mais antigos, entre eles o Presidente do Tribunal, o Primeiro Vice-Presidente, o Segundo Vice-Presidente e o Corregedor da Justiça											Dez desembargadores eleitos pelo Tribunal Pleno.									

§ 1º Integram o Conselho Especial: *(Redação dada pela Emenda Regimental nº 15, de 2019)*

I – os onze desembargadores mais antigos, entre eles o Presidente do Tribunal, o Primeiro Vice-Presidente, o Segundo Vice-Presidente e o Corregedor da Justiça; *(Redação dada pela Emenda Regimental nº 1, de 2016)*

II – dez desembargadores eleitos pelo Tribunal Pleno. *(Redação dada pela Emenda Regimental nº 1, de 2016)*

§ 2º Em caso de impedimento do Presidente, a condução dos trabalhos será transmitida ao Primeiro Vice-Presidente ou, na impossibilidade deste, ao Segundo Vice-Presidente. Na impossibilidade de ambos, ao membro mais antigo que lhes suceder na ordem decrescente de antiguidade.

Nota: O Presidente do Tribunal não exerce a função de relator nem de revisor no Conselho Especial (art. 4º, § 1º) e, por ser o presidente do Órgão, somente tem direito a voto no caso de empate e quando se exigir *quorum* qualificado para a apuração do resultado (art. 29, § 1º). Pode ocorrer, todavia, que seja levado a julgamento um processo em que, por alguma razão, ele esteja impedido de atuar. Neste caso, o Presidente do Tribunal não poderá sequer presidir a sessão, e a condução dos trabalhos será feita na forma acima descrita.

ORGANIZAÇÃO DO CONSELHO ESPECIAL	
Quem preside	O Presidente do Tribunal.
Membros integrantes	- Os onze desembargadores mais antigos, entre eles o Presidente do Tribunal, o Primeiro Vice-Presidente, o Segundo Vice-Presidente e o Corregedor da Justiça.
	- Dez desembargadores eleitos pelo Tribunal Pleno.
Em caso de impedimento do Presidente, a condução dos trabalhos será transmitida	- ao Primeiro Vice-Presidente do Tribunal; - ao Segundo Vice-Presidente na impossibilidade do Primeiro Vice-Presidente; - ao membro mais antigo no órgãos que lhes suceder na ordem decrescente de antiguidade.

Art. 8º As vagas por antiguidade serão providas pelos membros mais antigos do Tribunal Pleno mediante ato do Presidente. (*Redação dada pela Emenda Regimental nº 15, de 2019*)

Art. 9º A eleição prevista no inciso II do § 1º do art. 7º será realizada em votação secreta.

§ 1º As candidaturas serão apresentadas no início da sessão convocada para a eleição.

§ 2º Nas vagas destinadas ao quinto constitucional, será observado o critério da alternância prevista em lei.

§ 3º Será eleito o desembargador que obtiver maioria simples, observando a regra do art. 360, § 1º, quanto ao *quorum* de instalação. No caso de empate, será considerado eleito o desembargador mais antigo no Tribunal.

§ 4º No caso de empate, será considerado eleito o desembargador mais antigo no Tribunal.

§ 5º O mandato dos membros eleitos será de dois anos, admitida uma recondução.

§ 6º O desembargador que integrar o Conselho Especial por quatro anos, desprezada convocação por período igual ou inferior a seis meses, só poderá ser candidato se esgotados todos os nomes dos elegíveis.

§ 7º Quando, no curso do mandato, o membro eleito passar a integrar o Conselho Especial pelo critério de antiguidade, será declarada vacância e convocada eleição para o provimento da respectiva vaga.

Art. 10. Serão considerados suplentes, na ordem decrescente da votação, os membros não eleitos; na falta destes, observar-se-á a antiguidade.

ELEIÇÃO DE MEMBROS DO CONSELHO ESPECIAL	
Eleição	É feita pelo Tribunal Pleno.
Votação	É secreta.
Candidaturas	Serão apresentadas no início da sessão convocada para a eleição.
Alternância nas vagas destinadas ao quinto constitucional	O art. 94 da Constituição Federal prevê que 1/5 (um quinto) dos membros dos Tribunais sejam compostos por advogados e membros do Ministério Público. Na eleição dos membros do Conselho Especial é respeitada essa representação, que é feita de forma alternada (ora advogado, ora membro do Ministério Público). Dos dez membros eleitos integrantes do Órgão, pelo menos dois são provenientes de vagas reservadas ao quinto constitucional.
Será eleito	O desembargador que obtiver maioria simples (*), observando a regra do art. 360, § 1º, quanto ao *quorum* de instalação.
	No caso de empate, será considerado eleito o desembargador mais antigo no Tribunal.
Mandato dos membros eleitos	Será de dois anos, admitida uma recondução.
Se o mandato for exercido por quatro anos	O desembargador só poderá ser candidato se esgotados todos os nomes dos elegíveis.
Se o Desembargador já foi convocado por período igual ou inferior a seis meses	Esse período será desprezado para efeito da contagem dos quatro anos de mandato.
Se no curso do mandato o membro eleito passar a integrar o Conselho Especial pelo critério de antiguidade	Será declarada a vacância e convocada eleição para o provimento da respectiva vaga.
Serão considerados suplentes	Os candidatos que concorrerem mas não forem eleitos, na ordem decrescente da votação.
Na falta de não eleitos	Será escolhido como suplente desembargador, observada a lista antiguidade do Tribunal.

(*) Para a eleição dos membros do Conselho Especial, o Regimento Interno exige que estejam presentes na sessão do Tribunal Pleno desembargadores em número equivalente, no mínimo, ao inteiro que se seguir à metade de seus membros (art. 360, § 1º). Considerando que o Tribunal Pleno é composto de quarenta e oito membros, a sessão destinada à eleição deverá contar com a presença de, no mínimo, vinte e cinco desembargadores.
Todavia, para ser eleito membro do Conselho Especial, basta que o candidato obtenha o voto da maioria simples, que equivale ao número inteiro que se seguir à metade dos desembargadores presentes na sessão convocada para a eleição. Assim, se estiverem presentes trinta desembargadores na sessão, será eleito o candidato que obtiver, no mínimo, dezesseis votos.

Art. 11. A substituição dos membros do Conselho Especial, nas férias, nos afastamentos e nos impedimentos, será feita por convocação do Presidente do Tribunal, observados os seguintes critérios:

I – os membros escolhidos pelo critério de antiguidade serão substituídos de acordo com a ordem decrescente dessa, excluídos os suplentes e inadmitida a recusa;

II – os membros eleitos serão substituídos pelos suplentes na ordem decrescente da votação ou, na falta destes, na ordem de antiguidade, inadmitida a recusa;

III – os membros convocados ficarão vinculados aos processos que lhes forem distribuídos.

SUBSTITUIÇÃO DOS DESEMBARGADORES DO CONSELHO ESPECIAL nas férias, nos afastamentos e nos impedimentos	
Convocação	É feita pelo Presidente do Tribunal.
Membros antigos	Serão substituídos de acordo com a ordem decrescente de antiguidade do Tribunal, excluídos os suplentes e inadmitida a recusa.
Membros eleitos	Serão substituídos pelos suplentes na ordem decrescente da votação. Na falta de suplentes, serão substituídos, observada a ordem de antiguidade do Tribunal, inadmitida a recusa.
Vinculação	Os membros convocados para substituição ficarão vinculados aos processos que lhes forem distribuídos, ou seja, concluirão os processos recebidos durante a convocação.

Art. 12. O Conselho Especial somente se reunirá na presença de desembargadores em número equivalente ao inteiro que se segue à metade de seus membros, no mínimo.

§ 1º Quando exigido *quorum* qualificado para deliberação, o Conselho Especial não se reunirá sem que estejam presentes desembargadores em número equivalente, no mínimo, a dois terços dos membros que o integram, considerados os substitutos.

§ 2º Far-se-á verificação de *quorum* no início da sessão de julgamento.

QUORUM DO CONSELHO ESPECIAL		
Quorum	É o número de votantes exigido em determinada sessão de julgamento.	
Quorum de instalação	É a quantidade mínima de votos exigida para a abertura da sessão.	No Conselho Especial, exige-se, para a reunião, a presença de desembargadores em número equivalente ao inteiro que se segue à metade de seus membros, no mínimo. Considerando que o Conselho Especial é composto de vinte e um membros, somente haverá sessão se estiverem presentes, no mínimo, onze desembargadores.

REGIMENTO INTERNO DO TRIBUNAL DE JUSTIÇA DO DISTRITO FEDERAL E DOS TERRITÓRIOS — ART. 12

QUORUM DO CONSELHO ESPECIAL		
QUORUM de deliberação	É a quantidade mínima de votos exigida para a aprovação de determinada matéria.	No Conselho Especial, quando exigido *quorum* qualificado para deliberação, é necessária a presença de desembargadores em número equivalente, no mínimo, a dois terços dos membros que o integram, considerados os substitutos. Considerando que o Conselho Especial é composto de vinte e um membros, somente serão votadas as matérias sujeitas a *quorum* qualificado quando estiverem presentes, no mínimo, catorze desembargadores, computados, quando ausentes os titulares, os seus substitutos.
Verificação do *quorum*	Será feita no início da sessão de julgamento.	

Explicando a regra: Nas sessões do Conselho Especial deverão estar presentes, **para a realização da sessão**, no mínimo, desembargadores em número equivalente ao inteiro que se seguir à metade de seus membros. Considerando o Conselho Especial é composto de vinte e um membros, somente haverá sessão se estiverem presentes, no mínimo, onze desembargadores. Esse é o denominado *quorum* da **maioria absoluta**, exigido para a abertura da sessão e para a deliberação da maioria das questões discutidas no Órgão. Todavia, há matérias cujo julgamento exige *quorum* superior ao da maioria absoluta para a apuração do resultado. É o caso, por exemplo, do julgamento das ações direta de inconstitucionalidade. Nesses casos, o Conselho Especial deverá se reunir com o quantitativo, no mínimo, de dois terços dos seus integrantes, o que equivale a 14 desembargadores.

PARA PRATICAR

260. (Cespe/TJDFT/Analista Judiciário – Área Judiciária/2015) O presidente e o vice-presidente do tribunal e o corregedor da justiça integram o Conselho Especial do TJDFT; os demais desembargadores integrantes desse conselho são eleitos pelo Tribunal Pleno. ( )

261. (Cespe/STJ/Técnico Judiciário/Administrativa/2015 – adaptada) Ausentes o presidente e o primeiro vice-presidente do tribunal, presidirá a sessão do Conselho Especial o desembargador mais idoso. ( )

262. (Cespe/TJDFT/Analista Administrativo/2007) Examine a situação hipotética. Fábio foi nomeado, entre os desembargadores mais antigos, para integrar o Conselho Especial do TJDFT. Nessa situação, nos afastamentos e impedimentos de Fábio, a sua substituição se dará pelos suplentes na ordem decrescente da votação obtida. ( )

263. (Cespe/TJDFT/Analista Judiciário/2003 – adaptada) Considerando que o Conselho Especial do TJDFT é composto por vinte e um desembargadores, esse órgão apenas se poderá reunir validamente para julgamento com a presença de pelo menos doze membros, o que equivale a dois terços dos componentes do órgão. ( )

264. (Cespe/TJDFT/Notários/Outorga de Provimento/2003 – desmembrada) Se for a julgamento, no Conselho Especial do TJDFT, processo em que estejam impedidos de funcionar o presidente e o primeiro vice-presidente do tribunal, deverá ser convocado a presidir o julgamento o desembargador mais antigo da corte. ( )

265. (Cespe/TJDFT/Analista Judiciário/1999 – adaptada) O Conselho Especial é composto por todos os membros do Tribunal. ( )

ART. 12 — TJDFT – EM ESQUEMAS

266. **(Cespe/TJDFT/Analista Judiciário/1998)** O Conselho Especial é o órgão do TJDFT competente para o desempenho da função judiciária da Corte, em casos especiais, e compõe-se dos mesmos membros que o Pleno, do qual se diferencia por este possuir apenas função administrativa. ( )

267. **(Cespe/TJDFT/Analista Judiciário/1998 – adaptada)** O Conselho Especial será integrado por vinte e um desembargadores, sendo onze deles escolhidos entre os desembargadores mais antigos do tribunal. ( )

268. **(Cespe/TJDFT/Analista Judiciário/1998)** A metade eleita do Conselho Especial servirá por dois anos, vedada a recondução. ( )

269. **(Inédita)** O Conselho Especial é integrado pelos vinte e um membros mais antigos do TJDFT e presidida pelo Presidente do Tribunal. ( )

270. **(Inédita)** A eleição dos dez membros eleitos do Conselho Especial é feita pelo Tribunal Pleno em votação secreta. Os interessados devem lançar sua candidatura no início da sessão e será eleito quem obtiver a maioria absoluta dos votos. ( )

271. **(Inédita)** Os onze desembargadores mais antigos do Conselho Especial são membros efetivos do órgão, ao passo que os dez desembargadores eleitos terão mandato de dois anos, admitida uma recondução. ( )

272. **(Inédita)** O Conselho Especial do Tribunal de Justiça do Distrito Federal e dos Territórios é constituído de vinte e um membros, dele fazendo parte o Presidente, o Primeiro Vice-Presidente, o Segundo Vice-Presidente e o Corregedor, provendo-se onze vagas por antiguidade, em ordem decrescente, e dez por eleição realizada pelo Tribunal Pleno, respeitada a representação de advogados e membros do Ministério Público, inadmitida a recusa do encargo. ( )

273. **(Inédita)** O Presidente do Tribunal presidirá as sessões do Conselho Especial, sendo substituído, nos seus impedimentos, pelo Primeiro Vice-Presidente ou, na impossibilidade deste, pelo Segundo Vice-Presidente ou, se impossibilitados estes, pelo membro mais antigo do órgão julgador. ( )

274. **(Inédita)** A eleição dos membros eleitos do Conselho Especial ocorrerá mediante o voto secreto dos membros do Tribunal Pleno, para mandatos de dois anos, admitida a recondução tantas vezes quantas entender necessário o Tribunal Pleno. Será considerado eleito quem obtiver a maioria absoluta de votos. ( )

275. **(Inédita)** Em processo de eleição para o preenchimento de apenas uma vaga de membro do Conselho Especial, presentes quarenta e dois desembargadores na sessão plenária, candidataram-se à vaga os desembargadores José, Pedro e Nicolau. O primeiro obteve vinte e dois votos; o segundo, oito votos, e o terceiro, doze votos. Neste caso, José será o titular do cargo e Pedro será considerado o suplente por ter obtido menor votação. ( )

276. **(Inédita)** Quando um membro eleito do Conselho Especial vier a integrá-lo pelo critério de antiguidade, a sua vaga na seção dos eleitos será preenchida pelos suplentes na ordem decrescente de votação. ( )

277. **(Inédita)** Os membros eleitos do Conselho Especial serão substituídos pelos suplentes ou, na falta destes, por outros membros do Tribunal, observada a antiguidade. Os membros da seção dos antigos serão substituídos de acordo com a ordem decrescente de antiguidade no Tribunal, excluídos os suplentes. A convocação para a substituição é feita pelo Presidente do Tribunal e é inadmitida a recusa. Em qualquer caso, o convocado ficará vinculado aos processos que lhes forem distribuídos durante a convocação, sem prejuízo de suas atividades ordinárias. ( )

278. **(Inédita)** O Conselho Especial é constituído por vinte e um desembargadores, provendo-se dez vagas pelo critério de antiguidade e o restante por eleição realizada pelo Tribunal Pleno. Entre os membros eleitos, deverá ser respeitada a representação classista de advogados e membros do Ministério Público, observado o critério de alternância prevista em lei.

279. **(Inédita)** A eleição para a escolha dos dez membros eleitos do Conselho Especial é realizada em votação secreta.

COMENTÁRIOS

260. (X) Esta questão foi anulada por inexistência de dados objetivos para a aferição. De fato, houve erro de ordem objetiva, que impediu a análise correta do enunciado. A questão, elaborada com base no art. 6°, I e II, do Regimento Interno então em vigor, fez referência genérica à figura do 'vice-presidente', quando, no entanto, já existiam as figuras do Primeiro e Segundo Vice-Presidentes. Hoje, o texto regimental foi atualizado e corrigido, passando a ser regulamentado no art. 7°, § 1°, I.

261. (E) Em caso de impedimento simultâneo do Presidente e do Primeiro Vice-Presidente na condução de julgamentos do Conselho Especial, deverá ser convocado para substituí-los o Segundo Vice-Presidente. Na impossibilidade deste, os julgamentos serão conduzidos pelo membro mais antigo que lhes suceder na ordem decrescente de antiguidade no órgão e não o desembargador mais idoso como afirma a questão (art. 7º, § 2º). Nem sempre o Desembargador mais idoso (de mais idade) é o mais antigo (mais tempo de Casa) da Corte.

262. (E) A substituição dos membros do Conselho Especial se dá da seguinte forma: a) os membros escolhidos pelo critério de antiguidade serão substituídos de acordo com a ordem decrescente dessa, excluídos os suplentes, inadmitida a recusa; b) os membros eleitos serão substituídos pelos suplentes na ordem decrescente da votação ou, na falta desses, na ordem de antiguidade no Tribunal, inadmitida a recusa; Na questão em análise, tendo sido nomeado para integrar o Conselho Especial pelo critério de antiguidade, Fábio será substituído de acordo com a ordem decrescente de antiguidade do Tribunal, excluídos os suplentes. Os membros eleitos é que são substituídos pelos suplentes na ordem de votação (art. 11, I e II).

263. (E) Para o Conselho Especial se reunir validamente, não é necessária a presença de 2/3 dos membros, bastando, no mínimo a presença de desembargadores em número equivalente ao inteiro que se seguir à metade de seus membros (maioria absoluta). Compondo-se o órgão de vinte e um membros, o número inteiro que se segue a metade de vinte e um é dez e meio; mas como não há meio desembargador, o número é arredondado para mais. Assim, o quorum necessário para reunião válida do Conselho Especial é de, no mínimo, onze desembargadores (art. 12). O quorum de 2/3 é exigido para casos especiais previstos no Regimento.

264. (E) Em caso de impedimento simultâneo do Presidente e do Primeiro Vice-Presidente, a condução de julgamentos do Conselho Especial será transmitida ao Segundo Vice-Presidente. Na impossibilidade deste, a transmissão será feita ao membro mais antigo que lhes suceder na ordem decrescente de antiguidade e não ao desembargador mais antigo da Corte como afirma a questão (art. 7º, § 2º).

265. (E) O Conselho Especial é composto de vinte e um desembargadores, sendo onze escolhidos pelo critério de antiguidade, entre eles o Presidente do Tribunal, o Primeiro Vice-Presidente, o Segundo Vice-Presidente e o Corregedor de Justiça, e dez eleitos pelo Tribunal Pleno (art. 7º, § 1º, I e II). O órgão composto pela totalidade dos membros do Tribunal é o Tribunal Pleno (art. 3º).

266. (E) Embora os membros do Conselho Especial integrem o Tribunal Pleno, a composição dos órgãos é diferente. O Tribunal Pleno é composto da totalidade dos desembargadores, ou seja, de quarenta e oito membros (art. 3º), enquanto o Conselho Especial é composto de apenas vinte e um membros (art. 7º). O Tribunal Pleno exerce função administrativa (art. 3º); já o Conselho Especial exerce função jurisdicional (art. 13) e administrativa (art. 363).

267. (C) O Conselho Especial, constituído de vinte e um desembargadores é integrado pelos onze desembargadores mais antigos, entre eles o Presidente do Tribunal, o Primeiro e o Segundo Vice-Presidente e o Corregedor de Justiça e por dez desembargadores eleitos pelo Tribunal Pleno (art. 7º, § 1º, I e II).

268. (E) O mandato dos membros eleitos é, de fato, de dois anos, mas, ao contrário do que afirma a questão, é admitida uma recondução (art. 9º, § 5º).

269. (E) O Conselho Especial compõe-se de vinte e um membros (art. 7º), mas não são todos escolhidos pelo critério de antiguidade do Tribunal. O Conselho Especial é integrado pelos onze desembargadores mais antigos, entre eles o Presidente, o Primeiro e Segundo Vice-Presidentes e o Corregedor (art. 7º, § 1º, I) e por dez desembargadores eleitos pelo Tribunal Pleno (art. 7º, § 1º, II). A Presidência do Conselho Especial, de fato, cabe ao Presidente do Tribunal (art. 7º, *caput*, parte final).

270. (E) Somente o último segmento está incorreto. A eleição dos membros do Conselho Especial será realizada em votação secreta (art. 9º) do Tribunal Pleno (art. 7º, II) e a apresentação das candidaturas ocorrerá no início da sessão (art. 9º, § 1º). Será eleito o desembargador que obtiver a maioria simples dos membros integrantes do Tribunal Pleno, e não a maioria absoluta, conforme afirma a questão (art. 9º, § 3º).

271. (C) Os onze desembargadores mais antigos do Conselho Especial são, de fato, membros efetivos, pois integram o órgão em caráter permanente (art. 7º, § 1º, I). Já os membros eleitos terão mandato de dois anos, admitida uma recondução (art. 7º, § 1º, II).

147

272. (E) Os dois primeiros enunciados estão corretos e o último, incorreto: 1º) o Conselho Especial do Tribunal, denominado Conselho Especial é constituído de 21 membros (art. 7º, caput), dele fazendo parte o Presidente do Tribunal, o Primeiro Vice-Presidente, o Segundo Vice-Presidente e o Corregedor de Justiça (art. 7º, § 1º, I); 2º) onze vagas são providas pelos membros mais antigos do Tribunal Pleno e dez vagas são providas por meio de eleição realizada pelo Tribunal Pleno e é respeitada a representação de advogados e membros do Ministério Público (art. 7º, § 1º, I e II); 3º) a recusa que o regimento inadmite é com relação à substituição dos membros do Órgão, seja dos membros eleitos, seja dos membros antigos (art. 11, I e II), e não com relação à composição do órgão propriamente dito. Os onze desembargadores mais antigos são membros efetivos. Mas no caso dos membros eleitos, há previsão de candidaturas (art. 9º, § 1º), sendo conclusivo que a aceitação seja por ato voluntário do desembargador.

273. (E) "Em caso de impedimento do Presidente, a condução dos trabalhos será transmitida ao Primeiro Vice-Presidente ou, na impossibilidade deste, ao Segundo Vice-Presidente. Na impossibilidade de ambos, a condução dos trabalhos será transmitida ao membro mais antigo que lhes suceder na ordem decrescente de antiguidade" (art. 7º, § 2º).

274. (E) A eleição dos membros eleitos do Conselho Especial é realizada em votação secreta do Pleno (art. 9º). O mandato é de dois anos, admitida uma recondução (art. 9º, § 5º). Será eleito quem obtiver a maioria simples dos votos dos membros integrantes do Tribunal Pleno e não a maioria absoluta (art. 9º, § 3º).

275. (E) Será eleito a membro do Conselho Especial o desembargador que obtiver maioria simples dos votos dos membros integrantes do Tribunal Pleno, ou seja, aquele que obtiver metade mais um dos votos dos desembargadores presentes na votação (art. 9º, § 3º). Considerando que estavam presentes quarenta e dois desembargador na sessão do Pleno, para ser eleito, o candidato deve obter no mínimo vinte e dois votos. Assim, o desembargador José, que obteve vinte e dois votos, alcançou votos suficientes para a eleição. O suplente será o segundo candidato mais votado, ou seja, Nicolau, que obteve doze votos, pois, segundo o art. 10, serão considerados suplentes, na ordem decrescente da votação, os membros não eleitos; na falta destes, observar-se-á a antiguidade.

276. (E) Quando, no curso do mandato, um membro eleito passar a integrar o Conselho Especial pelo critério da antiguidade, será declarada vacância e convocada eleição para o provimento da respectiva vaga (art. 9º, § 7º).

277. (C) A substituição dos membros do Conselho Especial, nas férias, nos afastamentos e nos impedimentos, será feita por convocação do Presidente do Tribunal, observados os seguintes critérios: os membros escolhidos pelo critério de antiguidade serão substituídos de acordo com a ordem decrescente dessa, excluídos os suplentes e inadmitida a recusa (art. 11, I); os membros eleitos serão substituídos pelos suplentes na ordem decrescente da votação ou, na falta desses, na ordem de antiguidade e inadmitida a recusa (art. 11, II). Os membros convocados ficarão vinculados aos processos que lhes forem distribuídos (art. 11, III).

278. (E) O primeiro segmento está incorreto e o segundo, correto. O Conselho Especial é constituído por vinte e um desembargadores, provendo-se onze vagas pelo critério de antiguidade e o restante (dez) por eleição realizada pelo Tribunal Pleno (art. 7º, § 1º, I e II). Nas vagas destinadas ao quinto constitucional, será observado o critério da alternância prevista em lei (art. 9º, § 2º).

279. (C) A eleição prevista no inciso II do § 1º do art. 7º será realizada em votação secreta (art. 9º).

Art. 13. Compete ao Conselho Especial:

Ao Conselho Especial compete julgar as causas de maior complexidade e relevância política e, ainda, em alguns casos, julgar, originariamente, crimes e atos de certas autoridades que possuem foro por prerrogativa de função.
Foro por prerrogativa de função, também denominado foro privilegiado, é o nome dado ao privilégio concedido a certas autoridades políticas de serem julgadas, originariamente, por um Tribunal ao invés de serem na Justiça de Primeira Instância, como é o caso de julgamento das pessoas comuns do povo.

I – processar e julgar originariamente:

Processar e julgar originariamente	Significa que cabe ao Conselho Especial instaurar e julgar os processos na qualidade de primeiro órgão julgador. O processo inicia-se e finaliza no Órgão.
Julgar	Significa que o processo é instaurado em outra instância ou em outro órgão julgador do Tribunal, cabendo ao Conselho Especial apenas o seu julgamento.

a) nos crimes comuns e de responsabilidade, os Governadores dos Territórios, o Vice-Governador e os Secretários de Governo do Distrito Federal e os dos Governos dos Territórios, ressalvada a competência da Justiça Eleitoral;

b) nos crimes comuns, os Deputados Distritais, e nesses e nos de responsabilidade, os Juízes de Direito do Distrito Federal e dos Territórios e os Juízes de Direito Substitutos do Distrito Federal, ressalvada a competência da Justiça Eleitoral;

Crimes Comuns	São aqueles que podem ser praticados por qualquer pessoa penalmente responsável que infringe a lei penal ou legislação afim, como homicídio, roubo, furto, estelionato, tráfico de drogas etc.
Crimes de Responsabilidade	São infrações praticadas por agentes públicos, cujas penas não possuem natureza criminal, mas civil, política e administrativa, como, por exemplo, a perda do cargo público e inabilitação por um certo período de tempo para o exercício de funções públicas.

c) o mandado de segurança e o *habeas data* contra atos do Presidente do Tribunal, de quaisquer de seus órgãos e membros, observados os arts. 21, II, e 23, IV, do Procurador-Geral de Justiça do Distrito Federal e Territórios; do Presidente da Câmara Legislativa do Distrito Federal e dos membros da Mesa; do Presidente do Tribunal de Contas do Distrito Federal e de quaisquer de seus membros; do Governador do Distrito Federal e dos Governadores dos Territórios;

Mandado de Segurança	É a ação que visa proteger direito líquido e certo, não amparado por *habeas corpus* ou *habeas data*, quando o responsável pela ilegalidade ou abuso de poder for autoridade pública ou agente de pessoa jurídica no exercício de atribuições do Poder Público (art. 5º, LXIX, CF).
Habeas Data	É a ação que visa garantir a obtenção de informações ou correção de dados existentes em relação à pessoa do requerente, constantes de registros ou banco de dados de entidades governamentais ou de caráter público (art. 5º, LXXII, CF).

d) o *habeas corpus*, quando o coator ou o paciente for autoridade diretamente sujeita à jurisdição do Conselho Especial, ressalvada a competência da Justiça Especial e a dos Tribunais Superiores;

| Habeas Corpus | É a ação que visa proteger a liberdade de locomoção do indivíduo. Nota: O Regimento Interno não especifica, com relação aos *habeas corpus*, quais são as autoridades sujeitas à jurisdição do Conselho Especial, referindo-se, de forma genérica, às autoridades sujeitas a jurisdição do Conselho Especial. São elas as previstas no art. 13, I, alíneas *a*, *b*, *c*, *d* e *e*, ressalvada a competência da Justiça Especial e a dos Tribunais Superiores. |

e) o mandado de injunção, quando a elaboração da norma regulamentadora for atribuição de órgão, de entidade ou de autoridade – quer da administração direta, quer da indireta – dos Governos do Distrito Federal e dos Territórios, da Câmara Distrital ou do Tribunal de Contas do Distrito Federal;

| Mandado de Injunção | É a ação que visa suprir uma omissão da Administração Pública quanto à elaboração de lei de sua iniciativa (art. 5º, LXXI, CF). |

Segue quadro contendo de forma esquematizada a competência do Conselho Especial para processar e julgar os processos relacionados nas alíneas *a*, *b*, *c*, *d* e *e* do inciso I do art. 13. A letra X assinalada em cada coluna significa que o Conselho Especial é competente para apreciar e julgar os processos em que figuram como partes as autoridades ali mencionadas.

COMPETÊNCIA DO CONSELHO ESPECIAL PARA PROCESSAR E JULGAR ORIGINARIAMENTE	Nos crimes Comuns (exceto os eleitorais)	Nos crimes de Responsabilidade (exceto os eleitorais)	Mandados de Segurança e Habeas Data	Habeas Corpus	Mandado de Injunção
Governador do DF			X		
Governadores dos Territórios	X	X	X		
Vice-Governador do DF	X	X			
Secretários de Governo do DF	X	X			
Secretários de Governo dos Territórios	X	X			
Presidente da Câmara Legislativa do DF e membros da Mesa			X		
Deputados Distritais	X				
Presidente e membros do Tribunal de Contas do DF			X		

Procurador-Geral de Justiça do DFT			X			
Presidente, órgãos e membros do TJDFT (observados os arts. 21, II, e 23, IV)(*)			X			
Juízes de Direito do Distrito Federal e dos Territórios	X	X				
Juízes de Direito Substitutos do Distrito Federal	X	X				
Quando o coator ou o paciente for autoridade diretamente sujeita à jurisdição do Conselho Especial, ressalvada a competência da Justiça Especial e a dos Tribunais Superiores					X	
Quando a elaboração da norma regulamentadora for atribuição de órgão, de entidade ou de autoridade – quer da administração direta, quer da indireta – dos Governos do Distrito Federal e dos Territórios, da Câmara Distrital ou do Tribunal de Contas do Distrito Federal						X

Compete ao Superior Tribunal de Justiça processar e julgar: **nos crimes comuns**, o Governador do Distrito Federal; **nos crimes comuns e de responsabilidade**, os Desembargadores do TJDFT, os membros do Tribunal de Contas do Distrito Federal, os membros do Ministério Público da União que oficiem perante tribunais, entre outros (art. 105, I, *a*, CF). Também é do STJ a competência para processar e julgar os *habeas corpus* contra ato dessas mesmas autoridades (art. 105, I, *c*, CF).

Compete à Câmara Legislativa do Distrito Federal processar e julgar originariamente, **nos crimes de responsabilidade**, o Governador do Distrito Federal e os Deputados Distritais (arts. 60, XXIV, XXV e XXXI e 103 da Lei Orgânica do Distrito Federal), em razão do princípio da separação dos poderes.

(*) Os mandados de segurança impetrados contra atos de Juízes do Distrito Federal são da competência das Câmaras Cíveis quando se tratar de matéria cível (art. 21, II) e da Câmara Criminal quando se tratar de matéria criminal (art. 23, IV).

f) o conflito de competência entre órgãos e entre desembargadores do próprio Tribunal;

g) a ação rescisória e a revisão criminal dos próprios julgados;

h) o incidente de arguição de inconstitucionalidade;

i) os embargos infringentes opostos aos próprios julgados e às ações rescisórias de competência das Câmaras;

j) a carta testemunhável relativa a recursos especial, extraordinário ou ordinário;

k) a ação direta de inconstitucionalidade e a ação declaratória de constitucionalidade de lei ou de ato normativo distrital em face da Lei Orgânica do Distrito Federal e as respectivas reclamações, para garantir a autoridade de suas decisões.

II – promover o pedido de intervenção federal no Distrito Federal ou nos Territórios, de ofício ou mediante provocação;

III – julgar as exceções e os incidentes de impedimento ou de suspeição relativos a desembargadores e ao Procurador-Geral de Justiça do Distrito Federal e Territórios;

IV – julgar a exceção da verdade nos casos de crime contra a honra em que o querelante tenha direito a foro por prerrogativa de função;

V – julgar os recursos referentes às decisões dos membros do Tribunal nos casos previstos nas leis processuais e neste Regimento;

VI – executar as sentenças que proferir nas causas de sua competência originária, podendo o relator delegar aos magistrados de Primeiro Grau a prática de atos não decisórios.

VII – processar e julgar proposta de súmula sobre matéria de sua competência e de competência comum às Câmaras Especializadas;

VIII – julgar a reclamação para preservar a sua competência e garantir a autoridade dos seus julgados, nos termos do art. 988, I e II, e § 1º, do Código de Processo Civil.

OUTRAS COMPETÊNCIAS DO CONSELHO ESPECIAL

Processar e julgar originariamente:
- o conflito de competência entre órgãos e entre desembargadores do próprio Tribunal;
- a ação rescisória e a revisão criminal dos próprios julgados;
- o incidente de arguição de inconstitucionalidade;
- os embargos infringentes opostos aos próprios julgados e às ações rescisórias de competência das Câmaras;
- a carta testemunhável relativa a recursos especial, extraordinário ou ordinário;
- a ação direta de inconstitucionalidade e a ação declaratória de constitucionalidade de lei ou de ato normativo distrital em face da Lei Orgânica do Distrito Federal e as respectivas reclamações, para garantir a autoridade de suas decisões.
- proposta de súmula sobre matéria de sua competência e de competência comum às Câmaras Especializadas;

Promover o pedido de intervenção federal no Distrito Federal ou nos Territórios, de ofício ou mediante provocação;
Julgar: - as exceções e os incidentes de impedimento ou de suspeição relativos a desembargadores e ao Procurador-Geral de Justiça do Distrito Federal e Territórios; - a exceção da verdade nos casos de crime contra a honra em que o querelante tenha direito a foro por prerrogativa de função; - os recursos referentes às decisões dos membros do Tribunal nos casos previstos nas leis processuais e neste Regimento; - a reclamação para preservar a sua competência e garantir a autoridade dos seus julgados, nos termos do art. 988, I e II, e § 1º, do Código de Processo Civil.
Executar as sentenças que proferir nas causas de sua competência originária, podendo o relator delegar aos magistrados de Primeiro Grau a prática de atos não decisórios.
Sobre a competência do Conselho Especial no desempenho de suas funções administrativas, ver o art. 363 deste Regimento.
Nota: Os conceitos e procedimentos de cada uma das ações e dos recursos acima relacionados estão dispostos de forma pormenorizada no Título III do Regimento Interno do Tribunal, que trata "dos processos em espécie" (arts. 136/343 deste Regimento).

PARA PRATICAR

280. **(Cespe/TJDFT/Analista Judiciário – Área Judiciária/2015)** Se secretário de governo do DF cometer crime comum no período em que exerce a função, ele será processado e julgado originariamente pelo Tribunal Pleno do TJDFT. ( )

281. **(Cespe/Notários/Outorga de Provimento/2014)** De acordo com o Regimento Interno do TJDFT, o mandado de segurança impetrado, no TJDFT, contra ato do governador do DF deve ser processado e julgado originariamente

a) por uma das turmas especializadas do TJDFT.
b) pelo Conselho Especial do TJDFT.
c) pelo Tribunal Pleno do TJDFT.
d) pelo presidente do TJDFT.
e) pela Câmara Cível do TJDFT.

282. **(Cespe/TJDFT/Notários/Outorga de Provimento/2008 – desmembrada)** Uma ação direta de inconstitucionalidade de norma, cujo julgamento caiba ao TJDFT, deverá ser julgada pelo plenário daquela corte. ( )

283. **(Cespe/TJDFT/Analista Judiciário/2007)** Juliano, nomeado para o cargo de secretário do governo do Distrito Federal (DF), foi acusado da prática de crime de porte ilegal de arma. Nessa situação, a competência para processá-lo e julgá-lo é do Conselho Especial. ( )

284. **(Cespe/TJDFT/Analista Judiciário/2003)** Se, no âmbito da jurisdição do TJDFT, um secretário de governo cometer um crime eleitoral, não caberá ao TJDFT o julgamento da respectiva ação penal. ( )

285. **(Cespe/TJDFT/Analista Judiciário/2003)** Se uma Turma Cível e uma Turma Criminal do TJDFT gerarem a instauração de um conflito de competência no curso de determinado processo, caberá ao Superior Tribunal de Justiça o julgamento do incidente, para definir o órgão com competência para a causa. ( )

ART. 13 — TJDFT – EM ESQUEMAS

286. **(Cespe/TJDFT/Analista Judiciário/1999)** Compete ao Conselho Especial julgar todo e qualquer mandado de segurança, *habeas corpus*, *habeas data* e mandado de injunção contra autoridade ou órgão do Distrito Federal. ( )

287. **(Cespe/TJDFT/Analista Judiciário/1999)** Compete ao Conselho Especial julgar os desembargadores do Tribunal nos crimes comuns e de responsabilidade. ( )

288. **(Cespe/TJDFT/Analista Judiciário/1998 – adaptada)** O Conselho Especial é competente para julgar os mandados de segurança impetrados contra ato de oficial da PMDF. ( )

289. **(Cespe/TJDFT/Analista Judiciário/1998)** No âmbito do TJDFT, a competência para processar e julgar o governador do Distrito Federal pela prática de crime eleitoral é do Conselho Especial. ( )

290. **(Cespe/TJDFT/Técnico Judiciário/1998)** Os deputados distritais e os deputados estaduais dos estados-membros serão, nos crimes comuns, julgados pelo Conselho Especial. ( )

291. **(Cespe/TJDFT/Analista Judiciário/1997)** Compete ao Superior Tribunal de Justiça (STJ) processar e julgar, originariamente, mandado de segurança impetrado para impugnar o ato do presidente do Tribunal de Justiça do Distrito Federal e dos Territórios (TJDF) que, no exercício de suas funções administrativas, homologou o resultado de uma licitação. ( )

292. **(Cespe/TJDFT/Analista Judiciário/1997)** Compete ao Conselho Especial processar e julgar, originariamente, as ações cíveis em que juízes de direito figurem como réus. ( )

293. **(Cespe/TJDFT/Analista Judiciário/1997)** Não é da competência do Conselho Especial o julgamento de conflito de competência havido entre um juiz federal e o próprio Tribunal. ( )

294. **(Cespe/TJDFT/Analista Judiciário/1997)** Cabe mandado de injunção contra a omissão do governador do Distrito Federal (DF) – quando for de sua atribuição a elaboração da norma regulamentadora –, hipótese em que o Conselho Especial será competente para processar e julgar, originariamente, a impetração. ( )

295. **(Cespe/TJDFT/Analista Judiciário/1997 – adaptada)** Inclui-se na competência do Conselho Especial, de acordo com o Regimento Interno do TJDFT, processar e julgar, originariamente, os crimes, quaisquer que sejam, praticados pelo vice-governador e pelos secretários do governo do Distrito Federal. ( )

296. **(Cespe/TJDFT/Analista Judiciário/1997 – adaptada)** Inclui-se na competência do Conselho Especial, de acordo com o Regimento Interno do TJDFT, processar e julgar, originariamente, os crimes, quaisquer que sejam, praticados pelos juízes de direito e pelos juízes de direito substitutos do Distrito Federal. ( )

297. **(Cespe/TJDFT/Analista Judiciário/1997 – adaptada)** Inclui-se na competência do Conselho Especial, de acordo com o Regimento Interno do TJDFT, processar e julgar, originariamente, os mandados de segurança contra ato do próprio Tribunal, de seus órgãos e de seus membros, bem como contra atos dos juízes do Distrito Federal, do Governador do Distrito Federal, do Tribunal de Contas do Distrito Federal e dos secretários do governo do Distrito Federal. ( )

298. **(Cespe/TJDFT/Analista Judiciário/1997 – adaptada)** Inclui-se na competência do Conselho Especial, de acordo com o Regimento Interno do TJDFT, processar e julgar, originariamente, as ações rescisórias e as revisões criminais dos próprios julgados. ( )

299. **(Cespe/TJDFT/Analista Judiciário/1997 – adaptada)** Inclui-se na competência do Conselho Especial, de acordo com o Regimento Interno do TJDFT, processar e julgar, originariamente, os embargos infringentes opostos a seus acórdãos. ( )

300. **(Inédita)** Mandados de segurança contra ato do Governador do Distrito Federal serão julgados pelo Conselho Especial. ( )

301. **(Inédita)** Os *habeas corpus* contra ato do Governador do Distrito Federal são julgados pelo Conselho Especial. ( )

302. **(Inédita)** Compete ao Conselho Especial processar e julgar a ação direta de inconstitucionalidade e a ação declaratória de constitucionalidade de lei ou de ato normativo do distrito federal em face da Constituição da República. ( )

303. **(Inédita)** Quando a elaboração da norma regulamentadora for de atribuição do Governo do Distrito Federal e dos Territórios resultando em mandado de injunção, caberá ao Conselho Especial processar e julgar originariamente o feito. ( )

304. (Inédita) Compete ao Conselho Especial julgar os conflitos de competência estabelecidos entre juízes de primeiro grau. ( )

305. (Inédita) Suponhamos que um indivíduo que exerce o cargo de Secretário de Estado do Distrito Federal tenha praticado crime contra o patrimônio privado, a competência para o julgamento do feito será da justiça comum, do primeiro grau de jurisdição. ( )

306. (Inédita) O *habeas data* impetrado contra o presidente da Câmara Legislativa do Distrito Federal e os membros da Mesa será processado e julgado originariamente pelo Conselho Especial. ( )

307. (Inédita) Se em um determinado processo que esteja tramitando originariamente em uma das câmaras cíveis do Tribunal for arguida a suspeição do desembargador relator, a competência para julgar o incidente caberá ao Conselho Especial. ( )

COMENTÁRIOS

280. (E) Os Secretários de Governo do DF tem foro por prerrogativa de função no TJDFT. Mas o órgão competente para processar e julgá-los por crimes comuns praticados durante o período que exerce a função de Secretário é do Conselho Especial e não do Tribunal Pleno como afirma a questão (art. 13, I, a).

281. Está correta a alternativa B. Compete ao Conselho Especial do TJDFT processar e julgar originariamente os mandados de segurança impetrados contra ato do Governador do DF (art. 13, I, c).

282. (E) A competência para o processo e julgamento das ações diretas de inconstitucionalidade de norma cujo julgamento caiba ao TJDFT é do Conselho Especial do TJDFT e não do plenário da Corte (art. 13, I, k).

283. (C) O porte ilegal de arma é um crime comum. Os crimes comuns, assim como os de responsabilidade, praticados por secretários de governo do Distrito Federal, são processados e julgados pelo Conselho Especial (art. 13, I, a).

284. (C) Ao Tribunal compete processar e julgar os secretários de governo do Distrito Federal pela prática de crimes comuns e de responsabilidade, não se incluindo os crimes eleitorais (art. 13, I, a), os quais são processados e julgados pela justiça eleitoral.

285. (E) A competência para o julgamento de conflito de competência instaurado entre órgãos do próprio Tribunal, como é o caso de conflito entre uma Turma Cível e uma Turma Criminal, é do Conselho Especial (art. 13, I, f). A Competência do STJ restringe-se ao julgamento de conflitos entre tribunais e entre juízes de tribunais diferentes (art. 105, I, d).

286. (E) A questão é muito genérica, pois fala em "todo e qualquer" mandado de segurança, habeas corpus, habeas data e mandado de injunção contra autoridade ou órgão do DF. O Conselho Especial não é competente para o julgamento de habeas corpus impetrados contra ato do Governador do Distrito Federal, pois a competência é do Superior Tribunal de Justiça (art. 105, I, c, CF). Quanto ao julgamento de mandados de segurança e habeas data impetrados contra autoridade ou órgão do DF, a competência do Conselho restringe-se aos atos do Presidente da Câmara Legislativa do Distrito Federal e dos membros da Mesa; do Presidente do Tribunal de Contas do Distrito Federal e de quaisquer de seus membros e do Governador do Distrito Federal (art. 13, I, c). Os mandados de segurança impetrados contra autoridades de menor hierarquia do Distrito Federal são julgados originariamente na Justiça de Primeira Instância, pelas Varas da Fazenda Pública do Distrito Federal (art. 26, III, da LOJDFT). Quanto aos mandados de injunção, ao Conselho Especial compete processar e julgar, originariamente, "quando a elaboração da norma regulamentadora for atribuição de órgão, de entidade ou de autoridade – quer da administração direta, quer da indireta – dos Governos do Distrito Federal e dos Territórios, da Câmara Distrital ou do Tribunal de Contas do Distrito Federal" (art. 13, I, e).

287. (E) Os desembargadores do TJDFT, nos crimes comuns e de responsabilidade, são julgados pelo Superior Tribunal de Justiça e não pelo Conselho Especial como afirma a questão (art. 105, I, a, CF).

288. (E) O oficial da PMDF não está elencado no rol de autoridades com privilégio de foro e sujeitas a julgamento pelo Conselho Especial (art. 13, I, c). Os mandados de segurança impetrados contra atos de autoridade de menor hierarquia do Governo do Distrito Federal, como é o oficial da PMDF, são julgados originariamente na Justiça de Primeira Instância, pelas Varas da Fazenda Pública do Distrito Federal (art. 26, III, da LOJDFT).

289. (E) O Conselho Especial não detém competência para processar e julgar os crimes eleitorais; também não detém legitimidade para processar e julgar o governador do Distrito Federal pela prática de nenhuma espécie de crime. Os crimes comuns praticados pelo Governador do Distrito Federal são processados e julgados pelo Superior Tribunal de Justiça (art. 105, I, a, CF). Os crimes de responsabilidade praticados pelo Governador do Distrito Federal são julgados pela Câmara Legislativa do Distrito Federal (art. 60 da Lei Orgânica do Distrito Federal); e os crimes eleitorais são julgados pela justiça eleitoral.

290. (E) O Conselho Especial não possui competência para julgar os deputados estaduais pela prática de crimes comuns, pois essas autoridades são julgadas pelo Tribunal do respectivo estado. Os deputados distritais, sim, nos crimes comuns, são julgados pelo Conselho Especial (art. 13, I, b).

291. (E) É do Conselho Especial, e não do Superior Tribunal de Justiça, a competência para processar e julgar os mandados de segurança impetrados contra atos do presidente do Tribunal de Justiça do Distrito Federal e dos Territórios, assim como de seus órgãos e membros (art. 13, I, c).

292. (E) A prerrogativa dos juízes de serem processados e julgados perante o Conselho Especial é somente quanto aos crimes (comuns e de responsabilidade) (art. 13, I, b). As ações cíveis ajuizadas contra qualquer cidadão, seja ele ou não autoridade pública, são, em geral, processadas na Justiça de Primeira Instância.

293. (C) Não é da competência do Conselho Especial, mas do Superior Tribunal de Justiça o julgamento dos conflitos de competência entre tribunais ou entre juízes de tribunais diferentes (art. 105, I, d). Ao Conselho Especial compete julgar os conflitos de competência entre órgãos e entre desembargadores do próprio tribunal (art. 13, I, f). Cabe esclarecer que a competência para o julgamento de conflitos de competência entre juízes é das Câmaras (Cíveis ou Criminal), dependendo da natureza da ação que originou o conflito (cível ou criminal) (arts. 21, I, e 23, I).

294. (C) É cabível mandado de injunção contra omissão do Governador do Distrito Federal quanto à elaboração de lei de sua iniciativa e a competência para processar e julgar originariamente a impetração é do Conselho Especial (art. 13, I, e).

295 (E) A questão é muito genérica, pois fala em "quaisquer crimes" praticados pelo vice-governador e pelos secretários de governo do Distrito Federal. A competência do Conselho Especial para o julgamento de crimes cometidos por essas autoridades é tão somente quanto aos crimes comuns e de responsabilidade, excluídos os eleitorais (art. 13, I, a).

296. (E) A questão é muito genérica, pois fala em "quaisquer crimes" praticados por juízes de direito e juízes de direito substitutos. A competência do Conselho Especial para o julgamento de crimes cometidos por essas autoridades é tão somente quanto aos crimes comuns e de responsabilidade, excluídos os eleitorais (art. 13, I, b).

297. (E) Não se inclui na competência do Conselho Especial processar e julgar, originariamente, os mandados de segurança contra atos dos Juízes do Distrito Federal, nem dos Secretários de Governo do Distrito Federal. A competência para julgar as impetrações contra ato de Juízes é das Câmaras (cíveis ou criminal, dependendo da ação que originou o mandado de segurança (arts. 21, II, e 23, IV); e a competência para julgar as impetrações contra ato dos Secretários de Governo do Distrito Federal é das Câmaras Cíveis (art. 21, II). Compete ao Conselho Especial processar e julgar originariamente os mandados de segurança contra ato do próprio Tribunal, de seus órgãos e de seus membros e ainda do Procurador-Geral de Justiça do Distrito Federal e Territórios, do Presidente da Câmara Legislativa do Distrito Federal e dos membros da Mesa, do Presidente do Tribunal de Contas do Distrito Federal e de quaisquer de seus membros, do Governador do Distrito Federal e dos Governadores dos Territórios (art. 13, I, c).

298. (C) A questão reproduz o 13, I, g, que assim dispõe: "Compete ao Conselho Especial processar e julgar originariamente a ação rescisória e as revisões criminais de seus julgados". Cabe lembrar que às Câmaras Cíveis compete processar e julgar a ação rescisória de sentença de primeiro grau, de acórdãos das Turmas Cíveis e dos próprios julgados (art. 21, IV). E compete à Câmara Criminal processar e julgar originariamente a revisão criminal ressalvada a competência do Conselho Especial (art. 23, II).

299. (C) A questão reproduz o art. 13, I, i, primeira parte, que assim dispõe: "Compete ao Conselho Especial processar e julgar originariamente os embargos infringentes opostos aos próprios julgados". Cabe lembrar à Câmara Criminal compete processar e julgar os embargos infringentes e de nulidade criminais (opostos aos acórdãos das Turmas Criminais) (art. 23, I).

300. (C) É do Conselho Especial a competência para o julgamento de mandados de segurança contra ato do Governador do Distrito Federal (art. 13, I, c).

301. (E) A competência para o julgamento de habeas corpus contra ato do Governador do Distrito Federal é do Superior Tribunal de Justiça e não do Conselho Especial como afirma a questão (art. 105, I, c, CF).

302. (E) Ao Conselho Especial compete apenas a declaração de inconstitucionalidade e de constitucionalidade de lei ou de ato normativo distrital em face da Lei Orgânica do Distrito Federal, e não da Constituição Federal, pois, com relação a esta, a competência é do Supremo Tribunal Federal (art. 13, I, k).

303. (C) Compete ao Conselho Especial processar e julgar o mandado de injunção, quando a elaboração da norma regulamentadora for atribuição de órgão, de entidade ou de autoridade – quer da administração direta, quer da indireta – dos Governos do Distrito Federal e dos Territórios, da Câmara Distrital ou do Tribunal de Contas do Distrito Federal (art. 13, I, e).

304. (E) O julgamento dos conflitos de competência estabelecidos entre juízes de primeiro grau compete às Câmaras cíveis (quando os juízes em conflito forem de varas de natureza cível, inclusive da Vara da Infância e da Juventude) (art. 21, I), e à Câmara criminal (quando os juízes em conflito forem de varas de natureza criminal, inclusive da Vara da Infância e da Juventude, em matéria de natureza infracional) (art. 23, I). Ao Conselho Especial compete julgar os conflitos de competência estabelecidos entre órgãos e entre desembargadores do próprio Tribunal (art. 13, I, f).

305. (F) Os crimes contra o patrimônio privado são classificados como crimes comuns. Os crimes comuns praticados pelos Secretários de Estado do Distrito Federal são processados e julgados pelo Conselho Especial pois trata-se de autoridade com foro por prerrogativa de função e deve ser julgado perante o Tribunal. Além dos Secretários de Estado do DF, possuem prerrogativa de foro os Governadores dos Territórios, o Vice-Governador do DF, os Secretários dos Governos dos Territórios, os Deputados Distritais, os Juízes de Direito do DF e dos Territórios e os Juízes de Direito Substitutos do Distrito Federal (art. 13, I, a e b).

306. (C) Compete ao Conselho Especial processar e julgar originariamente os habeas data - e também os mandados de segurança – impetrados contra atos do Presidente da Câmara Legislativa do Distrito Federal e os membros da Mesa, entre outros (art. 13, I, c).

307. (C) Compete ao Conselho Especial julgar as exceções e os incidentes de impedimento ou de suspeição relativos a desembargadores e ao Procurador-Geral de Justiça do Distrito Federal e Territórios (art. 13, III).

CAPÍTULO II
DO CONSELHO DA MAGISTRATURA

Art. 14. O Conselho da Magistratura é integrado pelo Presidente do Tribunal, pelo Primeiro Vice-Presidente, pelo Segundo Vice-Presidente e pelo Corregedor da Justiça.

Parágrafo único. O Conselho da Magistratura será presidido pelo Presidente do Tribunal e se reunirá ordinariamente na penúltima sexta-feira de cada mês, exceto se desnecessário, e extraordinariamente mediante convocação de qualquer dos seus membros.

Conselho da Magistratura	É o órgão colegiado composto pelos membros da Administração Superior do Tribunal, ou seja, pelo Presidente do Tribunal, pelo Primeiro Vice-Presidente, pelo Segundo Vice-Presidente e pelo Corregedor de Justiça. É presidido pelo Presidente do Tribunal e exerce a competência definida no art. 15 do Regimento. Ver arts. 363-A e 363-B sobre o Conselho da Magistratura no exercício de sua competência administrativa.

COMPOSIÇÃO DO CONSELHO DA MAGISTRATURA			
Presidente	Primeiro Vice-Presidente	Segundo Vice-Presidente	Corregedor de Justiça

Quem preside	O presidente do Tribunal.
Sessões ordinárias	São realizadas na penúltima sexta-feira de cada mês, salvo se não for necessário.
Sessões extraordinárias	São realizadas mediante convocação de qualquer dos seus membros.

Art. 15. Compete ao Conselho da Magistratura:

I – julgar representação contra magistrados por excesso injustificado de prazos legais e regimentais;

O inciso I trata de representação contra magistrados (desembargadores e juízes) que detêm em seu poder autos de processos com excesso injustificado de prazo para decisão.
O procedimento da representação de que trata o inciso I está previsto no art. 16 deste Regimento.

II – regulamentar e atualizar a Tabela do Regimento de Custas das Serventias Judiciais e dos Serviços Notariais e de Registro, observado o disposto no art. 72;

A Tabela do Regimento de Custas estabelece os preços a serem cobrados por cada ação ou recurso, inclusive pelo fornecimento de certidões, de quaisquer documentos, e de cópias por qualquer meio de reprodução autenticadas ou não, ressalvadas as isenções leais (art. 72) e, ainda, os valores dos serviços praticados pelos cartórios extrajudiciais (de Notas e de Registros).

III – julgar o agravo interno interposto da decisão proferida pelo Presidente do Tribunal nos casos do art. 266;

O agravo interno de que trata o inciso III é o recurso da decisão monocrática do Presidente, nos seguintes casos: suspensão de segurança; negativa de seguimento a recurso extraordinário e especial, na forma do art. 1.030, § 2º, do Código de Processo Civil; sobrestamento de recursos extraordinário e especial, na forma do art. 1.030, § 2º, do CPC; pedido de concessão de efeito suspensivo nos recursos extraordinário e especial sobrestados, na forma do art. 1.037 do Código de Processo Civil; pedido a que se refere o art. 1.036, § 2º, do Código de Processo Civil.

As hipóteses acima serão detalhadas quando do julgamento da seção referente ao agravo interno (arts. 265/266).

IV – exercer as funções que lhe forem delegadas pelo Conselho Especial ou pelo Tribunal Pleno.

Além da competência prevista no art. 15, o Conselho da Magistratura pode exercer funções eventualmente transferidas pelo Conselho Especial ou pelo Tribunal Pleno.

COMPETÊNCIA DO CONSELHO DA MAGISTRATURA

- julgar representação contra magistrados por excesso injustificado de prazos legais e regimentais;
- regulamentar e atualizar a Tabela do Regimento de Custas das Serventias Judiciais e dos Serviços Notariais e de Registro, observado o disposto no art. 72;
- julgar o agravo interno interposto da decisão proferida pelo Presidente do Tribunal nos casos do art. 266;
- exercer as funções que lhe forem delegadas pelo Conselho Especial ou pelo Tribunal Pleno.

Art. 16. Autuada, a representação de que trata o inciso I do artigo 15 será encaminhada ao Presidente, nos casos de desembargadores, ou ao Corregedor, nos casos de magistrados de primeiro grau, que funcionarão como relator.

§ 1º Ouvido previamente o magistrado no prazo de 10 (dez) dias:

I – a representação poderá ser arquivada por decisão do relator;

II – não sendo o caso de arquivamento liminar, o magistrado será intimado para apresentar justificativa no prazo de 15 (quinze) dias.

§ 2º Julgada procedente a representação, o magistrado será intimado para praticar o ato em 10 (dez) dias.

§ 3º Quando manifestamente infundada a justificativa apresentada, o relator poderá, no prazo de 48 (quarenta e oito) horas, determinar a intimação do magistrado para praticar o ato em 10 (dez) dias, *ad referendum* do Conselho da Magistratura.

§ 4º Permanecendo inerte o magistrado, os autos serão encaminhados ao seu substituto legal para decisão em 10 (dez) dias.

ART. 16 — TJDFT – EM ESQUEMAS

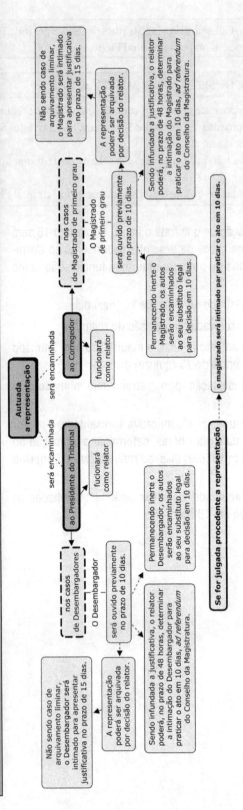

PROCEDIMENTO DA REPRESENTAÇÃO CONTRA MAGISTRADOS POR EXCESSO INJUSTIFICADO DE PRAZOS

160

PARA PRATICAR

308. **(Cespe/TJDFT/Técnico Judiciário – Área Administrativa/2015)** O TJDFT funciona em sessões administrativas do Conselho Especial e do Conselho da Magistratura, reunindo-se este ordinariamente na penúltima sexta-feira de cada mês. ( )

309. **(Cespe/TJDFT/Técnico Judiciário/1998)** Mandados de segurança contra ato do Tribunal serão julgados pelo Conselho da Magistratura. ( )

310. **(Inédita)** É da competência do Conselho da Magistratura processar e julgar os conflitos de competência entre órgãos jurisdicionais do Tribunal. ( )

311. **(Inédita)** O Conselho da Magistratura é composto pelo Presidente, pelo Primeiro Vice-Presidente, pelo Segundo Vice-Presidente e pelo Corregedor de Justiça e entre suas competências está a de julgar a representação contra magistrados por excesso injustificado de prazos legais e regimentais. ( )

312. **(Inédita)** Um dos órgãos judicantes do TJDFT é o Conselho da Magistratura que é integrado pelo Presidente do Tribunal, pelo Primeiro e Segundo Vice-Presidentes e pelo Corregedor de Justiça e presidido pelo desembargador mais antigo do Tribunal. ( )

313. **(Inédita)** Compete ao Conselho Especial o julgamento do agravo interno interposto contra decisão do Presidente do Tribunal que nega seguimento a recurso extraordinário e especial, na forma do art. 1.030, § 2º, do CPC. ( )

314. **(Inédita)** O Conselho da Magistratura, cuja presidência compete ao Presidente do Tribunal, reunir-se-á ordinariamente na primeira sexta-feira de cada mês, exceto se desnecessário e, extraordinariamente, sempre que necessária a convocação. ( )

315. **(Inédita)** O presidente do TJDFT preside o Tribunal Pleno, o Conselho Especial e o Conselho da Magistratura. ( )

316. **(Inédita)** As reuniões extraordinárias do Conselho da Magistratura podem ser convocadas por qualquer um dos membros integrantes desse Órgão. ( )

317. **(Inédita)** A relatoria da representação contra magistrado por excesso de prazos legais e regimentais cabe ao Primeiro Vice-Presidente do Tribunal. ( )

COMENTÁRIOS

308. (E) O TJDFT funciona não só em sessões administrativas do Conselho Especial e do Conselho da Magistratura, mas também do Tribunal Pleno (art. 359). O Conselho da Magistratura, de fato, se reúne ordinariamente na penúltima sexta-feira de cada mês, exceto se desnecessário (art. 14, parágrafo único).

309. (E) O Conselho da Magistratura não tem competência para julgar mandados de segurança. A competência para o julgamento dos mandados de segurança contra atos do Presidente do Tribunal, de qualquer de seus órgãos e membros é do Conselho Especial (art. 13, I, c).

310. (E) O Conselho da Magistratura não tem competência para julgar conflitos de competência. A competência para processar e julgar o conflito de competência entre órgãos e entre desembargadores do próprio Tribunal é do Conselho Especial (art. 13, I, f).

311. (C) Entre as competências do Conselho da Magistratura inclui-se julgar a representação contra magistrados por excesso injustificado de prazos legais e regimentais (art. 15, I).

312. (E) De fato, o Conselho da Magistratura é órgão judicante do TJDFT e é integrado pelo Presidente do Tribunal, pelo Primeiro e Segundo Vice-Presidentes e pelo Corregedor de Justiça, mas é presido pelo Presidente e não pelo desembargador mais antigo do Tribunal (art. 14).

313. (E) É do Conselho da Magistratura, e não do Conselho Especial, a competência para o julgamento do agravo interno interposto contra decisão do Presidente do Tribunal que nega seguimento a recurso extraordinário e especial, na forma do art. 1.030, § 2º, do CPC (art. 15, III, c/c art. 266).

314. (E) O Conselho da Magistratura é presidido, de fato, pelo Presidente do Tribunal. As reuniões ordinárias são realizadas na penúltima sexta-feira de cada mês, exceto se desnecessário; e as sessões extraordinárias são realizadas mediante convocação de qualquer dos seus membros (art. 14, parágrafo único).

315. (C) O Tribunal Pleno, constituído da totalidade dos desembargadores, será presidido pelo Presidente do Tribunal (art. 3º). O Conselho Especial compõe-se de vinte e um desembargadores e é presidido pelo Presidente do Tribunal (art. 7º). O Conselho da Magistratura é composto pelo Presidente do Tribunal, pelo Primeiro Vice-Presidente, pelo Segundo Vice-Presidente e pelo Corregedor da Justiça e é presidido também pelo Presidente do Tribunal (art. 14, parágrafo único).

316. (C) O Conselho da Magistratura se reunirá extraordinariamente mediante convocação de qualquer dos seus membros (art. 14, parágrafo único).

317. (E) A relatoria da representação contra magistrado por excesso de prazos legais e regimentais cabe ao Presidente do Tribunal, nos casos de desembargadores, ou ao Corregedor, nos casos de magistrados de primeiro grau (art. 16).

CAPÍTULO III
DA CÂMARA DE UNIFORMIZAÇÃO

Art. 17. A Câmara de Uniformização é integrada pelo desembargador mais antigo das Turmas Cíveis, que a presidirá, e pelos dois desembargadores mais antigos de cada uma delas.

§ 1º A Câmara de Uniformização será presidida pelo desembargador mais antigo, em rodízio anual, e a duração do mandato coincidirá com o ano judiciário. *(Redação dada pela Emenda Regimental nº 11, de 2018)*

§ 2º Será considerada a antiguidade no órgão julgador de origem do desembargador. *(Redação dada pela Emenda Regimental nº 11, de 2018)*

§3º A Câmara de Uniformização reunir-se-á na presença de desembargadores em número equivalente, no mínimo, a dois terços de seus membros. *(Redação dada pela Emenda Regimental nº 11, de 2018)*

§4º Nas faltas e impedimentos, os desembargadores serão substituídos pelos integrantes das respectivas Turmas Cíveis, observada a ordem decrescente de antiguidade. *(Incluído pela Emenda Regimental nº 11, de 2018)*

§ 5º O presidente não receberá distribuição e somente votará quando houver empate e nos processos vinculados. Quando chamado a julgamento processo da sua relatoria, passará a presidência ao desembargador que o suceder na ordem de antiguidade. *(Incluído pela Emenda Regimental nº 11, de 2018)*

§ 6º O desembargador ficará vinculado a todos os feitos distribuídos e não julgados até a data que deixar de integrar o órgão. *(Incluído pela Emenda Regimental nº 11, de 2018)*

§ 7º No rodízio anual da Presidência, o desembargador mais moderno da turma de origem do Presidente deixará de integrar o órgão. *(Incluído pela Emenda Regimental nº 11, de 2018)*

CÂMARA DE UNIFORMIZAÇÃO	
Composição	- o desembargador mais antigo das Turmas Cíveis; - os dois desembargadores mais antigos de cada uma das Turmas Cíveis.
Quem preside	O desembargador mais antigo, em rodízio anual.
Duração do mandato	Coincide com o ano Judiciário (que se inicia e termina, respectivamente, no primeiro e no último dia útil do ano).
Antiguidade	Será considerada a antiguidade no órgão julgador de origem do desembargador.
Quorum de instalação	Exige-se, para a reunião, a presença de, no mínimo, dois terços dos membros.
Substituição	Nas faltas e impedimentos, os desembargadores serão substituídos pelos integrantes das respectivas Turmas Cíveis, observada a ordem decrescente de antiguidade.
Distribuição de processos	Não será feita ao Presidente do Órgão.
Voto do Presidente	- O Presidente do Órgão somente votará / - quando houver empate no julgamento; e - nos processos a que ficou vinculado antes de exercer a presidência.
Quando chamado a julgamento processo da relatoria do Presidente do Órgão	O Presidente transmitirá a presidência ao desembargador que o suceder na ordem de antiguidade.
Vinculação	O desembargador ficará vinculado a todos os feitos distribuídos e não julgados até a data que deixar de integrar o órgão.
No rodízio anual da Presidência	O desembargador mais moderno da turma de origem do Presidente deixará de integrar o órgão.

Art. 18. Compete à Câmara de Uniformização processar e julgar:

I – o incidente de resolução de demanda repetitiva e a revisão da tese jurídica firmada no seu julgamento;

II – o recurso, a remessa necessária ou o processo de competência originária de onde se originou o incidente de resolução de demanda repetitiva;

III – o incidente de assunção de competência;

IV – proposta de súmula em matéria cível e a revisão da tese jurídica firmada no seu julgamento;

V – julgar a reclamação para preservar a sua competência e garantir a autoridade dos seus julgados, nos termos do art. 988, IV, e § 1º, do Código de Processo Civil;

VI – a reclamação destinada a dirimir divergência entre acórdão de Turma Recursal e a jurisprudência do Superior Tribunal de Justiça sumulada ou consolidada em julgamento de recurso repetitivo, incidente de assunção de competência e incidente de resolução de demandas repetitivas. *(Incluído pela Emenda Regimental nº 1, de 2016)*

COMPETÊNCIA DA CÂMARA DE UNIFORMIZAÇÃO
Processar e julgar: - o incidente de resolução de demanda repetitiva e a revisão da tese jurídica firmada no seu julgamento; - o recurso, a remessa necessária ou o processo de competência originária de onde se originou o incidente de resolução de demanda repetitiva; - o incidente de assunção de competência; - proposta de súmula em matéria cível e a revisão da tese jurídica firmada no seu julgamento.
Julgar: - a reclamação para preservar a sua competência e garantir a autoridade dos seus julgados, nos termos do art. 988, IV, e § 1º, do Código de Processo Civil; - a reclamação destinada a dirimir divergência entre acórdão de Turma Recursal e a jurisprudência do Superior Tribunal de Justiça sumulada ou consolidada em julgamento de recurso repetitivo, incidente de assunção de competência e incidente de resolução de demandas repetitivas. *(Incluído pela Emenda Regimental nº 1, de 2016)*
Nota: Os conceitos e procedimentos de cada uma das ações e dos recursos acima relacionados estão dispostos de forma pormenorizada no Título III do Regimento Interno do Tribunal, que trata "dos processos em espécie" (arts. 136/343 deste Regimento).

CAPÍTULO IV
DAS CÂMARAS ESPECIALIZADAS

Câmaras Especializadas	São órgãos julgadores que têm como função jurisdicional apreciar e decidir as causas de média complexidade, constituindo uma espécie de órgão decisório de hierarquia inferior, se comparado ao Conselho Especial, e de hierarquia superior, se comparado às Turmas especializadas. O Tribunal possui três Câmaras especializadas, sendo duas Câmaras com especialidade na área cível e uma Câmara com especialidade na área criminal.

Seção I
Das Disposições Gerais

Art. 19. A Primeira e a Segunda Câmara Cível serão integradas pelos componentes das oito Turmas Cíveis; a Câmara Criminal, pelos componentes das três Turmas Criminais. *(Redação dada pela Emenda Regimental nº 1, de 2016)*

COMPOSIÇÃO DAS CÂMARAS	
Primeira e Segunda Câmaras Cíveis	São integradas pelos componentes das oito Turmas Cíveis. A **1ª Câmara Cível** é integrada pelos membros da 1ª, 3ª, 5ª e 7ª Turmas Cíveis (art. 20). A **2ª Câmara Cível** é integrada pelos membros da 2ª, 4ª, 6ª e 8ª Turmas Cíveis (art. 20).
Câmara Criminal	É integrada pelos componentes das três Turmas Criminais (art. 22).

§ 1º As Câmaras serão presididas pelo desembargador mais antigo no órgão, em rodízio anual, e a duração do mandato coincidirá com o ano judiciário.

§ 2º O presidente da Câmara, quando chamado a julgamento processo do qual seja relator ou revisor, passará a presidência a um dos desembargadores que lhe suceder na ordem de antiguidade.

§ 3º As Câmaras reunir-se-ão na presença de desembargadores em número equivalente, no mínimo, ao inteiro que se seguir à metade de seus membros. O *quorum* poderá ser completado com a participação de membro de outra Câmara.

§ 4º O comparecimento à Câmara de desembargador vinculado ao julgamento de processo não importará exclusão de quaisquer de seus membros, salvo se ocorrer permuta. Neste caso, deixará de participar o desembargador que, em virtude dela, tenha passado a integrar o órgão, ou se, com essa presença, extrapolar o número correspondente à composição total da Câmara, da qual ficará excluído seu componente mais moderno.

DAS DISPOSIÇÕES GERAIS	
Quem preside cada Câmara especializada	O desembargador mais antigo no órgão, em rodízio anual(*).
Duração do mandato do presidente	Um ano, coincidente com o ano judiciário. O ano judiciário do Tribunal inicia-se e termina, respectivamente, no primeiro e no último dia útil do ano (art. 344).
Quando o presidente do órgão for relator ou revisor de processo chamado a julgamento	Ele passará a presidência a um dos desembargadores que lhe suceder na ordem de antiguidade.
Quorum de instalação	Exige-se a presença de desembargadores em número equivalente, no mínimo, ao inteiro que se seguir à metade de seus membros.
Na falta de *quorum*	O *quorum* poderá ser completado com a participação de membro de outra Câmara.

Se um desembargador, removido para outra Câmara, verificar haver levado consigo processo a que ficou vinculado antes da remoção	\multicolumn{2}{l	}{Deverá comparecer ao antigo Órgão para o julgamento do feito. O seu comparecimento, em princípio, não importará a exclusão de quaisquer dos membros dessa Câmara. Salvo:}
	Se a transferência ocorrer em razão de permuta com outro desembargador de outra Câmara	Neste caso, deixará de participar da sessão o desembargador que em virtude da permuta tenha passado a integrar o órgão.
	Se com a presença do Desembargador transferido extrapolar o número de componentes total da Câmara	Neste caso, ficará excluído o componente mais moderno da Câmara.

(*) Quando a presidência é exercida em rodízio anual, significa que a cada ano um membro do órgão exercerá a Presidência, obedecida a ordem de antiguidade no órgão.

(**) Sobre o *quorum* de deliberação, ver art. 115, parágrafo único.

PARA PRATICAR

318. **(Cespe/TJDFT/Técnico Judiciário/2003)** As câmaras especializadas do TJDFT serão sempre presididas pelo desembargador mais antigo que as integrar e enquanto este compuser o órgão. ( )

319. **(Cespe/TJDFT/Analista Judiciário/1999 – adaptada)** As câmaras especializadas denominam-se 1ª e 2ª Câmaras Cíveis e Câmara Criminal; são compostas pelos integrantes das turmas e têm como presidente o membro mais antigo, em sistema de rodízio. ( )

320. **(Cespe/TJDFT/Analista Judiciário/1997 – desmembrada)** Cada Câmara especializada do TJDF é presidida por seu integrante mais antigo, em rodízio anual, coincidindo a duração do mandato com o ano judiciário e transmitindo-se o exercício da presidência ao segundo em antiguidade, quando o presidente houver de julgar feito de sua relatoria ou de que seja revisor. ( )

321. **(Cespe/TJDFT/Analista Judiciário/1997 – desmembrada)** Cada Câmara especializada do TJDF é presidida por seu integrante mais antigo, em rodízio bienal, coincidindo a duração do mandato com o ano judiciário e transmitindo-se o exercício da presidência ao segundo em antiguidade, quando o presidente houver de julgar feito de sua relatoria ou de que seja revisor. ( )

322. **(Cespe/TJDFT/Analista Judiciário/1997 – desmembrada)** Cada Câmara especializada do TJDF é presidida por membro eleito entre seus integrantes, em rodízio anual, coincidindo a duração do mandato com o ano judiciário e mantendo-se o exercício da presidência, mesmo quando o presidente houver de julgar feito de sua relatoria ou de que seja revisor. ( )

323. **(Cespe/TJDFT/Programador/1997 – desmembrada)** Quando necessária a complementação do *quorum* mínimo da Câmara Criminal do TJDF, devem ser convocados membros da Câmara Cível. ( )

324. **(Cespe/TJDFT/Programador/1997 – desmembrada)** Quando necessária a complementação do *quorum* mínimo da Câmara Criminal do TJDF, devem ser convocados juízes do primeiro grau. ( )

325. **(Cespe/TJDFT/Analista Judiciário/1997 – desmembrada)** O Desembargador José da Silva compõe a Câmara Criminal, após haver integrado a Primeira Câmara Cível por vários anos. Depois de ter sido removido para aquela, verificou persistir em seu poder uma apelação cível, a que ficara vinculado, como relator. Para o julgamento desse processo, o desembargador deverá solicitar ao presidente a convocação de juiz do primeiro grau, a fim de que este, exercendo temporariamente a função de desembargador, participe da sessão da Primeira Câmara Cível destinada ao julgamento do feito. ( )

326. (Cespe/TJDFT/Analista Judiciário/1997 – desmembrada) O Desembargador José da Silva compõe a Câmara Criminal, após haver integrado a Primeira Câmara Cível por vários anos. Depois de ter sido removido para aquela, verificou persistir em seu poder uma apelação cível, a que ficara vinculado, como relator. Para o julgamento desse processo, o desembargador deverá pedir redistribuição dos autos, mediante compensação, uma vez que a vinculação não prevalece quando há remoção de desembargador de um para outro órgão fracionário do Tribunal. ( )

327. (Cespe/TJDFT/Analista Judiciário/1997 – desmembrada) O Desembargador José da Silva compõe a Câmara Criminal, após haver integrado a Primeira Câmara Cível por vários anos. Depois de ter sido removido para aquela, verificou persistir em seu poder uma apelação cível, a que ficara vinculado, como relator. Para o julgamento desse processo, o desembargador deverá comparecer à Primeira Câmara Cível e relatar o feito, o que sempre importará a exclusão do membro mais moderno desse órgão fracionário, a fim de que subsista o número regimental de integrantes ( )

328. (Cespe/TJDFT/Analista Judiciário/1997 – desmembrada) O Desembargador José da Silva compõe a Câmara Criminal, após haver integrado a Primeira Câmara Cível por vários anos. Depois de ter sido removido para aquela, verificou persistir em seu poder uma apelação cível, a que ficara vinculado, como relator. Para o julgamento desse processo, o desembargador deverá comparecer à Primeira Câmara Cível e relatar o feito, sem que isso, em princípio, importe a exclusão de algum dos membros desse órgão fracionário. ( )

329. (Inédita) O *quorum* para a realização das sessões das Câmaras Especializadas corresponde ao número inteiro que se seguir à metade de seus membros, podendo ser completado, se necessário, com a participação de membro de outra Câmara. ( )

COMENTÁRIOS

318. (E) As câmaras especializadas do TJDFT são sempre presididas pelo desembargador mais antigo no órgão, mas a duração do mandato é anual e em forma de rodízio, coincidindo a duração do mandato com o ano (art. 19, § 1º).

319. (C) Todos os segmentos estão corretos. No Tribunal há três Câmaras especializadas que se denominam 1ª e 2ª Câmaras Cíveis e Câmara Criminal (art. 19); as Câmaras são compostas pelos desembargadores integrantes das turmas e presididas pelo membro mais antigo em sistema de rodízio anual (art. 19, § 1º). A questão foi elaborada de forma generalizada, abrangendo todas as Câmaras e todas as Turmas, não se exigindo conhecimento específico sobre quais as Turmas integram cada Câmara.

320. (C) As Câmaras especializadas serão presididas pelo desembargador mais antigo no órgão, em rodízio anual, e a duração do mandato coincidirá com o ano judiciário (art. 19, § 1º). O presidente das Câmaras especializadas, quando chamado a julgamento processo do qual seja relator ou revisor, passará a presidência a um dos desembargadores que lhe suceder na ordem de antiguidade (art. 19, § 2º).

321. (E) Cada Câmara especializada do TJDFT é presidida por seu membro mais antigo no órgão, em rodízio anual, e não bienal como afirma a questão (art. 19, § 1º). A duração do mandato, de fato, coincide com o ano judiciário, devendo o presidente transmitir o exercício da presidência a um dos desembargadores que lhe suceder na ordem de antiguidade quando houver de julgar processo de que seja relator ou revisor (art. 19, §§ 1º e 2º).

322. (E) As Câmaras especializadas não são presididas por membro eleito, mas pelo desembargador mais antigo no órgão, em rodízio anual (art. 19, § 1º). A duração do mandato, de fato, coincide com o ano judiciário (art. 19, § 1º, parte final). O presidente das Câmaras Especializadas terá que transmitir a presidência quando houver de julgar processo de que seja relator ou revisor (art. 19, § 2º).

323. (C) O artigo 19, § 3º, última parte, prevê que "o quorum das Câmaras especializadas poderá ser completado com a participação de membro de outra Câmara". Embora o enunciado da questão faça referência ao verbo "deverá" (devem ser convocados...), e não "poderá" como está no Regimento, a questão está correta, pois trata-se de Câmara Criminal que, por ser única, não resta outra opção senão buscar membro de Câmara Cível para composição do quorum quando necessário.

324. (E) O artigo 19, § 3º, última parte, prevê que "o quorum das Câmaras especializadas poderá ser completado com a participação de membro de outra Câmara". Não há, no Regimento Interno, previsão de convocação de juiz de primeiro grau para complementação de quorum nas Câmaras.

325. (E) Ao ser removido de uma Câmara especializada para outra, o desembargador fica vinculado aos processos distribuídos antes da remoção, devendo ele próprio comparecer ao antigo órgão para julgar os processos pendentes. Assim, não é necessário solicitar ao presidente a convocação de juiz de primeiro grau para a substituição de desembargador (art. 19, § 4º).

326. (E) Ao ser removido de uma Câmara especializada para outra, o desembargador ficará vinculado aos processos distribuídos antes da remoção, devendo ele próprio comparecer ao antigo órgão para julgar os processos pendentes. Assim, o desembargador não poderá solicitar a redistribuição dos autos mediante compensação, pois prevalece a vinculação (art. 19, § 4º).

327. (E) Ao ser removido de uma Câmara especializada para outra, o desembargador ficará vinculado aos processos distribuídos antes da remoção, devendo ele próprio comparecer ao antigo órgão para julgar os processos pendentes. Não é sempre que o seu comparecimento no antigo órgão importará a exclusão de outros membros da Câmara, mas somente na hipótese de permuta, caso em que deixará de participar o desembargador que, em virtude dela, tenha passado a integrar o órgão, ou se com a presença do antigo membro, extrapolar o número correspondente à composição total da Câmara (art. 19, § 4º).

328. (C) Ao ser removido de uma Câmara especializada para outra, o desembargador ficará vinculado aos processos distribuídos antes da remoção, devendo ele próprio comparecer ao antigo órgão para julgar os processos pendentes. O comparecimento do desembargador removido à Câmara, em princípio, não importará a exclusão de outros membros da Câmara. Isso só ocorrerá na hipótese de permuta, caso em que deixará de participar o desembargador que, em virtude dela, tenha passado a integrar o órgão, ou se com a presença do antigo membro, extrapolar o número correspondente à composição total da Câmara (art. 19, § 4º).

329. (C) A questão reproduz o art. 19, § 3º, que assim dispõe: "as Câmaras reunir-se-ão na presença de desembargadores em número equivalente, no mínimo, ao inteiro que se seguir à metade de seus membros. O *quorum* poderá ser completado com a participação de membro de outra Câmara".

Seção II
Das Câmaras Cíveis

Art. 20. A Primeira Câmara Cível é composta pelos membros da Primeira, da Terceira, da Quinta e da Sétima Turma Cível; a Segunda Câmara Cível, pelos membros da Segunda, da Quarta, da Sexta e da Oitava Turma Cível.
(Redação dada pela Emenda Regimental nº 1, de 2016)

COMPOSIÇÃO DAS CÂMARAS CÍVEIS															
1ª CÂMARA CÍVEL															
1	2	3	4	5	6	7	8	9	10	11	12	13	14	15	16
1ª Turma Cível				3ª Turma Cível				5ª Turma Cível				7ª Turma Cível			

2ª CÂMARA CÍVEL															
1	2	3	4	5	6	7	8	9	10	11	12	13	14	15	16
2ª Turma Cível				4ª Turma Cível				6ª Turma Cível				8ª Turma Cível			

Art. 21. Compete às Câmaras Cíveis processar e julgar:

I – os conflitos de competência, inclusive os oriundos da Vara da Infância e da Juventude, ressalvado o disposto no art. 13, I, *f*;

II – o mandado de segurança contra ato de relator de recurso distribuído às Turmas Cíveis, de Juízes do Distrito Federal, do Procurador-Geral do Distrito Federal e dos Secretários de Governo do Distrito Federal e dos Territórios;

III – o *habeas data* contra ato do Procurador-Geral do Distrito Federal e dos Secretários de Governo do Distrito Federal e dos Territórios;

IV – a ação rescisória de sentença de Primeiro Grau, de acórdãos das Turmas Cíveis e dos próprios julgados;

V – os incidentes de impedimento e de suspeição relativos aos juízes no exercício da jurisdição civil;

VI – as ações que tenham por objeto a declaração de legalidade ou ilegalidade de greve de servidores distritais não regidos pela legislação trabalhista;

> Sobre o procedimento adotado no julgamento das ações previstas no inciso VI, ver o art. 459 deste Regimento.

VII – julgar a reclamação para preservar a sua competência e garantir a autoridade dos seus julgados, nos termos do art. 988, I e II, e § 1º, do Código de Processo Civil.

VIII – continuidade de julgamento da ação rescisória, nos termos do art. 120, inciso I. *(Incluído pela Emenda Regimental nº 11, de 2018)*

> Ver adiante, no quadro comparativo, as competências das Câmaras Cíveis e Criminal.

Seção III
Da Câmara Criminal

Art. 22. A Câmara Criminal é composta pelos membros da Primeira, da Segunda e da Terceira Turma Criminal.

COMPOSIÇÃO DA CÂMARA CRIMINAL											
CÂMARA CRIMINAL											
1	2	3	4	5	6	7	8	9	10	11	12
1ª Turma Criminal				2ª Turma Criminal				3ª Turma Criminal			

Art. 23. Compete à Câmara Criminal processar e julgar:

I – os embargos infringentes e de nulidade criminais e o conflito de competência, inclusive o de natureza infracional, oriundo de Vara da Infância e da Juventude;

II – a revisão criminal, ressalvada a competência do Conselho Especial;

III – o pedido de desaforamento;

IV – o mandado de segurança contra decisão de magistrado de primeiro grau ou de relator de recurso distribuído a qualquer das Turmas Criminais;

V – a representação por indignidade para o oficialato de membros da Polícia Militar e do Corpo de Bombeiros Militar do Distrito Federal, bem como de membros dessas corporações nos Territórios;

VI – a representação para a perda da graduação das praças da Polícia Militar e do Corpo de Bombeiros Militar do Distrito Federal, bem como das praças dessas corporações nos Territórios;

VII – o agravo contra decisão que não admita embargos infringentes e de nulidade criminais;

VIII – as exceções de impedimento e de suspeição relativas aos juízes no exercício da jurisdição criminal;

IX – proposta de súmula em matéria criminal e a revisão da tese jurídica firmada no seu julgamento.

X – a reclamação destinada a dirimir divergência entre acórdão de Turma Recursal e a jurisprudência do Superior Tribunal de Justiça sumulada ou consolidada em julgamento de recurso repetitivo, incidente de assunção de competência e incidente de resolução de demandas repetitivas. *(Incluído pela Emenda Regimental nº 1, de 2016)*

Ver, a seguir, no quadro comparativo, as competências das Câmaras Cíveis e Criminal.

COMPETÊNCIA DAS CÂMARAS ESPECIALIZADAS	
CÂMARAS CÍVEIS	**CÂMARA CRIMINAL**
Processar e julgar:	Processar e julgar:
	- os embargos infringentes e de nulidade criminais;
- **os conflitos de competência**, inclusive os oriundos da Vara da Infância e da Juventude, ressalvado o disposto no art. 13, I, *f*;	- **o conflito de competência**, inclusive o de natureza infracional, oriundo de Vara da Infância e da Juventude;
- **a ação rescisória** de sentença de Primeiro Grau, de acórdãos das Turmas Cíveis e dos próprios julgados;	- **a revisão criminal**, ressalvada a competência do Conselho Especial;

COMPETÊNCIA DAS CÂMARAS ESPECIALIZADAS	
CÂMARAS CÍVEIS	**CÂMARA CRIMINAL**
o mandado de segurança contra ato - de relator de recurso distribuído às Turmas Cíveis; - de Juízes do Distrito Federal; - do Procurador-Geral do Distrito Federal e - dos Secretários de Governo do Distrito Federal e dos Territórios;	**o mandado de segurança contra decisão** - de magistrado de primeiro grau ou - de relator de recurso distribuído a qualquer das Turmas Criminais;
- os incidentes de impedimento e de suspeição relativos aos juízes no exercício da jurisdição civil;	**- as exceções de impedimento e de suspeição** relativas aos juízes no exercício da jurisdição criminal;
o *habeas data* contra ato - do Procurador-Geral do Distrito Federal e - dos Secretários de Governo do Distrito Federal e dos Territórios;	
- as ações que tenham por objeto a declaração de legalidade ou ilegalidade de greve de servidores distritais não regidos pela legislação trabalhista;	
- julgar a reclamação para preservar a sua competência e garantir a autoridade dos seus julgados, nos termos do art. 988, I e II, e § 1º, do Código de Processo Civil.	**- a reclamação** destinada a dirimir divergência entre acórdão de Turma Recursal e a jurisprudência do Superior Tribunal de Justiça sumulada ou consolidada em julgamento de recurso repetitivo, incidente de assunção de competência e incidente de resolução de demandas repetitivas;
- Dar continuidade ao julgamento da ação rescisória, nos termos do art. 120, inciso I.	
	- o pedido de desaforamento;
	- a representação por indignidade para o oficialato de membros da Polícia Militar e do Corpo de Bombeiros Militar do Distrito Federal, bem como de membros dessas corporações nos Territórios;
	- a representação para a perda da graduação das praças da Polícia Militar e do Corpo de Bombeiros Militar do Distrito Federal, bem como das praças dessas corporações nos Territórios;

COMPETÊNCIA DAS CÂMARAS ESPECIALIZADAS	
CÂMARAS CÍVEIS	CÂMARA CRIMINAL
	- **o agravo** contra decisão que não admita embargos infringentes e de nulidade criminais;
	- **a proposta** de súmula em matéria criminal e a revisão da tese jurídica firmada no seu julgamento.

Nota: Os conceitos e procedimentos de cada uma das ações e dos recursos acima relacionados estão dispostos de forma pormenorizada no Título III do Regimento Interno do Tribunal, que trata "dos processos em espécie" (arts. 136/343 deste Regimento).

CAPÍTULO V
DAS TURMAS ESPECIALIZADAS

Seção I
Das Disposições Gerais

Art. 24. Cada Turma compõe-se de quatro desembargadores e reunir-se-á na presença de, no mínimo, três julgadores.

Art. 25. A presidência das Turmas será exercida pelo desembargador mais antigo no órgão, em rodízio anual, e a duração do mandato coincidirá com o ano judiciário.

COMPOSIÇÃO DAS TURMAS ESPECIALIZADAS

Oito Turmas Cíveis

1ª Turma Cível				2ª Turma Cível				3ª Turma Cível				4ª Turma Cível			
1	2	3	4	1	2	3	4	1	2	3	4	1	2	3	4

5ª Turma Cível				6ª Turma Cível				7ª Turma Cível				8ª Turma Cível			
1	2	3	4	1	2	3	4	1	2	3	4	1	2	3	4

Três Turmas Criminais

1ª Turma Criminal				2ª Turma Criminal				3ª Turma Criminal			
1	2	3	4	1	2	3	4	1	2	3	4

Composição de cada Turma	Quatro desembargadores
Quorum para reunião	No mínimo três julgadores.
Quem preside cada Turma	O desembargador mais antigo no órgão, em rodízio anual(*).
Duração do mandato do presidente	Um ano, coincidente com o ano judiciário. O ano judiciário do Tribunal inicia-se e termina, respectivamente, no primeiro e no último dia útil do ano (art. 344).

(*) Quando a presidência é exercida em rodízio anual, significa que a cada ano um membro do órgão exercerá a Presidência, obedecida a ordem de antiguidade no órgão.

Seção II
Das Turmas Cíveis

Art. 26. Compete às Turmas Cíveis:

I – julgar:

a) apelação;

b) agravo de instrumento;

c) embargos de declaração de seus julgados;

d) recurso interposto contra decisão proferida por juiz de Vara da Infância e da Juventude, observado o disposto no art. 198 do Estatuto da Criança e do Adolescente;

II – julgar *habeas corpus* referente a prisão civil decretada por magistrado de primeiro grau;

III – julgar a reclamação para preservar a sua competência e garantir a autoridade dos seus julgados, nos termos do art. 988, I e II, e § 1º, do Código de Processo Civil.

Ver adiante, no quadro comparativo, as competências das Turmas Cíveis e Criminais.

Seção III
Das Turmas Criminais

Art. 27. Compete às Turmas Criminais:

I – julgar a apelação criminal, o recurso em sentido estrito, o recurso de agravo em execução, a carta testemunhável e a reclamação contra decisão proferida por magistrado de primeiro grau;

II – julgar o recurso interposto contra decisão proferida por juiz de Vara da Infância e da Juventude, em matéria de natureza infracional, obedecendo ao disposto no art. 198 do Estatuto da Criança e do Adolescente;

III – processar e julgar *o habeas corpus* impetrado contra decisão de magistrado de Primeiro Grau, observado o art. 26, II, e o *habeas corpus* impetrado contra ato emanado de Turma Recursal dos Juizados Especiais Criminais.

Ver, a seguir, no quadro comparativo, as competências das Turmas Cíveis e Criminais.

COMPETÊNCIA DAS TURMAS ESPECIALIZADAS	
TURMAS CÍVEIS	**TURMAS CRIMINAIS**
- julgar **apelação**;	- julgar a **apelação criminal**;
- Julgar o **agravo de instrumento**;	Julgar - o **recurso em sentido estrito**; - o **recurso de agravo em execução**; - a **carta testemunhável**; e - a **reclamação contra decisão proferida por magistrado de primeiro grau**.
- Julgar os embargos de declaração de seus julgados;	
- julgar recurso interposto contra decisão proferida por **juiz de Vara da Infância e da Juventude**, observado o disposto no art. 198 do Estatuto da Criança e do Adolescente;	- julgar o recurso interposto contra decisão proferida por **juiz de Vara da Infância e da Juventude, em matéria de natureza infracional**, obedecendo ao disposto no art. 198 do Estatuto da Criança e do Adolescente;
- julgar *habeas corpus* referente a prisão civil decretada por magistrado de primeiro grau;	- processar e julgar *o habeas corpus* impetrado contra decisão de magistrado de Primeiro Grau, observado o art. 26, II, - processar e julgar o *habeas corpus* impetrado contra ato emanado de Turma Recursal dos Juizados Especiais Criminais.
- julgar a reclamação para preservar a sua competência e garantir a autoridade dos seus julgados, nos termos do art. 988, I e II, e § 1º, do Código de Processo Civil.	
Nota: Os conceitos e procedimentos de cada uma das ações e dos recursos acima relacionados estão dispostos de forma pormenorizada no Título III do Regimento Interno do Tribunal, que trata "dos processos em espécie" (arts. 136/343 deste Regimento).	

PARA PRATICAR

330. **(Cespe/TJDFT/Analista Judiciário/2007)** Foi instaurado conselho de disciplina, para exame da perda da graduação pela prática de transgressão disciplinar grave, contra Henrique, praça da Polícia Militar do Distrito Federal. Nessa situação, o procedimento deverá ser julgado por uma das turmas criminais do TJDFT. ( )

331. **(Cespe/TJDFT/Técnico Judiciário/2003)** As turmas do TJDFT somente podem reunir-se com a presença de pelo menos três desembargadores. ( )

332. **(Cespe/TJDFT/Notários/Outorga de Provimento/2003 – desmembrada)** Independentemente de seu conteúdo, as decisões da Vara da Infância e da Juventude são revistas, em grau de recurso, no TJDFT, por uma de suas turmas cíveis. ( )

333. **(Cespe/TJDFT/Analista Judiciário/2000)** Se um cidadão ajuizar ação rescisória contra sentença de juiz de direito do DF, o julgamento dela competirá a uma das câmaras cíveis do Tribunal. ( )

334. **(Cespe/TJDFT/Analista Judiciário/2000)** Se, em um processo de competência do tribunal do júri, o MPDFT requerer o desaforamento da causa, caberá a uma das turmas criminais julgar esse incidente. ( )

335. **(Cespe/TJDFT/Técnico Judiciário/1998)** As Turmas do Tribunal compõem-se de quatro desembargadores, sendo sempre presididas pelo mais antigo, em sistema de rodízio anual. ( )

336. **(Cespe/TJDFT/Técnico Judiciário/1998)** As Turmas do Tribunal compõem-se de quatro desembargadores, sendo sempre presididas pelo mais antigo. ( )

337. **(Inédita)** O cometimento de atos do Presidente do Tribunal que resulte em mandado de segurança será processado e julgado originariamente pelas Câmaras Cíveis do Tribunal. ( )

338. **(Inédita)** A Primeira Câmara Cível é composta pelos membros da Primeira, da Terceira, da Quinta e da Sétima Turma Cível e funciona com *quorum* mínimo de nove desembargadores. ( )

339. **(Inédita)** Os desembargadores do TJDFT que compõem a Segunda Turma Cível do Tribunal terão assento na mesma Câmara dos desembargadores que compõem a Quinta Turma Cível. ( )

340. **(Inédita)** Compete às Câmaras Especializadas processar e julgar o conflito de competência estabelecidos entre os juízes de direito da Justiça do Distrito Federal. ( )

341. **(Inédita)** A Câmara Criminal é constituída da totalidade dos desembargadores das Turmas Criminais cabendo a Presidência do órgão ao membro de maior antiguidade entre os que a compõem. ( )

342. **(Inédita)** O julgamento, nas Turmas Especializadas, será sempre tomado pelo voto de três desembargadores. Nas Câmaras Especializadas, com o mínimo de votantes equivalente ao número inteiro que se seguir à metade de seus respectivos membros. ( )

343. **(Inédita)** As Turmas Cíveis e Criminais, compostas por quatro desembargadores cada uma, funcionam com *quorum* mínimo de três julgadores. ( )

344. **(Inédita)** Cuidando-se de reclamação relativa a decisão proferida por magistrado de primeiro grau, a competência para o julgamento é da Câmara de Uniformização. ( )

345. **(Inédita)** O julgamento do incidente de assunção de competência cabe às Câmaras Cíveis do Tribunal. ( )

346. **(Inédita)** Há no TJDFT oito Turmas especializadas, constituídas de quatro desembargadores cada uma. Os membros da Quarta e Quinta Turmas Cíveis integram a Segunda Câmara Cível. ( )

COMENTÁRIOS

330. (E) É da Câmara Criminal, e não da Turma Criminal, a competência para processar e julgar a representação para a perda da graduação das praças da Polícia Militar e do Corpo de Bombeiros Militar do Distrito Federal, bem como das praças dessas corporações nos Territórios (art. 23, VI).

331. (C) As Turmas, embora sejam compostas de quatro desembargadores, somente podem reunir-se com a presença de, no mínimo, três julgadores (art. 24).

332. (E) O conteúdo da decisão proferida pelo Juiz da Vara da Infância e da Juventude determinará qual a Turma competente para o julgamento do recurso. Se a decisão for proferida em matéria de natureza cível, a competência é das Turmas Cíveis (art. 26, I, d); se a decisão for proferida em matéria de natureza infracional, a competência é das Turmas Criminais (art. 27, II).

333. (C) Compete às Câmaras Cíveis processar e julgar a ação rescisória de sentença de Primeiro Grau, de acórdãos das Turmas Cíveis e dos próprios julgados (art. 21, IV). Cabe lembrar que ao Conselho Especial compete processar e julgar a ação rescisória de seus próprios julgados (art. 13, I, g).

334. (E) A competência para processar e julgar o desaforamento é da Câmara Criminal e não da Turma Criminal como afirma a questão (art. 23, III).

335. (C) Cada Turma compõe-se de quatro desembargadores (art. 24, primeira parte) e serão presididas pelo desembargador mais antigo no órgão em rodízio anual (art. 25), cabendo lembrar que a turma reunir-se-á na presença de, no mínimo, três julgadores (art. 24, parte final).

336. (C) Cada Turma compõe-se de quatro desembargadores (art. 24, primeira parte) e serão presididas pelo componente mais antigo no órgão (em rodízio anual) (art. 25), cabendo lembrar que a turma reunir-se-á na presença de, no mínimo, três julgadores (art. 24, parte final).

337. (E) Compete ao Conselho Especial e não às Câmaras Cíveis, processar e julgar o mandado de segurança impetrado contra atos do Presidente do Tribunal e de quaisquer de seus órgãos e membros (art. 13, I, c). Cabe lembrar que a competência das Câmaras Cíveis para o processo e julgamento de mandados de segurança restringe-se aqueles impetrados contra ato de relator de recurso distribuído às Turmas Cíveis, de Juízes do Distrito Federal (de varas de natureza cível), do Procurador-Geral do Distrito Federal e dos Secretários de Governo do Distrito Federal e dos Territórios (art. 21, II).

338. (C) A Primeira Câmara Cível é de fato composta pelos membros da Primeira, da Terceira, da Quinta e da Sétima Turma Cível (art. 20). As Câmaras reunir-se-ão na presença de desembargadores em número equivalente, no mínimo, ao inteiro que se seguir à metade de seus membros. Considerando que as Câmaras Cíveis são compostas de desembargadores integrantes das quatro Turmas Cíveis relacionadas, o número de componentes do órgão totaliza dezesseis membros (4x4=16). O número inteiro que se segue à metade de 16 é 9, este, portanto, o quorum mínimo para a realização da sessão (art. 19, § 3º).

339. (E) A Primeira Câmara Cível é composta pelos membros da Primeira, da Terceira, da Quinta e da Sétima Turma Cível; a Segunda Câmara Cível, pelos membros da Segunda, da Quarta, da Sexta e da Oitava Turma Cível. Assim, os desembargadores da Segunda e da Quinta Turma Cível terão assento em Câmaras diferentes: os da 2ª Turma Cível comporão a 2ª Câmara Cível; e os da 5ª Turma Cível comporão a 1ª Câmara Cível (art. 20).

340. (C) As Câmaras especializadas possuem a competência para processar e julgar os conflitos de competência estabelecidos entre os juízes de direito da justiça do Distrito Federal, sendo que às Câmaras Cíveis compete o julgamento dos conflitos oriundos de processos de natureza cível, inclusive o da Vara da Infância e da Juventude (art. 21, I), enquanto à Câmara Criminal compete o julgamento dos conflitos oriundos de processo de natureza criminal, inclusive o de natureza infracional oriundo e Vara da Infância e da Juventude (arts. 23, I, parte final).

341. (E) A Câmara Criminal é, de fato, constituída dos desembargadores das Turmas Criminais (1ª, 2ª e 3ª Turmas criminais) (art. 22). A presidência cabe ao membro mais antigo no órgão, em rodízio anual, e não ao membro de maior antiguidade entre os que a compõem (art. 19, § 1º).

342. (C) Cada Turma compõe-se de quatro desembargadores e reunir-se-á na presença de, no mínimo, três julgadores (art. 24). As Câmaras Especializadas somente se reunirão na presença de desembargadores em número equivalente, no mínimo, ao inteiro que se seguir à metade de seus membros (art. 19, § 3º).

343. (C) Cada Turma compõe-se de quatro desembargadores e reunir-se-á na presença de, no mínimo, três julgadores (art. 24). Cabe lembrar que o Conselho Especial (art. 12) e as Câmaras Especializadas (art. 19, § 3º) somente se reunirão na presença de desembargadores em número equivalente, no mínimo, ao inteiro que se seguir à metade de seus membros. A Câmara de Uniformização, com o quorum mínimo de dois terços de seus membros (art. 17, § 2º). E para adiantar a lição, o Tribunal Pleno também somente se reunirá na presença de desembargadores em número equivalente, no mínimo, ao inteiro que se seguir à metade de seus membros (art. 360, § 1º).

344. (E) A competência para o julgamento da reclamação contra decisão proferida por magistrado de primeiro grau é das Turmas Criminais e não da Câmara de Uniformização como afirma a questão (art. 27, I).

345. (E) A Competência para o processo e julgamento do incidente de assunção de competência é da Câmara de Uniformização e não das Câmaras Cíveis como afirma a questão (art. 18, III).

346. (E) No TJDFT há onze Turmas especializadas, sendo oito cíveis e três criminais (art. 2º, parágrafo único). Cada Turma é composta por quatro desembargadores (art. 24). Os membros da Quarta Turma Cível integram a Segunda Câmara Cível; e os membros da Quinta Turma Cível integram a Primeira Câmara Cível (art. 20).

CAPÍTULO VI
DAS DISPOSIÇÕES COMUNS AOS CAPÍTULOS ANTERIORES

Art. 28. Aos Conselhos Especial e da Magistratura, às Câmaras e às Turmas, nos processos de respectiva competência, cabe, ainda, julgar:

I – os embargos de declaração opostos aos próprios acórdãos;

Os embargos de declaração são recursos destinados a eliminar defeitos (omissão, contradição obscuridade, erro material) porventura existentes em um acórdão.

II – as medidas e os processos incidentes;

Medidas e processos incidentes são questões que surgem no curso do processo e que devem ser decididas antes da matéria principal.

III – o agravo interno contra decisão do relator;

Agravo interno é o recurso contra decisão unipessoal de desembargador relator.

IV – a restauração de autos;

Restauração de autos é o procedimento destinado a reconstruir os autos de processos extraviados ou desaparecidos.

V – os incidentes de execução que lhes forem submetidos.

Os incidentes de execução são as ações ajuizadas com vistas a impugnar e suspender os processos de execução oriundos das ações originárias.

COMPETÊNCIA COMUM A TODOS OS ÓRGÃOS JULGADORES		
Cabe - ao Conselho Especial - ao Conselho da Magistratura - às Câmaras - e às Turmas	Julgar nos processos de sua respectiva competência	- os embargos de declaração opostos aos próprios acórdãos; - as medidas e os processos incidentes; - o agravo interno contra decisão do relator; - a restauração de autos; - os incidentes de execução que lhes forem submetidos.

Nota: Todos os órgãos julgadores detêm competência para julgar os recursos ou incidentes acima listados, cada qual nos processos de sua respectiva competência. Para exemplificar, se os embargos de declaração forem opostos ao acórdão de uma apelação criminal, a competência para o julgamento dos embargos será do mesmo órgão competente para julgar a apelação criminal; se forem opostos embargos ao acórdão de uma ação direta de inconstitucionalidade, a competência para o julgamento dos embargos será do mesmo órgão competente para julgar a ação direta de inconstitucionalidade. De igual forma, a restauração de autos relativas a processo de competência de uma determinada Turma será julgada pela respectiva Turma.

Art. 29. São atribuições dos presidentes dos órgãos colegiados:

I – presidir as sessões, submetendo-lhes questões de ordem;

II – convocar sessões extraordinárias;

III – manter a ordem nas sessões, adotando as providências necessárias;

IV – proclamar os resultados dos julgamentos;

V – comunicar ao Presidente do Tribunal ou ao Corregedor da Justiça a existência de indício da prática de falta disciplinar por magistrado, servidor, tabelião, registrador ou serventuário, quando assim deliberado pelo colegiado no julgamento.

ATRIBUIÇÕES DOS PRESIDENTES DOS ÓRGÃOS COLEGIADOS
- presidir as sessões, submetendo-lhes questões de ordem; - convocar sessões extraordinárias; - manter a ordem nas sessões, adotando as providências necessárias; - proclamar os resultados dos julgamentos; - comunicar ao Presidente do Tribunal ou ao Corregedor da Justiça a existência de indício da prática de falta disciplinar por magistrado, servidor, tabelião, registrador ou serventuário, quando assim deliberado pelo colegiado no julgamento.
Nota: As atribuições acima aplicam-se também ao Presidente do Tribunal Pleno e do Conselho Especial no exercício das funções administrativas, no que couber (art. 366).

§ 1º O presidente do Conselho Especial e os presidentes das Câmaras votarão quando o julgamento exigir *quorum* qualificado para apuração do resultado ou quando houver empate.

DIREITO A VOTO DOS PRESIDENTES DO CONSELHO ESPECIAL E DAS CÂMARAS
- quando o julgamento exigir *quorum* qualificado para a apuração do resultado; ou - quando houver empate.
Sobre o direito a voto do Presidente do Tribunal Pleno e do Conselho Especial, no exercício das funções administrativas, ver art. 366, parágrafo único, deste Regimento.
Nota: Ao contrário do Presidente do Conselho Especial, que não exerce nesse órgão as funções de relator nem de revisor (art. 4º, § 1º), o Presidente da Câmara exerce esse múnus, só que, quando chamado a julgamento processo do qual seja relator ou revisor, passará a presidência a um dos desembargadores que lhe suceder na ordem de antiguidade no órgão (art. 19, § 2º). Na condição de presidente dos órgãos, todavia, ambas as autoridades somente votam nas hipóteses acima elencadas.

§ 2º Os presidentes das Câmaras e das Turmas indicarão ao Presidente do Tribunal servidor para ser nomeado secretário do respectivo órgão e designar o substituto.

A atribuição de **indicar** servidor para ser nomeado secretário do órgão julgador e designar o substituto não inclui o presidente do Tribunal Pleno, do Conselho Especial e do Conselho da Magistratura, uma vez que a presidência de tais órgãos cabe ao Presidente do Tribunal, a quem compete propriamente **a expedição dos atos de nomeação** de magistrados e servidores da Justiça do Distrito Federal e dos Territórios (art. 367, III).

PARA PRATICAR

347. **(Cespe/TJDFT/Técnico Judiciário/2003).** O presidente do Conselho Especial e o das Câmaras do TJDFT jamais votam nesses órgãos. ( )

348. **(Cespe/TJDFT/Analista Judiciário/2000 – adaptada)** Se o presidente do Tribunal presidir sessão de julgamento do Conselho Especial, não poderá votar em hipótese alguma, salvo se houver sido designado relator. ( )

349. **(Cespe/TJDFT/Analista Judiciário/1997 – adaptada)** Inclui-se na competência do Conselho Especial, de acordo com o Regimento Interno do TJDFT, processar e julgar, originariamente, os embargos de declaração opostos a seus acórdãos. ( )

350. **(Cespe/TJDFT/Analista Judiciário/1997)** Os embargos de declaração opostos a acórdãos dos órgãos fracionários do Tribunal são sempre julgados por outro órgão, composto por maior número de membros. ( )

351. **(Cespe/TJDFT/Analista Judiciário/1997)** Os presidentes do Conselho Especial e das Câmaras votam sempre que a relevância da matéria em julgamento exigir, conforme a previsão legal ou regimental. ( )

352. **(Cespe/TJDFT/Analista Judiciário/1997)** Os presidentes do Conselho Especial e das Câmaras jamais votam. ( )

353. **(Inédita)** Os embargos de declaração serão julgados por órgão fracionário diverso daquele que pronunciou a decisão embargada. ( )

COMENTÁRIOS

347. (E) O presidente do Conselho Especial e os presidentes das Câmaras votarão quando o julgamento exigir quorum qualificado para apuração do resultado ou quando houver empate no julgamento (art. 29, § 1º).

348. (E) O presidente do Conselho Especial, que coincidentemente é o Presidente do próprio Tribunal, vota como presidente nas sessões de julgamento do Conselho Especial quando o julgamento exigir quorum qualificado para apuração do resultado ou quando houver empate (art. 29, § 1º), cabendo lembrar que ele não exerce nesse órgão as funções de relator nem de revisor (art. 4º, § 1º).

349. (C) O art. 28 elenca os recursos, medidas e incidentes que são julgados por cada órgão julgador (Conselho Especial, Conselho da Magistratura, Câmaras e Turmas) nos processos de sua respectiva competência. Assim, os embargos de declaração serão julgados pelo mesmo órgão que prolatou o acórdão embargado. Exemplificando, os embargos de declaração opostos aos acórdãos do Conselho Especial serão julgados pelo próprio Conselho Especial (art. 28, I).

350. (E) O art. 28 elenca os recursos, medidas e incidentes que são julgados por cada órgão julgador (Conselho Especial, Conselho da Magistratura, Câmaras e Turmas) nos processos de sua respectiva competência. Assim, os embargos de declaração serão julgados pelo mesmo órgão que prolatou o acórdão embargado. Exemplificando, os embargos de declaração opostos aos acórdãos do Conselho Especial serão julgados pelo próprio Conselho Especial (art. 28, I).

351. (E) O presidente do Conselho Especial e os presidentes das Câmaras votarão quando o julgamento exigir quorum qualificado para a apuração do resultado ou quando houver empate (29, § 1º). Nem todas as matérias relevantes do Tribunal exigem quorum qualificado para a apuração do resultado.

352. (E) O presidente do Conselho Especial e os presidentes das Câmaras votarão quando o julgamento exigir quorum qualificado para a apuração do resultado ou quando houver empate no julgamento (art. 29, § 1º).

353. (E) O art. 28 elenca os recursos, medidas e incidentes que são julgados por cada órgão julgador nos processos de sua respectiva competência. Assim, os embargos de declaração serão julgados pelo mesmo órgão que prolatou o acórdão embargado. Exemplificando, os embargos de declaração opostos ao acórdão da 2ª Turma Criminal serão julgados pela própria 2ª Turma Criminal (art. 28, I).

CAPÍTULO VII
DAS COMISSÕES

Art. 30. As comissões, permanentes e temporárias, colaboram no desempenho dos encargos do Tribunal de Justiça.

As comissões constituem órgãos compostos de determinado número de desembargadores encarregados de decidir questões sobre um tema específico. São permanentes quando integrantes da estrutura institucional do Tribunal, como as Comissões de Regimento, de Jurisprudência e de Acompanhamento de Estágio Probatório. São temporárias quando criadas para apreciar determinada matéria e extinguem-se quando alcançado o fim a que se destinam ou quando expirado o prazo de sua duração.

As comissões permanentes e temporárias colaboram no desempenho das atividades institucionais do Tribunal de Justiça.

Art. 31. São comissões permanentes:

I – a Comissão de Regimento Interno;

II – a Comissão de Jurisprudência;

III – a Comissão de Acompanhamento de Estágio Probatório.

§ 1º Os membros das comissões serão indicados pelo Presidente do Tribunal para aprovação do Tribunal Pleno.

§ 2º Os membros das comissões cumprirão mandato de dois anos, permitida uma recondução.

§ 3º É vedada a participação do mesmo desembargador em mais de uma comissão permanente.

Art. 32. As comissões contarão com o apoio dos órgãos da Administração do Tribunal.

DAS COMISSÕES PERMANENTES	
Membros das comissões	São indicados pelo Presidente do Tribunal para aprovação do Tribunal Pleno.
Mandato dos membros	Dois anos, permitida uma recondução.
Participação dos membros	É vedada a participação do mesmo desembargador em mais de uma comissão permanente.
Serviço de apoio	As comissões contarão com o apoio dos órgãos da Administração do Tribunal.

Art. 33. O Tribunal Pleno e o Presidente do Tribunal poderão criar comissões temporárias com qualquer número de membros.

DAS COMISSÕES TEMPORÁRIAS	
Podem ser criadas	Pelo Tribunal Pleno; e Pelo Presidente do Tribunal.
Número de membros	Podem ser criadas com qualquer número de membros.

Seção I
Da Comissão de Regimento Interno

Art. 34. A Comissão de Regimento Interno é composta por 5 (cinco) membros efetivos e dois membros suplentes, sendo presidida por seu membro mais antigo.

Art. 35. Compete à Comissão de Regimento Interno propor e manifestar-se sobre propostas de alterações regimentais.

Parágrafo único. O Presidente do Tribunal poderá consultar a Comissão de Regimento Interno sobre outras matérias administrativas.

Art. 36. A Comissão de Regimento Interno reunir-se-á ordinariamente uma vez por mês e terá o prazo de 30 (trinta) dias para se manifestar sobre as propostas que lhe forem submetidas, salvo hipóteses de urgência.

Seção II
Da Comissão de Jurisprudência

Art. 37. A Comissão de Jurisprudência é composta de 5 (cinco) membros efetivos e um suplente, sendo presidida por seu membro mais antigo.

Parágrafo único. A Comissão de Jurisprudência terá um representante de cada Câmara especializada.

Art. 38. Compete à Comissão de Jurisprudência propor e se manifestar sobre propostas de edição, revisão e cancelamento de súmula, observado o disposto nos arts. 331, 334 e 335.

Parágrafo único. A Comissão de Jurisprudência auxiliará o Tribunal nos assuntos relacionados à sua competência.

Seção III
Da Comissão de Acompanhamento de Estágio Probatório

Art. 39. A Comissão de Acompanhamento de Estágio Probatório é composta por 3 (três) membros efetivos, dentre os quais o Corregedor, que a presidirá, bem como por 1 (um) suplente.

Art. 40. Compete à Comissão de Acompanhamento de Estágio Probatório o exame das condições pessoais e do desempenho do juiz de direito substituto durante os dois primeiros anos de exercício do cargo.

DAS COMISSÕES PERMANENTES		
Comissão de Regimento Interno	Comissão de Jurisprudência	Comissão de Acompanhamento de Estágio Probatório
É composta por cinco membros efetivos e dois suplentes.	É composta por cinco membros efetivos e um suplente.	É composta por três membros efetivos, entre os quais o Corregedor, e um suplente.
É presidida por seu membro mais antigo.	É presidida por seu membro mais antigo.	É presidida pelo Corregedor.

DAS COMISSÕES PERMANENTES		
	Terá um representante de cada Câmara especializada.	
Compete propor e manifestar-se sobre propostas de alterações regimentais.	Compete propor e se manifestar sobre propostas de edição, revisão e cancelamento de súmula, observado o disposto nos arts. 331, 334 e 335.	Compete o exame das condições pessoais e do desempenho do juiz de direito substituto durante os dois primeiros anos de exercício do cargo.
O Presidente do Tribunal poderá consultar a Comissão de Regimento Interno sobre outras matérias administrativas.	Auxiliará o Tribunal nos assuntos relacionados à sua competência.	
Reunir-se-á ordinariamente uma vez por mês.		
Terá o prazo de 30 (trinta) dias para se manifestar sobre as propostas que lhe forem submetidas, salvo hipóteses de urgência.		

PARA PRATICAR

354. **(Cebraspe/STJ/Técnico Judiciário/Área Administrativa/2018 – adaptada)** Os desembargadores que integram as comissões do TJDFT são designados pelo presidente do tribunal e seus nomes são submetidos à aprovação do Tribunal Pleno. ( )

355. **(Cespe/TJDFT/Técnico Judiciário – Área Administrativa/2015 – atualizada)** As comissões permanentes e temporárias colaboram no desempenho dos encargos do Tribunal e contarão com o apoio dos órgãos da Administração da Corte. ( )

356. **(Cespe/STF/Analista Judiciário – Área Administrativa/2008 – adaptada)** A comissão permanente de jurisprudência tem por atribuição propor e se manifestar sobre propostas de edição, revisão e cancelamento de súmula do Tribunal. ( )

357. **(Cespe/TJDFT/Técnico Judiciário/2003)** As comissões permanentes de Regimento e de Jurisprudência do TJDFT são compostas por desembargadores que necessariamente devem passar por rodízio ao término de cada mandato, uma vez que é proibida a recondução para essa função. ( )

358. **(Cespe/TJDFT/Analista Judiciário/1998)** A presidência da Comissão de Regimento Interno é atribuição do presidente do Tribunal. ( )

359. **(Cespe/TJDFT/Analista Judiciário/1997)** Além das comissões permanentes, o Tribunal poderá ter comissões temporárias. ( )

360. **(Inédita)** É vedada a participação do mesmo desembargador em mais de uma comissão permanente. ( )

361. **(Inédita)** A presidência das Comissões de Regimento Interno e de Jurisprudência é exercida pelos membros mais antigos do Tribunal. E a de Acompanhamento de Estágio Probatório, pelo Corregedor de Justiça. ( )

362. **(Inédita)** As Comissões de Regimento Interno e de Jurisprudência são compostas por cinco membros efetivos e um suplente; a de Acompanhamento de Estágio Probatório compõe-se de três membros efetivos, entre os quais o Corregedor, e um suplente. ( )

363. **(Inédita)** Os membros das comissões permanentes são escolhidos mediante eleição pelo Tribunal Pleno. ( )

364. **(Inédita)** Os membros das comissões permanentes cumprirão mandato de dois anos, inadmitida a recondução.

365. **(Inédita)** O desembargador que já cumpriu o mandato por dois anos na Comissão de Jurisprudência não poderá voltar a integrar a mesma Comissão. ( )

366. **(Inédita)** À Comissão de Regimento Interno cabe opinar sobre matérias administrativas em caso de consulta feita pelo Presidente do Tribunal. ( )

COMENTÁRIOS

354. (C) Os membros das comissões são indicados pelo Presidente do Tribunal para aprovação do Tribunal Pleno (art. 30, § 1º).

355. (C) As comissões, permanentes e temporárias colaboram no desempenho dos encargos do Tribunal de Justiça (art. 30). As comissões contarão com o apoio dos órgãos da Administração do Tribunal (art. 32).

356. (C) Compete à Comissão de Jurisprudência propor e se manifestar sobre propostas de edição, revisão e cancelamento de súmula, observado o disposto nos arts. 331, 334 e 335 (art. 38).

357. (E) O mandato dos membros das comissões permanentes de Regimento Interno e de Jurisprudência é de dois anos, permitida uma recondução (art. 31, § 2º).

358. (E) O presidente do Tribunal não preside nem integra nenhuma das comissões permanentes. A Presidência da Comissão de Regimento Interno, assim como a de Jurisprudência, é exercida pelo desembargador mais antigo entre seus membros (arts. 34 e 37), cabendo lembrar que a presidência da Comissão de Acompanhamento de Estágio Probatório cabe ao Corregedor (art. 39).

359. (C) O Tribunal Pleno e o Presidente do Tribunal poderão criar comissões temporárias com qualquer número de membros (art. 33).

360. (C) A questão reproduz o art. 31, § 3º, que assim dispõe: "É vedada a participação do mesmo desembargador em mais de uma comissão permanente".

361. (E) A presidência das Comissões de Regimento Interno e de Jurisprudência é exercida pelos membros mais antigos que as compuser e não pelos membros mais antigos do Tribunal (arts. 34 e 37). A presidência da Comissão de Acompanhamento de Estágio Probatório, de fato, é exercida pelo Corregedor (art. 39).

362. (E) A Comissão de Jurisprudência é composta por cinco membros efetivos e um suplente (art. 37), mas a de Regimento Interno é composta por cinco membros efetivos e dois suplentes (art. 34). E a de Acompanhamento de Estágio Probatório, de fato, compõe-se de três membros efetivos, entre os quais o Corregedor, e um suplente (art. 39).

363. (E) Os membros das comissões serão indicados pelo Presidente do Tribunal para aprovação do Tribunal Pleno. Não há previsão de eleição para a aprovação dos nomes (art. 31, § 1º).

364. (E) Os membros das comissões permanentes cumprirão mandato de dois anos, permitida uma recondução (art. 31, § 2º).

365. (E) Os membros de qualquer uma das comissões permanentes cumprirão mandato de dois anos, permitida uma recondução (art. 31, § 2º). Assim, o desembargador que já cumpriu o mandato por dois anos na Comissão de Jurisprudência pode voltar a integrar a mesma comissão se for reconduzido.

366. (C) O Presidente do Tribunal poderá consultar a Comissão de Regimento Interno sobre outras matérias administrativas (art. 35, parágrafo único).

TÍTULO III
DO PRESIDENTE DO TRIBUNAL, DO PRIMEIRO VICE-PRESIDENTE, DO SEGUNDO VICE-PRESIDENTE E DO CORREGEDOR DA JUSTIÇA

Art. 41. O Presidente do Tribunal, o Primeiro Vice-Presidente, o Segundo Vice-Presidente e o Corregedor da Justiça terão mandato de dois anos e tomarão posse no primeiro dia útil seguinte a 21 de abril.

> O Presidente do Tribunal, o Primeiro Vice-Presidente, o Segundo Vice-Presidente e o Corregedor de Justiça são desembargadores integrantes do Tribunal, eleitos pelos demais desembargadores, para exercerem os cargos de direção superior do Órgão.

Parágrafo único. Ao tomarem posse, prestarão o compromisso de bem e fielmente desempenhar os deveres do cargo, cumprindo e fazendo cumprir a Constituição da República, as leis e as decisões da Justiça.

Art. 42. Se ocorrer vacância dos cargos de Presidente do Tribunal, de Primeiro Vice-Presidente, de Segundo Vice-Presidente ou de Corregedor da Justiça, realizar-se-á nova eleição, salvo se faltarem menos de seis meses para o término do mandato, caso em que a Presidência do Tribunal será exercida pelo Primeiro Vice-Presidente; e a Primeira Vice-Presidência, a Segunda Vice-Presidência ou a Corregedoria da Justiça, pelos demais membros, observada a ordem decrescente de antiguidade.

MANDADO, POSSE E VACÂNCIA DO PRESIDENTE DO TRIBUNAL, DO PRIMEIRO VICE-PRESIDENTE, DO SEGUNDO VICE-PRESIDENTE E DO CORREGEDOR DA JUSTIÇA	
Mandato	Dois anos.
Posse	No primeiro dia útil seguinte a 21 de abril.
Compromisso de posse	De bem e fielmente desempenhar os deveres do cargo, cumprindo e fazendo cumprir a Constituição da República, as leis e as decisões da Justiça.
Vacância	Ocorre a vacância quando, no curso do mandato, o cargo fica vago em decorrência de aposentadoria, morte ou outro impedimento absoluto do magistrado.
Se ocorrer vacância	Será realizada nova eleição se faltarem seis meses ou mais para o término do mandato.
	Haverá substituição se faltarem menos de seis meses para o término do mandato.

	Cargo	Será exercido
Substituição em caso de vacância do cargo por período inferior a seis meses	Presidência	Pelo Primeiro Vice-Presidente
	Primeira Vice-Presidência Segunda Vice-Presidência Corregedoria da Justiça	Pelos demais membros, observada a ordem decrescente de antiguidade.
Afastamento do Presidente em missão oficial fora do Distrito Federal	Por quinze dias ou mais	Será transmitida a presidência.
	Por menos de quinze dias	Não será transmitida a presidência. Neste caso, o Primeiro Vice-Presidente deverá praticar os atos manifestamente urgentes.
Transmissão da presidência, quando houver	É feita mediante ofício.	

Nota: Sobre a substituição dos ocupantes de cargo de direção no caso de outros afastamentos, ver art. 57.

Nota: Sobre a substituição do Presidente do Tribunal Pleno e do Conselho Especial, no exercício de suas funções administrativas, e dos demais membros, ver art. 364.

Art. 43. São atribuições do Presidente do Tribunal:

O Presidente é um dos desembargadores integrantes do Tribunal, eleito pelo Tribunal Pleno para administrar e dirigir os trabalhos do Órgão. É a autoridade máxima do Tribunal e tem suas atribuições definidas no art. 10 da LOJDFT e nos arts. 43 (atribuições jurisdicionais) e 367 (atribuições administrativas) deste Regimento.

I – representar o Poder Judiciário do Distrito Federal e dos Territórios nas suas relações com os outros Poderes e autoridades;

II – administrar e dirigir os trabalhos do Tribunal, presidir as sessões do Tribunal Pleno, do Conselho Especial e do Conselho da Magistratura, bem como as sessões solenes e as especiais, cumprindo e fazendo cumprir este Regimento;

III – promover a execução das penas quando a condenação houver sido imposta em ação de competência originária do Tribunal, podendo delegar a magistrado de Primeiro Grau a prática de atos não decisórios;

IV – determinar a suspensão dos serviços judiciários na ocorrência de motivo relevante;

V – elaborar as escalas de plantão judicial do Conselho da Magistratura e de plantão semanal da segunda instância;

VI – requisitar as verbas necessárias ao pagamento de precatórios pela Fazenda Pública do Distrito Federal;

VII – velar pela regularidade e pela exatidão das publicações das estatísticas mensais, relativas aos trabalhos judiciários do Tribunal;

VIII – designar desembargador para substituição de membro do Conselho Especial, por ocasião de férias, afastamentos e impedimentos, observados os critérios estabelecidos neste Regimento;

IX – designar desembargador para composição de *quorum* de outro órgão julgador nas hipóteses previstas neste Regimento;

X – solicitar ao Procurador-Geral de Justiça do Distrito Federal e Territórios e ao Presidente da Ordem dos Advogados do Brasil, Seccional do Distrito Federal, lista sêxtupla para início dos procedimentos referentes ao preenchimento das vagas correspondentes ao quinto constitucional;

XI – decidir:

a) o pedido de suspensão de execução de medida liminar ou de sentença em mandado de segurança;

b) o pedido de avocação de processos (art. 496, § 1º, Código de Processo Civil);

c) a admissibilidade dos recursos endereçados às instâncias superiores, resolvendo os incidentes suscitados, bem como a decretação de deserção;

d) pedido de concessão de efeito suspensivo a recurso extraordinário ou a recurso especial, na hipótese do art. 1.029, § 5º, III, do Código de Processo Civil;

e) o pedido a que se refere o art. 1.036, § 2º, do Código de Processo Civil.

XII – decidir e ordenar o sequestro previsto no art. 100, § 2º, Constituição da República;

XIII – outorgar delegação para o exercício da atividade notarial e de registro, bem como extingui-la nos casos previstos em lei, declarando vago o respectivo serviço;

XIV – exercer as demais funções que lhe são atribuídas por este Regimento.

Art. 44. São atribuições do Primeiro Vice-Presidente:

O Primeiro Vice-Presidente é um dos desembargadores integrantes do Tribunal, eleito pelo Tribunal Pleno para substituir o Presidente em suas faltas e impedimentos. Tem suas atribuições definidas no art. 11 da LOJDFT e nos arts. 44 (atribuições jurisdicionais) e 368 (atribuições administrativas) deste Regimento.

I – substituir o Presidente do Tribunal em suas férias, afastamentos, ausências ou impedimentos eventuais;

II – supervisionar e regulamentar a autuação dos feitos e dos expedientes judiciais protocolizados na Secretaria do Tribunal, dirimindo as dúvidas suscitadas;

III – homologar o relatório de distribuição dos feitos de competência do Tribunal, admitida a assinatura digital ou pessoal nos casos de manifesta urgência ou de impossibilidade de realização na distribuição por meio eletrônico;

IV – regulamentar a distribuição no segundo grau de jurisdição;

V – exercer atribuições do Presidente do Tribunal, previstas em lei ou neste Regimento, que lhe forem delegadas;

VI – exercer as demais funções que lhe são atribuídas por este Regimento.

Parágrafo único. A delegação de competência prevista no inciso V far-se-á por ato conjunto do Presidente do Tribunal e do Primeiro Vice-Presidente.

Art. 45. São atribuições do Segundo Vice-Presidente:

> **O Segundo Vice-Presidente** é um dos desembargadores integrantes do Tribunal, eleito pelo Tribunal Pleno para, na impossibilidade do Primeiro Vice-Presidente, substituir o Presidente em suas faltas e impedimentos. Tem suas atribuições definidas no art. 11 da LOJDFT e nos arts. 45 (atribuições jurisdicionais) e 369 (atribuições administrativas) deste Regimento.

I – substituir o Presidente do Tribunal em suas férias, afastamentos, ausências ou impedimentos eventuais, caso o Primeiro Vice-Presidente esteja impossibilitado de fazê-lo;

II – exercer a função de Coordenador-Geral do Núcleo Permanente de Métodos Consensuais de Solução de Conflitos e do Núcleo Permanente de Mediação e Conciliação, bem como designar magistrados para a coordenação dos respectivos Centros Judiciários;

III – exercer atribuições do Presidente do Tribunal, previstas em lei ou neste Regimento, que lhe forem delegadas;

IV – exercer as demais funções que lhe são atribuídas por este Regimento.

Parágrafo único. A delegação de competência prevista no inciso III far-se-á por ato conjunto do Presidente do Tribunal e do Segundo Vice-Presidente.

Art. 46. Não se transmitirá a presidência do Tribunal quando o afastamento do titular, em missão oficial fora do Distrito Federal, ocorrer por período inferior a 15 (quinze) dias, devendo o Primeiro Vice-Presidente praticar os atos manifestamente urgentes.

Parágrafo único. A transmissão da presidência far-se-á mediante ofício.

Art. 47. São atribuições do Corregedor da Justiça:

ART. 47

> O **Corregedor de Justiça** é um dos desembargadores integrantes do Tribunal, eleito pelo Tribunal Pleno e figura como a autoridade responsável pela fiscalização e regularidade dos serviços prestados pelas Serventias Judiciais (nome dado aos Cartórios das Varas) e pelas Serventias Extrajudiciais (nome dado aos Serviços de Notas e de Registro), assegurando a correta aplicação das normas legais pertinentes. Tem suas atribuições previstas no art. 12 da LOJDFT e nos arts. 47 (atribuições jurisdicionais) e 370 (atribuições administrativas) deste Regimento.

I – fiscalizar, normatizar e exercer o poder disciplinar relativo aos serviços judiciários de Primeiro Grau de Jurisdição e extrajudiciais;

II – realizar inspeções e correições nos serviços judiciários de Primeiro Grau de Jurisdição e extrajudiciais;

III – regulamentar a distribuição no Primeiro Grau de Jurisdição;

IV – exercer a função de Coordenador-Geral do Sistema dos Juizados Especiais do Distrito Federal, indicando ao Conselho Especial magistrados para integrar a respectiva Coordenação;

V – presidir inquérito destinado à apuração de infração penal praticada por juiz;

VI – elaborar a escala mensal dos juízes de direito substitutos para os plantões judiciais de primeiro grau;

VII – exercer as funções que lhe forem delegadas pelo Conselho Especial.

ATRIBUIÇÕES
DO PRESIDENTE, DO PRIMEIRO VICE-PRESIDENTE, DO SEGUNDO VICE-PRESIDENTE E DO CORREGEDOR DA JUSTIÇA

Presidente	Primeiro Vice-Presidente	Corregedor da Justiça
- representar o Poder Judiciário do Distrito Federal e dos Territórios nas suas relações com os outros Poderes e autoridades; - administrar e dirigir os trabalhos do Tribunal; - presidir as sessões do Tribunal Pleno, do Conselho Especial e do Conselho da Magistratura, bem como as sessões solenes e as especiais, cumprindo e fazendo cumprir este Regimento;	- substituir o Presidente do Tribunal em suas férias, afastamentos, ausências ou impedimentos eventuais; - supervisionar e regulamentar a autuação dos feitos e dos expedientes judiciais protocolizados na Secretaria do Tribunal, dirimindo as dúvidas suscitadas; - homologar o relatório de distribuição dos feitos de competência do Tribunal, admitida a assinatura digital ou pessoal nos casos de manifesta urgência ou de impossibilidade de realização na distribuição por meio eletrônico;	- fiscalizar, normatizar e exercer o poder disciplinar relativo aos serviços judiciários de Primeiro Grau de Jurisdição e extrajudiciais; - realizar inspeções e correições nos serviços judiciários de Primeiro Grau de Jurisdição e extrajudiciais; - regulamentar a distribuição no Primeiro Grau de Jurisdição; - exercer a função de Coordenador-Geral do Sistema dos Juizados Especiais do Distrito Federal, indicando ao Conselho Especial magistrados para integrar a respectiva Coordenação;

ATRIBUIÇÕES DO PRESIDENTE, DO PRIMEIRO VICE-PRESIDENTE, DO SEGUNDO VICE-PRESIDENTE E DO CORREGEDOR DA JUSTIÇA

Presidente	Primeiro Vice-Presidente	Corregedor da Justiça
- promover a execução das penas quando a condenação houver sido imposta em ação de competência originária do Tribunal, podendo delegar a magistrado de Primeiro Grau a prática de atos não decisórios; - determinar a suspensão dos serviços judiciários na ocorrência de motivo relevante; - elaborar as escalas de plantão judicial do Conselho da Magistratura e de plantão semanal da segunda instância; - requisitar as verbas necessárias ao pagamento de precatórios pela Fazenda Pública do Distrito Federal; - velar pela regularidade e pela exatidão das publicações das estatísticas mensais, relativas aos trabalhos judiciários do Tribunal; - designar desembargador para substituição de membro do Conselho Especial, por ocasião de férias, afastamentos e impedimentos, observados os critérios estabelecidos neste Regimento; - designar desembargador para composição de *quorum* de outro órgão julgador nas hipóteses previstas neste Regimento;	- regulamentar a distribuição no segundo grau de jurisdição; - exercer atribuições do Presidente do Tribunal, previstas em lei ou neste Regimento, que lhe forem delegadas; - exercer as demais funções que lhe são atribuídas por este Regimento.	- presidir inquérito destinado à apuração de infração penal praticada por juiz; - elaborar a escala mensal dos juízes de direito substitutos para os plantões judiciais de primeiro grau; - exercer as funções que lhe forem delegadas pelo Conselho Especial.
	Segundo Vice-Presidente	
	- substituir o Presidente do Tribunal em suas férias, afastamentos, ausências ou impedimentos eventuais, caso o Primeiro Vice-Presidente esteja impossibilitado de fazê-lo; - exercer a função de Coordenador-Geral do Núcleo Permanente de Métodos Consensuais de Solução de Conflitos e do Núcleo Permanente de Mediação e Conciliação, bem como designar magistrados para a coordenação dos respectivos Centros Judiciários; - exercer atribuições do Presidente do Tribunal, previstas em lei ou neste Regimento, que lhe forem delegadas; - exercer as demais funções que lhe são atribuídas por este Regimento.	

ATRIBUIÇÕES
DO PRESIDENTE, DO PRIMEIRO VICE-PRESIDENTE,
DO SEGUNDO VICE-PRESIDENTE E DO CORREGEDOR DA JUSTIÇA

- solicitar ao Procurador-Geral de Justiça do Distrito Federal e Territórios e ao Presidente da Ordem dos Advogados do Brasil, Seccional do Distrito Federal, lista sêxtupla para início dos procedimentos referentes ao preenchimento das vagas correspondentes ao quinto constitucional;
- decidir:
. o pedido de suspensão de execução de medida liminar ou de sentença em mandado de segurança;
. o pedido de avocação de processos (art. 496, § 1º, Código de Processo Civil);
. a admissibilidade dos recursos endereçados às instâncias superiores, resolvendo os incidentes suscitados, bem como a decretação de deserção;
. o pedido de concessão de efeito suspensivo a recurso extraordinário ou a recurso especial, na hipótese do art. 1.029, § 5º, III, do Código de Processo Civil;
. o pedido a que se refere o art. 1.036, § 2º, do Código de Processo Civil.
- decidir e ordenar o sequestro previsto no art. 100, § 2º, Constituição da República;
- outorgar delegação para o exercício da atividade notarial e de registro, bem como extingui-la nos casos previstos em lei, declarando vago o respectivo serviço;
- exercer as demais funções que lhe são atribuídas por este Regimento.

ART. 47 — TJDFT – EM ESQUEMAS

ATRIBUIÇÕES DO PRESIDENTE, DO PRIMEIRO VICE-PRESIDENTE, DO SEGUNDO VICE-PRESIDENTE E DO CORREGEDOR DA JUSTIÇA	
Delegação de competência do Presidente ao Primeiro Vice-Presidente	Será feita por ato conjunto dessas duas autoridades.
Delegação de competência do Presidente ao Segundo Vice-Presidente	Será feita por ato conjunto dessas duas autoridades.
Sobre as atribuições administrativas do Presidente do Tribunal, do Primeiro Vice-Presidente, do Segundo Vice-Presidente e do Corregedor da Justiça, ver os arts. 367, 368, 369 e 370 deste Regimento e respectivo quadro esquemático.	

PARA PRATICAR

367. **(Cespe/TJDFT/Analista Judiciário/2007)** Roberto e Paula ocupam, respectivamente, os cargos de Segundo Vice-Presidente e Corregedora do TJDFT. Nessa situação, se faltarem menos de seis meses para o término dos mandatos e houver vacância do cargo de Segundo Vice-Presidente, este será substituído por Paula. ( )

368. **(Cespe/TJDFT/Técnico Judiciário/2003 – adaptada)** O presidente do TJDFT pode atribuir, unilateralmente, ao Primeiro Vice-presidente do órgão, as competências que entenda devam ser por estes exercidas. ( )

369. **(Cespe/TJDFT/Analista Judiciário/2003)** Considere a seguinte situação hipotética. Em determinado ano, a umidade relativa do ar no DF chegou a níveis potencialmente perigosos para a saúde. Por isso, as autoridades competentes sugeriram a suspensão das atividades dos órgãos públicos, escolas etc. Nessa situação, a competência para determinar a suspensão dos trabalhos do TJDFT seria do Plenário do Tribunal, o qual deveria ser imediatamente convocado por seu presidente para deliberar a esse respeito. ( )

370. **(Cespe/TJDFT/Analista Judiciário/2000 - adaptada)** Considere a seguinte situação hipotética: O desembargador Ptolomeu Mendonça foi eleito para o cargo de Primeiro Vice-presidente do TJDFT em um determinado mandato. Ao atravessar uma via pública, um motorista alcoolizado atropelou-o, causando-lhe a morte, poucos dias após a posse no cargo. Nessa situação, caberá ao corregedor acumular a função de Primeiro Vice-Presidente até o término do mandato. ( )

371. **(Cespe/TJDFT/Técnico Judiciário/1998)** Há atribuições do presidente do TJDF que são delegáveis. ( )

372. **(Cespe/TJDFT/Digitador/1997)** As atividades judicantes do TJDFT não podem ser suspensas por determinação do presidente do Tribunal, devendo ser feita por decisão da Corte. ( )

373. **(Cespe/TJDFT/Analista Judiciário/1997)** A presidência do Tribunal deverá ser transmitida, por ofício, sempre que o presidente precisar afastar-se do DF. ( )

374. **(Inédita)** Vagando o cargo de Primeiro Vice-Presidente, faltando menos de seis meses para o término do mandato, a substituição, durante o período que resta do mandato, far-se-á pelo Segundo Vice-Presidente. ( )

375. **(Inédita)** Considere que um desembargador tenha tomado posse como Primeiro Vice-Presidente do Tribunal de Justiça em vinte e dois de abril, mas tenha vindo a falecer no dia vinte e oito de julho do mesmo ano. Nesse caso, deverá ser realizada nova eleição para preenchimento da vaga, cabendo ao eleito cumprir o tempo restante do mandato do antecessor. ( )

376. **(Inédita)** É atribuição do Corregedor a tarefa de coordenar o Sistema dos Juizados Especiais do Distrito Federal, mas a coordenação do Núcleo Permanente de Mediação e Conciliação cabe ao Segundo Vice-Presidente. ( )

377. **(Inédita)** Cabe ao Primeiro Vice-Presidente do Tribunal de Justiça regulamentar a distribuição dos feitos no segundo grau de jurisdição. ( )

378. **(Inédita)** A competência do presidente do Tribunal de Justiça pode ser delegada ao Corregedor. ( )

379. **(Inédita)** O mandato do presidente do tribunal será de dois anos e terá início trinta dias após a eleição. ( )

380. **(Inédita)** A duração do mandado dos presidentes dos órgãos julgadores do Tribunal é de um ano e a escolha é feita pelo sistema eletivo entre seus membros mais antigos. ( )

381. **(Inédita)** Quando ocorrer vacância do cargo de Presidente, o Primeiro Vice-Presidente assumirá a Presidência e completará o tempo restante do mandato do seu antecessor. ( )

COMENTÁRIOS

367. **(E)** Se ocorrer vacância do cargo de Segundo Vice-Presidente do Tribunal faltando menos de seis meses para o término do mandato, o desembargador que deixar o cargo será substituído pelos demais membros do Tribunal, observada a ordem decrescente de antiguidade (art. 42). No Regimento, não há regra prevendo que o Corregedor substitua o Segundo Vice-Presidente nem qualquer outro ocupante de cargo de direção. Assim, na questão em análise, Paula não poderá substituir Roberto que será substituído por um membro outro do Tribunal, observada a ordem decrescente de antiguidade.

368. **(E)** O Presidente, embora possa delegar atribuições ao Primeiro Vice-Presidente – e também ao Segundo Vice-Presidentes -, essa delegação não pode ser feita por ato unilateral do Presidente, mas por ato conjunto das duas autoridades (art. 44, parágrafo único).

369. **(E)** A competência para determinar a suspensão dos serviços judiciários na ocorrência de motivo relevante é do Presidente do Tribunal, dispensada a convocação do Plenário do Tribunal para deliberação a respeito (art. 43, IV).

370. **(E)** Ocorrendo vacância dos cargos de direção faltando seis meses ou mais para o término do mandato, haverá nova eleição. Tendo o desembargador Ptolomeu falecido logo após a posse no cargo de Primeiro Vice-Presidente, deverá haver nova eleição para o preenchimento do cargo. Não há previsão no Regimento Interno de que o Corregedor substitua desembargador ocupante de cargo de direção (art. 42).

371. **(C)** Os arts. 44, V, e 45, III, preveem, respectivamente, que o Primeiro Vice-Presidente e o Segundo Vice-Presidente exercerão atribuições do Presidente do Tribunal, previstas em lei ou no Regimento Interno, que lhe forem delegadas. Sendo assim, é conclusivo que há atribuições do Presidente que são delegáveis, embora o Regimento Interno não elenca quais são elas.

372. **(E)** É atribuição do presidente do Tribunal determinar a suspensão dos serviços judiciários na ocorrência de motivo relevante (art. 43, IV). Assim, as atividades judicantes do TJDFT podem ser suspensas por determinação unipessoal do presidente, sem necessidade de aprovação da Corte.

373. **(E)** Nem sempre o afastamento do presidente do TJDFT enseja a transmissão da presidência, mas apenas quando o afastamento, para missão oficial fora do Distrito Federal, ocorrer por período igual ou superior a quinze dias. Se for por período inferior a quinze dias, deverá o Primeiro Vice-Presidente praticar os atos manifestamente urgentes (art. 46). Quando houver a transmissão da presidência, ela será feita mediante ofício, estando correta a questão quanto a este último segmento (art. 46, parágrafo único).

374. **(E)** Vagando o cargo de Primeiro Vice-Presidente faltando menos de seis meses para o término do mandato, a substituição far-se-á pelos demais membros, observada a ordem decrescente de antiguidade (art. 42) A substituição do Primeiro Vice-Presidente pelo Segundo Vice-Presidente somente ocorrerá no caso de outros afastamentos e impedimentos e não em cargo de vacância (art. 57).

375. **(C)** Se ocorrer vacância dos cargos de Presidente do Tribunal, de Primeiro Vice-Presidente, de Segundo Vice-Presidente ou de Corregedor da Justiça, realizar-se-á nova eleição, salvo se faltarem menos de seis meses para o término do mandato, caso em que a Presidência do Tribunal será exercida pelo Primeiro Vice-Presidente; e a Primeira Vice-Presidência, a Segunda Vice-Presidência ou a Corregedoria da Justiça, pelos demais membros, observada a ordem decrescente de antiguidade (art. 42). Na questão em análise, a vacância ocorreu pouco mais de três meses após o início do mandato, por isso deverá haver nova eleição e o sucessor deverá cumprir o tempo restante do mandato eletivo, que é de dois anos.

376. (C) É atribuição do Corregedor coordenar o Sistema dos Juizados Especiais do Distrito Federal (art. 47, IV). É atribuição do Segundo Vice-Presidente coordenar o Núcleo Permanente de Mediação e Conciliação (art. 45, II).

377. (C) Regulamentar a distribuição dos feitos no segundo grau de jurisdição, de fato, é atribuição do Primeiro Vice-Presidente (art. 44, IV).

378. (E) O Regimento Interno prevê a delegação de competência do Presidente do Tribunal ao Primeiro Vice-Presidente (art. 44, V) e ao Segundo Vice-Presidente (art. 45, III). O Corregedor poderá exercer funções que lhe forem delegadas pelo Conselho Especial, não pelo Presidente do Tribunal (art. 47, VII).

379. (E) O mandato dos ocupantes de cargo de direção (Presidente, Primeiro e Segundo Vice-Presidentes e Corregedor da Justiça), de fato, é de dois anos. Mas a posse será feita no primeiro dia útil seguinte a 21 de abril e não trinta dias após a eleição (art. 41).

380. (E) A duração do mandato dos presidentes das Câmaras especializadas (art. 19, § 1º) e das Turmas especializadas (art. 25) é de um ano em rodízio anual. No Conselho Especial e no Tribunal Pleno, a presidência dos órgãos cabe ao Presidente do Tribunal e o seu mandato, que é de dois anos (art. 41) perdurará enquanto durar o seu mandato eletivo (art. 43, II).

381. (E) O Primeiro Vice-Presidente somente substituirá o Presidente, se a vacância ocorrer faltando menos de seis meses para o término do mandato. Faltando seis meses ou mais, haverá nova eleição (art. 42).

TÍTULO IV
DOS DESEMBARGADORES

CAPÍTULO I
DAS DISPOSIÇÕES GERAIS

Art. 48. Os desembargadores tomarão posse diante do Tribunal Pleno ou do Presidente do Tribunal e prestarão o compromisso solene de bem e fielmente desempenhar os deveres do cargo, cumprindo e fazendo cumprir a Constituição da República e as leis, distribuindo justiça e pugnando sempre pelo prestígio e pela autoridade do cargo.

§ 1º Realizando-se a posse perante o Presidente do Tribunal, o compromisso poderá ser prestado por meio de procurador com poderes especiais.

§ 2º Do ato de posse lavrar-se-á termo em livro especial, subscrito pelo Presidente do Tribunal, pelo empossado e pelo Secretário-Geral do Tribunal.

§ 3º Ao ser empossado como desembargador, o juiz titular ou suplente do Tribunal Regional Eleitoral do Distrito Federal terá por encerrado o seu mandato na Justiça Eleitoral.

Art. 49. Os desembargadores têm as prerrogativas, as garantias, os direitos e os deveres inerentes ao exercício da magistratura e receberão o tratamento de "Excelência", conservado o título e as honras correspondentes, ainda que aposentados.

DOS DESEMBARGADORES POSSE, COMPROMISSO, PRERROGATIVAS E DEVERES	
Posse	É feita perante o Tribunal Pleno ou o Presidente do Tribunal.
Compromisso solene	De bem e fielmente desempenhar os deveres do cargo, cumprindo e fazendo cumprir a Constituição da República e as leis, distribuindo justiça e pugnando sempre pelo prestígio e pela autoridade do cargo.
	Poderá ser prestado por meio de procurador com poderes especiais se a posse ocorrer perante o Presidente do Tribunal.
Termo de posse	Será lavrado em livro especial, subscrito pelo Presidente do Tribunal, pelo empossado e pelo Secretário-Geral do Tribunal.
Se o empossado for juiz titular ou suplente do Tribunal Regional Eleitoral do Distrito Federal	O magistrado terá por encerrado o seu mandato na Justiça Eleitoral.
Prerrogativas, garantias, direitos e deveres	São as inerentes ao exercício da magistratura.
Tratamento recebido	Receberão o tratamento de "Excelência".
	Conservam o título e as honras correspondentes, ainda que aposentados.

Art. 50. Determina-se a antiguidade no Tribunal:

I – pela data da posse;

II – em caso de posse coletiva, pela ordem de colocação anterior, na classe em que se deu a promoção;

III – pelo tempo de serviço como magistrado;

IV – pela idade.

APURA-SE A ANTIGUIDADE DO DESEMBARGADOR	
1º	Pela data da posse;
2º	Em caso de posse coletiva, pela ordem de colocação anterior na classe em que se deu a promoção;
3º	Pelo tempo de serviço como magistrado;
4º	Pela idade.

ART. 51   TJDFT – EM ESQUEMAS

Nota: A antiguidade é critério objetivo importante utilizado para o desempate em caso de conflito de interesses entre magistrados. Ocorre nos casos de eleição para o cargo de direção do Tribunal, de escolha de Turmas, de substituição de membros, entre outras hipóteses. Assim, tomemos por exemplo a eleição para o cargo de Presidente do Tribunal. Para apurar qual entre dois interessados é o mais antigo para concorrer à vaga, o primeiro critério a se considerar para a escolha é a data da posse. Aquele que tomou posse primeiro será considerado o mais antigo. Mas se ambos tomaram posse na mesma data, o desempate será feito pelo segundo critério, que é a colocação anterior na classe em que se deu a promoção. Por esse critério, exclusivo para os desembargadores provenientes da carreira da magistratura, considera-se mais antigo aquele que foi promovido primeiro ao cargo de Juiz de Direito. Persistindo o empate, apura-se o tempo de serviço como magistrado, computando-se inclusive o tempo de serviço prestado na Justiça de outro Estado, se for o caso. O último critério é a idade do desembargador, caso em que será considerado mais antigo o mais idoso.

Sobre a antiguidade dos Juízes, ver art. 58 da LOJDFT.

Art. 51. É facultada aos desembargadores a transferência de uma Turma para outra na qual haja vaga antes da posse de novo desembargador ou no caso de permuta. Se houver mais de um pedido, terá preferência o desembargador mais antigo.

É facultada aos desembargadores a transferência de uma Turma para outra onde houver vaga	- antes da posse do novo desembargador; - no caso de permuta com outro desembargador.
Havendo mais de um interessado	Terá preferência o desembargador mais antigo.

PARA PRATICAR

382. (Cespe/TJDFT/Analista Judiciário/2003) Considere a seguinte situação hipotética. João era advogado e Sônia, promotora de justiça. Ambos foram nomeados para o cargo de desembargador do TJDFT, no sistema do quinto constitucional. Tomaram posse no mesmo ato. Nessa situação, a precedência na antiguidade entre os dois será determinada a favor de Sônia, por ser membro do Ministério Público. ( )

383. (Cespe/TJDFT/Analista Judiciário/2003) Se um promotor de justiça for nomeado para o cargo de desembargador do TJDFT, mas não puder tomar posse no dia designado por se encontrar enfermo, a posse deverá aguardar seu restabelecimento, pois o nomeado não poderá constituir procurador para aquele fim. ( )

384. (Cespe/TJDFT/Analista Judiciário/2003) Considere a seguinte situação hipotética. Pedro, que é juiz de direito do DF e suplente do Tribunal Regional Eleitoral do DF (TRE/DF), foi promovido, durante a suplência, ao cargo de desembargador. Nessa situação, Pedro deverá concluir seu mandato como suplente, mas após isso somente poderá ser novamente escolhido para compor o TRE/DF obedecendo à ordem de antiguidade dos desembargadores do TJDFT. ( )

385. (Cespe/TJDFT/Analista Judiciário/2003 – adaptada) Se o presidente do TJDFT ausentar-se do DF a serviço, pelo prazo de dez dias, não haverá necessidade de transmissão da presidência do órgão ao Primeiro Vice-presidente, a quem caberá, nessa hipótese, praticar os atos manifestamente urgentes durante a ausência do presidente. ( )

386. (Cespe/TJDFT/Analista Judiciário/2000) Após aposentar-se, o membro do Tribunal mantém o direito a ser tratado como desembargador, mas deixa de ser necessário o tratamento de "Excelência". ( )

387. (Cespe/TJDFT/Técnico Judiciário/1998) Considere a seguinte situação hipotética. Foram empossados, no mesmo ato, os desembargadores Armando, Breno e Carolina, todos oriundos da carreira de juiz de direito do

DF. Pela posição na carreira, o mais antigo era Armando, seguido de Breno e Carolina, respectivamente. Ao tomarem posse, existia vaga na 1ª e na 2ª Turma Cível e na 1ª Turma Criminal. Nessa situação, o provimento das vagas nas turmas do tribunal ocorrerá mediante sorteio entre os novos desembargadores, uma vez que tomaram posse simultaneamente. ( )

388. **(Cespe/TJDFT/Técnico Judiciário/1998)** Os desembargadores conservam, mesmo aposentados, o título e as honras do cargo. ( )

389. **(Cespe/TJDFT/Técnico Judiciário/1998)** O desembargador, após lotado em determinada Turma, poderá requerer transferência para outra, desde que haja vaga ou em caso de permuta. ( )

390. **(Inédita)** Considere a seguinte situação hipotética. Foram nomeados no mesmo ato, publicado no DJ-E de 02/05/2008, os desembargadores Carlos, de 45 anos e Carlitos, de 55 anos, ambos egressos da carreira de juiz de direito pelo mesmo concurso no qual Carlitos obteve a melhor classificação. Marcada a posse para o dia 25/05/2008, não pôde comparecer ao ato o desembargador Carlitos, porque estava doente, deixando para fazê-lo quinze dias depois. Considerada a norma a respeito da apuração de antiguidade no Tribunal, é correto dizer que será considerado o mais antigo o desembargador Carlos por haver tomado posse no cargo antes do desembargador Carlitos. ( )

391. **(Inédita)** Se dois desembargadores tomarem posse na mesma data, o primeiro critério para definir a precedência entre eles, considerando-se o critério de antiguidade, será a data do exercício no cargo. ( )

392. **(Inédita)** É facultada aos desembargadores a transferência de uma Turma para outra na qual haja vaga antes da posse da posse do novo Desembargador, submetido o pedido à aprovação do Tribunal Pleno. Havendo mais de um pedido, terá preferência o desembargador mais antigo. ( )

393. **(Inédita)** Em processo de eleição para o preenchimento de um cargo vago de membro do Conselho Especial, candidataram-se à vaga os desembargadores José e Pedro, tendo ambos obtido votos, na votação individual, dezesseis votos. Neste caso, pode-se dizer que o cargo será preenchido pelo que for mais antigo entre eles, assim considerado o que tomou posse no cargo de desembargador em primeiro lugar. ( )

COMENTÁRIOS

382. (E) A antiguidade no Tribunal é determinada pelos seguintes critérios: 1º) pela data da posse; 2º) em caso de posse coletiva, pela ordem de colocação anterior, na classe em que se deu a promoção; 3º) pelo tempo de serviço como magistrado; 4º) pela idade. Na questão em análise, a antiguidade não pode ser resolvida pelo primeiro critério, porque ambos tomaram posse na mesma data; também não pode ser resolvida pelo segundo critério, porque são provenientes de vaga do quinto constitucional, não havendo que se falar em classe em que se deu a promoção, pois a promoção é exclusiva dos juízes de carreira; também não pode ser resolvida pelo terceiro critério, pois nenhum deles exerceu o cargo de magistrado. O único critério possível para resolver a questão é a idade, mas não há dados objetivos para aferir qual dos dois é o mais antigo. Sendo assim, é conclusivo que a antiguidade não poderá ser determinada a favor de Sônia, pois não há no Regimento regra que disponha sobre a precedência dos membros provenientes do Ministério Público sobre os membros provenientes da classe de advogado (art. 50).

383. (E) Em regra, a posse é feita perante o Tribunal Pleno. Todavia, o Regimento Interno prevê a possibilidade de ser realizada perante o Presidente do Tribunal. Neste caso, o compromisso poderá ser prestado por meio de procurador com poderes especiais. Assim, se o promotor não puder tomar posse no dia designado por se encontrar enfermo, não será necessário aguardar seu restabelecimento, podendo nomear procurador com poderes especiais para o compromisso da posse (art. 48, § 1º).

384. (E) Ao ser empossado no cargo de desembargador, o juiz titular ou suplente do TRE-DF terá por encerrado o seu mandato na Justiça Eleitoral. Assim, Pedro não concluirá seu mandato como suplente do TRE nem poderá ser novamente escolhido para compor o órgão eleitoral (art. 48, § 3º).

385. (C) Não se transmitirá a presidência do Tribunal quando o afastamento do titular, em missão oficial fora do Distrito Federal, ocorrer por período inferior a quinze dias, devendo o Primeiro Vice-Presidente praticar os atos manifestamente urgentes (art. 46).

386. (E) Os desembargadores têm as prerrogativas, as garantias, os direitos e os deveres inerentes ao exercício da magistratura e receberão o tratamento de "Excelência", conservado o título e as honras correspondentes, ainda que aposentados (art. 49).

387. (E) Havendo mais de um desembargador empossado simultaneamente, o provimento das vagas nas turmas será feito na ordem decrescente de antiguidade, e não por sorteio. Assim, na questão em análise, a preferência na escolha será de Armando, pois, na posição que ocupa na carreira, é o mais antigo entre eles (art. 50, II).

388. (C) Os desembargadores têm as prerrogativas, as garantias, os direitos e os deveres inerentes ao exercício da magistratura e receberão o tratamento de "Excelência", conservando o título e as honras correspondentes, ainda que aposentados (art. 49).

389. (C) É facultada aos desembargadores a transferência de uma Turma para outra na qual haja vaga antes da posse de novo desembargador ou no caso de permuta (art. 51, primeira parte).

390. (C) O primeiro critério a ser observado na determinação da antiguidade no Tribunal é a data da posse. Sendo assim, Carlos é mais antigo que Carlitos porque tomou posse antes, nada importando, na questão em análise, que Carlos seja mais novo que Carlitos ou que este tenha obtido melhor classificação no concurso de juiz (art. 50, I).

391. (E) A data de exercício não é critério para definir a antiguidade dos desembargadores, mas sim dos juízes (art. 58, I, LODFT). No Tribunal, a posse é o primeiro critério utilizado para definir a antiguidade dos desembargadores. Em caso de posse coletiva, o desempate será feito pelos demais critérios, quais sejam: a ordem de colocação anterior na classe em que se deu a promoção; tempo de serviço como magistrado; e a idade (art. 50).

392. (E) Não há previsão no Regimento Interno sobre a necessidade de submissão do pedido de transferência à aprovação pelo Tribunal Pleno. O art. 51 apenas que "é facultada aos desembargadores a transferência de Turma para outra na qual haja vaga antes da posse de novo desembargador ou no caso de permuta. Se houver mais de um pedido, terá preferência, de fato, o desembargador mais antigo (art. 51).

393. (C) Segundo o Regimento Interno, em caso de empate na votação para membro eleito do Conselho Especial, prevalecerá o desembargador mais antigo no Tribunal (art. 9º, § 3º). O primeiro critério a ser observado para apurar a antiguidade no Tribunal é, de fato a data da posse no cargo (art. 50, I). No caso em questão, ambos os candidatos obtiveram o mesmo número de votos, por isso o desempate será feito pelo primeiro critério que é a data da posse.

CAPÍTULO II
DAS FÉRIAS, DOS AFASTAMENTOS E DAS SUBSTITUIÇÕES

Art. 52. Os desembargadores gozarão férias individuais na forma disciplinada pelo Tribunal.

Antes da reforma do Judiciário, ocorrida em 2004, os magistrados gozavam férias coletivas, ou seja, de forma simultânea e no mesmo período (nos meses de janeiro e julho de cada ano). Todavia, após a promulgação da Emenda Constitucional nº 45, de 30/12/2004, foram vedadas as férias coletivas nos juízos e tribunais de segundo grau de jurisdição (art. 93, inciso XII, CF). A partir de então, os magistrados passaram a gozar férias individualmente.

Art. 53. O desembargador em férias ou em gozo de licença poderá participar das sessões administrativas.

Sessões administrativas são aquelas destinadas à deliberação de questões internas do Tribunal.

Sobre as sessões administrativas, ver art. 359.

Art. 54. O desembargador que se ausentar, ainda que por motivo de férias, poderá proferir decisões nos processos em que, antes das férias ou do afastamento, haja lançado visto como relator ou revisor, salvo, na hipótese de licença, se houver contraindicação médica.

> Lançar visto é proferir algum despacho ou decisão no processo.

Art. 55. O desembargador que se ausentar, ainda que por motivo de férias, e que houver pedido vista antes do afastamento, poderá comparecer e proferir decisões nos respectivos processos, salvo, na hipótese de licença, se houver contraindicação médica.

> Pedir vista é solicitar a interrupção do julgamento para realizar a análise detalhada do processo em discussão. Após feita a análise, é marcada nova sessão para finalização do julgamento.

Art. 56. O comparecimento de desembargador, nas hipóteses previstas nos arts. 54 e 55, não acarretará compensação quanto ao período de férias ou de afastamento.

> O desembargador, quando comparece durante o período de férias ou de afastamento, o faz por mera liberalidade, não podendo posteriormente pedir a compensação dos dias trabalhados.

DAS FÉRIAS E DOS AFASTAMENTOS			
O desembargador em férias ou em gozo de licença	poderá	participar das sessões administrativas.
O desembargador que se ausentar, ainda que por motivo de férias	poderá	- proferir decisões nos processos em que, antes das férias ou do afastamento, haja lançado visto como relator ou revisor, salvo, na hipótese de licença, se houver contraindicação médica. - comparecer e proferir decisões nos processos em que, antes do afastamento, houver pedido vista, salvo, na hipótese de licença, se houver contraindicação médica.
O comparecimento de desembargador, nas hipóteses acima	Não acarretará compensação do período trabalhado nas férias ou nos afastamentos.	

Art. 57. O Presidente do Tribunal será substituído pelo Primeiro Vice-Presidente e, na impossibilidade deste, pelo Segundo Vice-Presidente; o Primeiro Vice-Presidente será substituído pelo Segundo Vice-Presidente; o Segundo Vice-Presidente e o Corregedor da Justiça serão substituídos pelos demais desembargadores, observada a ordem decrescente de antiguidade, a partir do substituído, excluídos os desembargadores que integram o Tribunal Regional Eleitoral do Distrito Federal.

ART. 57 — TJDFT – EM ESQUEMAS

Ao contrário do art. 42, que trata da substituição dos ocupantes dos cargos de direção em caso de vacância, o art. 57 trata da substituição nos casos de outros afastamentos (férias, licenças etc.). Veja nos quadros esquemáticos abaixo a diferença entre as duas situações.

Nota: O art. 57 aplica-se também à substituição do Presidente do Tribunal Pleno e do Conselho Especial, no exercício de suas funções administrativas, e dos demais membros.

Substituição em caso de vacância (art. 42) Se faltarem menos de seis meses para o término do mandato		Substituição em caso de outros afastamentos (art. 57)	
Cargo	Será exercido	Substituído	Substituto
Presidência	Pelo Primeiro Vice-Presidente.	Presidente	- Primeiro Vice-Presidente; - Segundo Vice-Presidente (na impossibilidade do Primeiro Vice-Presidente).
Primeira Vice-Presidência Segunda Vice-Presidência Corregedoria da Justiça	Pelos demais membros, observada a ordem decrescente de antiguidade.	Segundo Vice-Presidente Corregedor da Justiça	Demais desembargadores, observada a ordem decrescente de antiguidade, a partir do substituído excluídos os desembargadores que integram o Tribunal Regional Eleitoral do Distrito Federal.

Se faltarem 6 (seis) meses ou mais para o término do mandato: haverá nova eleição.

§ 1º Quando a substituição for por período igual ou inferior a 30 (trinta) dias, o substituto acumulará as funções próprias de seu cargo.

§ 2º Em caso de afastamento, superior a 30 (trinta) dias, não serão distribuídos processos aos substitutos e será observado o disposto no art. 60.

Quando a substituição for por período igual ou inferior a trinta dias	O substituto acumulará as funções próprias de seu cargo. Isso quer dizer que, além de assumir as tarefas do substituído, o substituto continuará a desempenhar as funções próprias de seu cargo.

Em caso de afastamento, superior a trinta dias	Não serão distribuídos processos aos substitutos e será observado o disposto no art. 60. Isso quer dizer que o substituto só receberá os processos que seriam distribuídos ao substituído, cessando a sua própria distribuição.

Art. 58. Os presidentes das Câmaras ou das Turmas serão substituídos, nas férias, nos afastamentos ou nos impedimentos, pelos demais membros, observada a ordem decrescente de antiguidade no órgão.

Art. 59. Em caso de impedimento ou de suspeição, a substituição caberá a desembargador do mesmo órgão.

§ 1º Não sendo possível a substituição na forma do *caput*, o Presidente da Turma ou da Câmara solicitará ao Presidente do Tribunal a convocação de desembargador de outro órgão, preferencialmente da mesma especialidade, obedecida a ordem decrescente de antiguidade.

> Segue um exemplo para elucidar: em caso de impedimento ou de suspeição de desembargador da Terceira Turma Cível, ele será substituído por um desembargador integrante da Terceira Turma Cível. Não sendo possível, o Presidente da Turma solicitará ao Presidente do Tribunal a convocação de desembargador de outra Turma, de preferência com especialidade na área cível, obedecida a ordem decrescente de antiguidade.
> Essa regra vale também para os casos de convocação de desembargador para completar *quorum* nas Turmas e nas Câmaras especializadas.

§ 2º Será observado o disposto no § 1º na hipótese de convocação necessária para complementação de *quorum* nas Turmas e Câmaras especializadas.

> É feita a convocação para a complementação de *quorum* dos órgãos julgadores quando não há membros em número suficiente para a abertura da sessão, cabendo lembrar que o *quorum* mínimo nas Turmas especializadas é de três julgadores, e nas Câmaras especializadas é de desembargadores em número equivalente, no mínimo, ao inteiro que se seguir à metade de seus membros.

Art. 60. Em caso de afastamento de desembargador por período superior a 30 (trinta) dias e de vacância do cargo, a substituição caberá ao juiz de direito substituto de segundo grau localizado na respectiva Turma ou, não sendo possível, mediante designação do Presidente do Tribunal.

> Sobre o Juiz de direito substituto de segundo grau, ver arts. 64/66 e respectivo quadro esquemático.

Parágrafo único. Durante o período de substituição, a atividade jurisdicional do substituto poderá abranger os processos anteriormente distribuídos ao desembargador substituído.

> Em regra, o substituto recebe os processos que tocariam ao desembargador substituído no período da substituição. Eventualmente, o substituto poderá herdar os processos que antes da substituição houver sido distribuído ao desembargador substituído.

Art. 61. A convocação de juiz de direito para substituição de desembargador ou de juiz de direito substituto de segundo grau terá caráter excepcional e somente ocorrerá:

I – quando a necessidade de substituição ou auxílio superar o número de juízes de direito substitutos de segundo grau em exercício;

> Este inciso refere-se aos casos em que o número de desembargadores afastados for maior do que o de juízes de direito substitutos de segundo grau em exercício.

II – na hipótese de afastamento de juiz substituto de segundo grau por período superior a 30 (trinta) dias; ou

III – em face de situação extraordinária, a critério do Conselho Especial.

Parágrafo único. Também em caráter excepcional, poderão ser convocados juízes de direito para auxílio aos órgãos julgadores, aos desembargadores ou aos juízes de direito substitutos de segundo grau.

> Ocorre a substituição, em regra, na hipótese de afastamento do desembargador por período superior a trinta dias e em caso de vacância. Ocorre o auxílio, quando o desembargador está em pleno exercício no Tribunal, mas necessita de ajuda em razão do número excessivo de processos em tramitação. O auxílio também pode ser prestado aos órgãos julgadores, para dar vasão aos processos em julgamento.

Art. 62. A convocação de juiz de direito será realizada por votação favorável da maioria absoluta dos membros do Conselho Especial. Em caso de urgência, a convocação será feita *ad referendum* pelo Presidente do Tribunal.

> A escolha do juiz convocado para substituição é feita por votação favorável da maioria absoluta dos membros do Conselho Especial. Considerando que a composição do Conselho Especial é de vinte e um desembargadores, o juiz de direito, para ser convocado, deverá obter, no mínimo, onze votos, que correspondem, ao número inteiro que se segue à metade dos membros integrantes do Órgão. Em caso de urgência, o Presidente do Tribunal pode convocar o juiz de direito e depois submeter a sua decisão à aprovação do Conselho Especial.

§ 1º A convocação far-se-á na ordem decrescente de antiguidade e observará critérios objetivos que assegurem a impessoalidade da escolha, excluindo-se os juízes de direito que estejam no exercício de:

> A convocação será feita entre os juízes de direito mais antigos, desde que preenchidos os requisitos objetivos exigidos neste Regimento Interno, não sendo permitida a escolha de acordo com as qualidades pessoais do magistrado.

I – jurisdição eleitoral de primeiro grau;

II – auxílio à Presidência, às Vice-Presidências ou à Corregedoria de Justiça;

III – Diretoria de Fórum;

IV – *(Revogado pela Emenda Regimental nº 18, de 2021);*

V – titularidade de Vara da Infância e da Juventude;

VI – coordenação de Juizados Especiais.

§ 2º Não será convocado juiz de direito:

I – que esteja respondendo a processo disciplinar ou tenha recebido pena disciplinar nos últimos 12 (doze) meses, contados do retorno ao exercício das atividades;

II – que apresente produtividade sensivelmente inferior à média registrada nos juízos de igual natureza, salvo motivo justificado;

III – que retenha, injustificadamente, autos além do prazo legal.

§ 3º O juiz de direito convocado utilizará a assessoria do substituído ou a estrutura de apoio disponibilizada pela Presidência.

§ 4º O juiz de direito convocado ficará vinculado aos processos em que tiver lançado relatório ou pedido inclusão em pauta de julgamento.

> Ainda que cessado o período da substituição, o juiz de direito convocado ficará responsável pela finalização (análise e julgamento) dos processos em que, durante a convocação, houver lançado relatório ou pedido inclusão em pauta de julgamento.

CONVOCAÇÃO DE JUIZ DE DIREITO PARA SUBSTITUIÇÃO DE DESEMBARGADOR OU DE JUIZ DE DIREITO SUBSTITUTO DE SEGUNDO GRAU	
Convocação para substituição	Terá caráter excepcional.
Somente haverá convocação	- quando a necessidade de substituição ou auxílio superar o número de juízes de direito substitutos de segundo grau em exercício;
	- na hipótese de afastamento de juiz substituto de segundo grau por período superior a 30 (trinta) dias;
	- em face de situação extraordinária, a critério do Conselho Especial.

Convocação para auxílio	Poderão, também em caráter excepcional, ser convocados juízes de direito para auxílio aos órgãos julgadores, aos desembargadores ou aos juízes de direito substitutos de segundo grau.
Requisitos para a convocação	- Votação favorável da maioria absoluta dos membros do Conselho Especial. Em caso de urgência, a convocação será feita *ad referendum* pelo Presidente do Tribunal.
	- Será feita na ordem decrescente de antiguidade.
	Observará critérios objetivos que assegurem a impessoalidade da escolha.
Serão excluídos da lista de antiguidade os juízes de direito que estejam no exercício de	- jurisdição eleitoral de primeiro grau;
	- auxílio à Presidência, às Vice-Presidências ou à Corregedoria de Justiça;
	- diretoria de Fórum;
	- titularidade de Vara da Infância e da Juventude;
	- coordenação de Juizados Especiais.
Não será convocado juiz de direito	- que esteja respondendo a processo disciplinar ou tenha recebido pena disciplinar nos últimos 12 (doze) meses, contados do retorno ao exercício das atividades;
	- que apresente produtividade sensivelmente inferior à média registrada nos juízos de igual natureza, salvo motivo justificado;
	- que retenha, injustificadamente, autos além do prazo legal.
Assessoramento e estrutura de trabalho	O juiz de direito convocado utilizará a assessoria do substituído ou a estrutura de apoio disponibilizada pela Presidência.
Vinculação aos processos	O juiz de direito convocado ficará vinculado aos processos em que tiver lançado relatório ou pedido inclusão em pauta de julgamento.

Art. 63. O desembargador comunicará oficialmente à Presidência do Tribunal, em 24 (vinte e quatro) horas, seu afastamento, para regularização da distribuição de processos.

O desembargador que pretender se afastar deverá comunicar oficialmente à Presidência do Tribunal, em vinte e quatro horas, a fim de que, se for o caso, cesse a distribuição dos processos à sua relatoria e seja redirecionada ao seu substituto legal.

DAS SUBSTITUIÇÕES		
Substituído		Substituto
Presidente, Primeiro Vice-Presidente, Segundo Vice-Presidente e Corregedor (em caso de vacância do cargo)		Ver quadro esquemático do art. 57.
Presidente, Primeiro Vice-Presidente, Segundo Vice-Presidente e Corregedor (em caso de outros afastamentos)		Ver quadro esquemático do art. 57.
Presidente das Câmaras (férias, afastamentos e impedimentos)		Demais membros da respectiva Câmara, observada a ordem decrescente de antiguidade no órgão.
Presidente das Turmas (férias, afastamentos e impedimentos)		Demais membros da respectiva Turma, observada a ordem decrescente de antiguidade no órgão (art. 58).
Em caso de impedimento ou suspeição	Regra	Desembargador do mesmo órgão.
	Exceção	Desembargador de outro órgão, preferencialmente da mesma especialidade, obedecida a ordem decrescente de antiguidade, se não for possível substituto do mesmo órgão. A convocação, neste caso, é feita por solicitação do Presidente da Turma ou da Câmara ao Presidente do Tribunal.
Em caso de complementação de *quorum* nas Turmas e Câmaras Especializadas	Regra	Desembargador do mesmo órgão.
	Exceção	Desembargador de outro órgão, preferencialmente da mesma especialidade, obedecida a ordem decrescente de antiguidade, se não for possível substituto do mesmo órgão. A convocação, neste caso, é feita por solicitação do Presidente da Turma ou da Câmara ao Presidente do Tribunal.
Desembargador (em caso de afastamento por período superior a trinta dias e de vacância do cargo)	Regra	Juiz de direito substituto de segundo grau localizado na respectiva Turma.
	Exceção	Mediante designação do Presidente do Tribunal, se não for possível a substituição conforme estabelecido acima.
Desembargadores e juiz de direito substituto de segundo grau		Juiz de direito convocado, que substituirá: - quando a necessidade de substituição ou auxílio superar o número de juízes de direito substitutos de segundo grau em exercício; - quando o afastamento de juiz de direito substituto de segundo grau for por período superior a trinta dias; ou - em face de situação extraordinária, a critério do Conselho Especial.

ART. 63 — TJDFT – EM ESQUEMAS

SUBSTITUIÇÃO – PROCEDIMENTOS		
Substituição por período igual ou inferior a trinta dias		O substituto acumulará as funções próprias de seu cargo.
Substituição por período superior a trinta dias	Regra	Não serão distribuídos processos aos substitutos e a substituição caberá ao juiz de direito substituto de segundo grau localizado na respectiva Turma.
	Exceção	A substituição dar-se-á mediante designação do Presidente do Tribunal se não for possível a substituição conforme estabelecido acima.
Comunicado sobre o afastamento		Deverá ser feito pelo desembargador à Presidência do Tribunal, oficialmente, no prazo de vinte quatro horas, para regularização da distribuição de processos.

OUTRAS SUBSTITUIÇÕES PREVISTAS NO REGIMENTO INTERNO	
Membros do Conselho Especial escolhidos pelo critério de antiguidade	Serão substituídos de acordo com a ordem decrescente de antiguidade, excluídos os suplentes.
Membros eleitos do Conselho Especial	Serão substituídos pelos suplentes na ordem de votação; e na falta de suplentes, será observada a ordem de antiguidade no Tribunal.
Relator do processo (para exame de medidas urgentes)	O relator impedido ou impossibilitado eventualmente de examinar as medidas urgentes será substituído: - pelo revisor, quando houver; ou - pelo desembargador que lhe seguir em antiguidade no órgão julgador (art. 90).
Relator do processo (para assinatura de acórdão)	Na impossibilidade de assinar o acórdão, o relator impedido será substituído: - pelo revisor, quando houver; ou - pelo desembargador que seguir o relator em antiguidade no órgão julgador, que tenha participado do julgamento e que tenha proferido voto vencedor. (art. 131, parágrafo único).

Quando a substituição caberá ao juiz de direito substituto de segundo grau	Quando a substituição caberá ao juiz de direito designado
- Em caso de afastamento de desembargador por período superior a trinta dias;	- Quando a necessidade de substituição ou auxílio superar o número de juízes de direito substitutos de segundo grau em exercício;
- Em caso de vacância do cargo.	- na hipótese de afastamento de juiz substituto de segundo grau por período superior a trinta dias;
	- em face de situação extraordinária a critério do Conselho Especial.

REGIMENTO INTERNO DO TRIBUNAL DE JUSTIÇA DO DISTRITO FEDERAL E DOS TERRITÓRIOS — ART. 63

PARA PRATICAR

394. **(Cespe/TJDFT/Técnico Judiciário – Área Administrativa/2015)** Caso um desembargador do TJDFT esteja em gozo de férias individuais, ele estará impedido de participar de sessão administrativa e de proferir decisão em processo, ainda que tenha lançado visto nele como revisor, antes das férias. ( )

395. **(Cespe/STJ/Técnico Judiciário/Administrativa/2015 - aproveitada)** Na ausência do presidente de turma, presidirá a sessão o vice-presidente da respectiva turma. ( )

396. **(Cespe/TJDFT/Analista Judiciário/2003)** Se um desembargador estiver no gozo de férias, não poderá participar de nenhuma sessão do tribunal, ainda que o deseje, sob pena de nulidade da sessão de que participar. ( )

397. **(Cespe/TJDFT/Técnico Judiciário/2003)** Se, durante as suas férias, um desembargador comparecer ao tribunal para proferir voto em determinado processo, isso não lhe dará direito a compensar o dia em que trabalhou durante o descanso. ( )

398. **(Cespe/TJDFT/Técnico Judiciário/2003)** Considere que, em uma turma do TJDFT, estejam lotados os desembargadores Marcos, Núbia, Oscar e Pedro, relacionados em ordem decrescente de antiguidade, sendo Marcos o presidente do órgão. Nessa situação, se Marcos se ausentar em férias, a presidência da turma tocará à desembargadora Núbia. ( )

399. **(Cespe/TJDFT/Técnico Judiciário/2003 – modificado)** Considere que, em uma turma do TJDFT, estejam lotados os desembargadores Sérgio, Lucas, Ígor e Marina, relacionados em ordem decrescente de antiguidade, sendo Ígor o presidente do órgão. Nessa situação, se Ígor se ausentar em férias, a presidência da turma tocará ao desembargador Sérgio, por ser ele o mais antigo no órgão ( )

400. **(Cespe/TJDFT/Analista Judiciário/2000)** Se um desembargador em gozo de férias comparecer a uma sessão de julgamento para proferir voto em um processo ao qual esteja vinculado, poderá fazê-lo, desde que cumpridos certos requisitos; disso surgirá para ele direito a compensação quanto ao período de férias. ( )

401. **(Cespe/TJDFT/Analista Judiciário/1999)** Se um desembargador afastar-se em razão de licença médica, poderá, em princípio, mesmo durante a licença, proferir voto em processo no qual tenha lançado visto como relator ou revisor. ( )

402. **(Cespe/TJDFT/Analista Judiciário/1998)** O desembargador em férias ou em gozo de licença não poderá participar de sessão alguma do Tribunal. ( )

403. **(Cespe/TJDFT/Analista Judiciário/1998 – adaptada)** Surgindo necessidade de substituição do Primeiro Vice-Presidente, do Segundo Vice-Presidente ou do Corregedor, caberá ao presidente, discricionariamente, designar o substituto. ( )

404. **(Inédita)** Em caso de impedimento ou de suspeição do relator, a substituição caberá, preferencialmente, a desembargador do mesmo órgão julgador. Todavia, não sendo possível a substituição por magistrado do mesmo órgão, poderá ser convocado magistrado de outro órgão, inclusive de outra especialidade. ( )

405. **(Inédita)** Sempre que for se afastar do Tribunal, o desembargador deverá comunicar o seu afastamento oficialmente à Presidência, em vinte e quatro horas, para regularização da distribuição dos processos. ( )

406. **(Inédita)** O Presidente do Tribunal, em suas faltas e impedimentos, será substituído pelo Primeiro Vice-Presidente e, na impossibilidade deste, pelo Segundo Vice-Presidente; o Primeiro Vice-Presidente será substituído pelo Segundo Vice-Presidente; o Segundo Vice-Presidente será substituído pelo Corregedor; e o Corregedor será substituído pelo desembargador que lhe seguir na ordem de antiguidade no Tribunal. ( )

407. **(Inédita)** Desembargadores integrantes do Tribunal Regional Eleitoral do Distrito Federal serão excluídos da lista de antiguidade para fins de substituição dos ocupantes de cargo de direção do TJDFT. ( )

COMENTÁRIOS

394. (E) O desembargador de férias, ou em gozo de licença, poderá participar das sessões administrativas e proferir decisões nos processos em que, antes das férias ou do afastamento, haja lançado visto como relator ou revisor salvo na hipótese de licença, se houver contraindicação médica (arts. 53 e 54). Poderá ainda comparecer e proferir decisões nos processos em que houver pedido vista, salvo na hipótese de licença, se houver contraindicação médica (art. 55).

395. (E) As turmas não possuem vice-presidente. Os presidentes das Câmaras ou das Turmas serão substituídos, nas férias, nos afastamentos ou nos impedimentos, pelos demais membros, observada a ordem decrescente de antiguidade no órgão (art. 58).

396. (E) O desembargador de férias, ou em gozo de licença, poderá participar das sessões administrativas e comparecer para proferir decisões nos processos que houver pedido de vista antes do afastamento, salvo na hipótese de licença, se houver contraindicação médica (arts. 53, 54 e 55).

397. (C) Não haverá compensação do período trabalhado nas férias e nos afastamentos do desembargador (art. 56).

398. (C) Os presidentes das Câmaras ou das Turmas serão substituídos, nas férias, nos afastamentos ou nos impedimentos, pelos demais membros, observada a ordem decrescente de antiguidade no órgão (art. 58). Assim, se Marcos se ausentar de férias, a presidência da Turma tocará a Núbia, que lhe segue em ordem decrescente de antiguidade no órgão.

399. (E) Os presidentes das Câmaras ou das Turmas serão substituídos, nas férias, nos afastamentos ou nos impedimentos, pelos demais membros, observada a ordem decrescente de antiguidade no órgão (art. 58). Assim, se Ígor se ausentar de férias, a presidência da Turma tocará a Marina, que lhe segue em ordem decrescente de antiguidade no órgão.

400. (E) O desembargador em gozo de férias ou de licença pode proferir decisões nos processos em que, antes das férias ou do afastamento, haja lançado visto como relator ou revisor ou houver pedido vista antes do afastamento, salvo contraindicação médica (arts. 54 e 55). Todavia, o seu comparecimento, nesses casos, não acarretará compensação quanto ao período de férias ou de afastamento (art. 56).

401. (C) O art. 54 prevê que o desembargador que se ausentar, ainda que seja por motivo de férias, poderá proferir voto em processo no qual tenha lançado visto como relator ou revisor, salvo na hipótese de licença, se houver contraindicação médica. A ressalva contida no dispositivo, e a ausência de dados para aferição sobre eventual contraindicação médica, nos permitem concluir que o desembargador afastado em razão de licença médica poderá, em princípio, proferir o seu voto em caso de afastamento por licença médica.

402. (E) O desembargador de férias ou em gozo de licença poderá participar das sessões administrativas e comparecer para proferir decisões nos processos que houver pedido de vista antes do afastamento, salvo na hipótese de licença, se houver contraindicação médica (arts. 54 e 55).

403. (E) Havendo necessidade de substituição, o Presidente será substituído pelo Primeiro Vice-Presidente e, na impossibilidade deste, pelo Segundo Vice-Presidente; o Primeiro Vice-Presidente será substituído pelo Segundo Vice-Presidente; o Segundo Vice-Presidente e o Corregedor serão substituídos pelos demais desembargadores, observada a ordem decrescente de antiguidade a partir do substituído (art. 57) Não há previsão de designação do substituto pelo Presidente nesses casos.

404. (C) Em caso de impedimento ou de suspeição, a substituição caberá a desembargador do mesmo órgão (art. 59). Não sendo possível a substituição por desembargador do mesmo órgão, o Presidente da Turma ou da Câmara solicitará ao Presidente do Tribunal a convocação de desembargador de outro órgão, preferencialmente da mesma especialidade, obedecida a ordem decrescente de antiguidade (art. 59, § 1º).

405. (C) A questão reproduz o art. 63 que assim dispõe: "O desembargador comunicará oficialmente à Presidência do Tribunal, em 24 (vinte e quatro) horas, seu afastamento, para regularização da distribuição de processos".

406. (E) Nas faltas e impedimentos eventuais, o Presidente do Tribunal será substituído pelo Primeiro Vice-Presidente e, na impossibilidade deste, pelo Segundo Vice-Presidente; o Primeiro Vice-Presidente será substituído pelo Segundo Vice-Presidente; o Segundo Vice-Presidente e o Corregedor da Justiça serão substituídos pelos demais desembargadores, observada a ordem decrescente de antiguidade, a partir do substituído, excluídos os desembargadores que integram o Tribunal Regional Eleitoral do Distrito Federal (art. 57). O corregedor não exerce função de substituto no Tribunal.

407. (C) A substituição do Segundo Vice-Presidente e do Corregedor da Justiça, em caso de faltas e impedimentos, serão substituídos pelos demais desembargadores, observada a ordem decrescente de antiguidade, a partir do substituído, excluídos os desembargadores que integram o Tribunal Regional Eleitoral do Distrito Federal (art. 57).

CAPÍTULO III
DOS JUÍZES SUBSTITUTOS DE SEGUNDO GRAU

A Lei nº 12.782/2013 transformou dez cargos de Juiz de Direito da carreira da magistratura do Distrito Federal em dez cargos de Juiz de Direito Substituto de Segundo Grau para atuação no Tribunal. Posteriormente, com a alteração da composição do Tribunal, foi editada a Lei 13.264/2016, que transformou mais um cargo de Juiz de Direito em um cargo de Juiz de Direito Substituto de Segundo Grau. Hoje, portanto, são onze os juízes de direito substitutos de segundo grau em atuação no Tribunal, que correspondem ao mesmo número de Turmas, de forma que cada um deles é localizado em uma Turma especializada e na correspondente Câmara especializada.

Os cargos de Juiz de Direito Substituto de Segundo Grau são providos pelo Tribunal Pleno por concurso de remoção (arts. 392, c/c 361, VIII), observados os critérios de antiguidade e merecimento, alternadamente (art. 392, § 1º). Os Juízes de Direito Substitutos de Segundo Grau são localizados nas Turmas e nas Câmaras especializadas (art. 65), onde exercem atividade exclusivamente jurisdicional (art. 64), podendo funcionar nos processos como relator, revisor ou vogal (art. 65, § 1º). Exercem atividades de substituição e auxílio (art. 64). São designados substitutos quando há desembargador afastado por período superior a trinta dias ou em caso de vacância do cargo; prestam auxílio em caso de necessidade do órgão julgador. Não integram o Conselho Especial nem o Tribunal Pleno. Também não exercem a presidência de nenhum órgão julgador.

Art. 64. Os juízes de direito substitutos de segundo grau integram classe especial da magistratura de primeiro grau e exercerão atividade exclusivamente jurisdicional no auxílio aos órgãos de segundo grau e na substituição de desembargadores.

§ 1º Nos atos, andamentos e registros concernentes à atividade judicial, os juízes de direito substitutos de segundo grau serão identificados como desembargadores.

§ 2º No acesso ao Tribunal de Justiça não haverá distinção, para fins de antiguidade ou merecimento, entre juízes de direito substitutos de segundo grau, juízes de turmas recursais e juízes de direito.

§ 3º Os juízes de direito substitutos de segundo grau tomarão posse perante o Presidente do Tribunal.

§ 4º No exercício da atividade jurisdicional nas turmas e câmaras, aplicam-se aos juízes de direito substitutos de segundo grau as normas relativas aos desembargadores, salvo as restrições previstas neste Regimento.

Art. 65. Os juízes de direito substitutos de segundo grau serão localizados nas Turmas e Câmaras especializadas.

Os juízes de direito substitutos de segundo grau **não integram** as Turmas nem as Câmaras especializadas. Apenas **são localizados** nesses órgãos para atividade jurisdicional de substituição e auxílio.

§ 1º Os juízes de direito substitutos de segundo grau funcionarão como relator, revisor ou vogal.

§ 2º Os juízes de direito substitutos de segundo grau ficarão vinculados, como relator ou revisor, aos processos que lhes forem distribuídos, independentemente de remoção, permuta ou acesso ao cargo de desembargador.

> O juiz de direito substituto de segundo grau fica responsável pela finalização (análise e julgamento) dos processos a ele distribuídos como relator ou revisor durante a substituição ou o auxílio. A vinculação permanecerá mesmo no caso de remoção, permuta ou acesso ao cargo de desembargador.

§ 3º Ato do Presidente do Tribunal designará o juiz de direito substituto de segundo grau para auxílio ou substituição.

§ 4º No desempenho de auxílio ou de substituição os juízes de direito substitutos de segundo grau receberão a diferença de remuneração referente ao cargo de desembargador.

Art. 66. Aplicam-se aos juízes de direito substitutos de segundo grau as normas referentes a localização, férias, permuta e transferência dos desembargadores.

DOS JUÍZES SUBSTITUTOS DE SEGUNDO GRAU	
Classe especial da magistratura	Os juízes de direito substitutos de segundo grau integram classe especial da magistratura de primeiro grau. Os cargos são providos mediante remoção de juízes de direito de Turma Recursal e de juízes de direito da Circunscrição Judiciária de Brasília ou de varas com competência em todo o Distrito Federal (art. 387, § 1º).
Atividade	Exercem atividade jurisdicional no auxílio aos órgãos de segundo grau e na substituição de desembargadores.
Denominação	Serão identificados como desembargadores nos atos, andamentos e registros concernentes à atividade judicial.
No acesso ao cargo de desembargador	Não haverá distinção, para fins de antiguidade ou merecimento, entre juízes de direito substitutos de segundo grau, juízes de turmas recursais e juízes de direito.
Posse	É feita perante o Presidente do Tribunal.
Normas aplicáveis	No exercício da atividade jurisdicional nas turmas e câmaras, aplicam-se as normas relativas aos desembargadores, salvo as restrições previstas neste Regimento.
	Aplicam-se as normas referentes a localização, férias, permuta e transferência dos desembargadores.
Localização	Serão localizados nas Turmas e Câmaras especializadas.

DOS JUÍZES SUBSTITUTOS DE SEGUNDO GRAU		
Funções	Funcionarão como relator, revisor ou vogal.	
Substituirá desembargador (art. 60)	- Em caso de afastamento por período superior a trinta dias;	
	- Em caso de vacância do cargo;	
A substituição caberá	Regra	Ao juiz de direito substituto de segundo grau localizado na respectiva Turma;
	Exceção	Não sendo possível, mediante designação do Presidente do Tribunal.
Atividade jurisdicional durante o período de substituição	Poderá abranger os processos anteriormente distribuídos ao desembargador substituído (art. 60, parágrafo único).	
Vinculação a processos	Ficarão vinculados, como relator ou revisor, aos processos que lhes forem distribuídos, independentemente de remoção, permuta ou acesso ao cargo de desembargador.	
Designação para auxílio ou substituição	Será feita por ato do Presidente do Tribunal.	
Remuneração	No desempenho de auxílio ou de substituição, receberão a diferença de remuneração referente ao cargo de desembargador.	

PARA PRATICAR

408. **(Cespe/TJDFT/Analista Judiciário – Área Judiciária/2015 – atualizada)** Se um desembargador afastar-se de suas funções por um período de quarenta dias, a substituição caberá ao juiz de direito substituto de segundo grau localizado na respectiva Turma, o que vinculará esse juiz como relator ou revisor aos processos que lhe forem distribuídos durante o período da substituição. ( )

409. **(Cespe/TJDFT/Técnico Judiciário – Área Administrativa/2015)** Se um desembargador afastar-se por mais de trinta dias, um juiz de direito substituto, de segundo grau, será designado para substituí-lo. No período da substituição, o juiz exercerá as atividades jurisdicionais e administrativas na turma integrada pelo desembargador substituído. ( )

410. **(Cespe/TJDFT/Analista Judiciário/2003)** Se um desembargador precisar afastar-se das funções por prazo superior a trinta dias, um juiz de direito deverá ser convocado, e sua escolha competirá ao presidente do tribunal. ( )

411. **Cespe/TJDFT/Notários/Outorga de Provimento/2003 – desmembrada)** No caso de vaga ou afastamento, a qualquer título, de desembargador, por período superior a trinta dias, o juiz de direito mais antigo em exercício no Distrito Federal não tem direito líquido e certo de ser convocado para substituir aquele membro do tribunal, apenas pela posição que detém na lista de antiguidade. ( )

412. **(Cespe/TJDFT/Analista Judiciário/2003)** Se um juiz de direito compuser o TRE/DF não poderá ser convocado para compor o TJDFT, em substituição a desembargador. ( )

413. **(Cespe/TJDFT/Analista Judiciário/2003)** Se um juiz de direito der causa à instauração de processo disciplinar pelo cometimento de ato que lhe possa ensejar a perda do cargo, essa instauração, por si só, não o impedirá de ser convocado para substituir desembargador no TJDFT. ( )

414. **(Cespe/TJDFT/Analista Judiciário/2003)** Se um juiz de direito for convocado para substituir desembargador no TJDFT e receber determinado processo por distribuição, ficará a ele vinculado caso não o consiga pôr em julgamento antes de retornar às suas funções no primeiro grau, de modo que deverá comparecer ao tribunal para julgar o processo mesmo após finda a substituição. ( )

415. (Cespe/TJDFT/Analista Judiciário/1999 – adaptada) Qualquer juiz de direito é passível de convocação para substituir desembargador, desde que obedecida a ordem decrescente de antiguidade. ( )

416. (Inédita) O juiz de direito substituto de segundo grau, após cessada a substituição ou o auxílio prestado às Turmas, determinará a redistribuição dos feitos que lhes forem distribuídos durante a substituição ou o auxílio. ( )

417. (Inédita) A atividade jurisdicional do juiz de direito substituto de segundo grau, quando em substituição a desembargador, poderá abranger, além dos processos que lhe forem ordinariamente distribuídos durante o período da substituição, também os processos anteriormente distribuídos ao desembargador substituído. ( )

418. (Inédita) A substituição de desembargador, na hipótese de férias, de licença ou de vacância do cargo, será feita por juiz de direito substituto de segundo grau localizado na mesma Turma do desembargador substituído. Não sendo possível, o presidente da Turma poderá convocar magistrado de outro órgão. ( )

419. (Inédita) No caso de afastamento de desembargador por período igual ou inferior a trinta dias, o substituto, além de exercer as tarefas cometidas ao substituído, acumulará as funções próprias de seu cargo ( )

420. (Inédita) Os juízes de direito substitutos de segundo grau tomarão posse perante o Tribunal Pleno. ( )

421. (Inédita) Os juízes de direito substitutos de segundo grau exercem atividade exclusivamente jurisdicional de auxílio e substituição no Tribunal e são localizados nas Turmas e nas Câmaras especializadas. ( )

422. (Inédita) Para fins de acesso ao Tribunal, no cargo de desembargador, seja pelo critério de antiguidade ou de merecimento, os juízes de direito substitutos de segundo grau terão preferência sobre os demais juízes de direito, uma vez que já integram os órgãos fracionários do Tribunal. ( )

423. (Inédita) O juiz de direito não será convocado para substituição no Tribunal quando tiver em seu poder processos conclusos além do prazo legal. ( )

424. (Inédita) Os juízes de direito substitutos de segundo grau funcionarão como relator, revisor ou vogal. ( )

425. (Inédita) A convocação de Juiz de Direito para substituição no Tribunal, dada a sua excepcionalidade, é exclusiva do Conselho Especial, exigindo-se votação favorável da maioria absoluta do Órgão. ( )

COMENTÁRIOS

408. (C) Em caso de afastamento de desembargador por período superior a trinta dias e de vacância no cargo, a substituição caberá ao juiz de direito substituto de segundo grau localizado na respectiva Turma ou, não sendo possível, mediante designação do Presidente do Tribunal (art. 60). Os juízes de direito substitutos de segundo grau ficarão vinculados, como relator ou revisor, aos processos que lhes forem distribuídos, independentemente de remoção, permuta ou acesso (art. 65, § 2º).

409. (E) Em caso de afastamento de desembargador por período superior a trinta dias e de vacância do cargo, a substituição caberá ao juiz de direito substituto de segundo grau localizado na respectiva Turma ou, não sendo possível da respectiva Turma, mediante designação do Presidente do Tribunal" (art. 60). Durante o período da substituição, a atividade jurisdicional (somente jurisdicional) do substituto poderá abranger os processos anteriormente distribuídos ao desembargador substituído" (art. 60, parágrafo único).

410. (E) Em caso de afastamento de desembargador por período superior a trinta dias e de vacância do cargo, a substituição caberá ao juiz de direito substituto de segundo grau localizado na respectiva Turma ou, não sendo possível da respectiva Turma, mediante designação do Presidente do Tribunal (art. 60). A convocação de Juiz de Direito para substituição no Tribunal terá caráter excepcional e somente ocorrerá: quando a necessidade de substituição ou auxílio superar o número de juízes de direito substitutos de segundo grau em exercício; na hipótese de afastamento de juiz substituto de segundo grau por período superior a trinta dias; ou em face de situação extraordinária, a critério do Conselho Especial. Ou ainda para prestar auxílio aos órgãos julgadores, aos desembargadores ou aos juízes de direito substitutos de segundo grau (art. 61, caput, e seu parágrafo primeiro).

411. (C) Não é apenas o critério de antiguidade que garante ao Juiz de Direito a prerrogativa de substituir membro de Tribunal. A convocação, além de ser feita na ordem decrescente de antiguidade, deverá observar também critérios objetivos que assegurem a impessoalidade da escolha (art. 62, § 1º). E a convocação será realizada por votação favorável da maioria absoluta dos membros do Conselho Especial (art. 62);

e ainda serão excluídos da lista de antiguidade aqueles que não atenderem às exigências regimentais previstas no art. 62, § 2º.

412. (C) São excluídos da lista de antiguidade para fins de convocação os Juízes de Direito que estejam no exercício de: jurisdição eleitoral de primeiro grau; auxílio à Presidência, às Vice-Presidências ou à Corregedoria de Justiça; Diretoria de Fórum; titularidade de Vara da Infância e da Juventude; coordenação de Juizados Especiais (art. 62, § 1º).

413. (E) Não será convocado para substituir desembargador no TJDFT, entre outras hipóteses, o Juiz de Direito: que esteja respondendo a processo disciplinar ou tenha recebido pena disciplinar nos últimos doze meses, contados do retorno ao exercício das atividades; que apresente produtividade sensivelmente inferior à média registrada nos juízes de igual natureza, salvo motivo justificado; que retenha, injustificadamente, autos além do prazo legal (art. 62, § 2º).

414. (E) Não basta o processo ser distribuído ao Juiz de Direito convocado para ele ficar vinculado ao julgamento. A vinculação somente ocorre quanto aos processos em que o Juiz de Direito convocado, durante a convocação, tiver lançado relatório ou pedido inclusão em pauta de julgamento (art. 62, § 4º).

415. (E) Não é apenas o critério de antiguidade que garante ao juiz de direito a prerrogativa de substituir membro de Tribunal. A convocação, além de ser feita na ordem decrescente de antiguidade, deverá observar também critérios objetivos que assegurem a impessoalidade da escolha (art. 62, § 1º). E a convocação será realizada por votação favorável da maioria absoluta dos membros do Conselho Especial (art. 62) e ainda serão excluídos da lista de antiguidade aqueles que não se encaixarem nas exigências regimentais previstas no art. 62, § 2º.

416. (E) Os juízes de direito substitutos de segundo grau ficarão vinculados, como relator ou revisor, aos processos que lhes forem distribuídos, independentemente de remoção, permuta ou acesso ao cargo de desembargador (art. 65, § 2º).

417. (C) Durante o período de substituição, a atividade jurisdicional do substituto poderá abranger os processos anteriormente distribuídos ao desembargador substituído (art. 60, parágrafo único).

418. (E) Não haverá substituição em caso de férias, mas no caso de afastamento por período superior a trinta dias e de vacância do cargo. A substituição caberá, de fato, ao juiz de direito substituto de segundo grau localizado na respectiva Turma ou, não sendo possível, mediante designação do Presidente do Tribunal e não por convocação do Presidente da Turma como afirma a questão (art. 60).

419. (C) Quando a substituição for por período igual ou inferior a trinta dias, o substituto acumulará as funções próprias de seu cargo.

420. (E) A posse dos juízes de direito substitutos de segundo grau é feita perante o Presidente do Tribunal e não perante o Tribunal Pleno (art. 64, § 3º).

421. (C) Os juízes de direito substitutos de segundo grau integram classe especial da magistratura de primeiro grau e exercerão atividade exclusivamente jurisdicional no auxílio aos órgãos de segundo grau e na substituição de desembargadores (art. 64). São localizados nas Turmas e nas Câmaras especializadas (art. 65).

422. (E) No acesso ao Tribunal de Justiça não haverá distinção, para fins de antiguidade ou merecimento, entre juízes de direito substitutos de segundo grau, juízes de turmas recursais e juízes de direito (art. 64, § 2º). Os juízes de direito substitutos de segundo grau são **localizados** nas Turmas especializadas e Câmaras especializadas (art. 65), mas não **integram** esses Órgãos.

423. (C) Não será convocado para substituição no Tribunal juiz de direito que retenha, injustificadamente, autos além do prazo legal. Além desta, há outras duas hipóteses para a não convocação: quando o juiz estiver respondendo a processo disciplinar ou tiver recebido penalidade nos últimos doze meses contados do retorno ao exercício das atividades; e quando juiz apresentar produtividade bem inferior à média registrada nos juízos de igual natureza, salvo motivo justificado (art. 62, § 2º).

424. (C) Os juízes de direito substitutos de segundo grau funcionarão como relator, revisor ou vogal (art. 65, § 1º).

425. (E) A convocação de juiz de direito será realizada por votação favorável da maioria absoluta dos membros do Conselho Especial. Em caso de urgência, a convocação será feita *ad referendum* pelo Presidente do Tribunal (art. 62).

PARTE SEGUNDA
DOS SERVIÇOS E DO PROCESSO JUDICIAL

TÍTULO I
DAS DISPOSIÇÕES GERAIS

CAPÍTULO I
DO REGISTRO E DA CLASSIFICAÇÃO DOS FEITOS

> **Feitos** é a denominação dada aos "autos do processo".
> **Processo**, na linguagem jurídica, é o instrumento por meio do qual alguém leva ao conhecimento do Poder Judiciário, para julgamento, um conflito de seu interesse. O interessado, por intermédio de seu advogado, elabora uma petição, a qual é distribuída ao órgão jurisdicional competente para o seu julgamento. O processo inicia-se com o registro e a classificação que, no Tribunal de Justiça, são feitos no protocolo do Tribunal, e finaliza, em regra, com a decisão proferida por um juiz ou Tribunal, seja em favor ou contra o requerente.
> **Registro** é o cadastramento do número do processo, feito no protocolo do Tribunal. O processo tem início com o seu registro.
> **Classificar um processo** é selecioná-lo de acordo com a classe a qual pertence. Os processos se classificam como apelação cível, apelação criminal, agravo de instrumento, mandado de segurança, *habeas corpus*, ação rescisória, revisão criminal etc.

Art. 67. Os autos serão registrados no protocolo do Tribunal no dia de sua entrada.

§ 1º A Secretaria Judiciária ordenará os autos protocolizados e promoverá sua imediata distribuição.

§ 2º Os serviços de protocolo descentralizados do primeiro grau de jurisdição poderão, mediante ato próprio, ser integrados ao protocolo do Tribunal.

> A distribuição dos feitos no primeiro grau de jurisdição possui serviços de protocolos próprios e descentralizados nas diversas circunscrições judiciárias. Incluem os denominados protocolos integrados da Justiça do Distrito Federal e dos Territórios. Estes poderão ser integrados ao protocolo de distribuição do Tribunal, mediante ato próprio.

Art. 68. O registro obedecerá à numeração única de processos no âmbito do Poder Judiciário, observada a ordem de recebimento, ressalvados os feitos em que haja pedido de liminar ou que exijam urgência, os quais terão preferência na autuação, considerando-se, para distribuição, as classes processuais que serão definidas por ato do Tribunal.

O número do processo é estabelecido pelo registro no momento do ajuizamento da ação e é mantido em todas as instâncias de julgamento.
Para conhecimento: no TJDFT, as classes processuais estão definidas no Ato Regimental nº 6, de 18/12/2009, em conformidade com a Resolução nº 46, de 18/12/2007, do Conselho Nacional de Justiça, que cria as Tabelas Processuais Unificadas do Poder Judiciário.

> § 1º Será registrado como processo penal, após o recebimento da denúncia ou da queixa, o inquérito policial ou qualquer notícia de crime cujo julgamento seja de competência originária do Tribunal, obedecendo-se ao disposto no *caput* deste artigo.

Chegando ao Tribunal um inquérito policial ou qualquer notícia de um crime praticado pelas autoridades que possuem foro por prerrogativa de função no Tribunal (art. 13, I, *a* e *b*), o processo será registrado como "inquérito". Somente depois de recebida a denúncia ou a queixa, o feito será registrado como "processo penal".
Aqui, onde se lê "processo penal", deveria constar "ação penal", que é a denominação técnica dada à classe de processos em que se apuram crimes de ação pública, segundo a classificação prevista na Tabela Processual Unificada do CNJ.

> § 2º Não altera a classe nem acarreta distribuição a superveniência de: agravo interno, arguição de inconstitucionalidade, avocatória, embargos de declaração, habilitação incidente, incidente de falsidade, medidas cautelares, processo de execução, restauração de autos, recursos para as Instâncias Superiores ou outros pedidos incidentes ou acessórios.

As classes de processo acima relacionadas, por se tratarem de recursos e incidentes postulados nos autos do processo principal, não alteram a classe processual nem acarretam distribuição. Isso quer dizer que, tramitando uma apelação cível no Tribunal, se sobrevier alguma das medidas ou recursos acima enumerados (agravo interno, arguição de inconstitucionalidade, embargos de declaração, avocatória etc.), isso não muda a classe do feito, que permanecerá classificada como "apelação cível", nem a acarreta nova distribuição, pois o processo continuará com o mesmo relator da apelação.

> § 3º Far-se-á anotação na capa dos autos quando:
> I – ocorrerem pedidos incidentes;
> II – houver interposição de recursos;
> III – estiver preso o réu;
> IV – for o caso de preferências legais e metas do Poder Judiciário;
> V – correr o processo em segredo de justiça;
> VI – for determinada pelo relator a certificação de impedimento ou de suspeição de desembargador.

ART. 68 — TJDFT – EM ESQUEMAS

REGISTRO E CLASSIFICAÇÃO DOS FEITOS			
Registro dos autos	É feito no protocolo do Tribunal no dia de sua entrada;		
	Obedecerá à numeração única de processos no âmbito do Poder Judiciário;		
	Observará a ordem de recebimento		ressalvados os feitos em que haja pedido de liminar ou que exijam urgência, os quais terão preferência na autuação.
Cabe à Secretaria Judiciária	Ordenar os autos protocolizados e promover a sua imediata distribuição.		
Poderão ser integrados ao protocolo do Tribunal	Os serviços de protocolo descentralizados do primeiro grau de jurisdição, mediante ato próprio.		
Consideram-se para distribuição	As classes processuais que serão definidas por ato do Tribunal.		
Será registrado como processo penal, após o recebimento da denúncia ou da queixa	O inquérito policial ou qualquer notícia de crime cujo julgamento seja de competência originária do Tribunal.		
Não altera a classe nem acarreta distribuição a superveniência de	- agravo interno; - arguição de inconstitucionalidade; - avocatória; - embargos de declaração; - habilitação incidente; - incidente de falsidade; - medidas cautelares; - processo de execução; - restauração de autos; - recursos para as Instâncias Superiores; - outros pedidos incidentes ou acessórios.		
Far-se-á anotação na capa dos autos quando	- ocorrerem pedidos incidentes; - houver interposição de recursos; - estiver preso o réu; - for o caso de preferências legais e metas do Poder Judiciário; - correr o processo em segredo de justiça; - for determinada pelo relator a certificação de impedimento ou de suspeição de desembargador.		

PARA PRATICAR

426. (Cespe/TJDFT/Técnico Administrativo/Judiciário/2003 – adaptada) O registro dos processos na secretaria do tribunal far-se-á por ordem de recebimento, independentemente de o processo conter ou não pedido de liminar ou exigir urgência. ( )

427. (Cespe/TJDFT/Analista Judiciário/2003) Se forem interpostos embargos de declaração após o julgamento de uma apelação cível, deverá haver redistribuição dos autos. ( )

428. (Cespe/TJDFT/Analista Judiciário/2003) Sempre que um desembargador for considerado impedido ou suspeito para atuar em determinado processo, essa circunstância deverá ser expressamente registrada na capa dos autos. ( )

429. (Cespe/TJDFT/Analista Judiciário/1999 – adaptada) Nos procedimentos de registro e classificação dos feitos, apenas os autos de inquérito policial regularmente recebidos da polícia judiciária podem ser enquadrados na classe processo penal. ( )

430. (Cespe/TJDFT/Técnico Judiciário/1998 – atualizada) Os autos deverão ser registrados no protocolo do Tribunal no mesmo dia da sua entrada. ( )

431. (Cespe/TJDFT/Técnico Judiciário/1998 – adaptada) Certos recursos e incidentes, como agravos internos, embargos de declaração e medidas cautelares, não acarretam distribuição. ( )

432. (Cespe/TJDFT/Analista Judiciário/1997) Se Cláudio comunicar ao TJDF que um indivíduo com foro por prerrogativa de função no Tribunal praticou determinado crime, então o expediente com a notícia-crime, assim que chegar à distribuição da Corte, deverá ser registrado como ação penal. ( )

433. (Cespe/TJDFT/Analista Judiciário/1997) Sempre que for interposto recurso nos autos de processo em trâmite no órgão, deverá ser alterada a respectiva classe. ( )

434. (Cespe/TJDFT/Analista Judiciário/1997 – adaptada) Todos os feitos e expedientes endereçados ao TJDF devem ser registrados e distribuídos de acordo com a classe correspondente; assim, sempre que for interposto recurso nos autos de processo em trâmite no órgão, deverá ser alterada a respectiva classe. ( )

435. (Inédita) O registro dos processos obedecerá à numeração única no âmbito do Poder Judiciário. ( )

436. (Inédita) Se um cidadão endereçar ao TJDFT notícia-crime contra um policial militar, esta deverá, tão logo recebida, ser registrada na classe "processo penal". ( )

437. (Inédita) A interposição de recurso é circunstância que deverá ser anotada na capa dos autos. ( )

COMENTÁRIOS

426. (E) Havendo pedido de medida liminar ou que exijam urgência, os processos terão preferência na autuação. Nos demais casos, o registro observará a ordem de recebimento (art. 68).

427. (E) Não altera a classe nem acarreta distribuição a superveniência, entre outros recursos e incidentes, de embargos de declaração (art. 68, § 2º).

428. (E) Não é sempre que o impedimento ou suspeição de desembargador enseja o registro na capa dos autos, mas somente quando for determinada pelo relator a certificação de impedimento ou de suspeição (art. 68, § 3º).

429. (E) Nos procedimentos de registro e classificação dos feitos, não são apenas os autos de inquérito policial regularmente recebidos da polícia judiciária que serão enquadrados na classe processo penal, mas também qualquer notícia de crime cujo julgamento seja de competência originária do Tribunal. Cabe lembrar que o registro do inquérito ou da notícia crime na classe processo penal somente ocorrerá após o recebimento da denúncia ou da queixa (art. 68, § 1º).

430. (C) Os autos serão registrados no protocolo do Tribunal no dia de sua entrada(art. 67).

431. (C) "Não altera a classe nem acarreta distribuição a superveniência de: agravo interno, arguição de inconstitucionalidade, avocatória, embargos de declaração, habilitação incidente, incidente de falsidade, medidas cautelares, processo de execução, restauração de autos, recursos para as instâncias superiores ou outros pedidos incidentes ou acessórios" (art. 68, § 2º).

432. (E) A notícia-crime cujo julgamento seja de competência originária do Tribunal somente será registrada como processo penal após o recebimento da denúncia ou da queixa (art. 68, § 1º).

433. (E) Nem sempre a interposição de recurso altera a respectiva classe do processo em tramitação no órgão julgador. Agravos internos, embargos de declaração e recursos para as instâncias superiores são espécies

de recursos que não alteram a classe do processo nem acarretam a distribuição. Além desses recursos, há outros incidentes que também não alteram a classe nem acarreta a distribuição. São eles: arguição de inconstitucionalidade, avocatória, habilitação incidente, incidente de falsidade, medidas cautelares, processo de execução, restauração de autos, ou outros pedidos incidentes ou acessórios (art. 68, § 2º).

434. (E) Serão consideradas, para fins de distribuição dos feitos, as classes processuais definidas por ato do Tribunal (art. 68). Isso quer dizer que os processos devem ser registrados e distribuídos de acordo com a classe correspondente (apelação, habeas corpus, mandado de segurança etc.). Todavia, nem sempre a interposição de recurso altera a respectiva classe do processo em trâmite no órgão julgador. Agravos internos, embargos de declaração e recursos para as instâncias superiores são espécies de recursos que não alteram a classe do processo nem acarretam a distribuição. Além desses recursos, há outros incidentes que também não alteram a classe nem acarreta a distribuição. São eles: arguição de inconstitucionalidade, avocatória, habilitação incidente, incidente de falsidade, medidas cautelares, processo de execução, restauração de autos, ou outros pedidos incidentes ou acessórios (art. 68, § 2º).

435. (C) O registro dos processos obedecerá à numeração única no âmbito do Poder Judiciário (art. 68, primeira parte).

436. (E) Serão registradas na classe "processo penal" o inquérito policial ou qualquer notícia de crime cujo julgamento seja de competência originária do Tribunal (art. 68, § 1º) O policial militar não tem foro por prerrogativa de função no Tribunal. As autoridades com tal prerrogativa estão elencadas no art. 13, I, a e b).

437. (C) A interposição de recurso é circunstância que enseja a anotação na capa dos autos, assim como: quando ocorrerem pedidos incidentes; quando estiver preso o réu; quando for o caso de preferências legais e metas do Poder Judiciário; quando correr o processo em segredo de justiça; quando for determinada pelo relator a certificação de impedimento ou de suspeição de desembargador (art. 68, § 3º).

CAPÍTULO II
DO PREPARO E DA DESERÇÃO

Preparo	É o pagamento das despesas realizadas com o processamento dos recursos. Trata-se de requisito de admissibilidade recursal. As despesas realizadas com o ajuizamento das ações denominam-se "custas processuais". O termo "preparo" é usado, no Regimento Interno, tanto para os recursos quanto para as ações originárias de competência do Tribunal.
Deserção	É a penalidade sofrida pela falta de pagamento do preparo. O recurso processado sem o devido preparo é declarado deserto.

Art. 69. Sujeitam-se a preparo na Secretaria do Tribunal:

I – a ação rescisória;

II – a reclamação;

III – a ação penal privada originária;

IV – o agravo de instrumento interposto contra decisão de primeiro grau;

V – o mandado de segurança;

VI – a medida cautelar;

VII – incidente de desconsideração da personalidade jurídica;

VIII – os recursos para o Supremo Tribunal Federal e para o Superior Tribunal de Justiça.

Art. 70. São isentos de preparo os recursos e as ações:

I – intentados pela Fazenda Pública ou pelo Ministério Público;

II – em que ao requerente sejam concedidos os benefícios da assistência judiciária gratuita.

SÃO SUJEITOS A PREPARO	SÃO ISENTOS DE PREPARO
- a ação rescisória; - a reclamação; - a ação penal privada originária; - o agravo de instrumento interposto contra decisão de primeiro grau; - o mandado de segurança; - a medida cautelar; - incidente de desconsideração da personalidade jurídica; - os recursos para o Supremo Tribunal Federal e para o Superior Tribunal de Justiça.	– os recursos e as ações intentados pela Fazenda Pública ou pelo Ministério Público; – os recursos e as ações em que ao requerente sejam concedidos os benefícios da assistência judiciária gratuita.

Art. 71. Compete ao Presidente do Tribunal, nos recursos dirigidos às Instâncias Superiores, e aos relatores, nos processos de competência originária e nos recursos em geral, decidir os pedidos de assistência judiciária gratuita.

Assistência judiciaria gratuita é a isenção do pagamento das custas processuais e do preparo concedida às pessoas que não possuem condições de arcar com os custos do processo. É o mesmo que justiça gratuita.

§ 1º Em caso de indeferimento, será fixado prazo para o recolhimento do preparo.

§ 2º No caso de competência recursal, prevalecerá a gratuidade de justiça deferida no primeiro grau de jurisdição.

COMPETÊNCIA PARA DECIDIR OS PEDIDOS DE ASSISTÊNCIA JUDICIÁRIA GRATUITA	
Presidente do Tribunal	Nos recursos dirigidos às Instâncias Superiores.
Relatores	Nos recursos em geral.

Se o pedido for indeferido	Será fixado prazo para o pagamento do preparo.
No caso de competência recursal	Prevalecerá a gratuidade de justiça deferida no primeiro grau de jurisdição.

Art. 72. Serão cobrados emolumentos pelo fornecimento de certidões, de quaisquer documentos, e de cópias por qualquer meio de reprodução, autenticadas ou não, ressalvadas as isenções legais.

> **Emolumentos,** para efeito deste artigo, são as despesas decorrentes da expedição de documentos fornecidos pelos Órgãos julgadores do Tribunal.
> **Certidões,** para efeito deste artigo, são documentos expedidos pelas Secretarias dos Órgãos julgadores contendo, em regra, informações sobre os dados do processo, os atos praticados e a situação atual em que se encontra o feito.

§ 1º A cobrança será feita de acordo com a Tabela do Regimento de Custas das Serventias Judiciais e dos Serviços Notariais e de Registro.

§ 2º Os valores e as guias para o recolhimento das custas judiciais de Segunda Instância ficarão a cargo da Secretaria de Apoio Judiciária da Corregedoria e estarão disponíveis, na página eletrônica do Tribunal, aos interessados para consulta e emissão.

§ 3º O recolhimento será feito em instituição financeira oficial autorizada pelo Tribunal e os comprovantes respectivos deverão ser juntados aos autos.

§ 4º A expedição de alvará de soltura ou de salvo-conduto não será cobrada.

> **Alvará de soltura** é o documento expedido pela autoridade judicial contendo uma ordem de libertação do preso.
> **Salvo-conduto** é o documento de caráter preventivo, expedido pela autoridade judicial em favor de alguém, contendo uma ordem para que este possa transitar sem risco de ser preso.

	ESTÃO SUJEITOS À COBRANÇA		NÃO ESTÁ SUJEITA À COBRANÇA
Os emolumentos pelo fornecimento	- de certidões - de quaisquer documentos - de cópias por qualquer meio de reprodução, autenticadas ou não ressalvadas as isenções legais.	A expedição	- de alvará de soltura ou de salvo-conduto.

REGRAS PROCEDIMENTAIS	
A cobrança das custas e dos emolumentos será feita	De acordo com a Tabela do Regimento de Custas das Serventias Judiciais e dos Serviços Notariais e de Registro.
Ficarão a cargo da Secretaria de Apoio Judiciária da Corregedoria	Os valores e as guias para o recolhimento das custas judiciais de Segunda Instância.
Os valores e as guias	Estarão disponíveis, na página eletrônica do Tribunal, aos interessados para consulta e emissão.
Será feito o recolhimento	Em instituição financeira oficial autorizada pelo Tribunal.
Deverão ser juntados aos autos	Os comprovantes de pagamento.

Art. 73. Compete ao Presidente do Tribunal, nos recursos dirigidos às instâncias superiores, e aos relatores, nas ações de competência originária do Tribunal, decretar a deserção.

COMPETÊNCIA PARA DECRETAR A DESERÇÃO	
Presidente do Tribunal	Nos recursos dirigidos às instâncias superiores.
Relatores	Nas ações de competência originária do Tribunal.

Parágrafo único. Preclusa a decisão, os autos serão arquivados ou devolvidos ao juízo de origem independentemente de despacho.

Preclusão é a perda do direito de se manifestar sobre determinado ato processual em razão do transcurso de prazo.
Ultrapassado o prazo de recurso contra a decisão que decreta a deserção, os autos serão arquivados ou devolvidos ao juízo de origem, sem necessidade de determinação do magistrado.

Art. 74. Decorridos 30 (trinta) dias da intimação e não realizado o pagamento do preparo, as petições relativas a processos de competência originária do Tribunal serão devolvidas ou arquivadas.

Se a parte for intimada, mas não efetuar o preparo, as petições relativas a processos de competência originária do Tribunal serão devolvidas ou arquivadas após decorridos trinta dias da intimação.

PARA PRATICAR

438. **(Cespe/TJDFT/Analista Judiciário/2003)** A não ser que o réu seja beneficiário da justiça gratuita, a expedição de alvará de soltura ou de salvo conduto somente ocorrerá após o pagamento das custas, calculadas segundo a tabela aprovada pelo tribunal. ( )

439. **(Cespe/TJDFT/Analista Judiciário/2003)** Se a parte interpuser recurso especial, recurso extraordinário ou outro de competência dos tribunais superiores e não efetuar o pagamento das custas correspondentes, os autos deverão, mesmo assim, ser enviados ao tribunal destinatário do recurso, porquanto somente este poderá decretar a deserção. ( )

440. **(Cespe/TJDFT/Analista Judiciário/2003)** Se a parte pretender beneficiar-se da justiça gratuita, deverá necessariamente requerê-lo no primeiro grau de jurisdição, pois não é possível a concessão do benefício no âmbito do TJDFT, salvo em se tratando de ações de competência originária. ( )

441. **(Cespe/TJDFT/Técnico Judiciário/2003)** Nem todos os recursos e ações de competência do TJDFT são sujeitos a preparo, isto é, ao pagamento de custas. ( )

442. **(Cespe/TJDFT/Notários/Outorga de Provimento/2003)** Se um processo for julgado pelo TJDFT por força de recurso de apelação e a parte sucumbente interpuser recurso especial ou recurso extraordinário, mas não efetuar o correspondente preparo, a competência para decretar a deserção do recurso não será do relator da apelação. ( )

443. **(Cespe/TJDFT/Analista Judiciário/2000)** Em qualquer processo de competência do Tribunal no qual a parte interessada deseje requerer a dispensa de preparo, a competência para apreciar o requerimento será do presidente do órgão. ( )

ART. 74 — TJDFT – EM ESQUEMAS

444. **(Cespe/TJDFT/Analista Judiciário/2000)** Se um indivíduo ajuizar ação penal de iniciativa privada contra outro, em processo de competência originária do TJDFT, por haver sofrido crime contra a honra, não precisará efetuar preparo, providência igualmente desnecessária no caso de denúncia oferecida pelo ministério público. ( )

445. **(Cespe/TJDFT/Analista Judiciário/1999 – cindida)** Todos os recursos e as ações de competência do Tribunal de Justiça submetem-se a preparo, ressalvada a possibilidade de a parte obter a concessão de gratuidade de justiça, bem como os casos de expedição de alvará de soltura e salvo-conduto. ( )

446. **(Cespe/TJDFT/Analista Judiciário/1997)** Todos os processos de competência do Tribunal são sujeitos a preparo, salvo os de iniciativa da Fazenda Pública e do Ministério Público. ( )

447. **(Cespe/TJDFT/Analista Judiciário/1997)** Não está sujeita a preparo a expedição de alvarás de soltura e de salvo-condutos. ( )

448. **(Cespe/TJDFT/Analista Judiciário/1997)** Compete ao presidente conceder gratuidade nos recursos dirigidos ao Supremo Tribunal Federal e ao Superior Tribunal de Justiça, nos processos de competência originária e nos recursos em geral, antes de realizada a distribuição. ( )

449. **(Cespe/TJDFT/Analista Judiciário/1997 – adaptada)** Considere a seguinte situação: Magda é advogada de Joana, que figura como apelante em uma ação em trâmite no TJDF. A apelante, nos autos do recurso, requereu determinado provimento judicial, incidentalmente, o qual foi negado pelo relator. Inconformada, a apelante interpôs agravo interno, não efetuando nenhum preparo. Na situação apresentada, agiu corretamente a agravante ao não recolher custas, pois o processamento do agravo interno não depende do pagamento delas. ( )

450. **(Cespe/TJDFT/Analista Judiciário/1997)** Considere a seguinte situação: Júlia é Procuradora de Justiça do Ministério Público do Distrito Federal e Territórios (MPDFT) e aforou ação rescisória contra acórdão do TJDF em uma apelação cível que versava sobre questão pertinente à defesa do consumidor. O departamento financeiro do MPDFT, bem como a aludida Procuradora de Justiça, não providenciou o recolhimento de custas, mesmo tratando-se de ação rescisória. Na situação apresentada, deveria o relator extinguir o processo sem julgamento de mérito, pois o processamento de ação rescisória subordina-se a preparo. ( )

451. **(Cespe/TJDFT/Analista Judiciário/1997 – adaptada)** Considere a seguinte situação: Frederico é Procurador do Distrito Federal e interpôs recurso extraordinário contra acórdão prolatado pelo TJDF. Sendo recém-empossado e muito diligente, Frederico, de imediato, solicitou ao setor competente da Procuradoria do DF, que fosse efetuado, a tempo e modo, o preparo do recurso. Na situação apresentada, agiu corretamente o Procurador, pois os recursos destinados aos tribunais superiores sujeitam-se a preparo. ( )

452. **(Cespe/TJDFT/Analista Judiciário/1997)** Considere a seguinte situação: Clóvis requereu medida cautelar perante a Justiça do DF. Devido a sua situação financeira, o requerente pediu, no primeiro grau de jurisdição, que lhe fossem concedidos os benefícios da justiça gratuita e isto foi-lhe deferido. Malsucedido no processo, Clóvis, por meio de seu bastante procurador, apelou ao TJDF. Seu advogado não providenciou o preparo do recurso. Na situação apresentada, o recurso deverá reputar-se deserto, porquanto a isenção de custas para os beneficiários da justiça gratuita não abrange os recursos para o segundo grau de jurisdição. ( )

453. **(Cespe/TJDFT/Analista Judiciário/1997)** Considere a seguinte situação: Amanda é ré, no primeiro grau de jurisdição, em ação penal promovida pelo MPDFT, pelo delito de loteamento irregular e por crime contra o ambiente. No curso da ação, decretou-se a prisão preventiva da ré. Esta, acreditando sofrer constrangimento ilegal, pediu, por intermédio de seu advogado, ordem de *habeas corpus* ao TJDF, que a deferiu, determinando a expedição de alvará de soltura em favor da requerente. Na situação apresentada, para que o alvará seja entregue ao procurador da impetrante, deverá ser realizado o indispensável preparo. ( )

454. **(Inédita)** Não estão sujeitos a preparo no Tribunal o *habeas corpus*, a ação direta de inconstitucionalidade e o mandado de segurança. ( )

455. **(Inédita)** Considere por hipótese que um terceiro interessado necessite obter fotocópia de um processo em trâmite no Tribunal. Nessa situação é correto afirmar que ser-lhe-á cobrado valor somente se as cópias forem autenticadas. ( )

COMENTÁRIOS

438. (E) A expedição de alvará de soltura ou de salvo conduto não será cobrada (art. 72, § 4º). Mesmo quem não é beneficiário da justiça gratuito é isento do pagamento.

439. (E) Se interpostos recurso especial ou extraordinário, ou outro de competência dos tribunais superiores, sem o devido preparo, os autos não poderão ser enviados ao Tribunal destinatário do recurso, pois compete ao Presidente do TJDFT, neste caso, decretar a deserção (art. 73).

440. (E) É possível a concessão da justiça gratuita no âmbito do Tribunal, não somente nas ações de competência originária do Tribunal, mas também nos recursos dirigidos às instâncias superiores e demais recursos em geral. Compete ao Presidente do Tribunal decidir os pedidos de gratuidade de justiça formulados nos recursos dirigidos às instâncias superiores e aos relatores, nos processos de competência originária e nos recursos em geral (art. 71).

441. (C) Nem todos os recursos e ações de competência do Tribunal estão sujeitos a preparo, mas apenas a ação rescisória, a reclamação, a ação penal privada originária, o agravo de instrumento interposto contra decisão de primeiro grau, o mandado de segurança, a medida cautelar e os recursos para o STF e para o STJ (art. 69).

442. (C) A competência para decretar a deserção dos recursos dirigidos às instâncias superiores (recurso especial, recurso ordinário ou recurso extraordinário) não é do relator, mas sim do Presidente do TJDFT (art. 73).

443. (E) A competência para apreciar o pedido de dispensa do preparo (justiça gratuita) é do Presidente do Tribunal, nos recursos dirigidos às Instâncias Superiores, e dos relatores, nos processos de competência originária e nos recursos em geral, (art. 71).

444. (E) A ação penal privada originária sujeita-se ao pagamento do preparo (art. 69, III); No caso de denúncia oferecida pelo Ministério Público é dispensável o recolhimento do preparo, pois são isentos do preparo as ações e os recursos intentados pelo Ministério Público (art. 70, I). Além disso, a ação penal intentada pelo Ministério Público é de natureza pública, não estando, portanto, elencada no rol de processos sujeitos a preparo (art. 69).

445. (E) Nem todos os recursos e ações de competência do Tribunal submetem-se a preparo, mas apenas a ação rescisória, a reclamação, a ação penal privada originária, o agravo de instrumento interposto contra decisão de primeiro grau, o mandado de segurança, a medida cautelar e os recursos para o STF e para o STJ (art. 69); São isentos de preparo os recursos e as ações em que ao requerente sejam concedidos os benefícios da assistência judiciária (art. 70, II). Também são isentos de pagamento os alvarás de soltura e salvo-conduto (art. 72, § 4º).

446. (E) Nem todos os processos de competência do Tribunal estão sujeitos a preparo, mas apenas a ação rescisória, a reclamação, a ação penal privada originária, o agravo de instrumento interposto contra decisão de primeiro grau, o mandado de segurança, a medida cautelar e os recursos para o STF e para o STJ (art. 69). Os processos de iniciativa da Fazenda Pública e do Ministério Público são isentos do preparo, porque ambos fazem jus à isenção legal, ainda que o feito sujeita-se ao pagamento de custas (art. 70, I).

447. (C) "A expedição de alvará de soltura ou de salvo-conduto não será cobrada" (art. 72, § 4º).

448. (E) A competência do presidente do tribunal para conceder gratuidade de justiça restringe-se aos recursos dirigidos às instâncias superiores (STM e STJ). No caso de processos de competência originária e nos recursos em geral compete aos relatores conceder a justiça gratuita (art. 71). Mas somente depois de distribuído o processo é que ele poderá decidir sobre a matéria (art. 77).

449. (C) Agiu bem a advogada Magda ao não recolher as custas pois o agravo interno não está elencado no rol de processos sujeitos a preparo (art. 69).

450. (E) De fato, a ação rescisória está sujeita ao preparo (art. 69, I). Todavia, os recursos e as ações intentadas pelo Ministério Público são isentos do preparo (art. 70, I). Assim, não era necessário o recolhimento do preparo nem poderia o relator extinguir o processo sem julgamento do mérito. A regra especial prevalece sobre a geral.

451. (E) De fato, os recursos para o STF e para o STJ sujeitam-se a preparo (art. 69, VIII). Todavia, os recursos e as ações intentadas pela Fazenda Pública (Distrito Federal) são isentos do preparo (art. 70, II). Assim,

não era necessário que a Procuradoria do Distrito Federal providenciasse o pagamento respectivo. A regra especial prevalece sobre a geral.

452. (E) Clóvis obteve o benefício da justiça gratuita no primeiro grau de jurisdição. Assim, não era necessário que seu advogado, ao interpor o recurso, providenciasse o preparo, nem poderia reputar-se deserto o recurso, pois, "no caso de competência recursal, prevalecerá a gratuidade de justiça deferida no primeiro grau de jurisdição (art. 71, § 2º).

453. (E) "A expedição de alvará de soltura não será cobrada" (art. 72, § 1º). Assim, não era necessário realizar o pagamento do preparo como condição para a expedição de alvará de soltura.

454. (E) O habeas corpus e a ação direta de inconstitucionalidade não estão sujeitos a preparo no Tribunal, mas o mandado de segurança, sim (art. 69, V).

455. (E) Não é somente a fotocópia autenticada que está sujeita ao pagamento de emolumentos mas também aquela reproduzida sem autenticação (art. 72).

CAPÍTULO III
DA DISTRIBUIÇÃO

> **Distribuição** é o ato pelo qual se promove a regular repartição, entre os magistrados de igual jurisdição e competência, das causas ajuizadas pelas partes conflitantes.
>
> Quando o interessado ajuíza uma ação originária ou interpõe algum recurso no Tribunal, o primeiro passo é protocolar a petição, juntamente com os documentos que a instruem, no setor competente (Protocolo do Tribunal), salvo processo judicial eletrônico. Recebida a petição pelo funcionário responsável, o processo começa, então, a ser formado pelo seu registro e autuação. **O registro** é o cadastramento do número do processo, o qual é mantido em todas as instâncias do Judiciário. A **autuação** consiste em dar uma capa à petição, ou seja, em formar os autos do processo fazendo constar os principais dados relativos à demanda. Feito isso, o processo será **distribuído** a um dos magistrados, observada a sua jurisdição e competência.

Art. 75. A distribuição far-se-á publicamente por meio de sorteio eletrônico e atenderá ao critério da alternatividade e à numeração sequencial.

§ 1º A alternatividade observará as classes processuais.

> A distribuição é feita de forma alternada entre os desembargadores competentes em razão da matéria, observada as classes processuais, ou seja, serão repartidos entre os desembargadores competentes os mandados de segurança, os *habeas corpus*, as apelações, os agravos etc.

§ 2º Haverá sorteio manual em caso de inoperância do sistema eletrônico.

§ 3º Após a distribuição os autos serão imediatamente conclusos ao relator.

> Dizem-se "conclusos os autos" quando são enviados ao magistrado para proferir despacho, decisão ou sentença.

§ 4º Não haverá exclusão prévia de desembargador do sorteio de distribuição por qualquer motivo, inclusive impedimento ou suspeição. *(Incluído pela Emenda Regimental nº 4, de 2016)*

DA DISTRIBUIÇÃO	
A distribuição é feita	- publicamente; - por meio de sorteio eletrônico.
A distribuição atenderá	- ao critério de alternatividade; - à numeração sequencial.
Em caso de inoperância do sistema eletrônico	a distribuição será feita por sorteio manual.
A alternatividade observará	as classes processuais.
Após a distribuição	os autos serão imediatamente conclusos do relator.
Não haverá exclusão prévia	de desembargador do sorteio de distribuição por qualquer motivo, inclusive por impedimento ou suspeição.

Art. 76. No termo de autuação, será certificado o impedimento para que o relator do processo possa analisá-lo e determinar o cumprimento do art. 68, § 3º, VI. *(Redação dada pela Emenda Regimental nº 4, de 2016)*

Parágrafo único. A suspeição não constará do termo de autuação e sua anotação nos autos somente será realizada após determinação de redistribuição feita pelo relator.

Art. 77. A falta de preparo não impedirá a distribuição.

Parágrafo único. O fato será certificado nos autos e o relator decidirá sobre a matéria.

Art. 78. O registro da distribuição e da movimentação de processos entre os órgãos judiciais, incluindo-se os gabinetes dos desembargadores, os gabinetes dos juízes de direito substitutos de segundo grau e as secretarias das Turmas, das Câmaras e do Conselho Especial, será feito mediante lançamento no sistema informatizado, executado pelos respectivos serviços dos referidos órgãos.

Será certificado no termo de autuação	O impedimento, para que o relator do processo possa analisá-lo e mandar anotar na capa dos autos, se for o caso (art. 76).
Não constará do termo de autuação	A suspeição e sua anotação nos autos somente será realizada após determinação de redistribuição feita pelo relator (art. 76, parágrafo único).
Não impedirá a substituição	A falta do preparo (art. 77). O fato será certificado nos autos e o relator decidirá sobre a matéria (art. 77, parágrafo único).
O registro da distribuição e da movimentação de processos entre os órgãos judiciais será feito	Mediante lançamento no sistema informatizado, executado pelos respectivos serviços dos referidos órgãos. A regra é dirigida também aos gabinetes dos desembargadores, aos gabinetes dos juízes de direito substitutos de segundo grau e às secretarias das Turmas, das Câmaras e do Conselho Especial (art. 78).

Art. 79. Far-se-á a distribuição entre todos os desembargadores competentes em razão da matéria.

§ 1º A distribuição será feita aos desembargadores em exercício na data da sua realização.

§ 2º Não serão distribuídos processos a desembargador no período de 90 (noventa) dias que antecede a aposentadoria compulsória ou voluntária, desde que comunicada ao Tribunal previamente, por escrito.

§ 3º Caso não seja consumada a aposentadoria, haverá imediata compensação da distribuição.

§ 4º Em caso de impedimento ou de suspeição do relator, será realizada nova distribuição e haverá oportuna compensação.

Far-se-á a distribuição	Entre todos os desembargadores competentes em razão da matéria (art. 79).
Data da distribuição	É feita aos desembargadores em exercício, na data da sua realização (art. 79, § 1º).
Não haverá distribuição	No período de noventa dias que antecede a aposentadoria compulsória ou voluntária de desembargador, desde que comunicada ao Tribunal previamente, por escrito (art. 79, § 2º). Não consumada a aposentadoria, haverá imediata compensação da distribuição (art. 79, § 3º).
Será realizada nova distribuição com a oportuna compensação	Em caso de impedimento ou de suspeição do relator (art. 79, § 4º).

§ 5º O Presidente do Tribunal, o Primeiro Vice-Presidente, o Segundo Vice-Presidente e o Corregedor da Justiça só exercerão a função de relator no Conselho da Magistratura.

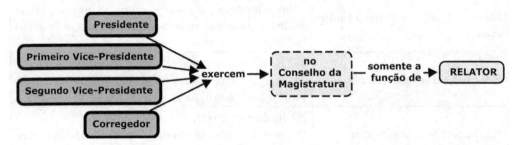

Art. 80. Será observada a proporcionalidade na distribuição dos feitos entre desembargadores e órgãos julgadores, respeitadas as respectivas classes.

Segue um exemplo para aclarar: Na medida do possível, será distribuído o mesmo número de agravo de instrumento, de apelação, de *habeas corpus*, de mandado de segurança, aos órgãos competentes para o julgamento e aos magistrados deles integrantes.

§ 1º O sistema informatizado não manterá diferença superior a três processos, por classes, ente os integrantes do mesmo órgão.

> Segue um exemplo para aclarar: ao serem distribuídos processos pertencentes à classe de *habeas corpus* em uma determinada Turma, um magistrado integrante do órgão não poderá receber quantia superior a três *habeas corpus* que os demais.

§ 2º Haverá compensação na distribuição por prevenção.

§ 3º Ao membro do Conselho Especial e ao convocado, bem como ao membro da Câmara de Uniformização, far-se-á compensação dos processos nas Turmas.

> Os membros do Conselho Especial, à exceção do Presidente, do Primeiro Vice-Presidente, do Segundo Vice-Presidente e do Corregedor, integram também as Câmaras Especializadas e as Turmas Especializadas. Os membros da Câmara de Uniformização integram as Turmas Cíveis, as Câmaras Cíveis e alguns podem integrar também o Conselho Especial. Assim, como forma de retribuição pelo serviço extra de julgar os processos no Conselho Especial e na Câmara de Uniformização, esses desembargadores recebem menos processos nas Turmas que os demais desembargadores não integrantes desses órgãos. A regra vale também para os convocados à substituição no Órgão.

DA COMPENSAÇÃO	
Compensação	É o ato pelo qual se acrescenta ou diminui um processo na quota parte de um magistrado em função de outro processo que deixou de lhe ser distribuído ou que foi redistribuído de seu acervo a outro magistrado.
Como é feita a compensação	Mediante acréscimo diário, na distribuição ou redistribuição, de cinco processos no máximo, até a integralização (art. 84, parágrafo único).
Haverá compensação	- quando não se consumar a aposentadoria de desembargador que ficou noventa dias sem receber processo em razão da falsa comunicação (art. 79, §§ 2º e 3º); - em caso de impedimento ou de suspeição do relator (art. 79, § 4º); - em caso de distribuição por prevenção (art. 80, § 2º); - dos processos nas Turmas ao membro do Conselho Especial e ao convocado, bem como ao membro da Câmara de Uniformização (art. 80, § 3º); - em caso de redistribuição de processo ainda não julgado, distribuído a relator que passou a compor órgão de competência diversa, quando houver processo a lhe ser distribuído por prevenção (art. 81, § 3º); - dos processos urgentes redistribuídos do desembargador afastado a qualquer título por prazo superior a trinta dias (art. 84).
Não haverá compensação	Dos processos distribuídos por prevenção ao órgão julgador no período de afastamento de desembargador (art. 85).

ART. 81 — TJDFT – EM ESQUEMAS

Art. 81. A distribuição de ação originária e de recurso cível ou criminal torna o órgão e o relator preventos, observada a legislação processual respectiva, para todos os feitos posteriores, referentes ao mesmo processo, tanto na ação de conhecimento quanto na de execução, ressalvadas as hipóteses de suspeição ou de impedimento supervenientes, procedendo-se à devida compensação. *(Redação dada pela Emenda Regimental nº 5, de 2016)*

§ 1º O primeiro recurso distribuído torna preventos o órgão e o relator para eventual recurso subsequente interposto em processo conexo, observada a legislação processual respectiva; *(Redação dada pela Emenda Regimental nº 5, de 2016)*

> Quando uma ação originária ou um recurso for distribuído a um desembargador, os demais feitos relacionados deverão ser também distribuídos ao mesmo desembargador em razão da prevenção, seja na ação de conhecimento ou de execução, salvo impedimento ou suspeição surgidos posteriormente. Fica prevento não somente o desembargador, mas também o órgão julgador a que ele pertence. Isso quer dizer que, se um determinado processo foi distribuído a um magistrado integrante da 3ª Turma Criminal, em caso de eventual afastamento deste, o feito será redistribuído a um dos outros magistrados integrantes do mesmo órgão julgador, em razão da prevenção também do órgão.

§ 2º A certidão de prevenção constará do termo de autuação e distribuição, cabendo ao relator determinar nova distribuição, caso entenda não se tratar de prevenção. *(Redação dada pela Emenda Regimental nº 5, de 2016)*

§ 3º O Primeiro Vice-Presidente requisitará os autos de processos ainda não julgados, distribuídos a relator que se encontre em órgão de competência diversa, para distribuição conjunta de ações, de recursos ou de incidentes, procedendo-se à oportuna compensação. *(Redação dada pela Emenda Regimental nº 5, de 2016)*

> Segue um exemplo para aclarar: um desembargador é transferido, a pedido, da 2ª Turma Cível para a 1ª Turma Criminal, levando consigo, em razão da vinculação, os processos que tinha no seu acervo na data da transferência (art. 83). Após a transferência, chega ao Tribunal um processo que tem relação de conexão com outro distribuído a ele quando em exercício na 2ª Turma Cível e que ainda se encontra em seu poder para julgamento.
> Nesse caso, o processo distribuído posteriormente, que trata de matéria cível, não poderá ser distribuído por prevenção ao mesmo desembargador, porque agora ele integra a Turma Criminal, de especialidade diferente. Nesse caso, o Primeiro Vice-Presidente requisitará o processo que está em poder do desembargador então prevento, para, juntamente com o outro, distribuí-lo a outro magistrado da 2ª Turma Cível, procedendo-se à oportuna compensação.

§ 4º A prevenção, se não for reconhecida de ofício, poderá ser arguida por qualquer das partes ou pelo Ministério Público até o início do julgamento. *(Incluído pela Emenda Regimental nº 5, de 2016)*

DA PREVENÇÃO	
Prevenção	A distribuição dos feitos, em regra, é feita aleatoriamente entre todos os magistrados de igual competência para julgar a matéria. Há casos, todavia, em que **a distribuição deverá ser feita por prevenção**. Isso ocorre com os processos que tiverem relação com outros já distribuídos a um determinado julgador, por conexão (mesmo objeto e causa de pedir) ou continência (o objeto de uma delas, por ser mais amplo, abrange o da outra). Neste caso, o processo conexo ajuizado posteriormente será distribuído ao mesmo relator, que será compensado para menos na distribuição. A distribuição por prevenção visa evitar decisões conflitantes. Fica prevento o relator a quem for distribuído o primeiro de uma série de processos conexos, salvo exceções.
Prevenção do relator e do órgão julgador	A distribuição de ação originária e de recurso cível ou criminal torna o órgão e o relator preventos, observada a legislação processual respectiva, para todos os feitos posteriores, referentes ao mesmo processo, tanto na ação de conhecimento quanto na de execução, ressalvadas as hipóteses de suspeição ou de impedimento supervenientes, procedendo-se à devida compensação (art. 81). O primeiro recurso distribuído torna preventos o órgão e o relator para eventual recurso subsequente interposto em processo conexo, observada a legislação processual respectiva (art. 81, § 1º).
Não ocorre a prevenção	Na hipótese de suspeição ou de impedimento supervenientes (art. 81, parte final).
A prevenção será observada somente em relação ao órgão julgador	- No período de afastamento do desembargador, não havendo compensação (art. 85). - Quando o desembargador for afastado definitivamente do órgão por qualquer motivo (art. 85, parágrafo único).
Na distribuição por prevenção	Haverá compensação (art. 80, § 2º).
Constará do termo de autuação e distribuição	A certidão de prevenção (art. 81, § 2º).
Caso o relator entenda não se tratar de prevenção	cabendo determinar nova distribuição, (art. 81, § 2º).
Arguição de prevenção	A prevenção, se não for reconhecida de ofício, poderá ser arguida por qualquer das partes ou pelo Ministério Público até o início do julgamento (art. 81, § 4º).

Art. 82. Far-se-á também redistribuição de processos cujo relator:

I – afastar-se definitivamente do Tribunal;

II – afastar-se, a qualquer título, por prazo superior a 30 (trinta) dias;

III – eleger-se para cargo de direção do Tribunal.

§ 1º Para as hipóteses previstas nos incisos II e III, a redistribuição pressupõe urgência na apreciação de medidas ou no julgamento e restringe-se a agravos de instrumento, mandados de segurança, *habeas corpus*, medidas cautelares, reclamações, processos criminais com réu preso e outros feitos que, por sua natureza e a juízo do Primeiro Vice-Presidente, reclamem igual providência.

§ 2º Se o período de afastamento for igual ou inferior a 30 (trinta) dias, as medidas urgentes serão apreciadas pelo substituto legal do relator, salvo quando este autorizar que os autos lhe sejam conclusos.

Art. 83. A transferência e a permuta não acarretarão redistribuição.

Parágrafo único. O magistrado ficará vinculado a todos os feitos distribuídos e não julgados até a data da remoção ou da permuta.

Art. 84. Ao reassumir suas funções, o desembargador que se encontrava afastado poderá receber igual número de feitos dos magistrados a quem foram redistribuídos seus processos, cuja apreciação de medidas ou julgamento requereram urgência, respeitadas as respectivas classes, dentro dos 10 (dez) dias posteriores à sua reassunção; após isso, a compensação processar-se-á automaticamente.

> Segue um exemplo para aclarar: se durante o afastamento de um magistrado tiverem sido redistribuídos de seu acervo oito medidas urgentes, esse número deverá ser compensado em até dez dias após o seu retorno ao serviço, observadas as respectivas classes processuais (mandados de segurança, agravos de instrumento, *habeas corpus* etc.). Assim, se forem redistribuídos três mandados de segurança e cinco agravos de instrumento, deverão retornar a seu acervo, em dez dias, esse mesmo número de processos relativos a essas mesmas classes processuais. Após os dez dias, a compensação será processada automaticamente.

Parágrafo único. A compensação será feita mediante acréscimo diário, na distribuição ou redistribuição, de cinco processos no máximo, até a integralização.

Art. 85. No período de afastamento do desembargador, a prevenção será observada somente em relação ao órgão que integra, não havendo compensação. *(Redação dada pela Emenda Regimental nº 5, de 2016)*

Parágrafo único. Afastado definitivamente o desembargador do órgão por qualquer motivo, a prevenção será observada somente em relação ao órgão que integrava. *(Incluído pela Emenda Regimental nº 5, de 2016)*

Art. 86. O Primeiro Vice-Presidente regulamentará a distribuição e redistribuição de processos de competência do Tribunal e decidirá os casos omissos.

DA REDISTRIBUIÇÃO		
Redistribuição	É o ato pelo qual um processo distribuído a um magistrado é devolvido de seu acervo para ser distribuído a outro magistrado.	
Haverá redistribuição	- dos processos ainda não julgados, distribuídos a relator que passou a compor órgão de competência diversa, quando houver processo a lhe ser distribuído por prevenção (art. 81, § 3º);	
	- nos casos em que o próprio relator entender não ser caso de distribuição por prevenção (art. 81, § 2º);	
	- dos processos cujo relator afastar-se definitivamente do Tribunal (art. 82, I);	
	- dos processos cujo relator afastar-se, a qualquer título, por prazo superior a 30 (trinta) dias (art. 82, II);	Nesses casos, a redistribuição pressupõe urgência na apreciação de medidas ou no julgamento e restringe-se a:
	- dos processos cujo relator eleger-se para cargo de direção do Tribunal (art. 82, III).	- agravos de instrumento; - mandados de segurança; - *habeas corpus*; - medidas cautelares; - reclamações; - processos criminais com réu preso; - outros feitos que, por sua natureza e a juízo do Primeiro Vice-Presidente, reclamem igual providência.
Não haverá redistribuição	- Nos casos em que o afastamento do relator for igual ou inferior a trinta dias (art. 82, § 2º);	Nesse caso, as medidas urgentes serão apreciadas pelo substituto legal do relator, salvo quando este autorizar que os autos lhe sejam conclusos.
	- Nos casos de transferência e de permuta (art. 83).	Nesse caso, o magistrado ficará vinculado a todos os feitos distribuídos e não julgados até a data da remoção ou da permuta.
Compensação de processos redistribuídos	Ao reassumir suas funções, o desembargador que se encontrava afastado poderá receber igual número de feitos dos magistrados a quem foram redistribuídos seus processos, cuja apreciação de medidas ou julgamento requereram urgência, respeitadas as respectivas classes, dentro dos 10 (dez) dias posteriores à sua reassunção; após isso, a compensação processar-se-á automaticamente (art. 84).	
A distribuição e redistribuição de processos de competência do Tribunal	Será regulamentada pelo Primeiro Vice-Presidente que decidirá os casos omissos (art. 86).	

PARA PRATICAR

456. **(Cebraspe/STJ/Analista Judiciário/Área Judiciária e Área Judiciária Especialidade Oficial de Justiça Avaliador Federal/2018 – adaptada)** Os processos da competência do TJDFT serão distribuídos entre todos os desembargadores da corte competentes em razão da matéria, mediante sorteio eletrônico. ( )

457. **(Cespe/TJDFT/Técnico Judiciário – Área Administrativa/2015 – adaptada)** A distribuição dos processos de competência do TJDFT é realizada publicamente por meio de sorteio eletrônico. Entretanto, caso a distribuição por esse meio esteja impossibilitada, ela poderá ser realizada mediante sorteio manual. ( )

458. **(Cespe/TRE-GO – Analista Judiciário/2015 – adaptada)** A distribuição de um *habeas corpus* para certo relator resulta na prevenção desse relator com relação a todas as ações e recursos posteriores referentes ao mesmo processo, ressalvada a hipótese de impedimento ou de suspeição supervenientes, procedendo-se à devida compensação. ( )

459. **(Cespe/STJ/2012/Analista Judiciário/Área Judiciária – adaptada)** Se um desembargador se afastar do exercício do cargo por período superior a trinta dias, serão redistribuídos os *habeas corpus* que se encontrarem em seu poder. ( )

460. **(Cespe/TJDFT/Analista Judiciário/2003)** Considere a seguinte situação hipotética. Um desembargador comunicou, em janeiro de 2002, ao presidente do TJDFT, que requereria aposentadoria voluntária em 30/11/2002. Em razão disso, a distribuição de processos ao desembargador cessou noventa dias antes da data em que a aposentação aconteceria. Dias antes dessa data, contudo, o desembargador fez novo ofício ao presidente, informando-o de que desistira de aposentar-se. Nessa situação, os processos que o desembargador deixou de receber durante o prazo em que ficou suspensa a distribuição não acarretarão compensação. ( )

461. **(Cespe/TJDFT/Analista Judiciário/2003)** Se um processo se encontrar no TJDFT em grau de recurso e em função dele houver o ajuizamento de medida cautelar incidental, esta deverá ser distribuída aleatoriamente, ou seja, sem prevenção do desembargador a quem tenha sido distribuído o recurso. ( )

462. **(Cespe/TJDFT/Analista Judiciário/2003 – adaptada)** Se determinado processo for de competência do plenário do TJDFT, ele poderá ter como relator o presidente, o primeiro vice-presidente, o segundo vice-presidente ou o corregedor do tribunal, uma vez que esses desembargadores, quando integram o plenário, podem exercer a relatoria. ( )

463. **(Cespe/TJDFT/ Analista Judiciário/2003)** Nos processos dependentes de preparo, este poderá ocorrer após a distribuição do feito. ( )

464. **(Cespe/TJDFT/Analista Judiciário/2003 – adaptada)** Feitos urgentes como mandados de segurança, *habeas corpus*, medidas cautelares e processos criminais com réu preso, distribuídos a desembargador afastado por mais de trinta dias serão redistribuídos, o que será objeto de posterior compensação. ( )

465. **(Cespe/TJDFT/Técnico Judiciário/2003)** Sempre que um desembargador mudar de turma ou câmara, todos os processos ainda não julgados que lhe tenham sido distribuídos serão objeto de redistribuição. ( )

466. **(Cespe/TJDFT/Analista Judiciário/2000 – adaptada)** Se um determinado recurso for levado à distribuição e o setor respectivo constatar que um desembargador está legalmente impedido de participar do julgamento, deverá, desde logo, registrar essa circunstância no termo de autuação e anotar o impedimento na capa dos autos. ( )

467. **(Cespe/TJDFT/Analista Judiciário/2000 – adaptada)** Se um desembargador estiver obrigado a aposentar-se compulsoriamente, por idade, no dia 1º de setembro de 2001, ele não deverá receber mais a distribuição de nenhum processo a partir de 1º de junho daquele ano. ( )

468. **(Cespe/TJDFT/Analista Judiciário/2000 – adaptada)** Se um desembargador integrante de uma turma cível requerer transferência para uma turma criminal, todos os processos que lhe hajam sido distribuídos até a data da transferência deverão ser por ele julgados na turma de que proveio, pois a transferência, assim como a permuta, não implica redistribuição. ( )

469. **(Cespe/TJDFT/Analista Judiciário/1999)** Quaisquer ações ou recursos concernentes a processos já distribuídos a um determinado relator ser-lhe-ão também atribuídos, independentemente de tratar-se de processo de conhecimento ou de execução. ( )

REGIMENTO INTERNO DO TRIBUNAL DE JUSTIÇA DO DISTRITO FEDERAL E DOS TERRITÓRIOS — ART. 86

470. **(Cespe/TJDFT/Analista Judiciário/1999)** Deixam de distribuir-se processos a desembargador assim que este comunicar a intenção de aposentar-se. ( )

471. **(Cespe/TJDFT/Analista Judiciário/1998 – adaptada)** O Primeiro Vice-Presidente nunca exercerá a função de Relator. ( )

472. **(Cespe/TJDFT/Analista Judiciário/1997 – adaptada)** Só se admite a distribuição por meio de sorteio eletrônico. ( )

473. **(Cespe/TJDFT/Analista Judiciário/1997)** As ações originárias ou recursos referentes a processos já distribuídos devem ser remetidos à livre distribuição. ( )

474. **(Inédita)** Nenhum desembargador será previamente excluído do sorteio de distribuição dos feitos no Tribunal. ( )

475. **(Inédita)** Os processos cujo relator for eleito para cargo de direção do Tribunal serão redistribuídos aos demais desembargadores da Corte. ( )

476. **(Inédita)** Se um desembargador afastar-se do Tribunal por período igual ou inferior a trinta dias, as medias urgentes que estiverem em seu poder serão redistribuídas a outros desembargadores da Corte. ( )

COMENTÁRIOS

456. (C) A distribuição far-se-á publicamente por meio de sorteio eletrônico (art. 75) entre todos os desembargadores competentes em razão da matéria (art. 79).

457. (C) A distribuição far-se-á publicamente por meio de sorteio eletrônico (art. 75). Haverá sorteio manual em caso de inoperância do sistema eletrônico (art. 75, § 2º).

458. (C) "A distribuição de ação originária e de recurso cível ou criminal torna o órgão e o relator preventos, observada a legislação processual respectiva, para todos os feitos posteriores, referentes ao mesmo processo, tanto na ação de conhecimento quanto na de execução, ressalvadas as hipóteses de suspeição ou de impedimento supervenientes, procedendo-se à devida compensação" (art. 81). O habeas corpus é uma ação originária. Sendo ela distribuído a um determinado relator, as demais ações posteriores relacionadas ao mesmo processo serão também distribuídas ao mesmo relator, salvo se houver impedimento ou suspeição supervenientes.

459. (C) Será feita a redistribuição de processos, entre outras hipóteses, cujo relator afastar-se a qualquer título por prazo superior a trinta dias (art. 82, II) e a redistribuição pressupõe os feitos que reclamam urgência na apreciação ou no julgamento, tais como agravos de instrumento, mandados de segurança, habeas corpus, medidas cautelares, reclamações, processos criminais com réu preso e outros feitos que, por sua natureza e a juízo do Primeiro Vice-Presidente, reclamem igual providência (art. 82, § 1º).

460. (E) O desembargador que comunicar ao Tribunal, previamente e por escrito, a sua intenção de se aposentar, fará jus à suspensão da distribuição no período de noventa dias que anteceder a aposentadoria, compulsória ou voluntária (art. 79, § 2º). Todavia, se desistir de seu intento de se aposentar, será feita de imediato a compensação da distribuição (art. 79, § 3º).

461. (E) Havendo já um recurso em trâmite no Tribunal, distribuído a determinado relator, a distribuição de medida cautelar incidental ajuizada em razão dele não deverá ser feita aleatoriamente, mas por prevenção a esse mesmo desembargador, pois, segundo o art. 81, "a distribuição de ação originária e de recurso cível ou criminal torna o órgão e o relator preventos, observada a legislação processual respectiva, para todos os feitos posteriores, referentes ao mesmo processo, tanto na ação de conhecimento quanto na de execução, ressalvadas as hipóteses de suspeição ou de impedimento supervenientes, procedendo-se à devida compensação".

462. (E) O presidente, o primeiro vice-presidente, o segundo vice-presidente e o corregedor do tribunal somente exercem a relatoria de processos no Conselho da Magistratura (art. 79, § 5º).

463. (C) O preparo pode ser efetuado após a distribuição do feito, pois, segundo o art. 77, "a falta de preparo não impedirá a distribuição". "O fato será certificado nos autos e o relator decidirá sobre a matéria (art. 77, parágrafo único).

464. (C) Será feita a redistribuição de processos, entre outras hipóteses, cujo relator afastar-se a qualquer título por prazo superior a trinta dias (art. 82, II) e a redistribuição pressupõe os feitos que reclamam urgência

na apreciação ou no julgamento, restringindo-se a agravos de instrumento, mandados de segurança, habeas corpus, medidas cautelares, reclamações, processos criminais com réu preso e outros feitos que, por sua natureza e a juízo do Primeiro Vice-Presidente, reclamem igual providência (art. 82, § 1º). A redistribuição será objeto de posterior compensação, pois segundo o art. 84, "ao reassumir suas funções, o desembargador que se encontrava afastado poderá receber igual número de feitos dos magistrados a quem foram redistribuídos seus processos, cuja apreciação de medidas ou julgamento requereram urgência, respeitadas as respectivas classes... "

465. (E) A transferência e a permuta não acarretarão redistribuição (art. 83). O magistrado ficará vinculado a todos os feitos distribuídos e não julgados até a data da remoção ou da permuta (art. 83, parágrafo único).

466. (E) O impedimento de desembargador será certificado no termo de autuação, mas o registro na capa dos autos não é feito desde logo, pois deverá aguardar a análise e determinação do relator para que possa ser feita a anotação (art. 76, c/c art. 68, § 3º, VI).

467. (E) Segundo o art. 79, § 2º, "não serão distribuídos processos a desembargador no período de noventa dias que antecede a aposentadoria compulsória ou voluntária, desde que comunicada ao Tribunal previamente por escrito". A suspensão da distribuição, neste caso, não é automática, pois a benesse somente é concedida no caso de comunicação prévia e por escrito (art. 79, § 3º). Não há, no texto atual do Regimento, previsão de convocação de substituto para esta hipótese. Na questão em análise há um defeito de ordem objetiva na formulação da questão. A banca deveria ter mencionado o prazo de noventa dias para o afastamento, conforme previsto no texto do Regimento, pois não é dado ao candidato fazer cálculo aritmético para saber se o período fornecido na questão alcança noventa dias. No caso em análise, o período entre o dia 1º de junho e o dia 1º de setembro supera os noventa dias estabelecidos na norma regimental.

468. (C) A transferência e a permuta não acarretarão redistribuição (art. 83). O magistrado ficará vinculado a todos os feitos distribuídos e não julgados até a data da remoção ou da permuta (art. 83, parágrafo único).

469. (E) Em regra, "a distribuição de ação originária e de recurso cível ou criminal torna o órgão e o relator preventos, observada a legislação processual respectiva, para todos os feitos posteriores, referentes ao mesmo processo, tanto na ação de conhecimento quanto na de execução" (art. 81). Todavia, há uma exceção a essa regra, pois o Regimento Interno ressalva "as hipóteses de suspeição ou de impedimento supervenientes, procedendo-se à devida compensação") (art. 81, parte final).

470. (E) A cessação da distribuição dos feitos a desembargador que comunicar a intenção de se aposentar é feita no período de noventa dias que antecede a aposentadoria compulsória ou voluntária, e não a partir do momento em que ele comunicar a intenção de se aposentar, cabendo lembrar que, para fazer jus à suspensão da distribuição, ele terá que comunicar ao Tribunal, previamente, por escrito (art. 79, §§ 2º e 3º).

471. (E) O Primeiro Vice-Presidente – assim como o Presidente, o Segundo Vice-Presidente e o Corregedor – só exerce a função de relator no Conselho da Magistratura, cabendo lembrar que, embora integre também o Conselho Especial e o Tribunal Pleno, ele não exerce a relatoria de processos nesses órgãos (art. 79, § 5º).

472. (E) A distribuição, em regra, é feita por meio de sorteio eletrônico (art. 75). Mas "haverá sorteio manual em caso de inoperância do sistema eletrônico (art. 75, § 1º). A banca restringiu a questão ao inserir o advérbio "só", tornando o enunciado incorreto.

473. (E) As ações originárias ou recursos referentes a processos já distribuídos deverão ser distribuídos por prevenção e não remetidos à livre distribuição como afirma a questão (art. 81)

474. (C) Não haverá exclusão prévia de desembargador do sorteio de distribuição por qualquer motivo, inclusive impedimento ou suspeição (art. 75, § 4º).

475. (E) Far-se-á a redistribuição de processo cujo relator eleger-se a cargo de direção do Tribunal (art. 82, III, mas não são de todos os processos, pois a redistribuição pressupõe urgência na apreciação de medidas ou no julgamento e restringe-se a agravos de instrumento, mandados de segurança, habeas corpus, medidas cautelares, reclamações, processos criminais com réu preso e outros feitos que, por sua natureza e a juízo do Primeiro Vice-Presidente, reclamem igual providência (art. 82, § 1º).

476. ( ) Se o período de afastamento for igual ou inferior a trinta dias, as medidas urgentes não serão redistribuídas, mas apreciadas pelo substituto legal do relator, salvo quando este autorizar que os autos lhe sejam conclusos (art. 82, § 2º).

CAPÍTULO IV
DO RELATOR

> Relator é o desembargador que dirige o processo e é responsável pela análise detalhada do feito. Os processos que chegam ao Tribunal, seja em razão de sua competência originária ou recursal, são distribuídos a um relator, entre os desembargadores competentes para o julgamento da matéria.

Art. 87. São atribuições do relator, nos feitos cíveis, além de outras definidas em lei ou neste Regimento:

I – ordenar e dirigir o processo no tribunal, inclusive quanto à produção de prova;

II – apreciar pedido de tutela provisória nos processos de competência originária, bem como atribuir efeito suspensivo a recurso e antecipar a tutela recursal, nos casos previstos em lei;

III – não conhecer, negar ou dar provimento a recurso, nos termos dos art. 932, III, IV e V, do Código de Processo Civil;

> O recurso não será conhecido quando não preencher os requisitos de admissibilidade: cabimento, legitimidade, interesse tempestividade, preparo, regularidade formal etc.
> Será negado provimento ao recurso quando não for concedido o direito pretendido pelo recorrente.
> Será dado provimento ao recurso quando for concedido o direito pretendido pelo recorrente.

IV – decidir o incidente de desconsideração da personalidade jurídica, quando este for instaurado originariamente no tribunal;

V – determinar a intimação do Ministério Público nas hipóteses legais. Nos casos em que o Ministério Público tiver funcionado no primeiro grau, a secretaria providenciará a intimação independentemente de despacho;

> Quando o Ministério Público houver se manifestado no Primeiro Grau de Jurisdição, deverá pronunciar-se também no Segundo Grau. Assim, chegando ao Tribunal um recurso interposto contra uma sentença, em cujos autos tenha se manifestado o MPDFT em primeiro grau, deverá a secretaria do órgão julgador, antes mesmo de enviar os autos ao relator, providenciar a intimação. Se não tomada essa providência ou se o relator verificar que o MPDFT deveria ter se pronunciado em primeiro grau e não o fez, deverá proferir despacho determinando a intimação.

VI – determinar às autoridades judiciárias e administrativas providências relativas ao andamento e à instrução do processo, podendo delegar a prática das que achar necessárias, zelando pelo cumprimento das decisões interlocutórias, salvo se o ato for de competência do órgão colegiado ou do respectivo presidente;

VII – submeter aos órgãos julgadores questões de ordem necessárias ao regular andamento do processo;

VIII – homologar desistências e autocomposições das partes;

IX – admitir ou rejeitar ação originária, negando-lhe seguimento quando manifestamente inadmissível, improcedente, prejudicada ou contrária à súmula ou à jurisprudência predominante do Tribunal ou de Tribunal Superior;

X – processar e julgar habilitação incidente;

XI – presidir o processo de execução de competência originária do Tribunal, podendo delegar a magistrado de primeiro grau a prática de atos não decisórios;

XII – solicitar ou admitir, nos casos previstos em lei, a participação de *amicus curiae* e definir os seus poderes;

XIII – julgar prejudicados ou extintos os feitos quando ocorrer perda superveniente do objeto;

XIV – analisar a regularidade de depósitos judiciais, observando a guia de depósito aprovada pelo Tribunal;

XV – lançar relatório nos autos, quando exigido em lei ou neste Regimento, e determinar a inclusão do processo em pauta ou levá-lo para julgamento em mesa;

> O relator determinará a inclusão do processo em pauta quando essa providência for obrigatória. O processo é levado em mesa para julgamento quando não for obrigatória a inclusão do feito em pauta.

XVI – decretar a deserção nos recursos e nas ações de competência originária do Tribunal;

> Atenção! Este dispositivo inclui, entre as atribuições do relator, decretar a deserção **nos recursos e nas ações de competência originária do Tribunal**. O art. 73, por sua vez, dispõe sobre a competência dos relatores para decretar a deserção somente nas **ações de competência originária do Tribunal**.

XVII – redigir ementas e acórdãos;

XVIII – mandar expedir e subscrever ofícios, alvarás e mandados, zelando pelo cumprimento das decisões tomadas, inclusive das sujeitas a recursos sem efeito suspensivo, e praticar todos os demais atos processuais necessários.

§ 1º Antes de considerar inadmissível o recurso, o relator concederá o prazo de 5 (cinco) dias ao recorrente para que seja sanado vício ou complementada a documentação exigível.

§ 2º Antes de dar provimento ao recurso por decisão unipessoal o relator deverá facultar a apresentação de contrarrazões.

Antes de considerar inadmissível o recurso	O relator concederá o prazo de cinco dias para o recorrente sanar o vício ou complementar a documentação exigida.
Antes de dar provimento ao recurso por decisão unipessoal	O relator deverá facultar a apresentação de contrarrazões(*).

(*) Contrarrazões é o nome que se dá à resposta apresentada pela parte contrária àquela que interpôs o recurso.

Art. 88. Se o relator, de ofício ou mediante provocação, constatar a ocorrência de fato superveniente à decisão recorrida ou a existência de questão apreciável de ofício ainda não examinada que devam ser considerados no julgamento do recurso, intimará as partes para que se manifestem no prazo de 5 (cinco) dias.

§ 1º Se a constatação ocorrer durante a sessão de julgamento, esse será imediatamente suspenso a fim de que as partes se manifestem especificamente.

§ 2º Na hipótese do parágrafo anterior, as partes poderão se manifestar na própria sessão de julgamento, caso estejam presentes e se sintam habilitadas a fazê-lo.

§ 3º Se a constatação se der em vista dos autos, deverá o juiz que a solicitou encaminhá-los ao relator, que tomará as providências previstas no *caput* e, em seguida, solicitará a inclusão do feito em pauta para prosseguimento do julgamento, com submissão integral da nova questão aos julgadores.

Se o relator, de ofício ou mediante provocação, constatar a ocorrência de fato superveniente à decisão recorrida ou a existência de questão apreciável de ofício ainda não examinada que devam ser considerados no julgamento do recurso	Intimará as partes para que se manifestem no prazo de cinco dias.
Se a constatação ocorrer durante a sessão de julgamento	O julgamento será imediatamente suspenso a fim de que as partes se manifestem especificamente. Todavia, caso estejam presentes e se sintam habilitadas, as partes poderão se manifestar na própria sessão de julgamento.
Se a constatação se der em vista dos autos	Deverá o magistrado que a solicitou encaminhá-los ao relator, que tomará as providências previstas no *caput* e, em seguida, solicitará a inclusão do feito em pauta para prosseguimento do julgamento, com submissão integral da nova questão aos julgadores.

Art. 89. São atribuições do relator, nos feitos criminais, além de outras definidas em lei ou neste Regimento:

I – ordenar e dirigir o processo no Tribunal, inclusive quanto à produção de prova;

II – apreciar o pedido de liminar;

III – admitir ou rejeitar ação originária, negar seguimento a ela e a recurso manifestamente inadmissível, improcedente, prejudicado ou contrário a súmula ou a jurisprudência predominante do Tribunal ou de Tribunal Superior;

IV – decidir sobre a admissão de embargos infringentes opostos a acórdãos que tenha lavrado;

V – determinar a intimação do Ministério Público nas hipóteses legais. Nos casos em que o Ministério Público tiver funcionado no primeiro grau, a secretaria providenciará a intimação independentemente de despacho;

VI – determinar às autoridades judiciárias e administrativas providências relativas ao andamento e à instrução do processo, podendo delegar a prática das que achar necessárias, zelando pelo cumprimento das decisões interlocutórias, salvo se o ato for de competência do órgão colegiado ou do respectivo presidente;

VII – submeter aos órgãos julgadores questões de ordem necessárias ao regular andamento do processo;

VIII – determinar a soltura de réu nos casos pendentes de julgamento, assinando o alvará respectivo;

IX – assinar os termos de fiança em livro próprio, juntamente com quem a prestar, quando concedida pelo Tribunal;

X – presidir audiências admonitórias, podendo delegar essa atribuição a magistrado de Primeiro Grau, salvo nos processos de competência originária do Tribunal;

XI – lançar relatório nos autos, quando exigido em lei ou neste regimento, e determinar a inclusão do processo em pauta ou levá-lo para julgamento em mesa;

XII – julgar prejudicados ou extintos os feitos quando ocorrer perda superveniente do objeto;

XIII – homologar desistências e transações;

XIV – decretar a deserção nos recursos e nas ações de competência originária do Tribunal;

XV – mandar expedir e subscrever ofícios, alvarás e mandados, zelando pelo cumprimento das decisões tomadas, inclusive das sujeitas a recursos sem efeito suspensivo, e praticar todos os demais atos processuais necessários;

XVI – redigir ementas e acórdãos. *(Redação dada pela Emenda Regimental nº 1, de 2016)*

Art. 90. Se for necessário o exame de medidas urgentes, o relator impedido ou impossibilitado eventualmente de examiná-las será substituído pelo revisor, quando houver, ou pelo desembargador que lhe seguir em antiguidade no órgão julgador.

Parágrafo único. Ao término do impedimento, os autos serão conclusos ao relator para exame.

SUBSTITUIÇÃO DO RELATOR		
Nos casos em que estiver impedido ou impossibilitado de examinar as medidas urgentes	O relator será substituído	- pelo revisor, quando houver; ou - pelo desembargador que lhe seguir em antiguidade no órgão julgador (art. 90).
Na impossibilidade de assinar o acórdão	O relator será substituído	- pelo revisor, se houver; ou - pelo desembargador que seguir o relator em antiguidade no órgão julgador, que tenha participado do julgamento e que tenha proferido voto vencedor (art. 131, parágrafo único).
Terminado o impedimento do relator	Os autos que foram encaminhados ao substituto para resolver as medidas urgentes retornarão ao relator para exame.	

CAPÍTULO V
DO REVISOR

Revisor é o desembargador que se seguir ao relator na ordem decrescente de antiguidade no órgão, a quem compete fazer um reexame dos autos do processo e retificar o relatório elaborado pelo Relator, se necessário.

O novo Código de Processo Civil aboliu a figura do revisor nos recursos de natureza cível, mas ela subsiste no Processo Penal, em algumas ações e recursos.

O julgamento dos processos nos órgãos colegiados inicia-se com o voto do relator, seguido do voto do revisor, se o processo ensejar revisão, e dos demais desembargadores, denominados "vogais", observada a ordem decrescente de antiguidade no órgão; se o processo não enseja revisão, vota primeiro o relator e depois votam os demais desembargadores como vogais, observada a ordem de antiguidade no órgão.

O desembargador revisor não exerce somente essa função no órgão julgador. Ele também exerce a função de relator, quando o processo for distribuído à sua relatoria, ou a função de vogal, quando compuser o *quorum* de julgamento.

Art. 91. Haverá revisor nos seguintes casos:

I – ação penal originária;

II – apelação criminal, quando a pena cominada ao crime for de reclusão;

III – embargos infringentes em matéria criminal;

IV – revisão criminal.

HAVERÁ REVISOR
- na ação penal originária; - na apelação criminal, quando a pena cominada ao crime for de reclusão; - nos embargos infringentes em matéria criminal; - na revisão criminal.

Art. 92. Será revisor o desembargador que se seguir ao relator na ordem decrescente de antiguidade no órgão.

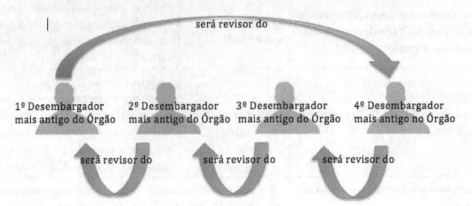

§ 1º O juiz de direito substituto de segundo grau ocupará a ordem de antiguidade mais moderna do órgão julgador.

§ 2º Havendo, no órgão julgador, mais de um juiz de direito substituto de segundo grau, observar-se-á entre eles a antiguidade.

O juiz de direito substituto de segundo grau se posicionará em último lugar na lista de antiguidade do órgão julgador, atrás de todos os desembargadores integrantes do órgão. Havendo mais de um juiz de direito substituto de segundo grau, será observada a ordem de antiguidade entre eles, de forma que o menos antigo se posicionará em último lugar e o mais antigo, em penúltimo.

§ 3º O juiz de direito convocado ocupará a ordem de antiguidade do desembargador ou juiz substituto de segundo grau substituído.

Se estiver substituindo o desembargador nº 2, o juiz de direito convocado será o segundo na ordem de antiguidade no órgão.

Art. 93. O revisor será determinado, por ocasião da respectiva conclusão dos autos, entre os desembargadores em efetivo exercício, observada a ordem decrescente de antiguidade.

Segue um exemplo para aclarar: o revisor do desembargador nº 1, em regra, é o desembargador nº 2 (art. 92). Todavia, se este, por algum motivo, estiver afastado do Tribunal por ocasião do envio dos autos para a revisão, será revisor o desembargador nº 3, se não estiver impedido. E assim sucessivamente.

Parágrafo único. No julgamento de processo vinculado à relatoria de desembargador não mais integrante do órgão julgador, observar-se-á a ordem de antiguidade que neste ocupava no dia de sua saída.

> Se o desembargador ocupava o segundo lugar na ordem de antiguidade do órgão antes de ser transferido, ele ocupará também o segundo lugar quando retornar ao órgão para julgar processo vinculado à sua relatoria.

Como é indicado o revisor	Será revisor o desembargador que se seguir ao relator na ordem decrescente de antiguidade no órgão.
Momento em que será determinado o revisor	Por ocasião da respectiva conclusão dos autos, entre os desembargadores em efetivo exercício, observada a ordem decrescente de antiguidade.
Ordem de antiguidade do juiz de direito substituto de segundo grau	O juiz de direito substituto de segundo grau ocupará a ordem de antiguidade mais moderna do órgão julgador.
Havendo mais de um juiz de direito substituto de segundo grau no órgão julgador	Será observada a antiguidade entre eles.
Ordem de antiguidade do juiz de direito convocado	O juiz de direito convocado ocupará a ordem de antiguidade do desembargador ou juiz substituto de segundo grau substituído.
Ordem de antiguidade de desembargador não mais integrante do órgão (em caso de julgamento de processo vinculado à sua relatoria)	Será observada a ordem de antiguidade que ocupava no órgão no dia de sua saída.

Art. 94. São atribuições do revisor:

I – sugerir ao relator quaisquer medidas da competência desse;

II – completar ou retificar o relatório;

III – ordenar a juntada de petições quando os autos lhe estiverem conclusos, determinando, se necessário, seja a matéria submetida ao relator;

IV – pedir dia para julgamento.

São atribuições do relator nos feitos cíveis além de outras definidas em lei ou no Regimento	São atribuições do relator nos feitos criminais além de outras definidas em lei ou no Regimento	São atribuições do revisor
- ordenar e dirigir o processo no tribunal, inclusive quanto à produção de prova;	- ordenar e dirigir o processo no Tribunal, inclusive quanto à produção de prova;	- sugerir ao relator quaisquer medidas da competência desse;
- apreciar pedido de tutela provisória nos processos de competência originária, bem como atribuir efeito suspensivo a recurso e antecipar a tutela recursal, nos casos previstos em lei;	- apreciar o pedido de liminar;	- completar ou retificar o relatório;
- admitir ou rejeitar ação originária, negando-lhe seguimento quando manifestamente inadmissível, improcedente, prejudicada ou contrária à súmula ou à jurisprudência predominante do Tribunal ou de Tribunal Superior;	- admitir ou rejeitar ação originária, negar seguimento a ela e a recurso manifestamente inadmissível, improcedente, prejudicado ou contrário a súmula ou a jurisprudência predominante do Tribunal ou de Tribunal Superior;	- ordenar a juntada de petições quando os autos lhe estiverem conclusos, determinando, se necessário, seja a matéria submetida ao relator;
- não conhecer, negar ou dar provimento a recurso, nos termos dos art. 932, III, IV e V, do Código de Processo Civil;		
- decidir o incidente de desconsideração da personalidade jurídica, quando este for instaurado originariamente no tribunal;	- decidir sobre a admissão de embargos infringentes opostos a acórdãos que tenha lavrado;	- pedir dia para julgamento.
- determinar a intimação do Ministério Público nas hipóteses legais. Nos casos em que o Ministério Público tiver funcionado no primeiro grau, a secretaria providenciará a intimação independentemente de despacho;	- determinar a intimação do Ministério Público nas hipóteses legais. Nos casos em que o Ministério Público tiver funcionado no primeiro grau, a secretaria providenciará a intimação independentemente de despacho;	

São atribuições do relator nos feitos cíveis além de outras definidas em lei ou no Regimento	São atribuições do relator nos feitos criminais além de outras definidas em lei ou no Regimento	São atribuições do revisor
- determinar às autoridades judiciárias e administrativas providências relativas ao andamento e à instrução do processo, podendo delegar a prática das que achar necessárias, zelando pelo cumprimento das decisões interlocutórias, salvo se o ato for de competência do órgão colegiado ou do respectivo presidente;	- determinar às autoridades judiciárias e administrativas providências relativas ao andamento e à instrução do processo, podendo delegar a prática das que achar necessárias, zelando pelo cumprimento das decisões interlocutórias, salvo se o ato for de competência do órgão colegiado ou do respectivo presidente;	
- submeter aos órgãos julgadores questões de ordem necessárias ao regular andamento do processo;	- submeter aos órgãos julgadores questões de ordem necessárias ao regular andamento do processo;	
- homologar desistências e autocomposições das partes;	- homologar desistências e transações;	
- processar e julgar habilitação incidente;	- determinar a soltura de réu nos casos pendentes de julgamento, assinando o alvará respectivo; - assinar os termos de fiança em livro próprio, juntamente com quem a prestar, quando concedida pelo Tribunal;	
- presidir o processo de execução de competência originária do Tribunal, podendo delegar a magistrado de primeiro grau a prática de atos não decisórios;	- presidir audiências admonitórias, podendo delegar essa atribuição a magistrado de Primeiro Grau, salvo nos processos de competência originária do Tribunal;	
- solicitar ou admitir, nos casos previstos em lei, a participação de *amicus curiae* e definir os seus poderes;		

ART. 94 — TJDFT – EM ESQUEMAS

São atribuições do relator nos feitos cíveis além de outras definidas em lei ou no Regimento	São atribuições do relator nos feitos criminais além de outras definidas em lei ou no Regimento	São atribuições do revisor
- julgar prejudicados ou extintos os feitos quando ocorrer perda superveniente do objeto;	- julgar prejudicados ou extintos os feitos quando ocorrer perda superveniente do objeto;	
- analisar a regularidade de depósitos judiciais, observando a guia de depósito aprovada pelo Tribunal;		
- lançar relatório nos autos, quando exigido em lei ou neste Regimento, e determinar a inclusão do processo em pauta ou levá-lo para julgamento em mesa;	- lançar relatório nos autos, quando exigido em lei ou neste regimento, e determinar a inclusão do processo em pauta ou levá-lo para julgamento em mesa;	
- decretar a deserção nos recursos e nas ações de competência originária do Tribunal;	- decretar a deserção nos recursos e nas ações de competência originária do Tribunal;	
- redigir ementas e acórdãos;	- redigir ementas e acórdãos.	
- mandar expedir e subscrever ofícios, alvarás e mandados, zelando pelo cumprimento das decisões tomadas, inclusive das sujeitas a recursos sem efeito suspensivo, e praticar todos os demais atos processuais necessários.	- mandar expedir e subscrever ofícios, alvarás e mandados, zelando pelo cumprimento das decisões tomadas, inclusive das sujeitas a recursos sem efeito suspensivo, e praticar todos os demais atos processuais necessários;	

PARA PRATICAR

Nota: As questões do Cespe foram elaboradas ao tempo em que o Regimento Interno não fazia distinção entre as atribuições do relator nos feitos cíveis e nos feitos criminais. Hoje, algumas atribuições são comuns aos relatores nos feitos cíveis e nos criminais; outras são exclusivas dos relatores nos processos da respectiva especialização, cível ou criminal. Não obstante, as questões foram mantidas e devidamente adaptadas à realidade atual, para oportunizar ao candidato conhecer o modo como é cobrado o conteúdo pela banca examinadora. E os comentários indicam quando a competência é comum ou exclusiva.

477. **(Cespe/TJDFT/Técnico Judiciário/2003 – adaptada)** O relator deverá submeter a julgamento pelo colegiado competente as ações de competência originária, ainda que estejam prejudicadas ou sejam manifestamente inadmissíveis, improcedentes ou contrários à súmula ou à jurisprudência predominante do próprio tribunal ou de tribunal superior. ( )

REGIMENTO INTERNO DO TRIBUNAL DE JUSTIÇA DO DISTRITO FEDERAL E DOS TERRITÓRIOS — ART. 94

478. **(Cespe/TJDFT/Analista Judiciário/2003)** Considere, por hipótese, que uma Turma do TJDFT seja composta, segundo a ordem decrescente de antiguidade, pelos desembargadores Rômulo, Sílvia, Tâmara e Ubaldo. Nessa situação, se a desembargadora Tâmara for relatora de um recurso que exija revisão, a revisora deverá ser a desembargadora Sílvia. ( )

479. **(Cespe/TJDFT/Técnico Judiciário/2003 – adaptada)** Em todos os recursos dirigidos ao Tribunal haverá revisor. ( )

480. **(Cespe/TJDFT/Analista Judiciário/2000 – adaptada)** Quando um juiz de direito convocado substituir desembargador no TJDFT, sua antiguidade, para efeito de sua designação como revisor, será considerada como a do desembargador substituído. ( )

481. **(Cespe/TJDFT/Analista Judiciário/2000 – adaptada)** Deve haver revisor em todas as apelações criminais de competência do Tribunal. ( )

482. **(Cespe/TJDFT/Analista Judiciário/1999 – adaptada)** O requerimento de medida liminar em mandado de segurança deve ser apreciado pelo respectivo relator. ( )

483. **(Cespe/TJDFT/Analista Judiciário/1998)** Sempre haverá revisor nos processos em tramitação na Turma Criminal. ( )

484. **(Cespe/TJDFT/Analista Judiciário/1998)** O revisor é escolhido pelo relator, em cada processo. ( )

485. **(Cespe/TJDFT/Analista Judiciário//1998 – adaptada)** Considere a seguinte situação: a Desembargadora Maria de Oliveira funciona como revisora em uma apelação criminal e recebeu os autos do relator, o Desembargador José Ferreira, com o relatório lançado por este. A revisora, no entanto, reputou incompleto o relatório. Na situação apresentada, compete à revisora complementar o relatório. ( )

486. **(Cespe/TJDFT/Analista Judiciário/1997)** Se um processo penal de competência originária do TJDFT gerar a condenação do réu e a pena comportar suspensão condicional, a audiência admonitória poderá ser presidida pelo relator da causa, mas este também poderá delegar a realização do ato a juiz de primeiro grau. ( )

487. **(Cespe/TJDFT/Analista Judiciário/1997 – adaptada)** Nos processos em que haja necessidade de revisor, a este caberá apreciar pedido de tutela provisória e quaisquer outros pedidos protocolizados enquanto os autos estiverem em seu poder. ( )

488. **(Cespe/TJDFT/Digitador/1997 – adaptada)** De acordo com o Regimento Interno do Tribunal de Justiça do Distrito Federal e dos Territórios (RITJDF), as atribuições do relator incluem homologar desistências e autocomposições das partes. ( )

489. **(Cespe/TJDFT/Analista Judiciário/1997)** Se a parte suscita questão de ordem cuja solução é necessária ao bom andamento do processo, deve o relator submetê-la ao respectivo órgão de julgamento. ( )

490. **(Cespe/TJDFT/Analista Judiciário/1997 – adaptada)** Considere a seguinte situação: Pedro é advogado de Carla e, nessa qualidade, representa-a em apelação em curso no TJDF. Após distribuída a apelação, Pedro atravessa petição nos autos, requerendo antecipação da tutela jurisdicional, demonstrando estarem presentes todos os requisitos para o deferimento dessa medida. O relator do recurso, todavia, denega a tutela antecipada. O indeferimento é publicado na imprensa oficial e Pedro, esquecido dos prazos, só interpõe agravo interno vários meses após a intimação da decisão. Na situação apresentada, compete ao relator, monocraticamente, não conhecer do agravo. ( )

491. **(Cespe/TJDFT/Analista Judiciário/1997)** Quando for hipótese de intervenção do Ministério Público, compete ao relator determinar a remessa dos autos àquela instituição, ainda que as partes não a requeiram. ( )

492. **(Cespe/TJDFT/Analista Judiciário/1997)** Em certos casos, o relator pode delegar a juiz de direito a prática de atos de processos de competência do Tribunal. ( )

X – **(Cespe/TJDFT/Analista judiciário/1997)** Considere a seguinte situação hipotética: O Distrito Federal interpôs apelação contra sentença proferida em execução fiscal, sendo o recurso regularmente distribuído. O relator, após lançar nos autos o relatório, os remeteu à revisão. O revisor reputou incompleto o relatório, complementando-o. Enquanto os autos estavam conclusos à sua pessoa, o revisor recebeu petição requerendo a juntada de substabelecimento de procuração do executado-apelado. Antes de pedir dia para julgamento, devolveu os autos ao relator, em face da petição. À vista desse quadro e das normas regimentais acerca da revisão, marque C (Certo) ou E (Errado).

493. Não há revisor em processos criminais. ( )

494. O revisor agiu em harmonia com o Regimento ao devolver os autos ao relator para a juntada do substabelecimento, pois compete ao segundo decidir sobre quaisquer petições relativas a processos de sua relatoria. ( )

495. Foi correta a complementação do relatório por parte do revisor, pois esta é uma de suas atribuições regimentais. ( )

496. Foi acertada a remessa dos autos pelo relator ao revisor, pois os autos de apelação cível sempre estão sujeitos à revisão. ( )

497. (Cespe/TJDFT/Analista Judiciário/1997) Ofícios, alvarás e mandados correspondentes a processos em curso no Tribunal são mandados expedir e subscritos pelo relator do respectivo feito. ( )

498. (Cespe/TJDFT/Analista Judiciário/1997 – adaptada) Considere a seguinte situação. O MPDFT atuou como fiscal da lei em um processo que tramitou no primeiro grau de jurisdição, por envolver interesse público. Após a sentença, houve apelação. Nessa situação, ao chegar ao TJDFT, a secretaria deverá determinar a intimação do MPDFT antes mesmo da conclusão, independentemente de despacho. ( )

499. (Inédita) Nos processos em que haja necessidade de revisor, a este caberá homologar o pedido de desistência e quaisquer outros protocolizados enquanto os autos estiverem em seu poder para revisão. ( )

500. (Inédita) Entre as atribuições do revisor está a de sugerir ao relator quaisquer medidas que forem de competência deste. ( )

501. (Inédita) Compete ao relator, nos feitos cíveis, entre outras atribuições, processar e julgar a habilitação incidente. ( )

502. (Inédita) O revisor deverá ser o desembargador imediatamente mais moderno que o relator no órgão julgador. ( )

503. (Inédita) A apelação criminal não terá revisor quando interposta contra sentença que tenha aplicado ao acusado pena de detenção. ( )

504. (Inédita) No TJDFT, somente se sujeitam à revisão a ação penal originária, a revisão criminal e a apelação criminal, quando a pena cominada ao crime for de reclusão. ( )

COMENTÁRIOS

477. (E) Cabe ao relator rejeitar ação originária, negando-lhe seguimento quando for manifestamente inadmissível, improcedente, prejudicada ou contrária à súmula ou à jurisprudência dominante do Tribunal ou de Tribunal Superior (nos feitos cíveis: art. 87, IX) (nos feitos criminais: art. 89, III).

478. (E) Nos termos do art. 92 do Regimento Interno, "será revisor o desembargador que se seguir ao relator na ordem decrescente de antiguidade no órgão". Assim, o revisor da desembargadora Tâmara será o desembargador Ubaldo, e não Sílvia, pois esta antecede Tâmara na ordem de antiguidade do órgão.

479. (E) Nem todos os recursos ensejam análise pelo revisor. As hipóteses que ensejam revisão são as seguintes: ação penal originária; apelação criminal, quando a pena cominada ao crime for de reclusão; embargos infringentes em matéria criminal; e revisão criminal (art. 91).

480. (C) O juiz de direito convocado ocupará a ordem de antiguidade do desembargador ou do juiz substituto de segundo grau substituído (art. 92, § 3º).

481. (E) Haverá revisões nas apelações criminais quando a pena cominada ao crime for de reclusão (art. 91, II).

482. (C) São atribuições do relator (nos feitos criminais) apreciar o pedido de liminar (art. 89, II). Em matéria cível, o dispositivo correspondente é o art. 87, II, que assim dispõe: "cabe ao relator apreciar pedido de tutela provisória nos processos de competência originária, bem como atribuir efeito suspensivo a recurso e antecipar a tutela recursal, nos casos previstos em lei".

483. (E) Somente haverá revisor nos seguintes casos: ação penal originária; apelação criminal, quando a pena cominada ao crime for de reclusão; embargos infringentes em matéria criminal; e revisão criminal (art. 91). Destes, apenas a apelação criminal tramita na Turma Criminal.

484. (E) O revisor não é escolhido pelo relator. Será revisor o desembargador que se seguir ao relator na ordem decrescente de antiguidade no órgão (art. 92).

485. (C) Considerando incompleto o relatório, pode o revisor complementá-lo, pois essa é uma de suas atribuições (art. 94, II).

486. (E) De fato, compete ao relator, nos feitos criminais, presidir audiências admonitórias, podendo delegar essa atribuição a magistrado de Primeiro Grau. Todavia, essa atribuição não poderá ser delegada quando se tratar de processos de competência originária do Tribunal, como é o caso da questão em análise (art. 89, X).

487. (E) Caso seja requerida uma tutela provisória enquanto os autos estiverem em poder do revisor, caberá a este apenas ordenar a juntada da petição e determinar seja a matéria submetida ao relator (art. 94, III), pois cabe a este apreciar a tutela provisória (art. 87, II).

488. (C) São atribuições do relator, nos feitos cíveis, homologar desistências e autocomposições das partes (art. 87, VIII). Em matéria criminal, o dispositivo correspondente é o art. 89, XIII, que assim dispõe: "São atribuições do relator, nos feitos criminais: homologar desistências e transações".

489. (C) São atribuições do relator submeter aos órgãos julgadores questões de ordem necessárias ao regular andamento do processo (nos feitos cíveis: art. 87, VII) (nos feitos criminais: art. 89, VII).

490. (C) Na questão em análise o recurso é inadmissível porque foi apresentado fora do prazo legal. Neste caso, cabe ao relator do recurso não conhecer do recurso nos termos do art. 932 do CPC (art. 87, IX).

491. (C) Caberá ao relator determinar a intimação do Ministério Público nas hipóteses legais (nos feitos cíveis: art. 87, V) (nos feitos criminais: art. 89, V).

492. (C) O relator, nos feitos criminais, poderá delegar a presidência das audiências admonitórias a magistrado de Primeiro Grau, salvo nos processos de competência originária do Tribunal (art. 89, X). Nos feitos cíveis, poderá o relator delegar a magistrado de Primeiro Grau a prática de atos não decisórios nos processos de execução de competência originária do Tribunal (art. 87, XI).

493. (E) Hoje, com o advento do novo CPC, somente há revisor em processos criminais e em poucas espécies. As hipóteses que ensejam revisão são as seguintes: ação penal originária; apelação criminal, quando a pena cominada ao crime for de reclusão; embargos infringentes em matéria criminal; e revisão criminal (art. 91).

494. (E) São atribuições do revisor ordenar a juntada de petições quando os autos lhe estiverem conclusos, determinando, se necessário, seja a matéria submetida ao relator (art. 94, III). Tratando-se de simples juntada de substabelecimento, o próprio revisor poderia determinar a providência sem a necessidade de encaminhar os autos ao relator.

495. (C) Entre as atribuições do revisor está completar ou retificar o relatório (art. 94, II).

496. (E) Com o advento do novo CPC, somente há revisor em alguns feitos criminais. São eles: ação penal originária; apelação criminal, quando a pena cominada ao crime for de reclusão; embargos infringentes em matéria criminal; e revisão criminal (art. 91).

497. (C) é atribuição do relator "mandar expedir e subscrever ofícios, alvarás e mandados, zelando pelo cumprimento das decisões tomadas, inclusive das sujeitas a recursos sem efeito suspensivo, e praticar todos os demais atos processuais necessários" (nos feitos cíveis: art. 87, XVIII) (nos feitos criminais: art. 89, XV).

498. (C) Quando o Ministério Público houver se manifestado no Primeiro Grau de Jurisdição, deverá pronunciar-se também no Segundo Grau. Assim, chegando ao Tribunal um recurso interposto contra sentença, em cujos autos tenha se manifestado o MPDFT em primeiro grau, deverá a secretaria, antes mesmo de enviar os autos ao relator, providenciar a intimação (nos feitos cíveis: art. 87, V) (nos feitos criminais: art. 89, V).

499. (E) Homologar os pedidos de desistência é atribuição do relator (nos feitos cíveis: art. 87, VIII) (nos feitos criminais: art. 89, XIII). Havendo pedido de desistência, e estando os autos em poder do revisor, caberá a este ordenar apenas juntada da petição e submeter a matéria ao relator (art. 94, III).

500. (C) "Compete ao revisor sugerir ao relator quaisquer medidas da competência desse" (art. 94, I).

501. (C) Processar e julgar habilitação incidente é uma das atribuições do relator nos feitos cíveis (art. 87, X).

502. (C) Será revisor o desembargador que se seguir ao relator na ordem decrescente de antiguidade no órgão (art. 92). Isso quer dizer que o relator é mais antigo que o revisor no órgão julgador e que este (revisor) é imediatamente mais moderno que aquele (relator) no colegiado.

503. (C) Haverá revisor nas apelações criminais, quando a pena cominada ao delito for de reclusão, não de detenção (art. 91, II).

504. (E) Além dos feitos acima, ainda se sujeitam à revisão os embargos infringentes em matéria criminal (art. 91).

CAPÍTULO VI
DAS PAUTAS DE JULGAMENTO

Pauta de julgamento é uma lista na qual são relacionados os processos que vão a julgamento em determinada sessão de determinado órgão julgador (Conselho, Câmara, Turma). A pauta é publicada no Diário de Justiça Eletrônico com o mínimo de cinco dias de antecedência da sessão correspondente, para conhecimento, pelas partes e pelos advogados, do dia e hora em que será realizada a sessão de julgamento dos processos listados.

Art. 95. Caberá aos secretários dos órgãos julgadores a organização das pautas de julgamento, com a aprovação dos respectivos presidentes.

Art. 96. Atendido, preferencialmente, o critério cronológico, os feitos serão incluídos em pauta na seguinte ordem:

I – feitos cíveis:

a) em que figure como parte ou interessado pessoa portadora de deficiência física, com idade igual ou superior a 60 (sessenta) anos ou portadora de doença grave prevista no art. 6º, inciso XIV, da Lei 7.713, de 22 de dezembro de 1988;

b) mandado de segurança e respectivos recursos, inclusive apelação;

c) regulados pelo Estatuto da Criança e do Adolescente;

d) relativos a processos provenientes da Vara de Ações Previdenciárias e da Vara de Falências e Recuperações Judiciais;

e) cujo relator deva afastar-se do Tribunal em caráter temporário ou definitivo ou, encontrando-se licenciado, deva comparecer à sessão apenas para julgá-los;

f) agravo de instrumento;

g) apelação;

h) outros previstos neste Regimento.

II – feitos criminais:

a) em que figurem como parte ou interessado pessoa portadora de deficiência física, com idade igual ou superior a 60 (sessenta) anos ou portadora de doença grave prevista no art. 6º, inciso XIV, da Lei 7.713, de 22 de dezembro de 1988;

b) mandado de segurança e respectivos recursos, inclusive apelação;

c) desaforamento;

d) em que o réu se encontre preso;

e) relativos a processos provenientes da Vara de Falências e Recuperações Judiciais;

f) cujo relator ou revisor deva afastar-se do Tribunal em caráter temporário ou definitivo ou, encontrando-se licenciado, deva comparecer à sessão apenas para julgá-los;

g) agravo de instrumento e recurso em sentido estrito;

h) outros previstos neste Regimento.

Parágrafo único. A lista de processos aptos para julgamento será colocada à disposição para consulta pública na secretária dos órgãos julgadores e na rede mundial de computadores.

ORDEM DE INCLUSÃO DOS PROCESSOS EM PAUTA	
FEITOS CÍVEIS	**FEITOS CRIMINAIS**
- processos em que figure como parte ou interessado: - pessoa portadora de deficiência física; - pessoa com idade igual ou superior a sessenta anos; - pessoa portadora de doença grave prevista no art. 6º, inciso XIV, da Lei 7.713, de 22 de dezembro de 1988.	- processos em que figure como parte ou interessado: - pessoa portadora de deficiência física; - pessoa com idade igual ou superior a sessenta anos; - pessoa portadora de doença grave prevista no art. 6º, inciso XIV, da Lei 7.713, de 22 de dezembro de 1988.
- mandado de segurança e respectivos recursos, inclusive apelação;	- mandado de segurança e respectivos recursos, inclusive apelação;
- processos regulados pelo Estatuto da Criança e do Adolescente;	- desaforamento;
- processos provenientes da Vara de Ações Previdenciárias; da Vara de Falências e Recuperações Judiciais;	- processos em que o réu se encontre preso;
- Processos cujo relator deva afastar-se do Tribunal em caráter temporário ou definitivo ou, encontrando-se licenciado, deva comparecer à sessão apenas para julgá-los;	- processos provenientes da Vara de Falências e Recuperações Judiciais;

- agravo de instrumento;	- processos cujo relator ou revisor deva afastar-se do Tribunal em caráter temporário ou definitivo ou, encontrando-se licenciado, deva comparecer à sessão apenas para julgá-los;
- apelação;	- agravo de instrumento e recurso em sentido estrito;
- outros previstos neste Regimento.	outros previstos neste Regimento.

Art. 97. Independem de inclusão em pauta:

I – *habeas corpus* e respectivos recursos, conflitos de competência em matéria criminal, embargos de declaração e incidentes e exceções de impedimento ou de suspeição; *(Redação dada pela Emenda Regimental nº 2, de 2016)*

II – questões de ordem relativas ao regular andamento do processo;

III – processos em que haja expressa manifestação das partes para não incluí-los em pauta;

IV – processos de pauta de sessão anterior e aqueles adiados por indicação do relator ou do revisor, desde que expressamente adiados para a primeira sessão seguinte.

INDEPENDEM DE INCLUSÃO EM PAUTA
- *habeas corpus* e respectivos recursos;
- conflitos de competência em matéria criminal;
- embargos de declaração(*);
- incidentes e exceções de impedimento ou de suspeição;
- questões de ordem relativas ao regular andamento do processo;
- processos em que haja expressa manifestação das partes para não incluí-los em pauta;
- processos de pauta de sessão anterior, desde que expressamente adiados para a primeira sessão seguinte. (**);
- processos adiados por indicação do relator ou do revisor, desde que expressamente adiados para a primeira sessão seguinte(**).
(*) Os embargos de declaração que não forem levados para julgamento em mesa na sessão subsequente ao recebimento dos autos pelo relator deverão ser incluídos em pauta, nos termos do § 2º do art. 267.
(**) Processos remanescentes da sessão anterior serão reincluídos em pauta, salvo aqueles cujo julgamento tiver sido expressamente adiado para a primeira sessão seguinte.
Nota: Quando o processo independe de publicação de pauta, diz-se que é levado ou posto em mesa para julgamento.

§ 1º Serão incluídos em pauta os embargos de declaração que não forem julgados em mesa na sessão subsequente, nos termos do § 2º do art. 267.

§ 2º Caberá ao desembargador que presidir a sessão de julgamento determinar a ordem dos processos que serão julgados.

Art. 98. As pautas de julgamento serão publicadas no Diário da Justiça Eletrônico com pelo menos 5 (cinco) dias de antecedência, certificando-se, em cada processo, a respectiva inclusão.

§ 1º Serão incluídos novamente em pauta os processos que não tenham sido julgados, salvo aqueles cujo julgamento tiver sido expressamente adiado para a primeira sessão seguinte.

§ 2º A pauta será afixada na entrada da sala em que se realizar a sessão de julgamento.

Organização das pautas de julgamento	Caberá aos secretários dos órgãos julgadores, com a aprovação dos respectivos presidentes.
Quem determina a ordem dos processos a serem julgados	O desembargador que presidir a sessão.
Critério a ser observado na organização das pautas	Deverá ser atendido, preferencialmente, o critério cronológico.
Consulta das pautas	A lista de processos aptos para julgamento será colocada à disposição para consulta pública na secretária dos órgãos julgadores; e na rede mundial de computadores.
Publicação das pautas	É feita no Diário da Justiça Eletrônico com pelo menos cinco dias de antecedência da sessão, certificando-se, em cada processo, a respectiva inclusão.
Afixação da pauta	A pauta será afixada na entrada da sala em que se realizar a sessão de julgamento.

PARA PRATICAR

505. (Cespe/STJ/Técnico Judiciário/Administrativa/2015 – adaptada) Os *habeas corpus* e os embargos de declaração são postos em mesa para julgamento, independentemente de publicação em pauta. ( )

506. (Cespe/TJDFT/Notários/Outorga de Provimento/2003) Como regra geral, o julgamento dos processos no TJDFT depende da inclusão deles em pauta; as espécies de recursos cujo julgamento independe de pauta são expressamente previstas no RITJDFT, de maneira que se um processo não for de espécie ali indicada, seu julgamento válido necessariamente dependerá de publicação da pauta. ( )

507. (Cespe/TJDFT/Analista Judiciário/2003) A pauta de cada sessão de julgamento deverá conter tantos processos quantos sejam indicados pelos relatores e revisores, conforme o caso, como prontos para apreciação; aqueles que não for possível julgar em uma sessão estarão automaticamente prontos para julgamento na sessão seguinte, independentemente de publicação de nova pauta. ( )

508. **(Cespe/TJDFT/Técnico Judiciário/2003)** Nem todos os processos e recursos de competência do TJDFT são sujeitos a inclusão em pauta para serem julgados. ( )

509. **(Cespe/TJDFT/Analista Judiciário/2003 – adaptada)** Todos os processos sujeitos à inclusão em pauta somente podem ser julgados de maneira válida se a pauta for publicada com antecedência mínima de cinco dias em relação à data prevista para a sessão de julgamento. ( )

510. **(Cespe/TJDFT/Anal. Jud. /2000)** A despeito dos princípios do devido processo legal e da publicidade dos julgamentos judiciais, a publicação de pauta não é obrigatória para todos os processos. ( )

511. **(Cespe/TJDFT/Anal. Jud. /2000 – adaptada)** Se um processo for incluído em pauta para uma determinada sessão e nela não houver tempo para que seja julgado, dispensar-se-á a publicação de nova pauta com a antecedência mínima regimental em relação à nova sessão, desde que tenha sido expressamente adiado o julgamento para a primeira sessão seguinte. ( )

512. **(Cespe/TJDFT/Analista Judiciário/1998)** Nem todas as espécies de processos e feitos carecem de inclusão em pauta para que sejam julgados. ( )

513. **(Cespe/TJDFT/Analista Judiciário/1998)** Não há ordem de preferência para a inclusão de feitos em pauta, salvo a data de entrada no Tribunal. ( )

514. **(Cespe/TJDFT/Analista Judiciário/1998)** As pautas devem ser publicadas na imprensa oficial pelo menos dez dias antes da sessão a que se refiram. ( )

515. **(Cespe/TJDFT/Analista Judiciário/1998)** Se houver processos não julgados em uma sessão, por indicação do relator ou do revisor, deverão eles ser reincluídos em pauta para sessão ulterior. ( )

X – **(Cespe/TJDFT/Digitador/1997)** Considere a seguinte situação hipotética: o desembargador presidente de um dos órgãos fracionários do TJDF determinou a publicação da pauta, a qual se realizou vinte e quatro horas antes da data designada para a sessão de julgamento, com rol de oitenta processos para exame do colegiado. Ao secretário do órgão julgador determinou que os processos fossem relacionados na pauta, em função da antiguidade dos respectivos relatores. Na sessão, um dos desembargadores apresentou para apreciação um pedido de *habeas corpus* que não fora incluído na pauta. Diante desse quadro e das normas sobre as pautas de julgamento, marque C (Certo) ou E (Errado).

516. Não houve defeito quanto ao prazo mínimo de antecedência entre a publicação da pauta e a realização da sessão de julgamento. ( )

517. Agiu corretamente o presidente da sessão ao fixar a ordem de preferência para inclusão dos processos na pauta. ( )

518. O *habeas corpus* não podia ter sido levado a julgamento sem prévia inclusão em pauta. ( )

519. **(Inédita)** A pauta de julgamento da Turma Criminal de certo dia foi publicada no Diário Oficial Eletrônico regularmente e com a devida antecedência de quarenta e oito horas prevista no Regimento. No dia da sessão, no entanto, um desembargador levou a julgamento um *habeas corpus* que não havia constado da pauta. Nessa situação, o *habeas corpus* poderá ser julgado ainda que não tenha havido publicação que o inserisse na pauta do dia. ( )

520. **(Inédita)** Processos em que o réu se encontre preso terá preferência de julgamento sobre os demais feitos criminais. ( )

521. **(Inédita)** Nem todos os feitos submetidos a julgamento no TJ dependem da formalidade de inclusão em pauta para julgamento, estando incluídos na exceção os *habeas corpus*, os conflitos de competência em matéria criminal e as ações direta de inconstitucionalidade. ( )

522. **(Inédita)** Entre a data da publicação da pauta e a sessão de julgamento deverá mediar lapso de tempo de 72 horas. ( )

523. **(Inédita)** Os embargos de declaração serão postos em mesa para julgamento independentemente de publicação em pauta na sessão subsequente à conclusão dos autos ao relator. Todavia, caso não sejam julgados nessa sessão, será o recurso incluído em pauta automaticamente. ( )

COMENTÁRIOS

505. (C) Independem de publicação em pauta, entre outros, o julgamento dos *habeas corpus* e dos embargos de declaração. Quando o processo independe de publicação de pauta, diz-se que é levado ou posto em mesa para julgamento (art. 97, I).

506. (E) O RITJDFT, de fato, relaciona, em seu art. 97, os processos que independem de inclusão em pauta para julgamento. Todavia, o mesmo dispositivo prevê a possibilidade da não inclusão em pauta de outros processos em que haja expressa manifestação das partes para não incluí-los em pauta (art. 97, III), de forma que pode haver processos de espécies diferentes daquelas ali indicadas, cujo julgamento será válido mesmo que não haja previsão expressa de dispensa da pauta no Regimento.

507. (E) Não são os relatores nem os revisores que indicam os processos a serem incluídos na pauta de julgamento. A organização das pautas de julgamento caberá aos secretários dos órgãos julgadores com a aprovação dos respectivos presidentes (art. 95). Os processos que não tenham sido julgados na sessão anterior deverão ser reincluídos em pauta, salvo quando tiver sido expressamente adiado para a primeira sessão seguinte (art. 97, IV, c/c art. 98, § 1º).

508. (C) Nem todos os processos e recursos de competência do Tribunal estão sujeitos à inclusão em pauta para serem julgados. Estão relacionados entre os processos que independem de inclusão em pauta: habeas corpus e respectivos recursos, conflitos de competência em matéria criminal, embargos de declaração e incidentes e exceções de impedimento ou de suspeição; questões de ordem relativas ao regular andamento do processo; processos em que haja expressa manifestação das partes para não incluí-los em pauta; processos de pauta de sessão anterior e aqueles adiados por indicação do relator ou do revisor, desde que expressamente adiados para a primeira sessão seguinte (art. 97).

509. (C) As pautas de julgamento serão publicadas no Diário de Justiça Eletrônico com pelo menos cinco dias de antecedência (art. 98).

510. (C) Independem de inclusão em pauta os habeas corpus e respectivos recursos, conflitos de competência em matéria criminal, embargos de declaração e incidentes e exceções de impedimento ou de suspeição; questões de ordem relativas ao regular andamento do processo; processos em que haja expressa manifestação das partes para não incluí-los em pauta; processos de pauta de sessão anterior e aqueles adiados por indicação do relator ou do revisor, desde que expressamente adiados para a primeira sessão seguinte (art. 97).

511. (C) Os processos que não tenham sido julgados serão reincluídos em pauta, salvo aqueles cujo julgamento tiver sido expressamente adiado para a primeira sessão seguinte (art. 97, IV, c/c art. 98, § 1º).

512. (C) Nem todos os processos e feitos carecem de inclusão em pauta para serem julgados. Estão relacionados entre os processos que independem de inclusão em pauta: os habeas corpus e respectivos recursos, conflitos de competência em matéria criminal, embargos de declaração e incidentes e exceções de impedimento ou de suspeição; questões de ordem relativas ao regular andamento do processo; processos em que haja expressa manifestação das partes para não incluí-los em pauta; processos de pauta de sessão anterior e aqueles adiados por indicação do relator ou do revisor, desde que expressamente adiados para a primeira sessão seguinte (art. 97).

513. (E) A inclusão dos processos em pauta deverá atender, preferencialmente, ao critério cronológico, mas há uma lista a ser observada quanto à ordem de preferência para a inclusão dos feitos cíveis (art. 96, I) e dos feitos criminais (art. 96, II).

514. (E) As pautas de julgamento serão publicadas no Diário de Justiça Eletrônico com pelo menos cinco dias de antecedência (art. 98).

515. (E) Os processos não julgados em uma sessão por indicação do relator ou do revisor somente serão reincluídos em pauta se não tiver sido expressamente adiado para a primeira sessão seguinte (art. 97, IV c/c 98, § 1º).

516. (E) Não foi obedecido o prazo regimental, pois o art. 98 determina que as pautas de julgamento sejam publicadas no Diário de Justiça Eletrônico com pelo menos cinco dias de antecedência da sessão correspondente, e não em vinte e quatro horas como afirmado na questão.

517. (E) A ordem de preferência para a inclusão dos processos em pauta não é estabelecida em função da antiguidade dos relatores, mas há uma lista a ser observada para os feitos cíveis (art. 96, I) e os feitos criminais (art. 96, II).

518. (E) Os *habeas corpus* estão relacionados entre os processos que independem de inclusão em pauta. Pode ser levado em mesa para julgamento (art. 97, I).

519. (C) O relator pode levar o habeas corpus a julgamento, ainda que não tenha sido incluído na pauta, pois se trata de processo que independe de inclusão em pauta para ser julgado (art. 97, I).

520. (E) Os processos relativos a réu preso está na lista de preferência de julgamento, mas ele não se sobrepõe aos demais feitos criminais. Na lista de preferência ele vem após os processos em que figurem como parte ou interessado pessoa portadora de deficiência física; pessoa com idade igual ou superior a sessenta anos; pessoa portadora de doença grave prevista no art. 6º, inciso XIV, da Lei 7.713, de 22 de dezembro de 1988.; os mandados de segurança e respectivos recursos, inclusive apelação e o desaforamento (art. 96, II).

521. (E) As ações direta de inconstitucionalidade não estão incluídas no rol das exceções. Independem de inclusão em pauta os habeas corpus e respectivos recursos, conflitos de competência em matéria criminal, embargos de declaração e incidentes e exceções de impedimento ou de suspeição; questões de ordem relativas ao regular andamento do processo; processos em que haja expressa manifestação das partes para não incluí-los em pauta; processos de pauta de sessão anterior e aqueles adiados por indicação do relator ou do revisor, desde que expressamente adiados para a primeira sessão seguinte (art. 97).

522. (E) As pautas de julgamento serão publicadas no Diário de Justiça Eletrônico com pelo menos cinco dias de antecedência (art. 98).

523. (C) Os embargos de declaração incluem-se na lista dos processos que independem de inclusão em pauta (art. 97, I). Serão incluídos em pauta os embargos de declaração que não forem julgados em mesa na sessão subsequente, nos termos do § 2º do art. 267 (art. 97, § 1º).

TÍTULO II
DAS SESSÕES

CAPÍTULO I
DAS DISPOSIÇÕES GERAIS

> Denominam-se **sessões** as reuniões realizadas pelos órgãos colegiados (Pleno, Conselho, Câmaras, Turmas) para o julgamento dos processos de sua competência e para outras deliberações previstas neste Regimento.

Art. 99. O Presidente do Tribunal, ouvidos os presidentes dos órgãos julgadores, designará os dias da semana em que serão realizadas as sessões ordinárias.

§ 1º As sessões extraordinárias serão realizadas mediante convocação do presidente do respectivo órgão colegiado.

§ 2º O Presidente do Tribunal convocará o Tribunal Pleno para sessões especiais, solenes ou administrativas.

Sessões ordinárias	Serão realizadas em dias de semana designados pelo Presidente do Tribunal, ouvidos os presidentes dos órgãos julgadores.
Sessões extraordinárias	Serão realizadas mediante convocação do presidente do respectivo órgão colegiado.
Sessões especiais, solenes ou administrativas do Tribunal Pleno	Serão convocadas pelo Presidente do Tribunal.
Sobre as sessões especiais e solenes, ver arts. 125/127.	
Sobre as sessões ordinárias e extraordinárias, ver arts. 105/121.	
Sobre as sessões administrativas, ver art. 359.	

Art. 100. Os desembargadores usarão toga em todas as sessões judiciárias e administrativas.

§ 1º Nas sessões solenes será usada toga de gala, o capelo e o *botom* referente ao grau Grão-Colar da Ordem do Mérito Judiciário do Distrito Federal e dos Territórios.

§ 2º Na sessão solene prevista no art. 125, II, será também usada a insígnia referente ao grau Grão-Colar da Ordem do Mérito Judiciário do Distrito Federal e dos Territórios.

Toga	É a vestimenta talar dos magistrados. É usada para o exercício da magistratura com o intuito de dar maior solenidade às sessões de julgamento. Trata-se de um manto feito de tecido nobre, normalmente seda ou linho, sempre na cor preta, com mangas longas e comprimento até os pés.
Insígnia	É uma espécie de distintivo representativo da profissão. No caso do Tribunal de Justiça, os desembargadores usam o distintivo referente ao grau Grão-Colar da Ordem do Mérito Judiciário do Distrito Federal e dos Territórios.

§ 3º Os desembargadores ingressarão e sairão das salas de sessões com as vestes talares.

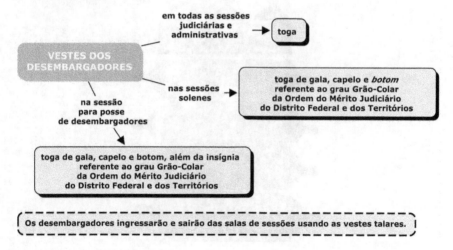

§ 4º As vestes talares compreendem a toga e a insígnia, quando esta for de uso obrigatório.

§ 5º Ato da Presidência disciplinará os modelos das vestes talares.

As vestes talares compreendem	A toga e a insígnia, quando esta for de uso obrigatório.
Os modelos das vestes talares	Será disciplinado por ato da Presidência.

Art. 101. Os advogados ocuparão a tribuna usando capa ou beca, além do traje civil completo, sempre que se dirigirem ao Tribunal ou a qualquer de seus membros.

Tribuna é uma plataforma elevada, de onde falam os oradores.
Os advogados deverão ocupar a tribuna sempre que se dirigirem ao Tribunal ou a qualquer de seus membros. Ao ocupar a tribuna, deverão usar, além do traje civil completo, capa ou beca.

Art. 102. O presidente da sessão terá assento à mesa, na parte central, e os desembargadores sentar-se-ão à direita e à esquerda, em ordem decrescente de antiguidade no Tribunal.

§ 1º Os juízes de direito substitutos de segundo grau e os juízes de direito convocados terão assento após o desembargador mais moderno, observando-se a ordem de antiguidade.

Não confunda a "ordem de antiguidade para efeito de revisão" (art. 92, § 3º) com "a ordem de assento na sessão de julgamento". Para efeito da revisão, o juiz de direito convocado ocupará a ordem de antiguidade do desembargador ou do juiz de direito substituto de segundo grau que estiver substituindo. Mas, na sessão de julgamento, independentemente de estar ou não substituindo, ele terá assento após o desembargador mais moderno.

§ 2º O representante do Ministério Público sentar-se-á à direita do presidente.

ASSENTO NAS SESSÕES DE JULGAMENTO

Art. 103. Nas sessões de julgamento, será observada a seguinte ordem:
I – verificação do número de desembargadores presentes;
II – leitura, discussão e aprovação da ata da sessão anterior;
III – indicações e propostas;
IV – julgamento dos processos.

ORDEM DE PROCEDIMENTOS NAS SESSÕES DE JULGAMENTO	
1º	Verificação do número de desembargadores presentes.
2º	Leitura, discussão e aprovação da ata da sessão anterior.
3º	Indicações e propostas.
4º	Julgamento dos processos.

Parágrafo único. A sessão não será realizada se o *quorum* não se completar em até trinta minutos após o horário designado para o seu início, lavrando-se termo que mencionará os desembargadores presentes e os que, justificadamente ou não, deixaram de comparecer.

Falta de *quorum*	Se o *quorum* não se completar em até trinta minutos após o horário designado para o seu início, a sessão não se realizará, lavrando-se termo que mencionará os desembargadores presentes e os que, justificadamente ou não, deixaram de comparecer.

QUORUM DE INSTALAÇÃO DOS ÓRGÃOS JULGADORES	
Tribunal Pleno	O número equivalente, no mínimo, ao inteiro que se seguir à metade de seus membros (art. 360, § 1º), salvo exceções.
Conselho Especial (função jurisdicional e administrativa)	O número equivalente, no mínimo, ao inteiro que se seguir à metade de seus membros (art. 12) (art. 362), salvo quando exigido *quorum* qualificado para deliberação, caso em que deverá estar presentes desembargadores em número equivalente, no mínimo, a dois terços dos membros que o integram, considerados os substitutos (art. 12, § 1º).
Câmaras Especializadas	O número equivalente, no mínimo, ao inteiro que se seguir à metade de seus membros (art. 19, § 3º).
Câmara de Uniformização	No mínimo dois terços de seus membros (art. 17, § 2º).
Turmas	O *quorum* mínimo é de três julgadores (art. 24).

Art. 104. Competirá ao presidente a polícia das sessões, podendo determinar a retirada da sala de quem se portar de modo inconveniente, bem como cassar a palavra do advogado que, em sustentação oral, conduza-se de maneira desrespeitosa ou inadequada.

ART. 104   TJDFT – EM ESQUEMAS

Polícia das sessões	Compete ao presidente da sessão, que poderá: - determinar a retirada da sala de quem se portar de modo inconveniente; - cassar a palavra do advogado que, em sustentação oral, conduza-se de maneira desrespeitosa ou inadequada.

PARA PRATICAR

524. **(Cebraspe/STJ/Técnico Judiciário/Área Administrativa/2018 – adaptada)** caso uma turma do TJDFT tenha de realizar sessão extraordinária, a convocação da sessão deverá ser feita pelo presidente da corte. ( )

525. **(Cespe/TJDFT/Analista Judiciário/2003)** Sempre que um advogado resolver atuar em sessão de julgamento do TJDFT, deverá permanecer todo o tempo da sessão com traje civil completo e capa apropriada. ( )

526. **(Cespe/TJDFT/Analista Judiciário/2003)** Nas sessões de julgamento do TJDFT, o juiz de direito convocado ocupará o assento correspondente ao desembargador que estiver substituindo. ( )

527. **(Cespe/TJDFT/Analista Judiciário/1998)** As sessões ordinárias são designadas pelo presidente de cada órgão fracionário do Tribunal. ( )

528. **(Cespe/TJDFT/Analista Judiciário/1998)** Os advogados devem usar, na tribuna, além do traje civil completo, capa ou beca, sempre que se dirigirem ao Tribunal ou a algum de seus membros. ( )

529. **(Cespe/TJDFT/Analista Judiciário/1998)** A polícia das sessões competirá a todos os membros do Tribunal que dela participarem. ( )

530. **(Inédita)** As sessões de julgamento não serão realizadas se o *quorum* não se completar em até trinta minutos após a hora designada para iniciá-la. ( )

531. **(Inédita)** Segundo as regras do Regimento Interno, é correto afirmar que o representante do Ministério Público participa das sessões de julgamento, tomando assento na mesa à direita do presidente do Órgão julgador. ( )

532. **(Inédita)** Nas sessões de julgamento, o presidente do respectivo órgão julgador terá assento na parte central da mesa e, a partir da direita, em ordem crescente de antiguidade, terão assento os demais desembargadores. ( )

COMENTÁRIOS

524. (E) As sessões extraordinárias serão realizadas mediante convocação do presidente do respectivo órgão colegiado e não do presidente da corte (art. 99, § 1º), a menos que este seja presidente do órgão julgador, como é o caso do Tribunal Pleno e do Conselho Especial.

525. (E) O advogado que resolver atuar em sessão de julgamento não precisa permanecer todo o tempo com a capa. A capa somente será usada quando o advogado for ocupar a tribuna para se dirigir ao Tribunal ou a qualquer de seus membros (art. 101).

526. (E) O juiz de direito convocado não ocupa na sessão o lugar correspondente ao desembargador que estiver substituindo. Ele terá assento na mesa após o desembargador mais moderno (art. 102, § 1º). A regra prevendo que o juiz de direito convocado ocupará a ordem de antiguidade do desembargador ou do juiz substituto de segundo grau substituído é para efeito de revisão dos processos e não para efeito de assento na sessão de julgamento (art. 92, § 3º).

527. (E) As sessões ordinárias são designadas pelo Presidente do Tribunal, ouvidos os presidentes dos órgãos julgadores (art. 99).

528. (C) Os advogados ocuparão a tribuna usando capa ou beca, além do traje civil completo, sempre que se dirigirem ao Tribunal ou a qualquer de seus membros (art. 101).

529. (E) A polícia das sessões competirá ao presidente do órgão julgador (art. 104).

530. (C) A sessão não será realizada se o quorum não se completar em até trinta minutos após o horário designado para o seu início (art. 103, parágrafo único).

531. (C) O presidente da sessão terá assento à mesa, na parte central, e os desembargadores sentar-se-ão à direita e à esquerda, em ordem decrescente de antiguidade (art. 102). O representante do Ministério Público sentar-se-á à direita do presidente (art. 102, § 2º).

532. (E) O Presidente da sessão terá assento à mesa, na parte central, e os desembargadores terão assento à direita e à esquerda, em ordem decrescente de antiguidade, e não em ordem crescente, como afirma a questão (art. 102).

CAPÍTULO II
DAS SESSÕES DE JULGAMENTO

Art. 105. As sessões ordinárias terão início às treze horas e trinta minutos, serão suspensas às dezesseis horas, por vinte minutos, e terminarão às dezoito horas, salvo quando esgotada a pauta.

§ 1º Os trabalhos serão prorrogados, sempre que necessário, para o término de julgamento iniciado ou por deliberação da maioria dos desembargadores.

Os trabalhos serão prorrogados	Sempre que necessário, para o término de julgamento iniciado ou por deliberação da maioria dos desembargadores.

§ 2º As sessões extraordinárias, designadas a critério do presidente do órgão julgador, poderão ser convocadas para qualquer dia útil, inclusive no período matutino.

DIA E HORÁRIO DAS SESSÕES EXTRAORDINÁRIAS
- São designadas a critério do presidente do órgão julgador.
- Poderão ser convocadas para qualquer dia útil, inclusive no período matutino.

Art. 106. As sessões e as votações serão públicas, exceto as relativas a processos que correrem em segredo de justiça e aos casos previstos em lei ou neste Regimento.

§ 1º Nas hipóteses ressalvadas, somente poderão permanecer na sala de sessões as partes, seus advogados, defensores públicos e o membro do Ministério Público.

§ 2º Em qualquer caso, será pública a proclamação do resultado.

> Proclamar o resultado do julgamento é anunciar publicamente o resultado a que chegou o órgão julgador após o julgamento do processo: se foi concedido ou rejeitado o pedido; se foi provido ou desprovido o recurso; se o julgamento foi à unanimidade ou por maioria. A proclamação do resultado é feita pelo presidente do órgão julgador após o julgamento de cada processo.

Art. 107. Nos julgamentos, após o relatório, será facultado a qualquer desembargador solicitar reunião em conselho para esclarecimentos, retirando-se as partes e seus advogados.

Parágrafo único. Os votos serão proferidos em sessão pública, observado o disposto no art. 106, *caput*.

DA PUBLICIDADE DAS SESSÕES E VOTAÇÕES	Sessões e Votações		Proclamação do Resultado	
	Pública	Secreta	Pública	Secreta
Sessões e votações em geral	X		X	
Sessões e votações relativas a processos que correm em segredo de justiça		X	X	
Sessões e votações relativas a outros casos previstos em lei ou neste Regimento		X	X	
Reunião em conselho			Poderá ser solicitada por qualquer desembargador para esclarecimentos, após a leitura do relatório, retirando-se as partes e seus advogados. Mas os votos serão proferidos em sessão pública, salvo as exceções regimentais.	
Nas sessões secretas somente poderão permanecer na sala de sessões			- as partes; - seus advogados; - defensores públicos; e - o membro do Ministério Público.	

Art. 108. Os julgamentos observarão à seguinte ordem:

I – processos que independam de inclusão em pauta;

II – processos adiados, novamente incluídos em pauta e com pedido de vista;

III – processos em que haja pedido de sustentação oral, observada a ordem dos requerimentos;

IV – processos em que haja preferência requerida até o início da sessão;

V – ordem preferencial do art. 96;

VI – demais processos, obedecida a ordem crescente de numeração dentro das respectivas classes.

	ORDEM DE JULGAMENTO DOS PROCESSOS		
1º	Processos que independam de inclusão em pauta	- *habeas corpus* e respectivos recursos, conflitos de competência em matéria criminal, embargos de declaração e incidentes e exceções de impedimento ou de suspeição; - questões de ordem relativas ao regular andamento do processo; - processos em que haja expressa manifestação das partes para não incluí-los em pauta; - processos de pauta de sessão anterior e aqueles adiados por indicação do relator ou do revisor, desde que expressamente adiados para a primeira sessão seguinte.	
2º	Processos adiados, reincluídos em pauta e com pedido de vista		
3º	Processos em que haja pedido de sustentação oral, observada a ordem dos requerimentos		
4º	Processos em que haja preferência requerida até o início da sessão		
5º	Ordem preferencial do art. 96	Nos feitos cíveis	Nos feitos criminais
		- em que figure como parte ou interessado pessoa portadora de deficiência física, com idade igual ou superior a 60 (sessenta) anos ou portadora de doença grave prevista no art. 6º, inciso XIV, da Lei 7.713, de 22 de dezembro de 1988;	- em que figure como parte ou interessado pessoa portadora de deficiência física, com idade igual ou superior a 60 (sessenta) anos ou portadora de doença grave prevista no art. 6º, inciso XIV, da Lei 7.713, de 22 de dezembro de 1988;

			- mandado de segurança e respectivos recursos, inclusive apelação; - regulados pelo Estatuto da Criança e do Adolescente; - relativos a processos provenientes da Vara de Ações Previdenciárias e da Vara de Falências e Recuperações Judiciais; - cujo relator deva afastar-se do Tribunal em caráter temporário ou definitivo ou, encontrando-se licenciado, deva comparecer à sessão apenas para julgá-los; - agravo de instrumento; - apelação; - outros previstos neste Regimento.	- mandado de segurança e respectivos recursos, inclusive apelação; - desaforamento; - em que o réu se encontre preso; - relativos a processos provenientes da Vara de Falências e Recuperações Judiciais; - cujo relator ou revisor deva afastar-se do Tribunal em caráter temporário ou definitivo ou, encontrando-se licenciado, deva comparecer à sessão apenas para julgá-los; - agravo de instrumento e recurso em sentido estrito; - outros previstos neste Regimento.
7º	Demais processos, obedecida a ordem crescente de numeração dentro das respectivas classes.			

Art. 109. Os pedidos de sustentação oral, nas hipóteses admitidas em lei, serão formulados ao secretário do órgão julgador até o início da sessão ou por meio eletrônico.

§ 1º As pessoas mencionadas no art. 1º da Lei nº 10.048/2000 terão preferência para sustentação oral, caso requeiram ao secretário do órgão julgador.

§ 2º A sustentação oral no incidente de resolução de demandas repetitivas observará o disposto no art. 984 do Código de Processo Civil.

§ 3º Havendo disponibilidade técnica, é permitido ao advogado com domicílio profissional em outra cidade realizar sustentação oral por meio de videoconferência ou outro recurso tecnológico de transmissão de sons e imagens em tempo real, desde que o requeira até o dia anterior ao da sessão.

§ 4º Ato do Presidente do Tribunal disciplinará o requerimento de sustentação oral por meio eletrônico.

DA SUSTENTAÇÃO ORAL	
Sustentação oral	É a defesa oral feita pelo advogado na sessão de julgamento.
Cabimento	É possível nas hipóteses admitidas em lei.
A quem é feito o pedido	Ao secretário do órgão julgador.
Momento de fazer o pedido	Até o início da sessão ou por meio eletrônico.
Terão preferência para sustentação oral, caso requeiram ao secretário do órgão julgador	**As pessoas mencionadas no art. 1º da Lei nº 10.048/2000** — As pessoas com deficiência, os idosos com idade igual ou superior a sessenta anos, as gestantes, as lactantes, as pessoas com crianças de colo e os obesos.
A sustentação oral no incidente de resolução de demandas repetitivas	**Observará o disposto no art. 984 do CPC** — *Art. 984, CPC. No julgamento do incidente, observar-se-á a seguinte ordem: I – o relator fará a exposição do objeto do incidente; II – poderão sustentar suas razões, sucessivamente: a) o autor e o réu do processo originário e o Ministério Público, pelo prazo de 30 (trinta) minutos; b) os demais interessados, no prazo de 30 (trinta) minutos, divididos entre todos, sendo exigida inscrição com 2 (dois) dias de antecedência.*
Sustentação oral por videoconferência ou por outro recurso tecnológico de transmissão de sons e imagens em tempo real	Havendo disponibilidade técnica, é permitida ao advogado com domicílio profissional em outra cidade, desde que o requeira até o dia anterior ao da sessão.
O requerimento de sustentação oral por meio eletrônico	Será disciplinado por ato do Presidente do Tribunal.

Art. 110. Não comportarão sustentação oral as seguintes hipóteses: *(Redação dada pela Emenda Regimental nº 13, de 2019)*

I – agravos de qualquer espécie, exceto: *(Redação dada pela Emenda Regimental nº 13, de 2019)*

a) agravo de instrumento interposto contra decisão interlocutória que verse sobre tutela provisória de urgência ou da evidência; *(Redação dada pela Emenda Regimental nº 13, de 2019)*

b) agravo de instrumento interposto contra decisão que julgue antecipadamente parte do mérito; *(Redação dada pela Emenda Regimental nº 13, de 2019) c)* agravo interno interposto contra decisão do Relator que extinga o processo na ação rescisória, no mandado de segurança e na reclamação ou que examine pedido liminar nessas mesmas ações; *(Redação dada pela Emenda Regimental nº 13, de 2019)*

d) agravo interno interposto contra decisão do Relator que extinga o processo na revisão criminal.

II – embargos de declaração;

III – exceções ou incidentes de impedimento ou de suspeição;

IV – conflito de competência.

NÃO É PERMITIDA A SUSTENTAÇÃO ORAL		
- nos agravos de qualquer espécie	salvo	- agravo de instrumento contra decisão interlocutória que verse sobre tutela provisória de urgência ou da evidência;
^	^	- agravo de instrumento interposto contra decisão que julgue antecipadamente parte do mérito;
^	^	- agravo interno interposto contra decisão do Relator que extinga o processo na ação rescisória, no mandado de segurança e na reclamação ou que examine pedido liminar nessas mesmas ações
^	^	- agravo interno contra decisão do relator que extinga o processo na revisão criminal.
- nos embargos de declaração;		
- nas exceções ou incidentes de impedimento ou de suspeição;		
- nos conflito de competência.		

Art. 111. Após o relatório, o presidente da sessão dará a palavra, sucessivamente, ao recorrente e ao recorrido, pelo prazo improrrogável de quinze minutos, salvo na ação penal originária, em que o prazo será de uma hora, prorrogável a critério do presidente do Conselho Especial.

Quando é feita a sustentação oral	Após a leitura do relatório.	
Quem concede a palavra ao advogado	O presidente da sessão.	
Tempo para fazer a sustentação oral	Regra	Quinze minutos para o recorrente e para o recorrido, de forma sucessiva e improrrogável.
^	Exceção	Uma hora, prorrogável a critério do presidente do Conselho Especial na ação penal originária.

§ 1º O representante do Ministério Público, atuando como fiscal da ordem jurídica, terá a palavra após os advogados das partes, pelo prazo improrrogável de quinze minutos, salvo na ação penal privada, em que terá a palavra após o advogado do querelante.

O Ministério Público pode atuar em um processo como parte ou como fiscal da ordem jurídica. Atua como parte nas causas em que esteja legitimado para agir, seja na posição de autor, seja na posição de réu. Neste caso, receberá o mesmo tratamento dado às partes. Atua como fiscal da ordem jurídica nas hipóteses expressamente estabelecidas em lei, quando há interesse público relevante. Neste caso, possui prerrogativas conferidas pela Constituição e pelas normas infraconstitucionais. Como fiscal da ordem jurídica, ele fará a sustentação oral após os advogados das partes, pelo prazo improrrogável de quinze minutos; na ação penal privada, falará após o advogado do autor da ação, denominado querelante.

§ 2º Se houver litisconsortes não representados pelo mesmo advogado, o prazo será contado em dobro e dividido igualmente entre os do mesmo grupo, se diversamente não convencionarem.

Há litisconsortes (art. 113, CPC) quando duas ou mais pessoas estiverem, no mesmo processo, litigando em conjunto como autores (litisconsortes ativos) ou como réus (litisconsortes passivos). Havendo litisconsortes, e se estes forem representados por advogados diferentes, o prazo será contado em dobro e dividido igualmente entre os do mesmo grupo, se não convencionarem de outra forma.
Cabe um exemplo para aclarar: figurando em um mesmo processo um autor e três réus, todos com advogados diferentes, o prazo do autor será de quinze minutos; já o prazo de quinze minutos dos réus, que são litisconsortes passivos com procuradores diferentes, será contado em dobro (=30 minutos) e dividido igualmente entre os três. Assim, cada advogado dos réus terá dez minutos para fazer sua sustentação oral, a menos que acertem entre si de forma diferente.

§ 3º Se existir oposição, o advogado do oponente será o último a sustentar, dispondo de prazo idêntico ao das partes originárias.

Oposição é um procedimento especial previsto no art. 682 do CPC, pelo qual é permitido a um terceiro estranho à relação processual, denominado oponente, oferecer oposição contra o autor e o réu de uma determinada demanda, por pretender, no todo ou em parte, a coisa ou o direito controvertido.
Sendo o caso de oposição, o seu advogado será o último a fazer a sustentação oral, dispondo para isso do mesmo prazo concedido às partes do processo.

§ 4º A sustentação do advogado do assistente, já admitido, sucederá à do representante do assistido, aplicando-se a norma do § 2º deste artigo.

ART. 111 TJDFT – EM ESQUEMAS

> Assistência é uma das hipóteses de intervenção de terceiros prevista no art. 119 do CPC, em que um terceiro interessado, denominado assistente, intervém espontaneamente em causa alheia com o intuito de ajudar uma das partes a vencer a demanda e evitar de sofrer eventual prejuízo. Sendo o caso de assistência, o advogado do assistente, já admitido no processo, fará a sua sustentação oral após o advogado do assistido. O prazo será contado em dobro e dividido igualmente entre os do mesmo grupo, se diversamente não convencionarem.

§ 5º Na ação penal originária, se houver corréus em posições antagônicas, os respectivos advogados disporão do prazo referido na parte final do *caput* deste artigo.

> Há corréus em posições antagônicas quando suas defesas forem conflitantes no processo. Havendo corréus em posições antagônicas, os respectivos advogados disporão do prazo de uma hora, prorrogável a critério do Presidente do Conselho Especial.

ESQUEMATIZANDO REGRAS SOBRE A SUSTENTAÇÃO ORAL		
Quem	**Quanto**	**Quando**
Recorrente e recorrido	Quinze minutos para cada advogado, de forma sucessiva e improrrogável.	Após a leitura do relatório do processo submetido a julgamento.
	Uma hora para cada advogado, na ação penal originária, prorrogável a critério do Presidente do Conselho Especial.	
Representante do Ministério Público	Atuando como autor ou réu, terá o mesmo tempo que as partes (quinze minutos nas ações em geral, improrrogáveis, e uma hora na ação penal originária, prorrogável a critério do Presidente do Conselho Especial).	Após a leitura do relatório do processo submetido a julgamento.
	Atuando como fiscal da lei terá o prazo improrrogável de quinze minutos.	Terá a palavra após os advogados das partes.
	Atuando como fiscal da lei na ação penal privada, terá o prazo improrrogável de quinze minutos.	Terá a palavra após o advogado do querelante.
Litisconsortes com advogados diferentes	O prazo será contado em dobro e dividido igualmente entre os do mesmo grupo, se diversamente não convencionarem.	
Advogado do opoente	Prazo idêntico ao das partes originárias (quinze minutos).	Será o último a fazer a sustentação oral.

ESQUEMATIZANDO REGRAS SOBRE A SUSTENTAÇÃO ORAL		
Quem	Quanto	Quando
Advogado do assistente, se admitido	O prazo será contado em dobro e dividido igualmente entre os do mesmo grupo, se diversamente não convencionarem.	Após a sustentação do representante do assistido.
Advogados dos corréus em posições contrárias na ação penal originária	Uma hora, prorrogável a critério do presidente do Conselho Especial.	

Art. 112. O relator, ao verificar a existência de processo sobre a mesma questão jurídica de outro chamado a julgamento, poderá requerer ao presidente do órgão sejam julgados simultaneamente.

Julgamento simultâneo	Verificando o relator, na sessão de julgamento, que há vários processos abordando a mesma questão jurídica, poderá requerer ao presidente do órgão julgador que sejam julgados em conjunto.

Art. 113. Qualquer magistrado que não se considerar habilitado a proferir imediatamente seu voto poderá solicitar vista pelo prazo máximo de 10 (dez) dias, após o qual o recurso será reincluído em pauta para julgamento na sessão seguinte à data da devolução.

§ 1º Se os autos não forem devolvidos tempestivamente ou se não for solicitada a prorrogação de prazo de no máximo mais 10 (dez) dias, o presidente do órgão fracionário os requisitará para julgamento do recurso na sessão ordinária subsequente, com publicação da pauta em que for incluído.

§ 2º Quando requisitar os autos na forma do § 1º, se aquele que fez o pedido de vista ainda não se sentir habilitado a votar, o presidente convocará substituto para proferir voto.

DO PEDIDO DE VISTA	
Pedido de vista	É a solicitação feita pelo desembargador que não se sente habilitado a proferir seu voto na sessão de julgamento. Quando um desembargador pede vista, fica adiado o término da votação, pois o processo é enviado a seu gabinete para uma análise detalhada do feito. Após o prazo regimental, o julgamento prossegue com a votação daqueles que ainda não proferiram o voto.
Prazo máximo para a devolução do processo	Dez dias.

Devolvido o processo em dez dias	O processo será reincluído em pauta para julgamento na sessão seguinte à data da devolução.
Pedido de prorrogação de prazo	Pode ser feito, de no máximo mais dez dias.
Se os autos não forem devolvidos no prazo ou se não for solicitada a prorrogação	O presidente do órgão fracionário os requisitará para julgamento na sessão ordinária subsequente, com publicação da pauta.
Se os autos forem requisitados, mas o solicitante ainda não se sentir habilitado a votar	O presidente do órgão julgador convocará substituto para proferir o voto.

§ 3º O pedido de vista não impedirá a votação dos desembargadores que se sintam habilitados.

Quando um desembargador pede vista, os demais poderão votar caso se sintam habilitados para isso. Do contrário, poderão aguardar e deixar para proferir o seu voto somente depois que o solicitante, na sessão de continuação do julgamento, proferir o voto de vista.

§ 4º Na sessão de continuação do julgamento, serão computados os votos já proferidos.

§ 5º Se o número total de votantes for par, não exercerá a presidência do órgão julgador desembargador que tenha proferido voto ou que haja pedido vista.

Na sessão marcada para a continuação de julgamento, serão computados os votos proferidos na sessão anterior, tanto dos desembargadores que votaram antes como os dos que eventualmente tenham votado depois do solicitante. Se o número total de votantes for par, não poderá presidir a sessão o desembargador que já tenha proferido voto ou que haja pedido vista. Isso porque, se o julgamento der empate, o presidente do órgão julgador deverá proferir voto de desempate – ressalvada a hipótese de *habeas corpus* em que o empate reverte-se em favor do réu – e um desembargador pode proferir apenas um voto no mesmo julgamento.

§ 6º Se o desembargador que pediu vista afastar-se por mais de 30 (trinta) dias e restar apenas o voto dele, o presidente do órgão julgador requisitará os autos para conclusão do julgamento e convocará novo desembargador se indispensável para composição do *quorum* ou para desempate. Prevalecerá a decisão mais favorável ao paciente se houver empate em *habeas corpus* e se o voto de vista for dispensável para o *quorum* de julgamento.

§ 7º A ausência de desembargador que ainda não tenha votado não impedirá a continuação do julgamento, exceto se indispensável para o *quorum* de votação, caso em que proferirá seu voto na primeira sessão a que comparecer. Se o afastamento for superior a 30 (trinta) dias, será convocado substituto, repetindo-se o relatório e, se requerida, a sustentação oral.

Art. 114. Os desembargadores que não tenham assistido ao relatório poderão participar do julgamento desde que se considerem habilitados e não tenha havido sustentação oral.

Votação dos demais desembargadores	O pedido de vista não impede a votação dos desembargadores que se sintam habilitados.
Os votos já proferidos	Serão computados na sessão marcada para a continuação do julgamento.
Se o número total de votantes for par	Não exercerá a presidência do órgão julgador desembargador que tenha proferido voto ou que haja pedido vista.
Se o solicitante afastar-se por mais de trinta dias e restar apenas o seu voto	Se o voto de vista for indispensável para a composição do *quorum* ou para desempatar a votação, o presidente do órgão julgador requisitará os autos para a conclusão do julgamento, convocando novo desembargador para a votação.
	Se o voto de vista for dispensável para o *quorum* de julgamento ou se houver empate em *habeas corpus*, prevalecerá a decisão mais favorável ao paciente.
Ausência de desembargador que ainda não votou	Não impede a continuação do julgamento, exceto se for indispensável para o *quorum* de votação. Neste caso, ele proferirá seu voto na primeira sessão a que comparecer. Se o afastamento for superior a trinta dias, será convocado desembargador substituto, caso em que será feita nova leitura do relatório e a sustentação oral, se for requerida.
Desembargadores que não assistiram à leitura do relatório	Poderão participar do julgamento desde que se considerem habilitados e não tenha havido sustentação oral.

Art. 115. Os votos serão proferidos em ordem decrescente de antiguidade, a partir do relator, seguido do revisor, se houver.

ORDEM DE VOTAÇÃO	
1º	Relator.
2º	Revisor, se houver.
3º	Demais desembargadores (denominados vogais) em ordem decrescente de antiguidade.

Parágrafo único. Nos feitos de competência das Turmas, a decisão será tomada pelos votos de três julgadores. Nos feitos de competência das Câmaras Cíveis, a decisão será tomada pelos votos de nove julgadores. Na Câmara Criminal, votarão todos os julgadores presentes, observado o quorum mínimo para julgamento. *(Incluído pela Emenda Regimental nº 11, de 2018)*

QUORUM DE DELIBERAÇÃO(*)	
Nos feitos de competência das Turmas	A decisão será tomada pelos votos de três julgadores.
Nos feitos de competência das Câmaras Cíveis	A decisão será tomada pelos votos de nove julgadores.
Na Câmara Criminal	Votarão todos os julgadores presentes, observado o *quorum* mínimo para julgamento.
(*) *Quorum* de deliberação é a quantidade mínima de votos exigida para a aprovação de determinada matéria. Difere-se do *quorum* de instalação, exigido para a abertura da sessão.	

Art. 116. Observado o disposto no art. 88, a questão preliminar suscitada no julgamento será decidida antes do mérito.

§ 1º O recurso não será conhecido ou será considerado prejudicado na hipótese de acolhimento da preliminar.

§ 2º Se a preliminar for rejeitada ou se a apreciação do mérito for com ela compatível, seguir-se-ão a discussão e o julgamento da matéria principal, sobre a qual deverão se pronunciar os juízes vencidos na preliminar.

DAS QUESTÕES PRELIMINARES	
Preliminares	São questões prévias, em geral de natureza processual, cuja análise antecede o exame da matéria principal, e que, se forem acolhidas, impedem a apreciação do mérito da causa.
Se houver questão preliminar	Ela será decidida antes do mérito da causa, observado o disposto no art. 88 (intimação prévia das partes para manifestação no prazo de cinco dias).
Se for acolhida a preliminar	O recurso não será conhecido ou será considerado prejudicado.
Se for rejeitada a preliminar ou se ela for compatível com a apreciação do mérito	Deverá ser discutida e julgada a matéria principal e sobre esta deverão se pronunciar os magistrados vencidos na preliminar.

Art. 117. Constatada a ocorrência de vício sanável, inclusive aquele que possa ser conhecido de ofício, o relator ou o órgão fracionário determinará a realização ou a renovação do ato processual, no próprio tribunal ou em primeiro grau de jurisdição, intimadas as partes.

§ 1º Cumprida a diligência, o relator, sempre que possível, prosseguirá no julgamento do recurso.

§ 2º Reconhecida a necessidade de produção de prova, o relator ou o órgão fracionário converterá o julgamento em diligência, que se realizará no tribunal ou em primeiro grau de jurisdição, decidindo-se o recurso após a conclusão da instrução.

DA EXISTÊNCIA DE VÍCIO SANÁVEL OU DA NECESSIDADE DE PRODUÇÃO DE PROVA	
Constatada a ocorrência de vício sanável, inclusive aquele que possa ser conhecido de ofício(*)	O relator ou o órgão fracionário determinará a realização ou a renovação do ato processual, no próprio tribunal ou em primeiro grau de jurisdição, intimadas as partes.
Cumprida a diligência	O relator, sempre que possível, prosseguirá no julgamento do recurso.
Reconhecida a necessidade de produção de prova	O relator ou o órgão fracionário converterá o julgamento em diligência, que se realizará no tribunal ou em primeiro grau de jurisdição, decidindo-se o recurso após a conclusão da instrução.
Diz-se "de ofício" a providência determinada pelo magistrado sem que haja requerimento das partes.	

Art. 118. Proferidos os votos, o presidente anunciará o resultado do julgamento, designando para redigir o acórdão o relator ou, se vencido este, o prolator do primeiro voto vencedor.

§ 1º O voto poderá ser alterado até o momento da proclamação do resultado pelo presidente, salvo aquele já proferido por juiz afastado ou substituído.

§ 2º O voto vencido será necessariamente declarado e considerado parte integrante do acórdão para todos os fins legais, inclusive de prequestionamento.

Após proferidos os votos	O presidente (da sessão) anunciará o resultado do julgamento.	
Será designado para redigir o acórdão	Regra	- o relator;
^	Exceção	- o prolator do primeiro voto vencedor(*), se vencido o relator.
O voto poderá ser alterado	Até o momento da proclamação do resultado pelo presidente, salvo aquele já proferido por juiz afastado ou substituído.	
O voto vencido(**)	Será necessariamente declarado e considerado parte integrante do acórdão para todos os fins legais, inclusive de prequestionamento(***).	
(*) Voto vencedor é o voto que foi acompanhado pela maioria dos membros votantes do órgão julgador.		
(**) Voto vencido é o voto que não foi acompanhado pela maioria dos membros votantes do órgão julgador.		
(***) Prequestionamento é requisito indispensável para a admissão do recurso especial e do recurso extraordinário e consiste em exigir que a tese jurídica debatida no recurso tenha sido referida na decisão recorrida.		

Art. 119. Quando o resultado da apelação não for unânime, o julgamento terá prosseguimento na mesma sessão, caso estejam presentes outros julgadores integrantes da Turma, em número suficiente para garantir a inversão do resultado inicial. *(Redação dada pela Emenda Regimental nº 11, de 2018)*

§ 1º Constatada a insuficiência de *quorum*, será designada nova sessão de julgamento com a presença dos demais integrantes da Turma, ou, se houver necessidade, mediante designação de novos julgadores, assegurado às partes e a eventuais terceiros o direito de sustentar oralmente suas razões. *(Redação dada pela Emenda Regimental nº 11, de 2018)*

§ 2º Havendo necessidade de complementação de *quorum*, o presidente da Turma solicitará ao Presidente do Tribunal a designação de julgadores que atuem em Turmas Cíveis. *(Redação dada pela Emenda Regimental nº 11, de 2018)*

§ 3º A designação de desembargadores para complementação de *quorum* será objeto de regulamentação por ato da Presidência. *(Redação dada pela Emenda Regimental nº 11, de 2018)*

§ 4º Os julgadores que já tiverem votado poderão rever seus votos por ocasião da continuidade de julgamento. *(Redação dada pela Emenda Regimental nº 11, de 2018)*

Art. 120. O artigo anterior aplica-se, igualmente, ao julgamento não unânime proferido em:

I – ação rescisória, quando o resultado for a rescisão da sentença, caso em que o julgamento prosseguirá na Câmara Cível em *quorum* qualificado em número suficiente para garantir a possibilidade de inversão do resultado inicial, observada a antiguidade a partir do prolator do último voto e o disposto no §1º do artigo 118; *(Redação dada pela Emenda Regimental nº 11, de 2018)*

> Não cabe a ampliação do julgamento da rescisória quando o resultado obtido for a manutenção da sentença.

II – agravo de instrumento, quando houver reforma da decisão que julgar parcialmente o mérito.

> Não cabe a ampliação do julgamento do agravo de instrumento quando o resultado obtido for a manutenção da decisão que julgar parcialmente o mérito ou disser respeito às tutelas provisórias.

Art. 121. O artigo 119 não se aplica ao julgamento:

I – do incidente de assunção de competência e de resolução de demandas repetitivas;
II – da remessa necessária;
III – não unânime proferido pelo Conselho Especial.

TÉCNICA DE JULGAMENTO		
Técnica de julgamento	Consiste em prosseguir com o julgamento, com a presença de magistrados suficientes para reverter o resultado, quando não houver unanimidade na votação de apelação, ação rescisória e agravo de instrumento, os dois últimos com exceções (art. 942 do CPC).	
Aplica-se aos julgamentos não unânimes de	Apelação (cível)	O julgamento prosseguirá na mesma sessão, caso estejam presentes outros julgadores integrantes da Turma, em número suficiente para garantir a inversão do resultado inicial.
		Se não houver *quorum* suficiente, será designada nova sessão de julgamento com a presença dos demais integrantes da Turma, ou, se houver necessidade, mediante designação de novos julgadores, assegurado às partes e a eventuais terceiros o direito de sustentar oralmente suas razões.
		Havendo necessidade de complementação de *quorum*, o presidente da Turma solicitará ao Presidente do Tribunal a designação de julgadores que atuem em Turmas Cíveis.
	Ação rescisória, quando o resultado for a rescisão da sentença	O julgamento prosseguirá na Câmara Cível em *quorum* qualificado em número suficiente para garantir a possibilidade de inversão do resultado inicial, observada a antiguidade a partir do prolator do último voto e o disposto no §1º do artigo 118.
	Agravo de instrumento, quando houver reforma da decisão que julgar parcialmente o mérito	Aplica-se a mesma regra da apelação.
Designação de desembargadores para complementação de *quorum*	Será objeto de regulamentação por ato da Presidência.	

Por ocasião da continuidade do julgamento	Os julgadores que já tiverem votado poderão rever seus votos.
A Técnica não se aplica ao julgamento	- do incidente de assunção de competência e de resolução de demandas repetitivas; - da remessa necessária; - não unânime proferido pelo Conselho Especial.

PARA PRATICAR

533. **(Cespe/TJDFT/Analista Judiciário/2007)** Durante o julgamento de um *habeas corpus*, pelo Conselho Especial, certo desembargador pediu vista dos autos, para melhor analisar a questão. Os demais desembargadores, sentindo-se habilitados, proferiram seus votos. Na segunda sessão subsequente, o desembargador que havia pedido vista afastou-se, razão pela qual foram computados apenas os votos já proferidos, que resultaram no empate de 8 votos a favor e 8 contra. Nessa situação, haverá a necessidade de adiamento da sessão de julgamento, com sua continuidade na sessão mais próxima possível. ( )

534. **(Cespe/TJDFT/Analista Judiciário/2003)** Não obstante o princípio da ampla defesa, há espécies de ações e de recursos nas quais não é admissível a sustentação oral. ( )

535. **(Cespe/TJDFT/Analista Judiciário/2003 – adaptada)** Nas sessões de julgamento, o Ministério Público poderá se manifestar sem limitação de tempo. ( )

536. **(Cespe/TJDFT/Analista Judiciário/2003)** No julgamento de *habeas corpus*, o empate de votos implicará, como regra, a concessão da ordem. ( )

537. **(Cespe/TJDFT/Analista Judiciário/2003)** Na sessão de julgamento, serão votadas em primeiro lugar as questões preliminares e em seguida, qualquer que tenha sido o resultado da votação inicial, as questões de mérito. ( )

538. **(Cespe/TJDFT/Analista Judiciário/2003)** As sessões extraordinárias dos órgãos fracionários do TJDFT podem ser convocadas por qualquer de seus membros, para julgamento de processos já incluídos em pauta. ( )

539. **(Cespe/TJDFT/Analista Judiciário/2003)** Em certos casos, é possível o julgamento simultâneo de mais de um processo. ( )

540. **(Cespe/TJDFT/Analista Judiciário/2003)** Se um desembargador pedir vista de processo e não o trouxer com seu voto até a segunda sessão seguinte, o julgamento poderá prosseguir mesmo assim, até com a convocação de substituto, se necessário. ( )

541. **(Cespe/TJDFT/Analista Judiciário/2003)** Se um desembargador votar, na sessão de julgamento, a favor do reconhecimento de alguma questão preliminar, não precisará proferir voto acerca do mérito, ainda que seja vencido no julgamento da preliminar. ( )

542. **(Cespe/TJDFT/Analista Judiciário/2003)** Enquanto não encerrada a sessão na qual determinado processo foi julgado, poderão os desembargadores, mediante solicitação ao presidente, registrar que resolveram modificar o voto que proferiram. ( )

543. **(Cespe/TJDFT/Técnico Judiciário/2003)** As sessões de julgamento do TJDFT encerrar-se-ão necessariamente às dezoito horas, ainda que remanesçam processos incluídos na pauta para julgamento; nesse caso, o presidente da sessão deverá desde logo convocar sessão extraordinária para julgar os processos restantes. ( )

544. **(Cespe/TJDFT/Analista Judiciário/2003)** Se um desembargador houver pedido vista de processo em julgamento e vier a entrar em férias, deverá informar se pretende comparecer para proferir seu voto; se não o fizer, os autos serão requisitados e o julgamento prosseguirá. ( )

545. **(Cespe/TJDFT/Técnico Judiciário/2003)** Nos processos que tramitem em segredo de justiça, serão sigilosas tanto a sessão de julgamento quanto a proclamação do respectivo resultado. ( )

546. **(Cespe/TJDFT/Analista Judiciário/2003)** Todo e qualquer esclarecimento que desejem os desembargadores participantes de sessão de julgamento deverão ser solicitados e prestados durante a própria sessão, na presença das partes e de seus advogados, salvo nos processos que tramitem em sigilo. ( )

547. **(Cespe/TJDFT/Técnico Judiciário/2003)** Quando houver de se manifestar oralmente nas sessões de julgamento, o Ministério Público deverá fazê-lo, em regra, após os advogados das partes. ( )

548. **(Cespe/TJDFT/Técnico Judiciário/2003)** Sempre que, na sessão de julgamento, um desembargador pedir vista dos autos, os que ainda não tiverem votado deverão aguardar o retorno do processo após a vista. ( )

549. **(Cespe/TJDFT/Analista Judiciário/1998)** As sessões encerrar-se-ão no horário regimental, sendo vedada a prorrogação, em qualquer hipótese. ( )

550. **(Cespe/TJDFT/Analista Judiciário/1998)** Mesmo nas sessões previstas no Regimento Interno como secretas, poderão permanecer na sala de sessões o representante do Ministério Público, as partes e seus advogados. ( )

551. **(Cespe/TJDFT/Técnico Judiciário/1998)** Mesmo nas sessões regimentalmente consideradas secretas, a proclamação do resultado do julgamento será pública. ( )

552. **(Cespe/TJDFT/Técnico Judiciário/1998)** Não poderá haver sessões matutinas. ( )

553. **(Cespe/TJDFT/Técnico Judiciário/1998)** O Regimento Interno admite sustentação oral em qualquer espécie de feito. ( )

554. **(Cespe/TJDFT/Técnico Judiciário/1998)** Havendo pedido do advogado para sustentação oral, o processo a que corresponda será sempre o primeiro a ser julgado. ( )

555. **(Cespe/TJDFT/Técnico Judiciário/1998)** Na sustentação oral, o advogado poderá usar a palavra por todo o tempo que repute necessário à produção da defesa. ( )

556. **(Cespe/TJDFT/Analista Judiciário/1997)** O pedido de vista por parte de um desembargador impede que os demais, que ainda não tenham votado, profiram seu julgamento. ( )

557. **(Cespe/TJDFT/Analista Judiciário/1997)** Se o relator de um processo verificar que foi chamado para julgamento processo de outro relator versando sobre a mesma questão jurídica, deverá, apenas ao final da sessão, requerer ao presidente que seja apreciado o seu processo. ( )

558. **(Cespe/TJDFT/Analista Judiciário/1997)** Nas sessões, devem ser julgados, primeiramente, os processos que independam de pauta (processos trazidos em mesa), observando-se, em seguida, a ordem regimental de preferência de certos feitos. ( )

559. **(Cespe/TJDFT/Analista Judiciário/1997)** O prazo geral para sustentação oral é de quinze minutos, sendo de uma hora nas ações penais originárias. ( )

560. **(Cespe/TJDFT/Analista Judiciário/1997)** O representante do Ministério Público, atuando como fiscal da lei (*custos legis*), falará em seguida aos advogados das partes, sem limite de tempo (salvo na ação penal privada, em que poderá manifestar-se após o advogado do querelante). ( )

561. **(Cespe/TJDFT/Analista Judiciário/1997)** Havendo pedido de vista, os demais desembargadores ficam impedidos de votar naquela sessão, devendo aguardar a devolução dos autos com o voto-vista. ( )

562. **(Cespe/TJDFT/Analista judiciário/1997)** Os desembargadores ausentes à leitura do relatório poderão, não obstante, sempre votar, caso se considerarem habilitados. ( )

563. **(Cespe/TJDFT/Analista Judiciário/1997)** Quando o relator verificar que possui processo versando a mesma questão jurídica de outro, chamado a julgamento, poderá solicitar ao presidente que sejam julgados simultaneamente. ( )

564. **(Cespe/TJDFT/Analista Judiciário/1997)** Os desembargadores que não hajam presenciado o relatório não poderão votar em hipótese alguma. ( )

565. **(Cespe/TJDFT/Analista Judiciário/1997)** Se um desembargador suscitar questão preliminar e esta não for acatada, o desembargador vencido na referida questão deverá votar o mérito do processo. ( )

566. **(Cespe/TJDFT/Analista Judiciário/1997)** Em nenhuma hipótese um desembargador poderá modificar o voto que proferiu. ( )

567. (Inédita) Em uma sessão de julgamento, caso o relator do processo seja vencido, findo o julgamento, o presidente do órgão deverá proclamar a decisão e redigir o acórdão. ( )

X – (Inédita) Considere, por hipótese, que em uma determinada sessão de julgamento da Câmara Cível, marcada para o julgamento de uma ação rescisória, após a leitura do relatório, da sustentação oral feita pelo advogado do recorrente e do voto de três desembargadores, pediu vista dos autos um desembargador para melhor análise da questão. Após o pedido de vista, outros dois desembargadores proferiram seu voto, por se sentirem habilitados; os demais membros presentes preferiram aguardar o julgamento do voto de vista em nova sessão. O julgamento foi suspenso e, dez dias depois, o desembargador devolveu os autos. No dia da continuação do julgamento, que ocorreu na primeira sessão ordinária subsequente à devolução dos autos, estavam presentes três outros desembargadores que não participaram da primeira sessão. Neste caso, e considerando as normas regimentais acerca das sessões de julgamento, analise as questões que se seguem, respondendo (C) quando a questão estiver Certa e (E) quando estiver errada.

568. A ação rescisória, para ser julgada de maneira válida, deverá ser incluída em pauta com pelo menos cinco dias de antecedência da sessão e tem que passar pela revisão de outro desembargador. ( )

569. Não poderia ter havido sustentação oral, pois a defesa oral não é admitida nos julgamentos das ações rescisórias. ( )

570. Os desembargadores que não participaram da leitura do relatório na primeira sessão de julgamento poderão proferir seus votos normalmente na sessão de continuação, caso se sintam habilitados. ( )

571. Processos com pedido de vista têm preferência na ordem de julgamento da sessão. ( )

572. (Inédita) No TJDFT, é possível aos advogados realizarem sustentação oral por meio de videoconferência. ( )

573. (Inédita) O pedido de sustentação oral é dirigido ao presidente do órgão julgador até o início da sessão ou por meio eletrônico. ( )

574. (Inédita) Considere por hipótese que na sessão de julgamento o relator tenha constatado a existência de vício sanável no processo. Neste caso, ele poderá determinar a renovação do ato no próprio tribunal ou no primeiro grau de jurisdição. ( )

575. (Inédita) Na atual sistemática do novo Código de Processo Civil, o agravo de instrumento é uma das classes processuais que comporta sustentação oral quando o julgamento envolver tutela provisória de urgência ou de evidência. ( )

576. (Inédita) Quando não houver unanimidade na votação de uma apelação, o julgamento prosseguirá na sessão seguinte com outros integrantes da Turma em número suficiente para inverter o resultado inicial da votação. ( )

577. (Inédita) Quando a ação rescisória for julgada por maioria de votos, o julgamento prosseguirá somente na hipótese em que o resultado for a rescisão da sentença e o órgão competente para prosseguir com o julgamento será a Câmara de Uniformização. ( )

578. (Inédita) A técnica de julgamento, que consiste em ampliar o julgamento quando o resultado for obtido por maioria de votos, não se aplica aos julgamentos não unânimes proferidos pelo Conselho Especial. ( )

COMENTÁRIOS

533. (E) Em regra, não pode haver empate de votos nos julgamentos dos processos. Todavia, no caso de pedido de vista, havendo empate no julgamento de *habeas corpus* e votos suficientes para a proclamação do resultado, prevalecerá a decisão mais favorável ao paciente, cabendo ressaltar que a possibilidade de empate é apenas quanto aos *habeas corpus* (art. 113, § 6º). Embora o art. 113, § 1º, refira-se ao prazo de dez dias para a devolução dos autos pelo solicitante, a banca elaborou a questão concluindo que o julgamento do pedido de vista ocorreria na segunda sessão seguinte após o pedido de vista, o que é verdadeiro, pois as sessões são semanais, de forma que, se o desembargador devolver o processo em dez dias, o julgamento somente poderá ocorrer na segunda sessão após a data do pedido (ou na primeira sessão após a devolução dos autos).

534. (C) Não comportarão sustentação oral as seguintes hipóteses: I – agravos de qualquer espécie, exceto: a) agravo de instrumento interposto contra decisão interlocutória que verse sobre tutela provisória de urgência ou da evidência; b) agravo de instrumento interposto contra decisão que julgue antecipadamente parte do mérito; c) agravo interno interposto contra decisão do Relator que extinga o processo na ação rescisória, no mandado de segurança e na reclamação ou que examine pedido liminar nessas mesmas ações; d) agravo interno interposto contra decisão do Relator que extinga o processo na revisão criminal; II – embargos de declaração; III – exceções ou incidentes de impedimento ou de suspeição; IV – conflito de competência (art. 110).

535. (E) O representante do Ministério Público tem hoje limitação de tempo, seja como parte ou como fiscal da lei. Atuando como autor ou réu, terá o mesmo tempo que as partes, que é de quinze minutos, improrrogáveis nas ações comuns e de uma hora na ação penal originária, prorrogável a critério do presidente do Conselho Especial (art. 111); atuando como fiscal da ordem jurídica, terá a palavra após os advogados das partes, pelo prazo improrrogável de quinze minutos, salvo na ação penal privada, em que terá a palavra após o advogado do querelante (art. 111, § 1º).

536. (C) Em regra, não pode haver empate de votos nos julgamentos dos processos. Todavia, no caso de pedido de vista, havendo empate no julgamento de habeas corpus e votos suficientes para a proclamação do resultado, prevalecerá a decisão mais favorável ao paciente, cabendo ressaltar que a possibilidade de empate é apenas quanto aos habeas corpus (art. 113, § 6º). A banca examinadora, embora tenha generalizado a questão, considerou a resposta como certa.

537. (E) Nos julgamentos dos processos, as questões preliminares são sempre julgadas antes da questão de mérito. Todavia, somente serão votadas as questões de mérito se as preliminares forem rejeitadas (art. 116, § 2º). Se forem acolhidas, o recurso não será conhecido ou será considerado prejudicado (art. 116, § 1º).

538. (E) As sessões extraordinárias não podem ser convocadas por qualquer um dos membros dos órgãos fracionários, mas apenas a critério do seu presidente (art. 105, § 2º). O texto atual do Regimento Interno não especifica quais os processos serão julgados nas sessões extraordinárias.

539. (C) O julgamento simultâneo é possível nos casos em que, numa sessão de julgamento, haja processos abordando a mesma questão jurídica (art. 112).

540. (C) Se um desembargador pedir vista de processo e não devolver os autos para julgamento em dez dias nem solicitar expressamente a prorrogação desse prazo, o presidente do órgão julgador requisitará o processo e prosseguirá com o julgamento na sessão ordinária subsequente, com publicação em pauta (art. 113, § 1º). Embora o art. 113, § 1º, refira-se ao prazo de dez dias para a devolução dos autos, a banca elaborou a questão concluindo que o julgamento do pedido de vista ocorreria na segunda sessão seguinte após o pedido de vista, o que é verdadeiro, pois as sessões são semanais, de forma que, se o desembargador devolver o processo em dez dias, o julgamento somente poderá ocorrer na segunda sessão após a data do pedido (ou na primeira sessão após a devolução dos autos).

541. (E) Somente haverá julgamento de mérito se a preliminar for rejeitada ou se a apreciação do mérito for compatível com a preliminar. Neste caso, mesmo que seja vencido no julgamento da preliminar, o desembargador deverá votar o mérito da causa (art. 116, § 2º).

542. (E) O voto poderá ser alterado até o momento da proclamação do resultado pelo presidente, salvo aquele já proferido por juiz afastado ou substituído (art. 118). A proclamação do resultado ocorre logo após a votação de cada processo e não no final da sessão.

543. (E) As sessões, em regra, têm horário determinado para iniciar (13h30) e terminar (18h). Todavia, os trabalhos serão prorrogados sempre que necessário para o término de julgamento iniciado ou por deliberação da maioria dos desembargadores. Assim, encerrado o horário previsto para o término da sessão, mas remanescendo processos ainda não julgados, não é necessária a convocação de sessão extraordinária para o julgamento dos processos restantes, podendo ser prorrogados os trabalhos até a finalização dos julgamentos pendentes (art. 105, § 1º).

544. (C) O desembargador que pedir vista do processo deverá devolvê-lo no prazo de dez dias (art. 113). Se os autos não forem devolvidos tempestivamente ou se não for solicitada a prorrogação, que é de no máximo dez dias, o presidente do órgão fracionário os requisitará para julgamento do recurso na sessão ordinária subsequente, com publicação da pauta em que for incluído (art. 113, § 1º).

545. (E) Nos processos que tramitam em segredo de justiça somente serão sigilosas as sessões e as votações; já a proclamação do respectivo resultado será sempre pública (art. 106, caput, e seu § 2º).

546. (E) Nos julgamentos, após o relatório, será facultado a qualquer desembargador solicitar reunião em conselho para esclarecimentos, mas deverão retirar-se da sala as partes e seus advogados (art. 107). Esclareça-se que somente a reunião será reservada, pois os votos serão proferidos em sessão pública, ressalvados os casos de segredo de justiça (art. 107, parágrafo único).

547. (C) O Ministério Público, atuando como fiscal da ordem jurídica, falará após os advogados das partes; na ação penal privada, poderá fazer sustentação após o advogado do querelante (art. 111, § 1º).

548. (E) O pedido de vista não impedirá a votação dos desembargadores que se sintam habilitados. Assim, não é necessário os demais desembargadores que ainda não tiverem votado aguardar o retorno do processo após a vista (art. 113, § 3º).

549. (E) As sessões, em regra, têm horário determinado para iniciar (13h30) e terminar (18h). Todavia, os trabalhos serão prorrogados sempre que necessário para o término de julgamento iniciado ou por deliberação da maioria dos desembargadores. Assim, não é vedada a prorrogação do horário como afirma a questão (art. 105, § 1º).

550. (C) Nas sessões relativas a processos que tramitam em segredo de justiça e em outros casos previstos em lei e no Regimento, poderão permanecer na sala de sessões as partes, seus advogados, defensores públicos e o membro do Ministério Público (art. 106, § 1º). Ao tempo da elaboração da questão, o texto do Regimento Interno não contemplava a figura dos defensores públicos.

551. (C) As sessões e as votações serão públicas, exceto as relativas a processo que correrem em segredo de justiça e em outros casos previstos em lei ou no Regimento. Mas em qualquer caso será pública a proclamação do resultado (art. 82, caput, e parágrafo único).

552. (E) As sessões, em regra, são realizadas no horário vespertino (iniciam às 13h30 e terminam às 18h). Todavia, as sessões extraordinárias, designadas a critério do presidente do órgão julgador, poderão ser convocadas para qualquer dia útil, inclusive no período matutino (art. 105, § 2º).

553. (E) Nem todas as espécies de feitos admitem sustentação oral. Não comportarão sustentação oral as seguintes hipóteses: I - agravos de qualquer espécie, exceto: a) agravo de instrumento interposto contra decisão interlocutória que verse sobre tutela provisória de urgência ou da evidência; b) agravo de instrumento interposto contra decisão que julgue antecipadamente parte do mérito; c) agravo interno interposto contra decisão do Relator que extinga o processo na ação rescisória, no mandado de segurança e na reclamação ou que examine pedido liminar nessas mesmas ações; d) agravo interno interposto contra decisão do Relator que extinga o processo na revisão criminal; II – embargos de declaração; III – exceções ou incidentes de impedimento ou de suspeição; IV – conflito de competência (art. 110).

554. (E) Os processos em que haja pedido de sustentação oral serão julgados após os processos que independem de inclusão em pauta e os processos adiados, os reincluídos em pauta e com pedido de vista (art. 108, III).

555. (E) Os advogados têm, para sustentação oral, o prazo de quinze minutos, salvo na ação penal originária em que o prazo será de uma hora, prorrogável a critério do presidente do Conselho Especial (art. 111).

556. (E) O pedido de vista não impedirá a votação dos desembargadores que se sintam habilitados (art. 113, § 3º).

557. (E) Assim que verificar a existência de processo versando sobre a mesma questão jurídica de outro chamado a julgamento, o relator poderá requerer ao presidente do órgão que sejam julgados simultaneamente. Não faz o menor sentido ter que aguardar o final da sessão para requerer o julgamento conjunto (art. 112).

558. (E) O gabarito da questão indica o enunciado como certo, pois, ao tempo da elaboração da prova, o Regimento Interno previa essa ordem de julgamento dos processos. Hoje, todavia, o texto atual estabelece a seguinte ordem de julgamento dos feitos: processos que independam de inclusão em pauta; processos adiados, novamente incluídos em pauta e com pedido de vista; processos em que haja pedido de sustentação oral, observada a ordem dos requerimentos; processos em que haja preferência requerida até o início da sessão; ordem preferencial do art. 96; demais processos, obedecida a ordem crescente de numeração dentro das respectivas classes (art. 108).

559. (C) Os advogados terão, para fazer a sustentação oral, o prazo improrrogável de quinze minutos, salvo na ação penal originária em que o prazo será de uma hora, prorrogável a critério do presidente do Conselho Especial (art. 111).

560. (E) O gabarito da questão indica o enunciado como certo, pois, ao tempo da elaboração da prova, o Regimento Interno previa que o Ministério Público, atuando como fiscal da lei, podia falar sem limitação de tempo. Hoje, todavia, o texto atual estabelece limitação de tempo para o MP, seja como parte ou como fiscal da lei. Atuando como autor ou réu, terá o mesmo tempo que as partes, que é de quinze minutos, improrrogáveis nas ações comuns e de uma hora na ação penal originária, prorrogável a critério do presidente do Conselho Especial (art. 111); atuando como fiscal da ordem jurídica, terá a palavra após os advogados das partes, pelo prazo improrrogável de quinze minutos. Na ação penal privada, de fato, terá a palavra após o advogado do querelante (art. 111, § 1º).

561. (E) O pedido de vista não impedirá a votação dos desembargadores que se sintam habilitados. Assim, não é necessário os demais aguardarem a devolução dos autos com o voto-vista do desembargador solicitante (art. 113, § 3º).

562. (E) Os desembargadores que, na sessão de julgamento, não houver assistido ao relatório, poderão votar desde que se considerem habilitados e não tenha havido sustentação oral. A banca restringiu a questão ao inserir a locução "poderão, não obstante, sempre votar", tornando o enunciado incorreto (art. 114).

563. (C) O relator, ao verificar a existência de processo abordando a mesma questão jurídica de outro chamado a julgamento, poderá requerer ao presidente do órgão sejam julgados simultaneamente (art. 112).

564. (E) Os desembargadores que, na sessão de julgamento, não houver assistido ao relatório, poderão votar desde que se considerem habilitados e não tenha havido sustentação oral. A banca restringiu a questão ao inserir a locução "poderão, não obstante, sempre votar", tornando o enunciado incorreto (art. 114).

565. (C) Somente haverá julgamento de mérito se a preliminar for rejeitada ou se a apreciação do mérito for compatível com a preliminar. Neste caso, o desembargador vencido no julgamento da preliminar deverá votar o mérito da causa (art. 116, § 2º).

566. (E) O voto poderá ser alterado até o momento da proclamação do resultado pelo presidente, salvo aquele já proferido por juiz afastado ou substituído (art. 118), cabendo esclarecer que a proclamação do resultado ocorre após o julgamento de cada processo.

567. (E) Quem proclama a decisão na sessão é, de fato, o presidente do órgão, após o julgamento do processo. Quem redige o acórdão é, em regra, o relator. Todavia, caso o relator do processo seja vencido, quem redigirá o acórdão será o desembargador que proferir o primeiro voto da tese vencedora e não o presidente do órgão julgador (art. 118).

568. (E) A publicação de pauta é formalidade obrigatória nos julgamentos da ação rescisória, pois esta não está prevista no rol de processos que independem de pauta (art. 97). As pautas de julgamento, de fato, devem de fato ser publicadas com pelo menos cinco dias de antecedência da sessão (art. 98). Todavia, a ação rescisória é espécie de feito que não exige revisor (art. 91).

569. (E) O julgamento da ação rescisória admite sustentação oral. Não comportarão sustentação oral as seguintes hipóteses: I – agravos de qualquer espécie, exceto: a) agravo de instrumento interposto contra decisão interlocutória que verse sobre tutela provisória de urgência ou da evidência; b) agravo de instrumento interposto contra decisão que julgue antecipadamente parte do mérito; c) agravo interno interposto contra decisão do Relator que extinga o processo na ação rescisória, no mandado de segurança e na reclamação ou que examine pedido liminar nessas mesmas ações; d) agravo interno interposto contra decisão do Relator que extinga o processo na revisão criminal; II – embargos de declaração; III – exceções ou incidentes de impedimento ou de suspeição; IV – conflito de competência (art. 110).

570. (E) Os desembargadores que não tenham assistido ao relatório poderão participar do julgamento desde que se considerem habilitados e não tenha havido sustentação oral. Na questão em análise, houve sustentação oral, por isso os desembargadores presentes na sessão de continuação não poderão votar (art. 114).

571. (E) Têm preferência na ordem de julgamento da sessão os processos que independem de pauta. Os julgamentos observarão a seguinte ordem: processos que independam de inclusão em pauta; processos adiados, novamente incluídos em pauta e com pedido de vista; processos em que haja pedido de sustentação oral, observada a ordem dos requerimentos; processos em que haja preferência requerida até o início da sessão; ordem preferencial do art. 96; demais processos, obedecida a ordem crescente de numeração dentro das respectivas classes (art. 108).

572. (E) De fato, o Regimento Interno do TJDFT prevê a sustentação oral por meio de videoconferência ou por outro recurso tecnológico de transmissão de sons e imagens em tempo real. Todavia, essa benesse somente é concedida se houver disponibilidade técnica, aos advogados com domicílio profissional em outra cidade e desde que requeira até o dia anterior ao da sessão (art. 109, § 3º). Não é para qualquer advogado como sugere a questão.

573. (E) O pedido de sustentação, de fato, é formulado até o início da sessão ou por meio eletrônico, mas é dirigido ao secretário e não ao presidente do órgão julgador (art. 109).

574. (C) Constatada a ocorrência de vício sanável, inclusive aquele que possa ser conhecido de ofício, o relator ou o órgão fracionário determinará a realização ou a renovação do ato processual, no próprio tribunal ou em primeiro grau de jurisdição, intimadas as partes (art. 117).

575. (C) Os agravos, em regra, não comportam sustentação oral, salvo: a) agravo de instrumento interposto contra decisão interlocutória que verse sobre tutela provisória de urgência ou da evidência; b) agravo de instrumento interpostos contra decisão que julgue antecipadamente parte do mérito; c) agravo interno interposto contra decisão do Relator que extinga o processo na ação rescisória, no mandado de segurança e na reclamação ou que examine pedido liminar nessas mesmas ações; d) agravo interno interposto contra decisão do Relator que extinga o processo na revisão criminal. Portanto, comportam sustentação oral os agravos de instrumento interposto contra decisão interlocutória que verse sobre tutela provisória de urgência ou de evidência (art. 110, I).

576. (E) Quando o resultado da apelação não for unânime, o julgamento terá prosseguimento na mesma sessão, caso estejam presentes outros julgadores integrantes da Turma, em número suficiente para garantir a inversão do resultado inicial (art. 119). Somente será designada nova sessão, com a presença dos demais integrantes da Turma, se não houver quorum suficiente, ou, se houver necessidade, mediante designação de novos julgadores, (art. 119, § 1º).

577. (E) Quando não houver unanimidade na votação da ação rescisória, o julgamento prosseguirá na hipótese em que o resultado for a rescisão de sentença mas o julgamento prosseguirá na Câmara Cível e não na Câmara de Uniformização como afirma a questão (art. 120, I).

578. (C) A ampliação do julgamento não se aplica ao julgamento: do incidente de assunção de competência e de resolução de demandas repetitivas; da remessa necessária; não unânime proferido pelo Conselho Especial (art. 121).

CAPÍTULO III
DO JULGAMENTO ELETRÔNICO

Art. 122. Poderão ser julgados por meio eletrônico os recursos e os processos de competência originária. *(Redação dada pela Emenda Regimental nº 3, de 2016)*

Art. 123. As partes serão intimadas do julgamento eletrônico e poderão, no prazo de 5 (cinco) dias úteis, apresentar memoriais ou objeção à forma de julgamento. *(Redação dada pela Emenda Regimental nº 3, de 2016; Retificação em 12/09/2016)*

Parágrafo único. Será excluído do julgamento eletrônico o processo em relação ao qual for manifestada discordância por qualquer das partes.

DO JULGAMENTO ELETRÔNICO	
Poderão ser julgados por meio eletrônico	- os recursos e - os processos de competência originária.
Intimadas, as partes poderão, no prazo de cinco dias úteis	- apresentar memoriais; ou - objeção à forma de julgamento.
Se houver discordância por qualquer das partes	O processo será excluído do julgamento eletrônico.

Art. 124. O julgamento eletrônico será feito mediante aplicativo próprio e observará o seguinte procedimento:

I – o relator enviará seu voto aos demais membros do colegiado integrantes do *quorum* de julgamento;

II – no prazo máximo de 5 (cinco) dias úteis a partir do recebimento do voto do relator, os demais desembargadores compartilharão seu voto de adesão ou de divergência; *(Redação dada pela Emenda Regimental nº 3, de 2016; Retificação em 12/09/2016)*

III – caso não seja observado o prazo de que trata o inciso anterior, o relator poderá incluir o processo em pauta para julgamento presencial;

IV – persistindo a divergência, poderá o processo ser apreciado em sessão presencial mediante inclusão em pauta. *(Redação dada pela Emenda Regimental nº 3, de 2016)*

§ 1º. Concluído o julgamento e lavrado o acórdão, a ementa será publicada no diário de justiça eletrônico no prazo máximo de 10 (dez) dias. *(Redação dada pela Emenda Regimental nº 3, de 2016)*

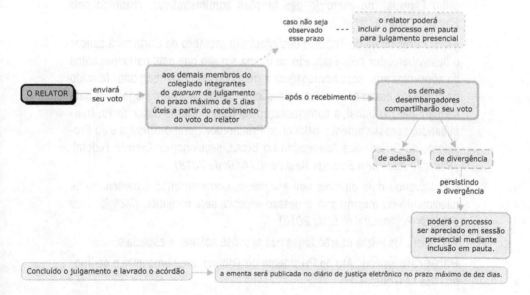

§ 2º. Ato da Presidência regulamentará os procedimentos a serem adotados para implementação do julgamento virtual. *(Incluído pela Emenda Regimental nº 3, de 2016)*

CAPÍTULO IV
DAS SESSÕES SOLENES E DAS ESPECIAIS

Art. 125. Serão solenes as sessões:

I – para posse do Presidente do Tribunal, do Primeiro Vice-Presidente, do Segundo Vice-Presidente e do Corregedor da Justiça;

II – para posse dos desembargadores;

III – para posse dos juízes de direito substitutos;

IV – para celebração de acontecimento de alta relevância, a critério do Presidente do Tribunal ou por deliberação do Conselho Especial.

Parágrafo único. Poderá haver discurso apenas nas hipóteses dos incisos I e IV.

Art. 126. Serão especiais as sessões convocadas para prestar homenagem aos seus desembargadores: *(Redação dada pela Emenda Regimental nº 9, de 2018)*

a) por motivo de afastamento definitivo da jurisdição, exceto se decorrer de aplicação de penalidade; *(Incluído pela Emenda Regimental nº 9, de 2018)*

b) por motivo de falecimento; *(Incluído pela Emenda Regimental nº 9, de 2018)*

c) para celebrar o centenário de seu nascimento, após deliberação do Conselho Especial, no exercício das funções administrativas. *(Incluído pela Emenda Regimental nº 9, de 2018)*

§ 1º. O Presidente do Tribunal designará um membro da Corte para saudar o desembargador homenageado na última sessão que este participar antes da aposentadoria; para homenagear a memória do desembargador falecido na primeira sessão após a comunicação do óbito; para homenagear, na data definida pelo Tribunal, a comemoração do centenário de nascimento, franqueando, sucessivamente, palavra ao Procurador Geral de Justiça e ao Presidente da Ordem dos Advogados do Brasil, seccional do Distrito Federal. *(Redação dada pela Emenda Regimental nº 9, de 2018)*

§ 2º Havendo dois ou mais homenageados comemorando o centenário de nascimento no mesmo ano, a sessão especial será conjunta. *(Incluído pela Emenda Regimental nº 9, de 2018)*

Art. 127. Os juízes usarão togas nas sessões solenes e especiais.

Parágrafo único. Ato do Presidente do Tribunal regulamentará o cerimonial das sessões.

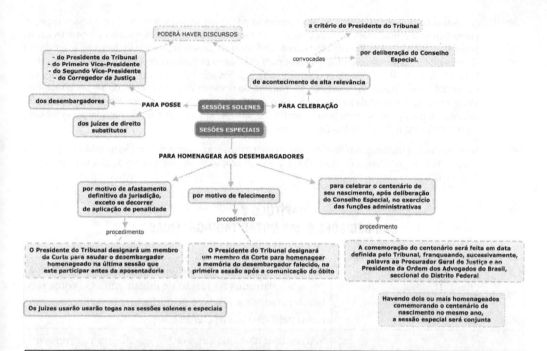

Sobre as vestes dos desembargadores nas sessões do Tribunal, ver o art. 100.

PARA PRATICAR

579. **(Cespe/TJDFT/Técnico Judiciário/2003)** No TJDFT, só se realizam sessões solenes em razão da posse de desembargadores. ( )

580. **(Cespe/TJDFT/Técnico Judiciário/2003 – adaptada)** Além das sessões solenes, pode haver também sessões especiais, estas destinadas a homenagear desembargador que se afastar em definitivo da jurisdição, salvo em decorrência de aplicação de penalidade, que falecer ou em comemoração ao seu centenário. ( )

581. **(Inédita)** De acordo com as normas regimentais, somente haverá discursos nas sessões solenes quando destinadas à posse dos cargos de direção. ( )

582. **(Inédita)** No Tribunal de Justiça, a celebração de acontecimento de alta relevância é feita em sessão especial, convocada pelo Presidente do Tribunal ou por deliberação do Conselho Especial. ( )

583. **(Inédita)**. Não é permitido proferir discursos nas sessões solenes para a posse de desembargadores. ( )

COMENTÁRIOS

579. (E) As sessões solenes são realizadas não somente para a posse dos desembargadores, mas também para a posse do presidente, do primeiro e segundo vice-presidentes e do corregedor, para posse dos juízes de direito substitutos e ainda para celebração de acontecimento de alta relevância, a critério do Presidente do Tribunal ou por deliberação do Conselho Especial (art. 125).

580. (C) Além das sessões solenes, pode haver sessões especiais. Serão especiais as sessões convocadas para prestar homenagem aos desembargadores: por motivo de afastamento definitivo da jurisdição, exceto se decorrer de aplicação de penalidade; por motivo de falecimento; para celebrar o centenário de seu nascimento, após deliberação do Conselho Especial, no exercício das funções administrativas (art. 126).

581. (E) Haverá discursos nas sessões solenes para a posse dos cargos de direção (presidente, primeiro e segundo vice-presidentes e corregedor) e para celebração de acontecimento de alta relevância (art. 125, I e IV).

582. (E) A celebração de acontecimento de alta relevância é feita em sessão solene e não em sessão especial como afirma a questão (art. 125, IV). As sessões especiais são aquelas destinadas a homenagear os desembargadores: por motivo de afastamento definitivo da jurisdição, exceto se decorrer de aplicação de penalidade; por motivo de falecimento; para celebrar o centenário de seu nascimento, após deliberação do Conselho Especial, no exercício das funções administrativas (art. 126). E as solenes são convocadas; para posse do Presidente do Tribunal, do Primeiro Vice-Presidente, do Segundo Vice-Presidente e do Corregedor da Justiça; para posse dos desembargadores; para posse dos juízes de direito substitutos; para celebração de acontecimento de alta relevância, a critério do Presidente do Tribunal ou por deliberação do Conselho Especial (art. 125).

583. (C) Somente haverá discursos nas sessões solenes para a posse dos cargos de direção (presidente, primeiro e segundo vice-presidentes e corregedor) e para celebração de acontecimento de alta relevância (art. 125, I e IV).

CAPÍTULO V
DAS DECISÕES E DAS NOTAS TAQUIGRÁFICAS

Decisões	"Decisões", para efeito deste capítulo, são os votos proferidos pelos magistrados na sessão de julgamento. Os votos são taquigrafados na sessão e posteriormente transcritos em notas pelo setor competente.
Notas taquigráficas	São documentos nos quais os taquígrafos transcrevem, no ato do julgamento, as decisões e deliberações tomadas pelos desembargadores na sessão (votos, debates, questões de ordem etc.). Depois de revisadas pelos magistrados, as notas taquigráficas servirão de base para a elaboração do acórdão.

Art. 128. As decisões serão lavradas pelo relator em forma de acórdão, do qual constarão a espécie e o número do feito, os nomes das partes e dos desembargadores que votaram, a ementa, o relatório e os votos com as conclusões e os fundamentos da decisão.

As decisões tomadas pelos desembargadores nas sessões de julgamento	Serão lavradas pelo relator em forma de acórdão.
Acórdão	É o julgamento colegiado proferido pelos tribunais.
Lavrar um acórdão	Significa registrar em um só documento o conteúdo das decisões tomadas pelo colegiado, consignando na ementa a tese vencedora do julgamento com os respectivos fundamentos jurídicos usados para embasar a decisão.
Constarão do acórdão	- a espécie do feito (apelação, agravo etc.); - o número do feito; - os nomes das partes; - os desembargadores que votaram; - a ementa; - o relatório; - os votos com as conclusões e os fundamentos da decisão.

§ 1º As notas taquigráficas serão revisadas e incluídas no voto no prazo regimental, vedada a sua disponibilização.

§ 2º O acórdão terá ementa que conterá os princípios jurídicos que orientaram a decisão.

§ 3º Em caso de divergência, os votos prevalecerão em face da ementa.

§ 4º O relatório constará do acórdão independentemente do seu prévio lançamento nos autos.

§ 5º Na elaboração de acórdãos e de documentos da atividade judiciária, deverão ser observados os padrões técnicos adotados pelo Tribunal.

§ 6º Em caso de inobservância do disposto no § 5º, os acórdãos ou os documentos retornarão à origem para adequação.

§ 7º Nos processos que tramitam em segredo de justiça, os nomes das partes serão abreviados no relatório, no voto e na ementa.

As notas taquigráficas	Serão revisadas e incluídas no voto no prazo regimental, vedada a sua disponibilização.
O acórdão	Terá ementa(*) que conterá os princípios jurídicos que orientaram a decisão.
O relatório	Constará do acórdão independentemente de já estar previamente juntado aos autos.
Deverão ser observados os padrões técnicos adotados pelo Tribunal	Na elaboração de acórdãos e de documentos da atividade judiciária.
Se não forem observados os padrões técnicos adotados pelo Tribunal	Os acórdãos ou os documentos retornarão à origem para adequação.
Nos processos que tramitam em segredo de justiça	Serão abreviados os nomes das partes no relatório, no voto e na ementa.
(*) Ementa é a síntese do conteúdo do acórdão. Ela deve retratar a tese vencedora do julgamento e conter os fundamentos jurídicos usados para embasar a decisão.	

Art. 129. Se o relator for vencido na questão principal ou afastar-se do exercício de suas funções por prazo superior a 30 (trinta) dias, o prolator do primeiro voto vencedor lavrará o acórdão.

Art. 130. As notas taquigráficas serão revisadas e corrigidas preferencialmente no sistema eletrônico, salvo inviabilidade técnica, em até 3 (três) dias úteis, contados a partir da disponibilização, ou da entrega no respectivo gabinete.

Parágrafo único. Decorrido o prazo, as notas taquigráficas serão trasladadas para os autos pelo relator com a observação de que não foram revisadas.

Revisão e correção das notas taquigráficas pelos desembargadores	- Serão feitas de preferência no sistema eletrônico, salvo inviabilidade técnica; - Serão feitas em até três dias úteis, contados a partir da disponibilização no sistema, ou da entrega no respectivo gabinete. - Decorrido o prazo de três dias úteis, as notas taquigráficas serão transferidas para os autos pelo relator com a observação de que não foram revisadas.

Art. 131. O acórdão será subscrito pelo relator.

Parágrafo único. Na impossibilidade de se observar o disposto no *caput* deste artigo, assinará o revisor, se houver, ou ainda o desembargador que seguir o relator em antiguidade no órgão julgador, que tenha participado do julgamento e que tenha proferido voto vencedor.

	Regra	- o relator	
Quem prolata o acórdão	Exceção	- o prolator do primeiro voto vencedor	- se o relator for vencido na questão principal - se o relator afastar-se do exercício de suas funções por prazo superior a trinta dias.
Quem assina o acórdão	Regra	- o relator	
	Exceção	- o revisor, se houver; ou - o desembargador que seguir o relator em antiguidade no órgão julgador, que tenha participado do julgamento e que tenha proferido voto vencedor.	

Nota: Lavrar o acórdão é diferente de assinar o acórdão. Quem lavra o acórdão é o relator, expondo na ementa a tese vencedora do julgamento. Se vencido o relator, lavrará o acórdão o prolator do primeiro voto vencedor (art. 129). Em regra, quem assina o acórdão é o mesmo desembargador que lavra o acórdão. No Regimento Interno há regra diferente sobre quem lavra e quem assina o acórdão, pois pode ocorrer que o magistrado se afaste após lavrar acórdão, ficando pendente a assinatura. Aí, aplica-se a regra do art. 131 do Regimento Interno.

Art. 132. O acórdão será confeccionado em uma única via, e o relator deverá assinar, rubricar ou certificar eletronicamente todas as folhas.

§ 1º As secretarias dos órgãos julgadores remeterão cópias do acórdão às autoridades determinadas neste Regimento.

§ 2º Os gabinetes dos desembargadores, por meio de transmissão eletrônica, remeterão o acórdão para a Subsecretaria de Doutrina e Jurisprudência, disponibilizando o inteiro teor para publicação.

§ 3º Lavrado o acórdão, serão publicadas a decisão proferida e a respectiva ementa no Diário da Justiça Eletrônico, no prazo de 10 (dez) dias, e certificadas, em cada processo, as datas de remessa e de publicação.

§ 4º Se o acórdão não for publicado 30 (trinta) dias após a sessão de julgamento, as notas taquigráficas o substituirão, para todos os fins legais, independentemente de revisão.

§ 5º Na hipótese do parágrafo anterior, o presidente do tribunal lavrará, de imediato, as conclusões e a ementa e mandará publicar o acórdão.

O acórdão	- Será confeccionado em via única; - Todas as folhas deverão ser assinadas, rubricadas ou certificadas eletronicamente pelo relator. - Serão remetidas cópias pelas secretarias dos órgãos julgadores às autoridades determinadas neste Regimento. - Será remetido pelos gabinetes dos desembargadores, por meio de transmissão eletrônica, para a Subsecretaria de Doutrina e Jurisprudência, disponibilizando o inteiro teor para publicação. - Após a lavratura, serão publicadas a decisão proferida e a respectiva ementa no Diário da Justiça Eletrônico, no prazo de 10 (dez) dias, e certificadas, em cada processo, as datas de remessa e de publicação. Se não for publicado em trinta dias após a sessão de julgamento, será substituído pelas notas taquigráficas, para todos os fins legais, independentemente de revisão. Na hipótese do item anterior, o presidente do tribunal lavrará, de imediato, as conclusões e a ementa e mandará publicar o acórdão.

Art. 133. Independerá de acórdão, para que seja cumprida, a decisão:

Como regra, as decisões tomadas pelos órgãos julgadores serão lavradas em forma de acórdão (art. 128). Todavia, certas decisões, pela urgência que requerem, são comunicadas por meio de ofício a quem lhes deva dar cumprimento imediato, antes mesmo da lavratura e publicação do acórdão. Isso não dispensa a posterior lavratura do acórdão, que apenas ficará adiada para momento oportuno.

I – que conceder *habeas corpus* ou mandado de segurança;

II – que, em *habeas corpus* ou mandado de segurança, declinar da competência para outro órgão do Tribunal ou juízo de Primeiro Grau do Distrito Federal e dos Territórios;

III – que decidir conflito de competência;

IV – que implicar conversão do julgamento em diligência, cabendo ao relator sugerir a inclusão, na papeleta de julgamento, da hipótese indicada no *caput* deste artigo;

V – que julgar procedente reclamação;

VI – que decidir desaforamento.

Parágrafo único. As partes serão intimadas das decisões de que trata este artigo mediante publicação da ata da sessão em que ocorreu o julgamento.

Independe de acórdão para que seja cumprida a decisão	- que conceder *habeas corpus* ou mandado de segurança; - que, em *habeas corpus* ou mandado de segurança, declinar da competência para outro órgão do Tribunal ou juízo de Primeiro Grau do Distrito Federal e dos Territórios; - que decidir conflito de competência; - que implicar conversão do julgamento em diligência, cabendo ao relator sugerir a inclusão, na papeleta de julgamento, da hipótese indicada no *caput* deste artigo; - que julgar procedente reclamação; - que decidir desaforamento.
Intimação das partes	As partes serão intimadas das decisões, nesse caso, mediante publicação da ata da sessão em que ocorreu o julgamento.

Art. 134. Juntar-se-á aos autos, além do acórdão, a certidão do julgamento, subscrita pelo secretário da sessão, que conterá:

I – a natureza e o número do processo;

II – o nome do presidente e dos desembargadores que participaram do julgamento;

III – o nome do membro do Ministério Público presente à sessão;

IV – os nomes dos advogados que fizeram sustentação oral;

V – a decisão proclamada pelo presidente.

Certidão de julgamento	- É o documento expedido pela secretaria do órgão julgador no qual constam dados e informações sobre o julgamento do processo.	
	- Será juntada aos autos assim como o acórdão.	
	- Será subscrita pelo secretário da sessão.	
	- Deverá conter os seguintes dados	- a natureza e o número do processo; - o nome do presidente e dos desembargadores que participaram do julgamento; - o nome do membro do Ministério Público presente à sessão; - os nomes dos advogados que fizeram sustentação oral; - a decisão proclamada pelo presidente.

REGIMENTO INTERNO DO TRIBUNAL DE JUSTIÇA DO DISTRITO FEDERAL E DOS TERRITÓRIOS — ART. 135

Art. 135. O Título III da Parte Segunda deste Regimento, que trata dos processos em espécie, determinará os casos em que as decisões proferidas pelo Tribunal deverão ser comunicadas a quem lhes deva dar cumprimento.

> No Título III, a que se refere o art. 135, estão relacionados os processos de competência originária do Tribunal, com os respectivos procedimentos. Lá estão relacionados os casos em que as decisões proferidas pelo Tribunal deverão ser comunicadas à autoridade a quem compete dar-lhes cumprimento antes da prolação e publicação do acórdão.

Parágrafo único. A secretaria do órgão julgador procederá à comunicação de que trata este artigo.

PARA PRATICAR

584. **(Cespe/TJDFT/Analista Judiciário – Área Judiciária/2015)** Caso um advogado impetre pedido de *habeas corpus* no TJDFT em favor de um cliente seu e a referida medida for concedida, a decisão será cumprida, independentemente de acórdão.

585. **(Cespe/TJDFT/Técnico Judiciário – Área Administrativa/2015 – adaptada)** As decisões serão lavradas pelo relator em forma de acórdão, que conterá ementa da qual constarão os princípios jurídicos que orientaram a decisão.

586. **(Cespe/TJDFT/Técnico Judiciário/2013)** Vencido o relator na questão principal, a lavratura do acórdão competirá ao prolator do primeiro voto vencedor. ( )

587. **(Cespe/TJDFT/Técnico Judiciário/2013 – adaptada)** Havendo divergência entre os votos proferidos pelos magistrados e a ementa do acórdão, prevalecerá a ementa em detrimento dos votos.

588. **(Cespe/TJDFT/Técnico Judiciário/2007)** A 1ª Turma do TJDFT, ao analisar *habeas corpus* impetrado em favor de paciente preso, decidiu conceder a medida. Nessa situação, a exequibilidade da decisão depende da elaboração do acórdão. ( )

589. **(Cespe/TJDFT/Analista Judiciário/Processual/2003 – adaptada)** Nos acórdãos proferidos em processos de rito célere, é dispensável a lavratura de ementa. ( )

590. **(Cespe/TJDFT/Técnico Judiciário/2003)** Nem sempre a lavratura do acórdão caberá ao relator originariamente designado pela distribuição do feito. ( )

591. **(Cespe/TJDFT/Técnico Judiciário/2003)** A execução dos julgamentos proferidos pelo TJDFT dependerá sempre da lavratura do acórdão, uma vez que este é a formalização do próprio julgamento. ( )

592. **(Cespe/TJDFT/Técnico Judiciário/1998)** Caso seja concedida a ordem de *habeas corpus*, a autoridade apontada como coatora, assim que formalmente cientificada da decisão, deverá dar-lhe cumprimento, independentemente da publicação do acórdão. ( )

593. **(Cespe/TJDFT/Analista Judiciário/1997)** Quando o relatório houver sido lançado nos autos, é desnecessário que conste do acórdão. ( )

594. **(Cespe/TJDFT/Analista Judiciário/1997)** O acórdão só pode ser finalizado pelo relator após a revisão das notas taquigráficas por todos os desembargadores que participaram do julgamento, independentemente do prazo necessário para a referida revisão. ( )

595. **(Cespe/TJDFT/Analista Judiciário/1997)** As decisões tomadas em processos de jurisdição voluntária (não contenciosos) prescindem da lavratura de acórdão. ( )

596. **(Cespe/TJDFT/Analista Judiciário/1997)** Nos acórdãos de processos sumários ou de crimes apenados com detenção, é dispensável a feitura de ementa. ( )

597. **(Inédita).** No TJDFT, deverá prevalecer a ementa se esta não coincidir com os votos proferidos pelos magistrados. ( )

598. **(Inédita)** O acórdão será assinado pelo presidente do órgão julgador e, no caso de falta ou impedimento deste, pelo desembargador que lhe suceder na ordem de antiguidade. ( )

599. (Inédita) O acórdão, caso não seja publicado em trinta dias após a sessão de julgamento, será substituído pelas notas taquigráficas, para todos os fins legais, independentemente de revisão. ( )

COMENTÁRIOS

584. **(C)** Independerá de acórdão para que seja cumprida, entre outras, a decisão que conceder *habeas corpus* (art. 133, I).

585. **(C)** As decisões serão lavradas pelo relator em forma de acórdão (art. 128). O acórdão terá ementa que conterá os princípios jurídicos que orientaram a decisão (art. 128, § 2º).

586. **(C)** Em regra, as decisões são lavradas pelo relator em forma de acórdão (art. 128). Se o relator for vencido na questão principal – ou afastar-se do exercício de suas funções por prazo superior a trinta dias – lavrará o acórdão o prolator do primeiro voto vencedor (art. 129).

587. **(E)** Em caso de divergência, os votos prevalecerão em face da ementa (art. 128, § 3º).

588. **(E)** O Regimento Interno elenca algumas decisões que independem da elaboração do acórdão para que sejam cumpridas, ou seja, para que tenham exequibilidade. Entre elas encontra-se a decisão que conceder habeas corpus (art. 133, I).

589. **(E)** O acórdão terá ementa que conterá os princípios jurídicos que orientaram a decisão (art. 128, § 2º). O Regimento Interno não especifica os processos que conterão ementa; ao contrário, generaliza, ao afirmar que "o acórdão terá ementa".

590. **(C)** Em regra, as decisões são lavradas pelo relator em forma de acórdão (art. 128). Se o relator for vencido na questão principal – ou afastar-se do exercício de suas funções por prazo superior a trinta dias – lavrará o acórdão o prolator do primeiro voto vencedor (art. 129). Assim, é correto afirmar que nem sempre a lavratura do acórdão caberá ao relator originariamente designado pela distribuição do feito.

591. **(E)** Em regra, as decisões são lavradas pelo relator em forma de acórdão (art. 128). Todavia, há espécies de decisões que independem da lavratura de acórdão para que sejam cumpridas (ou executadas). São elas: que conceder habeas corpus ou mandado de segurança; que, em habeas corpus ou mandado de segurança, declinar da competência para outro órgão do Tribunal ou juízo de Primeiro Grau do Distrito Federal e dos Territórios; que decidir conflito de competência; que implicar conversão do julgamento em diligência, cabendo ao relator sugerir a inclusão, na papeleta de julgamento, da hipótese indicada no caput deste artigo; que julgar procedente reclamação; que decidir desaforamento (art. 133).

592. **(C)** Em regra, as decisões são lavradas pelo relator em forma de acórdão (art. 128). Todavia, há espécies de decisões que independem de acórdão para que sejam cumpridas. Entre elas, encontra-se a decisão que conceder *habeas corpus* (art. 133, I).

593. **(E)** O relatório constará do acórdão, independentemente do seu prévio lançamento nos autos (art. 128, § 4º).

594. **(E)** O acórdão pode ser finalizado mesmo que os desembargadores participantes do julgamento não tenham feito a revisão das notas taquigráficas no prazo regimental. Nos termos do art. 130, caput, e seu parágrafo único, as notas taquigráficas serão revistas e corrigidas pelos desembargadores participantes do julgamento, de preferência pelo sistema eletrônico, em até três dias úteis, contados a partir da disponibilização ou da entrega no respectivo gabinete. Decorrido esse prazo, as notas taquigráficas serão anexadas aos autos pelo relator com a observação de que não foram revisadas.

595. **(E)** As decisões em geral são lavradas pelo relator em forma de acórdão (art. 128), independentemente de se tratar de processo de jurisdição voluntária ou contenciosa.

596. **(E)** O acórdão terá ementa que conterá os princípios jurídicos que orientaram a decisão (art. 128, § 2º). O Regimento Interno não especifica os processos que conterão ementa; ao contrário, generaliza, ao afirmar que "o acórdão terá ementa".

597. **(E)** Em caso de divergência, os votos prevalecerão em face da ementa (art. 128, § 3º).

598. **(E)** O acórdão será subscrito pelo relator e não pelo presidente do órgão julgador. Na impossibilidade, assinará o revisor, se houver, ou ainda o desembargador que seguir o relator em antiguidade no órgão julgador, que tenha participado do julgamento e proferido voto vencedor (art. 131, parágrafo único).

599. **(C)** Se o acórdão não for publicado em trinta dias após a sessão de julgamento, as notas taquigráficas o substituirão, para todos os fins legais, independentemente de revisão (art. 132, § 4º).

PARA MEMORIZAR				
Não altera a classe nem acarreta distribuição a superveniência de (art. 68, § 2º)	Far-se-á anotação na capa dos autos quando (art. 68, § 3º)	Sujeitam-se a preparo na Secretaria do Tribunal (art. 69)	Haverá revisor nos seguintes casos (art. 91)	Independem de inclusão em pauta (art. 97)
- agravo interno; - arguição de inconstitucionalidade; - avocatória; - embargos de declaração; - habilitação incidente; - incidente de falsidade; - medidas cautelares; - processo de execução; - restauração de autos; - recursos para as Instâncias Superiores; - outros pedidos incidentes ou acessórios.	- ocorrerem pedidos incidentes; - houver interposição de recursos; - estiver preso o réu; - for o caso de preferências legais e metas do Poder Judiciário; - correr o processo em segredo de justiça; - for determinada pelo relator a certificação de impedimento ou de suspeição de desembargador.	- a ação rescisória; - a reclamação; - a ação penal privada originária; - o agravo de instrumento interposto contra decisão de primeiro grau; - o mandado de segurança; - a medida cautelar; - incidente de desconsideração da personalidade jurídica; - os recursos para o Supremo Tribunal Federal e para o Superior Tribunal de Justiça. **São isentos de preparo os recursos e as ações (art. 70)** - intentados pela Fazenda Pública ou pelo Ministério Público; - em que ao requerente sejam concedidos os benefícios da assistência judiciária gratuita.	- ação penal originária; - apelação criminal, quando a pena cominada ao crime for de reclusão; - embargos infringentes em matéria criminal; - revisão criminal.	- *habeas corpus* e respectivos recursos; - conflitos de competência em matéria criminal; - embargos de declaração; - incidentes e exceções de impedimento ou de suspeição; - questões de ordem relativas ao regular andamento do processo; - processos em que haja expressa manifestação das partes para não incluí-los em pauta; - processos de pauta de sessão anterior, desde que expressamente adiados para a primeira sessão seguinte; - processos adiados por indicação do relator ou do revisor, desde que expressamente adiados para a primeira sessão seguinte.

PARA MEMORIZAR			
Ordem de inclusão dos processos em pauta (art. 96)	Ordem de julgamento dos processos (art. 108)	Não comporta sustentação oral as seguintes hipóteses (art. 110)	Independe de acórdão, para que seja cumprida, a decisão (art. 133)
I – nos feitos cíveis: - em que figure como parte ou interessado pessoa portadora de deficiência física, com idade igual ou superior a 60 (sessenta) anos ou portadora de doença grave prevista no art. 6º, inciso XIV, da Lei 7.713, de 22 de dezembro de 1988; - mandado de segurança e respectivos recursos, inclusive apelação; - regulados pelo Estatuto da Criança e do Adolescente; - relativos a processos provenientes da Vara de Ações Previdenciárias e da Vara de Falências e Recuperações Judiciais; - cujo relator deva afastar-se do Tribunal em caráter temporário ou definitivo ou, encontrando-se licenciado, deva comparecer à sessão apenas para julgá-los; - agravo de instrumento; - apelação; - outros previstos neste Regimento. **II – nos feitos criminais:** - em que figurem como parte ou interessado pessoa portadora de deficiência física, com idade igual ou superior a 60 (sessenta) anos ou portadora de doença grave prevista no art. 6º, inciso XIV, da Lei 7.713, de 22 de dezembro de 1988;	- processos que independam de inclusão em pauta; - processos adiados, novamente incluídos em pauta e com pedido de vista; - processos em que haja pedido de sustentação oral, observada a ordem dos requerimentos; - processos em que haja preferência requerida até o início da sessão; - ordem preferencial do art. 96; - demais processos, obedecida a ordem crescente de numeração dentro das respectivas classes.	- agravos de qualquer espécie, salvo agravo de instrumento contra decisão interlocutória que verse sobre tutela provisória de urgência ou da evidência e agravo interno contra decisão do relator que extinga ação rescisória, mandado de segurança e reclamação; - embargos de declaração; - exceções ou incidentes de impedimento ou de suspeição; - conflito de competência.	- que conceder *habeas corpus* ou mandado de segurança; - que, em *habeas corpus* ou mandado de segurança, declinar da competência para outro órgão do Tribunal ou juízo de Primeiro Grau do Distrito Federal e dos Territórios; - que decidir conflito de competência; - que implicar conversão do julgamento em diligência, cabendo ao relator sugerir a inclusão, na papeleta de julgamento, da hipótese indicada no *caput* deste artigo; - que julgar procedente reclamação; - que decidir desaforamento.

PARA MEMORIZAR			
Ordem de inclusão dos processos em pauta (art. 96)	Ordem de julgamento dos processos (art. 108)	Não comporta sustentação oral as seguintes hipóteses (art. 110)	Independe de acórdão, para que seja cumprida, a decisão (art. 133)
- mandado de segurança e respectivos recursos, inclusive apelação; - desaforamento; - em que o réu se encontre preso; - relativos a processos provenientes da Vara de Falências e Recuperações Judiciais; - cujo relator ou revisor deva afastar-se do Tribunal em caráter temporário ou definitivo ou, encontrando-se licenciado, deva comparecer à sessão apenas para julgá-los; - agravo de instrumento e recurso em sentido estrito; - outros previstos no Regimento.			

TÍTULO III
DOS PROCESSOS EM ESPÉCIE
CAPÍTULO I
DA COMPETÊNCIA ORIGINÁRIA

O título III regula o processamento e o julgamento dos processos que tramitam no Tribunal de Justiça e inclui os **processos de competência originária** (Capítulo I), **os processos da competência recursal (Capítulo II)**, bem ainda os **recursos contra decisões proferidas pelo próprio Tribunal e pelo Presidente do Tribunal** (Capítulo III) e os **processos incidentes e os incidentes processuais** (Capítulo IV).

Competência originária	É a competência para processar e julgar a causa pela primeira vez. Em regra, a competência originária é dos juízes singulares, de primeira instância. Todavia, há ações que se iniciam e finalizam no próprio Tribunal, como se esse fosse o órgão de primeiro grau de jurisdição.

ART. 135   TJDFT – EM ESQUEMAS

Ações originárias que tramitam no Tribunal de Justiça	- ação direta de inconstitucionalidade; - ação declaratória de constitucionalidade; - reclamação ao Conselho Especial; - ação penal originária; - ação rescisória; - reclamação; - avocatória; - carta precatória; - conflito de competência; - desaforamento; - *habeas corpus*; - *habeas data*; - inquérito; - intervenção federal no Distrito Federal ou nos Territórios; - mandado de injunção; - mandado de segurança; - protesto, notificação e interpelação; - reclamação no Processo Penal;
	- representação por indignidade para o oficialato; - representação para a perda da graduação das praças; - revisão criminal; - suspensão de segurança.

Seção I
Da Ação Direta de Inconstitucionalidade

Ação Direta de Inconstitucionalidade (ADI)	**Por ação**: é a ação que visa ao controle direto de constitucionalidade das leis e dos atos normativos a fim de excluir do ordenamento jurídico as leis e atos normativos dotados de vício de inconstitucionalidade, ou seja, editados contrariamente aos ditames da Constituição Federal ou das Constituições Estaduais.
	Por omissão: é a ação por meio da qual se busca, ante a inércia do Poder Público, cientificar o legislador negligente para que este adote as medidas necessárias ao cumprimento do texto constitucional.
Normas passíveis de controle de constitucionalidade pelo TJDFT	Leis ou atos normativos do Distrito Federal que estejam em dissonância com a **Lei Orgânica do Distrito Federal**, a qual possui *status* de Constituição do Distrito Federal(*).
(*) A competência para o julgamento da Ação Direta de Inconstitucionalidade será do Supremo Tribunal Federal quando a inconstitucionalidade da lei ou ato normativo for arguida em face da Constituição Federal.	

Subseção I
Da Admissibilidade e do Procedimento da Ação Direta de Inconstitucionalidade

Art. 136. Podem propor a ação direta de inconstitucionalidade:

I – o Governador do Distrito Federal;

II – a Mesa da Câmara Legislativa do Distrito Federal;

III – o Procurador-Geral de Justiça do Distrito Federal e Territórios;

IV – a Ordem dos Advogados do Brasil, Seccional do Distrito Federal;

V – o partido político com representação na Câmara Legislativa do Distrito Federal;

VI – a entidade sindical ou de classe com atuação no Distrito Federal, a qual demonstrará que a pretensão por ela deduzida guarda relação de pertinência direta com seus objetivos institucionais.

Legitimidade para propor a Ação Direta de Inconstitucionalidade	- o Governador do Distrito Federal; - a Mesa da Câmara Legislativa do Distrito Federal; - o Procurador-Geral de Justiça do Distrito Federal e Territórios; - a Ordem dos Advogados do Brasil, Seccional do Distrito Federal; - o partido político com representação na Câmara Legislativa do Distrito Federal; - a entidade sindical ou de classe com atuação no Distrito Federal, a qual demonstrará que a pretensão por ela deduzida guarda relação de pertinência direta com seus objetivos institucionais(*).
(*) Trata-se do requisito da pertinência temática, exigido para as entidades sindicais ou de classe, as quais deverão demonstrar que a pretendida declaração de inconstitucionalidade tem ligação direta com a atividade por elas desenvolvidas.	

Art. 137. A petição inicial indicará:

I – o dispositivo da lei ou do ato normativo distrital impugnado e os fundamentos jurídicos do pedido em relação a cada uma das impugnações;

II – o pedido com suas especificações.

Parágrafo único. A petição inicial deverá ser apresentada em duas vias e acompanhada de cópias da lei ou do ato normativo impugnado, dos documentos necessários ao exame da impugnação, bem como do instrumento de procuração, quando subscrita por advogado.

Art. 138. A petição inicial inepta, a não fundamentada ou a manifestamente improcedente será liminarmente indeferida pelo relator. Contra essa decisão caberá agravo regimental no prazo de 5 (cinco) dias.

PETIÇÃO INICIAL DA AÇÃO DIRETA DE INCONSTITUCIONALIDADE	
Deverá indicar	- o dispositivo da lei ou do ato normativo distrital impugnado; - os fundamentos jurídicos do pedido em relação a cada uma das impugnações; - o pedido com suas especificações.
Deverá ser apresentada	em duas vias.
Deverá ser acompanhada	- de cópias da lei ou do ato normativo impugnado; - dos documentos necessários ao exame da impugnação; - do instrumento de procuração, quando subscrita por advogado.
A petição inicial será liminarmente indeferida(*) pelo relator	- quando for inepta; - quando não estiver fundamentada; - quando for manifestamente improcedente.
Recurso cabível contra a decisão que indefere liminarmente a petição inicial	Agravo regimental no prazo de cinco dias (**).
(*) Indeferir liminarmente a petição inicial significa impedir, de imediato, o prosseguimento da ação por ausência de requisitos para o seu processamento.	
(**) A redação do dispositivo está desatualizada. Hoje, com a nova sistemática do Código de Processo Civil, o nome do recurso cabível é agravo interno e o prazo é de quinze dias (art. 265).	

Art. 139. Proposta a ação direta, não será admitida desistência.

Art. 140. O relator requisitará informações aos órgãos ou às autoridades das quais emanou a lei ou o ato normativo impugnado, que disporão do prazo de 30 (trinta) dias para fornecê-las, contado da data de recebimento do pedido.

Art. 141. Não será admitida intervenção de terceiros no processo de ação direta de inconstitucionalidade.

Desistência da ADI	Não é admitida depois de ajuizada a ação.	
Intervenção de terceiros	Não é admita.	
Manifestação de outros órgãos ou entidades	Pode ser admitida pelo relator, considerada a relevância da matéria e a representatividade dos requerentes.	Da decisão que admitir a manifestação de outros órgãos ou entidades não cabe recurso.

Parágrafo único. O relator, considerando a relevância da matéria e a representatividade dos postulantes, poderá admitir, por despacho irrecorrível, a manifestação de outros órgãos ou entidades, observado o prazo fixado no artigo anterior.

Art. 142. Decorrido o prazo das informações, prestadas ou não, o Procurador-Geral do Distrito Federal e o Procurador-Geral de Justiça do Distrito Federal e Territórios serão ouvidos e deverão manifestar-se no prazo de 15 (quinze) dias, sucessivamente.

§ 1º Em caso de notória insuficiência das informações existentes nos autos ou de necessidade de esclarecimento de matéria ou de circunstância de fato, o relator poderá requisitar informações adicionais, designar perito ou comissão de peritos para que emita parecer sobre a questão ou fixar data para, em audiência pública, ouvir depoimentos de pessoas com experiência e autoridade na matéria.

§ 2º O relator poderá, ainda, solicitar informações aos magistrados de Primeiro Grau acerca da aplicação da norma impugnada no âmbito de sua jurisdição.

§ 3º As informações, as perícias e as audiências a que se referem os parágrafos anteriores serão realizadas no prazo de 30 (trinta) dias, contado da solicitação do relator, que, após, remeterá os autos ao Procurador-Geral de Justiça do Distrito Federal e Territórios para oferta de parecer no prazo de 10 (dez) dias.

Art. 143. Vencidos os prazos do artigo anterior, o relator lançará o relatório, com cópia para todos os desembargadores componentes do Conselho Especial, e pedirá dia para julgamento.

ART. 143   TJDFT – EM ESQUEMAS

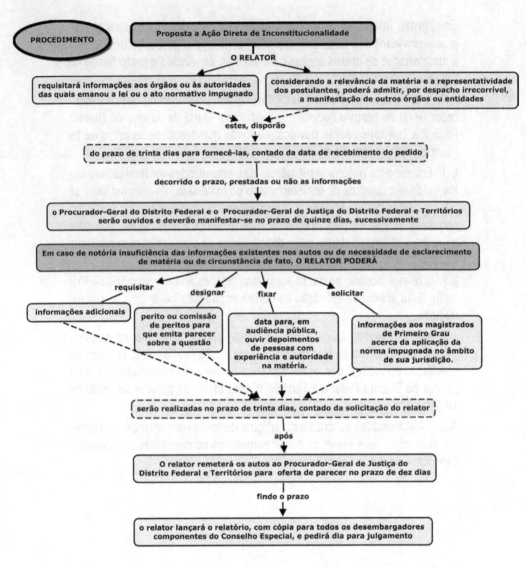

Subseção II
Da Liminar em Ação Direta de Inconstitucionalidade

Da LIMINAR NA AÇÃO DIRETA DE INCONSTITUCIONALIDADE	
Liminar	É uma decisão provisória que pode ser concedida logo no início da ação, em caráter de urgência, para evitar que a demora no julgamento do mérito cause à parte requerente.
Liminar na Ação Direta de Inconstitucionalidade	É admitida, desde que observado o procedimento e preenchidos os requisitos.

Art. 144. Salvo no período de feriado forense, a liminar na ação direta será concedida por decisão da maioria absoluta dos membros do Conselho Especial, observado o disposto no art. 155, após a manifestação, no prazo de 5 (cinco) dias, dos órgãos ou das autoridades dos quais emanou a lei ou o ato normativo impugnado.

§ 1º O relator, se considerar indispensável, ouvirá o Procurador-Geral do Distrito Federal e o Procurador-Geral de Justiça do Distrito Federal e Territórios no prazo de 3 (três) dias.

Órgão competente para o julgamento da liminar na ADI	O Conselho Especial (art. 13, I, *k*).
Quorum mínimo de presença na sessão	Pelo menos dois terços dos desembargadores componentes do Conselho Especial (art. 155).
Quorum mínimo para a concessão da liminar na ADI	Maioria absoluta dos membros do Conselho Especial, salvo no período de feriado forense(*).
A liminar será concedida	Após a manifestação, no prazo de cinco dias, dos órgãos ou das autoridades dos quais emanou a lei ou o ato normativo impugnado.
Manifestação dos órgãos ou autoridades	Manifestarão os órgãos ou as autoridades dos quais emanou a lei ou o ato normativo impugnado. O relator, se considerar indispensável, ouvirá: - o Procurador-Geral do Distrito Federal; e - o Procurador-Geral de Justiça do Distrito Federal e Territórios no prazo de três dias.

(*) Para conhecimento: no período de feriado forense, excepcionalmente, a liminar poderá ser apreciada por meio de decisão unipessoal do desembargador plantonista e sua decisão será referendada posteriormente pelo Conselho Especial.

§ 2º No julgamento do pedido de liminar, a sustentação oral, por quinze minutos, será facultada aos representantes judiciais dos requerentes e das autoridades ou dos órgãos responsáveis pela expedição do ato.

Será facultada a sustentação oral por quinze minutos	- aos representantes judiciais dos requerentes; - aos representantes das autoridades ou dos órgãos responsáveis pela expedição da norma impugnada.

§ 3º Será facultada ainda a manifestação do *amicus curiae*, se admitido, e do Procurador-Geral de Justiça do Distrito Federal e Territórios.

| Será facultada a manifestação | - do *amicus curiae*(*), se ele for admitido;
- do Procurador-Geral de Justiça do Distrito Federal e Territórios. |

(*) *Amicus curiae* são entidades ou pessoas que, embora não façam parte no processo, possuem representatividade para se manifestar nos autos. Possuem interesse na causa em razão da relevância da matéria e de sua representatividade em relação à questão discutida e ingressam no feito como assistentes a fim de ajudar a parte a vencer a demanda. O instituto tem previsão no art. 138 do CPC.

§ 4º Em caso de excepcional urgência, o Conselho Especial poderá deferir a liminar sem a manifestação dos órgãos ou das autoridades dos quais emanou a lei ou o ato normativo impugnado.

| Em caso de excepcional urgência | É possível a concessão da liminar sem a manifestação dos órgãos ou das autoridades dos quais emanou a lei ou o ato normativo impugnado |

Art. 145. Concedida a liminar, o Tribunal de Justiça do Distrito Federal e dos Territórios fará publicar, no Diário da Justiça Eletrônico e no Diário Oficial do Distrito Federal, a parte dispositiva da decisão no prazo de 10 (dez) dias e solicitará as informações à autoridade da qual tiver emanado o ato, observado, no que couber, o procedimento estabelecido na Subseção I deste Título, que trata da admissibilidade e do procedimento da ação direta de inconstitucionalidade.

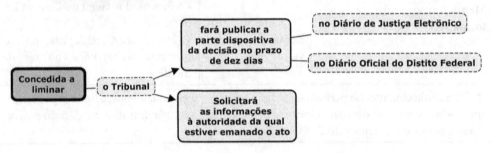

§ 1º A liminar, dotada de eficácia contra todos, será concedida com efeito *ex nunc*, salvo se o Conselho Especial conceder-lhe eficácia retroativa.

§ 2º A concessão da liminar torna aplicável legislação anterior, caso existente, salvo expressa manifestação em sentido contrário.

EFEITOS DA LIMINAR NA ADI		
Efeitos da liminar na ADI	A liminar é dotada de eficácia contra todos(*).	
Efeito temporal	Regra	*Ex nunc*(**)
	Exceção	Eficácia retroativa (*ex tunc*)(***)

EFEITOS DA LIMINAR NA ADI			
Efeito repristinatório	Regra	A concessão da liminar torna aplicável a legislação anterior, caso existente(****)
	Exceção	A legislação anterior não será aplicável somente se houver expressa manifestação em sentido contrário.
(*) Também denominada de efeito *erga omnes*, a decisão atingirá todos os indivíduos e não somente as partes envolvidas no processo.			
(**) **Efeito *ex nunc*:** os efeitos serão produzidos a partir do momento em que é concedida a liminar, não retroagindo a momento anterior.			
(***) **Efeito *ex tunc* (retroativo):** os efeitos da decisão retroagirão à data da edição da lei, ou seja, alcançarão fatos passados.			
(****) Se não houver manifestação em sentido contrário, a decisão liminar proclamando a inconstitucionalidade de uma lei faz restabelecer a lei anterior que eventualmente tenha sido revogada pela norma impugnada na ação.			

Art. 146. Se houver pedido de liminar, o relator, em face da relevância da matéria e de seu especial significado para a ordem social e para a segurança jurídica, poderá, após a prestação das informações no prazo de 10 (dez) dias e a manifestação do Procurador-Geral do Distrito Federal e do Procurador-Geral de Justiça do Distrito Federal e Territórios, sucessivamente, no prazo de 5 (cinco) dias, submeter o processo diretamente ao Conselho Especial, que terá a faculdade de julgar definitivamente a ação.

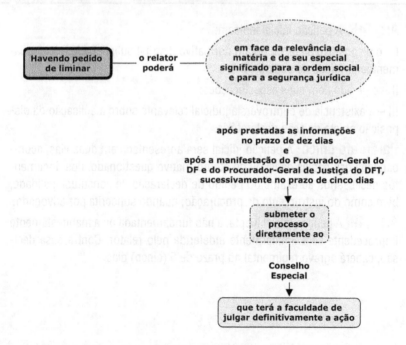

Seção II
Da Ação Declaratória de Constitucionalidade

DA AÇÃO DECLARATÓRIA DE CONSTITUCIONALIDADE	
Ação Declaratória de Constitucionalidade (ADC)	É a ação judicial que visa ao controle direto de constitucionalidade das leis e dos atos normativos. Tem por objetivo declarar que uma lei ou ato normativo foram editados conforme os ditames da Constituição Federal ou das Constituições estaduais.

Subseção I
Da Admissibilidade e do Procedimento da Ação Declaratória de Constitucionalidade

Art. 147. Podem propor a ação declaratória de constitucionalidade de lei ou de ato normativo distrital:

I – o Governador do Distrito Federal;

II – a Mesa da Câmara Legislativa do Distrito Federal;

III – o Procurador-Geral de Justiça do Distrito Federal e Territórios.

Legitimidade para propor a Ação Declaratória de Constitucionalidade	- o Governador do Distrito Federal; - a Mesa da Câmara Legislativa do Distrito Federal; - o Procurador-Geral de Justiça do Distrito Federal e Territórios.

Art. 148. A petição inicial indicará:

I – o dispositivo da lei ou do ato normativo distrital questionado e os fundamentos jurídicos do pedido;

II – o pedido com suas especificações;

III – a existência de controvérsia judicial relevante sobre a aplicação da disposição objeto da ação declaratória.

Parágrafo único. A petição inicial será apresentada em duas vias, acompanhada das cópias da lei ou do ato normativo questionado, dos documentos necessários ao exame do pedido de declaração de constitucionalidade, bem como do instrumento de procuração, quando subscrita por advogado.

Art. 149. A petição inicial inepta, a não fundamentada ou a manifestamente improcedente será liminarmente indeferida pelo relator. Contra essa decisão, caberá agravo regimental no prazo de 5 (cinco) dias.

A PETIÇÃO INICIAL NA AÇÃO DECLARATÓRIA DE CONSTITUCIONALIDADE	
Deverá indicar	- o dispositivo da lei ou do ato normativo distrital questionado e os fundamentos jurídicos do pedido; - o pedido com suas especificações; - a existência de controvérsia judicial relevante sobre a aplicação da disposição objeto da ação declaratória.
Deverá ser apresentada	em duas vias.
Deverá ser acompanhada	- de cópias da lei ou do ato normativo questionado; - dos documentos necessários ao exame do pedido de declaração de constitucionalidade; - do instrumento de procuração, quando subscrita por advogado.
A petição inicial será liminarmente indeferida(*) pelo relator	- quando for inepta; - quando não estiver fundamentada; - quando for manifestamente improcedente.
Recurso cabível contra a decisão que indefere liminarmente a petição inicial	Agravo regimental no prazo de cinco dias (**).

(*) Indeferir liminarmente a petição inicial significa impedir, de imediato, o prosseguimento da ação em razão da ausência de requisitos para o seu processamento.

(**) A redação do dispositivo está desatualizada. Hoje, com a nova sistemática do Código de Processo Civil, o nome do recurso cabível é agravo interno e o prazo é de quinze dias (art. 265).

Art. 150. Proposta a ação declaratória, não será admitida desistência.

Art. 151. Não será admitida intervenção de terceiros no processo de ação declaratória de constitucionalidade.

Art. 152. O Procurador-Geral de Justiça do Distrito Federal e Territórios deverá pronunciar-se no prazo de 15 (quinze) dias.

Desistência da ADC	Não é admitida depois de ajuizada a ação.
Intervenção de terceiros	Não é admitida.

§ 1º Em caso de notória insuficiência das informações existentes nos autos ou de necessidade de esclarecimento de matéria ou de circunstância de fato, o relator poderá requisitar informações adicionais, designar perito ou comissão de peritos para emitir parecer sobre a questão ou fixar data para, em audiência pública, ouvir depoimentos de pessoas com experiência e autoridade na matéria.

§ 2º O relator poderá, ainda, solicitar informações aos magistrados de Primeiro Grau acerca da aplicação da norma questionada no âmbito de sua jurisdição.

§ 3º As informações, as perícias e as audiências a que se referem os parágrafos anteriores serão realizadas no prazo de 30 (trinta) dias, contado da solicitação do relator, que, após, remeterá os autos ao Procurador-Geral de Justiça do Distrito Federal e Territórios para oferta de parecer no prazo de 10 (dez) dias.

Art. 153. Vencido o prazo do artigo anterior, o relator lançará o relatório, enviará cópia deste a todos os desembargadores componentes do Conselho Especial e pedirá dia para julgamento.

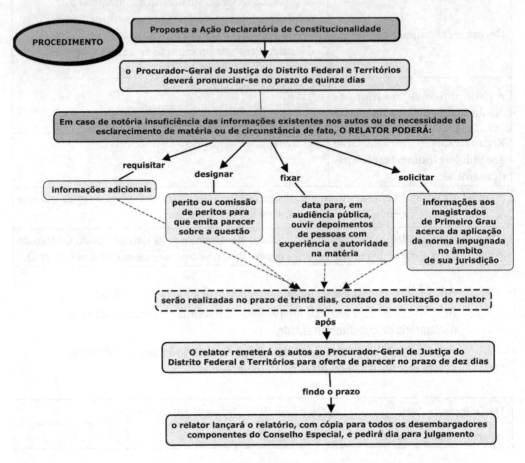

Subseção II
Da Liminar em Ação Declaratória de Constitucionalidade

Art. 154. O Conselho Especial, por decisão da maioria absoluta dos membros, observado o disposto no artigo seguinte, poderá deferir pedido de liminar na ação declaratória de constitucionalidade, determinando aos juízes a suspensão do julgamento dos processos que envolvam a aplicação de lei ou de ato normativo objeto da ação até o julgamento definitivo.

DA LIMINAR NA AÇÃO DIRETA DE CONSTITUCIONALIDADE	
Liminar	É uma decisão provisória que pode ser concedida logo no início da ação, em caráter de urgência, para evitar que a demora no julgamento do mérito cause prejuízo à parte requerente.
Liminar na ADC	É admitida, desde que observado o procedimento e preenchidos os requisitos.
Órgão competente para o julgamento da liminar na ADC	O Conselho Especial (art. 13, I, k).
Quorum mínimo de presença na sessão	Pelo menos dois terços dos desembargadores componentes do Conselho Especial (art. 155).
Quorum mínimo para a concessão da liminar na ADC	Maioria absoluta dos membros do Conselho Especial.

Parágrafo único. Concedida a liminar, o Conselho Especial fará publicar, no Diário da Justiça Eletrônico e no Diário Oficial do Distrito Federal, a parte dispositiva da decisão no prazo de 10 (dez) dias e procederá ao julgamento da ação no prazo de 180 (cento e oitenta) dias, sob pena de perda de sua eficácia.

Seção III
Das Disposições Comuns às Seções Anteriores

Subseção I
Da Decisão na Ação Direta de Inconstitucionalidade e na Ação Declaratória de Constitucionalidade

Art. 155. A decisão sobre a constitucionalidade ou a inconstitucionalidade de lei ou de ato normativo somente será tomada se presentes, na sessão, pelo menos dois terços dos desembargadores componentes do Conselho Especial.

Art. 156. Efetuado o julgamento, proclamar-se-á a constitucionalidade ou a inconstitucionalidade da disposição ou da norma impugnada se, em um ou em outro sentido, tiver se manifestado pelo menos a maioria absoluta dos desembargadores componentes do Conselho Especial, quer se trate de ação direta de inconstitucionalidade, quer de ação declaratória de constitucionalidade.

Parágrafo único. Se não for alcançada a maioria necessária à declaração de constitucionalidade ou de inconstitucionalidade e se o número de desembargadores ausentes puder influir no julgamento, este será suspenso a fim de se aguardar o comparecimento dos desembargadores ausentes, até que se atinja o número necessário para prolatar a decisão em um ou em outro sentido.

Art. 157. Proclamada a constitucionalidade, julgar-se-á improcedente a ação direta ou procedente eventual ação declaratória; e, proclamada a inconstitucionalidade, julgar-se-á procedente a ação direta ou improcedente eventual ação declaratória.

Art. 158. Julgada a ação, comunicar-se-á a decisão à autoridade ou ao órgão responsável pela expedição do ato.

DECISÃO (DE MÉRITO) DA AÇÃO DIRETA DE INCONSTITUCIONALIDADE E DA AÇÃO DECLARATÓRIA DE CONSTITUCIONALIDADE			
Órgão competente para o julgamento	Conselho Especial (art. 13, I, *k*).		
Quorum mínimo de presença na sessão de julgamento	Pelo menos dois terços dos desembargadores componentes do Conselho Especial.		
Quorum mínimo para proclamar a constitucionalidade ou inconstitucionalidade da lei ou do ato normativo impugnado	Pelo menos a maioria absoluta dos desembargadores componentes do Conselho Especial.		
Será suspenso o julgamento da ADI e da ADC até que se atinja o número necessário	- se não for alcançada a maioria necessária à declaração de constitucionalidade ou de inconstitucionalidade(*). - se o número de desembargadores ausentes puder influir no julgamento.		
Se for proclamada a constitucionalidade da lei ou do ato normativo impugnado	Tratando-se de ADI		- será julgada **improcedente** a ação;
^	Tratando-se de ADC		- será julgada **procedente** a ação.
Se for proclamada a inconstitucionalidade da lei ou do ato normativo impugnado	Tratando-se de ADI		- será julgada **procedente** a ação;
^	Tratando-se de ADC		- será julgada **improcedente** a ação.
Após julgada a ação	Será comunicada a decisão à autoridade ou ao órgão responsável pela expedição do ato.		
(*) Para se declarar a constitucionalidade ou inconstitucionalidade da lei ou do ato normativo impugnado, é necessário colher o voto da maioria absoluta do Conselho Especial (onze votos) em um ou em outro sentido.			

Art. 159. A decisão que declara a constitucionalidade ou a inconstitucionalidade de lei ou de ato normativo em ação direta ou em ação declaratória é irrecorrível, ressalvada a interposição de embargos declaratórios e de recurso extraordinário, atendidos os requisitos específicos. Essa decisão não pode, igualmente, ser objeto de ação rescisória.

Art. 160. Ao declarar a inconstitucionalidade de lei ou de ato normativo, tendo em vista razões de segurança jurídica ou de excepcional interesse social, o Conselho Especial poderá, por maioria de dois terços de seus membros, restringir os efeitos daquela declaração ou decidir que ela só tenha eficácia a partir de seu trânsito em julgado ou de outro momento que venha a ser fixado.

Art. 161. Dentro do prazo de 10 (dez) dias após o trânsito em julgado da decisão, o Conselho Especial fará publicar a parte dispositiva do acórdão no Diário da Justiça Eletrônico e no Diário Oficial do Distrito Federal.

Parágrafo único. A declaração de constitucionalidade ou de inconstitucionalidade, inclusive a interpretação conforme a Constituição, e a declaração parcial de inconstitucionalidade sem redução de texto têm eficácia contra todos e efeito vinculante em relação aos órgãos do Poder Judiciário e à administração pública do Distrito Federal.

Art. 162. O Procurador-Geral de Justiça do Distrito Federal e Territórios será sempre ouvido nas ações diretas de inconstitucionalidade e nas ações declaratórias de constitucionalidade.

Art. 163. Declarada a inconstitucionalidade por omissão de medida para tornar efetiva norma da Lei Orgânica do Distrito Federal, a decisão será comunicada ao Poder competente para adoção das providências necessárias e, em se tratando de órgão administrativo, para fazê-lo em 30 (trinta) dias.

Da decisão que declara a constitucionalidade ou inconstitucionalidade de lei ou de ato normativo	Não cabe recurso, salvo embargos declaratórios e recurso extraordinário, atendidos os requisitos específicos.
Ação rescisória	É incabível.
Restrição ou modulação dos efeitos da declaração de inconstitucionalidade de lei ou de ato normativo	O Conselho Especial, tendo em vista razões de segurança jurídica ou de excepcional interesse social, poderá, **por maioria de dois terços de seus membros** • restringir os efeitos da declaração de inconstitucionalidade(*); ou • decidir que a declaração de inconstitucionalidade só tenha eficácia a partir de seu trânsito em julgado ou de outro momento que venha a ser fixado(**).

Eficácia da declaração de constitucionalidade ou de inconstitucionalidade, em decisão final, inclusive a interpretação conforme a Constituição, e a declaração parcial de inconstitucionalidade sem redução de texto	Tem eficácia *erga omnes* (contra todos), ou seja, a decisão atingirá a todos os indivíduos, e não somente as partes envolvidas no processo.
	Possui efeito vinculante em relação aos órgãos do Poder Judiciário e à administração pública do Distrito Federal.
Procurador-Geral de Justiça do Distrito Federal e dos Territórios	Será sempre ouvido.
Declarada a inconstitucionalidade por omissão de medida para tornar efetiva norma da Lei Orgânica do Distrito Federal	A decisão será comunicada ao poder competente para adoção das providências necessárias e, em se tratando de órgão administrativo, para fazê-lo em trinta dias.
No prazo de dez dias, após o trânsito em julgado da decisão, o Conselho Especial fará publicar a parte dispositiva do acórdão	• no Diário da Justiça Eletrônico; • no Diário Oficial do Distrito Federal.
(*) Efeito *ex nunc*, a partir da decisão.	
(**) Trata-se da chamada "modulação dos efeitos", que significa restringir a eficácia temporal da decisão e determinar que produza efeitos prospectivos, ou seja, para o futuro, a partir do trânsito em julgado da decisão ou de outro momento que porventura vier a ser fixado.	

PARA PRATICAR

JULGUE OS ITENS A SEGUIR, MARCANDO "C" QUANDO A QUESTÃO ESTIVER CORRETA E "E" QUANDO A QUESTÃO ESTIVER ERRADA.

X – (Cespe/TJDFT/ Notários/Remoção/2014 – alterada) Sobre o julgamento da Ação Direta de Inconstitucionalidade perante o Tribunal de Justiça do Distrito Federal e dos Territórios, responda (C) quando a questão estiver CERTA e (E) quando a questão estiver ERRADA.

600. O reconhecimento da legitimidade ativa do partido político exige a representação na Câmara Legislativa do Distrito Federal e requer a demonstração do vínculo de pertinência temática, ou seja, da relação entre o interesse e a finalidade institucional. ( )

601. Caso seja julgada procedente a ADI, há possibilidade de modulação dos efeitos da decisão do TJDFT, não sendo possível, contudo, a declaração de inconstitucionalidade com efeitos prospectivos (pro futuro). ( )

602. (Cespe/TJDFT/Analista Judiciário/2007) Partido político com representação na Câmara Legislativa do Distrito Federal ajuizou ação direta de inconstitucionalidade, com pedido de liminar, pleiteando a suspensão da eficácia de determinado dispositivo de lei distrital, até o julgamento do mérito da questão. Nessa situação, se concedida a liminar, esta será dotada de eficácia *ex nunc*, salvo se o Conselho Especial entender de conceder-lhe eficácia retroativa. ( )

603. (Cespe/TJDFT/Técnico Judiciário/2003) Qualquer cidadão no gozo dos direitos políticos é parte legítima para ajuizar ação direta de inconstitucionalidade no TJDFT. ( )

604. **(Cespe/TJDFT/Analista Judiciário/2003)** A Seccional do DF da Ordem dos Advogados do Brasil é legitimada ao ajuizamento de ação direta de inconstitucionalidade (ADIn) no TJDFT e não estará obrigada a demonstrar que a norma atacada na ação guarda nexo de pertinência com seus objetivos institucionais. ( )

605. **(Cespe/TJDFT/Analista Judiciário/2003)** A petição inicial da ação direta de inconstitucionalidade (ADIn) no TJDFT não precisará ser necessariamente firmada por advogado. ( )

606. **(Cespe/TJDFT/Analista Judiciário/2003)** Compete ao relator da ADIn no TJDFT homologar o pedido de desistência formulado pelo autor da ação. ( )

607. **(Cespe/TJDFT/Analista Judiciário/2003)** Devido à natureza de processo abstrato que tem a ADIn, nela não se admite a realização de perícia. ( )

608. **(Cespe/TJDFT/Analista Judiciário/2003)** Havendo a concessão de medida liminar em ADIn no TJDFT, a legislação anterior à norma atacada voltará, como regra, a produzir efeitos, salvo se o tribunal deliberar de maneira diversa. ( )

609. **(Cespe/TJDFT/Técnico Judiciário/2003)** Uma vez promulgada lei ou ato normativo no âmbito do DF, imediatamente caberá o ajuizamento de ação declaratória de constitucionalidade, com a finalidade de evitar que decisões judiciais, sobretudo liminares e cautelares, venham a evitar a aplicação integral da norma. ( )

610. **(Cespe/TJDFT/Analista Judiciário/1998)** A ação direta de inconstitucionalidade pode ser ajuizada por qualquer pessoa do povo, sem representação de advogado. ( )

611. **(Inédita)** Para a concessão de liminar na ação direta de inconstitucionalidade, o julgamento poderá ser realizado com a maioria simples do Conselho Especial, reservando-se o *quorum* qualificado para o julgamento do mérito da ação. ( )

612. **(Inédita)** Da decisão do Conselho Especial que proclama a inconstitucionalidade ou declara a constitucionalidade de lei ou ato normativo cabe agravo interno. ( )

613. **(Inédita)** Na ação declaratória de constitucionalidade, diferentemente do que ocorre na ação direta de inconstitucionalidade, é admitida a desistência da ação ( )

614. **(Inédita)** Estará legitimado a propor a ação declaratória de constitucionalidade a entidade sindical ou de classe com atuação no Distrito Federal desde que demonstre a pertinência do pedido com os seus objetivos institucionais. ( )

615. **(Inédita)** A liminar na ação direta de inconstitucionalidade será concedida com efeito *ex nunc*, ou seja, a partir do momento em que é proferida a decisão, sendo vedada sua eficácia retroativa à época dos fatos que deram origem ao ajuizamento da ação. ( )

616. **(Inédita)** Para a proclamação da inconstitucionalidade ou a declaração de constitucionalidade de lei ou de ato normativo, exige-se a maioria absoluta dos votos dos desembargadores integrantes do Conselho Especial, sem o que deverá ser suspenso o julgamento até que se atinja o número necessário para prolatar a decisão. ( )

617. **(Inédita)** Não é admitida a intervenção de terceiros no processo de ação direta de inconstitucionalidade. Todavia, no julgamento da liminar, é admitida a manifestação do *amicus curiae*, se este for admitido no feito. ( )

618. **(Inédita)** É possível, em caso de excepcional urgência, a concessão de liminar em ação direta de inconstitucionalidade sem a manifestação dos órgãos ou das autoridades dos quais emanou a lei ou o ato normativo impugnado. ( )

619. **(Inédita)** O julgamento da ação direta de inconstitucionalidade será realizado com o *quorum* mínimo de catorze desembargadores; todavia, para proclamar-se a inconstitucionalidade ou a constitucionalidade de lei ou de ato normativo, basta colher, num ou noutro sentido, o voto de onze desembargadores. ( )

620. **(Inédita)** Na ação direta de inconstitucionalidade, caso não colhidos onze votos declarando a inconstitucionalidade de lei ou ato normativo, em razão da ausência de desembargadores à sessão, o julgamento será suspenso até que se atinja o *quorum* necessário para essa finalidade. ( )

621. **(Inédita)** Na ação direta de inconstitucionalidade, se for proclamada a inconstitucionalidade da lei ou ato normativo impugnado, julgar-se-á improcedente a representação. ( )

622. (Inédita) O *quorum* exigido para a declaração de inconstitucionalidade de lei ou de ato normativo do poder público é de dois terços. ( )

623. (Inédita) O Procurador-Geral do DF possui legitimidade para ingressar com ação direta de inconstitucionalidade no TJDFT frente a lei distrital. ( )

624. (Inédita) Somente com o voto de pelo menos 2/3 dos seus componentes, o Conselho Especial pode restringir ou modular os efeitos da declaração de inconstitucionalidade de lei ou de ato normativo do Distrito Federal. ( )

625. (Inédita) No julgamento da ação direta de inconstitucionalidade ou da ação declaratória de constitucionalidade, o Procurador-Geral de Justiça será sempre ouvido. ( )

COMENTÁRIOS

600. (E) Para ajuizar a ação direta de inconstitucionalidade perante o TJDFT, o partido político deve, de fato, ter representação na Câmara Legislativa do Distrito Federal (art. 136, V). Todavia, a demonstração do vínculo de pertinência temática é exigida das entidades sindicais e de classe e não dos partidos políticos (art. 136, VI).

601. (E) Ao declarar a inconstitucionalidade de lei ou de ato normativo, tendo em vista razões de segurança jurídica ou de excepcional interesse social, o Conselho Especial poderá, por maioria de dois terços de seus membros, restringir os efeitos daquela declaração ou decidir que ela só tenha eficácia a partir de seu trânsito em julgado ou de outro momento que venha a ser fixado (art. 160). Assim, é possível a declaração de inconstitucionalidade com efeitos prospectivos (para o futuro).

602. (C) A liminar na ação direta de inconstitucionalidade, dotada de eficácia contra todos, será, em regra, concedida com efeito ex nunc, ou seja, produzirá efeitos somente a partir do momento em que for proferida a decisão, salvo se o Conselho Especial conceder-lhe eficácia retroativa (art. 145, § 1º).

603. (E) Não é qualquer cidadão que pode propor ação direta de inconstitucionalidade. O rol de legitimados ativos encontra-se no art. 136, e são eles: o Governador do Distrito Federal; a Mesa da Câmara Legislativa do Distrito Federal; o Procurador-Geral de Justiça do Distrito Federal e Territórios; a Ordem dos Advogados do Brasil, Seccional do Distrito Federal; o partido político com representação na Câmara Legislativa do Distrito Federal; a entidade sindical ou de classe com atuação no Distrito Federal, a qual demonstrará que a pretensão por ela deduzida guarda relação de pertinência direta com seus objetivos institucionais.

604. (C) A Seccional do DF da Ordem dos Advogados do Brasil é um dos legitimados para o ajuizamento da ação direta de inconstitucionalidade e não estará obrigada a demonstrar que a norma atacada na ação guarda nexo de pertinência com seus objetivos institucionais (art. 136, IV). O requisito da pertinência temática somente é exigido para as entidades sindicais ou de classe (art. 136, VI).

605. (C) Segundo o art. 137, parágrafo único, a petição inicial da ação direta de inconstitucionalidade deverá vir acompanhada, entre outros documentos, do instrumento de procuração, quando subscrita por advogado. Assim, é correto afirmar que a petição não precisará ser necessariamente firmada por advogado.

606. (E) Uma vez proposta a ação direta de inconstitucionalidade, não será admitida a desistência (art. 139).

607. (E) Nas ações direta de inconstitucionalidade, em caso de necessidade de esclarecimento de matéria ou de circunstância de fato, o relator poderá designar perito ou comissão de peritos para que emita parecer sobre a questão (art. 142, § 1º).

608. (C) A concessão de liminar em ação direta de inconstitucionalidade torna aplicável legislação anterior porventura existente, salvo expressa manifestação do Tribunal em sentido contrário (art. 145, § 2º).

609. (E) O cabimento da ação declaratória de constitucionalidade está relacionado à existência de controvérsia judicial relevante sobre a aplicação da norma objeto da ação. Sendo assim, é conclusivo que não basta a promulgação de lei ou de ato normativo no âmbito do Distrito Federal para ensejar, de imediato, o ajuizamento da ação. Deverá haver nos Tribunais discussão sobre a constitucionalidade da norma impugnada na ação (art. 148, III).

610. (E) Pessoas comuns do povo não possuem legitimidade para ajuizar ação direta de inconstitucionalidade, mas somente aquelas elencadas no art. 136, quais sejam: o Governador do Distrito Federal; a Mesa da Câmara Legislativa do Distrito Federal; o Procurador-Geral de Justiça do Distrito Federal e Territórios; a Ordem dos Advogados do Brasil, Seccional do Distrito Federal; o partido político com representação na Câmara Legislativa do Distrito Federal; a entidade sindical ou de classe com atuação no Distrito Federal, a qual demonstrará que a pretensão por ela deduzida guarda relação de pertinência direta com seus objetivos institucionais.

611. (E) A liminar na ação direta de inconstitucionalidade será concedida por decisão da maioria absoluta dos membros do Conselho Especial (art. 144), salvo no período de feriado forense. Esse quorum também é exigido para a proclamação da inconstitucionalidade, no julgamento do mérito da ação (art. 156), cabendo lembrar que o quorum de presença é de 2/3 dos membros do colegiado (art. 155).

612. (E) A decisão que declara a constitucionalidade ou a inconstitucionalidade de lei ou de ato normativo em ação direta ou em ação declaratória é irrecorrível, ressalvada a interposição de embargos de declaração e de recurso extraordinário, atendidos os requisitos específicos (art. 159).

613. (E) Não é admitida a desistência da ação declaratória de constitucionalidade (art. 150) nem da ação direta de inconstitucionalidade (art. 139).

614. (E) A entidade sindical ou de classe com atuação no Distrito Federal é parte legítima apenas para propor a ação direta de inconstitucionalidade (art. 136, VI), não a ação declaratória de constitucionalidade, cabendo lembrar que os legitimados ativos para propor a ADC são apenas o Governador do Distrito Federal, a Mesa da Câmara Legislativa do Distrito Federal e o Procurador-Geral de Justiça do Distrito Federal e dos Territórios (art. 147).

615. (E) A liminar, dotada de eficácia contra todos, será concedida com efeito ex nunc, salvo se o Conselho Especial conceder-lhe eficácia retroativa (art. 145, § 1º). Assim, não é vedada a eficácia retroativa, mas vai depender da concessão pelo órgão julgador.

616. (C) Será proclamada a constitucionalidade ou a inconstitucionalidade da lei ou do ato normativo se, em um ou em outro sentido, tiver se manifestado pelo menos a maioria absoluta dos desembargadores componentes do Conselho Especial, quer se trate de ação direta de inconstitucionalidade, quer de ação declaratória de constitucionalidade (art. 156). Se não for alcançada a maioria necessária à declaração de constitucionalidade ou de inconstitucionalidade e se o número de desembargadores ausentes puder influir no julgamento, este será suspenso a fim de se aguardar o comparecimento dos desembargadores ausentes, até que se atinja o número necessário para prolatar a decisão em um ou em outro sentido (art. 156, parágrafo único).

617. (C) Não será admitida intervenção de terceiros no processo de ação direta de inconstitucionalidade (art. 141). Será facultada a manifestação do *amicus curiae*, se admitido no feito – e ainda do Procurador-Geral de Justiça do Distrito Federal e dos Territórios (art. 144, § 3º).

618. (C) Em caso de excepcional urgência, o Conselho Especial poderá deferir a liminar sem a manifestação dos órgãos ou das autoridades dos quais emanou a lei ou o ato normativo impugnado (art. 144, § 4º).

619. (C) A decisão sobre a constitucionalidade ou a inconstitucionalidade de lei ou de ato normativo somente será tomada se presentes, na sessão, pelo menos dois terços dos desembargadores componentes do Conselho Especial (art. 155) Dois terços equivalem, de fato, a catorze desembargadores. Efetuado o julgamento, proclamar-se-á a constitucionalidade ou a inconstitucionalidade da disposição ou da norma impugnada se, em um ou em outro sentido, tiver se manifestado pelo menos a maioria absoluta dos desembargadores componentes do Conselho Especial (art. 156) A maioria absoluta equivale, no mínimo, a onze desembargadores.

620. (C) Se não for alcançada a maioria necessária à declaração de constitucionalidade ou de inconstitucionalidade e se o número de desembargadores ausentes puder influir no julgamento, este será suspenso a fim de aguardar o comparecimento dos desembargadores ausentes, até que se atinja o número necessário para prolatar a decisão em um ou em outro sentido (art. 156, parágrafo único).

621. (E) Na ADI, se proclamada a constitucionalidade da lei ou do ato normativo, julgar-se-á improcedente a representação. Em contrapartida, se for proclamada a inconstitucionalidade, julgar-se-á procedente a representação (art. 157).

622. (E) Dois terços é o quorum mínimo de presença para a realização da sessão (art. 155). O quorum exigido para a declaração de inconstitucionalidade de lei ou de ato normativo do poder público é o da maioria absoluta dos membros do Conselho Especial (art. 156).

623. (E) O Procurador-Geral do DF não possui legitimidade para ingressar com ação direta de inconstitucionalidade no TJDFT. Os legitimados estão previstos no art. 136 do Regimento Interno. São eles: o Governador do Distrito Federal; a Mesa da Câmara Legislativa do Distrito Federal; o Procurador-Geral de Justiça do Distrito Federal e Territórios; a Ordem dos Advogados do Brasil, Seccional do Distrito Federal; o partido político com representação na Câmara Legislativa do Distrito Federal; a entidade sindical ou de classe com atuação no Distrito Federal, a qual demonstrará que a pretensão por ela deduzida guarda relação de pertinência direta com seus objetivos institucionais. Não confunda o Procurador-Geral de Justiça do Distrito Federal e Territórios com o Procurador-Geral do Distrito Federal. O primeiro é o chefe maior do Ministério Público do Distrito Federal e dos Territórios, enquanto o segundo figura como chefe maior da advocacia pública do Distrito Federal.

624. (C) Ao declarar a inconstitucionalidade de lei ou de ato normativo, tendo em vista razões de segurança jurídica ou de excepcional interesse social, o Conselho Especial poderá, por maioria de dois terços de seus membros, restringir os efeitos daquela declaração ou decidir que ela só tenha eficácia a partir de seu trânsito em julgado ou de outro momento que venha a ser fixado (art. 160).

625. (C) O Procurador-Geral de Justiça do Distrito Federal e Territórios será sempre ouvido nas ações diretas de inconstitucionalidade e nas ações declaratórias de constitucionalidade (art. 162).

Subseção II
Da Reclamação ao Conselho Especial

Art. 164. Caberá reclamação do Procurador-Geral de Justiça ou da parte interessada na causa, para garantir a autoridade das decisões do Conselho Especial em ação direta de inconstitucionalidade e em ação declaratória de constitucionalidade.

DA RECLAMAÇÃO AO CONSELHO ESPECIAL	
Reclamação ao Conselho Especial	É a ação destinada a garantir o cumprimento das decisões do Conselho Especial em ação direta de inconstitucionalidade e em ação declaratória de constitucionalidade.
Legitimidade para propor a reclamação	- o Procurador-Geral de Justiça; - a parte interessada.

Parágrafo único. A reclamação, dirigida ao Presidente do Tribunal, instruída com prova documental, será autuada e distribuída ao relator da causa principal sempre que possível.

Art. 165. O relator requisitará informações da autoridade a quem for imputada a prática do ato impugnado, que as prestará no prazo de 10 (dez) dias.

Art. 166. O relator poderá determinar a suspensão do curso do processo em que se tenha verificado o ato reclamado, ou a remessa dos respectivos autos ao Tribunal.

Art. 167. Qualquer interessado poderá impugnar o pedido do reclamante.

Art. 168. O Ministério Público, quando não houver formulado a reclamação, terá vista do processo por 5 (cinco) dias, decorrido o prazo para informações.

Art. 169. Ao julgar procedente a reclamação, o Conselho Especial cassará a decisão exorbitante de seu julgado ou determinará medida adequada à observância de sua jurisdição.

Art. 170. O Presidente do Tribunal determinará o imediato cumprimento da decisão, lavrando-se o acórdão posteriormente.

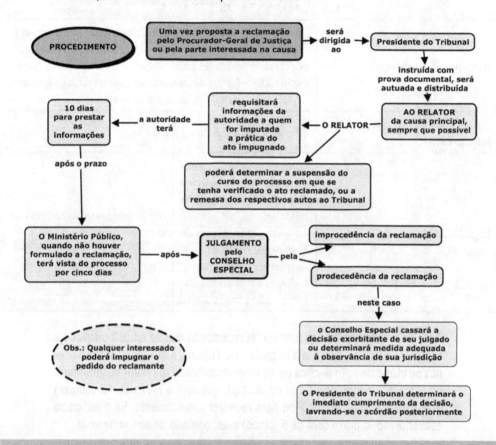

PARA PRATICAR

626. **(Inédita)** Cabe reclamação ao Conselho Especial para garantir o cumprimento das decisões proferidas pelo órgão em ação direta de inconstitucionalidade ou em ação declaratória de constitucionalidade. Nesse caso, ajuizada a reclamação, qualquer pessoa interessada poderá impugnar o pedido do reclamante ( )

COMENTÁRIOS

626. (C) Caberá reclamação do Procurador-Geral de Justiça ou da parte interessada na causa, para garantir a autoridade das decisões do Conselho Especial em ação direta de inconstitucionalidade e em ação declaratória de constitucionalidade (art. 164). Qualquer interessado poderá impugnar o pedido do reclamante (art. 167).

Seção IV
Da Ação Penal Originária

Art. 171. A denúncia nos crimes de ação penal pública e nos crimes de responsabilidade, a queixa nos de ação penal privada e a representação, quando indispensável ao exercício da primeira, serão regidas pelas leis processuais pertinentes.

DA AÇÃO PENAL ORIGINÁRIA		
Ação penal originária	É a ação ajuizada diretamente no Tribunal de Justiça para apuração de crimes (comuns e de responsabilidade) praticados por certas autoridades públicas que possuem prerrogativa em razão da função que desempenham (secretários de governo, deputados distritais, juízes de direito etc.).	
Órgão competente para o julgamento	Conselho Especial (art. 13, I, *a* e *b*).	
Legislação aplicável	- a denúncia nos crimes de ação penal pública e nos crimes de responsabilidade; - a queixa nos crimes de ação penal privada; - a representação, quando indispensável ao exercício da ação penal pública	Serão regidas pelas leis processuais pertinentes.

Art. 172. Distribuído inquérito ou representação que se refira a crime cuja competência para apurar seja originária do Tribunal e que verse sobre a prática de crime de ação pública ou de responsabilidade, o relator encaminhará os autos à Procuradoria-Geral de Justiça, que terá o prazo de 15 (quinze) dias para oferecer denúncia ou para requerer arquivamento. Se o indiciado estiver preso, o prazo será de 5 (cinco) dias, contado do termo de vista.

§ 1º Se existir pedido de prisão cautelar ou comunicação de prisão em flagrante, tão logo distribuídos, os autos serão conclusos ao relator, que decidirá em 24 (vinte e quatro) horas.

§ 2º O Procurador-Geral de Justiça poderá requerer diligências complementares, que, se deferidas pelo relator, interrompem o prazo previsto no *caput* deste artigo, salvo se o indiciado estiver preso.

§ 3º Se as diligências forem indispensáveis ao oferecimento da denúncia, o relator determinará o relaxamento da prisão do indiciado; se dispensáveis, o relator determinará que se realizem, separadamente, depois de oferecida a denúncia, sem prejuízo da prisão e do desenvolvimento regular do processo.

Art. 173. O pedido de arquivamento feito pelo Procurador-Geral de Justiça será deferido pelo relator ou por este submetido à decisão do Conselho Especial.

Art. 174. Se o inquérito versar sobre crime de ação penal pública condicionada à representação ou de ação penal privada, o relator determinará seja aguardada a iniciativa do ofendido ou de quem, por lei, esteja autorizado a representar ou a oferecer queixa-crime.

Art. 175. Ao verificar a decadência, o relator, ouvida a Procuradoria-Geral de Justiça, julgará extinta a punibilidade, determinando o arquivamento dos autos.

Art. 176. Nos processos relativos a crime contra a honra, o relator, antes de receber a queixa, procurará reconciliar as partes, adotando o procedimento previsto no art. 520 do Código de Processo Penal.

Parágrafo único. Se qualquer das partes não comparecer, ter-se-á por prejudicada a tentativa de conciliação.

Art. 177. A decisão do relator que rejeitar a denúncia ou a queixa será submetida ao Conselho Especial.

Art. 178. O relator, antes do recebimento ou da rejeição da denúncia ou da queixa, mandará notificar o acusado por mandado, para oferecer resposta escrita no prazo de 15 (quinze) dias.

§ 1º Com a notificação, será entregue ao acusado cópia da denúncia ou da queixa, do despacho do relator e dos documentos por este indicados.

§ 2º Se desconhecido o paradeiro do acusado, proceder-se-á à respectiva notificação por edital, com o teor resumido da acusação, para que compareça ao Tribunal em 5 (cinco) dias, onde terá vista dos autos pelo prazo de 15 (quinze) dias, a fim de apresentar a resposta prevista neste artigo.

Art. 179. Se, com a resposta, forem apresentados novos documentos, a parte contrária será intimada para se manifestar sobre eles no prazo de 5 (cinco) dias.

Parágrafo único. Na ação penal privada, a Procuradoria-Geral de Justiça será ouvida em igual prazo.

Art. 180. Apresentada a resposta e ouvida a Procuradoria-Geral de Justiça em 5 (cinco) dias, o relator pedirá dia para que o Conselho Especial delibere sobre o recebimento ou a rejeição da denúncia ou da queixa ou sobre a improcedência da acusação, se a decisão não depender de outras provas.

Parágrafo único. No julgamento de que trata este artigo, a sustentação oral será facultada, consecutivamente, à acusação e à defesa pelo prazo de quinze minutos.

Art. 181. Publicado o acórdão referente ao recebimento da denúncia ou da queixa, o inquérito será autuado como ação penal e distribuído ao mesmo relator ou àquele designado no acórdão.

Art. 182. Recebida a denúncia ou a queixa, o relator designará dia e hora para o interrogatório, citará o acusado ou o querelado e intimará o Procurador-Geral de Justiça, o assistente de acusação, se houver, bem como o querelante ou seu advogado.

Parágrafo único. O relator poderá delegar a realização do interrogatório e de quaisquer atos de instrução a magistrado de Primeiro Grau.

Art. 183. Se o acusado não comparecer, sem motivo justificado, o relator nomear-lhe-á defensor. O prazo para a defesa prévia será de 5 (cinco) dias, contado do interrogatório ou da intimação do defensor dativo.

Art. 184. A instrução obedecerá, no que couber, ao procedimento ordinário do Código de Processo Penal e ao disposto na Lei 8.038, de 28 de maio de 1990.

§ 1º Concluída a inquirição de testemunhas, serão intimadas a acusação e a defesa para requerer diligências no prazo de 5 (cinco) dias.

§ 2º Se realizadas as diligências ou se estas não forem requeridas nem determinadas pelo relator, a acusação e a defesa serão intimadas para, sucessivamente, apresentarem alegações escritas no prazo de 15 (quinze) dias.

§ 3º Nas ações penais privadas, após as alegações escritas das partes, a Procuradoria-Geral de Justiça será ouvida no prazo de 15 (quinze) dias.

Art. 185. Após lançar relatório nos autos e remetê-los ao revisor, que pedirá dia para julgamento, a pauta será publicada com 10 (dez) dias de antecedência, intimadas a acusação e a defesa.

Publicação da pauta de julgamento da ação penal originária	É feita com dez dias(*) de antecedência da data da sessão.
(*) Em regra, as pautas de julgamento são publicadas no Diário de Justiça Eletrônico com pelo menos cinco dias de antecedência da data da sessão de julgamento (art. 98).	

Parágrafo único. Serão distribuídas cópias do relatório aos desembargadores componentes do Conselho Especial.

Art. 186. Na sessão de julgamento, a acusação e a defesa terão, sucessivamente, nessa ordem, prazo de uma hora para sustentação oral, assegurado ao assistente um quarto do tempo da acusação.

Parágrafo único. Encerrados os debates, o Tribunal proferirá o julgamento.

REGIMENTO INTERNO DO TRIBUNAL DE JUSTIÇA DO DISTRITO FEDERAL E DOS TERRITÓRIOS — ART. 186

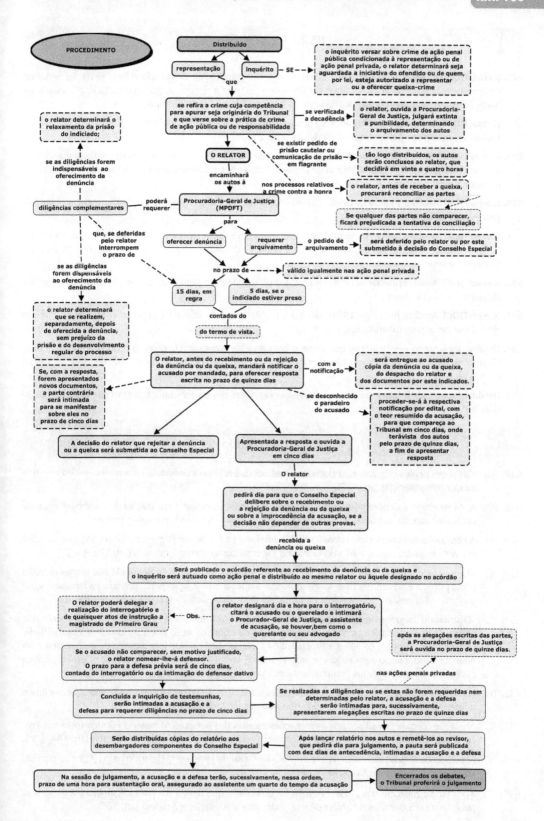

ART. 186 — TJDFT – EM ESQUEMAS

PARA PRATICAR

627. (Cespe/TJDFT/Analista Judiciário/2007) Determinado desembargador, designado relator em ação penal de competência originária do TJDFT, proferiu decisão rejeitando a denúncia, por manifesta ilegitimidade da parte. Nessa situação, a referida decisão deve ser submetida ao Conselho Especial. ( )

628. (Cespe/TJDFT/Analista Judiciário/2003) No processamento da ação penal originária, todos os atos instrutórios podem ser delegados pelo relator a juiz de primeiro grau. ( )

629. (Cespe/TJDFT/Analista Judiciário/1999 – adaptada) Se um juiz de direito vier a ser preso em flagrante, deverá o Conselho Especial do Tribunal, em vinte e quatro horas após a comunicação do flagrante, decidir acerca da manutenção da prisão. ( )

630. (Cespe/TJDFT/Analista Judiciário/1998) A denúncia, a queixa ou a representação serão regidas pelas leis processuais aplicáveis. ( )

631. (Cespe/TJDFT/Analista Judiciário/1998) Distribuído o inquérito ou a representação, os autos serão remetidos à Procuradoria-Geral de Justiça, a qual poderá oferecer denúncia, requerer o arquivamento do feito ou requerer diligências. ( )

632. (Cespe/TJDFT/Analista Judiciário/1998) Os atos instrutórios da ação penal, salvo o interrogatório, podem ser delegados a juiz de direito. ( )

633. (Cespe/TJDFT/Analista Judiciário/1998) Mesmo na ação penal de iniciativa privada, o Ministério Público deverá oficiar, acompanhando-a. ( )

634. (Inédita) Tramitando um inquérito que verse sobre crime de competência originária do Tribunal, o pedido de arquivamento feito pelo Procurador-Geral de Justiça poderá ser deferido por meio de decisão unipessoal do relator. ( )

635. (Inédita) A pauta de julgamento das ações penais originárias deverá ser publicada com dez dias de antecedência da sessão a que se refere. ( )

COMENTÁRIOS

627. (C) Nas ações penais originárias, a decisão do relator que rejeitar a denúncia ou a queixa será submetida ao Conselho Especial (art. 177).

628. (C) Após recebida a denúncia ou a queixa, o relator poderá delegar a realização do interrogatório e de quaisquer atos de instrução a magistrado de primeiro grau (art. 182, parágrafo único).

629. (E) A competência para decidir sobre a prisão cautelar ou a prisão em flagrante é do relator, que decidirá em vinte e quatro horas, e não do Conselho Especial como afirma a questão (art. 172, § 1º).

630. (C) O enunciado é extraído do art. 171 que dispõe, em sua literalidade: "a denúncia nos crimes de ação penal pública e nos crimes de responsabilidade, a queixa nos de ação penal privada e a representação, quando indispensável ao exercício da primeira, são regidas pelas leis processuais pertinentes".

631. (C) "Distribuído inquérito ou representação que se refira a crime cuja competência para apurar seja originária do Tribunal e que verse sobre a prática de crime de ação pública ou de responsabilidade, o relator encaminhará os autos à Procuradoria-Geral de Justiça, que terá o prazo de quinze dias para oferecer denúncia ou para requerer arquivamento" (art. 172, *caput*) "O Procurador-Geral de Justiça poderá requerer diligências complementares... (art. 172, § 2º)".

632. (E) Na ação penal originária, o relator poderá delegar a realização de quaisquer atos de instrução, inclusive o interrogatório, a magistrado de Primeiro Grau (art. 182, parágrafo único).

633. (C) Nas ações penais privadas, após as alegações escritas das partes, o Ministério Público (pela sua Procuradoria-Geral de Justiça, que atua no Tribunal) será ouvida no prazo de quinze dias (art. 184, § 3º).

634. (C) O pedido de arquivamento feito pelo Procurador-Geral de Justiça será deferido pelo relator ou por este submetido à decisão do Conselho Especial (art. 173).

635. (C) Após lançar relatório nos autos e remetê-los ao revisor, que pedirá dia para julgamento, a pauta será publicada com dez dias de antecedência, intimadas a acusação e a defesa (art. 185).

Seção V
Da Ação Rescisória

Ação rescisória	É a ação por meio da qual se busca rescindir uma sentença ou um acórdão cível já transitados em julgado. As causas para a rescisão encontram-se elencadas no art. 485 do CPC.	
Órgãos competentes para o julgamento	Conselho Especial (art. 13, I, g)	quando a ação for ajuizada: - em face do julgado de competência do próprio Conselho Especial.
	Câmaras Cíveis (art. 20, IV)	quando a ação for ajuizada: - em face de sentença de Primeiro Grau; - em face de acórdãos das Turmas Cíveis; - em face dos julgados da própria Câmara Cível

Art. 187. A petição inicial da ação rescisória será distribuída, sempre que possível, a relator que não tenha participado do julgamento rescindendo.

Nota: Quando o Regimento Interno fala "será distribuída", ele quer dizer "será o relator". Assim, no caso do art. 187, na medida do possível, não será relator da ação rescisória o desembargador que tiver proferido a sentença rescindenda ou participado do julgamento do acórdão rescindendo.

Art. 188. Verificando que a petição inicial não atende aos requisitos legais ou que apresenta defeitos capazes de dificultar o julgamento de mérito, o relator determinará que o autor a emende ou a complete no prazo de 10 (dez) dias, indicando com precisão o que deve ser corrigido e completado.

Parágrafo único. A petição inicial será indeferida:

I – nas hipóteses do art. 330 do Código de Processo Civil;

II – quando não for efetuado o depósito de que trata o art. 968, II, do Código de Processo Civil.

Art. 189. O relator julgará liminarmente improcedente o pedido nas hipóteses do art. 332 do Código de Processo Civil.

A petição inicial será indeferida	- nas hipóteses do art. 330 do CPC(*); - quando não for efetuado o depósito de que trata o art. 968, II, do CPC(**).
O relator julgará liminarmente improcedente o pedido	- nas hipóteses do art. 332 do CPC(***).
(*) Art. 330. A petição inicial será indeferida quando: I – for inepta; II – a parte for manifestamente ilegítima; III – o autor carecer de interesse processual; IV – não atendidas as prescrições dos arts. 106 e 321.	

(**) **Art. 968, II.** O autor da ação rescisória deverá depositar a importância de cinco por cento sobre o valor da causa, que se converterá em multa caso a ação seja, por unanimidade de votos, declarada inadmissível ou improcedente.

(***) **Art. 332.** Nas causas que dispensem a fase instrutória, o juiz, independentemente da citação do réu, julgará liminarmente improcedente o pedido que contrariar: enunciado de súmula do Supremo Tribunal Federal ou do Superior Tribunal de Justiça; acórdão proferido pelo Supremo Tribunal Federal ou pelo Superior Tribunal de Justiça em julgamento de recursos repetitivos; – entendimento firmado em incidente de resolução de demandas repetitivas ou de assunção de competência; enunciado de súmula de tribunal de justiça sobre direito local.

Art. 190. Recebida a petição inicial, o relator determinará a citação do réu, assinando-lhe prazo, nunca inferior a quinze nem superior a 30 (trinta) dias, para apresentar resposta.

Art. 191. Apresentada a resposta ou decorrido o prazo para fazê-lo, o relator adotará as providências preliminares que se fizerem necessárias.

Parágrafo único. Não havendo necessidade de produção de provas, o relator lançará relatório e determinará a inclusão do processo em pauta para julgamento.

Art. 192. Se os fatos alegados pelas partes dependerem de prova, o relator saneará o processo e decidirá sobre a sua produção.

§ 1º O relator poderá delegar competência ao órgão que proferiu a decisão rescindenda para a produção de provas, fixando prazo de 1 (um) a 3 (três) meses para a devolução dos autos.

§ 2º Concluída a instrução, será aberta vista ao autor e ao réu para razões finais, sucessivamente, pelo prazo de 10 (dez) dias.

§ 3º Em seguida, o relator lançará relatório e determinará a inclusão do processo em pauta para julgamento.

Art. 193. Nas hipóteses do art. 178 do Código de Processo Civil, o Ministério Público será intimado para intervir como fiscal da ordem jurídica quando não for parte.

Parágrafo único. O Ministério Público terá vista dos autos depois das partes e será intimado de todos os atos do processo.

O Ministério Público intervirá como fiscal da ordem jurídica	Nas hipóteses em que for obrigatória a sua intervenção (art. 178 do CPC)(*), quando não for parte no processo.
	Será intimado de todos os atos do processo e terá vista dos autos depois das partes.

(*) **Art. 178.** O Ministério Público será intimado para, no prazo de 30 (trinta) dias, intervir como fiscal da ordem jurídica nas hipóteses previstas em lei ou na Constituição Federal e nos processos que envolvam: I – interesse público ou social; II – interesse de incapaz; III – litígios coletivos pela posse de terra rural ou urbana.

Art. 194. Devolvidos os autos pelo relator, a secretaria encaminhará cópia do relatório aos magistrados que participarão do julgamento.

Parágrafo único. Não participará do julgamento o magistrado que houver proferido a decisão rescindenda.

> Não participará do julgamento da ação rescisória o magistrado que, no primeiro grau de jurisdição, houver proferido a sentença rescindenda.

Art. 195. Reconhecida a incompetência do tribunal para julgar a ação rescisória, o autor será intimado para emendar a petição inicial nos termos do art. 968, § 5º, do Código de Processo Civil.

Parágrafo único. Após a emenda da petição inicial, será permitido ao réu complementar os fundamentos de defesa, e, em seguida, os autos serão remetidos ao tribunal competente.

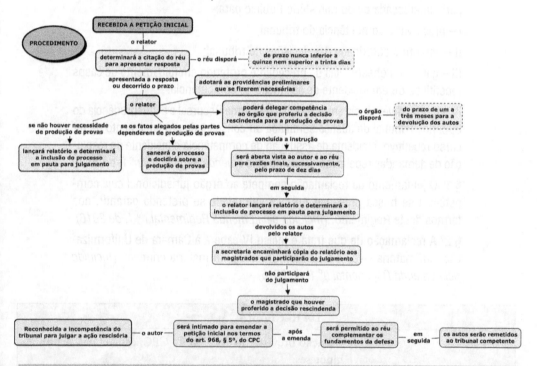

PARA PRATICAR

636. **(Cespe/TJDFT/Analista Judiciário/2007)** Pedro, à época juiz de direito do TJDFT, proferiu sentença de mérito acolhendo pedido formulado nos autos de determinada ação. A referida sentença foi reformada integralmente pelo tribunal e transitou em julgado. Nessa situação, se Pedro for agora desembargador, não poderá participar do julgamento de ação rescisória ajuizada contra o acórdão. ( )

637. **(Cespe/TJDFT/Analista Judiciário/2003)** A ação rescisória deverá ser distribuída ao relator do processo cujo acórdão com ela se pretende rescindir. ( )

638. **(Inédita)** O Ministério Público não oficiará na ação rescisória como fiscal da ordem jurídica quando figurar como parte no processo. ( )

COMENTÁRIOS

636. (C) O gabarito da questão indica o enunciado como errado, pois, ao tempo da elaboração da prova, o Regimento Interno previa essa disposição. Hoje, todavia, o texto atual estabelece que "não participará do julgamento o magistrado que houver proferido a decisão rescindenda"(art. 194, parágrafo único).

637. (E) A petição inicial da ação rescisória será distribuída, sempre que possível, a relator que não tenha participado do julgamento rescindendo (art. 187).

638. (C) Nas hipóteses em que for obrigatória a sua intervenção (art. 178 do CPC), o Ministério Público será intimado para intervir como fiscal da ordem jurídica quando não for parte no processo (art. 193).

Seção VI
Da Reclamação

Art. 196. Ressalvado o disposto nos arts. 164 a 170, caberá reclamação da parte interessada ou do Ministério Público para:

I – preservar a competência do tribunal;

II – garantir a autoridade das decisões do tribunal;

III – garantir a observância de precedente proferido em julgamento de casos repetitivos ou em incidente de assunção de competência.

IV – dirimir divergência entre acórdão de Turma Recursal e a jurisprudência do Superior Tribunal de Justiça sumulada ou consolidada em julgamento de recurso repetitivo, incidente de assunção de competência e incidente de resolução de demandas repetitivas. *(Incluído pela Emenda Regimental nº 1, de 2016)*

§ 1º O julgamento da reclamação compete ao órgão jurisdicional cuja competência se busca preservar ou cuja autoridade se pretenda garantir, nos termos deste Regimento. *(Incluído pela Emenda Regimental nº 1, de 2016)*

§ 2º A reclamação de que trata o inciso IV caberá à Câmara de Uniformização, em matéria cível, e à Câmara Criminal, em matéria criminal. *(Incluído pela Emenda Regimental nº 1, de 2016)*

DA RECLAMAÇÃO	
Reclamação	É a ação prevista no art. 988 do CPC, cabível nas seguintes hipóteses: - para preservar a competência do tribunal; - para garantir a autoridade das decisões do tribunal; - para garantir a observância de precedente proferido em julgamento de casos repetitivos ou em incidente de assunção de competência; - para dirimir divergência entre acórdão de Turma Recursal e a jurisprudência do Superior Tribunal de Justiça sumulada ou consolidada em julgamento de recurso repetitivo, incidente de assunção de competência e incidente de resolução de demandas repetitivas.

DA RECLAMAÇÃO			
Legitimidade para propor a reclamação	- a parte interessada; - o Ministério Público.		
Competência para o julgamento	- O órgão jurisdicional cuja competência se busca preservar ou cuja autoridade se pretenda garantir	Quando for para - preservar a competência do tribunal; - garantir a autoridade das decisões do tribunal; - garantir a observância de precedente proferido em julgamento de casos repetitivos ou em incidente de assunção de competência (art. 196, I, II e III)	
	- A Câmara de Uniformização (em matéria cível) e - A Câmara Criminal (em matéria criminal)	Quando for para - dirimir divergência entre acórdão de Turma Recursal e a jurisprudência do Superior Tribunal de Justiça sumulada ou consolidada em julgamento de recurso repetitivo, incidente de assunção de competência e incidente de resolução de demandas repetitivas (art. 196, IV).	

Art. 197. A reclamação deverá ser instruída com prova documental e dirigida ao presidente do tribunal.

§ 1º A reclamação será autuada e distribuída ao relator do processo principal, sempre que possível. *(Incluído pela Emenda Regimental nº 1, de 2016)*

§ 2º A reclamação contra acórdão de Turma Recursal será distribuída aos membros dos órgãos colegiados competentes para o seu julgamento. *(Incluído pela Emenda Regimental nº 1, de 2016)*

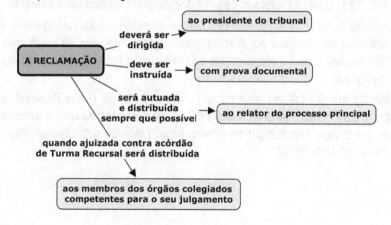

Art. 198. Ao despachar a reclamação, o relator:

I – indeferirá de plano a reclamação inadmissível, prejudicada ou proposta em face de decisão transitada em julgado; *(Redação dada pela Emenda Regimental nº 1, de 2016)*

II – requisitará informações da autoridade a quem for imputada a prática do ato impugnado, que as prestará no prazo de 10 (dez) dias; *(Redação dada pela Emenda Regimental nº 1, de 2016)*

III – se necessário, ordenará a suspensão do processo ou do ato impugnado para evitar dano irreparável; *(Redação dada pela Emenda Regimental nº 1, de 2016)*

IV – determinará a citação do beneficiário da decisão impugnada, que terá prazo de 15 (quinze) dias para apresentar a sua contestação. *(Incluído pela Emenda Regimental nº 1, de 2016)*

Parágrafo único. Na reclamação contra acórdão de Turma Recursal o relator, admitido o seu processamento: *(Incluído pela Emenda Regimental nº 1, de 2016)*

I – poderá, de ofício ou a requerimento da parte, presentes a probabilidade do direito e o fundado receio de dano de difícil reparação, suspender a tramitação dos processos nos quais tenha sido estabelecida a mesma controvérsia, oficiando aos presidentes das turmas recursais a suspensão; *(Incluído pela Emenda Regimental nº 1, de 2016)*

II – oficiará ao presidente da turma recursal prolatora do acórdão reclamado, comunicando o processamento da reclamação e solicitando informações no prazo de 10 (dez) dias; *(Incluído pela Emenda Regimental nº 1, de 2016)*

III – ordenará a publicação de edital no Diário da Justiça e no site do Tribunal para ciência aos interessados sobre a admissão da reclamação, a fim de que se manifestem, querendo, no prazo de 15 (quinze) dias; *(Incluído pela Emenda Regimental nº 1, de 2016)*

IV – decidirá o que mais for necessário à instrução do procedimento. *(Incluído pela Emenda Regimental nº 1, de 2016)*

Art. 199. Qualquer interessado poderá impugnar o pedido do reclamante.

Art. 200. Na reclamação que não houver formulado, o Ministério Público terá vista do processo por 5 (cinco) dias, após o decurso do prazo para informações e para o oferecimento da contestação pelo beneficiário do ato impugnado.

Parágrafo único. Na reclamação contra acórdão de Turma Recursal, o prazo para manifestação do Ministério Público será contado após o decurso do prazo para impugnação de interessados. *(Incluído pela Emenda Regimental nº 1, de 2016)*

REGIMENTO INTERNO DO TRIBUNAL DE JUSTIÇA DO DISTRITO FEDERAL E DOS TERRITÓRIOS — ART. 201

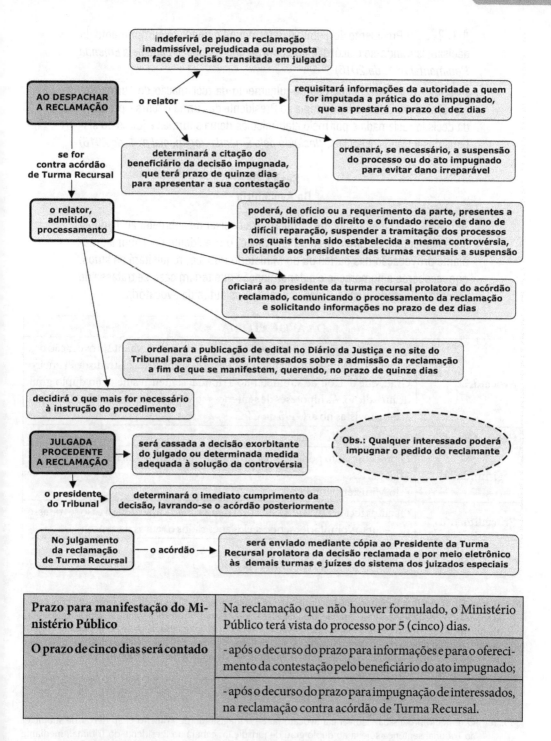

Prazo para manifestação do Ministério Público	Na reclamação que não houver formulado, o Ministério Público terá vista do processo por 5 (cinco) dias.
O prazo de cinco dias será contado	- após o decurso do prazo para informações e para o oferecimento da contestação pelo beneficiário do ato impugnado;
	- após o decurso do prazo para impugnação de interessados, na reclamação contra acórdão de Turma Recursal.

Art. 201. Julgada procedente a reclamação, será cassada a decisão exorbitante do julgado ou determinada medida adequada à solução da controvérsia.

Art. 202. O Presidente do Tribunal determinará o imediato cumprimento da decisão, lavrando-se o acórdão posteriormente. *(Redação dada pela Emenda Regimental nº 1, de 2016)*

Parágrafo único. O acórdão do julgamento da reclamação de Turma Recursal será enviado mediante cópia ao Presidente da Turma Recursal prolatora da decisão reclamada e por meio eletrônico às demais turmas e juízes do sistema dos juizados especiais. *(Incluído pela Emenda Regimental nº 1, de 2016)*

Seção VII
Da Avocatória

Art. 203. Se o magistrado de Primeiro Grau deixar de submeter ao Tribunal sentença sujeita ao duplo grau de jurisdição, o Presidente do Tribunal, mediante provocação das partes ou do Ministério Público, requisitará os autos, que receberão a numeração e a denominação que teriam caso se tratasse de recurso voluntário, sendo a eles apensados os autos da avocatória.

DA AVOCATÓRIA	
Avocatória	É a ação por meio da qual o Presidente do Tribunal, mediante provocação das partes ou do Ministério Público, requisita os autos ao magistrado de Primeiro Grau, que deixou de submeter ao Tribunal sentença sujeita ao duplo grau de jurisdição. As hipóteses de sentenças sujeitas ao duplo grau de jurisdição estão previstas no art. 496 do CPC.
Competência	Presidente do Tribunal.
Legitimidade	O procedimento pode ser instaurado mediante provocação: - das partes; - do Ministério Público.
Procedimento	Os autos receberão a numeração e a denominação que teriam caso se tratasse de recurso voluntário, sendo a eles apensados os autos da avocatória.

PARA PRATICAR

639. (Cespe/TJDFT/Analista Judiciário/2003) Considere a seguinte situação. Um juiz proferiu sentença concessiva de mandado de segurança, caso em que, pela legislação processual, a sentença estaria sujeita ao duplo grau de jurisdição, por meio de remessa de ofício. Não houve recurso voluntário da parte do impetrado. O juiz, porém, mesmo ante o duplo grau obrigatório, não remeteu os autos ao TJDFT. Nessa situação, o remédio processual cabível, segundo o RITJDFT, seria o ajuizamento de reclamação no tribunal. ( )

COMENTÁRIOS

639. (E) O remédio processual cabível é a avocatória. Se o magistrado de Primeiro Grau deixar de submeter ao Tribunal sentença sujeita ao duplo grau de jurisdição, caberá ao Presidente do Tribunal, mediante provocação das partes ou do Ministério Público, requisitar os autos, que receberão a numeração e a denominação que teriam caso se tratasse de recurso voluntário, sendo a eles apensados os autos da avocatória (art. 203).

Seção VIII
Da Carta Precatória

Art. 204. Será distribuída a um dos membros do Conselho Especial a carta precatória que trate de diligências relacionadas às autoridades que detenham a prerrogativa de foro prevista no art. 13, I, *a*, *b* e *c*, ou que a elas sejam equiparadas a juízo do Primeiro Vice-Presidente.

§ 1º Caberá ao relator decidir sobre a intervenção da Procuradoria de Justiça, intimando-a, se necessário.

§ 2º As audiências serão presididas pelo relator, podendo ser delegada a prática de outros atos de instrução a magistrado de Primeiro Grau de Jurisdição.

DA CARTA PRECATÓRIA	
Carta precatória	É o instrumento processual de que dispõe o magistrado para fazer cumprir os atos processuais (citação, penhora, colheita de provas, busca e apreensão etc.) que devem ser praticados fora dos limites de sua jurisdição. É dirigida ao magistrado da mesma categoria jurisdicional (de juiz para juiz; de desembargador para desembargador).
A carta precatória será distribuída	A um dos membros do Conselho Especial.
Serão cumpridas no Tribunal a carta precatória relativa a diligências relacionadas	- às autoridades que detenham a prerrogativa de foro prevista no art. 13, I, *a*, *b* e *c* (Vice-Governador e Secretários de Governo do Distrito Federal e dos Territórios, Deputados Distritais, Juízes de Direito e Juízes de Direito Substitutos, Presidente do TJDFT e de quaisquer de seus órgãos e membros, Procurador-Geral de Justiça, Presidente da Câmara Legislativa do Distrito Federal e membros da Mesa; Presidente do Tribunal de Contas do Distrito Federal e seus membros, Governador do Distrito Federal e dos Territórios); - às pessoas que, a juízo do Primeiro Vice-Presidente, sejam equiparadas às autoridades acima referidas.
Intervenção do Ministério Público	Cabe ao relator decidir sobre a intervenção da Procuradoria de Justiça, intimando-a, se necessário.
Audiências	Serão presididas pelo relator.
Outros atos de instrução	Podem ser delegados a magistrado de primeiro grau de jurisdição.

PARA PRATICAR

640. **(Cespe/TJDFT/Analista Judiciário/1999)** Se o Tribunal receber carta precatória, deverá, em qualquer caso, redistribuí-la a juiz de direito. ( )

ART. 205 TJDFT – EM ESQUEMAS

641. (Inédita) No cumprimento de carta precatória proveniente de outro tribunal, o relator poderá delegar a prática de atos de instrução a magistrado de primeiro grau de jurisdição, inclusive designá-lo para presidir audiência, quando for o caso. ( )

COMENTÁRIOS

640. (E) Recebida a carta precatória relativa a processos de competência do Tribunal, ela será distribuída a um dos membros do Conselho Especial. As audiências são presididas pelo relator, podendo ser delegada a prática de outros atos de instrução a magistrado de primeiro grau de jurisdição (art. 204, *caput*, e seu § 2º).

641. (E) No cumprimento de carta precatória no Tribunal, as audiências serão presididas pelo relator, podendo ser delegada a prática de outros atos de instrução a magistrado de Primeiro Grau de Jurisdição (204, § 2º).

Seção IX
Do Conflito de Competência

Art. 205. Nos casos previstos em lei, o conflito de competência poderá ser suscitado entre magistrados de primeiro grau, de segundo grau e órgãos fracionários do tribunal.

Art. 206. O conflito de competência poderá ser suscitado pelas partes, pelo Ministério Público ou pelo magistrado.

DO CONFLITO DE COMPETÊNCIA		
Conflito de competência	É a ação ajuizada com o objetivo de se decidir, em caso de haver conflito, qual é a autoridade judiciária competente para o julgamento de determinado processo. Tem previsão nos arts. 951/954 do CPC.	
Órgãos competentes para o julgamento	Conselho Especial	se o conflito for entre órgãos julgadores (Turmas, Câmaras, Conselho) e entre desembargadores do próprio Tribunal (art. 13, I, *f*).
	Câmaras Cíveis	se o conflito for entre juízes da área cível, inclusive o oriundo da Vara da Infância e da Juventude (art. 21, I);
	Câmara Criminal	se o conflito for entre juízes da área criminal, inclusive o de natureza infracional, oriundo da Vara da Infância e da Juventude (art. 23, I);
Quem pode suscitar o conflito	- as partes; - o Ministério Público; - o magistrado.	
Quem pode conflitar	- magistrados de primeiro grau; - magistrados de segundo grau; - órgãos fracionários do tribunal.	
Partes	- suscitante: quem provoca o conflito; - suscitado: contra quem se provoca o conflito.	

Art. 207. Distribuído o conflito de competência, caberá ao relator:

I – determinar a oitiva dos juízes em conflito ou, se um deles for suscitante, apenas do suscitado;

II – determinar, quando o conflito for positivo, o sobrestamento do processo e, nesse caso, bem como no de conflito negativo, designar um dos juízes para resolver, em caráter provisório, as medidas urgentes.

Art. 208. Decorrido o prazo assinado pelo relator, será ouvido o Ministério Público, no prazo de 5 (cinco) dias, ainda que as informações não tenham sido prestadas; em seguida, o conflito irá a julgamento.

§ 1º Os autos em que foi manifestado o conflito de competência serão remetidos ao juízo declarado competente.

§ 2º Suscitado o conflito nos autos originários, nas hipóteses admitidas na legislação processual penal, estes serão remetidos ao juízo declarado competente independentemente de acórdão, o qual será remetido posteriormente com a certidão da publicação e, se houver, com a do trânsito em julgado.

Art. 209. O relator poderá julgar de plano o conflito de competência quando sua decisão se fundar em:

I – súmula do Supremo Tribunal Federal, do Superior Tribunal de Justiça ou do próprio tribunal;

II – tese firmada em julgamento de casos repetitivos ou em incidente de assunção de competência.

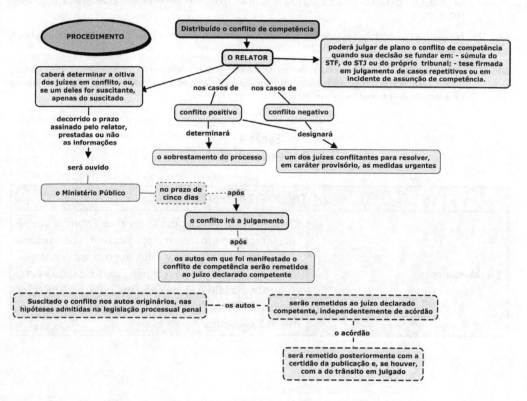

PARA PRATICAR

642. (Cespe/TJDFT/Analista Judiciário/2003) Nos conflitos de competência, caberá ao relator praticar os atos necessários ao impulso do processo gerador do conflito, até o julgamento deste. ( )

643. (Cespe/TJDFT/Analista Judiciário/1999 – adaptada) Se o Ministério Público, uma das partes ou o magistrado suscitar conflito de competência em determinado feito, caberá ao relator designar um dos juízes conflitantes para decidir as medidas urgentes até o julgamento do conflito. ( )

644. (Inédita) Nos conflitos de competência, as autoridades em conflito deverão sempre ser ouvidas, não podendo o processo ser julgado sem que se prestem as informações. ( )

645. (Inédita) As partes litigantes não possuem legitimidade para suscitar conflito de competência, pois trata-se de procedimento cuja iniciativa é privativa dos magistrados. ( )

646. (Inédita) Havendo jurisprudência dominante no Tribunal sobre a questão suscitada, o relator poderá decidir de plano o conflito de competência, sem necessidade de levar o feito a julgamento pelo órgão colegiado. ( )

COMENTÁRIOS

642. (E) Havendo conflito de competência entre juízes, e distribuído o processo ao relator, não cabe a este praticar atos do processo do qual se originou o conflito. No caso de conflito positivo, o relator determinará o sobrestamento do processo; no conflito positivo e no negativo, caberá ao relator designar um dos juízes conflitantes para resolver em caráter provisório as medidas urgentes (art. 207, II).

643. (C) O conflito de competência poderá, de fato, ser suscitado pelas partes, pelo Ministério Público ou por magistrado (art. 206). Suscitado o conflito, caberá ao relator designar um dos juízes conflitantes para decidir as medidas urgentes até o julgamento do conflito (art. 207, II).

644. (E) Decorrido o prazo para a oitiva dos juízes conflitantes, será ouvido o Ministério Público, no prazo de cinco dias, ainda que as informações não tenham sido prestadas, em seguida, o conflito irá a julgamento (art. 208).

645. (E) Não só o magistrado pode suscitar conflito, mas também as partes litigantes e o Ministério Público (art. 206).

646. (C) O relator poderá julgar de plano o conflito de competência quando sua decisão se fundar em: – súmula do STF, do STJ ou do próprio tribunal; – tese firmada em julgamento de casos repetitivos ou em incidente de assunção de competência (art. 209).

Seção X
Do Desaforamento

DO DESAFORAMENTO	
Desaforamento	É a ação por meio da qual se pede ao Tribunal que se transfira para outro foro, ou seja, para outra comarca ou circunscrição, o julgamento de um processo de competência do Tribunal do Júri (crimes dolosos contra a vida, como o homicídio, o aborto, o infanticídio) nas hipóteses previstas nos arts. 427 e 428 do Código de Processo Penal e neste Regimento.

Art. 210. Poderá ser desaforado o julgamento:

I – se houver fundadas dúvidas quanto à segurança pessoal do acusado ou à existência de condições para que os jurados decidam com imparcialidade;

II – se o interesse da ordem pública o reclamar;

III – em razão do comprovado excesso de serviço, se o julgamento não puder ser realizado no prazo de seis meses, contado da preclusão da decisão de pronúncia, não se computando, para contagem do prazo, o tempo de adiamentos, de diligências ou de incidentes de interesse da defesa.

Poderá ser desaforado o julgamento	- se houver fundadas dúvidas quanto à segurança pessoal do acusado ou à existência de condições para que os jurados decidam com imparcialidade; - se o interesse da ordem pública o reclamar; - em razão do comprovado excesso de serviço, se o julgamento não puder ser realizado no prazo de seis meses, contado da preclusão da decisão de pronúncia, não se computando, para contagem do prazo, o tempo de adiamentos, de diligências ou de incidentes de interesse da defesa.

§ 1º O pedido de desaforamento poderá ser requerido pelo Ministério Público, pelo assistente, pelo querelante ou pelo acusado, em petição fundamentada e instruída com as provas dos fatos alegados, ou por meio de representação do juiz competente.

Quem pode requerer o desaforamento	- o Ministério Público; - o assistente; - o querelante; - o acusado;	em petição fundamentada e instruída com as provas dos fatos alegados;
	- o juiz competente	por meio de representação.

§ 2º O requerente, quando não houver procedido à justificação judicial quanto à necessidade do desaforamento, poderá pleitear ao relator a produção de provas.

Aspectos formais do pedido	O pedido é feito em petição fundamentada e instruída com as provas dos fatos alegados.
	O requerente poderá pleitear ao relator a produção de provas quando não houver procedido à justificação judicial quanto à necessidade do desaforamento.

§ 3º É irrecorrível a decisão do relator que deferir ou indeferir a produção de provas.

§ 4º Se os motivos alegados forem relevantes, o relator poderá determinar, fundamentadamente, a suspensão do julgamento pelo júri.

§ 5º O pedido de desaforamento não será admitido na pendência de recurso contra a decisão de pronúncia ou na tramitação de recurso contra decisão do júri, salvo, nesta última hipótese, quanto a fato ocorrido durante ou após a realização de julgamento que se pretenda anular.

Não cabe recurso	Da decisão do relator que deferir ou indeferir a produção de provas.
Suspensão do julgamento pelo júri	Pode ocorrer se os motivos alegados forem relevantes.
Não será admitido o desaforamento	- na pendência de recurso contra a decisão de pronúncia; - na tramitação de recurso contra decisão do júri, salvo quanto a fato ocorrido durante ou após a realização de julgamento que se pretenda anular.

§ 6º O acusado poderá requerer ao Tribunal de Justiça que determine a imediata realização do julgamento, se não houver excesso de serviço ou processos aguardando julgamento em quantidade que ultrapasse a possibilidade de apreciação pelo Tribunal do Júri, nas reuniões periódicas previstas para o exercício.

Pedido de imediata realização do julgamento	poderá ser feito pelo acusado ao Tribunal de Justiça	- se não houver excesso de serviço; - se não houver processos aguardando julgamento em quantidade que ultrapasse a possibilidade de apreciação pelo Tribunal do Júri, nas reuniões periódicas previstas para o exercício.

Art. 211. O pedido de desaforamento será distribuído imediatamente, e o relator, se não for caso de indeferimento liminar, requisitará informações ao juiz Presidente do Tribunal do Júri, que as prestará no prazo de 5 (cinco) dias, quando essa autoridade não tiver sido o representante.

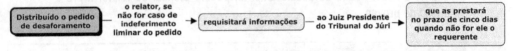

§ 1º O defensor do acusado, o querelante, o Ministério Público e o assistente, conforme o caso, serão notificados para oferecer resposta no prazo de 5 (cinco) dias.

§ 2º Encerrada a fase de produção de provas, os autos irão com vista à Procuradoria de Justiça para emissão de parecer em 10 (dez) dias. Em seguida, em igual prazo, serão incluídos em pauta, facultada às partes, na sessão de julgamento, a sustentação oral por quinze minutos.

Serão notificados para oferecer resposta no prazo de cinco dias, conforme o caso	- o defensor do acusado; - o querelante; - o Ministério Público; - o assistente.
Manifestação do Ministério Público	Os autos irão com vista à Procuradoria de Justiça para emissão de parecer em dez dias, após encerrada a fase de produção de provas.
Prazo para a inclusão do feito em pauta para julgamento	Dez dias.
Sustentação oral	É facultada às partes por quinze minutos.

Art. 212. Deferido o pedido, que abrangerá os corréus, determinar-se-á qual Tribunal do Júri realizará o julgamento. A decisão, independentemente da publicação do acórdão, será comunicada para cumprimento.

§ 1º É inadmissível o reaforamento, ainda que cessados os motivos determinantes da designação de outro Tribunal do Júri.

§ 2º Julgado o desaforamento, ainda que pendente a publicação de acórdão, os autos serão remetidos à Vara do Tribunal do Júri onde deverá ser realizado o julgamento.

Deferido o pedido de desaforamento	Será determinado qual será o Tribunal do Júri que realizará o julgamento.
	A decisão abrange os corréus e, independentemente da publicação do acórdão, será comunicada para cumprimento.
Reaforamento	É inadmissível o retorno do julgamento para o foro de origem, ainda que cessados os motivos determinantes da designação de outro Tribunal do Júri.
Julgado o desaforamento, ainda que pendente a publicação do acórdão	Os autos serão remetidos à Vara do Tribunal do Júri onde deverá ser realizado o julgamento.

PARA PRATICAR

647. **(Inédita)** A gravidade do crime praticado pelo acusado é um dos motivos legais para ser desaforado o julgamento. ( )

648. **(Inédita)** É admitido o reaforamento quando cessados os motivos determinantes do desaforamento. ( )

649. **(Inédita)** O Relator poderá, se for o caso, indeferir liminarmente o pedido de desaforamento. ( )

COMENTÁRIOS

647. (E) A gravidade do crime não está elencado entre as hipóteses possíveis de desaforamento. Os motivos para admitir o desaforamento são: existência de fundadas dúvidas sobre a segurança do acusado ou sobre a imparcialidade dos jurados; interesse da ordem pública; comprovado excesso de serviço... (art. 210)

648. (E) É inadmissível o reaforamento, ainda que cessados os motivos determinantes da designação de outro Tribunal do Júri (art. 212, § 1º).

649. (C) O pedido de desaforamento será distribuído imediatamente, e o relator, se não for caso de indeferimento liminar, requisitará informações ao juiz Presidente do Tribunal do Júri, que as prestará no prazo de 5 (cinco) dias, quando essa autoridade não tiver sido o representante (art. 211).

Seção XI
Do *Habeas Corpus*

Habeas Corpus	É a ação por meio da qual se visa proteger a liberdade de locomoção do indivíduo.

Art. 213. Distribuído o *habeas corpus*, o relator, se necessário, requisitará informações à autoridade apontada como coatora mediante ofício acompanhado de cópia da petição inicial e dos documentos fornecidos pelo impetrante. As informações serão prestadas em 2 (dois) dias e, se não forem, os autos serão conclusos ao relator com a respectiva certidão.

Nota: O impetrado (ou autoridade coatora) é a pessoa contra quem se impetra o *habeas corpus* (arts. 213 e 218). O impetrante é a pessoa que impetra o *habeas corpus*, ou seja, aquele que subscreve a petição. O paciente é o indivíduo que sofre a coação e em favor de quem se impetra a ordem de *habeas corpus* (art. 215, II). A figura do impetrante pode, eventualmente, coincidir com a figura do paciente, caso este venha a impetrar, em seu próprio nome, a ordem de *habeas corpus*.

Parágrafo único. Se houver pedido de liminar, os autos serão conclusos ao relator para exame.

Art. 214. Se a autoridade apontada como coatora encontrar-se fora do Distrito Federal, a secretaria transmitirá ofício, incluindo resumo da inicial, pelo mais rápido meio de comunicação de que dispuser.

Art. 215. O relator poderá, em todos os casos:

I – ordenar diligência necessária à instrução do pedido;

II – determinar apresentação do paciente, inclusive na sessão de julgamento;

III – nomear advogado para acompanhar o processamento do feito, se o impetrante não for bacharel em Direito;

IV – mandar expedir, no *habeas corpus* preventivo, salvo-conduto até decisão do feito, se houver grave risco de consumar-se a violência.

Art. 216. Recebidas as informações e cumpridas as diligências determinadas pelo relator, os autos serão remetidos, independentemente de despacho, à Procuradoria de Justiça para oferta de parecer em 5 (cinco) dias.

Art. 217. O relator apresentará o processo para julgamento em mesa, na primeira sessão seguinte ao recebimento dos autos advindos da Procuradoria de Justiça.

Art. 218. A decisão de *habeas corpus* será imediatamente comunicada pelo presidente do órgão julgador à autoridade apontada como coatora, a quem caberá tomar as providências necessárias para o cumprimento dela. Tão logo registrado o acórdão, a respectiva cópia será encaminhada à autoridade.

§ 1º O Tribunal expedirá, entretanto, os alvarás de soltura e os salvo-condutos, sempre subscritos pelo presidente do órgão julgador.

Alvará de soltura	É o documento expedido pela autoridade judicial contendo uma ordem de soltura do preso.
Salvo-conduto	É o documento de caráter preventivo expedido pela autoridade judicial em favor de alguém, contendo uma ordem para que ela possa transitar sem risco de ser preso.

§ 2º Em se tratando de anulação do processo originário, a autoridade apontada como coatora poderá renovar os atos anulados, independentemente do recebimento do acórdão do *habeas corpus*, desde que, para isso, tenha os elementos necessários.

Art. 219. A prestação de fiança decorrente de ordem concessiva de *habeas corpus* em Segundo Grau de Jurisdição será efetivada perante o relator, que poderá delegar a atribuição a magistrado de Primeiro Grau.

Art. 220. Os órgãos julgadores concederão *habeas corpus* de ofício sempre que, em processos sujeitos a seu julgamento, concluam pela existência de constrangimento ilegal à liberdade de locomoção e de permanência.

Parágrafo único. O Conselho Especial e a Câmara Criminal poderão conceder *habeas corpus* na hipótese deste artigo, ainda que a competência originária seja da Turma.

ART. 220 — TJDFT – EM ESQUEMAS

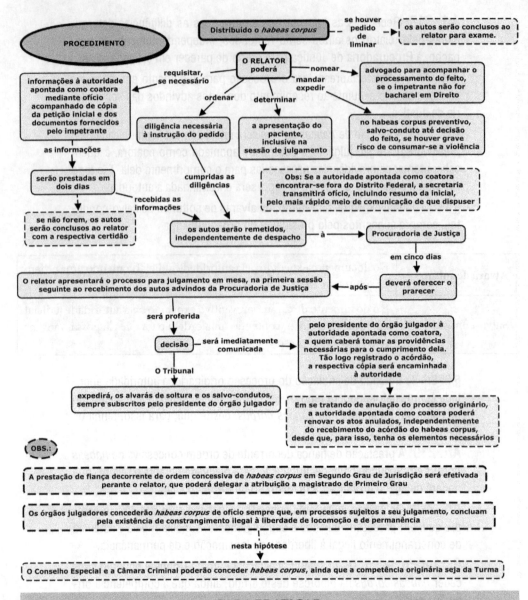

PARA PRATICAR

650. (Cespe/TJDFT/Analista Judiciário/2003) Devido ao rito célere da ação de *habeas corpus*, é facultativa a intervenção do MPDFT, ao qual os autos serão remetidos apenas se o relator considerar que isso não retardará o julgamento do processo. ( )

651. (Cespe/TJDFT/Técnico Judiciário/2003) A ação de *habeas corpus* não pode ser julgada, em nenhum caso, sem que a autoridade impetrada preste informações. ( )

652. (Cespe/TJDFT/Analista Judiciário/2003) Considere a seguinte situação hipotética. O TJDFT concedeu *habeas corpus* para anular atos de uma ação penal de competência do juízo do primeiro grau, em virtude de nulidades processuais. O juiz de primeiro grau apercebeu-se dessas nulidades e, antes mesmo de ser comunicado oficialmente do acórdão concessivo da ordem, anulou os atos defeituosos e passou a refazê-los regularmente.

Nessa situação, não poderia o juiz tomar a iniciativa descrita antes de receber o acórdão da ação de *habeas corpus*. ( )

653. **(Cespe/TJDFT/Técnico Judiciário/1998)** O processo de *habeas corpus* não comporta concessão de medida liminar. ( )

654. **(Cespe/TJDFT/Analista Judiciário/1998 – adaptada)** O Conselho Especial e a Câmara Criminal podem conceder *habeas corpus* de ofício ainda que a competência para tal seja da Turma. ( )

655. **(Cespe/TJDFT/Analista Judiciário/1997)** Não há necessidade, segundo o Regimento Interno, de que o ofício requisitório das informações seja acompanhado de qualquer documento. ( )

656. **(Cespe/TJDFT/Analista Judiciário/1997)** No *habeas corpus*, o requerente da ordem denomina-se impetrado ou paciente. ( )

657. **(Cespe/TJDFT/Analista Judiciário/1997)** Em virtude do princípio segundo o qual o juiz só age mediante provocação (*ne procedat judex ex officio*), não cabe a concessão de *habeas corpus* de ofício. ( )

658. **(Cespe/TJDFT/Analista Judiciário/1997)** O *habeas corpus*, a despeito da previsão constitucional de que o advogado é indispensável à administração da justiça, pode, consoante o Regimento Interno, ser requerido por pessoa que não seja advogado. ( )

COMENTÁRIOS

650. (E) Nos *habeas corpus*, a intervenção do Ministério Público é obrigatória. Após recebidas as informações e cumpridas as diligências determinadas pelo relator, os autos serão remetidos, independentemente de despacho, à Procuradoria de Justiça para oferta de parecer em cinco dias (art. 216).

651. (E) Na ação de habeas corpus, as informações somente serão requisitadas à autoridade impetrada se o relator considerar necessário. Quando necessárias as informações, se não forem prestadas, os autos serão conclusos ao relator com a respectiva certidão, na qual ficará registrada eventual ausência das informações (art. 213).

652. (E) Em se tratando de concessão de habeas corpus para anulação do processo originário, a autoridade apontada como coatora poderá renovar os atos anulados, independentemente do recebimento do acórdão de habeas corpus, desde que, para isso, tenha os elementos necessários. Assim, o juiz poderia anular os atos defeituosos e refazê-los regularmente antes de receber o acórdão respectivo (art. 218, § 2º).

653. Nos termos do art. 213, parágrafo único, se houver pedido de liminar, os autos serão conclusos ao relator para exame. Assim, é conclusivo que o processo de habeas corpus comporta concessão de medida liminar.

654. (C) O Conselho Especial e a Câmara Criminal poderão conceder habeas corpus de ofício ainda que a competência originária para o julgamento do feito seja da Turma (art. 220, parágrafo único).

655. (E) Se forem necessárias as informações, estas serão requisitadas à autoridade impetrada mediante ofício acompanhado de cópia da petição inicial e dos documentos fornecidos pelo impetrante (art. 213).

656. (E) O impetrado (ou autoridade coatora) é a pessoa contra quem se impetra o habeas corpus (arts. 213 e 218). O paciente é o indivíduo em favor de quem se impetra a ordem de habeas corpus (art. 215, II). Aqui cabe fazer um acréscimo. No habeas corpus há ainda a figura do impetrante, que é a pessoa que impetra o habeas corpus, ou seja, aquele que subscreve a petição.

657. (E) Os órgãos julgadores concederão habeas corpus de ofício sempre que, em processos sujeitos a seu julgamento, concluam pela existência de constrangimento ilegal à liberdade de locomoção e de permanência do indivíduo (art. 220).

658. (C) O art. 215, III, prevê que o relator poderá "nomear advogado para acompanhar o processamento do feito, se o impetrante não for bacharel em direito". Diante dessa disposição legal, é conclusivo que o *habeas corpus* pode ser impetrado por pessoa que não seja advogado.

Seção XII
Do *Habeas Data*

Habeas Data	É a ação que visa garantir a obtenção de informações ou correção de dados existentes em relação à pessoa do requerente, constantes de registros ou banco de dados de entidades governamentais ou de caráter público (art. 5º, LXXII, CF).

Art. 221. Distribuído o *habeas data*, os autos serão conclusos ao relator, que determinará a solicitação de informações à autoridade impetrada para que as forneça no prazo de 5 (cinco) dias.

§ 1º Recebidas ou não as informações, os autos serão remetidos à Procuradoria-Geral ou à Procuradoria de Justiça, para emitir parecer em igual prazo.

§ 2º Devolvidos, os autos serão conclusos ao relator, que os levará para julgamento em mesa, na sessão subsequente.

§ 3º As decisões de mérito serão comunicadas às autoridades impetradas, que a elas darão cumprimento, praticando, para isso, todos os atos necessários.

§ 4º Após o registro, a cópia do acórdão será remetida às autoridades competentes.

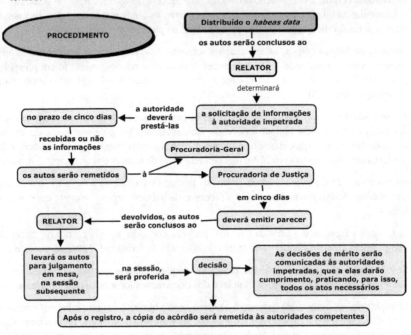

Seção XIII
Do Inquérito

Art. 222. O inquérito será instaurado e desenvolvido, no que couber, de acordo com as normas aplicadas à ação penal originária, previstas neste Regimento, na legislação especial e nas leis processuais.

DO INQUÉRITO	
Inquérito	É o procedimento que antecede a ação penal originária e visa à apuração do fato delituoso.
Legislação aplicável	O inquérito será instaurado e desenvolvido, no que couber, de acordo com as normas aplicadas	- à ação penal originária (Lei nº 8.038/1990); - neste Regimento (arts. 171/186); - na legislação especial; - nas leis processuais.

Seção XIV
Da Intervenção Federal no Distrito Federal ou nos Territórios

Art. 223. O Presidente do Tribunal, ao receber o pedido de intervenção federal:

I – mandará arquivá-lo se for manifestamente infundado, decisão contra a qual caberá agravo regimental;

Nota: Com o advento do novo CPC, o agravo regimental passou a ser denominado agravo interno.

II – adotará as providências oficiais que lhe parecerem adequadas para remover, administrativamente, a causa do pedido. Se esse objetivo não for alcançado, distribuirá os autos a um desembargador relator, prosseguindo-se nos demais termos da Lei 8.038/90.

DA INTERVENÇÃO FEDERAL NO DISTRITO FEDERAL OU NOS TERRITÓRIOS	
Intervenção federal	É uma medida excepcional e temporária que visa afastar a autonomia dos Estados, do Distrito Federal ou dos Municípios nos casos taxativamente previstos nos arts. 34 e ss. da Constituição Federal. No caso de intervenção federal, a União passa a ter autonomia sobre o ente federal que sofreu intervenção.
Quem recebe o pedido de intervenção federal	O Presidente do Tribunal.
Lei nº 8.038/1990	Institui normas procedimentais para os processos que especifica perante o STJ e o STF (ação penal originária, intervenção federal, reclamação, *habeas corpus* etc.).

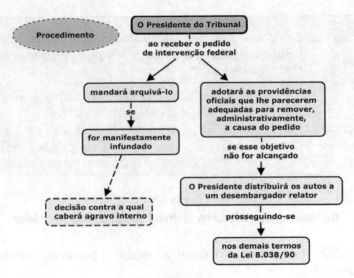

Seção XV
Do Mandado de Injunção

Art. 224. Ao processamento e ao julgamento do mandado de injunção aplicar-se-ão as normas relativas ao mandado de segurança, no que couber.

DO MANDADO DE INJUNÇÃO	
Mandado de injunção	É a ação que visa suprir uma omissão da Administração Pública quanto à elaboração de lei de sua iniciativa.
Legislação aplicável	As normas relativas ao mandado de segurança, no que couber.

Seção XVI
Do Mandado de Segurança

DO MANDADO DE SEGURANÇA	
Mandado de segurança	É a ação que visa proteger direito líquido e certo, não amparado por *habeas corpus* ou *habeas data*, sempre que, ilegalmente ou com abuso de poder, qualquer pessoa física ou jurídica sofrer violação ou houver justo receio de sofrê-la por parte de autoridade, seja de que categoria for e sejam quais forem as funções que exerça.

Art. 225. A petição inicial de mandado de segurança deverá:

I – indicar, precisamente, a autoridade apontada como coatora, bem como a pessoa jurídica que ela integra, à qual está vinculada ou na qual exerce atribuições;

Nota: O impetrante deverá indicar a autoridade que praticou o ato tido como ilegal (ex.: Governador do Distrito Federal) bem como a pessoa jurídica que a autoridade integra (ex.: Distrito Federal).

II – especificar nome e endereço completos do litisconsorte, se houver, bem como consignar se ele se encontra em lugar incerto e não sabido;

III – vir acompanhada de cópias, com os documentos que a instruam, em número equivalente ao quantitativo de autoridades informantes e, se houver, de litisconsortes.

Requisitos da petição inicial	- indicará, precisamente, a autoridade apontada como coatora, bem como a pessoa jurídica que ela integra, à qual está vinculada ou na qual exerce atribuições; - especificará nome e endereço completos do litisconsorte, se houver, bem como consignará se ele se encontra em lugar incerto e não sabido; - virá acompanhada de cópias da inicial e dos documentos que a instruam, em número equivalente ao quantitativo de autoridades informantes e, se houver, de litisconsortes.

Art. 226. Feita a distribuição e imediata conclusão dos autos, poderá o relator:

I – indeferir a petição inicial quando não for o caso de mandado de segurança ou lhe faltar algum dos requisitos legais ou quando decorrido o prazo legal para a impetração;

II – preenchidos os requisitos legais, conceder liminar para suspender os efeitos do ato impugnado até o julgamento final da segurança, facultado a exigência de caução, fiança ou depósito, com o objetivo de assegurar o ressarcimento à pessoa jurídica.

Art. 227. Recebida a petição inicial, o relator ordenará:

I – a notificação da autoridade apontada como coatora para que, no prazo de 10 (dez) dias, preste as informações;

II – que se dê ciência do feito ao órgão de representação judicial da pessoa jurídica interessada, enviando-lhe cópia da inicial sem documentos, para que, querendo, ingresse no feito;

III – a citação do litisconsorte passivo, se houver, observando-se as disposições da lei processual civil.

Art. 228. Prestadas as informações e apresentada resposta pelo litisconsorte, ou decorridos os respectivos prazos, os autos serão remetidos à Procuradoria de Justiça, independentemente de despacho, para parecer no prazo improrrogável de 10 (dez) dias.

Art. 229. Devolvidos, os autos serão conclusos ao relator, que, no prazo de 30 (trinta) dias, pedirá a inclusão do processo em pauta para julgamento.

Art. 230. Todas as decisões serão comunicadas à autoridade coatora para o devido cumprimento.

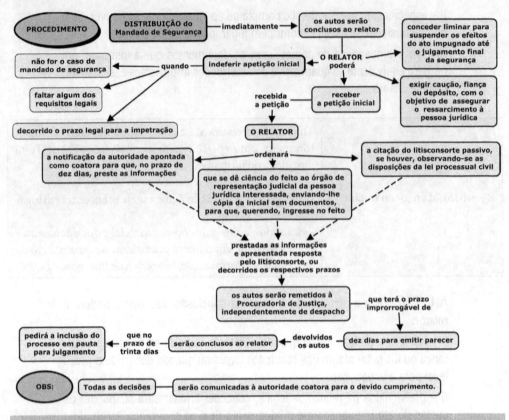

PARA PRATICAR

659. (Cespe/TJDFT/Técnico Judiciário/2003) Se um cidadão, por meio de seu advogado, impetra ação que denomina de mandado de segurança, mas que contém, na verdade, pedido manifestamente incompatível com essa espécie de processo, então poderá o relator, a quem for distribuída a ação, indeferir a petição inicial. ( )

660. (Cespe/TJDFT/Técnico Judiciário/2003 – atualizada) Caso seja deferido o mandado de segurança, a autoridade apontada como coatora, assim que comunicada da decisão, deverá dar-lhe o devido cumprimento. ( )

COMENTÁRIOS

659. (C) Recebidos os autos, o relator poderá indeferir a petição inicial quando não for o caso de mandado de segurança ou lhe faltar algum dos requisitos leais, ou ainda quando decorrido o prazo legal para a impetração (art. 226, I).

660. (C) Todas as decisões (as que concedem, as que indeferem, as liminares, as de mérito) serão comunicadas à autoridade coatora para o devido cumprimento (art. 230).

Seção XVII
Do Protesto, da Notificação e da Interpelação

DO PROTESTO, DA NOTIFICAÇÃO E DA INTERPELAÇÃO	
Protesto	É o procedimento previsto no art. 517 do novo CPC segundo o qual "a decisão judicial transitada em julgado poderá ser levada a protesto, nos termos da lei, depois de transcorrido o prazo para pagamento voluntário previsto no art. 523". Aplicam-se ao protesto judicial as regras previstas para a notificação.
Notificação	É o procedimento destinado a comunicar alguém, de modo formal, a respeito de uma manifestação de vontade sobre assunto juridicamente relevante (art. 726 do CPC).
Interpelação	É o procedimento destinado a interpelar (constituir em mora) o requerido, no caso do art. 726 do CPC, para que faça ou deixe de fazer o que o requerente entenda ser de seu direito (art. 727 do CPC).

Art. 231. Os pedidos de protesto, de notificação ou de interpelação serão processados em conformidade com as leis processuais civis e penais.

Parágrafo único. Feita a intimação e decorridas 48 (quarenta e oito) horas, os autos serão entregues ao notificante independentemente de traslado.

Procedimento	Apresentados os pedidos de protesto, de notificação ou de interpelação, estes serão processados em conformidade com as leis processuais civis e com as processuais penais.
	Feita a intimação e decorridas quarenta e oito horas, os autos serão entregues ao notificante independentemente de traslado.

Seção XVIII
Da Reclamação no Processo Penal

Art. 232. Admitir-se-á reclamação no processo penal contra ato jurisdicional que contenha erro de procedimento que, à falta de recurso específico, possa resultar em dano irreparável ou de difícil reparação.

Art. 233. O prazo para a reclamação será de 5 (cinco) dias, contado da data da ciência do ato.

DA RECLAMAÇÃO NO PROCESSO PENAL	
Será admitida a reclamação no processo penal	Contra ato jurisdicional praticado com erro de procedimento do qual não caiba recurso mas possa resultar em dano irreparável ou de difícil reparação.
Prazo para o ajuizamento da reclamação	Cinco dias, contados da data da ciência do ato.

Art. 234. Conterá o nome e o endereço completos da parte contrária e será instruída com cópia do ato impugnado e dos demais documentos essenciais à compreensão do pedido.

A petição de interposição da reclamação conterá	Conterá	o nome e o endereço completos da parte contrária.
	Será instruída	Com cópia do ato impugnado e dos demais documentos essenciais à compreensão do pedido.

Parágrafo único. O relator indeferirá de plano a reclamação que não atender ao disposto no *caput* e no artigo anterior.

Art. 235. O relator poderá atribuir eficácia suspensiva à reclamação quando concorrerem a relevância dos fundamentos da interposição e o risco de dano irreparável ou de difícil reparação.

Art. 236. A Secretaria enviará ofício ao juízo de origem comunicando a decisão do relator que conceder ou indeferir o efeito suspensivo e para que preste informações no prazo de 5 (cinco) dias.

Parágrafo único. A parte contrária e o assistente, quando houver, serão intimados para apresentar resposta no prazo de 5 (cinco) dias.

Art. 237. Recebidas as informações ou decorridos os prazos respectivos e, se for o caso, ouvido o Ministério Público em 5 (cinco) dias, os autos serão conclusos ao relator, que, no prazo de 10 (dez) dias, determinará a inclusão do processo em pauta.

Art. 238. O juízo de origem será comunicado imediatamente do julgamento.

Parágrafo único. O acórdão será enviado depois do seu registro.

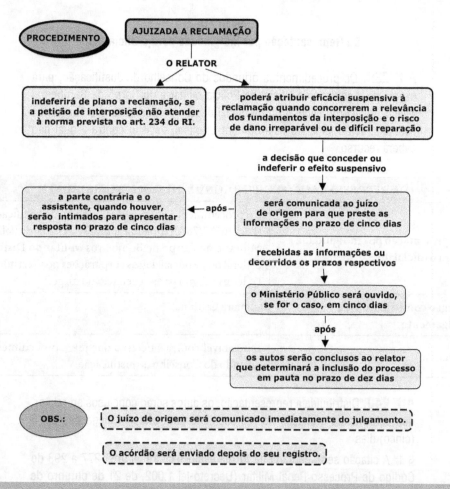

PARA PRATICAR

661. **(Cespe/TJDFT/Analista Judiciário/2000 - adaptada)** Se um juiz produzir um ato processual do qual não caiba recurso ou que, importando em erro de procedimento, possa causar dano irreparável ou de difícil reparação, contra esse ato o único remédio processual adequado será o ajuizamento de mandado de segurança. ( )

662. **(Cespe/TJDFT/Técnico Judiciário/1998 – adaptada)** Cabe reclamação no processo penal se o ato judicial impugnado não for passível de recurso previsto nas leis processuais e possa resultar em dano irreparável ou de difícil reparação. ( )

COMENTÁRIOS

661. (E) O remédio processual adequado contra ato processual praticado com erro de procedimento que possa causar dano irreparável ou de difícil reparação e de que não caiba recurso é a reclamação no Processo Penal e não o mandado de segurança, como afirma a questão (art. 232) O mandado de segurança é o remédio adequado para corrigir ilegalidade ou abuso de poder praticado por autoridade pública.

662. (C) É admissível a reclamação no processo penal contra ato jurisdicional que contenha erro de procedimento e que, inexistindo recurso específico para rever a decisão, possa resultar em dano irreparável ou de difícil reparação (art. 232).

Seção XIX
Da Representação por Indignidade para o Oficialato

Art. 239. Os procedimentos oriundos do Conselho de Justificação, para exame da dignidade de Oficial da Polícia Militar e do Corpo de Bombeiros Militar do Distrito Federal ou de oficial dessas corporações nos Territórios Federais, serão julgados pela Câmara Criminal, decisão contra a qual não caberá recurso.

DA REPRESENTAÇÃO POR INDIGNIDADE PARA O OFICIALATO	
Representação por indignidade para o oficialato	É o procedimento oriundo do Conselho de Justificação (Lei nº 6577/78) destinado a apurar se o Oficial da Polícia Militar e do Corpo de Bombeiros Militar do Distrito Federal ou de oficial dessas corporações nos Territórios Federais é digno para o exercício do cargo.
Órgão competente para o julgamento	Câmara Criminal.
Recurso	É incabível contra a decisão que julga procedimento oriundo do Conselho de Justificação.

Art. 240. Distribuída a representação, os autos serão conclusos ao relator, que determinará a citação do representado para oferecer alegações em 5 (cinco) dias.

§ 1º A citação será efetuada na forma estabelecida nos arts. 277 a 293 do Código de Processo Penal Militar (Decreto-lei 1.002, de 21 de outubro de 1969).

§ 2º Decorrido o prazo sem manifestação do representado, o relator designar-lhe-á defensor dativo.

§ 3º Oferecidas as alegações de defesa ou expirado o respectivo prazo, os autos serão remetidos à Procuradoria-Geral de Justiça para emissão de parecer em 5 (cinco) dias.

§ 4º Devolvidos, os autos serão conclusos ao relator, que, no prazo de 10 (dez) dias, pedirá a inclusão do processo em pauta de julgamento.

Art. 241. No julgamento, a sustentação oral, pelo prazo de quinze minutos individuais, será facultada ao advogado do representado e à Procuradoria-Geral de Justiça, e o Conselho deliberará em sessão, sem a presença do público.

Nota: A redação do art. 241 está desatualizada. Hoje, de acordo com as novas disposições regimentais, a competência para o julgamento da representação por indignidade para o oficialato é da Câmara Criminal (arts. 23, V e 239, RI).

Parágrafo único. Se o Tribunal reconhecer que o representado é indigno para o oficialato, decretará a perda do posto e da patente, e a cópia do acórdão será remetida ao Governador do Distrito Federal ou ao Governador do Território Federal.

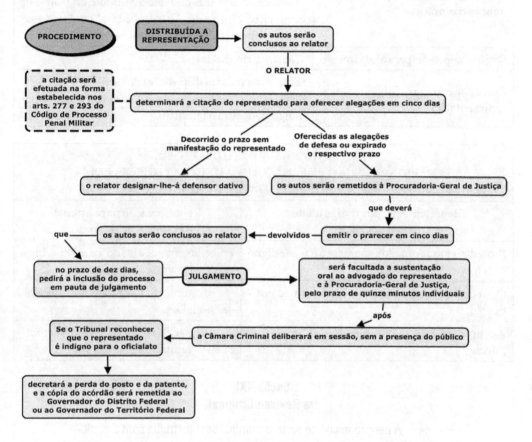

Seção XX
Da Representação para a Perda da Graduação das Praças

Art. 242. Os procedimentos oriundos do Conselho de Disciplina, para exame da perda da graduação das praças da Polícia Militar e do Corpo de Bombeiros Militar do Distrito Federal ou das praças dessas corporações nos Territórios Federais, serão julgados pela Câmara Criminal.

Art. 243. Quanto ao procedimento para julgamento da representação de que trata o artigo anterior, serão observadas as disposições dos arts. 240 e 241.

DA REPRESENTAÇÃO PARA A PERDA DA GRADUAÇÃO DAS PRAÇAS	
Representação para a perda da graduação das praças	É o procedimento oriundo do Conselho de Disciplina (Lei nº 6477/78) destinado a decidir sobre a perda da graduação das praças da Polícia Militar e do Corpo de Bombeiros Militar do Distrito Federal ou das praças dessas corporações nos Territórios Federais.
Órgão competente para o julgamento	Câmara Criminal (art. 23, VI).
Procedimento para julgamento da representação	Serão observadas as disposições dos arts. 240 e 241 deste Regimento, as mesmas previstas para a representação por indignidade para o oficialato.

DIFERENÇAS E SIMILITUDES ENTRE A REPRESENTAÇÃO POR INDIGNIDADE PARA O OFICIALATO E A REPRESENTAÇÃO PARA A PERDA DA GRADUAÇÃO DAS PRAÇAS	
Representação por indignidade para o oficialato	Representação para a perda da graduação das praças
Procedimento destinado a apurar se o oficial é digno para o exercício do cargo.	Procedimento destinado a decidir sobre a perda da graduação das praças.
O procedimento é oriundo do Conselho de Justificação.	O procedimento é oriundo do Conselho de Disciplina.
A competência para o julgamento é da Câmara Criminal.	A competência para o julgamento é da Câmara Criminal.

Seção XXI
Da Revisão Criminal

Art. 244. A petição inicial de revisão criminal será instruída com a certidão do trânsito em julgado da decisão condenatória e com as peças necessárias à comprovação dos fatos arguidos.

DA REVISÃO CRIMINAL		
Revisão criminal	É a ação que visa desconstituir uma sentença penal condenatória já transitada em julgado.	
Órgãos competente para julgamento	Conselho Especial	- quando a ação for ajuizada em face do julgado de competência do próprio Conselho Especial (art. 13, I, g).
	Câmara Criminal (art. 23, II).	
A petição inicial de revisão criminal será instruída	- com a certidão do trânsito em julgado da decisão condenatória; - com as peças necessárias à comprovação dos fatos arguidos.	

Parágrafo único. O relator, se julgar insuficientemente instruído o pedido e conveniente a apensação dos autos originais, poderá requisitá-los.

Art. 245. A revisão será distribuída a desembargador que não tenha prolatado decisão em qualquer fase do processo originário.

> **Nota:** Quando o Regimento Interno fala "será distribuída", ele quer dizer "será o relator". Assim, no caso do art. 245, não será relator da revisão criminal desembargador que não tenha prolatado decisão em qualquer fase do processo originário.

Art. 246. Não indeferida liminarmente a petição, os autos serão remetidos ao Ministério Público para se manifestar no prazo de 10 (dez) dias. Ao retornarem, os autos serão conclusos ao relator e, em seguida, ao revisor, que pedirá dia para julgamento.

§ 1º Julgada a revisão criminal, a secretaria do órgão julgador comunicará a decisão à Vara de Execuções Penais ou à Vara de Execuções das Penas e Medidas Alternativas e à vara de origem.

§ 2º Após o registro do acórdão, a respectiva cópia será remetida ao juízo da execução, quando se tratar de réu preso, e ao juízo de origem.

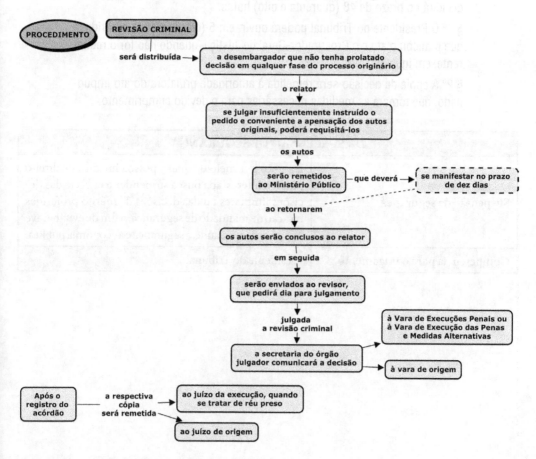

PARA PRATICAR

663. (Cespe/TJDFT/Técnico Judiciário/1998) Cabe revisão criminal contra qualquer decisão proferida em ação penal que haja ou não passado em julgado. ( )

664. (Inédita) Se a parte interessada ingressar com uma revisão criminal, a escolha do relator da ação recairá, necessariamente, em magistrado que não haja prolatado decisão em qualquer fase do processo originário. ( )

COMENTÁRIOS

663. (E) A revisão criminal somente é cabível contra as decisões condenatórias e desde que transitadas em julgado (art. 244).

664. (C) A revisão criminal será distribuída a desembargador que não tenha prolatado decisão em qualquer fase do processo originário (art. 245).

Seção XXII
Da Suspensão de Segurança

Art. 247. Requerida nos termos da Lei 12.016, de 7 de agosto de 2009, a suspensão de segurança será distribuída ao Presidente do Tribunal, que a decidirá no prazo de 48 (quarenta e oito) horas.

§ 1º O Presidente do Tribunal poderá ouvir, em 5 (cinco) dias, a autoridade que praticou o ato e o Procurador-Geral de Justiça, quando não for o requerente, em igual prazo.

§ 2º A cópia da decisão será remetida à autoridade prolatora do ato impugnado, que tomará as medidas necessárias para o devido cumprimento.

DA SUSPENSÃO DE SEGURANÇA	
Suspensão da segurança	É a ação por meio da qual a pessoa jurídica de direito público interessada busca suspender a eficácia das decisões liminares ou das decisões de mérito proferidas na ação de mandado de segurança, a fim de evitar grave lesão à ordem, à saúde, à segurança e à economia pública.
Competência para o julgamento	Presidente do Tribunal.

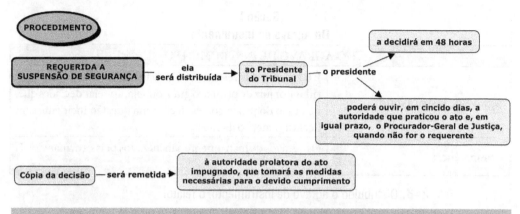

PARA PRATICAR

665. (Cespe/TJDFT/Técnico Judiciário/1998) Compete ao presidente do Tribunal decidir os pedidos de suspensão de segurança. ( )

666. (Inédita) Na suspensão de segurança, o Procurador de Justiça será sempre ouvido, independentemente de ser ele o requerente da medida judicial. ( )

COMENTÁRIOS

665. (C) A suspensão de segurança será distribuída ao Presidente do Tribunal, que a decidirá no prazo de quarenta e oito horas (art. 247).

666. (E) O Procurador-Geral de Justiça somente será ouvido quando não for o requerente da medida (art. 247, § 1º).

CAPÍTULO II
DA COMPETÊNCIA RECURSAL

Competência recursal	É a competência para julgar os recursos provenientes de sentenças ou de decisões proferidas no primeiro grau de jurisdição.
Recursos que tramitam no Tribunal de Justiça	- agravo de instrumento; - apelação cível; - apelação criminal; - carta testemunhável; - recurso de *habeas corpus*; - recurso em sentido estrito.

Seção I
Do Agravo de Instrumento

DO AGRAVO DE INSTRUMENTO	
Agravo de instrumento	É o recurso cabível contra as decisões interlocutórias proferidas por juiz de primeiro grau, ou seja, aquelas decisões que, no curso do processo, resolvem uma questão incidente sem decidir o mérito da causa.
Competência	Os agravos de instrumento são julgados pelas Turmas Cíveis (art. 26, I, b).

Art. 248. Distribuído o agravo de instrumento, o relator:

I – dele não conhecerá quando inadmissível, prejudicado ou não tenha impugnado especificamente os fundamentos da decisão recorrida, observado o disposto no art. 932, parágrafo único, do Código de Processo Civil;

II – negar-lhe-á provimento nas hipóteses do art. 932, IV, do Código de Processo Civil;

III – poderá atribuir-lhe efeito suspensivo ou deferir, em antecipação de tutela, total ou parcialmente, a pretensão recursal, comunicando ao juiz sua decisão;

IV – ordenará a intimação do agravado pessoalmente, por carta com aviso de recebimento, quando não tiver procurador constituído, ou pelo Diário da Justiça ou por carta com aviso de recebimento dirigida ao seu advogado, para que responda no prazo de 15 (quinze) dias, facultando-lhe juntar a documentação que entender necessária ao julgamento do recurso;

V – depois de facultada a apresentação de resposta, dará provimento ao recurso, nas hipóteses do art. 932, V, do Código de Processo Civil;

VI – determinará a intimação do Ministério Público, preferencialmente por meio eletrônico, quando for o caso de sua intervenção, para que se manifeste no prazo de 15 (quinze) dias.

Art. 249. Cumprido o disposto no artigo anterior, o relator solicitará dia para julgamento, observando, se for o caso, o art. 88.

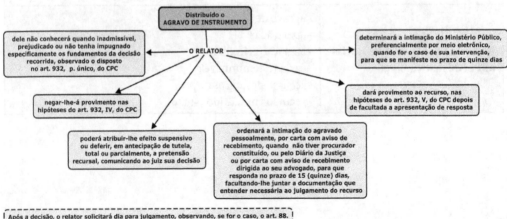

Art. 250. O agravo de instrumento será sempre julgado antes da respectiva apelação, se houver, independentemente de estarem incluídos na mesma ou em diferentes pautas de julgamento.

O agravo de instrumento será sempre julgado	Antes da respectiva apelação, se houver, independentemente de estarem incluídos na mesma ou em diferentes pautas de julgamento.

§ 1º Após o trânsito em julgado, cópia da decisão será encaminhada ao juiz da causa para juntada aos autos principais.

§ 2º As partes serão intimadas para, no prazo de 10 (dez) dias, retirarem as peças de seu interesse.

§ 3º Providenciada a baixa, os autos serão encaminhados para imediata destruição.

Após o trânsito em julgado	Será encaminhada cópia da decisão ao juiz da causa para juntada aos autos principais.
As partes serão intimadas	Para retirarem as peças de seu interesse, no prazo de dez dias.
Providenciada a baixa	Os autos serão encaminhados para imediata destruição.

PARA PRATICAR

667. (Cespe/TJDFT/Juiz Substituto/2013 - desmembrada) O agravo de instrumento será sempre julgado antes da respectiva apelação, se houver, desde que ambos estejam incluídos na mesma pauta de julgamento. ( )

COMENTÁRIOS

667. (E) O agravo de instrumento será sempre julgado antes da respectiva apelação, se houver, independentemente de estarem incluídos na mesma ou em diferentes pautas de julgamento (art. 250).

Seção II
Da Apelação Cível

Apelação Cível	É o recurso cabível contra as sentenças terminativas ou definitivas proferidas pelos juízes de primeiro grau nos processos de natureza cível.
Competência	As apelações cíveis são julgadas pelas Turmas Cíveis (art. 26, I, *a*).

Art. 251. Distribuída a apelação, o relator:

I – dela não conhecerá quando inadmissível, prejudicada ou não tenha impugnado especificamente os fundamentos da decisão recorrida, observados os arts. 932, parágrafo único, e 1.007, §§ 2º e 4º, do Código de Processo Civil;

II – decidirá sobre requerimento de concessão de efeito suspensivo, nos termos do art. 1.012, § 3º, II, do Código de Processo Civil;

III – negar-lhe-á provimento nas hipóteses do art. 932, IV, do Código de Processo Civil;

IV – dar-lhe-á provimento nas hipóteses do art. 932, V, do Código de Processo Civil;

V – determinará a intimação do Ministério Público, preferencialmente por meio eletrônico, quando for o caso de sua intervenção, para que se manifeste no prazo de 15 (quinze) dias.

§ 1º O relator determinará a intimação das partes para manifestação na hipótese do art. 933, *caput*, do Código de Processo Civil.

§ 2º Antes de distribuída a apelação, o requerimento previsto no inciso II será formulado por meio de petição, observado o disposto no art. 1.012, § 3º, I, do Código de Processo Civil.

§ 3º A petição de que trata o parágrafo anterior será distribuída aleatoriamente, salvo prevenção anterior, e oportunamente apensada aos autos da apelação.

Art. 252. Observado o disposto no artigo anterior, o relator solicitará dia para julgamento.

Parágrafo único. No processamento e julgamento da apelação atender-se-á ao disposto no art. 88.

Art. 253. Julgada apelação ou remessa necessária em mandado de segurança, a decisão será comunicada pela secretaria à autoridade coatora.

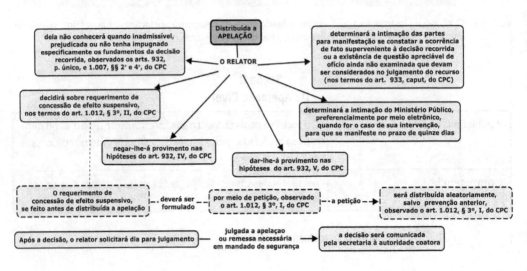

PARA PRATICAR

668. (Cespe/TJDFT/Técnico Judiciário/1998) Nem todas as apelações cíveis carecem de intervenção do Ministério Público. ( )

COMENTÁRIOS

668. (C) "O relator determinará a intimação do Ministério Público, preferencialmente por meio eletrônico, quando for o caso de sua intervenção, para que se manifeste no prazo de 15 (quinze) dias" (art. 251, V). O Regimento Interno não estabelece expressamente as hipóteses em que o Ministério Público intervirá nas apelações cíveis, mas é de se concluir que a intervenção não ocorrerá sempre, mas nas hipóteses legais previstas no art. 176 do CPC.

Seção III
Da Apelação Criminal

Art. 254. A apelação criminal será processada e julgada na forma estabelecida na legislação processual e neste Regimento.

DA APELAÇÃO CRIMINAL	
Apelação Criminal	É o recurso cabível contra as sentenças proferidas pelos juízes de primeiro grau nos processos de natureza criminal.
Legislação aplicável	A apelação criminal será processada e julgada na forma estabelecida na legislação processual (arts. 593 e ss. do CPP) e neste Regimento.
Competência	As apelações criminais são julgadas pelas Turmas Criminais (art. 27, I).

Art. 255. Distribuída a apelação, ocorrendo a hipótese prevista no art. 600, § 4º, do Código de Processo Penal, independentemente de despacho, abrir-se-á vista ao apelante. Ao findar o prazo, com ou sem razões, os autos serão remetidos ao órgão do Ministério Público junto à vara de origem, para as contrarrazões.

§ 1º Se não ocorrer a hipótese prevista no *caput* deste artigo, os autos serão remetidos à Procuradoria de Justiça para oferta de parecer em 10 (dez) dias; se o acusado estiver preso ou se se tratar de apelação de sentença em processo de contravenção ou de crime ao qual a lei comine pena de detenção, o prazo será de 5 (cinco) dias.

§ 2º Se o feito não comportar revisão, o relator, no prazo legal ou, na falta deste, em 15 (quinze) dias, elaborará relatório e mandará incluí-lo em pauta de julgamento.

§ 3º Tratando-se de apelação de sentença que tenha cominado ao acusado pena de reclusão, os autos serão conclusos ao revisor, que disporá do mesmo prazo do relator para solicitar inclusão do processo em pauta de julgamento.

Art. 256. Julgada a apelação criminal relativa a acusado preso, o secretário do órgão julgador comunicará a decisão à Vara de Execuções Penais ou à Vara de Execuções das Penas e Medidas Alternativas.

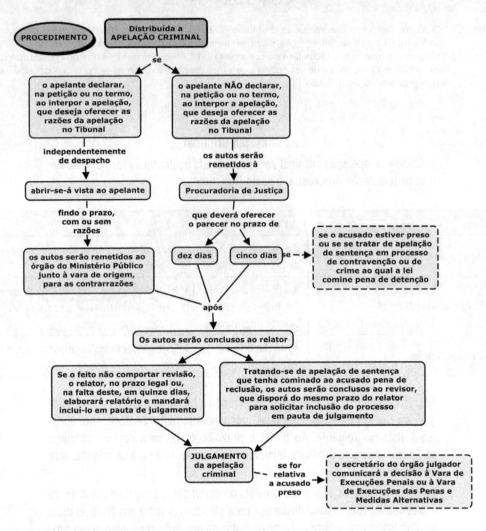

Seção IV
Da Carta Testemunhável

Art. 257. A carta testemunhável será processada e julgada conforme estabelecido na legislação processual e neste Regimento, observada a forma prevista para o recurso originário.

DA CARTA TESTEMUNHÁVEL	
Carta testemunhável	É o recurso por meio do qual se busca permitir a subida para o segundo grau de jurisdição de um recurso interposto em processo criminal que foi obstado ou teve o seguimento impedido pelo juiz de primeira instância.
Legislação aplicável	A carta testemunhável será processada e julgada conforme estabelecido na legislação processual (arts. 639 a 646 do CPP) e neste Regimento, observada a forma prevista para o recurso originário que foi obstado.
Órgão competente para o julgamento	- Turmas Criminais (art. 27, I). - Conselho Especial, quando relativa a recursos especial, extraordinário ou ordinário (at. 13, I, *j*).

Parágrafo único. Após a distribuição, os autos serão remetidos à Procuradoria de Justiça para oferta de parecer no prazo de 5 (cinco) dias.

Art. 258. Provido o recurso, o órgão julgador determinará o processamento do recurso originário ou seu seguimento para o juízo *ad quem* e poderá julgar o mérito se suficientemente instruída a carta testemunhável.

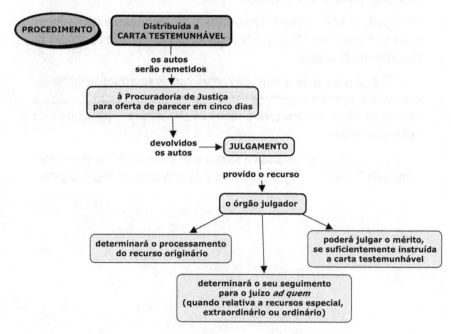

Seção V
Do Recurso de *Habeas Corpus*

Art. 259. O recurso de *habeas corpus* poderá ser submetido ao Segundo Grau de Jurisdição em decorrência de remessa de ofício ou de recurso voluntário e receberá, em ambos os casos, a mesma denominação.

Art. 260. O recurso da decisão que denegar ou conceder ordem de *habeas corpus* deverá ser interposto nos próprios autos em que houver sido lançada a decisão recorrida.

DO RECURSO DE *HABEAS CORPUS*		
Recurso de *habeas corpus*	É o recurso cabível contra a sentença que denegar ou conceder ordem de *habeas corpus*.	
O recurso de *habeas corpus* poderá ser submetido ao Segundo Grau de Jurisdição	- em decorrência de remessa feita de ofício pelo juiz; ou - em decorrência de recurso voluntário interposto pela parte prejudicada.	Em ambos os casos receberá a mesma denominação.
Procedimento	O recurso de *habeas corpus* deverá ser interposto nos próprios autos em que houver sido lançada a sentença denegatória ou concessiva da ordem de *habeas corpus*.	

Art. 261. Distribuído o recurso, independentemente de determinação do relator, os autos serão remetidos à Procuradoria de Justiça para oferta de parecer no prazo de 5 (cinco) dias.

Parágrafo único. O relator apresentará o processo para julgamento em mesa na primeira sessão seguinte ao recebimento dos autos advindos da Procuradoria de Justiça.

Art. 262. A decisão do recurso de *habeas corpus* será imediatamente comunicada à autoridade apontada como coatora ou à que tenha remetido o recurso de ofício, a quem caberá tomar as providências necessárias para seu cumprimento.

Parágrafo único. Os alvarás de soltura e os salvo-condutos serão expedidos pelo Tribunal e sempre subscritos pelo presidente do órgão julgador.

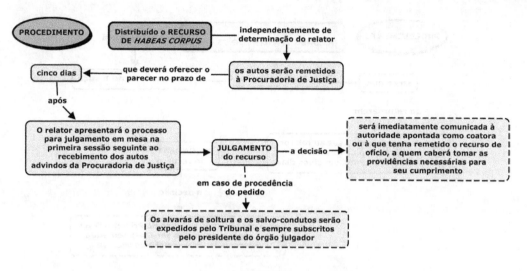

Seção VI
Do Recurso em Sentido Estrito

Art. 263. O recurso em sentido estrito subirá ao Tribunal nos próprios autos ou mediante traslado, nos casos previstos no Código de Processo Penal.

DO RECURSO EM SENTIDO ESTRITO	
Recurso em sentido estrito	É o recurso cabível contra as decisões relacionadas no art. 581 do Código de Processo Penal.
Procedimento	O recurso em sentido estrito subirá ao Tribunal nos próprios autos em que foi proferida a decisão, ou mediante traslado(*) nos casos previstos no Código de Processo Penal.
(*) Traslado é a extração de cópias para a formação de novo processo.	

Art. 264. Distribuído o recurso, os autos irão à Procuradoria de Justiça para oferta de parecer no prazo de 5 (cinco) dias.

§ 1º Ao retornarem, os autos serão conclusos ao relator, que incluirá o processo em pauta de julgamento, em igual prazo.

§ 2º A decisão será comunicada ao juízo de Primeiro Grau, e a cópia do acórdão ser-lhe-á remetida no caso de interposição de recurso.

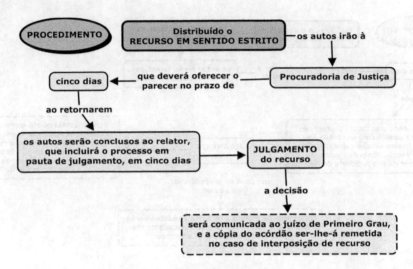

CAPÍTULO III
DOS RECURSOS DE DECISÕES PROFERIDAS PELO TRIBUNAL E PELO PRESIDENTE DO TRIBUNAL

Recursos contra decisões proferidas pelo próprio Tribunal e pelo Presidente do Tribunal	São os recursos interpostos contra decisões proferidas pelos órgãos colegiados, pelos desembargadores unipessoalmente ou pelo presidente do Tribunal.
São eles	- agravo interno; - embargos de declaração cíveis; - embargos de declaração criminais; - embargos infringentes e de nulidade criminais; - recurso extraordinário; - recurso especial; - recurso ordinário.

Seção I
Do Agravo Interno

Art. 265. Caberá agravo interno das decisões proferidas pelo relator, ao respectivo órgão colegiado, no prazo de 15 (quinze) dias.

§ 1º A interposição de agravo interno independe do recolhimento de preparo e atenderá ao disposto no art. 1.021, § 1º, do Código de Processo Civil.

§ 2º Juntada aos autos a petição do agravo interno, o relator determinará a intimação do agravado para manifestação em 15 (quinze) dias.

DO AGRAVO INTERNO	
Agravo interno	É o recurso cabível das decisões proferidas pelo relator.
Competência	Os agravos internos são julgados pelo mesmo órgão competente para o julgamento da ação ou do recurso dos quais proveio a decisão agravada(*).
Prazo para interposição e resposta do agravo interno nos feitos cíveis	Quinze dias.
Prazo para a interposição e resposta do agravo interno nos feitos criminais	Cinco dias.
Independe de preparo	A interposição de agravo interno.
Procedimento	A interposição de agravo interno atenderá ao disposto no art. 1.021, § 1º, do Código de Processo Civil.

(*) Exemplificando, se o agravo interno for interposto contra decisão monocrática do relator proferida em uma apelação cível, o órgão competente para o julgamento do agravo será o mesmo competente para o julgamento da apelação cível.

§ 3º Não havendo retratação, o relator solicitará a inclusão em pauta para julgamento pelo órgão colegiado, observado o disposto no art. 1.021, §§ 3º, 4º, e 5º, do Código de Processo Civil.

Se não houver retratação(*)	O relator solicitará a inclusão em pauta para julgamento pelo órgão colegiado, observado o disposto no art. 1.021, §§ 3º, 4º, e 5º, do CPC.

(*) Há retratação quando o magistrado reconsidera a sua decisão.

§ 4º Nos feitos criminais, o prazo para interposição e resposta ao agravo interno é de 5 (cinco) dias.

Art. 266. Caberá também agravo interno das decisões do Presidente do Tribunal nos casos de:

I – suspensão de segurança;

II – negativa de seguimento a recurso extraordinário e especial, na forma do art. 1.030, § 2º, do Código de Processo Civil;

III – sobrestamento de recursos extraordinário e especial, na forma do art. 1.030, § 2º, do Código de Processo Civil;

IV – pedido de concessão de efeito suspensivo nos recursos extraordinário e especial sobrestados, na forma do art. 1.037 do Código de Processo Civil;

V – pedido a que se refere o art. 1.036, § 2º, do Código de Processo Civil.

Caberá também agravo interno das decisões do Presidente do Tribunal nos casos de	- suspensão de segurança; - negativa de seguimento a recurso extraordinário e especial, na forma do art. 1.030, § 2º, do CPC; - sobrestamento de recursos extraordinário e especial, na forma do art. 1.030, § 2º, do CPC; - pedido de concessão de efeito suspensivo nos recursos extraordinário e especial sobrestados, na forma do art. 1.037 do CPC; - pedido a que se refere o art. 1.036, § 2º, do CPC.

PARA PRATICAR

669. **(Cespe/TJDFT/Analista Judiciário/2007 - atualizada)** O Distrito Federal (DF), devidamente intimado de decisão que deferiu liminar em mandado de segurança, contra ato do governador, requereu a suspensão da segurança, visando evitar grave lesão à economia pública. O presidente do TJDFT, ao analisar a questão, entendeu estarem presentes os requisitos para a concessão de tal medida e deferiu a suspensão da segurança. Nessa situação, da decisão caberá agravo interno. ( )

670. **(Cespe/TJDFT/Analista Judiciário/1997)** Os agravos internos interpostos contra decisões monocráticas de relator de órgão fracionário devem ser julgados por este mesmo órgão. ( )

671. **(Inédita)** Interposto agravo interno, o relator não necessitará levar o recurso a julgamento no respectivo órgão julgador caso decida reconsiderá-la. ( )

COMENTÁRIOS

669. (C) Todos os segmentos estão corretos: a suspensão de segurança é a ação cabível para suspender decisão que defere liminar em mandado de segurança; cabe ao Presidente do Tribunal decidir o pedido de suspensão de segurança (art. 247); c) o recurso cabível contra a decisão nos casos de suspensão de segurança é o agravo interno (art. 266, I).

670. (C) Caberá agravo interno das decisões proferidas pelo relator, ao respectivo órgão colegiado (art. 165).

671. (C) Não havendo retratação, o relator solicitará a inclusão em pauta para julgamento pelo colegiado, observado o disposto no art. 1.021, §§ 3°, 4°, e 5°, do CPC (art. 265, § 3°).

Seção II
Dos Embargos de Declaração Cíveis

Art. 267. Os embargos de declaração poderão ser opostos no prazo de 5 (cinco) dias, contado da publicação da decisão embargada, em petição dirigida ao respectivo relator.

§ 1º Caso o eventual acolhimento dos embargos implique modificação da decisão embargada, o relator determinará a intimação do embargado para, querendo, manifestar-se no prazo de 5 (cinco) dias.

§ 2º O relator apresentará os embargos em mesa na sessão subsequente, proferindo voto, e, não havendo julgamento nessa sessão, será o recurso incluído em pauta automaticamente.

DOS EMBARGOS DE DECLARAÇÃO CÍVEIS	
Embargos de declaração	É o recurso cabível quando houver, na decisão, na sentença ou no acórdão, vícios de omissão, obscuridade, contradição ou erro material.
Prazo para a oposição dos embargos	Cinco dias, contado da publicação da decisão embargada.
A petição dos embargos é dirigida	Ao respectivo relator.
Se, acolhidos os embargos, houver modificação da decisão embargada	O relator determinará a intimação do embargado para, querendo, manifestar-se no prazo de cinco dias.
Julgamento dos embargos	O relator apresentará os embargos em mesa na sessão subsequente, proferindo voto.
Se não forem julgados na sessão subsequente	O recurso será incluído em pauta automaticamente.

Art. 268. Os embargos de declaração serão decididos monocraticamente pelo respectivo prolator quando opostos contra decisão unipessoal.

Art. 269. Os embargos de declaração poderão ser conhecidos como agravo interno, se for este o recurso cabível, caso em que o recorrente será intimado para complementar as razões no prazo de 5 (cinco) dias, prosseguindo-se na forma do art. 265, §§ 2º e 3º.

Embargos de declaração opostos contra decisão unipessoal	Serão decididos monocraticamente pelo respectivo prolator.
Fungibilidade	Os embargos de declaração poderão ser conhecidos como agravo interno, se for este o recurso cabível, caso em que o recorrente será intimado para complementar as razões no prazo de cinco dias, prosseguindo-se segundo as regras previstas para o agravo interno (art. 265, §§ 2º e 3º).

Art. 270. Acolhidos os embargos de declaração com efeito modificativo, observar-se-á o disposto no art. 1.024, § 4º, do Código de Processo Civil.

§ 1º Rejeitados ou acolhidos os embargos de declaração sem efeito modificativo, o recurso interposto anteriormente pela outra parte será processado e julgado independentemente de ratificação.

§ 2º Acolhidos os embargos de declaração interpostos contra acórdão que não conheceu do recurso principal, este poderá ser desde logo julgado, caso esteja em condições de pronta apreciação.

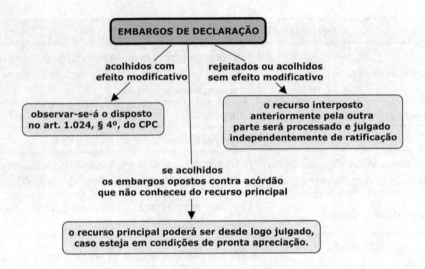

Art. 271. Os embargos de declaração não possuem efeito suspensivo e interrompem o prazo para interposição de quaisquer recursos.

Parágrafo único. O relator poderá suspender a eficácia da decisão se demonstrada a probabilidade de provimento do recurso ou, sendo relevante a fundamentação, houver risco de dano grave ou de difícil reparação.

Efeito interruptivo	Os embargos de declaração não possuem efeito suspensivo e interrompem o prazo para interposição de quaisquer recursos.
Suspensão da eficácia da decisão	O relator poderá suspender a eficácia da decisão se demonstrada a probabilidade de provimento do recurso ou, sendo relevante a fundamentação, houver risco de dano grave ou de difícil reparação.

PARA PRATICAR

672. **(Cespe/TJDFT/Técnico Judiciário/1998)** Os embargos de declaração não suspendem, mas interrompem o prazo para a interposição de quaisquer outros recursos. ( )

673. **(Inédita)** O Desembargador Raul, relator de uma apelação proferiu uma decisão monocrática contrária aos interesses do apelante. Inconformado, o apelante opôs embargos de declaração, alegando vícios no julgado. Neste caso, é correto afirmar que o próprio desembargador Raul decidirá monocraticamente os embargos. ( )

COMENTÁRIOS

672. (C) Os embargos de declaração não possuem efeito suspensivo e interrompem o prazo para interposição de quaisquer recursos.

673. (C) Os embargos de declaração serão decididos monocraticamente pelo respectivo prolator quando opostos contra decisão unipessoal (art. 268).

Seção III
Dos Embargos de Declaração Criminais

Art. 272. Os embargos de declaração poderão ser opostos no prazo de 2 (dois) dias, contado da publicação da decisão embargada, em petição dirigida ao respectivo relator.

Art. 273. Aos embargos de declaração criminais aplica-se, no que couber, o disposto na seção anterior.

DOS EMBARGOS DE DECLARAÇÃO CRIMINAIS	
Prazo para a oposição dos embargos	Dois dias, contados da publicação da decisão embargada,
A petição dos embargos é dirigida	Ao respectivo relator.
Procedimento	Aos embargos de declaração criminais aplicam-se as regras previstas para os embargos de declaração cíveis, no que couber.

Seção IV
Dos Embargos Infringentes e de Nulidade Criminais

Art. 274. Os embargos infringentes e de nulidade criminais são cabíveis, no prazo de 10 (dez) dias, contra decisão não unânime e desfavorável ao réu, proferida em apelação criminal, carta testemunhável, recurso em sentido estrito ou agravo em execução penal.

§ 1º O recurso não se sujeita a preparo.

§ 2º A escolha de relator recairá em magistrado que não haja participado do julgamento anterior.

DOS EMBARGOS INFRINGENTES E DE NULIDADE CRIMINAIS		
Embargos infringentes e de nulidade criminais	São cabíveis contra decisão não unânime e desfavorável ao réu proferida em	- apelação criminal; - carta testemunhável; - recurso em sentido estrito; - agravo em execução penal.
Prazo para a interposição	Dez dias.	
Competência para o julgamento	- Câmara Criminal (art. 23, I); - Conselho Especial, quando opostos aos próprios julgados (art. 13, I, *i*).	
Os embargos infringentes e de nulidade criminais	Não se sujeitam a preparo.	
Será escolhido relator	O magistrado que não haja participado do julgamento anterior.	

Art. 275. Interpostos os embargos, abrir-se-á vista ao recorrido para contrarrazões e, em seguida, o relator do acórdão embargado apreciará a admissibilidade do recurso.

§ 1º Da decisão do relator que inadmitir os embargos caberá agravo interno no prazo de 5 (cinco) dias para a Câmara Criminal.

§ 2º A petição do agravo será juntada aos autos e submetida à apreciação do relator. Mantida a decisão, haverá autuação do agravo interno e distribuição à Câmara Criminal.

§ 3º No caso de provimento do agravo interno, os embargos infringentes serão distribuídos, por prevenção, ao respectivo relator.

Art. 276. Feita a distribuição, os autos serão remetidos à Procuradoria de Justiça para oferta de parecer no prazo de 10 (dez) dias.

Art. 277. O relator e o revisor disporão, sucessivamente, do prazo de 10 (dez) dias para exame; após, o revisor pedirá a inclusão em pauta de julgamento.

Art. 278. Julgados os embargos infringentes e de nulidade criminais relativos a acusado preso, a secretaria do órgão julgador comunicará a decisão à Vara de Execuções Penais ou à Vara de Execuções das Penas e Medidas Alternativas.

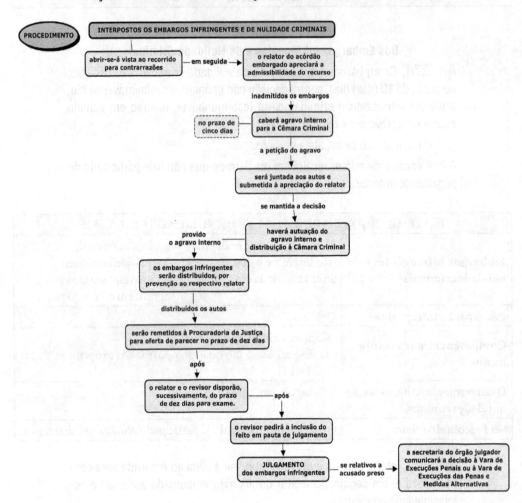

REGIMENTO INTERNO DO TRIBUNAL DE JUSTIÇA DO DISTRITO FEDERAL E DOS TERRITÓRIOS — ART. 278

PARA PRATICAR

674. **(Cespe/TJDFT/Juiz Substituto/2013 – desmembrada)** Após o julgamento dos embargos de nulidade criminais relativos a acusado preso, a secretaria do órgão julgador deverá comunicar a decisão à vara de execuções penais ou à vara de execuções das penas e medidas alternativas, dispensando-se tal providência no caso de embargos infringentes. ( )

675. **(Cespe/TJDFT/Juiz Substituto/2013 – desmembrada)** Contra a decisão proferida pelo relator que não admitir os embargos infringentes, caberá a apresentação de carta testemunhável no prazo de cinco dias. ( )

676. **(Cespe/TJDFT/Juiz Substituto/2013 – desmembrada e atualizada)** Em caso de decisão não unânime e desfavorável ao réu proferida em sede de recurso em sentido estrito, será cabível agravo interno. ( )

COMENTÁRIOS

674. (E) Julgados os embargos infringentes e de nulidade criminais relativos a acusado preso, a secretaria do órgão julgador comunicará a decisão à vara de execuções penais ou à vara de execuções das penas e medidas alternativas (art. 278).

675. (E) Contra decisão do relator que inadmitir os embargos infringentes caberá agravo interno no prazo de cinco dias para a Câmara Criminal, e não carta testemunhável como afirma a questão (art. 275, § 1º).

676. (E) O recurso cabível em caso de decisão não unânime e desfavorável ao réu proferida em recurso em sentido estrito são os embargos infringentes e de nulidade criminais e não o agravo interno. Os embargos infringentes e de nulidade criminais são cabíveis ainda contra decisão não unânime e desfavorável ao réu, proferida em apelação criminal, carta testemunhável e agravo em execução penal (art. 274).

Seção V
Do Recurso Extraordinário e do Recurso Especial

Recurso extraordinário	É o recurso cabível quando a decisão recorrida, proferida em única ou última instância - contrariar dispositivo da constituição; - declarar a inconstitucionalidade de tratado ou lei federal; - julgar válida lei ou ato de governo local contestado em face da Constituição; - julgar válida lei local contestada em face de lei federal (art. 102, III, da CF).
Recurso especial	É o recurso cabível quando a decisão recorrida, proferida em única ou última instância - contrariar tratado ou lei federal ou negar-lhes vigência; - julgar válido ato de governo local contestado em face de lei federal; - der a lei federal interpretação divergente da que lhe haja atribuído outro tribunal (art. 105, III, da CF).

Art. 279. O recurso extraordinário e o recurso especial serão interpostos perante o Presidente do Tribunal em petições distintas.

O recurso extraordinário e o recurso especial	Serão interpostos perante o Presidente do Tribunal em petições distintas.

Art. 280. Recebida a petição do recurso, a secretaria intimará o recorrido para apresentar contrarrazões no prazo de 15 (quinze) dias, findo o qual os autos serão conclusos para admissão ou não do recurso, em decisão fundamentada.

Art. 281. Publicada a decisão de admissão, os autos serão imediatamente digitalizados e encaminhados ao tribunal competente por meio eletrônico.

Parágrafo único. Ato da Presidência disciplinará a guarda e o retorno dos autos ao órgão de origem.

Art. 282. Preclusa a decisão de inadmissibilidade, os autos serão remetidos ao órgão de origem.

Art. 283. Interposto agravo contra a decisão que não admitir recurso especial ou extraordinário, o agravado será intimado, de imediato, para oferecer resposta no prazo de 15 (quinze) dias. Em seguida, os autos serão remetidos à instância superior, observada a ordem do art. 1.031 do Código de Processo Civil.

Parágrafo único. Ato da Presidência disciplinará a guarda e o retorno dos autos ao órgão de origem, observada a natureza cível ou criminal da matéria.

Art. 284. Sempre que houver multiplicidade de recursos extraordinários ou especiais com fundamento em idêntica questão de direito, o Presidente do Tribunal selecionará 2 (dois) ou mais recursos representativos da controvérsia, que serão encaminhados ao Supremo Tribunal Federal ou ao Superior Tribunal de Justiça para fins de afetação, determinando a suspensão do trâmite de todos os processos pendentes, individuais ou coletivos, que tramitem no Tribunal.

Parágrafo único. Na seleção de recursos repetitivos será observado o disposto no art. 1.036, § 6º, do Código de Processo Civil.

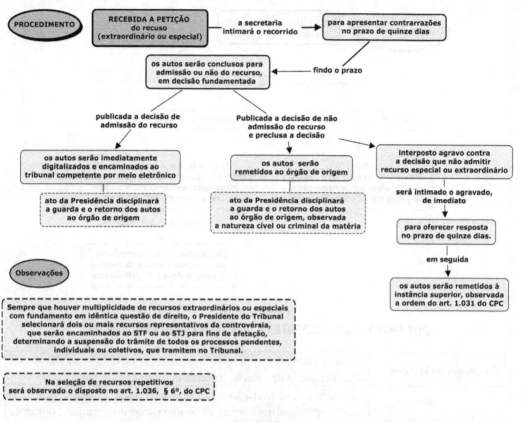

Seção VI
Do Recurso Ordinário

Recurso ordinário	É o recurso cabível contra as decisões proferidas, em única ou última instância, quando denegatórias do *habeas corpus*, mandado de segurança, *habeas data* e mandado de injunção.
Competência	Supremo Tribunal Federal, se a decisão recorrida foi proferida pelos Tribunais Superiores (art. 102, II, CF).
	Superior Tribunal de Justiça, se a decisão recorrida foi proferida pelos Tribunais Regionais Federais ou pelos Tribunais dos Estados, do Distrito Federal e Territórios (art. 105, II, CF).

Art. 285. Recebida a petição do recurso ordinário em *habeas corpus*, o Presidente do Tribunal determinará o encaminhamento dos autos ao Superior Tribunal de Justiça, independentemente de juízo de admissibilidade.

Art. 286. Recebida a petição do recurso ordinário em mandado de segurança, o Presidente do Tribunal determinará a intimação do recorrido e eventuais litisconsortes para apresentar contrarrazões no prazo de 15 (quinze) dias.

Parágrafo único. Decorrido o prazo, os autos serão remetidos ao Superior Tribunal de Justiça, independentemente de juízo de admissibilidade.

ART. 287 TJDFT – EM ESQUEMAS

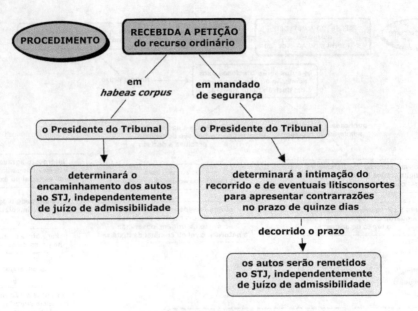

CAPÍTULO IV
DOS PROCESSOS INCIDENTES E DOS INCIDENTES PROCESSUAIS

Processos incidentes	São os processos que apresentam questões jurídicas que devem ser decididas antes da solução da causa principal.
Incidentes processuais	São questões controvertidas secundárias e acessórias surgidas no curso do processo principal que e devem ser decididas antes do julgamento do mérito da causa principal. Os incidentes processuais, ao contrário dos processos incidentes, não geram uma nova relação processual.
Processos incidentes e os incidentes processuais que tramitam no Tribunal	- incidente de arguição de inconstitucionalidade; - incidente de assunção de competência; - incidente de resolução de demandas repetitivas; - exceção e incidente de impedimento e suspeição; - exceção da verdade; - anistia, graça e indulto; - habilitação; - incidente de falsidade; - tutela provisória nos processos de competência originária e medidas cautelares nos feitos criminais; - reabilitação; - restauração de autos; - súmula; - incidente de desconsideração da personalidade jurídica.

Seção I
Do Incidente de Arguição de Inconstitucionalidade

Art. 287. A inconstitucionalidade de lei ou ato normativo do poder público poderá ser arguida incidentalmente perante o Conselho Especial ou qualquer outro órgão fracionário nos julgamentos de sua competência.

Incidente de arguição de inconstitucionalidade	É o procedimento por meio do qual as partes de um processo em curso no tribunal arguem, incidentalmente, por ocasião do julgamento do feito, a inconstitucionalidade de lei ou de ato normativo do poder público, relevante ou indispensável para julgamento da causa. Tem previsão nos arts. 948/950 do CPC.
Competência para o julgamento	Conselho Especial (art. 13, I, h).
Pode ser arguida incidentalmente	Perante o Conselho Especial ou qualquer outro órgão fracionário nos julgamentos de sua competência.

§ 1º Ouvida a parte contrária no prazo de 15 (quinze) dias, os autos serão encaminhados ao Ministério Público para parecer no prazo de 30 (trinta) dias.

§ 2º Em seguida a questão será submetida ao órgão colegiado ao qual competir o conhecimento do processo.

§ 3º A arguição será decidida por maioria simples.

Art. 288. Se a arguição for:

I – rejeitada, prosseguirá o julgamento;

II – acolhida, lavrar-se-á acórdão e a questão será submetida ao Conselho Especial, com o encaminhamento do processo.

Parágrafo único. Será rejeitada a arguição de inconstitucionalidade quando já houver pronunciamento do Conselho Especial do Tribunal de Justiça ou do plenário do Supremo Tribunal Federal sobre a questão.

Art. 289. Distribuído o incidente ao Conselho Especial, o relator notificará a pessoa jurídica de direito público responsável pela edição do ato questionado para, querendo, se manifestar no prazo de 15 (quinze) dias.

Parágrafo único. A manifestação deverá se restringir ao objeto da arguição de inconstitucionalidade.

Art. 290. Qualquer das partes legitimadas à propositura das ações previstas no art. 103 da Constituição Federal poderá manifestar-se, por escrito, sobre a questão constitucional objeto de apreciação, no prazo de 15 (quinze) dias da distribuição.

Parágrafo único. No mesmo prazo, mediante despacho irrecorrível do relator e considerada a relevância da matéria e a representatividade, poderá ser admitida a manifestação de outros órgãos ou entidades por meio de memoriais ou apresentação de documentos, que serão juntados aos autos.

Art. 291. Em seguida, o Ministério Público será ouvido no prazo de 30 (trinta) dias.

Art. 292. Devolvidos os autos pelo relator, o presidente designará a sessão de julgamento e enviará cópia do relatório e do acórdão de admissibilidade do incidente a todos os desembargadores.

Art. 293.

Art. 293. A inconstitucionalidade será declarada por maioria absoluta, observada a regra do art. 12, § 1º, computando-se o voto do Presidente.

Parágrafo único. Lavrado o acórdão, o processo retornará ao órgão fracionário para conclusão do julgamento.

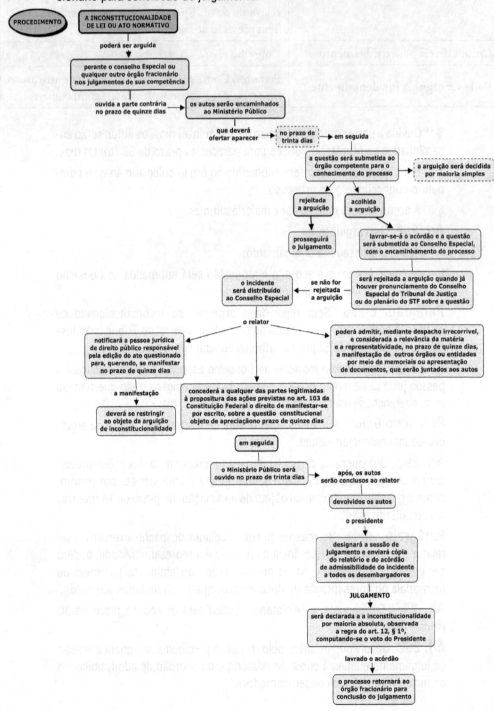

PARA PRATICAR

677. (Cespe/TJDFT/Execução de Mandados/1999 – adaptada) Se, na apreciação de recurso de competência do Tribunal, este tiver de deixar de aplicar lei distrital por inconstitucionalidade em face da Constituição da República, essa declaração de inconstitucionalidade deverá ser feita pelo Conselho Especial. ( )

678. (Inédita) Somente pelo voto de 2/3 de seus membros poderá o Conselho Especial declarar, incidentalmente, a inconstitucionalidade de lei ou ato normativo do poder público. ( )

COMENTÁRIOS

677. (C) A questão trata-se da arguição de inconstitucionalidade de lei ou de ato normativo do poder público prevista nos arts. 287/293 do Regimento Interno. Ao contrário da ação direta de inconstitucionalidade, que somente é possível quando arguida em face da Lei Orgânica do Distrito Federal, a arguição de inconstitucionalidade de lei pode ser ajuizada em face da Constituição Federal. A inconstitucionalidade, nesse caso, poderá ser arguida incidentalmente perante o Conselho Especial ou qualquer órgão fracionário nos julgamentos de sua competência (art. 287). Se acolhida a arguição, os autos serão submetidos ao Conselho Especial que julgará a arguição de inconstitucionalidade (art. 288, II). Após o julgamento, lavrado o acórdão, o processo retornará ao órgão fracionário para conclusão do julgamento (art. 293, parágrafo único).

678. (E) A inconstitucionalidade será declarada por maioria absoluta, observada a regra do art. 12, § 1º. 2/3 é o *quorum* mínimo de presença para julgamento do incidente, caso em que será computado o voto do Presidente (art. 293).

Seção II
Do Incidente de Assunção de Competência

Art. 294. É admissível a assunção de competência:

I – quando o julgamento de recurso, de remessa necessária ou de processo de competência originária envolver relevante questão de direito, com grande repercussão social, sem repetição em múltiplos processos;

II – quando ocorrer relevante questão de direito a respeito da qual seja conveniente a prevenção ou a composição de divergência entre câmaras ou turmas cíveis.

Parágrafo único. Não será admitida a arguição quando a questão de direito tiver sido objeto de decisão em julgamento de casos repetitivos.

DO INCIDENTE DE ASSUNÇÃO DE COMPETÊNCIA	
Incidente de Assunção de Competência	É um incidente processual instaurado a partir da identificação de uma matéria de direito, com grande repercussão social, já em grau de recurso, não envolvendo a existência de uma multiplicidade de processos em que ela se repita(*). Tem previsão no art. 947 do CPC.
Órgão competente para o julgamento	Câmara de Uniformização (art. 18, III).

É admissível a assunção de competência	- Quando o julgamento de recurso, de remessa necessária ou de processo de competência originária envolver relevante questão de direito, com grande repercussão social, sem repetição em múltiplos processos; - Quando ocorrer relevante questão de direito a respeito da qual seja conveniente a prevenção ou a composição de divergência entre câmaras ou turmas cíveis.
Não será admitida a arguição	Quando a questão de direito tiver sido objeto de decisão em julgamento de casos repetitivos.
(*) Definição extraída do portal do CNJ.	

Art. 295. Verificados os pressupostos legais, o relator proporá, de ofício ou a requerimento das partes, do Ministério Público ou da Defensoria Pública, que seja o recurso, a remessa necessária ou o processo de competência originária julgado pela Câmara de Uniformização.

Quem pode propor a instauração do incidente	- o relator, de ofício; - o relator, a requerimento das partes, do Ministério Público ou da Defensoria Pública, verificados os pressupostos legais.
Quais os processos poderão ser levados a julgamento pela Câmara de Uniformização	- o recurso; - a remessa necessária; - o processo de competência originária.

Art. 296. O pedido das partes deverá ser deduzido nas razões e contrarrazões do recurso ou na petição inicial e no prazo de resposta.

§ 1º Nos processos em que deva intervir, o Ministério Público deduzirá o pedido no prazo para sua manifestação.

§ 2º Nos processos em que atuar, a Defensoria Pública deduzirá o pedido no prazo do *caput*.

§ 3º Nas demais hipóteses, o Ministério Público e a Defensoria Pública deduzirão o pedido até o lançamento do relatório.

QUEM DEDUZ O PEDIDO	ONDE SE DEDUZ O PEDIDO	QUANDO DEDUZ O PEDIDO
As partes	Nas razões e contrarrazões do recurso ou na petição inicial	No prazo de resposta.
O Ministério Público	Nos processos em que deva intervir	No prazo para sua manifestação.
A Defensoria Pública	Nos processos em que atuar	No prazo de resposta.
O Ministério Público e a Defensoria Pública	Nas demais hipóteses	Até o lançamento do relatório.

Art. 297. O pedido será instruído com os documentos necessários à demonstração dos pressupostos para a assunção de competência.

Parágrafo único. A decisão do relator quanto à apresentação da proposta de instauração do incidente será irrecorrível.

Art. 298. A proposta será submetida pelo relator ao órgão colegiado ao qual competir o conhecimento do processo.

O pedido será instruído	Com os documentos necessários à demonstração dos pressupostos para a assunção de competência.
Não caberá recurso	Da decisão do relator que apresentar a proposta de instauração do incidente.
A proposta será submetida	Pelo relator ao órgão colegiado ao qual competir o conhecimento do processo.

§ 1º Acolhida a proposta, será lavrado acórdão e remetidos os autos à Câmara de Uniformização para o julgamento do recurso, da remessa necessária ou do processo de competência originária.

§ 2º Rejeitada a proposta, prosseguir-se-á no julgamento.

Art. 299. Distribuído o feito à Câmara de Uniformização, no prazo máximo de 30 (trinta) dias o relator devolverá os autos à secretaria com relatório e solicitação de inclusão em pauta para julgamento.

Parágrafo único. Cópia do relatório será encaminhada aos desembargadores.

Art. 300. Na sessão de julgamento haverá deliberação prévia sobre o interesse público na assunção de competência.

§ 1º Inadmitida a assunção de competência, será lavrado acórdão e os autos retornarão ao órgão originário para julgamento do recurso, da remessa necessária ou do processo de competência originária.

§ 2º Admitida a assunção de competência, a Câmara de Uniformização julgará o recurso, por maioria absoluta, a remessa necessária ou o processo de competência originária e fixará a tese respectiva.

§ 3º Cópia do acórdão será encaminhada à Comissão de Jurisprudência para o fim dos arts. 331, § 4º, e 334, § 1º.

Art. 301. O acórdão vinculará todos os juízes e órgãos fracionários do tribunal, exceto quando houver revisão da tese em qualquer das hipóteses previstas na legislação processual.

Parágrafo único. A revisão da tese atenderá ao disposto nos artigos anteriores, no que couber.

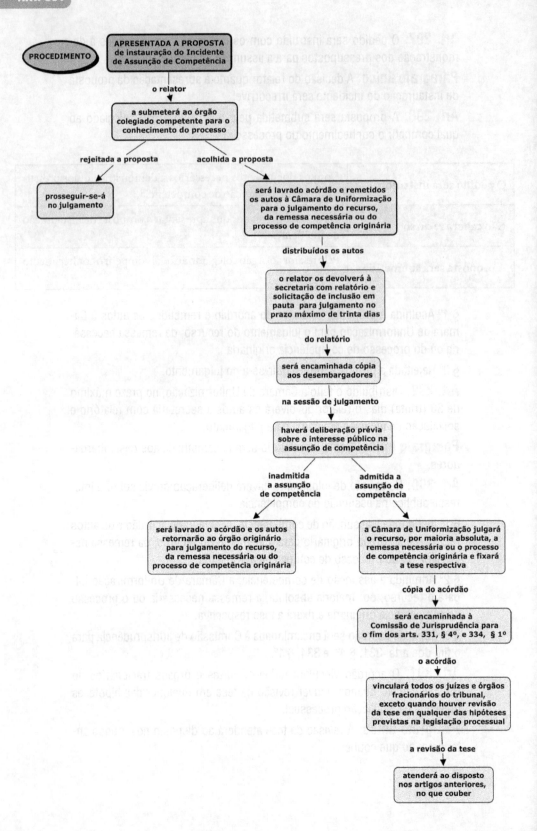

PARA PRATICAR

679. (Inédita) O incidente de assunção de competência pode ser suscitado quando o tribunal constatar a repetição de casos repetitivos com grande repercussão social. ( )

680. (Inédita) O acórdão proferido no julgamento do incidente de assunção de competência vinculará outros juízes e órgãos do tribunal quando não houver revisão de tese. ( )

681. (Inédita) O julgamento de recurso, de remessa necessária ou de processo de competência originária na Câmara de Uniformização pode ser proposto, de ofício ou a requerimento da parte, do Ministério Público ou da Defesa. ( )

682. (Inédita) Não será admitido o incidente de assunção de competência quando a questão de direito discutida houver sido objeto de decisão em julgamento de casos repetitivos. ( )

COMENTÁRIOS

679. (E) Não será admitida a arguição quando a questão de direito tiver sido objeto de decisão em julgamento de casos repetitivos (art. 294, parágrafo único). A repercussão social, entre outros, é sim requisito para admissibilidade do incidente (art. 294, I).

680. (C) O acórdão vinculará todos os juízes e órgãos fracionários do tribunal, exceto quando houver revisão de tese em qualquer das hipóteses previstas na legislação processual (art. 301).

681. (C) Verificados os pressupostos legais, o relator proporá, de ofício ou a requerimento das partes, do Ministério Público ou da Defensoria Pública, que seja o recurso, a remessa necessária ou o processo de competência originária julgado pela Câmara de Uniformização (art. 295).

682. (C) Não será admitida a arguição quando a questão de direito tiver sido objeto de decisão em julgamento de casos repetitivos (art. 294, parágrafo único).

Seção III
Do Incidente de Resolução de Demandas Repetitivas

Art. 302. O pedido de instauração do incidente de resolução de demandas repetitivas, restrito aos processos de competência do tribunal, será dirigido ao presidente do tribunal:

I – pelo juiz ou relator, por ofício;

II – pelas partes, por petição;

III – pelo Ministério Público ou pela Defensoria Pública, por petição.

Parágrafo único. O ofício ou a petição será instruído com os documentos necessários à demonstração do preenchimento dos pressupostos para a instauração do incidente.

DO INCIDENTE DE RESOLUÇÃO DE DEMANDAS REPETITIVAS	
Incidente de Resolução de Demandas Repetitivas	É um incidente processual que pode ser instaurado pelas partes, pelo próprio juiz da causa principal, pelo Ministério Público ou pela Defensoria Pública sempre que for verificada a repetição de determinada controvérsia de direito em vários processos e risco de ofensa à isonomia e à segurança jurídica pela multiplicidade de decisões diferentes sobre o mesmo assunto(*).

É cabível a instauração do incidente de resolução de demandas repetitivas	Quando houver, simultaneamente: – efetiva repetição de processos que contenham controvérsia sobre a mesma questão unicamente de direito; – risco de ofensa à isonomia e à segurança jurídica (art. 976 do CPC).
O pedido de instauração do incidente de resolução de demandas repetitivas é restrito	Aos processos de competência do tribunal.
O pedido é dirigido	Ao presidente do tribunal.
Quem pode formular o pedido	- O juiz ou relator, por ofício; - As partes, por petição; - O Ministério Público ou a Defensoria Pública, por petição.
O ofício ou a petição serão instruídos	Com os documentos necessários à demonstração do preenchimento dos pressupostos para a instauração do incidente.
(*) Definição extraída do portal do CNJ.	

Art. 303. Feita a distribuição à Câmara de Uniformização, o relator levará o incidente para o juízo colegiado de admissibilidade, lavrando-se o respectivo acórdão.

Art. 304. Admitido o incidente, o relator:

I – suspenderá os processos pendentes, individuais ou coletivos, que tramitam na Justiça do Distrito Federal, inclusive no sistema dos juizados especiais;

II – poderá requisitar informações a órgãos em cujo juízo tramita processo no qual se discute o objeto do incidente, que as prestarão no prazo de 15 (quinze) dias;

III – intimará o Ministério Público para, querendo, manifestar-se no prazo de 15 (quinze) dias.

§ 1º A suspensão será comunicada aos órgãos judiciários competentes.

§ 2º Cessa a suspensão se o incidente não for julgado no prazo de 1 (um) ano, salvo decisão fundamentada do relator em sentido contrário.

Art. 305. O Presidente do Tribunal determinará a inclusão do incidente no banco eletrônico de dados e a comunicação da sua admissibilidade ao Conselho Nacional de Justiça.

Art. 306. O relator ouvirá as partes e os demais interessados, inclusive pessoas, órgãos e entidades com interesse na controvérsia, no prazo comum de 15 (quinze) dias.

§ 1º As partes e interessados poderão requerer a juntada de documentos e a realização de diligências necessárias à elucidação da questão de direito controvertida.

§ 2º Em seguida, manifestar-se-á o Ministério Público, no mesmo prazo.

§ 3º O relator poderá designar audiência pública para ouvir depoimentos de pessoas com experiência e conhecimento na matéria.

Art. 307. Concluídas as diligências, o relator lançará relatório e determinará a inclusão do incidente em pauta para julgamento.

Parágrafo único. Incluído o incidente em pauta, cópia do relatório será enviada aos membros da Câmara de Uniformização.

Art. 308. No julgamento do incidente, observar-se-á a seguinte ordem:

I – o relator fará a exposição do objeto do incidente;

II – poderão sustentar suas razões, sucessivamente:

a) o autor e o réu do processo originário e o Ministério Público, pelo prazo de 30 (trinta) minutos;

b) os demais interessados, no prazo de 30 (trinta) minutos, divididos entre todos que tenham se inscrito com pelo menos 2 (dois) dias de antecedência.

§ 1º Considerando o número de inscritos, o prazo poderá ser ampliado pelo presidente da sessão.

§ 2º A deliberação será tomada por maioria absoluta.

Art. 309. O acórdão abrangerá a análise de todos os fundamentos suscitados, favoráveis ou contrários, concernentes à tese jurídica discutida e passíveis de influenciar na sua fixação.

Parágrafo único. Cópia do acórdão será encaminhada à Comissão de Jurisprudência para o fim dos arts. 331, § 4º, e 334, § 1º.

Art. 310. Se o incidente tiver por objeto questão relativa a prestação de serviço concedido, permitido ou autorizado, o resultado do julgamento será comunicado ao órgão, ao ente ou à agência reguladora competente para fiscalização da efetiva aplicação, por parte dos entes sujeitos a regulação, da tese adotada.

Art. 311. A revisão da tese jurídica firmada no incidente far-se-á, pelo mesmo órgão, de ofício ou mediante requerimento dos legitimados do art. 302 e atenderá ao disposto nos arts. 303 a 310.

Parágrafo único. Acolhida a revisão, haverá deliberação sobre a modulação dos efeitos da alteração em face do interesse público e da segurança jurídica, que deverá ser tomada por dois terços.

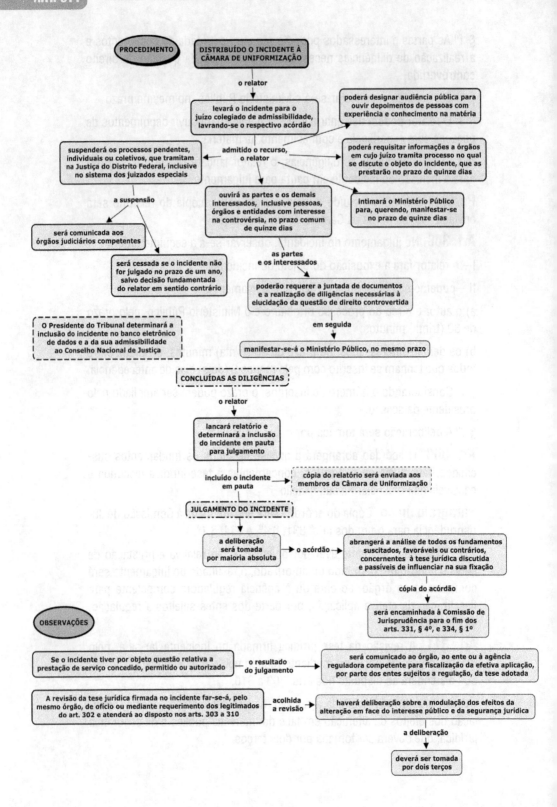

PARA PRATICAR

683. (Inédita) O incidente de resolução de demandas repetitivas é restrito aos processos de competência do tribunal e será designado relator o Presidente do Tribunal. ( )

COMENTÁRIOS

683. (E) O incidente é restrito aos processos do competência do tribunal e será dirigido ao Presidente do Tribunal (art. 302). O envio ao Presidente do Tribunal não significa que ele será o relator do processo. O incidente será distribuído a um dos desembargadores da Câmara de Uniformização (arts. 303).

Seção IV
Da Exceção e do Incidente de Impedimento e Suspeição

DA EXCEÇÃO E DO INCIDENTE DE IMPEDIMENTO E DE SUSPEIÇÃO	
Exceção e incidente de impedimento(*)	É um procedimento incidental no qual se alegam os motivos previstos no art. 144 do CPC que impedem o magistrado de exercer a sua função jurisdicional, a fim de assegurar a imparcialidade do julgamento.
Exceção e incidente de suspeição(*)	É um procedimento incidental no qual se alegam os motivos previstos no art. 145 do CPC que tornam o magistrado suspeito de parcialidade para o julgamento de um processo.
Competência	É do Conselho Especial a competência para julgar as exceções e os incidentes de impedimento ou de suspeição relativos a desembargadores e ao Procurador-Geral de Justiça do Distrito Federal e Territórios (art. 13, III).

(*) O Regimento Interno denomina "exceção" as arguições feitas nos processos de natureza criminal e "incidente", nos processos de natureza cível.

Art. 312. Os desembargadores declarar-se-ão impedidos ou suspeitos nos casos previstos em lei.

§ 1º A declaração será feita por escrito pelo relator e pelo revisor; nos demais casos será feita verbalmente e constará da ata de julgamento.

§ 2º Se a causa do impedimento ou da suspeição estiver anotada na capa dos autos, constará da papeleta de julgamento e o presidente do órgão julgador a declarará quando chamar o processo a julgamento.

Declaração de impedimento ou de suspeição	É feita pelos desembargadores nos casos previstos em lei.	
Como é feita a declaração de impedimento ou de suspeição	Por escrito	Pelo relator e pelo revisor;
	verbalmente	Nos demais casos e constará da ata de julgamento.
Se a causa do impedimento ou da suspeição estiver anotada na capa dos autos	Constará da papeleta de julgamento e o presidente do órgão julgador a declarará quando chamar o processo a julgamento.	

Art. 313. A arguição de impedimento ou de suspeição suspenderá o processo até o julgamento do incidente.

Parágrafo único. Os autos da exceção ou do incidente serão apensados aos autos do processo originário.

Art. 314. A arguição de impedimento ou de suspeição do relator será suscitada nos 15 (quinze) dias posteriores à distribuição ou, quando não tiver por fundamento motivo preexistente, do fato que ocasionou o impedimento ou a suspeição.

Art. 315. A arguição deverá indicar os fundamentos de fato e de direito da recusa do magistrado e será instruída com documentos e rol de testemunhas, se houver.

Parágrafo único. Quando exigido por lei, a petição será assinada pela própria parte ou por procurador com poderes especiais.

Suspensão do processo	A arguição de impedimento ou de suspeição suspenderá o processo até o julgamento do incidente.	
Os autos da exceção ou do incidente	Serão apensados aos autos do processo originário.	
Prazo para arguir o impedimento ou a suspeição do relator	Quinze dias posteriores à distribuição	Quando fundada em motivo preexistente.
	Quinze dias do fato que ocasionou o impedimento ou a suspeição	Quando não tiver por fundamento motivo preexistente.
A arguição deverá indicar	Os fundamentos de fato e de direito da recusa do magistrado.	
A arguição será instruída	Com documentos e rol de testemunhas, se houver.	
A petição será assinada	Pela própria parte ou por procurador com poderes especiais quando exigido por lei.	

Art. 316. Autuada a petição, os autos serão remetidos ao magistrado apontado como impedido ou suspeito.

§ 1º Se não admitir o impedimento ou a suspeição, o magistrado oferecerá resposta em 15 (quinze) dias.

§ 2º Admitido o impedimento ou a suspeição:

I – pelo relator, o feito será redistribuído;

II – pelo revisor, os autos serão enviados ao desembargador que lhe suceder no órgão julgador.

Art. 317. Na hipótese do § 1º do artigo anterior, finda a instrução, os autos serão conclusos ao relator, que disporá do prazo de 10 (dez) dias para apresentar o processo para julgamento em mesa, sem a presença do magistrado arguido.

REGIMENTO INTERNO DO TRIBUNAL DE JUSTIÇA DO DISTRITO FEDERAL E DOS TERRITÓRIOS — ART. 317

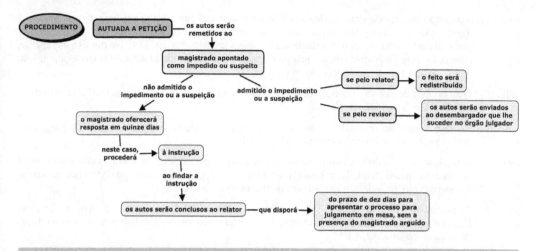

PARA PRATICAR

X – **(Cespe/TJDFT/Oficial Avaliador/1997 – adaptada)** Considere a seguinte situação hipotética. João Teixeira guarda certa relação com um desembargador, Severino Teixeira, que configura caso de impedimento para que este funcione em processo de que o primeiro seja parte. Em uma apelação cível, João Teixeira figura como apelado e a apelação, por coincidência, é distribuída ao Desembargador Severino Teixeira. O apelante, sabedor, desde o início do processo, no primeiro grau de jurisdição, daquelas circunstâncias, aguarda o momento que julga ideal para suscitar o impedimento. Após a tramitação de praxe (como se não houvesse o impedimento), o revisor pede dia para julgamento, sendo a sessão designada para quase um ano após a distribuição do recurso. O advogado do apelante, então, amparado na procuração que lhe dá os poderes gerais para o foro (os da chamada cláusula *ad judicia*), comparece à sessão de julgamento e, logo após o relator proferir seu voto, pede a palavra para requerer seja apreciado, como questão de ordem, o impedimento, que apresenta em petição escrita. Em vista desse quadro, julgue os itens a seguir, à luz, estritamente, das normas do Regimento Interno e levando em consideração, em cada um, apenas o aspecto nele especificamente abordado, marcando C (Certo) ou E (Errado).

684. Devia o próprio relator, de ofício, haver declarado nos autos seu impedimento, não carecendo de aguardar a iniciativa da parte interessada. ( )

685. A exceção de impedimento, suscitada como questão de ordem, não poderia prosperar, por ter sido ultrapassado o prazo regimental para ser arguida pelo interessado. ( )

686. O procurador apenas com poderes gerais não pode arguir impedimento de membro do Tribunal. ( )

687. Se a arguição de impedimento fosse regular e viesse a ser admitida, teria de ser redistribuído o recurso de apelação. ( )

688. **(Inédita)** Em qualquer fase do processo, é viável a alegação de impedimento ou suspeição do relator. ( )

689. **(Inédita)** O Desembargador, para firmar sua suspeição ou impedimento, deverá fazê-lo por escrito, se for relator ou revisor do processo. Nos demais casos, deverá fazê-lo verbalmente na sessão, registrando-se tal declaração na ata de julgamento. ( )

COMENTÁRIOS

684. **(C)** Os desembargadores, nos casos previstos em lei, declarar-se-ão impedidos ou suspeitos (art. 312), o que deverá ser feito por escrito, quando se tratar de relator ou de revisor, ou, verbalmente, nos demais casos, consignando-se na ata de julgamento (art. 312, § 1º). No caso em exame, sendo o desembargador Severino o relator do feito, ele deveria declarar o seu impedimento por escrito, não necessitando aguardar a iniciativa da parte interessada.

685. (C) A arguição de impedimento ou de suspeição do relator será suscitada nos quinze dias posteriores à distribuição, quando fundada em motivo preexistente; e em quinze dias contados do fato que ocasionou o impedimento, quando não fundada em motivo preexistente (art. 314). Na questão em análise, a exceção de impedimento não poderia prosperar, pois suscitada muito além do prazo legal, ou seja, quase um ano após a distribuição do recurso.

686. (C) Quando exigido por lei, a petição será assinada pela própria parte ou por procurador com poderes especiais (art. 315, parágrafo único).

687. (C) No caso da questão em análise, como se trata de impedimento do relator, caso acolhida a arguição, deverá ser redistribuído o processo (art. 316, § 2º, I).

688. (E) A arguição de impedimento ou de suspeição do relator será suscitada nos quinze dias posteriores à distribuição, quando fundada em motivo preexistente; e em quinze dias contados do fato que ocasionou o impedimento, quando não fundada em motivo preexistente (art. 314).

689. (C) Os desembargadores declarar-se-ão impedidos nos casos previstos em lei (art. 312). A declaração será feita por escrito pelo relator e pelo revisor; nos demais casos será feita verbalmente e constará da ata de julgamento (art. 312, § 1º).

Seção V
Da Exceção da Verdade

Art. 318. A exceção da verdade será admitida, incidentalmente, na ação penal originária, e o seu procedimento será regulado pelas leis processuais.

Art. 319. A decisão da exceção será formalizada em acórdão autônomo ou integrará o acórdão da ação penal originária.

DA EXCEÇÃO DA VERDADE	
Exceção da verdade	É o meio de defesa utilizado pelo réu em processo criminal no qual é acusado de crime de calúnia, possibilitando que seja feita a prova da verdade do fato criminoso que ele imputou a alguém, descaracterizando, dessa forma, o crime.
Competência	O Conselho Especial nos casos em que o querelante(*) tenha direito a foro por prerrogativa de função (art. 13, IV).
Admissibilidade	A exceção da verdade será admitida, incidentalmente, na ação penal originária.
Procedimento	Será regulado pelas leis processuais
Decisão da exceção	Será formalizada em acórdão autônomo ou integrará o acórdão da ação penal originária.
(*) Querelante é a pessoa que ajuíza a ação penal privada.	

Seção VI
Da Anistia, da Graça e do Indulto

Art. 320. O pedido de anistia, de graça ou de indulto poderá ser efetuado por petição do condenado, de qualquer pessoa do povo, do Conselho Penitenciário ou do Ministério Público.

§ 1º A extinção da punibilidade decorrente de anistia, graça ou indulto será decidida pelo Tribunal nos processos de sua competência originária, e o Presidente atuará como relator.

§ 2º O condenado poderá recusar a comutação da pena.

DA ANISTIA, DA GRAÇA E DO INDULTO	
Anistia	É o benefício concedido ao condenado pela prática, em tese, de crimes políticos. A anistia é causa de extinção da punibilidade e suprime os efeitos da condenação.
Graça e indulto	São benefícios concedidos ao condenado pela prática de crimes comuns. Ambos são causas de extinção da punibilidade e suprimem a execução da pena; são concedidos, em regra, pelo Presidente da República, sendo que a graça é um benefício concedido individualmente ao acusado, enquanto o indulto é benefício de caráter coletivo.
O pedido de anistia, graça ou indulto pode ser feito por petição	- do condenado; - de qualquer pessoa do povo; - do Conselho Penitenciário; - do Ministério Público.
Competência	A extinção da punibilidade decorrente de anistia, graça ou indulto será decidida pelo Tribunal nos processos de sua competência originária.
Atuará como relator	O Presidente do Tribunal.
Recusa da comutação da pena	O condenado poderá recusar a comutação da pena.

Seção VII
Da Habilitação

Art. 321. A habilitação incidente será requerida ao relator, nos próprios autos, suspendendo-se o processo.

DA HABILITAÇÃO	
Habilitação incidente	É a substituição – em caso de falecimento de uma das partes do processo – pelo seu sucessor ou interessado legal (art. 313, §§ 2º e 3º, do CPC).
Órgão competente para o julgamento	Aquele que for competente para o julgamento da causa principal.
A quem é requerida	Ao relator do processo principal, nos próprios autos, suspendendo-se o processo.
A habilitação	Não dependerá de decisão do relator e será processada nos autos da causa principal.

§ 1º O relator determinará a citação do requerido para responder em 5 (cinco) dias.

§ 2º As partes apresentarão prova documental e rol de testemunhas juntamente com a inicial ou com a contestação.

§ 3º Terminada a instrução, o relator, em 5 (cinco) dias, apresentará o processo para julgamento em mesa, perante o órgão competente para julgamento da causa principal.

Art. 322. A habilitação não dependerá de decisão do relator e será processada nos autos da causa principal.

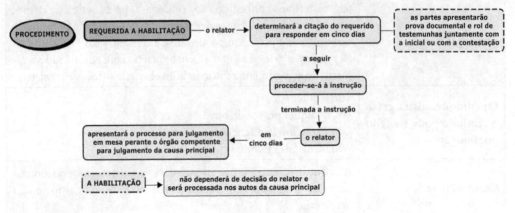

Seção VIII
Do Incidente de Falsidade

Art. 323. O incidente de falsidade será suscitado ao relator da causa principal, de acordo com o procedimento contido no Código de Processo Civil, perante o órgão competente para o julgamento da causa principal.

DO INCIDENTE DE FALSIDADE	
Incidente de falsidade	É o incidente por meio do qual se busca declarar a autenticidade de um documento, ou seja, constatar se ele é falso ou verdadeiro.
A quem é suscitado o incidente	Ao relator da causa principal.
Competência	O incidente será julgado perante o órgão competente para o julgamento da causa principal.
Procedimento	De acordo com o disposto no Código de Processo Civil (arts. 430/433).

Seção IX
Da Tutela Provisória nos Processos de Competência Originária e das Medidas Cautelares nos Feitos Criminais

Art. 324. Nos processos de competência originária, a tutela provisória atenderá ao disposto na legislação processual civil.

Art. 325. Nos feitos criminais, as medidas cautelares, antecedentes ou incidentais, atenderão ao disposto na legislação processual penal.

A tutela provisória, nos processos de competência originária	Atenderá ao disposto na legislação processual civil.
As medidas cautelares, antecedentes ou incidentais, nos feitos criminais	Atenderá ao disposto na legislação processual penal.

Seção X
Da Reabilitação

Art. 326. O incidente de reabilitação relativo a causas criminais de competência originária do Tribunal será processado pelo mesmo relator da condenação, que poderá ordenar as diligências necessárias à instrução, ouvida sempre a Procuradoria-Geral de Justiça, obedecendo-se, no que couber, às disposições do Código de Processo Penal.

Parágrafo único. Os pedidos de reabilitação serão sempre julgados pelo Conselho Especial.

DA REABILITAÇÃO	
Reabilitação	É o benefício concedido ao condenado que houver terminada a execução da pena principal ou da medida de segurança detentiva.
Processamento do incidente	O incidente de reabilitação relativo a causas criminais de competência originária do Tribunal será processado pelo mesmo relator do processo que ensejou a condenação. O relator poderá ordenar as diligências necessárias à instrução, obedecendo-se, no que couber, às disposições do Código de Processo Penal.
Procuradoria de Justiça	Será sempre ouvida.
Competência para o julgamento	Conselho Especial.

PARA PRATICAR

690. (Cespe/TJDFT/Analista Judiciário/2007) Decorridos vários anos após ter cumprido a pena a que fora condenado em ação penal pública de competência originária do TJDFT, José, verificando preencher os requisitos, promoveu incidente de reabilitação. Nessa situação, a competência para julgamento do pedido de José é do Conselho Especial. ( )

COMENTÁRIOS

690. (C) Os pedidos de reabilitação serão sempre julgados pelo Conselho Especial (art. 326, parágrafo único).

Seção XI
Da Restauração de Autos

Art. 327. A restauração de autos atenderá aos termos da legislação processual e poderá ser requerida por qualquer das partes.

Art. 328. A restauração de autos será processada perante o órgão julgador originário e sempre que possível será distribuída ao respectivo relator.

Parágrafo único. Em se tratando de crime de ação penal pública, a restauração de autos poderá ser iniciada mediante portaria do Presidente do Tribunal ou do respectivo relator.

DA RESTAURAÇÃO DE AUTOS	
Restauração de autos	É o incidente por meio do qual se busca restaurar autos do processo que foram extraviados ou destruídos.
Procedimento	O incidente atenderá aos termos da legislação processual.
Quem pode requerer a restauração	Qualquer das partes.
Será processada a restauração	Perante o órgão julgador originário e sempre que possível será distribuída ao respectivo relator.
	Mediante portaria do Presidente do Tribunal ou do respectivo relator, em se tratando de crime de ação penal pública.

Art. 329. O relator determinará o envio dos autos ao juízo de origem para que se promova a restauração dos atos nele realizados.

Parágrafo único. Devolvidos os autos ao tribunal, a restauração será complementada e proceder-se-á ao julgamento.

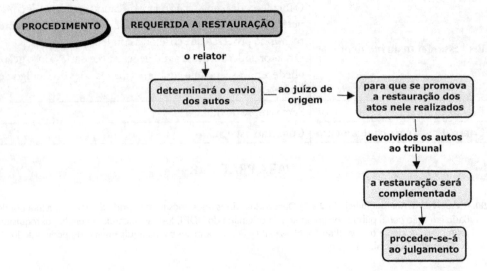

Seção XII
Da Súmula

Art. 330. O Tribunal, na forma prevista neste Regimento, editará enunciado de súmula correspondente a sua jurisprudência dominante.

Parágrafo único. Os enunciados refletirão as circunstâncias fáticas dos precedentes que motivaram sua edição.

Art. 331. A edição de enunciado de súmula pode ser proposta por qualquer desembargador.

	DA SÚMULA
Súmula	É a síntese das decisões tomadas de forma reiterada e predominante pelo Tribunal e editadas para serem aplicadas como se fosse uma norma. É colocada em forma de proposição e serve de orientação a outras decisões futuras do Tribunal.
O Tribunal editará	Enunciado de súmula correspondente à sua jurisprudência dominante, na forma prevista neste Regimento.
Os enunciados refletirão	As circunstâncias fáticas dos precedentes que motivaram sua edição.
Quem pode propor a edição de enunciado de súmula	- Qualquer desembargador. - A Comissão de Jurisprudência, de ofício, com indicação dos precedentes e sugestão do enunciado.

§ 1º A proposta será encaminhada à Comissão de Jurisprudência com indicação dos precedentes e sugestão de enunciado.

§ 2º A Comissão de Jurisprudência se manifestará sobre a proposta no prazo de 10 (dez) dias, podendo sugerir outra redação para o enunciado.

§ 3º A Comissão de Jurisprudência poderá propor de ofício a edição de enunciado de súmula, observado o disposto no § 1º.

§ 4º Fixada a tese nos incidentes de assunção de competência e de resolução de demandas repetitivas, a Comissão de Jurisprudência deliberará sobre a conveniência de proposição de correspondente enunciado de súmula.

Art. 332. A proposta de súmula será distribuída ao Conselho Especial, à Câmara de Uniformização ou à Câmara Criminal.

Parágrafo único. Cópia da proposta e da manifestação da Comissão de Jurisprudência será encaminhada aos desembargadores com antecedência de 5 (cinco) dias da sessão de deliberação.

Art. 333. A aprovação da súmula depende do voto da maioria absoluta do Conselho Especial, da Câmara de Uniformização ou da Câmara Criminal.

Art. 334. A revisão da súmula poderá ser proposta por qualquer desembargador ou pela Comissão de Jurisprudência e atenderá ao disposto nos artigos antecedentes.

§ 1º O procedimento de revisão será instaurado sempre que a matéria for decidida de modo diverso na sistemática de julgamento de casos repetitivos e no incidente de assunção de competência.

§ 2º A critério do relator, poderão ser realizadas audiências públicas e autorizada a participação de pessoas, órgãos ou entidades que possam contribuir para a rediscussão da tese.

Art. 335. Proferido o acórdão, no prazo para a respectiva publicação será remetida cópia à Comissão de Jurisprudência, que deverá:

I – efetuar, em ordem numérica de apresentação, o registro da súmula e do acórdão, na íntegra, em livro especial, lançando na cópia recebida o número de registro e arquivando-a em seguida;

II – lançar a súmula em ficha, que conterá todas as indicações identificadoras do acórdão, bem como o número previsto na alínea anterior, arquivando-a em ordem alfabética, por assunto;

III – *Revogado pela Emenda Constitucional 15 de 24/07/2020*

Parágrafo único. A revisão de súmula atenderá ao disposto neste artigo.

Art. 336. Todos os enunciados da súmula, os posteriores adendos ou as emendas, datados e numerados em ordem contínua, serão publicados três vezes seguidas no Diário da Justiça Eletrônico.

Parágrafo único. Todas as edições posteriores à súmula conterão os adendos e as emendas.

Art. 337. A citação da súmula, pelo número correspondente, perante o Tribunal e seus demais órgãos judiciários, dispensará a referência a outros julgados no mesmo sentido.

REGIMENTO INTERNO DO TRIBUNAL DE JUSTIÇA DO DISTRITO FEDERAL E DOS TERRITÓRIOS — ART. 337

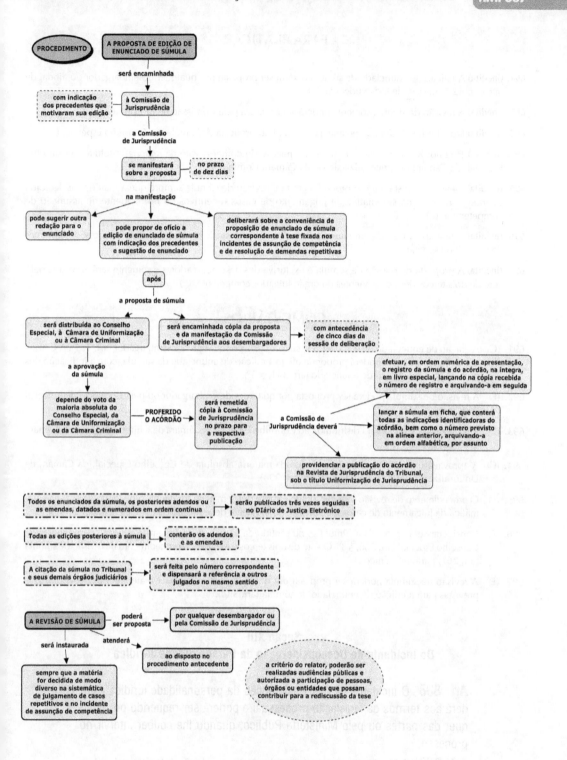

PARA PRATICAR

691. (Inédita) A edição de enunciado de súmula poderá ser proposta por qualquer desembargador ou ainda, de ofício, pela Comissão de Jurisprudência. ( )

692. (Inédita) A revisão da súmula somente poderá ser proposta pela Comissão de Jurisprudência. ( )

693. (Inédita) No TJDFT, o órgão competente para examinar proposta de súmula é o Conselho Especial. ( )

694. (Inédita) Para aprovar enunciado de súmula é necessário colher o voto da maioria absoluta do Conselho Especial, da Câmara de Uniformização ou da Câmara Criminal. ( )

695. (Inédita) Deverá ser instaurado o procedimento de revisão de súmula sempre que a matéria for decidida de modo uniforme na sistemática de julgamento de casos repetitivos ou no incidente de assunção de competência. ( )

696. (Inédita) Para a aprovação de um enunciado sumular, é necessário o voto de dois terços dos componentes do Conselho Especial. ( )

697. (Inédita) A proposta de revisão de súmula é exclusiva dos desembargadores e somente será aprovada pelo voto de dois terços dos componentes do órgão julgador competente. ( )

COMENTÁRIOS

691. (C) A edição de enunciado de súmula pode ser proposta por qualquer desembargador (art. 331). A Comissão de Jurisprudência poderá propor de ofício a edição de enunciado de súmula, com a indicação dos precedentes e sugestão de enunciado (art. 331, § 3º).

692. (E) A revisão de súmula poderá ser proposta por qualquer desembargador ou pela Comissão de Jurisprudência (art. 334).

693. (E) A proposta de súmula será distribuída ao Conselho Especial, à Câmara de Uniformização ou à Câmara Criminal (art. 332).

694. (C) A aprovação da súmula depende do voto da maioria absoluta do Conselho Especial, da Câmara de Uniformização ou da Câmara Criminal (art. 333).

695. (E) O procedimento de revisão será instaurado sempre que a matéria for decidida de modo diverso na sistemática de julgamento de casos repetitivos e no incidente de assunção de competência (art. 334, § 1º).

696. (E) Considerar-se-á aprovada a súmula se no sentido da aprovação votar a maioria dos componentes do Conselho Especial (art. 266, § 3º) O voto de dois terços é exigido no procedimento de revisão de súmula (art. 267, parágrafo único).

697. (E) A revisão de súmula poderá ser proposta por qualquer desembargador e atenderá às mesmas regras previstas para a edição de enunciado de súmula (art. 334).

Seção XIII
Do Incidente de Desconsideração da Personalidade Jurídica

Art. 338. O incidente de desconsideração da personalidade jurídica atenderá aos termos da legislação processual e poderá ser requerido por qualquer das partes ou pelo Ministério Público, quando lhe couber intervir no processo.

Art. 339. O incidente será processado perante o órgão julgador originário e sempre que possível distribuído ao respectivo relator.

DO INCIDENTE DE DESCONSIDERAÇÃO DA PERSONALIDADE JURÍDICA	
Incidente de desconsideração da personalidade jurídica	É o incidente por meio do qual as partes ou o Ministério Público buscam desconstituir a eficácia da personalidade de uma pessoa jurídica com vistas a atingir o patrimônio dela própria ou de seu sócio.
O incidente atenderá	Aos termos da legislação processual.
O incidente poderá ser requerido	- por qualquer das partes; - pelo Ministério Público, quando lhe couber intervir no processo.
O incidente será processado	Perante o órgão julgador originário.
O incidente será distribuído	Ao respectivo relator, sempre que possível.

Art. 340. O relator poderá indeferir de plano o incidente:

I – quando manifestamente incabível a sua instauração;

II – quando a petição não descrever fatos e fundamentos jurídicos que autorizam a desconsideração da personalidade jurídica;

III – quando manifestamente improcedente a desconsideração da personalidade jurídica.

Parágrafo único. Da decisão do relator cabe agravo interno.

Art. 341. Admitida a instauração do incidente, o sócio ou a pessoa jurídica será citado para manifestar-se e requerer as provas cabíveis no prazo de 15 (quinze) dias.

Art. 342. Concluída a instrução, se necessária, o incidente será resolvido por decisão monocrática do relator.

Parágrafo único. Da decisão do relator cabe agravo interno.

Art. 343. Acolhido o pedido de desconsideração, a alienação ou a oneração de bens, havida em fraude de execução, será ineficaz em relação ao requerente.

ART. 343

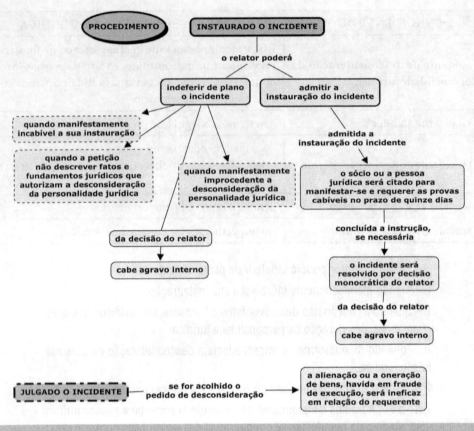

PARA PRATICAR

698. (Inédita) O relator do incidente de desconsideração da personalidade jurídica será, sempre que possível, o relator do processo originário. ( )

699. (Inédita) Da decisão que acolher o pedido de desconsideração da personalidade jurídica caberá agravo interno. ( )

700. (Inédita) O incidente de desconsideração da personalidade jurídica pode ser instaurado de ofício pelo relator do processo original. ( )

COMENTÁRIOS

698. (C) O incidente será processado perante o órgão julgador originário e sempre que possível distribuído ao respectivo relator (ar. 339).

699. (E) No incidente de desconsideração da personalidade jurídica, caberá agravo interno da decisão que inadmitir (art. 340, parágrafo único) ou que admitir (art. 342, parágrafo único) o incidente, não da que acolher o pedido de desconsideração (art. 343).

700. (E) O incidente poderá ser requerido por qualquer das partes ou pelo Ministério Público, quando lhe couber intervir no processo (art. 338). Não há previsão de instauração de ofício pelo relator.

TÍTULO IV
DAS DISPOSIÇÕES FINAIS

CAPÍTULO I
DAS DISPOSIÇÕES GERAIS

Art. 344. O ano judiciário do Tribunal inicia-se e termina, respectivamente, no primeiro e no último dia útil do ano.

ANO JUDICIÁRIO	
Inicia-se	No primeiro dia útil do ano.
Termina	No último dia útil do ano.

§ 1º Nos dias em que não houver expediente forense normal, o Tribunal funcionará em sistema de plantão permanente.

§ 2º O Tribunal Pleno regulamentará o plantão judiciário de segunda instância.

§ 3º Será publicada no Diário da Justiça Eletrônico e na página do Tribunal na internet a escala mensal dos desembargadores que deverão cumprir os plantões judiciais.

Nos dias em que não houver expediente forense normal	O Tribunal funcionará em sistema de plantão permanente.
Plantão judiciário de segunda instância	Será regulamentado pelo Tribunal Pleno.
A escala mensal dos desembargadores que deverão cumprir os plantões judiciais	Será publicada no Diário da Justiça Eletrônico e na página do Tribunal na internet.

Art. 345. O Tribunal inicia os trabalhos no dia 7 de janeiro e os encerra no dia 19 de dezembro, com realização de sessão do Tribunal Pleno, postergando ou antecipando as respectivas datas, se necessário, para dia útil.

INÍCIO E ENCERRAMENTO DOS TRABALHOS NO TRIBUNAL	
Início	No dia 7 de janeiro.
Encerramento	No dia 19 de dezembro.
Os trabalhos iniciam-se e encerram-se com a realização de sessão do Tribunal Pleno, adiando ou antecipando a data para dia útil, se necessário.	

Art. 346. Os presidentes dos órgãos julgadores e os relatores das causas de competência do Tribunal poderão, mediante simples comunicação aos diretores de secretaria, delegar a assinatura de atos de citação, de notificação e de intimação ou a comunicação de ordens ou de decisões.

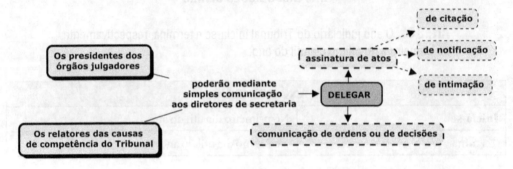

CAPÍTULO II
DOS PRAZOS

Art. 347. Os prazos no Tribunal serão contados a partir da publicação do ato no Diário da Justiça Eletrônico ou, se determinado, a partir da intimação pessoal ou da ciência por outro meio.

Parágrafo único. A contagem dos prazos será feita de acordo com as leis processuais.

DA CONTAGEM DOS PRAZOS	
Regra	A partir da publicação do ato no Diário da Justiça Eletrônico.
Exceção	A partir da intimação pessoal ou da ciência por outro meio, se determinado.
Legislação	A contagem dos prazos será feita de acordo com as leis processuais.
Não se aplicam aos prazos regimentais	As normas processuais que estabelecem prazo em dobro para manifestação do Ministério Público, da Fazenda Pública e da Defensoria Pública.

Art. 348. Não correm os prazos no período de feriado forense, salvo nas hipóteses previstas na lei ou neste Regimento.

§ 1º Os prazos também serão suspensos ou interrompidos na ocorrência de obstáculos judiciais ou de motivo de força maior, comprovados e reconhecidos pelo Presidente ou pelo Tribunal.

DA SUSPENSÃO OU DA INTERRUPÇÃO DOS PRAZOS	
Não correm os prazos	No período de feriado forense, salvo nas hipóteses previstas na lei ou neste Regimento.
Os prazos também serão suspensos ou interrompidos	Na ocorrência de obstáculos judiciais ou de motivo de força maior, comprovados e reconhecidos pelo Presidente ou pelo Tribunal.

§ 2º As informações oficiais apresentadas fora do prazo, por justo motivo, poderão ser admitidas se ainda oportuna sua apreciação.

Informações oficiais(*) apresentadas fora do prazo	Poderão ser admitidas, quando o atraso ocorrer por justo motivo e ainda for oportuna a sua apreciação.
(*) Informações oficiais são aquelas solicitadas pelo relator para instruir, em regra, os recursos de agravo de instrumento, a reclamação e as ações autônomas de *habeas corpus*, mandado de segurança, ação direta de inconstitucionalidade, entre outros. São prestadas pelo juiz da causa, no caso de agravo de instrumento e de reclamação, ou pela autoridade apontada como coatora, nos casos das ações autônomas.	

Art. 349. A utilização de sistemas de informática e telemática é admissível para a remessa de documentos ao Tribunal, e os originais deverão ser entregues na secretaria do órgão julgador, necessariamente, para convalidação, até 5 (cinco) dias após o término dos prazos.

Parágrafo único. A não apresentação do original implicará o arquivamento do documento recebido.

É admissível a utilização de sistemas de informática *(e-mail)* e telemática *(fac-símile)*	Para remessa de documentos ao Tribunal.
Os originais deverão ser entregues	Na secretaria do órgão julgador, necessariamente, para convalidação, até cinco dias após o término dos prazos.
Se não for apresentado o documento original	Os documentos recebidos eletronicamente serão arquivados.

CAPÍTULO III
DOS DADOS ESTATÍSTICOS

Art. 350. As estatísticas dos trabalhos judiciários do Tribunal, nos termos da Lei Orgânica da Magistratura Nacional, serão publicadas no Diário da Justiça Eletrônico, mensalmente.

DOS DADOS ESTATÍSTICOS		
As estatísticas dos trabalhos judiciários do Tribunal serão publicadas	ONDE	No Diário da Justiça Eletrônico.
	QUANDO	Mensalmente.
Nota: O Tribunal de Justiça faz publicar mensalmente, no Diário de Justiça Eletrônico, o quadro estatístico dos trabalhos judiciários. Nele constam dados como o número de processos distribuídos a cada desembargador; o número de processos conclusos; o número de processos julgados, o número de acórdãos assinados; o número de processos devolvidos etc.		

CAPÍTULO IV
Da Divulgação da Jurisprudência do Tribunal

DA DIVULGAÇÃO DA JURISPRUDÊNCIA DO TRIBUNAL	
Jurisprudência	É o conjunto de decisões judiciais tomadas no mesmo sentido por um Tribunal, ou por seus órgãos fracionários, sobre determinada questão de direito.

Art. 351. São repositórios oficiais da jurisprudência do Tribunal de Justiça do Distrito Federal e dos Territórios, além das próprias súmulas, o Diário da Justiça Eletrônico e as publicações de outras entidades autorizadas.

São repositórios oficiais(*) da jurisprudência do TJDFT	- as próprias súmulas; - o Diário da Justiça Eletrônico; - as publicações de outras entidades autorizadas.
(*) Repositórios oficiais são os meios de divulgação da jurisprudência do Tribunal.	

Art. 352. A Comissão de Jurisprudência fornecerá cópia autêntica dos acórdãos aos órgãos de divulgação especializados em matéria jurídica que forem autorizados como repositórios oficiais da jurisprudência do Tribunal.

Art. 353. Para a habilitação prevista no artigo anterior, o representante ou o editor responsável pela publicação solicitará a inscrição ao Presidente da Comissão de Jurisprudência em petição que conterá os seguintes elementos:

I – nome, sede e endereço da pessoa jurídica que edita a revista;

II – nome de seu diretor ou editor responsável;

III – um exemplar dos três últimos números antecedentes ao mês do pedido de inscrição, o que será dispensado no caso de a Biblioteca do Tribunal já possuir os referidos números em seu acervo;

IV – compromisso de os acórdãos selecionados para publicação corresponderem, na íntegra, às cópias fornecidas oficialmente pelo Tribunal, autorizada a supressão do nome das partes e dos respectivos advogados.

| Habilitação das entidades autorizadas a dar publicidade oficialmente à jurisprudência do Tribunal | É feita mediante inscrição, pelo representante ou o editor responsável pela publicação, junto ao Presidente da Comissão de Jurisprudência. |

Art. 354. O deferimento da inscrição implicará a obrigação de fornecer, gratuitamente, dois exemplares de cada publicação à biblioteca do Tribunal.

Art. 355. A inscrição poderá ser cancelada a qualquer tempo, por conveniência do Tribunal.

Art. 356. As publicações inscritas poderão mencionar o registro do Tribunal como repositório autorizado de divulgação de seus julgados.

Art. 357. A Comissão de Jurisprudência, ou outro órgão designado, manterá atualizado o registro das inscrições e dos cancelamentos, além de se articular com a Biblioteca para acompanhar o atendimento da obrigação prevista no art. 354.

Art. 358. Constará do Diário da Justiça Eletrônico a ementa de todos os acórdãos. *(Alterado pela Emenda Regimental 15 de 24/07/2020)*

Parágrafo único. A Subsecretaria de Doutrina e Jurisprudência divulgará a jurisprudência da Corte. *(Alterado pela Emenda Regimental 15 de 24/07/2020)*

| Constará do Diário da Justiça Eletrônico | A ementa de todos os acórdãos. |
| Quem divulga a Jurisprudência da Corte | A Subsecretaria de Doutrina e Jurisprudência. |

PARA PRATICAR

701. **(Inédita)** O ano judiciário do Tribunal inicia-se no dia 7 de janeiro e termina no dia 19 de dezembro. ( )

702. **(Inédita)** Os atos ordinatórios dos feitos judiciais como citações, intimações e notificações são privativos dos magistrados, não podendo ser praticados por servidores do Tribunal. ( )

703. **(Inédita)** A regra geral sobre a contagem dos prazos segundo o Regimento Interno é de que o cômputo será feito a partir do momento em que a parte é intimada pessoalmente e, somente se for determinada pelo magistrado, a intimação deverá ser feita por meio do órgão oficial de imprensa. ( )

704. **(Inédita)** Caso a parte interessada interponha embargos de declaração por meio do sistema de telemática, o original deverá ser entregue na secretaria do órgão julgador nos cinco dias seguintes à data da recepção do fax pelo Tribunal. ( )

705. **(Inédita)** Interposto um recurso pelo sistema de telemática (fax), a não apresentação do original no prazo legal implicará o arquivamento do documento recebido. ( )

706. (Inédita) Um dos meios oficiais de divulgação da jurisprudência do Tribunal é o Diário da Justiça Eletrônico, onde deverá constar a ementa e o inteiro teor do acórdão. ( )

COMENTÁRIOS

701. (E) O ano judiciário do Tribunal inicia-se e termina, respectivamente, no primeiro e no último dia útil do ano (art. 344). Os dias 7 de janeiro e 19 de dezembro são os dias em que se iniciam e se encerram os trabalhos do Tribunal (art. 345).

702. (E) Atos ordinatórios podem ser praticados por servidores. "Nas causas de competência do Tribunal, os presidentes dos órgãos julgadores e os relatores poderão, mediante simples comunicação aos diretores de secretaria, delegar a assinatura de atos de citação, de notificação e de intimação ou a comunicação de ordens ou de decisões" (art. 346).

703. (E) A regra é de que os prazos no Tribunal serão contados a partir da publicação do ato no Diário de Justiça Eletrônico ou, se determinado, a partir da intimação pessoal ou da ciência por outro meio (art. 347). Assim, a regra geral é a intimação pelo órgão oficial da imprensa, enquanto a exceção é a intimação pessoal.

704. (E) A utilização de sistemas de informática e telemática é admissível para a remessa de documentos ao Tribunal, e os originais deverão ser entregues na secretaria do órgão julgador, necessariamente, para convalidação, até cinco dias após o término dos prazos para a interposição dos embargos, e não após o recebimento do fax (art. 349).

705. (C) Interposto um recurso por fax, a não apresentação do original implicará o arquivamento do documento recebido (art. 349, parágrafo único).

706. (E) Um dos meios oficiais de divulgação da jurisprudência do Tribunal é, de fato, o Diário da Justiça Eletrônico. Os demais são: as súmulas e as publicações de outras entidades autorizadas pelo Tribunal (art. 351). Constará do Diário de Justiça Eletrônico a ementa de todos os acórdãos. Não há previsão de publicação do inteiro teor dos acórdãos (art. 358).

PARTE TERCEIRA
DA ORGANIZAÇÃO, DA COMPOSIÇÃO E DA COMPETÊNCIA ADMINISTRATIVA DO TRIBUNAL

A Parte Terceira aborda matérias de natureza administrativa, incluindo a competência dos órgãos administrativos do Tribunal, as atribuições administrativas dos ocupantes de cargos de direção, o provimento dos cargos da magistratura de carreira, a indicação de advogados e membros do Ministério Público, o processo administrativo disciplinar relativo a magistrados e a verificação da invalidez dos magistrados.

TÍTULO I
DA ORGANIZAÇÃO ADMINISTRATIVA

Art. 359. O Tribunal funciona em sessões administrativas:

I – do Tribunal Pleno;

II – do Conselho Especial.

III – do Conselho da Magistratura. *(incluído pela Emenda Regimental 16 de 02/09/2020)*

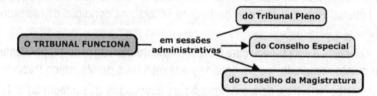

TÍTULO II
DA COMPOSIÇÃO E DA COMPETÊNCIA ADMINISTRATIVAS

CAPÍTULO I
DO TRIBUNAL PLENO

Art. 360. O Tribunal Pleno, integrado por todos os desembargadores, será presidido pelo Presidente do Tribunal.

§ 1º O Tribunal Pleno somente se reunirá na presença de desembargadores em número equivalente, no mínimo, ao inteiro que se seguir à metade de seus membros.

§ 2º Quando exigido *quorum* qualificado para deliberação, o Tribunal Pleno não se reunirá sem que estejam presentes desembargadores em número equivalente, no mínimo, a dois terços dos membros que o integram.

§ 3º Far-se-á verificação de *quorum* de instalação no início da sessão de julgamento.

DO TRIBUNAL PLENO	
Composição	É integrado por todos os desembargadores do Tribunal.
Quem preside	O Presidente do Tribunal.
Quorum mínimo para reunião	Maioria absoluta, ou seja, o número equivalente, no mínimo, ao inteiro que se segue à metade dos membros do órgão (vinte e cinco desembargadores, no mínimo).
Quando exigido *quorum* qualificado para deliberação	Deverão estar presentes, no mínimo, dois terços dos membros integrantes do órgão, o que corresponde a trinta e dois membros.
Verificação do *quorum* de instalação	É feita no início da sessão de julgamento.

Art. 361. Compete ao Tribunal Pleno:

I – dar posse aos membros do tribunal;

II – eleger o Presidente, o Primeiro Vice-Presidente, o Segundo Vice-Presidente e o Corregedor da Justiça, assim como dar-lhes posse;

III – decidir sobre o acesso ao cargo de desembargador;

IV – eleger os desembargadores e os juízes de direito que devam integrar o Tribunal Regional Eleitoral do Distrito Federal, na condição de membros efetivos e substitutos;

V – elaborar a lista tríplice para o preenchimento das vagas correspondentes ao quinto reservado aos advogados e aos membros do Ministério Público;

VI – elaborar a lista para a nomeação de advogados que integrarão o Tribunal Regional Eleitoral do Distrito Federal, nos termos do art. 120, III, da Constituição da República;

VII – eleger os membros do Conselho Especial;

VIII – decidir sobre remoção, promoção e permuta de magistrados, podendo abster-se temporariamente de indicar nomes, se assim recomendar o interesse público;

IX – escolher os membros das Comissões de Regimento, de Jurisprudência e de Acompanhamento de Estágio Probatório, bem como deliberar sobre a recondução dos seus membros;

X – decidir sobre vitaliciamento de juiz de direito substituto ou afastamento das respectivas funções;

XI – pronunciar-se sobre a regularidade das contas do Presidente do Tribunal;

XII – aprovar o Regimento Interno, as respectivas emendas, os atos regimentais, bem como o Regimento Administrativo das Secretarias do Tribunal e da Corregedoria da Justiça;

XIII – aprovar o Regimento Interno das Turmas Recursais dos Juizados Especiais Cíveis e Criminais do Distrito Federal e suas emendas;

XIV – deliberar sobre matéria relativa à organização judiciária, inclusive instalação, extinção, transformação, remanejamento e desmembramento de varas e circunscrições judiciárias;

XV – conhecer do plano de administração apresentado pelo Presidente no início da gestão;

XVI – decidir matéria administrativa de grande relevância, a critério do Conselho Especial ou dos membros da Administração Superior;

XVII – propor alterações na Lei de Organização Judiciária do Distrito Federal e dos Territórios e exercer as demais atribuições que lhe são conferidas pela Constituição ou por lei;

XVIII – definir o direcionamento estratégico, monitorar os resultados e fomentar a prestação de contas, garantindo que as ações e os resultados da organização observem o interesse público primário. *(Incluído pela Emenda Regimental 16, de 2020)*

CAPÍTULO II
DO CONSELHO ESPECIAL

Art. 362. O Conselho Especial, no exercício das funções administrativas, somente se reunirá na presença de desembargadores em número equivalente, no mínimo, ao inteiro que se segue à metade de seus membros.

§ 1º No procedimento administrativo disciplinar relativo a magistrados, verificada, antes do início da sessão, a inexistência de *quorum* de deliberação, o Presidente, de ofício ou a requerimento de qualquer desembargador, convocará desembargadores para substituição dos ausentes entre os presentes no Tribunal, observada a suplência e a ordem de antiguidade.

§ 2º A suspeição e o impedimento de integrante do Conselho Especial, no procedimento indicado no parágrafo anterior, deverão ser comunicados, preferencialmente, antes da abertura da sessão, ao Presidente, que convocará desembargador substituto.

DO CONSELHO ESPECIAL NO EXERCÍCIO DAS FUNÇÕES ADMINISTRATIVAS	
Composição	É composto de vinte e um desembargadores, sendo os onze mais antigos, entre eles o Presidente do Tribunal, o Primeiro Vice-Presidente, o Segundo Vice-Presidente e o Corregedor da Justiça e dez desembargadores eleitos pelo Tribunal Pleno (art. 7º).
Quem preside	O Presidente do Tribunal (art. 7º).
Quorum mínimo para reunião	Maioria absoluta, ou seja, o número equivalente, no mínimo, ao inteiro que se segue à metade dos membros do órgão (onze desembargadores, no mínimo).
No procedimento administrativo disciplinar relativo a magistrados	O Presidente, de ofício ou a requerimento de qualquer desembargador, convocará desembargadores presentes no Tribunal para substituir os ausentes, observada a suplência e a ordem de antiguidade. Havendo desembargador suspeito ou impedido de participar do procedimento, o fato deverá ser comunicado, preferencialmente, antes da abertura da sessão, ao Presidente, que convocará desembargador substituto.

Art. 363. Compete ao Conselho Especial, no exercício das funções administrativas:

I – julgar, em última instância, os recursos administrativos contra as decisões do Presidente do Tribunal, do Primeiro Vice-Presidente, do Segundo Vice-Presidente e do Corregedor da Justiça, salvo quando da decisão resultar criação ou aumento de despesa orçamentária;

II – aplicar sanções disciplinares, decidir sobre exoneração, disponibilidade e aposentadoria ou remoção compulsórias de magistrados;

III – avocar, para decisão, pelo voto da maioria absoluta de seus membros, procedimentos administrativos em curso no Tribunal;

IV – designar os membros para compor a Comissão de Concurso para Ingresso na Magistratura do Tribunal de Justiça do Distrito Federal e dos Territórios, autorizar a realização de concurso e homologar o seu resultado;

V – decidir sobre o afastamento de qualquer magistrado em missão oficial, para aperfeiçoamento profissional ou que, de qualquer modo, importe em ônus para os cofres públicos. Excetuam-se as viagens em missão oficial, inclusive as do Presidente, desde que não excedam a 7 (sete) dias, nem impliquem afastamento do Território Nacional, bem com os deslocamentos do Corregedor da Justiça ou de juiz por ele designado para a realização de inspeção e correição nos Territórios Federais; *(Redação dada pela Emenda Regimental nº 7, de 2017)*

VI – aplicar a penalidade de perda de delegação a notários e oficiais de registro;

VII – aprovar proposta do Regimento de Custas das Serventias Judiciais e dos Serviços Notariais e de Registro para encaminhamento ao Poder Legislativo;

VIII – aprovar a indicação, sem perda da titularidade e da designação, de até dois juízes de direito auxiliares da Presidência, um juiz de direito auxiliar da Primeira Vice-Presidência, um juiz de direito auxiliar da Segunda Vice-Presidência e três juízes de direito auxiliares da Corregedoria da Justiça *(Redação dada pela Emenda Regimental nº 17, de 2021)*

IX – aprovar a eliminação de documentos, observadas as cautelas legais;

X – declinar para o Tribunal Pleno matéria administrativa de grande relevância, pelo voto da maioria simples;

XI – estabelecer diretrizes gerais que serão observadas pela direção do Tribunal;

XII – deliberar sobre a convocação de juiz de direito para substituir desembargador nos casos de afastamento previstos neste Regimento.

XIII – decidir sobre pedido de aproveitamento de magistrado colocado em disponibilidade em razão de processo disciplinar; *(Redação dada pela Emenda Regimental nº 14, de 2019)*

XIV – decidir matéria submetida à sua deliberação pela Administração Superior. *(Incluído pela Emenda Regimental nº 16, de 2020)*

COMPETÊNCIA DO TRIBUNAL PLENO	COMPETÊNCIA ADMINISTRATIVA DO CONSELHO ESPECIAL	COMPETÊNCIA ADMINISTRATIVA DO CONSELHO DA MAGISTRATURA
- dar posse aos membros do tribunal; - eleger o Presidente, o Primeiro-Vice-Presidente, o Segundo-Vice-Presidente e o Corregedor da Justiça, assim como dar-lhes posse; - decidir sobre o acesso ao cargo de desembargador; - eleger os desembargadores e os juízes de direito que devam integrar o Tribunal Regional Eleitoral do Distrito Federal, na condição de membros efetivos e substitutos;	- julgar, em última instância, os recursos administrativos contra as decisões do Presidente do Tribunal, do Primeiro-Vice-Presidente, do Segundo-Vice-Presidente e do Corregedor da Justiça, salvo quando da decisão resultar criação ou aumento de despesa orçamentária; - aplicar sanções disciplinares, decidir sobre exoneração, disponibilidade e aposentadoria ou remoção compulsórias de magistrados;	- deliberar sobre matéria administrativa, podendo submetê-la ao Tribunal Pleno ou ao Conselho Especial, no exercício das funções administrativas, para análise, referendo ou ratificação; - apreciar questão envolvendo o sistema de governança do TJDFT, observadas as diretrizes e os princípios estabelecidos pelo Tribunal Pleno e pelo Conselho Especial, no exercício das funções administrativas.

COMPETÊNCIA DO TRIBUNAL PLENO	COMPETÊNCIA ADMINISTRATIVA DO CONSELHO ESPECIAL	COMPETÊNCIA ADMINISTRATIVA DO CONSELHO DA MAGISTRATURA
- elaborar a lista tríplice para o preenchimento das vagas correspondentes ao quinto reservado aos advogados e aos membros do Ministério Público; - elaborar a lista para a nomeação de advogados que integrarão o Tribunal Regional Eleitoral do Distrito Federal, nos termos do art. 120, III, da Constituição da República; - eleger os membros do Conselho Especial; - decidir sobre remoção, promoção e permuta de magistrados, podendo abster-se temporariamente de indicar nomes, se assim recomendar o interesse público; – escolher os membros das Comissões de Regimento, de Jurisprudência e de Acompanhamento de Estágio Probatório, bem como deliberar sobre a recondução dos seus membros; – decidir sobre vitaliciamento de juiz de direito substituto ou afastamento das respectivas funções; – pronunciar-se sobre a regularidade das contas do Presidente do Tribunal; – aprovar o Regimento Interno, as respectivas emendas, os atos regimentais, bem como o Regimento Administrativo das Secretarias do Tribunal e da Corregedoria da Justiça; - aprovar o Regimento Interno das Turmas Recursais dos Juizados Especiais Cíveis e Criminais do Distrito Federal e suas emendas;	- avocar, para decisão, pelo voto da maioria absoluta de seus membros, procedimentos administrativos em curso no Tribunal; - designar os membros para compor a Comissão de Concurso para Ingresso na Magistratura do Tribunal de Justiça do Distrito Federal e dos Territórios, autorizar a realização de concurso e homologar o seu resultado; - decidir sobre o afastamento de qualquer magistrado em missão oficial, para aperfeiçoamento profissional ou que, de qualquer modo, importe em ônus para os cofres públicos. Excetuam-se as viagens em missão oficial, inclusive as do Presidente, desde que não excedam a sete dias, nem impliquem afastamento do Território Nacional, bem com os deslocamentos do Corregedor da Justiça ou de juiz por ele designado para a realização de inspeção e correição nos Territórios Federais; – aplicar a penalidade de perda de delegação a notários e oficiais de registro; – aprovar proposta do Regimento de Custas das Serventias Judiciais e dos Serviços Notariais e de Registro para encaminhamento ao Poder Legislativo;	

COMPETÊNCIA DO TRIBUNAL PLENO	COMPETÊNCIA ADMINISTRATIVA DO CONSELHO ESPECIAL	COMPETÊNCIA ADMINISTRATIVA DO CONSELHO DA MAGISTRATURA
- deliberar sobre matéria relativa à organização judiciária, inclusive instalação, extinção, transformação, remanejamento e desmembramento de varas e circunscrições judiciárias; - conhecer do plano de administração apresentado pelo Presidente no início da gestão; - decidir matéria administrativa de grande relevância, a critério do Conselho Especial ou dos membros da Administração Superior; - propor alterações na Lei de Organização Judiciária do Distrito Federal e dos Territórios e exercer as demais atribuições que lhe são conferidas pela Constituição ou por lei; - definir o direcionamento estratégico, monitorar os resultados e fomentar a prestação de contas, garantindo que as ações e os resultados da organização observem o interesse público primário.	- VIII – aprovar a indicação, sem perda da titularidade e da designação, de até dois juízes de direito auxiliares da Presidência, um juiz de direito auxiliar da Primeira Vice-Presidência, um juiz de direito auxiliar da Segunda Vice-Presidência e três juízes de direito auxiliares da Corregedoria da Justiça; - aprovar a eliminação de documentos, observadas as cautelas legais; - declinar para o Tribunal Pleno matéria administrativa de grande relevância, pelo voto da maioria simples; - estabelecer diretrizes gerais que serão observadas pela direção do Tribunal; - deliberar sobre a convocação de juiz de direito para substituir desembargador nos casos de afastamento previstos neste Regimento; - decidir sobre pedido de aproveitamento de magistrado colocado em disponibilidade em razão de processo disciplinar; - decidir matéria submetida à sua deliberação pela Administração Superior.	

PARA PRATICAR

707. (Cespe/TJDFT/Técnico Judiciário – Área Administrativa/2015) O TJDFT funciona em sessões administrativas do Conselho Especial e do Conselho da Magistratura, reunindo-se este ordinariamente na penúltima sexta-feira de cada mês.

708. (Cespe/Notários/Outorga de Remoção/2014) Considere que, em processo instaurado contra determinado notário, tenha sido determinada a perda da delegação do serviço notarial a ele conferido. Nessa situação hipotética, de acordo com o Regimento Interno do TJDFT, é competente para a aplicação da referida penalidade

a) o presidente do TJDFT.
b) a Câmara Cível do TJDFT.
c) o Conselho Especial do TJDFT.

ART. 363 — TJDFT – EM ESQUEMAS

d) o Tribunal Pleno do TJDFT.
e) uma das turmas especializadas do TJDFT.

709. (Inédita) Cabe ao Conselho Especial, no exercício de função administrativa, julgar em última instância os recursos administrativos contra as decisões do Presidente do Tribunal, salvo quando da decisão resultar criação ou aumento de despesa orçamentária ( )

710. (Inédita) É da competência do Tribunal Pleno aplicar sanções disciplinares, decidir sobre exoneração, disponibilidade e aposentadoria ou remoção compulsórias de magistrados. ( )

X – (Inédita) Sobre a competência do Tribunal Pleno, responda (C) quando a questão estiver correta e (E) quando estiver incorreta.

711. Compete ao Tribunal Pleno aprovar o Regimento Interno do Tribunal e o das Turmas Recursais dos Juizados Especiais Cíveis e Criminais do Distrito Federal. ( )

712. Compete ao Tribunal Pleno deliberar sobre a convocação de juiz de direito para substituir desembargador nos casos de afastamentos previstos no Regimento Interno. ( )

713. Compete ao Tribunal Pleno dar posse aos desembargadores e aos servidores do Tribunal. ( )

714. É da competência do Tribunal Pleno eleger os desembargadores e os juízes de direito que devam integrar o Tribunal Regional Eleitoral do Distrito Federal. ( )

715. Compete ao Tribunal Pleno decidir sobre o afastamento de qualquer magistrado em missão oficial, para aperfeiçoamento profissional. ( )

716. Compete ao Tribunal Pleno aplicar aos notários e aos oficiais de registro a penalidade de perda de delegação. ( )

COMENTÁRIOS

707. (E) O TJDFT funciona não só em sessões administrativas do Conselho Especial e do Conselho da Magistratura, mas também do Tribunal Pleno (art. 359). O Conselho da Magistratura, de fato, se reúne ordinariamente na penúltima sexta-feira de cada mês, exceto se desnecessário (art. 14, parágrafo único).

708. Está correta a alternativa C. Compete ao Conselho Especial, no exercício das funções administrativas, aplicar a penalidade de perda de delegação a notários e oficiais de registro (art. 363, VI).

709. (C) Compete ao Conselho Especial, no exercício das funções administrativas julgar, em última instância, os recursos administrativos contra as decisões do Presidente do Tribunal, do Primeiro Vice-Presidente, do Segundo Vice-Presidente e do Corregedor da Justiça, salvo quando da decisão resultar criação ou aumento de despesa orçamentária; (art. 363, I).

710. (E) Compete ao Conselho Especial, no exercício das funções administrativas, e não ao Tribunal Pleno, aplicar sanções disciplinares, decidir sobre exoneração, disponibilidade e aposentadoria ou remoção compulsórias de magistrados (art. 363, II). Cabe registrar que as sanções disciplinares aplicadas aos servidores lotados na Secretaria do Tribunal e a aplicação da pena de demissão aos servidores da Justiça do Distrito Federal e dos Territórios cabe ao Presidente do Tribunal (art. 367, XV).

711. (C) Compete ao Tribunal Pleno aprovar o Regimento Interno do Tribunal e o das Turmas Recursais dos Juizados Especiais Cíveis e Criminais do Distrito Federal (art. 361, XII e XIII) A aprovação de uma norma que valerá para todos, por óbvio, deverá ser julgado pelo órgão máximo do Tribunal.

712. (E) Compete ao Conselho Especial, no exercício das funções administrativas, e não ao Tribunal Pleno, deliberar sobre a convocação de juiz de direito para substituir desembargador nos casos de afastamentos previstos no Regimento Interno (art. 363, XII).

713. (E) Dar posse aos servidores do Quadro do Tribunal de Justiça e dos investidos em cargo em comissão é atribuição administrativa do Primeiro Vice-Presidente e não do Tribunal Pleno (art. 368, II). Ao Tribunal Pleno compete dar posse aos membros do Tribunal, ou seja, aos desembargadores (art. 361, I).

714. (C) Compete ao Tribunal Pleno eleger os desembargadores e os juízes de direito que devam integrar o Tribunal Regional Eleitoral do Distrito Federal, na condição de membros efetivos e substitutos (art. 361, IV).

715. (E) Compete ao Conselho Especial, no exercício de suas atribuições administrativas, e não ao Tribunal Pleno, decidir sobre o afastamento de qualquer magistrado em missão oficial, para aperfeiçoamento profissional ou que, de qualquer modo, importe em ônus para os cofres públicos (art. 363, V).

716. (E) A competência para aplicar aos notários e aos oficiais de registro a penalidade da perda de delegação é do Conselho Especial e não do Tribunal Pleno, como afirma a questão (art. 363, VI).

CAPÍTULO II-A
DO CONSELHO DA MAGISTRATURA
(Incluído pela Emenda Regimental nº 16, de 2020)

Art. 363-A. O Conselho da Magistratura, composto do Presidente, do Primeiro Vice-Presidente, do Segundo Vice-Presidente e do Corregedor da Justiça, funcionará como órgão deliberativo da Administração Superior

§ 1º O Conselho da Magistratura se reunirá com a presença de, no mínimo, três de seus membros.

§ 2º As sessões administrativas do Conselho da Magistratura serão registradas em ata, que será subscrita por seus membros e pelo Secretário-Geral do TJDFT, que as secretariará.

Compõe o Conselho da Magistratura	- o Presidente; - o Primeiro Vice-Presidente; - o Segundo Vice-Presidente e - o Corregedor da Justiça.
O Conselho da Magistratura funciona	Como órgão deliberativo da Administração Superior.

Art. 363-B. São competências administrativas do Conselho da Magistratura:

I – deliberar sobre matéria administrativa, podendo submetê-la ao Tribunal Pleno ou ao Conselho Especial, no exercício das funções administrativas, para análise, referendo ou ratificação;

II – apreciar questão envolvendo o sistema de governança do TJDFT, observadas as diretrizes e os princípios estabelecidos pelo Tribunal Pleno e pelo Conselho Especial, no exercício das funções administrativas.

§ 1º Qualquer membro do Conselho da Magistratura pode submeter a esse colegiado matéria que repute relevante, previamente ao exame dela pelo Tribunal Pleno ou pelo Conselho Especial, no exercício das funções administrativas.

§ 2º Na hipótese do § 1º deste artigo, caso a matéria envolva ordenação de despesas, a manifestação do colegiado terá caráter opinativo.

§ 3º A atuação administrativa do Conselho da Magistratura se faz sem prejuízo das competências regimentais do Tribunal Pleno ou do Conselho Especial, no exercício das funções administrativas.

DO CONSELHO DA MAGISTRATURA	
Compõem o Conselho da Magistratura	O Presidente, o Primeiro Vice-Presidente, o Segundo Vice-Presidente e o Corregedor da Justiça.
O Conselho da Magistratura funciona	Como órgão deliberativo da Administração Superior.
Quorum mínimo para a reunião do Órgão	No mínimo, três de seus membros.
As sessões administrativas do Conselho da Magistratura	- Serão registradas em ata; - A ata será subscrita por seus membros e pelo Secretário-Geral do TJDFT.
Quem secretaria as sessões administrativas do Conselho da Magistratura	O Secretário-Geral do TJDFT.
A ata das sessões do Conselho da Magistratura será subscrita	- Por seus membros - Pelo Secretário-Geral do TJDFT.
São competências administrativas do Conselho da Magistratura	– deliberar sobre matéria administrativa, podendo submetê-la ao Tribunal Pleno ou ao Conselho Especial, no exercício das funções administrativas, para análise, referendo ou ratificação; - apreciar questão envolvendo o sistema de governança do TJDFT, observadas as diretrizes e os princípios estabelecidos pelo Tribunal Pleno e pelo Conselho Especial, no exercício das funções administrativas.
Quem pode submeter ao Conselho da Magistratura	Qualquer membro do Órgão.
Que matéria pode ser submetida ao exame do Órgão	Matéria que repute relevante, antes de ser levada ao exame do Tribunal Pleno ou do Conselho Especial no exercício das funções administrativas. Se a matéria envolver ordenação de despesa, a manifestação do colegiado terá caráter opinativo.
A atuação administrativa do Conselho da Magistratura se faz	Sem prejuízo das competências regimentais do Tribunal Pleno ou do Conselho Especial, no exercício das funções administrativas.
Matérias relevantes a serem submetidas ao Tribunal Pleno ou ao Conselho Especial (no exercício das funções administrativas)	Podem ser previamente submetidas ao próprio Conselho da Magistratura por qualquer um de seus membros.
Se a matéria envolver ordenação de despesas	A manifestação do Conselho terá caráter opinativo.
Os desembargadores do Conselho da Magistratura atuam	Sem prejuízo das competências regimentais do Tribunal Pleno ou do Conselho Especial, no exercício das funções administrativas.

CAPÍTULO III
DAS DISPOSIÇÕES COMUNS AOS CAPÍTULOS ANTERIORES

Art. 364. A substituição do Presidente do Tribunal Pleno e do Conselho Especial, no exercício de suas funções administrativas, bem como a de seus membros, obedecerá o disposto no art. 57.

DA SUBSTITUIÇÃO DO PRESIDENTE DO TRIBUNAL PLENO E DO CONSELHO ESPECIAL NO EXERCÍCIO DE SUAS FUNÇÕES ADMINISTRATIVAS	
Presidente do Tribunal Pleno(*)	É substituído pelo Primeiro Vice-Presidente e, na impossibilidade deste, pelo Segundo Vice-Presidente (art. 57)
Presidente do Conselho Especial(*)	É substituído pelo Primeiro Vice-Presidente e, na impossibilidade deste, pelo Segundo Vice-Presidente (art. 57).
Membros do Conselho Especial escolhidos pelo critério de antiguidade	São substituídos de acordo com a ordem decrescente de antiguidade, excluídos os suplentes (art. 11, I).
Membros eleitos do Conselho Especial	São substituídos pelos suplentes na ordem decrescente da votação ou, na falta destes, na ordem de antiguidade (art. 11, II)
(*) O Tribunal Pleno e o Conselho Especial são presididos pelo Presidente do Tribunal.	

Art. 365. O Presidente do Tribunal determinará, mediante ato próprio, as datas de reunião do Tribunal Pleno e do Conselho Especial para exercício das funções administrativas.

§ 1º A pauta do julgamento, acompanhada dos respectivos relatórios, será encaminhada aos gabinetes dos desembargadores com pelo menos 5 (cinco) dias de antecedência, salvo situação devidamente justificada e sem objeção da maioria do colegiado.

§ 2º Serão convocadas sessões extraordinárias sempre que necessário ou mediante requerimento de um terço dos integrantes dos respectivos órgãos.

§ 3º Salvo urgência devidamente justificada, a convocação de sessão extraordinária será feita, mediante a entrega de ofício nos gabinetes dos desembargadores, pelo menos 3 (três) dias antes da data designada.

SESSÕES ADMINISTRATIVAS DO TRIBUNAL PLENO E DO CONSELHO ESPECIAL	
Datas das sessões ordinárias do Tribunal Pleno e do Conselho Especial para exercício das funções administrativas	Serão determinadas, mediante ato próprio, pelo Presidente do Tribunal.

SESSÕES ADMINISTRATIVAS DO TRIBUNAL PLENO E DO CONSELHO ESPECIAL	
Pauta de julgamento com os respectivos relatórios	Será encaminhada aos gabinetes dos desembargadores com pelo menos cinco dias de antecedência da sessão, salvo situação devidamente justificada e sem objeção da maioria do colegiado.
Sessões extraordinárias	Serão convocadas sempre que necessário ou mediante requerimento de um terço dos integrantes dos respectivos órgãos.
A convocação de sessão extraordinária será feita	Mediante a entrega de ofício nos gabinetes dos desembargadores, pelo menos três dias antes da data designada, salvo urgência devidamente justificada.

Art. 366. Aplica-se ao Presidente do Tribunal Pleno e do Conselho Especial, no exercício das funções administrativas, no que couber, o disposto no art. 29, I a V.

O art. 29 relaciona as atribuições dos presidentes dos órgãos colegiados, que são as seguintes:
- presidir as sessões, submetendo-lhes questões de ordem;
- convocar sessões extraordinárias;
- manter a ordem nas sessões, adotando as providências necessárias;
- proclamar os resultados dos julgamentos;
- comunicar ao Presidente do Tribunal ou ao Corregedor da Justiça a existência de indício da prática de falta disciplinar por magistrado, servidor, tabelião, registrador ou serventuário, quando assim deliberado pelo colegiado no julgamento.

Parágrafo único. O Presidente proferirá voto no caso de empate, no julgamento que depender de *quorum* qualificado para apuração do resultado e nas eleições ou indicações do Tribunal.

DIREITO A VOTO DO PRESIDENTE DO TRIBUNAL PLENO E DO CONSELHO ESPECIAL
- No caso de empate; - No julgamento que depender de *quorum* qualificado para apuração do resultado; - Nas eleições ou indicações do Tribunal.
Sobre o direito a voto do Presidente do Conselho Especial, no exercício das funções jurisdicionais, ver art. 29, § 1º.

PARA PRATICAR

717. **(Cespe/Analista Judiciário/2007 – adaptada)** Em sessão do Tribunal Pleno, cujo objeto da pauta seja a aprovação de emendas ao Regimento Interno do TJDFT, o desempate de votação de proposta é feito pelo presidente, em conjunto com o primeiro vice-presidente, o segundo vice-presidente e o corregedor, acaso presentes. ( )

718. (Cespe/TJDFT/Analista Judiciário/2003) O presidente do Tribunal de Justiça do Distrito Federal e dos Territórios (TJDFT) vota em todas as questões administrativas de competência do Tribunal Pleno. ( )

719. (Cespe/TJDFT/Analista Judiciário/1998 – adaptada) Será obrigatória a convocação extraordinária do Tribunal Pleno e do Conselho Especial se requerida por 2/3 dos membros do respectivo órgão. ( )

COMENTÁRIOS

717. (E) Caberá ao Presidente do Tribunal Pleno, exclusivamente, e não em conjunto com os pares, proferir voto de desempate nos julgamentos do respectivo órgão (art. 366, parágrafo único).

718. (E) O Presidente do Tribunal de Justiça, quando no exercício da presidência do Tribunal Pleno e do Conselho Especial, vota em três situações: no caso de empate; no julgamento que depender de quorum qualificado para apuração do resultado; nas eleições e indicações do Tribunal (art. 366, parágrafo único).

719. (E) Serão convocadas sessões extraordinárias do Tribunal Pleno e do Conselho Especial no exercício de suas atribuições administrativas sempre que necessário ou mediante requerimento de um terço dos integrantes dos respectivos órgãos, e não por 2/3 como afirma a questão (art. 365, § 2º).

CAPÍTULO IV
DAS ATRIBUIÇÕES ADMINISTRATIVAS DO PRESIDENTE DO TRIBUNAL, DO PRIMEIRO VICE-PRESIDENTE, DO SEGUNDO VICE-PRESIDENTE E DO CORREGEDOR DA JUSTIÇA

Seção I
Das Atribuições do Presidente do Tribunal

Art. 367. São atribuições administrativas do Presidente do Tribunal:

I – convocar eleições para os cargos de direção do Tribunal de Justiça;

II – prover os cargos dos serviços auxiliares na forma da lei;

III – expedir os atos de nomeação, exoneração, remoção, promoção, acesso, disponibilidade e aposentadoria de magistrados e servidores da Justiça;

IV – determinar a realização de concurso público para provimento dos cargos de servidores da Justiça do Distrito Federal e dos Territórios;

V – convocar desembargador para substituição de membro do Conselho Especial, por ocasião de férias, afastamentos e impedimentos, observados os critérios estabelecidos neste Regimento;

VI – solicitar ao Procurador-Geral de Justiça do Distrito Federal e Territórios e ao Presidente da Ordem dos Advogados do Brasil, Seccional do Distrito Federal, lista sêxtupla para início dos procedimentos referentes ao preenchimento das vagas correspondentes ao quinto constitucional;

VII – indicar os membros e os respectivos suplentes das Comissões Permanentes para aprovação do Tribunal Pleno;

VIII – coordenar e normatizar o funcionamento das unidades que integram a estrutura organizacional da Presidência, em conformidade com a política de governança institucional; *(Redação dada pela Emenda Regimental nº 16, de 2020)*

IX – nomear os juízes de direito substitutos e dar-lhes posse, observada a ordem de classificação do respectivo concurso;

X – expedir atos de designação nos casos de promoção, de remoção e de permuta;

XI – receber o pedido de afastamento com a finalidade de aperfeiçoamento profissional, formulado por membro do Tribunal, e determinar a respectiva distribuição a um relator;

XII – ceder servidores do quadro do Tribunal e requisitar os de outros órgãos;

XIII – instaurar sindicância ou processo administrativo disciplinar para apurar falta cometida por servidores lotados na Secretaria do Tribunal;

XIV – baixar instruções necessárias para a aplicação do ajustamento de conduta a servidores lotados na Secretaria do Tribunal, a quem se possa atribuir infração disciplinar, punível com advertência;

XV – aplicar sanções disciplinares aos servidores lotados na Secretaria do Tribunal e a pena de demissão aos servidores da Justiça do Distrito Federal e dos Territórios;

XVI – decidir sobre as questões administrativas de interesse dos magistrados e dos servidores da Justiça, ressalvada a competência dos órgãos colegiados;

XVII – organizar e publicar, anualmente, as listas de antiguidade dos magistrados;

XVIII – decidir sobre matéria administrativa pertinente à organização e ao funcionamento da Justiça do Distrito Federal e dos Territórios, podendo submeter ao Tribunal Pleno ou ao Conselho Especial as matérias que entender convenientes;

XIX – fazer publicar, no mês de dezembro de cada ano, a relação de todas as circunscrições e varas instaladas na Justiça do Distrito Federal e dos Territórios;

XX – pronunciar-se sobre a regularidade das contas de quaisquer ordenadores de despesas do Quadro do Tribunal de Justiça do Distrito Federal e dos Territórios;

XXI – apresentar ao Tribunal Pleno, anualmente, até o primeiro dia de março, relatório circunstanciado das atividades da Justiça do Distrito Federal e dos Territórios, relativo ao ano anterior;

XXII – autorizar, na forma da lei, a ocupação de áreas do Palácio da Justiça, de seus anexos ou de áreas próprias do Tribunal, no Distrito Federal e nos Territórios, assim como fixar a respectiva retribuição pecuniária devida por outros órgãos de entidades oficiais e por serventias não remuneradas por órgãos públicos ou por quaisquer outros serviços;

XXIII – outorgar delegação para o exercício da atividade notarial e de registro, na forma da lei;

XXIV – apresentar um plano de administração ao Tribunal Pleno em 30 (trinta) dias, contados de sua posse;

XXV – praticar os atos cuja competência lhe for delegada pelo Tribunal Pleno ou pelo Conselho Especial, no exercício das funções administrativas;

XXVI – decidir sobre o afastamento de qualquer magistrado em missão oficial, desde que não excedam a 7 (sete) dias e nem impliquem afastamento do Território Nacional, os quais dependerão de deliberação do Conselho Especial. *(Redação dada pela Emenda Regimental nº 7, de 2017)*

XXVII – deliberar sobre o processamento do pedido de aproveitamento de magistrado colocado em disponibilidade em razão de processo disciplinar. *(Redação dada pela Emenda Regimental nº 14, de 2019)*

XXVIII – exercer as demais funções que lhe são conferidas neste Regimento. *(Incluído pela Emenda Regimental nº 14, de 2019)*

Seção II
Das Atribuições do Primeiro Vice-Presidente do Tribunal

Art. 368. São atribuições administrativas do Primeiro Vice-Presidente:

I – substituir o Presidente do Tribunal em suas faltas ou impedimentos;

II – dar posse aos servidores do quadro do Tribunal de Justiça e àqueles investidos em cargo em comissão;

III – presidir a Comissão de Concurso para Ingresso na Magistratura do Distrito Federal e dos Territórios;

IV – conceder férias e licenças aos magistrados;

V – designar juiz de direito substituto e juiz de direito dos Territórios para exercerem as funções a eles conferidas em lei;

VI – coordenar a política de gestão documental do Tribunal;

VII – coordenar a política de desenvolvimento e de aperfeiçoamento jurisprudencial e de biblioteconomia do Tribunal;

VIII – coordenar e normatizar o funcionamento das unidades que integram a estrutura organizacional da Primeira Vice-Presidência, em conformidade com a política de governança institucional; *(Redação dada pela Emenda Regimental nº 16, de 2020)*

IX – exercer atribuições que lhe forem delegadas pelo Presidente do Tribunal e as demais funções que lhe forem conferidas neste Regimento.

X – editar e publicar a Revista de Doutrina Jurídica – RDJ. *(Alterado pela Retificação da Emenda Regimental 15 de 24/07/2020)*

Parágrafo único. A delegação de competência far-se-á por ato conjunto do Presidente e do Primeiro Vice-Presidente.

Seção III
Das Atribuições do Segundo Vice-Presidente do Tribunal

Art. 369. São atribuições administrativas do Segundo Vice-Presidente:

I – substituir o Presidente do Tribunal em suas férias, afastamentos, ausências ou impedimentos eventuais, caso o Primeiro Vice-Presidente esteja impossibilitado de fazê-lo;

II – coordenar a política de mediação, de conciliação e de soluções alternativas de conflitos de interesses na Justiça do Distrito Federal;

III – presidir a Comissão Permanente de Apoio ao Concurso de Servidores e de Serviços de Notas e de Registro;

IV – coordenar e normatizar o funcionamento das unidades que integram a estrutura organizacional da Segunda Vice-Presidência, em conformidade com a política de governança institucional; *(Redação dada pela Emenda Regimental nº 16, de 2020).*

V – exercer quaisquer das atribuições do Presidente do Tribunal, previstas em lei ou neste Regimento, que lhe forem delegadas.

Parágrafo único. A delegação de competência far-se-á por ato conjunto do Presidente e do Segundo Vice-Presidente.

Seção IV
Das Atribuições do Corregedor da Justiça

Art. 370. São atribuições administrativas do Corregedor da Justiça:

I – realizar inspeções e correições nos serviços judiciais e extrajudiciais do Distrito Federal e dos Territórios e zelar para que os serviços sejam prestados com rapidez, qualidade e eficiência;

II – realizar, anualmente, inspeções e correições nos livros dos notários e registradores dos Territórios, com o intuito de verificar o cumprimento do disposto na Lei 6.634, de 2 de maio de 1979, podendo delegar essa atribuição a juiz de direito;

III – expedir provimentos, portarias e instruções necessários ao bom funcionamento dos serviços da Justiça de Primeiro Grau e dos Serviços Notariais e de Registros no Distrito Federal, podendo delegar essa atribuição ao Secretário-Geral da Corregedoria da Justiça;

IV – expedir as instruções necessárias para o serviço de distribuição de feitos no primeiro grau de jurisdição;

V – propor ao Tribunal Pleno a aprovação da estrutura administrativa da Secretaria da Corregedoria da Justiça e das suas atribuições;

VI – fiscalizar o procedimento funcional dos magistrados de Primeiro Grau, de ofício ou mediante reclamação, e propor ao Conselho Especial, se for o caso, a instauração de processo administrativo;

VII – receber e instruir o pedido de afastamento com a finalidade de aperfeiçoamento profissional, formulado por magistrado de Primeiro Grau, e submetê-lo ao Conselho Especial;

VIII – designar os juízes diretores dos fóruns das circunscrições do Distrito Federal;

IX – fiscalizar a atividade dos juízes de paz e fixar a importância que será recebida para a celebração de casamento, observado o Regimento de Custas das Serventias Judiciais e dos Serviços Notariais e de Registro;

X – expedir atos de designação ou de substituição dos tabeliães e dos oficiais de registro, nas hipóteses de vacância ou afastamento compulsório do titular;

XI – indicar à nomeação diretor de secretaria quando houver vacância do titular da vara e designar servidor para substituí-lo em seus impedimentos;

XII – indicar os Contadores-Partidores, os Distribuidores e os Depositários Públicos, bem como designar um dos Depositários Públicos como Coordenador dos Depósitos Públicos;

XIII – regular as atividades dos Contadores-Partidores e Distribuidores e as do Depositário Público, dispondo especialmente sobre as formas de controle dos bens em depósito;

XIV – determinar o número de servidores com fé pública para cada ofício judicial;

XV – decidir sobre as questões administrativas relativas aos servidores lotados na Secretaria da Corregedoria da Justiça, ressalvada a competência dos órgãos colegiados;

XVI – instaurar sindicância ou processo administrativo disciplinar para apurar falta cometida por servidores lotados na Corregedoria da Justiça e nos órgãos a ela subordinados, bem como por tabeliães e oficiais de registro, impondo-lhes, no limite de sua competência, as penalidades cabíveis, ou propor ao Presidente a aplicação da pena de demissão, na forma do artigo 367, XV;

XVII – julgar recursos administrativos relativos a sanções disciplinares aplicadas pelos magistrados aos servidores que lhes sejam subordinados;

XVIII – conduzir os procedimentos de remoção de juízes de direito e de promoção de juízes de direito substitutos, relatando a matéria no Tribunal Pleno;

XIX – coordenar e normatizar o funcionamento das unidades que integram a estrutura organizacional da Corregedoria da Justiça, em conformidade com a política de governança institucional; *(Redação dada pela Emenda Regimental nº 16, de 2020)*

XX – expedir as instruções necessárias para aplicação de ajustamento de conduta a servidores lotados nos ofícios judiciais, extrajudiciais e na Secretaria da Corregedoria da Justiça, a quem se possa atribuir infração disciplinar, punível com advertência ou considerada de lesividade mínima;

XXI – exercer as demais funções que lhe são atribuídas neste Regimento e praticar os atos cuja competência lhe seja delegada.

§ 1º O Corregedor da Justiça poderá delegar a juízes a realização de inspeções e correições nos serviços judiciais e extrajudiciais, bem como a presidência de processos administrativos disciplinares, salvo aqueles que tenham por objeto a apuração da prática de infração penal atribuída a magistrado ou a juiz de paz.

§ 2º A inspeção e a correição nos Territórios Federais será feita pessoalmente pelo Corregedor da Justiça, com o auxílio de juiz de direito por ele convocado, e abrangerá, no mínimo e em cada ano, a metade das circunscrições neles existentes, de forma que, no final do biênio, estejam todas inspecionadas.

ATRIBUIÇÕES ADMINISTRATIVAS DO PRESIDENTE, DO PRIMEIRO VICE-PRESIDENTE, DO SEGUNDO VICE-PRESIDENTE E DO CORREGEDOR DA JUSTIÇA		
Presidente	Primeiro Vice-Presidente	Corregedor da Justiça
- convocar eleições para os cargos de direção do Tribunal de Justiça; - prover os cargos dos serviços auxiliares na forma da lei; - expedir os atos de nomeação, exoneração, remoção, promoção, acesso, disponibilidade e aposentadoria de magistrados e servidores da Justiça; - determinar a realização de concurso público para provimento dos cargos de servidores da Justiça do Distrito Federal e dos Territórios; - convocar desembargador para substituição de membro do Conselho Especial, por ocasião de férias, afastamentos e impedimentos, observados os critérios estabelecidos neste Regimento; - solicitar ao Procurador-Geral de Justiça do Distrito Federal e Territórios e ao Presidente da Ordem dos Advogados do Brasil, Seccional do Distrito Federal, lista sêxtupla para início dos procedimentos referentes ao preenchimento das vagas correspondentes ao quinto constitucional;	- substituir o Presidente do Tribunal em suas faltas ou impedimentos; - dar posse aos servidores do quadro do Tribunal de Justiça e àqueles investidos em cargo em comissão; - presidir a Comissão de Concurso para Ingresso na Magistratura do Distrito Federal e dos Territórios; - conceder férias e licenças aos magistrados; - designar juiz de direito substituto e juiz de direito dos Territórios para exercerem as funções a eles conferidas em lei; - coordenar a política de gestão documental do Tribunal; - coordenar a política de desenvolvimento e de aperfeiçoamento jurisprudencial e de biblioteconomia do Tribunal; - coordenar e normatizar o funcionamento das unidades que integram a estrutura organizacional da Primeira Vice-Presidência, em conformidade com a política de governança institucional;	- propor ao Tribunal Pleno a aprovação da estrutura administrativa da Secretaria da Corregedoria da Justiça e das suas atribuições; - realizar inspeções e correições nos serviços judiciais e extrajudiciais do Distrito Federal e dos Territórios e zelar para que os serviços sejam prestados com rapidez, qualidade e eficiência; - realizar, anualmente, inspeções e correições nos livros dos notários e registradores dos Territórios, com o intuito de verificar o cumprimento do disposto na Lei 6.634, de 2 de maio de 1979, podendo delegar essa atribuição a juiz de direito; - expedir provimentos, portarias e instruções necessários ao bom funcionamento dos serviços da Justiça de Primeiro Grau e dos Serviços Notariais e de Registros no Distrito Federal, podendo delegar essa atribuição ao Secretário-Geral da Corregedoria da Justiça; - expedir as instruções necessárias para o serviço de distribuição de feitos no primeiro grau de jurisdição;

ATRIBUIÇÕES ADMINISTRATIVAS DO PRESIDENTE, DO PRIMEIRO VICE-PRESIDENTE, DO SEGUNDO VICE-PRESIDENTE E DO CORREGEDOR DA JUSTIÇA

Presidente	Primeiro Vice-Presidente	Corregedor da Justiça
- indicar os membros e os respectivos suplentes das Comissões Permanentes para aprovação do Tribunal Pleno; - coordenar e normatizar o funcionamento das unidades que integram a estrutura organizacional da Presidência, em conformidade com a política de governança institucional; - nomear os juízes de direito substitutos e dar-lhes posse, observada a ordem de classificação do respectivo concurso; - expedir atos de designação nos casos de promoção, de remoção e de permuta; - receber o pedido de afastamento com a finalidade de aperfeiçoamento profissional, formulado por membro do Tribunal, e determinar a respectiva distribuição a um relator; - ceder servidores do quadro do Tribunal e requisitar os de outros órgãos; - instaurar sindicância ou processo administrativo disciplinar para apurar falta cometida por servidores lotados na Secretaria do Tribunal; - baixar instruções necessárias para a aplicação do ajustamento de conduta a servidores lotados na Secretaria do Tribunal, a quem se possa atribuir infração disciplinar, punível com advertência; - aplicar sanções disciplinares aos servidores lotados na Secretaria do Tribunal e a pena de demissão aos servidores da Justiça do Distrito Federal e dos Territórios; - decidir sobre as questões administrativas de interesse dos magistrados e dos servidores da Justiça, ressalvada a competência dos órgãos colegiados;	- exercer atribuições que lhe forem delegadas pelo Presidente do Tribunal e as demais funções que lhe forem conferidas neste Regimento; - editar e publicar a Revista de Doutrina Jurídica – RDJ. **Segundo Vice-Presidente** - substituir o Presidente do Tribunal em suas férias, afastamentos, ausências ou impedimentos eventuais, caso o Primeiro Vice-Presidente esteja impossibilitado de fazê-lo; - coordenar a política de mediação, de conciliação e de soluções alternativas de conflitos de interesses na Justiça do Distrito Federal; - presidir a Comissão Permanente de Apoio ao Concurso de Servidores e de Serviços de Notas e de Registro; - coordenar e normatizar o funcionamento das unidades que integram a estrutura organizacional da Segunda Vice-Presidência, em conformidade com a política de governança institucional; - exercer quaisquer das atribuições do Presidente do Tribunal, previstas em lei ou neste Regimento, que lhe forem delegadas.	- fiscalizar o procedimento funcional dos magistrados de Primeiro Grau, de ofício ou mediante reclamação, e propor ao Conselho Especial, se for o caso, a instauração de processo administrativo; - receber e instruir o pedido de afastamento com a finalidade de aperfeiçoamento profissional, formulado por magistrado de Primeiro Grau, e submetê-lo ao Conselho Especial; - designar os juízes diretores dos fóruns das circunscrições do Distrito Federal; - fiscalizar a atividade dos juízes de paz e fixar a importância que será recebida para a celebração de casamento, observado o Regimento de Custas das Serventias Judiciais e dos Serviços Notariais e de Registro; - expedir atos de designação ou de substituição dos tabeliães e dos oficiais de registro, nas hipóteses de vacância ou afastamento compulsório do titular; - indicar à nomeação diretor de secretaria quando houver vacância do titular da vara e designar servidor para substituí-lo em seus impedimentos; - indicar os Contadores-Partidores, os Distribuidores e os Depositários Públicos, bem como designar um dos Depositários Públicos como Coordenador dos Depósitos Públicos; - regular as atividades dos Contadores-Partidores e Distribuidores e as do Depositário Público, dispondo especialmente sobre as formas de controle dos bens em depósito; - determinar o número de servidores com fé pública para cada ofício judicial;

ATRIBUIÇÕES ADMINISTRATIVAS DO PRESIDENTE, DO PRIMEIRO VICE-PRESIDENTE, DO SEGUNDO VICE-PRESIDENTE E DO CORREGEDOR DA JUSTIÇA

Presidente	Primeiro e Segundo Vice-Presidentes	Corregedor da Justiça
- organizar e publicar, anualmente, as listas de antiguidade dos magistrados; - decidir sobre matéria administrativa pertinente à organização e ao funcionamento da Justiça do Distrito Federal e dos Territórios, podendo submeter ao Tribunal Pleno ou ao Conselho Especial as matérias que entender convenientes; - fazer publicar, no mês de dezembro de cada ano, a relação de todas as circunscrições e varas instaladas na Justiça do Distrito Federal e dos Territórios; - pronunciar-se sobre a regularidade das contas de quaisquer ordenadores de despesas do Quadro do Tribunal de Justiça do Distrito Federal e dos Territórios; - apresentar ao Tribunal Pleno, anualmente, até o primeiro dia de março, relatório circunstanciado das atividades da Justiça do Distrito Federal e dos Territórios, relativo ao ano anterior; - autorizar, na forma da lei, a ocupação de áreas do Palácio da Justiça, de seus anexos ou de áreas próprias do Tribunal, no Distrito Federal e nos Territórios, assim como fixar a respectiva retribuição pecuniária devida por outros órgãos de entidades oficiais e por serventias não remuneradas por órgãos públicos ou por quaisquer outros serviços; - outorgar delegação para o exercício da atividade notarial e de registro, na forma da lei; - apresentar um plano de administração ao Tribunal Pleno em 30 (trinta) dias, contados de sua posse; - praticar os atos cuja competência lhe for delegada pelo Tribunal Pleno ou pelo Conselho Especial, no exercício das funções administrativas;		- decidir sobre as questões administrativas relativas aos servidores lotados na Secretaria da Corregedoria da Justiça, ressalvada a competência dos órgãos colegiados; - instaurar sindicância ou processo administrativo disciplinar para apurar falta cometida por servidores lotados na Corregedoria da Justiça e nos órgãos a ela subordinados, bem como por tabeliães e oficiais de registro, impondo-lhes, no limite de sua competência, as penalidades cabíveis, ou propor ao Presidente a aplicação da pena de demissão, na forma do artigo 367, XV; - julgar recursos administrativos relativos a sanções disciplinares aplicadas pelos magistrados aos servidores que lhes sejam subordinados; - conduzir os procedimentos de remoção de juízes de direito e de promoção de juízes de direito substitutos, relatando a matéria no Tribunal Pleno; - coordenar e normatizar o funcionamento das unidades que integram a estrutura organizacional da Corregedoria da Justiça, em conformidade com a política de governança institucional; - expedir as instruções necessárias para aplicação de ajustamento de conduta a servidores lotados nos ofícios judiciais, extrajudiciais e na Secretaria da Corregedoria da Justiça, a quem se possa atribuir infração disciplinar, punível com advertência ou considerada de lesividade mínima; - exercer as demais funções que lhe são atribuídas neste Regimento e praticar os atos cuja competência lhe seja delegada.

ATRIBUIÇÕES ADMINISTRATIVAS DO PRESIDENTE, DO PRIMEIRO VICE-PRESIDENTE, DO SEGUNDO VICE-PRESIDENTE E DO CORREGEDOR DA JUSTIÇA		
Presidente	**Primeiro e Segundo Vice-Presidentes**	**Corregedor da Justiça**
– decidir sobre o afastamento de qualquer magistrado em missão oficial, desde que não excedam a 7 (sete) dias e nem impliquem afastamento do Território Nacional, os quais dependerão de deliberação do Conselho Especial. – deliberar sobre o processamento do pedido de aproveitamento de magistrado colocado em disponibilidade em razão de processo disciplinar. – exercer as demais funções que lhe são conferidas neste Regimento.		- poderá delegar a juízes a realização de inspeções e correições nos serviços judiciais e extrajudiciais, bem como a presidência de processos administrativos disciplinares, salvo aqueles que tenham por objeto a apuração da prática de infração penal atribuída a magistrado ou a juiz de paz; - fará pessoalmente a inspeção e a correição nos Territórios Federais, com o auxílio de juiz de direito por ele convocado, e abrangerá, no mínimo e em cada ano, a metade das circunscrições neles existentes, de forma que, no final do biênio, estejam todas inspecionadas.
Delegação de competência do Presidente ao Primeiro Vice-Presidente	Será feita por ato conjunto do Presidente e do Primeiro Vice-Presidente.	
Delegação de competência do Presidente ao Segundo Vice-Presidente	Será feita por ato conjunto do Presidente e do Segundo Vice-Presidente.	
Sobre as atribuições jurisdicionais do Presidente do Tribunal, do Primeiro Vice-Presidente, do Segundo Vice-Presidente e do Corregedor da Justiça, ver os arts. 43/47 deste Regimento e respectivo quadro esquemático.		

PARA PRATICAR

720. **(Cespe/TJDFT/Analista Judiciário – Área Judiciária/2015)** Se um servidor da justiça do Distrito Federal (DF) cometer infração disciplinar cuja penalidade, após processo disciplinar, seja a demissão, a autoridade responsável para aplicá-la será o corregedor da justiça. ( )

721. **(Cespe/TJDFT/Notários/Outorga de Provimento/2008)** Entre as funções do corregedor do TJDFT, está a instauração de sindicância e processo administrativo disciplinar para apurar infrações praticadas pelos notários e aplicar as penas cabíveis, inclusive a perda de delegação. ( )

722. **(Cespe/TJDFT/Analista judiciário/2007 – adaptada)** O edital de um concurso público para ingresso na magistratura do DF previu que todas as questões não reguladas no instrumento convocatório serão resolvidas pela presidência da comissão do respectivo concurso. Nessa situação, a análise das referidas questões será de responsabilidade do primeiro vice-presidente do TJDFT, no uso de suas atribuições. ( )

723. **(Inédita)** Entre as atribuições administrativas do Presidente do Tribunal está a de dar posse aos juízes de direito substitutos e a servidor dos quadros do Tribunal, podendo delegar essa atribuição, se o interesse administrativo o recomendar. ( )

724. **(Inédita)** A outorga de delegação para o exercício da atividade notarial e de registro é atribuição do Corregedor da Justiça. ( )

ART. 370 | TJDFT – EM ESQUEMAS

725. **(Inédita)** O Primeiro Vice-Presidente do Tribunal tem atribuição para exercer a coordenação política de mediação, de conciliação e de soluções alternativas de conflitos de interesses na Justiça do Distrito Federal. ( )

726. **(Inédita)** Compete ao Presidente do Tribunal determinar a realização de concurso público para provimento dos cargos de servidores da Justiça do Distrito Federal e dos Territórios, mas a presidência da comissão do concurso cabe ao Segundo Vice-Presidente. ( )

727. **(Inédita)** É atribuição do Presidente do Tribunal conceder férias e licenças aos magistrados. ( )

728. **(Inédita)** Compete ao Tribunal Pleno aplicar a pena de demissão aos servidores da Justiça do Distrito Federal e dos Territórios. ( )

729. **(Inédita)** Compete ao Conselho Especial, no exercício de suas atribuições administrativas, aplicar sanções disciplinares e decidir sobre exoneração, disponibilidade e aposentadoria ou remoção compulsória de magistrados. ( )

730. **(Inédita)** A Coordenação da política de gestão documental do Tribunal é atribuição do Primeiro Vice-Presidente. ( )

COMENTÁRIOS

720. (E) É atribuição administrativa do Presidente do Tribunal aplicar sanções disciplinares aos servidores lotados na Secretaria do Tribunal e a pena de demissão aos servidores da Justiça do Distrito Federal e dos Territórios (art. 367, XV).

721. (E) A instauração de sindicância e processo administrativo disciplinar para apurar infrações praticadas pelos notários e aplicar as penas cabíveis é, de fato, atribuição do Corregedor da Justiça (art. 370, XVI). Todavia, a aplicação da penalidade de perda de delegação é de competência do Conselho Especial no exercício de suas funções administrativas (art. 363, VI).

722. (C) A presidência da Comissão de Concurso para ingresso na magistratura do Distrito Federal e dos Territórios é atribuição do Primeiro Vice-Presidente (art. 368, III). Vale a pena lembrar que a presidência da Comissão Permanente de Apoio ao Concurso de Servidores e de Serviços de Notas e de Registro cabe ao Segundo Vice-Presidente (art. 369, III).

723. (E) Dar posse aos juízes de direito substitutos, de fato, é atribuição do Presidente do Tribunal (art. 367, IX). Mas dar posse aos servidores, inclusive o de cargos comissionados, é atribuição do Primeiro Vice-Presidente (art. 368, II) As atribuições do Presidente são, em regra, delegáveis ao primeiro e segundo vice-presidente por ato conjunto entre a autoridade delegante e a autoridade delegada (art. 368, parágrafo único e 369, parágrafo único).

724. (E) É atribuição administrativa do Presidente do Tribunal outorgar delegação para o exercício da atividade notarial e de registro na forma da lei (art. 367, XXIII).

725. (E) A competência para coordenar a política de mediação, de conciliação e de soluções alternativas de conflitos de interesses na Justiça do Distrito Federal é do Segundo Vice-Presidente e não do Primeiro Vice-Presidente como afirma a questão (art. 369, II).

726. (C) É atribuição administrativa do Presidente do Tribunal determinar a realização de concurso público para provimento dos cargos de servidores da Justiça do Distrito Federal e dos Territórios (art. 367, IV), mas presidir a Comissão Permanente de Apoio ao Concurso de Servidores cabe ao Segundo Vice-Presidente (art. 369, III).

727. (E) Conceder férias e licenças aos magistrados é atribuição administrativa do Primeiro Vice-Presidente e não do Presidente (art. 368, IV).

728. (E) É atribuição administrativa do Presidente do Tribunal aplicar sanções disciplinares aos servidores lotados na Secretaria do Tribunal e a pena de demissão aos servidores da Justiça do Distrito Federal e dos Territórios (art. 367, XV).

729. (C) Compete ao Conselho Especial, no exercício de suas atribuições administrativas, aplicar sanções disciplinares e decidir sobre exoneração, disponibilidade e aposentadoria ou remoção compulsória de magistrados (art. 363, II).

730. (C) É atribuição do Primeiro Vice-Presidente coordenar a política de gestão documental do Tribunal (art. 368, VI).

TÍTULO III
DOS PROCEDIMENTOS ADMINISTRATIVOS

CAPÍTULO I
DAS ELEIÇÕES PARA OS CARGOS DE DIREÇÃO

> São cargos de direção do Tribunal o Presidente, o Primeiro Vice-Presidente, o Segundo Vice-Presidente e o Corregedor-Geral da Justiça.

Art. 371. As eleições para os cargos de direção do Tribunal de Justiça serão realizadas pelo Tribunal Pleno no mês de fevereiro do ano em que findar o mandato dos antecessores, mediante convocação do Presidente.

Parágrafo único. A transição poderá ser disciplinada em ato regimental.

Art. 372. Eleger-se-á primeiro o Presidente do Tribunal e, sucessivamente, o Primeiro Vice-Presidente, o Segundo Vice-Presidente e o Corregedor da Justiça.

§ 1º Verificando-se, no curso do mandato, vacância de algum dos cargos de direção, e se for caso de se proceder a nova eleição, o Presidente a convocará para um dos 15 (quinze) dias seguintes.

§ 2º Verificando-se a vacância de algum dos cargos de direção em virtude de aposentadoria compulsória, a eleição será realizada dentro dos 20 (vinte) dias que antecederem sua ocorrência.

DAS ELEIÇÕES PARA OS CARGOS DE DIREÇÃO		
Órgão competente para realizar a eleição	O Tribunal Pleno.	
Quando é realizada a eleição	No mês de fevereiro do ano em que findar o mandato dos antecessores, mediante convocação do Presidente.	
Ordem de eleição dos cargos	1º	O Presidente do Tribunal.
	2º	O Primeiro Vice-Presidente.
	3º	O Segundo Vice-Presidente.
	4º	O Corregedor da Justiça.

DAS ELEIÇÕES PARA OS CARGOS DE DIREÇÃO		
Ocorrendo vacância de algum dos cargos de direção	No curso do mandato	O Presidente convocará a eleição para um dos quinze dias seguintes, se for o caso de se proceder a nova eleição(*)
	Em virtude de aposentadoria compulsória do respectivo titular	A eleição será realizada dentro de vintes dias que antecederem a aposentadoria compulsória.

(*) Será o caso de proceder à nova eleição quando houver vacância do cargo de direção faltando seis meses ou mais para o término do mandato (art. 42).

Art. 373. A eleição do Presidente do Tribunal, do Primeiro Vice-Presidente, do Segundo Vice-Presidente e do Corregedor da Justiça recairá nos três desembargadores mais antigos que, nos termos do artigo seguinte, não estejam impedidos de ocupar esses cargos.

Nota: Segundo o art. 102 da Lei Orgânica da Magistratura Nacional (LCP 35/79), a eleição para os cargos de direção recai entre os membros mais antigos do Tribunal em número correspondente ao dos cargos de direção. Assim, considerando que no TJDFT são quatro os cargos de direção, deveria constar no texto desse dispositivo "quatro desembargadores" ao invés de três.
Embora a antinomia, considere, para efeito de eventual prova de Regimento Interno, o contido no art. 373 da norma regimental.

Nota: Na prática, a regra funciona assim: Em primeiro lugar será eleito o Presidente. Ao cargo disputarão os três desembargadores mais antigos do Tribunal e elegíveis. Escolhido um deles, passa-se à eleição do Primeiro Vice-Presidente. Ao cargo disputarão os três desembargadores mais antigos do Tribunal e elegíveis. E assim sucessivamente. Ou seja, o desembargador que não se elegeu ao cargo de Presidente pode se candidatar ao cargo de Primeiro Vice-Presidente, de Segundo Vice-Presidente e de Corregedor.

Art. 374. Até que se esgotem todos os nomes, não figurará entre os elegíveis, para qualquer outro cargo, o desembargador que houver sido Presidente, salvo se estiver completando mandato por período inferior a um ano.

§ 1º Igualmente não poderá ser eleito quem já houver sido Primeiro Vice-Presidente, Segundo Vice-Presidente e Corregedor da Justiça por um período total de quatro anos.

§ 2º Não se admitirá reeleição para o mesmo cargo.

A eleição recairá	Nos três desembargadores mais antigos que, nos termos do artigo seguinte, não estejam impedidos de ocupar esses cargos.

Não figurará entre os elegíveis para qualquer outro cargo, até que se esgotem todos os nomes(*)	- o desembargador que houver sido Presidente, salvo se estiver completando mandato por período inferior a um ano. - o desembargador que já houver exercido o cargo de Primeiro Vice-Presidente, Segundo Vice-Presidente e Corregedor da Justiça por um período total de quatro anos.
Reeleição(**)	Não se admite reeleição para o mesmo cargo.
Quorum mínimo para deliberação	2/3 (dois terços) dos membros do Tribunal Pleno.
Será considerado eleito	O desembargador que obtiver pelo menos metade mais um dos votos.
(*) Explicando a regra: São inelegíveis até que todos os desembargadores tenham ocupado ou recusado o cargo: quem já foi Presidente, salvo se completando mandato por período inferior a um ano; quem já foi 1º Vice-Presidente (2 anos) e Presidente (2 anos); quem já foi 2º Vice-Presidente (2 anos) e Presidente (2 anos); quem já foi Corregedor (2 anos) e Presidente (2 anos); quem já foi 1º Vice-Presidente (2 anos) e Corregedor (2 anos); quem já foi 2º Vice-Presidente (2 anos) e Corregedor (2 anos); quem já foi 2º Vice-Presidente (2 anos) e 1º Vice-Presidente (2 anos)	
(**) A reeleição pressupõe o mesmo cargo e mandato subsequente.	

Art. 375. Antes de se proceder à votação, o Presidente consultará os desembargadores elegíveis sobre a aquiescência de eventual indicação.

§ 1º O Tribunal poderá não aceitar a recusa pelo voto da maioria absoluta de seus membros.

§ 2º Em nenhum caso, a recusa será aceita após a eleição.

§ 3º A recusa aceita não prejudicará, para os efeitos do art. 377, a colocação do desembargador na lista de antiguidade.

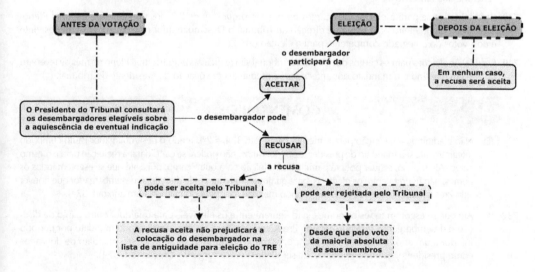

ART. 376 — TJDFT – EM ESQUEMAS

Art. 376. O *quorum* mínimo de deliberação do Tribunal Pleno é de dois terços dos seus membros.

Parágrafo único. Será considerado eleito quem obtiver pelo menos metade mais um dos votos.

PARA PRATICAR

731. (Cespe/TJDFT/Analista Judiciário/2007) Paulo é desembargador presidente do TJDFT. Nessa situação, ao término de seu mandato, integralmente cumprido, Paulo poderá participar do escrutínio subsequente e candidatar-se à reeleição para o mesmo cargo. ( )

732. (Cespe/TJDFT/Técnico Judiciário/2007 – adaptada) Mariana, após ter cumprido integralmente seu mandato de presidente do TJDFT, pretende candidatar-se a primeira vice-presidente ou corregedora. Nessa situação, se Mariana for eleita primeira vice-presidente ou corregedora, ficará impedida de ser eleita novamente para presidente até que todos os demais desembargadores ocupem também esse cargo. ( )

733. (Cespe/TJDFT/Analista Judiciário1998) O Tribunal pode não aceitar a recusa de desembargador que já foi indicado para disputar eleição ao cargo de direção do Tribunal. ( )

734. (Inédita) Considerar-se-á eleito presidente do Tribunal o Desembargador que reunir a maioria absoluta dos sufrágios dos membros do Tribunal Pleno. ( )

735. (Inédita) Findo o mandato de dois anos como Presidente do Tribunal, o desembargador não poderá candidatar-se a outro cargo de direção do Tribunal. ( )

736. (Inédita) João é um desembargador do Tribunal de Justiça elegível a cargo de direção. Consultado se queria ser indicado à eleição, ele recusou. O Tribunal em votação do Tribunal Pleno não aceitou a recusa pelo voto da maioria absoluta de seus membros. Neste caso, João terá que se candidatar pois o Tribunal pode não aceitar a recusa desde que pelo voto da maioria absoluta dos desembargadores. ( )

737. (Inédita) Considere por hipótese que Maria Tereza, desembargadora do TJDFT, tenha cumprido o mandato de corregedora por dois anos completos e de presidente por oito meses, completando o mandato de seu antecessor. Neste caso, é correto afirmar que não haverá impedimento à eleição de Maria Tereza para o cargo de Presidente do Tribunal. ( )

738. (Inédita) A eleição dos cargos de Presidente, de Primeiro Vice-Presidente, de Segundo Vice-Presidente e do Corregedor ocorre pelo voto maioria absoluta de votos do Tribunal Pleno e a escolha recairá necessariamente sobre os três desembargadores mais antigos do Tribunal que advierem da classe da magistratura do Distrito Federal e dos Territórios. ( )

739. (Inédita) Exige-se para a eleição dos cargos de direção o *quorum* de 2/3 dos membros do Tribunal Pleno. Será considerado eleito para cargo de direção do Tribunal o Desembargador que obtiver pelo menos vinte e dois votos do colegiado competente para a eleição ( )

740. (Inédita) As eleições para os cargos de direção do Tribunal são realizadas pelo Tribunal Pleno no mês de fevereiro do ano em que findar o mandato dos antecessores, mediante convocação do Presidente do Tribunal. ( )

COMENTÁRIOS

731. (E) Não é admitida a reeleição para o mesmo cargo (art. 374, § 2º). Tendo o desembargador Paulo cumprido integralmente seu mandato de presidente por dois anos, não poderá se candidatar à reeleição para o mesmo cargo. Além disso, sequer poderá participar de eleição para outro cargo, pois, até que se esgotem todos os nomes, não figurará entre os elegíveis, para qualquer outro cargo de direção, o desembargador que houver sido Presidente, salvo se estiver completando mandato por período inferior a um ano (art. 374).

732. (E) Até que se esgotem todos os nomes, não figurará entre os elegíveis para qualquer outro cargo de direção o desembargador que houver sido Presidente, salvo se estiver completando mandato por período inferior a um ano. Na questão em análise, Mariana cumpriu integralmente seu mandato de dois anos como presidente, estando impedida de ser eleita a outro cargo de direção (art. 374).

733. (C) O desembargador elegível pode recusar a se candidatar a cargo de direção. Todavia, o Tribunal poderá não aceitar a recusa, pelo voto da maioria absoluta de seus membros (art. 375, § 1º).

734. (C) Será considerado eleito quem obtiver pelo menos metade mais um dos votos (art. 376, parágrafo único).

735. (C) Até que se esgotem todos os nomes, não figurará entre os elegíveis para qualquer outro cargo de direção o desembargador que houver sido Presidente, salvo se estiver completando mandato por período inferior a um ano (art. 374).

736. (C) O desembargador elegível pode recusar a se candidatar a cargo de direção. Todavia, o Tribunal poderá não aceitar a recusa pelo voto da maioria absoluta de seus membros (art. 375, § 1º).

737. (C) Até que se esgotem todos os nomes, não figurará entre os elegíveis para qualquer outro cargo de direção o desembargador que houver sido Presidente, salvo se estiver completando mandato por período inferior a um ano. Considerando que Maria Tereza exerceu primeiramente o cargo de Corregedora e, depois, o de Presidente por apenas oito meses, ela poderá concorrer à eleição para presidente, pois não há impedimento quando já se exerceu o cargo apenas completando mandato por período inferior a um ano (art. 374).

738. (E) A eleição dos cargos de Presidente, de Primeiro Vice-Presidente, de Segundo Vice-Presidente e do Corregedor ocorre, de fato, pelo voto maioria absoluta de votos do Tribunal Pleno e a escolha recairá necessariamente sobre os três desembargadores mais antigos do Tribunal que não estejam impedidos de ocupar esses cargos. Todavia, não são apenas os desembargadores que advierem da classe da magistratura, pois o Regimento Interno não faz essa ressalva. A escolha recai sobre os desembargadores mais antigos da Corte, sejam provenientes da carreira da magistratura ou do quinto constitucional (art. 373).

739. (E) O quorum mínimo de deliberação é, de fato, de dois terços dos membros do Tribunal Pleno, que é o órgão competente para a eleição e será considerado eleito quem obtiver pelo menos metade mais um dos votos. Considerando que o Tribunal Pleno é composto de quarenta e oito membros, o número necessário para eleger desembargador para cargo de direção é de, no mínimo, vinte e cinco votos (art. 376, parágrafo único).

740. (C) As eleições para os cargos de direção do Tribunal são realizadas pelo Tribunal Pleno no mês de fevereiro do ano em que findar o mandato dos antecessores, mediante convocação do Presidente (art. 371).

CAPÍTULO II
DA ELEIÇÃO DE DESEMBARGADOR E JUIZ DE DIREITO PARA O TRIBUNAL REGIONAL ELEITORAL

Art. 377. A eleição de desembargador ou de juiz para compor o Tribunal Regional Eleitoral do Distrito Federal será realizada pelo Tribunal Pleno nos 15 (quinze) dias posteriores ao recebimento do ofício que comunique o término do mandato.

§ 1º São inelegíveis o Presidente do Tribunal de Justiça, o Primeiro Vice-Presidente, o Segundo Vice-Presidente e o Corregedor da Justiça, assim como os desembargadores que já tiverem exercido cargos no Tribunal Regional Eleitoral do Distrito Federal por dois biênios. (*Redação dada pela Emenda Regimental nº 12, de 2019*)

§ 2º São elegíveis todos os desembargadores e juízes de direito que não estejam impedidos. (*Redação dada pela Emenda Regimental nº 12, de 2019*)

§ 3º Iniciado o processo de eleição, o Presidente consultará os desembargadores presentes sobre o interesse em se candidatar. (*Redação dada pela Emenda Regimental nº 12, de 2019*)

§ 4º Os juízes de direito poderão apresentar suas candidaturas, em expediente dirigido à Presidência, até cinco dias antes da sessão designada para a eleição, cuja data será publicada com cinco dias de antecedência. (*Redação dada pela Emenda Regimental nº 12, de 2019*)

§ 5º O Presidente anunciará os nomes dos desembargadores candidatos. Os votantes receberão cédulas em branco, podendo sufragar até dois nomes. Serão considerados eleitos aqueles que obtiverem metade mais um dos votos dos presentes à sessão. (*Incluído pela Emenda Regimental nº 12, de 2019*)

§ 6º Se for necessário segundo escrutínio, nele concorrerão os mais votados e em número correspondente ao dobro dos cargos a preencher, excluindo-se, em caso de empate e, se necessário, os mais modernos. (*Incluído pela Emenda Regimental nº 12, de 2019*)

§ 7º Nos escrutínios seguintes, será observada a regra do parágrafo anterior e, se nenhum nome obtiver metade mais um dos votos, será excluído o que tiver obtido menor número de votos e, se houver empate, o mais moderno. (*Incluído pela Emenda Regimental nº 12, de 2019*)

§ 8º Restando apenas dois nomes, ter-se-á por eleito o que obtiver maior número de votos e, em caso de empate, o mais antigo. (*Incluído pela Emenda Regimental nº 12, de 2019*)

§ 9º Na eleição de juiz de direito, serão observadas as regras dos parágrafos anteriores. (*Incluído pela Emenda Regimental nº 12, de 2019*)

Art. 378. O *quorum* mínimo de deliberação do Tribunal Pleno é de dois terços dos desembargadores.

Parágrafo único. Será considerado eleito quem obtiver pelo menos metade mais um dos votos.

Atenção! A regra contida no parágrafo único vem repetida no art. 377, § 5º, última parte, com ligeira alteração na redação.

DA ELEIÇÃO DE DESEMBARGADOR E DE JUIZ DE DIREITO PARA O TRIBUNAL REGIONAL ELEITORAL	
Tribunal Regional Eleitoral	É o órgão do Poder Judiciário encarregado de garantir a legitimidade do processo eleitoral e o livre exercício de votar e ser votado(*).
Órgão competente para a eleição	O Tribunal Pleno.
***Quorum* mínimo de deliberação**	Dois terços.
Quando é realizada a eleição	Nos quinze dias posteriores ao recebimento do ofício que comunique o término do mandato.

REGIMENTO INTERNO DO TRIBUNAL DE JUSTIÇA DO DISTRITO FEDERAL E DOS TERRITÓRIOS — ART. 378

São inelegíveis	- O Presidente do Tribunal de Justiça; - O Primeiro Vice-Presidente; - O Segundo Vice-Presidente; - O Corregedor da Justiça. - Os desembargadores que já tiverem exercido cargos no TRE-DF por dois biênios.
São elegíveis	Todos os desembargadores e juízes de direito que não estejam impedidos(**).
Consulta prévia	Iniciado o processo de eleição, o Presidente consultará os desembargadores presentes sobre o interesse em se candidatar.
Candidatura de juízes	Os juízes de direito poderão apresentar suas candidaturas, em expediente dirigido à Presidência, até cinco dias antes da sessão designada para a eleição, cuja data será publicada com cinco dias de antecedência.
Candidatos	O Presidente anunciará os nomes dos desembargadores candidatos(***).
Votação	Os votantes receberão cédulas em branco, podendo sufragar até dois nomes.
Serão eleitos	Aqueles que obtiverem metade mais um dos votos dos presentes à sessão.
Se for necessário segundo escrutínio(****)	Nele concorrerão os candidatos mais votados e em número correspondente ao dobro dos cargos a preencher, excluindo-se, em caso de empate e, se necessário, os mais modernos.
Nos escrutínios seguintes	Será observada a regra do parágrafo anterior.
Se nenhum obtiver metade mais um dos votos	Será excluído o que obtiver menor número de votos e, se houver empate, o mais moderno.
Restando apenas dois nomes	Será considerado eleito o que obtiver maior número de votos e, em caso de empate, o mais antigo.
Na eleição de juiz de direito	Serão observadas as regras dos parágrafos anteriores.

(*) O Tribunal Regional Eleitoral do Distrito Federal compõe-se: de dois juízes entre os desembargadores do Tribunal de Justiça; de dois juízes, entre juízes de direito, escolhidos pelo Tribunal de Justiça; de um juiz do Tribunal Regional Federal com sede no Distrito Federal; de dois juízes entre seis advogados de notável saber jurídico e idoneidade moral, indicados pelo Tribunal de Justiça e nomeados pelo Presidente da República.
O Tribunal Regional Eleitoral elegerá seu Presidente e o Vice-Presidente entre os desembargadores do Tribunal de Justiça (art. 120, CF).
(**) O Regimento Interno trata somente do impedimento de desembargadores (art. 377, § 1º), não do de juízes.
(***) E também dos juízes de direito, em momento posterior, pois a regra vale também para a eleição de juízes (art. 377, § 9º).
(****) Escrutínio: é o mesmo que votação. Em uma eleição para escolha de membros do Tribunal, pode haver mais de uma votação, se necessário, até que um candidato atinja o número de votos exigidos para ser eleito.

PARA PRATICAR

741. (Inédita) A eleição de desembargador ou de juiz de direito para compor o TRE-DF, é realizada pelo Tribunal Pleno, mediante votação de dois terços de seus integrantes, exigindo-se, para a eleição do candidato, o voto de metade mais um dos presentes na sessão.

742. (Inédita) O Corregedor da Justiça não poderá ser eleito para compor o Tribunal Regional Eleitoral. ( )

743. (Inédita) A eleição de desembargador ou de juiz para compor o TRE-DF será realizada pelo Tribunal Pleno no mês de fevereiro do ano em que findar o mandato dos antecessores, mediante convocação do Presidente do Tribunal. ( )

744. (Inédita) Na eleição de juízes de direito para composição do TRE-DF serão observadas as mesmas regras para a eleição de desembargadores integrantes do Órgão.

COMENTÁRIOS

741. (C) A eleição de desembargador ou de juiz de direito para compor o TRE-DF, de fato, será realizada pelo Tribunal Pleno (art. 377, *caput*) e o quorum mínimo de deliberação é de dois terços dos desembargadores (art. 378). Serão considerados eleitos aqueles que obtiverem metade mais um dos votos dos presentes à sessão (art. 377, § 5°, última parte).

742. (C) São inelegíveis o Presidente do Tribunal de Justiça, o Primeiro Vice-Presidente, o Segundo Vice-Presidente e o Corregedor da Justiça, assim como os desembargadores que já tiverem exercido cargos no Tribunal Regional Eleitoral do Distrito Federal por dois biênios. (art. 377, § 1°).

743. (E) A eleição de desembargador ou de juiz para compor o Tribunal Regional Eleitoral do Distrito Federal será realizada pelo Tribunal Pleno nos quinze dias posteriores ao recebimento do ofício que comunique o término do mandato (art. 377).

744. (C) Na eleição de juiz de direito, serão observadas as regras dos parágrafos anteriores, previstas para a eleição de desembargadores. (art. 377, § 9°).

CAPÍTULO III
DA INDICAÇÃO DE ADVOGADOS E DE MEMBROS DO MINISTÉRIO PÚBLICO

O quinto constitucional	O art. 94 da Constituição Federal prevê que "um quinto dos lugares dos Tribunais Regionais Federais, dos Tribunais dos Estados, e do Distrito Federal e Territórios será composto de membros, do Ministério Público, com mais de dez anos de carreira, e de advogados de notório saber jurídico e de reputação ilibada, com mais de dez anos de efetiva atividade profissional, indicados em lista sêxtupla pelos órgãos de representação das respectivas classes". As vagas provenientes do quinto constitucional devem observar a alternância e sucessividade conforme prevê o art. 100, § 2° da Lei Orgânica da Magistratura Nacional, ou seja, ora são preenchidas por advogado, ora por membro do Ministério Público, alternada e sucessivamente.

O quinto constitucional	A alternatividade ocorre, no entanto, quando o número de vagas a preencher é ímpar. Ocorre que os Tribunais vinham adotando a chamada "tese da cadeira cativa", ou seja, quando vagava a cadeira de advogado, o Presidente do Tribunal enviava ofício à OAB para preenchimento da vaga; e quando vagava a cadeira de membro do Ministério Público, o ofício era encaminhado à Procuradoria de Justiça. O CNJ, em 23/08/2016, julgou uma ação ajuizada pelo Ministério Público Federal e decidiu, com base em jurisprudência do STF, que, "havendo número ímpar de vagas, sempre que vagar qualquer uma das cadeiras destinadas ao quinto constitucional, ela deverá ser preenchida por representante da classe (OAB ou MP) que, até aquele momento, se encontrava em minoria na Corte." Assim, se, por exemplo, houver em um determinado Tribunal três cadeiras preenchidas por advogados e duas por Membros do MP, a próxima vaga que surgir será preenchida por membro do MP. Mas se o número de vagas for par, continua a regra da cadeira cativa, ou seja, será preenchida por membro da mesma classe que preenchia a cadeira vaga. No caso do Tribunal de Justiça, que é composto por quarenta e oito desembargadores, a fração de um quinto totaliza 9,6 (nove inteiros e seis décimos). Esse número é arredondado para mais, alcançando dez desembargadores. Assim, os integrantes provenientes de vaga destinada ao quinto constitucional ocupam, em conjunto, dez lugares, sendo cinco vagas preenchidas por advogados e cinco por membros do Ministério Público.

Art. 379. Se ocorrer vaga no Tribunal de Justiça para ser provida por membro do Ministério Público do Distrito Federal e Territórios ou por advogado, o Presidente do Tribunal solicitará ao Procurador-Geral de Justiça do Distrito Federal e Territórios e ao Presidente da Ordem dos Advogados do Brasil, Seccional do Distrito Federal, lista sêxtupla dos indicados.

Parágrafo único. Da lista relativa ao Ministério Público constarão os cargos e a respectiva antiguidade na carreira.

Art. 380. Para a indicação, o Tribunal Pleno reunir-se-á com a presença mínima de dois terços dos seus integrantes.

Art. 381. Para a elaboração da lista, cada desembargador votará em três nomes, considerando-se indicados os mais votados, desde que tenham obtido pelo menos metade mais um dos votos dos integrantes do Tribunal Pleno.

§ 1º Se for necessário segundo escrutínio, a ele concorrerão os mais votados e em número correspondente ao dobro dos lugares por preencher, excluindo-se, em caso de empate e, se necessário, os mais modernos.

§ 2º Nos escrutínios seguintes, observar-se-á a regra do parágrafo anterior e, se nenhum nome obtiver metade mais um dos votos, será excluído o que tiver obtido menor número de votos e, se houver empate, o mais moderno.

ART. 382 — TJDFT – EM ESQUEMAS

§ 3º Restando apenas dois nomes, ter-se-á por indicado o que obtiver maior número de votos e, em caso de empate, o mais antigo.

Art. 382. A elaboração de lista de advogados indicados para o Tribunal Regional Eleitoral obedecerá ao disposto no artigo antecedente e entender-se-á por mais moderno o de inscrição mais recente na Ordem dos Advogados do Brasil.

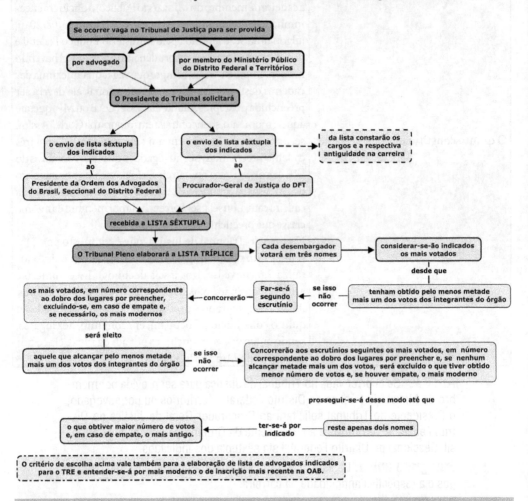

PARA PRATICAR

X – (Cespe/STJ/Analista Judiciário/Administrativa/2015 – adaptada) Em processo de indicação para o preenchimento de um cargo vago de desembargador do TJDFT, a Corte recebeu lista sêxtupla de candidatos do órgão de representação da classe correspondente. Em primeira votação, o candidato A recebeu vinte e nove votos; o candidato B, dezesseis votos; o candidato C, quinze votos; o candidato D, quatorze votos; o candidato E, treze votos; e o candidato F, doze votos. Acerca dessa situação hipotética julgue os próximos itens à luz do RITJDFT.

744. Nenhum dos candidatos obteve votação suficiente para ser indicado em primeiro escrutínio. ( )

746. Ainda estão em disputa duas vagas na lista tríplice a ser formada pelo TJDFT. ( )

747. Os candidatos E e F não participarão do segundo escrutínio. ( )

748. A votação para a última vaga na lista tríplice, quando ocorrer, contará com até três candidatos. ( )

COMENTÁRIOS

745. (E) Para ser indicado, o candidato deverá obter pelo menos metade mais um dos votos do Tribunal Pleno. O Tribunal Pleno é composto por quarenta e oito membros e a metade mais um corresponde a vinte e cinco votos. Na questão em análise, o candidato A obteve, em primeiro escrutínio, 29 votos, número suficiente para preencher um dos lugares da lista (art. 381).

746. (C) Considerando que no primeiro escrutínio apenas o candidato A obteve a votação da maioria absoluta, ainda estarão em disputa duas vagas na lista tríplice a ser formada pelo TJDFT, já que a lista deverá conter três nomes.

747. (E) Somente o candidato F não participará da eleição. Se for necessário segundo escrutínio, a ele concorrerão os mais votados e em número correspondente ao dobro dos lugares por preencher, excluindo-se, em caso de empate e, se necessário, os mais modernos (art. 381, § 1º). No caso em análise, somente o candidato A obteve votos suficientes para constar na lista no primeiro escrutínio. Restaram dois lugares por preencher. Assim, participarão os quatro candidatos mais votados, número que corresponde ao dobro dos lugares por preencher, excluído o candidato A já indicado. E os mais votados foram: o candidato B, dezesseis votos; o candidato C, quinze votos; o candidato D, quatorze votos; o candidato E, treze votos. Não participará, portanto, da votação o candidato F, menos votado, já que obteve doze votos.

748. (E) A votação para a última vaga na lista tríplice, quando ocorrer, deverá contar com dois candidatos, que corresponde ao dobro dos lugares por preencher (arts. 381, §§ 1º, 2º e 3º).

CAPÍTULO IV
DO PROVIMENTO DOS CARGOS NA MAGISTRATURA DE CARREIRA

Seção I
Da Nomeação

Art. 383. O provimento dos cargos de Juiz de Direito Substituto do Distrito Federal e de Juiz de Direito dos Territórios condiciona-se à aprovação em concurso público de provas e títulos, obedecidos os requisitos especificados em lei.

DO PROVIMENTO DOS CARGOS DA MAGISTRATURA	
Ingresso na carreira da magistratura	- Dar-se-á nos cargos de Juiz de Direito Substituto do Distrito Federal e de Juiz de Direito dos Territórios. - Condiciona-se à aprovação em concurso público de provas e títulos.

Art. 384. O Conselho Especial determinará a realização de concurso desde que haja mais de duas vagas para serem providas e não existam candidatos habilitados em número suficiente.

Art. 385. Caberá à Comissão de Concurso para Ingresso na Magistratura elaborar a lista dos pontos que serão objeto de exame, decidir sobre os pedidos de inscrição, realizar as provas e atribuir-lhes notas.

Art. 386. O concurso para provimento dos cargos iniciais de Juiz de Direito Substituto do Distrito Federal e de Juiz de Direito dos Territórios será único, facultado aos candidatos aprovados, na ordem de classificação, o direito de opção por um ou outro cargo.

Parágrafo único. O Conselho Especial poderá determinar a realização de concurso apenas para o provimento de cargo de Juiz de Direito dos Territórios.

DO CONCURSO PÚBLICO	
Será determinada a realização de concurso	Desde que haja mais de duas vagas para serem providas e não existam candidatos habilitados em número suficiente.
Quem determina a realização do concurso	O Conselho Especial.
Caberá à Comissão de Concurso para Ingresso na Magistratura	- Elaborar a lista dos pontos que serão objeto de exame; - Decidir sobre os pedidos de inscrição; - Realizar as provas e atribuir-lhes notas.
Concurso único	Será único o concurso para provimento dos cargos iniciais de Juiz de Direito Substituto do Distrito Federal e de Juiz de Direito dos Territórios, facultado aos candidatos aprovados, na ordem de classificação, o direito de opção por um ou outro cargo.
Concurso exclusivo para os Territórios	Poderá ser determinada pelo Conselho Especial a realização de concurso apenas para o provimento de cargo de Juiz de Direito dos Territórios.

Seção II
Da Remoção, da Promoção, do Acesso e da Permuta

São formas de provimento do cargo de juiz	A remoção, a promoção e o acesso.
Remoção	É a transferência **do juiz de direito,** a pedido, de uma vara para outra da mesma circunscrição judiciária ou de circunscrição judiciária distinta. É o deslocamento no plano horizontal.
Promoção	É a ascensão **do juiz de direito substituto** ao cargo de juiz de direito. É o deslocamento no plano vertical.
Acesso	É a ascensão **do juiz de direito** ao cargo de desembargador.

Subseção I
Das Disposições Gerais

Art. 387. As remoções e promoções serão realizadas após a vacância de cargo de juiz de direito substituto de segundo grau, juiz de direito das turmas recursais ou de juiz de direito, observada a Constituição e a legislação em vigor.

APÓS VACÂNCIA DE CARGO DE JUIZ DE DIREITO SUBSTITUTO DE SEGUNDO GRAU, DE JUIZ DE DIREITO DAS TURMAS RECURSAIS OU DE JUIZ DE DIREITO

§ 1º Os cargos de juiz de direito substituto de segundo grau serão providos mediante remoção de juízes de direito de turma recursal e de juízes de direito da Circunscrição Judiciária de Brasília ou de varas com competência em todo o Distrito Federal.

PROVIMENTO DOS CARGOS DE JUIZ DE DIREITO SUBSTITUTO DE SEGUNDO GRAU — Far-se-á mediante → **REMOÇÃO DE JUÍZES DE DIREITO**
- DE TURMA RECURSAL
E
- DA CIRCUNSCRIÇÃO JUDICIÁRIA DE BRASÍLIA
OU
- DE VARAS COM COMPETÊNCIA EM TODO O DISTRITO FEDERAL

Nota: Terão preferência na remoção para o cargo de juiz de direito substituto de segundo grau os juízes de direito das Turmas Recursais e os juízes da Circunscrição Judiciária de Brasília ou de Varas com competência em todo o Distrito Federal.
Turmas recursais são órgãos revisores das decisões dos Juizados Especiais Cíveis, Criminais e da Fazenda Pública do DF. Cada uma é composta por três membros titulares e três suplentes, escolhidos pelo Conselho Especial do TJDFT, entre os Juízes de Direito mais antigos da Casa.
As **Varas da Circunscrição Judiciária de Brasília** são aquelas que possuem jurisdição e competência para atuarem apenas na Região Administrativa de Brasília. Levam sempre o nome de "Brasília" em sua denominação. Ex.: 3ª Vara Cível da Circunscrição Judiciária de Brasília; 5ª Vara de Família da Circunscrição Judiciária de Brasília.

> As **Varas com competência em todo o Distrito Federal** são varas especializadas em determinada matéria e possuem jurisdição e competência para decidir os litígios provenientes de qualquer região administrativa do Distrito Federal. Levam sempre o nome do "Distrito Federal" em sua denominação. São exemplos de varas com competência em todo o Distrito Federal: as Varas de Fazenda Pública do Distrito Federal, as Varas de Precatórias do Distrito Federal, a Vara de Registros Públicos do Distrito Federal, a Vara do Meio Ambiente, Desenvolvimento Urbano e Fundiário do Distrito Federal, a Vara de Falências, Recuperações Judiciais, Insolvência Civil e Litígios Empresariais do Distrito Federal, a Justiça Militar do Distrito Federal, entre outras.

§ 2º Os cargos de juiz de direito de turma recursal serão providos mediante remoção de juízes de direito da Circunscrição Judiciária de Brasília ou de varas com competência em todo o Distrito Federal.

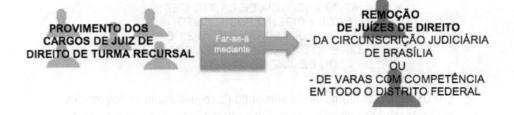

§ 3º Os cargos de juiz de direito serão providos mediante remoção de juízes de direito ou mediante promoção de juízes de direito substitutos.

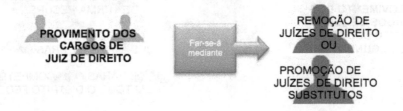

Art. 388. As indicações e as listas para remoção e promoção serão realizadas na ordem de vacância.

§ 1º Considerar-se-á como data de abertura da vaga:

I – a da criação do cargo;

II – a da publicação do ato de aposentadoria, exoneração, perda do cargo, remoção compulsória ou decretação de disponibilidade;

III – a data em que o magistrado promovido assumir o cargo;

IV – a do falecimento do magistrado.

§ 2º Se houver coincidência na data da vacância, a ordem de indicação ficará a critério do Presidente do Tribunal.

§ 3º Ao se verificar a remoção a pedido, considerar-se-á, para efeito deste artigo, a data em que foi aberta a vaga provida mediante remoção.

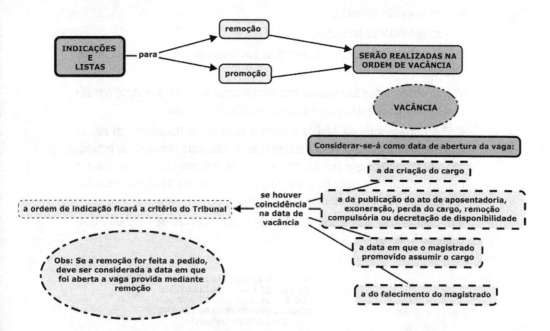

Art. 389. A vacância do cargo de juiz de direito substituto de segundo grau, de juiz de direito das turmas recursais e de juiz de direito será declarada pelo Presidente do Tribunal no prazo de 10 (dez) dias, permitida uma prorrogação, contados do fato que a ocasionou.

§ 1º Em se tratando de remoção, os interessados deverão requerer inscrição no prazo de 10 (dez) dias, contados da publicação da declaração de vacância.

§ 2º Em se tratando de promoção, serão considerados inscritos todos os juízes de direito substitutos que tenham mais de dois anos de exercício na classe e que integrem a primeira quinta parte da lista de antiguidade, cabendo aos que a recusarem se manifestar até o início da votação.

§ 3º Em se tratando de vaga nos Territórios ou no Distrito Federal a ser provida por Juiz de Direito dos Territórios, far-se-á imediata comunicação aos interessados.

§ 4º Encerrado o prazo de inscrição, o Corregedor da Justiça apresentará relatório contendo informações que possam ser úteis à avaliação da conduta funcional dos juízes, dentre as quais:

I – o número de sentenças proferidas anualmente, o de processos distribuídos à respectiva vara, bem como, no caso de o juiz estar ou de ter sido convocado no último ano, o número de processos recebidos e o de votos proferidos;

II – os casos em que o juiz excedeu os prazos legais, especificados o tempo e a justificativa do excesso;

III – os elogios recebidos;

IV – as penalidades impostas;

V – o resultado alcançado em cursos de aperfeiçoamento e quaisquer títulos obtidos;

VI – as observações formuladas por desembargadores em acórdãos remetidos à Corregedoria da Justiça para as providências necessárias.

§ 5º A Corregedoria da Justiça enviará a cada desembargador, em até 24 (vinte e quatro) horas antes da elaboração da lista para remoção ou promoção, um resumo do que constar dos assentamentos dos juízes de direito que requereram sua inscrição para a remoção ou dos juízes de direito substitutos que não manifestaram recusa à promoção.

§ 6º Os provimentos mencionados neste artigo vinculam-se a ato do Presidente do Tribunal.

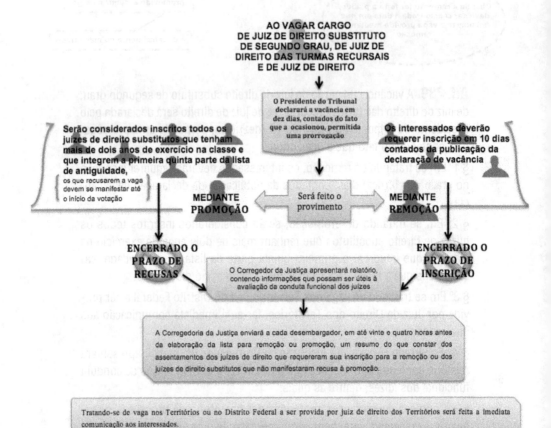

Informações úteis à avaliação da conduta funcional dos juízes para efeito de promoção e remoção	- o número de sentenças proferidas anualmente, o de processos distribuídos à respectiva vara, bem como, no caso de o juiz estar ou de ter sido convocado no último ano, o número de processos recebidos e o de votos proferidos; - os casos em que o juiz excedeu os prazos legais, especificados o tempo e a justificativa do excesso; - os elogios recebidos; - as penalidades impostas; - o resultado alcançado em cursos de aperfeiçoamento e quaisquer títulos obtidos; - as observações formuladas por desembargadores em acórdãos remetidos à Corregedoria da Justiça para as providências necessárias.

Art. 390. Em se tratando de acesso ao cargo de desembargador, serão prestadas informações sobre os três juízes de direito substitutos de segundo grau, juízes de direito de turma recursal ou juízes de direito mais antigos, para o critério de antiguidade, e sobre todos os que reúnam condições legais para o critério de merecimento.

O acesso ao cargo de desembargador pode ser feito pelos critérios de antiguidade e merecimento, alternadamente. Pelo critério de antiguidade, leva-se em conta o tempo de serviço na carreira de juiz. Pelo critério de merecimento, consideram-se os méritos obtidos pelo juiz no exercício da carreira.

VAGA DE DESEMBARGADOR

CRITÉRIO DE ANTIGUIDADE
serão prestadas informações sobre os três juízes de direito substitutos de segundo grau, juízes de direito de turma recursal ou juízes de direito mais antigos

CRITÉRIO DE MERECIMENTO
serão prestadas informações sobre todos os juízes de direito que reúnam condições legais

Parágrafo único. Na remoção para os cargos de juiz de direito substituto de segundo grau e de juiz de direito de turma recursal, serão prestadas informações sobre os três juízes de direito mais antigos, para o critério de antiguidade, e sobre todos os que reúnam condições legais para o critério de merecimento.

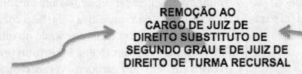

Art. 391. Caberá ao Tribunal Pleno examinar e decidir os requerimentos de remoção, de promoção e de permuta, podendo abster-se temporariamente de indicar nomes, se assim recomendar o interesse público.

Caberá ao Tribunal Pleno	Examinar e decidir os requerimentos de remoção, de promoção e de permuta, podendo abster-se temporariamente de indicar nomes, se assim recomendar o interesse público.

Subseção II
Da Remoção

Art. 392. Declarada a vacância do cargo de juiz de direito substituto de segundo grau, será facultada a remoção aos juízes de direito de turma recursal, independentemente do tempo de exercício no cargo, e aos juízes de direito que tenham pelo menos dois anos de exercício como titular de vara da Circunscrição Judiciária de Brasília ou de competência em todo o Distrito Federal e que integrem a primeira quinta parte da lista de antiguidade.

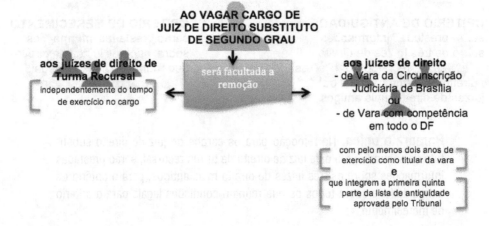

§ 1º A remoção será realizada pelos critérios de antiguidade e merecimento, aplicando-se o disposto no § 2º do art. 62, nos §§ 1º, 4º e 5º do art. 389, nos §§ 2º a 6º do art. 405 e nos arts. 406 e 407.

§ 2º A remoção para o cargo de juiz de direito substituto de segundo grau implicará dispensa automática da função de juiz auxiliar da Presidência, da Primeira Vice-Presidência, da Segunda Vice-Presidência ou da Corregedoria da Justiça, de Juiz Diretor de Fórum e de membro da Coordenação de Juizados Especiais. (*Redação dada pela Emenda Regimental nº 17, de 2021*).

A remoção para o cargo de Juiz de Direito Substituto de Segundo Grau será realizada	Pelos critérios de antiguidade e merecimento, aplicando-se o disposto no § 2º do art. 62, nos §§ 1º, 4º e 5º do art. 389, nos §§ 2º a 6º do art. 405 e nos arts. 406 e 407.
O magistrado removido para o cargo de juiz de direito substituto de segundo grau será automaticamente dispensado da função	- de Juiz auxiliar da Presidência; - de Juiz auxiliar da Primeira Vice-Presidência; - de Juiz auxiliar da Segunda Vice-Presidência; - de Juiz auxiliar da Corregedoria da Justiça; - de Juiz Diretor de Fórum; - de membro da Coordenação de Juizados Especiais.

Art. 393. Declarada a vacância do cargo de juiz de direito de turma recursal, será facultada a remoção aos juízes de direito que tenham pelo menos dois anos de exercício como titular de vara da Circunscrição Judiciária de Brasília ou de competência em todo o Distrito Federal e que integrem a primeira quinta parte da lista de antiguidade.

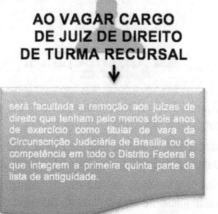

Parágrafo único. A remoção será realizada pelos critérios de antiguidade e merecimento, aplicando-se o disposto no § 2º do art. 62, nos §§ 1º, 4º e 5º do art. 389, nos §§ 2º a 6º do art. 405 e nos arts. 406 e 407.

Art. 394. Declarada a vacância de vara da Circunscrição Judiciária de Brasília ou de competência em todo o Distrito Federal, de provimento inicial ou proveniente das remoções de que tratam os artigos anteriores, será facultada a remoção aos juízes de direito com essas competências.

Art. 395. A vara decorrente ou remanescente da remoção de que trata o art. 394 será provida mediante remoção de juízes de direito das demais circunscrições judiciárias. *(Redação dada pela retificação da Emenda Regimental nº 6, de 2016)*

§ 1º Vaga 'decorrente' é aquela proveniente da remoção. *(Redação dada pela Emenda Regimental nº 6, de 2016)*

§ 2º Vara 'remanescente' é aquela que, oferecida à remoção, permaneceu vaga. *(Redação dada pela Emenda Regimental nº 6, de 2016)*

Art. 396. Declarada a vacância de vara nas demais circunscrições judiciárias, de provimento inicial ou proveniente da remoção de que trata o artigo anterior, a vaga será provida mediante remoção de juiz de direito titular de juízo com essas competências. *(Redação dada pela Emenda Regimental nº 6, de 2016)*

Parágrafo Único. A vaga proveniente da remoção será destinada à promoção, nos termos do artigo seguinte. *(Redação dada pela retificação da Emenda Regimental nº 6, de 2016)*

Art. 397. As vagas decorrentes ou remanescentes das remoções de que tratam os artigos anteriores serão providas mediante promoção de juízes de direito substitutos.

Art. 398. Somente após dois anos de exercício na vara da qual seja titular, apurados na data da sessão de deliberação, o juiz poderá ser removido, salvo se não houver inscrição de candidato com esse requisito ou se o Tribunal Pleno recusar, por maioria absoluta, todos os inscritos.

§ 1º Não será admitida remoção para vara de igual natureza dentro da mesma circunscrição judiciária.

§ 2º Em caso de desmembramento, antes da remoção será assegurada ao juiz de direito da vara originária a opção pelo novo juízo no prazo de 5 (cinco) dias, contado da declaração de vacância.

§ 3º Será considerado desmembramento, para fins de aplicação do parágrafo anterior, a criação de nova unidade judicial por fracionamento e transferência da competência material da unidade originária, mantida ou não identidade de competências, independentemente de redistribuição de processos. *(Incluído pela Emenda Regimental nº 19, de 2021).*

DISPOSIÇÕES GERAIS		
As remoções serão realizadas	Pelos critérios de antiguidade e merecimento, aplicando-se o disposto no § 2º do art. 62, nos §§ 1º, 4º e 5º do art. 389, nos §§ 2º a 6º do art. 405 e nos arts. 406 e 407.	
Vaga decorrente	É aquela proveniente da remoção.	
Vara remanescente	É aquela que, oferecida à remoção, permaneceu vaga.	
A remoção é possível	Regra:	Somente após dois anos de exercício na vara da qual seja titular, apurados na data da sessão de deliberação.
	Exceção:	Com menos de dois anos de exercício na vara se não houver inscrição de candidato com esse requisito ou se o Tribunal Pleno recusar, por maioria absoluta, todos os inscritos.
Não será admitida remoção	Para vara de igual natureza dentro da mesma circunscrição judiciária.	
Em caso de desmembramento da vara(**) antes da remoção	Será assegurada ao juiz de direito da vara originária a opção pelo novo juízo no prazo de cinco dias, contado da declaração de vacância.	
(*) Para elucidar: não pode haver remoção de juiz de direito da Vara de Família da Circunscrição Judiciária de Brasília para outra Vara de Família também da Circunscrição Judiciária de Brasília. No entanto, pode haver remoção de juiz de direito da Vara de Família da Circunscrição Judiciária de Taguatinga para Vara de Família de outra Circunscrição Judiciária (Brasília, Samambaia, Paranoá etc.).		
(**) Em algumas circunscrições judiciárias, existem varas com mais de uma especialidade, como é o caso, por exemplo, da Vara Criminal e Tribunal do Júri de Águas Claras. Em caso de necessidade, essa vara pode vir, um dia, a ser desmembrada em duas, ficando uma delas denominada Vara Criminal e a outra denominada Vara do Tribunal do Júri. Nesse caso, o juiz de Direito da vara originária, de dupla especialidade, poderá optar por ser removido para o novo juízo.		

Subseção III
Da Promoção

Art. 399. A promoção de juiz de direito substituto só poderá ocorrer entre os que tiverem dois anos de exercício, salvo se não houver quem apresente esse requisito ou, se o preencher, não aceite o lugar vago ou, ainda, se o Tribunal Pleno recusar, por maioria absoluta, todos os indicados.

Art. 400. A promoção, obedecerá aos critérios de antiguidade e de merecimento.

Art. 401. Na promoção por merecimento, para a elaboração da lista tríplice, cada desembargador votará em três nomes, considerando-se escolhidos os mais votados.

§ 1º Em segundo escrutínio, considerar-se-á indicado o juiz de direito substituto mais votado.

§ 2º Em caso de empate, proceder-se-á a novo escrutínio, repetindo-se a votação quantas vezes forem necessárias, apenas entre aqueles que obtiverem igual número de votos.

§ 3º Aplicar-se-á aos escrutínios subsequentes o disposto no art. 381, §§ 1º, 2º e 3º.

Art. 402. Na apuração do merecimento será observado o disposto no art. 389, § 4º, bem como o fato de o juiz de direito substituto já haver figurado em lista para promoção por merecimento e a respectiva antiguidade no cargo.

Art. 403. Na promoção por antiguidade, o Tribunal Pleno somente poderá recusar o nome do juiz de direito substituto mais antigo pelo voto de, no mínimo, dois terços dos seus membros, repetindo-se a votação até obter-se a indicação.

	DA PROMOÇÃO	
A promoção de juiz de direito substituto só poderá ocorrer	Regra:	Entre os que tiverem dois anos de exercício.
	Exceção:	Os que tiverem menos de dois anos de exercício se não houver quem apresente esse requisito ou, se o preencher, não aceite o lugar vago ou, ainda, se o Tribunal Pleno recusar, por maioria absoluta, todos os indicados.
A promoção obedecerá		Aos critérios de antiguidade e de merecimento.
Promoção por merecimento		- Para a elaboração da lista tríplice, cada desembargador votará em três nomes, considerando-se escolhidos os mais votados.
		- Em segundo escrutínio, será indicado o juiz de direito substituto mais votado.
		- Em caso de empate, proceder-se-á a novo escrutínio, repetindo-se a votação quantas vezes forem necessárias, apenas entre aqueles que obtiverem igual número de votos.
		- Aplicar-se-ão aos escrutínios subsequentes as regras previstas para a escolha de desembargador em vaga do quinto constitucional (art. 381, §§ 1º, 2º e 3º)

DA PROMOÇÃO	
Será observado na apuração do merecimento	- O disposto no art. 389, § 4º (informações úteis para apurar a conduta funcional do juiz); - O fato de o juiz de direito substituto já haver figurado em lista para promoção por merecimento e a respectiva antiguidade no cargo.
Na promoção por antiguidade	O Tribunal Pleno somente poderá recusar o nome do juiz de direito substituto mais antigo pelo voto de, no mínimo, dois terços dos seus membros, repetindo-se a votação até obter-se a indicação.

Subseção IV
Do Acesso

Art. 404. O provimento dos cargos de desembargador, mediante acesso, obedecerá aos critérios de antiguidade e de merecimento, alternadamente.

Parágrafo único. A antiguidade e o merecimento serão apurados entre os juízes de direito substitutos de segundo grau, os juízes de direito de turmas recursais e os juízes de direito da Circunscrição Judiciária de Brasília ou de vara com competência em todo o Distrito Federal.

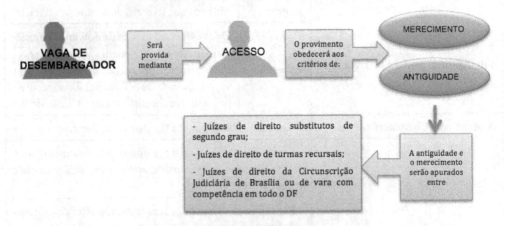

Art. 405. Para o acesso por merecimento serão considerados inscritos todos os juízes de direito integrantes da primeira quinta parte da lista de antiguidade.

§ 1º Caberá ao juiz de direito que recusar o acesso se manifestar até o início da votação.

No acesso por merecimento	Serão considerados inscritos todos os juízes de direito integrantes da primeira quinta parte da lista de antiguidade.

No acesso por antiguidade	O Tribunal Pleno somente poderá recusar o nome do magistrado mais antigo pelo voto de, no mínimo, dois terços dos seus membros, repetindo-se a votação até obter-se a indicação.
Ao juiz de direito que recusar o acesso	Caberá se manifestar até o início da votação.

§ 2º Elaborada a lista tríplice, na forma regimental, para o provimento de vaga mediante critério de merecimento, o Tribunal Pleno, em segundo escrutínio, indicará o juiz de direito que terá acesso à vaga.

§ 3º Se houver apenas uma vaga, elaborada a lista tríplice, far-se-á votação e será indicado o juiz de direito que tenha obtido a maioria simples dos votos.

§ 4º Em caso de empate, proceder-se-á a novo escrutínio, repetindo-se a votação quantas vezes forem necessárias, apenas entre aqueles que obtiverem igual número de votos.

§ 5º Aplicar-se-á aos escrutínios subsequentes o disposto no art. 381, §§ 1º, 2º e 3º.

Elaborada a lista tríplice para o provimento de vaga mediante critério de merecimento	O Tribunal Pleno, em segundo escrutínio, indicará o juiz de direito que terá acesso à vaga.
Se houver apenas uma vaga	Elaborada a lista tríplice, far-se-á votação e será indicado o juiz de direito que tenha obtido a maioria simples dos votos.
Em caso de empate	Proceder-se-á a novo escrutínio, repetindo-se a votação quantas vezes forem necessárias, apenas entre aqueles que obtiverem igual número de votos.

§ 6º No acesso por merecimento, serão elaboradas, sempre que possível, listas tríplices em número correspondente ao de vagas.

Art. 406. Na apuração do merecimento será observado o disposto no art. 389, § 4º, bem como o fato de o magistrado já haver figurado em lista para promoção por merecimento e a respectiva antiguidade no cargo.

Art. 407. No acesso por antiguidade, o Tribunal Pleno somente poderá recusar o nome do magistrado mais antigo pelo voto de, no mínimo, dois terços dos seus membros, repetindo-se a votação até obter-se a indicação.

Para conhecimento: No julgamento do MS 31357, realizado em 07/10/2014, a Primeira Turma do Supremo Tribunal Federal decidiu, por maioria, que *o quórum de dois terços de membros efetivos do Tribunal ou de seu órgão especial, para o fim de rejeição de juiz relativamente à promoção por antiguidade, há de ser computado consideradas as cadeiras preenchidas e aqueles em condições legais de votar, observadas ausências eventuais*. Assim, exemplificando, num Tribunal composto de quarenta e oito desembargadores, havendo dois cargos vagos, deverão considerar-se apenas quarenta e seis, que é o número de desembargadores em atividade. O cálculo para obter o *quorum* de dois terços seria feito sobre os quarenta e seis desembargadores em atividade e não sobre a totalidade, de quarenta e oito.

Subseção V
Da Permuta

Art. 408. Os juízes de direito poderão solicitar permuta mediante requerimento dirigido ao Presidente do Tribunal.

Parágrafo único. Feita a instrução pela Corregedoria de Justiça, o requerimento será submetido pelo Presidente ao Tribunal.

Art. 409. Não será permitida permuta:

I – de juiz de direito em condições de acesso ao Tribunal de Justiça, após o surgimento de vaga, enquanto não for esta provida;

Vagando um cargo de desembargador, o juiz de direito em condições de acesso ao Tribunal não poderá permutar com outro juiz enquanto a vaga de desembargador não for provida.

II – de juiz de direito que não tenha pelo menos 2 (dois) anos de exercício no juízo do qual seja titular;

III – entre juiz de direito de vara com competência em todo o Distrito Federal ou da Circunscrição Judiciária de Brasília e juiz de direito das demais circunscrições judiciárias.

Um Juiz da Circunscrição Judiciária de Taguatinga (ou do Gama, do Guará, de Ceilândia etc.) não pode permutar com Juiz da Circunscrição Judiciária de Brasília nem com um Juiz de Vara com competência em todo o Distrito Federal (ex.: Vara de Fazenda Pública do Distrito Federal).

DA PERMUTA	
Quem pode pedir permuta	Os juízes de direito.
A quem é feito o pedido	Ao Presidente do Tribunal.
Quem instrui o pedido de permuta	A Corregedoria de Justiça.
Quem decide sobre o pedido de permuta	O Tribunal Pleno (art. 361, VIII).

Não será permitida a permuta	- de juiz de direito em condições de acesso ao Tribunal de Justiça, após o surgimento de vaga, enquanto não for esta provida; - de juiz de direito que não tenha pelo menos dois anos de exercício no juízo do qual seja titular; - entre juiz de direito de vara com competência em todo o Distrito Federal ou da Circunscrição Judiciária de Brasília e juiz de direito das demais circunscrições judiciárias.

RESUMINDO O PROVIMENTO DOS CARGOS DA MAGISTRATURA

VAGA	FORMA DE PROVIMENTO	SERÁ PREENCHIDA POR	
De Desembargador	Acesso	- juízes de direito substitutos de segundo grau;	
		- juízes de direito de turmas recursais;	
		- juízes de direito da Circunscrição Judiciária de Brasília ou de vara com competência em todo o Distrito Federal.	
De Juiz de Direito Substituto de Segundo Grau	Remoção	- juízes de direito de turmas recursais;	Independentemente do tempo de exercício no cargo.
		- juízes de direito da Circunscrição Judiciária de Brasília ou de vara com competência em todo o Distrito Federal.	que tenham pelo menos dois anos de exercício como titular da vara e que integrem a primeira quinta parte da lista de antiguidade.
De Juiz de Direito de Turma Recursal	Remoção	Juízes de direito da Circunscrição Judiciária de Brasília ou de vara com competência em todo o Distrito Federal.	que tenham pelo menos dois anos de exercício como titular da vara e que integrem a primeira quinta parte da lista de antiguidade.
De Juiz de Direito de Vara da Circunscrição Judiciária de Brasília ou de Vara com Competência em todo o Distrito Federal	Remoção	Juízes de Direito titulares de varas com essas mesmas competências.	

ART. 409 — TJDFT – EM ESQUEMAS

RESUMINDO O PROVIMENTO DOS CARGOS DA MAGISTRATURA		
VAGA	**FORMA DE PROVIMENTO**	**SERÁ PREENCHIDA POR**
Decorrentes ou remanescentes das remoções do quadro anterior	Remoção	Juízes de direito das demais circunscrições judiciárias.
De Juiz de Direito de Vara das demais Circunscrições judiciarias	Remoção	Juízes de Direito titulares de juízo com essas competências
Decorrentes ou remanescentes das remoções do quadro anterior	Promoção	Juiz de Direito substituto.

PARA PRATICAR

749. (Cespe/TJDFT/Execução de Mandados/2003) Se ocorrer vaga em vara da Circunscrição Judiciária de Brasília, aquela deverá ser provida necessariamente por meio da remoção de juiz de direito de uma das demais circunscrições do DF. ( )

750. (Inédita) É expressamente vedada a remoção de juiz para vara de igual natureza dentro da mesma circunscrição judiciária. ( )

751. (Inédita) Em nenhuma hipótese, um juiz com menos de dois anos de exercício na classe poderá participar de concurso de remoção. ( )

752. (Inédita) Carlos é o juiz de direito mais antigo do Tribunal. Vagando cargo de desembargador para provimento pelo critério de antiguidade, o Tribunal não pode recusar o seu nome por ser ele o mais antigo. ( )

COMENTÁRIOS

749. (E) Declarada a vacância de vara da Circunscrição Judiciária de Brasília (ou de competência em todo o Distrito Federal), de provimento inicial ou proveniente das remoções, será facultada a remoção aos juízes de direito com essas competências (art. 394).

750. (C) Não será admitida remoção para vara de igual natureza dentro da mesma circunscrição judiciária (art. 398, § 1º).

751. (E) Em regra, somente após dois anos de exercício na vara da qual seja titular, o juiz poderá ser removido. Todavia, poderá ser removido o juiz com menos de dois anos de exercício na vara se não houver inscrição de candidato com esse requisito ou se o Tribunal Pleno recusar, por maioria absoluta, todos os inscritos (art. 398).

752. (E) No caso de acesso por antiguidade o Tribunal Pleno poderá recusar o nome do magistrado mais antigo pelo voto de, no mínimo, 2/3 dos seus membros, repetindo-se a votação até obter-se a indicação (art. 407).

CAPÍTULO V
DO PROCESSO ADMINISTRATIVO DISCIPLINAR RELATIVO A MAGISTRADOS

Seção I
Do Procedimento Preliminar

Art. 410. O Presidente do Tribunal, no caso de desembargadores, e o Corregedor da Justiça, no caso de magistrados de primeiro grau, deverão promover, mediante procedimento preliminar, a apuração de falta disciplinar de que tiverem ciência.

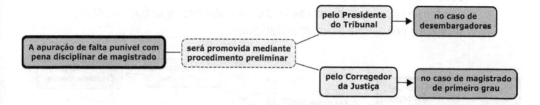

Art. 411. Qualquer pessoa poderá noticiar falta disciplinar cometida por magistrado, exigindo-se representação por escrito, com confirmação de autenticidade, a identificação e o endereço do denunciante.

Quem pode noticiar falta disciplinar cometida por magistrado	Qualquer pessoa.
Requisitos para a comunicação	- representação por escrito, com confirmação de autenticidade; - a identificação; - o endereço do denunciante.

§ 1º O procedimento será arquivado de plano pelo Presidente do Tribunal, no caso de desembargadores, ou pelo Corregedor da Justiça, no caso de magistrados de primeiro grau, quando o fato narrado não configurar infração disciplinar ou ilícito penal.

§ 2º Não sendo o caso de arquivamento de plano, o magistrado será intimado para prestar informações no prazo de 5 (cinco) dias.

§ 3º Poderá ainda o Presidente do Tribunal ou o Corregedor da Justiça instaurar sindicância investigativa, permitido ao sindicado o seu acompanhamento.

Se não for o caso de arquivamento de plano	O magistrado será intimado para prestar informações no prazo de 5 (cinco) dias.
O Presidente do Tribunal ou o Corregedor poderão	Instaurar sindicância investigativa, permitido ao sindicado o seu acompanhamento.

§ 4º Após as informações ou a conclusão da sindicância, se for o caso, a representação poderá ser arquivada pelo Presidente do Tribunal, no caso de desembargadores, ou pelo Corregedor da Justiça, no caso de magistrados de primeiro grau, quando não se verificar a existência de indícios de materialidade ou de autoria de infração disciplinar.

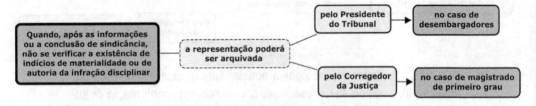

§ 5º Das decisões unipessoais caberá recurso ao Conselho Especial, no prazo de 15 (quinze) dias.

Caberá recurso ao Conselho Especial	Das decisões tomadas unipessoalmente pelo Presidente do Tribunal ou pelo Corregedor, no prazo de quinze dias.

Seção II
Do Processo Disciplinar

Art. 412. Não sendo o caso de arquivamento, o Presidente do Tribunal, no caso de desembargadores, e o Corregedor, no caso de magistrados de primeiro grau, submeterá a acusação ao Conselho Especial.

§ 1º Antes da deliberação do Conselho Especial será concedido ao magistrado prazo de 15 (quinze) dias para a defesa prévia, contado da data de entrega de cópia do teor da acusação e das provas existentes, que lhe será remetida pelo Presidente do Tribunal, mediante ofício, nas 48 (quarenta e oito) horas imediatamente seguintes à apresentação da acusação.

§ 2º Findo o prazo concedido para a defesa prévia, haja ou não sido apresentada, o Presidente convocará o Conselho Especial para que decida sobre a instauração do processo ou o arquivamento do procedimento, encaminhando, previamente, aos seus integrantes, cópias do teor da acusação e da defesa prévia, se apresentada, bem como cópias das provas existentes.

§ 3º O Presidente do Tribunal, no caso de desembargadores, e o Corregedor da Justiça, no caso de magistrados de primeiro grau, relatará a acusação, propondo o seu arquivamento ou a abertura de processo administrativo disciplinar.

§ 4º O Presidente e o Corregedor terão direito a voto.

§ 5º O magistrado e seu defensor, se houver, serão intimados da data da sessão de julgamento com pelo menos 5 (dias) de antecedência, assegurada a sustentação oral.

Art. 413. Determinada a instauração de processo disciplinar, pela maioria absoluta dos membros do Conselho Especial, o acórdão respectivo será acompanhado de portaria, assinada pelo Presidente, que conterá a imputação dos fatos e a delimitação do teor da acusação.

§ 1º Na mesma sessão será sorteado o relator, não havendo revisor.

§ 2º Não poderá ser relator o Presidente do Tribunal ou o Corregedor da Justiça que dirigiu o procedimento preliminar, ainda que tenha vencido o respectivo mandato.

§ 3º Cópia da ata da sessão será encaminhada à Corregedoria do Conselho Nacional de Justiça, no prazo de 15 (quinze) dias, contados da respectiva sessão de julgamento.

Somente será determinada a instauração do processo disciplinar	Se assim decidir a maioria absoluta dos membros do Conselho Especial.
Determinada a instauração do processo	O acórdão respectivo será acompanhado de portaria, assinada pelo Presidente, que conterá a imputação dos fatos e a delimitação do teor da acusação.
O relator	Será sorteado na mesma sessão.
Não poderá ser relator do processo	O Presidente do Tribunal ou o Corregedor da Justiça que dirigiu o procedimento preliminar, ainda que tenha vencido o respectivo mandato.
Revisor	Não haverá revisor.
Será encaminhada à Corregedoria do Conselho Nacional de Justiça	Cópia da ata da sessão no prazo quinze dias, contados da respectiva sessão de julgamento.

Art. 414. Na oportunidade em que decidir pela abertura do processo disciplinar, o Conselho Especial, pela maioria absoluta de seus membros, deliberará sobre o afastamento do magistrado, até decisão final ou por prazo determinado, assegurado o subsídio integral.

Art. 415. O relator sorteado determinará a intimação do Ministério Público para manifestação no prazo de 5 (cinco) dias e, posteriormente, a citação do magistrado para apresentar defesa em 5 (cinco) dias, encaminhando-lhe cópia do acórdão do Conselho Especial.

§ 1º O prazo de defesa será de 10 (dez) dias se houver dois ou mais magistrados.

§ 2º A mudança de residência obriga o magistrado a comunicar ao relator, ao Presidente do Tribunal e ao Corregedor da Justiça, o endereço em que receberá citações, notificações ou intimações.

§ 3º O magistrado que estiver em lugar incerto ou não sabido será citado por edital, com prazo de 30 (trinta) dias, que será publicado, uma vez, no órgão oficial de imprensa utilizado pelo Tribunal para divulgar seus atos.

§ 4º O magistrado será considerado revel quando, regularmente citado, não apresentar defesa no prazo assinado.

§ 5º O relator, declarada a revelia, designará defensor dativo e conceder-lhe-á igual prazo para a apresentação de defesa.

§ 6º O magistrado e o respectivo defensor serão intimados de todos os atos do processo.

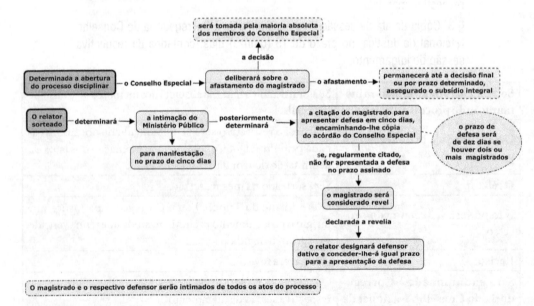

Art. 416. Observado o disposto no artigo anterior, o relator decidirá sobre a produção de provas requeridas pelo acusado e determinará as que de ofício entender necessárias, podendo delegar poderes a juiz de direito para produzi-las.

§ 1º O relator poderá interrogar o acusado sobre os fatos a ele imputados, designando, para tanto, dia, hora e local e determinando a intimação desse e de seu defensor.

§ 2º O relator tomará o depoimento das testemunhas – no máximo oito de acusação e oito de defesa – , fará as acareações que julgar pertinentes e determinará as provas periciais e técnicas que entender adequadas.

§ 3º Na produção das provas aplicar-se-á subsidiariamente as normas do Código de Processo Penal, da legislação processual penal extravagante e do Código de Processo Civil.

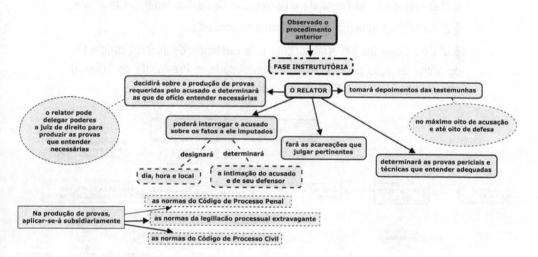

Art. 417. Finda a instrução, o Ministério Público e o magistrado acusado – ou o respectivo defensor – terão vista dos autos por 10 (dez) dias, sucessivamente, para razões finais.

§ 1º Decorrido o prazo, com ou sem as razões, o relator, em 15 (quinze) dias, incluirá o processo na pauta do Conselho Especial para julgamento e ordenará a intimação do Ministério Público, do magistrado acusado e do respectivo defensor.

§ 2º O relator determinará, ainda, a remessa aos desembargadores integrantes do Conselho Especial de cópias do acórdão, da defesa, das razões finais do Ministério Público e do magistrado, das provas produzidas, além de outras peças que entender necessárias.

ART. 418 — TJDFT – EM ESQUEMAS

Art. 418. Na sessão de julgamento, depois do relatório e da sustentação oral, pelo prazo de quinze minutos para cada parte, serão colhidos os votos e somente poderá ser imposta punição ao magistrado pelo voto da maioria absoluta dos membros do Conselho Especial.

§ 1º O Presidente do Tribunal e o Corregedor da Justiça terão direito a voto.

§ 2º Da decisão somente será publicada a conclusão.

§ 3º Se o Conselho Especial concluir pela existência de indícios suficientes de crime de ação penal pública incondicionada, o Presidente do Tribunal remeterá ao Ministério Público cópia dos autos.

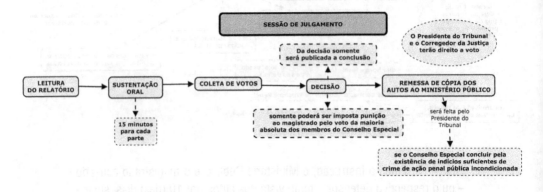

Art. 419. A instauração de processo administrativo, as penalidades definitivamente impostas e as alterações decorrentes de julgados do Conselho Nacional de Justiça serão lançadas nos assentos funcionais do magistrado.

Art. 420. Em razão da natureza da infração ou do processo administrativo, o relator ou o Conselho Especial poderão limitar a publicidade dos atos ao acusado e aos respectivos defensores quando a preservação do sigilo não prejudicar o interesse público e o direito à informação.

Art. 421. As normas e os princípios das Leis 8.112, de 11 de dezembro de 1990, e 9.784, de 29 de janeiro de 1999, bem como as normas do Conselho Nacional de Justiça, aplicam-se, subsidiariamente, aos procedimentos e aos processos disciplinares contra magistrados.

Art. 422. O processo administrativo terá o prazo de 140 (cento e quarenta) dias para ser concluído, prorrogável, quando imprescindível para o término da instrução e houver motivo justificado, mediante deliberação do Conselho Especial, por maioria simples.

CAPÍTULO VI
DAS PENALIDADES DISCIPLINARES

Art. 423. São penas disciplinares aplicáveis aos magistrados do Distrito Federal e dos Territórios:

I – advertência;
II – censura;
III – remoção compulsória;
IV – disponibilidade;
V – aposentadoria compulsória;
VI – demissão.

São penas disciplinares aplicáveis aos magistrados do Distrito Federal e dos Territórios	- advertência; - censura; - remoção compulsória; - disponibilidade; - aposentadoria compulsória; - demissão.

Parágrafo único. Os deveres do magistrado são aqueles previstos na Constituição da República, na Lei Orgânica da Magistratura Nacional, no Código de Ética da Magistratura Nacional, no Código de Processo Civil, no Código de Processo Penal, na Lei de Organização Judiciária do Distrito Federal e dos Territórios e neste Regimento.

Os deveres do magistrado são previstos	- na Constituição da República; - na Lei Orgânica da Magistratura Nacional; - no Código de Ética da Magistratura Nacional; - no Código de Processo Civil, no Código de Processo Penal; - na Lei de Organização Judiciária do Distrito Federal e dos Territórios; - neste Regimento Interno.

Seção I
Da Advertência e da Censura

Art. 424. As penas de advertência e de censura são aplicáveis aos magistrados de primeiro grau, nas hipóteses previstas neste Regimento.

§ 1º O magistrado negligente no cumprimento dos deveres do cargo está sujeito à pena de advertência. Na reiteração e nos casos de procedimento incorreto, a pena será de censura, se a infração não justificar punição mais grave.

§ 2º As penas de advertência e de censura não se aplicarão aos desembargadores, não se incluindo, nesta exceção, os juízes de direito substitutos de segundo grau e os juízes de direito convocados para o Tribunal.

§ 3º As penas previstas neste artigo serão aplicadas reservadamente, por escrito, e constarão nos assentamentos funcionais do magistrado.

DA ADVERTÊNCIA E DA CENSURA	
Está sujeito à pena de advertência	O magistrado negligente no cumprimento dos deveres do cargo.
Está sujeita à pena de censura	O magistrado que reiterar na conduta negligente e nos casos de procedimento incorreto, se a infração não justificar punição mais grave.
São aplicáveis as penas de advertência e de censura	Aos magistrados de primeiro grau, aqui, incluídos os juízes de direito substitutos de segundo grau e os juízes de direito convocados para o Tribunal.
Não são aplicáveis as penas de advertência e de censura	Aos desembargadores.
As penas de advertência e censura são aplicadas	Reservadamente, por escrito, e constarão nos assentamentos funcionais do magistrado.

Seção II
Da Remoção Compulsória, da Disponibilidade e da Aposentadoria Compulsória

Art. 425. O Conselho Especial poderá determinar, de forma justificada e por motivo de interesse público, a remoção compulsória, a disponibilidade ou a aposentadoria compulsória do magistrado.

§ 1º O magistrado será removido compulsoriamente, por interesse público, quando o exercício das respectivas funções for incompatível com a atuação no órgão fracionário ou no juízo em que estiver localizado.

§ 2º O magistrado será posto em disponibilidade com subsídios proporcionais ao tempo de serviço, por interesse público, quando a gravidade das faltas não justificar a aplicação de pena de censura ou de remoção compulsória.

§ 3º O magistrado será aposentado compulsoriamente, por interesse público, quando:

I – mostrar-se manifestamente negligente no cumprimento de seus deveres;

II – proceder de forma incompatível com a dignidade, a honra e o decoro do cargo;

III – demonstrar capacidade insuficiente de trabalho ou apresentar conduta funcional incompatível com o bom desempenho das atividades do Poder Judiciário.

Art. 426. O procedimento para remoção compulsória, para disponibilidade ou para aposentadoria compulsória obedecerá ao disposto nos arts. 412 a 422.

Parágrafo único. Em todos os casos, a formalização dos atos dar-se-á mediante publicação no órgão oficial.

Art. 427. Se o Conselho Especial concluir pela remoção compulsória, fixará desde logo o órgão fracionário ou a vara em que o magistrado passará a atuar.

Parágrafo único. Determinada a remoção compulsória, se o magistrado não assumir o cargo nos 30 (trinta) dias posteriores ao fim do prazo fixado para entrar em exercício, será colocado em disponibilidade.

DA REMOÇÃO COMPULSÓRIA, DA DISPONIBILIDADE E DA APOSENTADORIA COMPULSÓRIA	
Órgão competente para determinar a remoção compulsória, a disponibilidade ou a aposentadoria compulsória do magistrado	O Conselho Especial, de forma justificada e por motivo de interesse público.
O magistrado será removido compulsoriamente	Por interesse público, quando o exercício das respectivas funções for incompatível com a atuação no órgão fracionário ou no juízo em que estiver localizado.
O magistrado será posto em disponibilidade com subsídios proporcionais ao tempo de serviço	Por interesse público, quando a gravidade das faltas não justificar a aplicação de pena de censura ou de remoção compulsória.
O magistrado será aposentado compulsoriamente, por interesse público, quando	- mostrar-se manifestamente negligente no cumprimento de seus deveres; - proceder de forma incompatível com a dignidade, a honra e o decoro do cargo; - demonstrar capacidade insuficiente de trabalho ou apresentar conduta funcional incompatível com o bom desempenho das atividades do Poder Judiciário.
O procedimento para remoção compulsória, para disponibilidade ou para aposentadoria compulsória obedecerá	Ao disposto na seção relativa ao processo disciplinar (arts. 412 a 422).

DA REMOÇÃO COMPULSÓRIA, DA DISPONIBILIDADE E DA APOSENTADORIA COMPULSÓRIA	
A formalização dos atos, em todos os casos, dar-se-á	Mediante publicação no órgão oficial.
Concluída pela remoção compulsória	O Conselho Especial fixará desde logo o órgão fracionário ou a vara em que o magistrado passará a atuar.
O magistrado será colocado em disponibilidade	Se, determinada a remoção compulsória, não assumir o cargo nos trinta dias posteriores ao fim do prazo fixado para entrar em exercício.

Seção III
Da Demissão

Art. 428. Ao juiz não vitalício será aplicada pena de demissão em caso de:

I – falta que derive da violação às proibições contidas na Constituição da República e nas leis;

II – manifesta negligência no cumprimento dos deveres do cargo;

III – procedimento incompatível com a dignidade, a honra e o decoro de suas funções;

IV – insuficiente capacidade de trabalho;

V – procedimento funcional incompatível com o bom desempenho das atividades do Poder Judiciário.

§ 1º O procedimento disciplinar será instaurado, a qualquer tempo, dentro do período de estágio probatório, mediante proposta do Corregedor da Justiça ao Conselho Especial.

§ 2º O recebimento da acusação pelo Conselho Especial suspenderá o curso do prazo do vitaliciamento.

§ 3º O Conselho Especial poderá, se entender não ser o caso de demissão, aplicar as penas de remoção compulsória, de censura ou de advertência.

§ 4º No caso de aplicação das penas de censura ou de remoção compulsória, o juiz não vitalício ficará impedido de ser promovido ou removido enquanto não decorrer prazo de um ano da punição imposta.

DA DEMISSÃO		
A pena de demissão é aplicada	Ao juiz não vitalício	No caso de: - falta que derive da violação às proibições contidas na Constituição da República e nas leis; - manifesta negligência no cumprimento dos deveres do cargo; - procedimento incompatível com a dignidade, a honra e o decoro de suas funções; - insuficiente capacidade de trabalho; - procedimento funcional incompatível com o bom desempenho das atividades do Poder Judiciário.
O procedimento disciplinar será instaurado		- A qualquer tempo, dentro do período de estágio probatório; - Mediante proposta do Corregedor da Justiça ao Conselho Especial.
Recebida a acusação pelo Conselho Especial		Ficará suspenso o curso do prazo de vitaliciamento.
Se o Conselho Especial não entender ser o caso de demissão		Poderá aplicar as penas de remoção compulsória, de censura ou de advertência.
Se for aplicada as penas de remoção compulsória ou de censura		O juiz não vitalício ficará impedido de ser promovido ou removido enquanto não decorrer prazo de um ano da punição imposta.

Seção IV
Do aproveitamento do magistrado em disponibilidade
(Incluído pela Emenda Regimental nº 14, de 2019)

Art. 428-A. O magistrado posto em disponibilidade em razão de processo disciplinar somente pode pleitear o seu aproveitamento decorridos dois anos do afastamento. *(Incluído pela Emenda Regimental nº 14, de 2019)*

Art. 428-B. O aproveitamento de magistrado em disponibilidade pode ser proposto por qualquer desembargador do TJDFT, independentemente da aquiescência do magistrado, desde que de modo fundamentado. *(Incluído pela Emenda Regimental nº 14, de 2019)*

Somente após decorridos dois anos do afastamento	O magistrado posto em disponibilidade em razão de processo disciplinar pode pleitear o seu aproveitamento.
O aproveitamento de magistrado em disponibilidade pode ser proposto	Por qualquer desembargador do TJDFT, independentemente da aquiescência do magistrado, desde que de modo fundamentado.

Parágrafo único. Na hipótese prevista no *caput* deste artigo, o Presidente intimará o magistrado a apresentar informações e juntar a documentação relacionada no art. 428-C, no prazo de trinta dias. *(Incluído pela Emenda Regimental nº 14, de 2019)*

Art. 428-C. O pedido de aproveitamento deve ser instruído com os seguintes documentos, além de outros que o magistrado entender pertinentes: *(Incluído pela Emenda Regimental nº 14, de 2019)*

I – certidão atualizada que comprove estar o interessado em dia com as obrigações eleitorais; *(Incluído pela Emenda Regimental nº 14, de 2019)*

II – certidão atualizada emitida pelos distribuidores criminais da Justiça Federal, Estadual ou do Distrito Federal e Militar dos locais em que haja residido durante o período de disponibilidade; *(Incluído pela Emenda Regimental nº 14, de 2019)*

III – certidão atualizada emitida pelo Tribunal Superior Eleitoral, comprovando a inexistência de crime eleitoral; *(Incluído pela Emenda Regimental nº 14, de 2019)*

IV – folha de antecedentes atualizada emitida pela Polícia Federal e pela Polícia Civil Estadual ou do Distrito Federal, onde haja residido durante o período de disponibilidade; *(Incluído pela Emenda Regimental nº 14, de 2019)*

V – declaração na qual conste não haver sido indiciado em inquérito policial ou processado criminalmente durante o período de afastamento; *(Incluído pela Emenda Regimental nº 14, de 2019)*

VI – declaração, acompanhada das respectivas certidões, se for o caso, nos termos do parágrafo único do art. 95 da Constituição Federal, na qual conste: *(Incluído pela Emenda Regimental nº 14, de 2019)*

a) não haver exercido o comércio ou não ter participado de sociedade comercial, empresa individual de responsabilidade limitada e sociedade de economia mista, exceto como acionista ou quotista; *(Incluído pela Emenda Regimental nº 14, de 2019)*

b) não haver exercido cargo de direção ou técnico de sociedade civil, associação ou fundação, de qualquer natureza ou finalidade, salvo de associação de classe, e sem remuneração; *(Incluído pela Emenda Regimental nº 14, de 2019)*

VII – certidão emitida pela Ordem dos Advogados do Brasil quanto à permanência da suspensão da inscrição, caso tenha sido feita durante a disponibilidade. *(Incluído pela Emenda Regimental nº 14, de 2019)*

Art. 428-D. O pedido de aproveitamento, acompanhado da documentação pertinente, será encaminhado ao Presidente do TJDFT, que deliberará sobre o seu processamento ou indeferimento liminar. *(Incluído pela Emenda Regimental nº 14, de 2019)*

§ 1º Deferido o processamento, os autos serão remetidos ao Conselho Especial, para distribuição aleatória. *(Incluído pela Emenda Regimental nº 14, de 2019)*

§ 2º Indeferido liminarmente o pedido, caberá recurso, no prazo de cinco dias, ao Conselho Especial, procedendo-se à sua distribuição aleatória. Provido o recurso, o pedido de aproveitamento terá prosseguimento. *(Incluído pela Emenda Regimental nº 14, de 2019)*

O pedido de aproveitamento, acompanhado da documentação pertinente, será encaminhado	Ao Presidente do TJDFT, que deliberará sobre o seu processamento ou indeferimento liminar.
Se for deferido o processamento do pedido	Os autos serão remetidos ao Conselho Especial para distribuição aleatória.
Se for indeferido liminarmente o pedido	Caberá recurso, no prazo de cinco dias, ao Conselho Especial, procedendo-se à sua distribuição aleatória.
Se for provido o recurso	O pedido de aproveitamento terá prosseguimento.

§ 3º O relator ordenará o processo e decidirá sobre provas e diligências requeridas, podendo, ainda, requisitá-las de ofício. *(Incluído pela Emenda Regimental nº 14, de 2019)*

§ 4º Concluídas as diligências, será concedida vista ao requerente pelo prazo de dez dias. *(Incluído pela Emenda Regimental nº 14, de 2019)*

§ 5º O julgamento ocorrerá em sessão pública, tomando-se a decisão pelo voto da maioria absoluta. *(Incluído pela Emenda Regimental nº 14, de 2019)*

§ 6º Após a leitura do relatório, será permitida a sustentação oral do requerente ou seu procurador por até quinze minutos. *(Incluído pela Emenda Regimental nº 14, de 2019)*

§ 7º A rejeição do pedido de aproveitamento deve ser fundamentada em fatos diversos daqueles que ensejaram a pena de disponibilidade. *(Incluído pela Emenda Regimental nº 14, de 2019)*

O julgamento ocorrerá	Em sessão pública.
A decisão deverá ser tomada	Pelo voto da maioria absoluta.
Será permitida, após a leitura do relatório	A sustentação oral do requerente ou de seu procurador por até quinze minutos.
A rejeição do pedido de aproveitamento deve ser fundamentada	Em fatos diversos daqueles que ensejaram a pena de disponibilidade.

Art. 428-E. Deferido o aproveitamento, o exercício das funções será precedido de reavaliação da capacidade física e mental do magistrado por junta médica do TJDFT, constituída por ordem do Presidente. *(Incluído pela Emenda Regimental nº 14, de 2019)*

§ 1º Realizada a avaliação e havendo indícios de incapacidade física ou mental, o Presidente determinará a instauração do procedimento de verificação de invalidez de magistrado, na forma prevista no Capítulo VIII do Título III deste Regimento. *(Incluído pela Emenda Regimental nº 14, de 2019)*

§ 2º Atestada a capacidade física e mental do magistrado, o Presidente expedirá ato determinando o retorno do magistrado à vaga que ocupava no momento em que foi posto em disponibilidade. *(Incluído pela Emenda Regimental nº 14, de 2019)*

§ 3º Inexistindo vaga a ser preenchida, ficará o magistrado em disponibilidade, com vencimentos integrais, ou será aproveitado em função de auxílio, em caráter temporário, a critério do TJDFT. *(Incluído pela Emenda Regimental nº 14, de 2019)*

Art. 428-F. O pedido de aproveitamento, se indeferido, poderá ser renovado após o decurso de um ano, contado da intimação pessoal do magistrado, e assim sucessivamente. *(Incluído pela Emenda Regimental nº 14, de 2019)*

Art. 428-G. Efetivado o aproveitamento do magistrado, seu tempo de disponibilidade será computado exclusivamente para efeito de aposentadoria. *(Incluído pela Emenda Regimental nº 14, de 2019)*

Deferido o aproveitamento	O exercício das funções será precedido de reavaliação da capacidade física e mental do magistrado por junta médica do TJDFT, constituída por ordem do Presidente.
Havendo indícios de incapacidade física ou mental	O Presidente determinará a instauração do procedimento de verificação de invalidez de magistrado, na forma prevista no Capítulo VIII do Título III deste Regimento.
Atestada a capacidade física e mental do magistrado	O Presidente expedirá ato determinando o retorno do magistrado à vaga que ocupava no momento em que foi posto em disponibilidade. *(Incluído pela Emenda Regimental nº 14, de 2019)*
Inexistindo vaga a ser preenchida	O magistrado ficará em disponibilidade, com vencimentos integrais, ou será aproveitado em função de auxílio, em caráter temporário, a critério do TJDFT.
Se indeferido o pedido de aproveitamento	Poderá ser renovado após o decurso de um ano, contado da intimação pessoal do magistrado, e assim sucessivamente.
Efetivado o aproveitamento do magistrado	Seu tempo de disponibilidade será computado exclusivamente para efeito de aposentadoria.

CAPÍTULO VII
Da apuração de fato delituoso imputado a magistrado

Art. 429. A notícia que contenha indícios de prática de infração penal por parte de magistrado de primeiro grau será encaminhada ao Corregedor da Justiça, que decidirá acerca de instauração de inquérito.

Art. 430. Instaurado inquérito, competirá ao Corregedor da Justiça presidi-lo.

Parágrafo único. Concluídas as diligências, o Corregedor da Justiça determinará a distribuição do inquérito.

Art. 431. Distribuído o inquérito, o relator abrirá vista, por 15 (quinze) dias, ao Procurador-Geral de Justiça, que poderá requerer diligências complementares, arquivamento, ou oferecer denúncia.

§ 1º O relator poderá solicitar à Procuradoria-Geral de Justiça a designação de Procurador para acompanhar o inquérito.

§ 2º Oferecida a denúncia, o relator a submeterá ao Conselho Especial para recebimento ou rejeição.

§ 3º O pedido de arquivamento feito pelo Procurador-Geral de Justiça será deferido pelo relator.

§ 4º O relator observará, no que couber, as normas regimentais referentes à ação penal originária, a legislação especial e as leis processuais aplicáveis.

Art. 432. Verificada a existência de falta punível com pena disciplinar, o relator encaminhará cópia dos autos ao Corregedor da Justiça para as providências cabíveis.

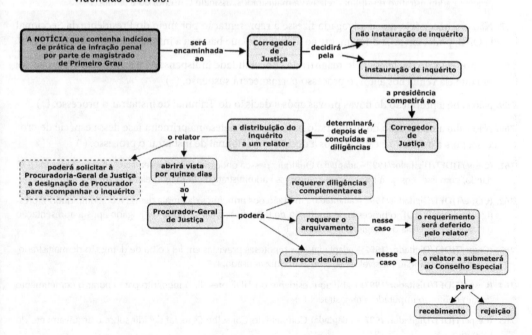

ART. 432 — TJDFT – EM ESQUEMAS

PARA PRATICAR

X – **(Cespe/Analista Judiciário/Área Judiciária/2013)** Após a representação fundamentada subscrita por desembargador e o transcurso do prazo regimental para defesa prévia, sem que esta fosse apresentada, o Conselho Especial do TJDFT, por iniciativa do corregedor da justiça e por decisão de sua maioria absoluta, instaurou procedimento para apuração de falta disciplinar contra Roberto, magistrado de primeiro grau. Tendo como referência essa situação hipotética, julgue os itens subsequentes.

753. A não apresentação de defesa prévia por parte de Roberto não obsta a convocação do Conselho Especial para decisão a respeito da instauração do processo. ( )

754. No caso em tela, instaurado o procedimento, competirá ao corregedor relatar a acusação perante o Conselho Especial. ( )

755. Há vício formal na instauração de processo contra o magistrado, já que, recebida a representação, caberia ao presidente do TJDFT a iniciativa da instauração do procedimento, e não ao corregedor. ( )

756. **(Cespe/TJDFT/Analista Judiciário/2003 – adaptada)** Em processo de apuração de falta disciplinar de magistrado, presentes todos os membros do Conselho Especial, trinta desembargadores votaram no sentido da penalização, enquanto os demais votaram pela absolvição do magistrado. Nessa situação, o colegiado condenou o magistrado. ( )

X – **(Cespe/TJDFT/Analista Judiciário/1997)** Considere a seguinte situação hipotética: Ruy Barbosa, advogado militante no Distrito Federal, regularmente inscrito na correspondente Seccional da Ordem dos Advogados do Brasil (OAB), deparou-se, em um processo em que atuava profissionalmente, com indícios de que o juiz perpetrara ato punível sob o aspecto disciplinar. Reuniu os elementos de que dispunha e enviou representação ao presidente da Seccional da OAB, para que este a apresentasse ao presidente do Tribunal, a fim de que fosse instaurado o processo administrativo disciplinar contra o juiz. Distribuída a representação, o juiz representado recebeu notificação e apresentou defesa. O órgão competente do Tribunal veio a decidir pela instauração do processo e pela produção de novas provas. Os autos do processo tramitaram, desde o início, publicamente. Diante desse relato e tendo em conta, exclusivamente, as normas regimentais sobre o processo administrativo disciplinar relativo a magistrados, assinale C (Certo) ou E (Errado).

757. Não era necessário que o advogado fizesse a representação por meio do Presidente da Seccional da OAB; podia enviá-la diretamente ao Tribunal, o que bastaria à instauração do processo. ( )

758. A apresentação de defesa pelo magistrado é formalidade indispensável à tramitação do processo; sem que ela venha aos autos, o processo permanecerá suspenso. ( )

759. Não cabe a produção de novas provas após a decisão do Tribunal de instaurar o processo. ( )

760. Não cabe a notificação do magistrado para oferecer defesa na primeira fase dessa espécie de processo, pois a defesa só é cabível após a decisão do Tribunal de instaurar o processo. ( )

761. **(Cespe/TJDFT/Digitador/1997 – adaptada)** Qualquer pessoa pode oferecer representação ao Presidente do TJDF, dando, com isso, ensejo à instauração do processo administrativo disciplinar relativo a magistrado. ( )

762. **(Cespe/TJDFT/Digitador/1997 – adaptada)** Em razão dos princípios da ampla defesa e do contraditório, prestigiados pelo RITJDF, o processo de apuração de falta disciplinar só pode ser julgado após a apresentação das razões de defesa do magistrado acusado. ( )

763. **(Cespe/TJDFT/Digitador/1997 – adaptada)** Nas hipóteses previstas em lei como de demissão de magistrado, esta é a única sanção passível de se aplicar ao juiz acusado. ( )

764. **(Cespe/TJDFT/Digitador/1997)** Cabe ao Presidente do TJDF presidir o inquérito para apurar o cometimento de fato delituoso imputado a magistrado. ( )

765. **(Cespe/TJDFT/Digitador/1997 – adaptada)** Compete ao Conselho Especial decidir sobre o arquivamento do inquérito. ( )

COMENTÁRIOS

753. (C) O processo administrativo disciplinar relativo a magistrados pode ser instaurado mesmo sem a apresentação de defesa prévia, pois, nessa fase, não haverá julgamento ou aplicação de penalidade ao magistrado; trata-se de mero procedimento para decidir se o processo será ou não instaurado. Antes de decidir sobre a instauração do processo, será concedido ao magistrado prazo de quinze dias para a defesa prévia. Findo o prazo concedido, haja ou não sido apresentada a defesa prévia, o Presidente convocará o Conselho Especial para decidir sobre a instauração do processo ou o seu arquivamento (art. 412, § 2º).

754. (C) Tratando-se de processo administrativo disciplinar de magistrado de Primeiro Grau, caberá ao Corregedor da Justiça relatar a acusação perante o Conselho Especial (art. 412, § 3º).

755. (E) Não há vício formal no procedimento, pois, não sendo o caso de arquivamento e tratando-se de magistrado de Primeiro Grau, a iniciativa da instauração do procedimento disciplinar é do Corregedor e não do Presidente do Tribunal (art. 412).

756. (E) Em procedimento de apuração de falta disciplinar, não há condenação nem absolvição. Nessa fase, será decidido apenas se vai ou não ser instaurado o procedimento. Para isso, é exigido, de fato, o voto da maioria absoluta do Conselho Especial (art. 413). Somente haverá punição depois de instaurado o procedimento e após a conclusão da instrução (art. 418).

757. (C) Qualquer pessoa poderá noticiar falta disciplinar cometida por magistrado, exigindo-se representação por escrito, com confirmação de autenticidade, a identificação e o endereço do denunciante. Assim, o advogado Ruy Barbosa poderia enviar a representação diretamente ao Tribunal em nome próprio, não sendo necessário fazê-lo por meio da Seccional da OAB (art. 411).

758. (E) Nessa fase, a defesa é dispensável à tramitação do processo. Antes da decisão sobre a instauração do processo, será concedido ao magistrado prazo de quinze dias para a defesa prévia, contado da data da entrega de cópia do teor da acusação e de provas existentes. Findo o prazo concedido para a defesa prévia, haja ou não sido apresentada, o Presidente convocará o Conselho Especial para decidir sobre a instauração do processo ou o seu arquivamento (art. 412, § 2º).

759. (E) Determinada a instauração do processo, o relator sorteado determinará a citação do magistrado para apresentar defesa em cinco dias, encaminhando-lhe cópia do acórdão do Conselho Especial (art. 415, parte final).

760. (E) O magistrado tem a prerrogativa de apresentar duas defesas, sendo uma na fase de apuração de falta disciplinar (art. 412, § 1º) e a outra após determinada a instauração do processo (art. 415).

761. (C) Qualquer pessoa poderá noticiar falta disciplinar cometida por magistrado, exigindo-se representação por escrito, com confirmação de autenticidade, a identificação e o endereço do denunciante (art. 411).

762. (E) O processo administrativo disciplinar relativo a magistrados pode ser instaurado mesmo sem a apresentação de defesa prévia, pois, nessa fase, não haverá julgamento ou aplicação de penalidade ao magistrado; trata-se de mero procedimento para decidir se o processo será ou não instaurado. Antes de decidir sobre a instauração do processo, será concedido ao magistrado prazo de quinze dias para a defesa prévia. Findo o prazo concedido, haja ou não sido apresentada a defesa prévia, o Presidente convocará o Conselho Especial para decidir sobre a instauração do processo ou o seu arquivamento (art. 412, § 2º).

763. (E) Nas hipóteses previstas em lei como de demissão de magistrado, esta não é a única sanção passível de se aplicar ao juiz acusado. Se o Conselho Especial entender não ser o caso de demissão, poderá aplicar as penas de remoção compulsória, de censura ou de advertência (art. 428, § 3º).

764. (E) A notícia que contenha indícios de prática de infração penal por parte de magistrado de primeiro grau será encaminhada ao Corregedor de Justiça, que decidirá sobre a instauração de inquérito. Instaurado o inquérito, competirá ao Corregedor de Justiça presidi-lo (arts. 429/430).

765. (E) O pedido de arquivamento feito pelo Procurador-Geral de Justiça será deferido pelo relator (art. 431, § 3º).

CAPÍTULO VIII
DA VERIFICAÇÃO DE INVALIDEZ

Art. 433. O procedimento de verificação de invalidez de magistrado, para aposentadoria, terá caráter confidencial e será iniciado mediante:

I – requerimento do magistrado interessado;

II – determinação do Presidente do Tribunal, do Primeiro Vice-Presidente, do Segundo Vice-Presidente ou do Corregedor da Justiça;

III – provocação dirigida ao Presidente do Tribunal por qualquer desembargador.

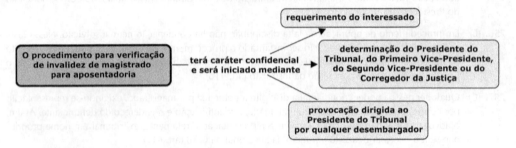

Art. 434. O magistrado que se afastar por seis meses ou mais, ao todo, em dois anos consecutivos, para tratamento de saúde, deverá submeter-se a exame para verificação de invalidez quando requerer nova licença para igual fim, dentro dos próximos dois anos.

Deverá submeter-se a exame para verificação de invalidez	O magistrado que se afastar por seis meses ou mais, ao todo, em dois anos consecutivos, para tratamento de saúde, quando requerer nova licença para igual fim, dentro dos próximos dois anos.

§ 1º O Presidente do Tribunal decidirá sobre a instauração ou não do procedimento e determinará, em caso afirmativo, o afastamento do magistrado do exercício de suas funções até a decisão final.

§ 2º Instaurado o procedimento, o Presidente do Tribunal nomeará junta médica, constituída de três médicos do quadro do Tribunal, sempre que possível de especialistas, a qual procederá ao exame de verificação de invalidez.

§ 3º O procedimento será distribuído ao Conselho Especial, cabendo ao relator ordenar os demais atos e diligências necessários à averiguação da invalidez.

§ 4º Se se tratar de incapacidade mental, o Presidente do Tribunal nomeará curador ao magistrado, sem prejuízo da defesa que este queira oferecer pessoalmente ou por advogado que constituir.

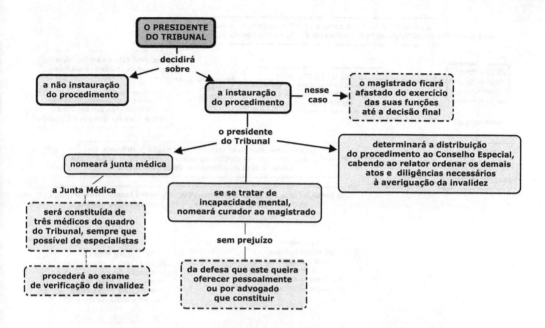

Art. 435. O relator notificará o magistrado e, se for o caso, o curador nomeado ou o advogado constituído, do teor da iniciativa e da nomeação da junta médica, bem como lhe assinará o prazo de 15 (quinze) dias para requerer diligências e indicar provas ou, se quiser, médico assistente.

§ 1º No mesmo despacho, determinará a realização de exame médico que será feito pela junta médica.

§ 2º Decorrido o prazo previsto no *caput,* o relator decidirá sobre as diligências e sobre as provas requeridas, podendo também determinar outras diligências necessárias à completa averiguação da verdade.

§ 3º Feito o exame, a junta médica, no prazo de 15 (quinze) dias, oferecerá laudo fundamentado, assinado por seus membros e pelo assistente, se houver.

§ 4º O membro da junta médica, ou o assistente, que divergir da maioria oferecerá laudo separado.

§ 5º Se a junta médica solicitar, justificadamente, prorrogação do prazo referido no § 3º deste artigo, esse será prorrogado pelo tempo indicado como necessário.

§ 6º Não comparecendo o magistrado sem causa justificada, ou recusando-se a ser submetido ao exame ordenado, o julgamento far-se-á com os elementos de prova coligidos.

ART. 436   TJDFT – EM ESQUEMAS

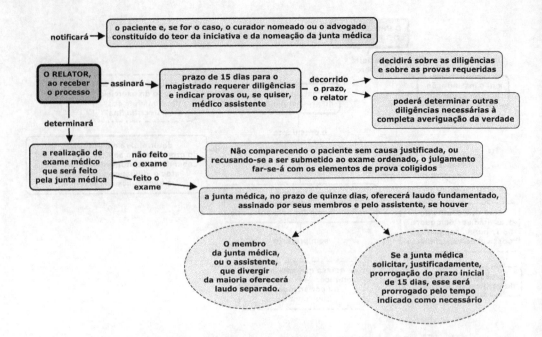

Art. 436. Concluída a instrução, o relator assinará prazos sucessivos de 10 (dez) dias para o magistrado e para o curador apresentarem razões de defesa.

Art. 437. Vencido o prazo para apresentação das razões, o relator lançará relatório escrito para ser distribuído a todos os membros do Conselho Especial, com as cópias dos atos processuais que entender convenientes, e pedirá a designação de dia para o julgamento.

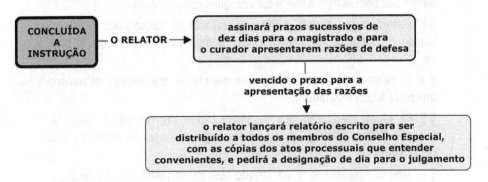

Art. 438. O julgamento será feito pelo Conselho Especial, observado o *quorum* previsto no art. 362, § 1º.

§ 1º Após o relatório será facultada a sustentação oral pelo advogado ou curador do magistrado por quinze minutos.

§ 2º A decisão pela incapacidade do magistrado será tomada pela maioria absoluta dos membros do Conselho Especial.

§ 3º O Presidente terá direito a voto.

Art. 439. Reconhecida a incapacidade do magistrado, o Presidente do Tribunal editará o ato de aposentadoria.

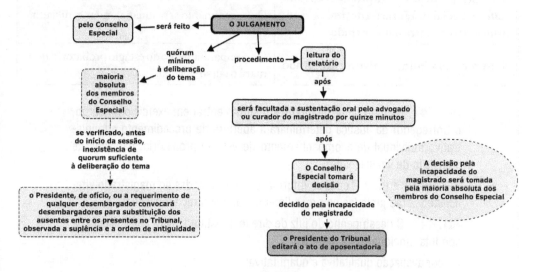

CAPÍTULO IX
DO PROCEDIMENTO DE ACOMPANHAMENTO DE ESTÁGIO PROBATÓRIO

Art. 440. A partir da entrada em exercício, o juiz de direito substituto ficará sujeito ao estágio probatório pelo período de dois anos, durante o qual a Comissão de Acompanhamento de Estágio Probatório avaliará, semestralmente, as condições pessoais e a capacidade para o desempenho das funções inerentes ao cargo.

	Duração total do estágio probatório: dois anos			
Entrada em exercício do juiz de direito substituto	1º semestre	2º semestre	2º semestre	2º semestre
	1ª avaliação	2ª avaliação	3ª avaliação	4ª avaliação
A Comissão de Acompanhamento de Estágio Probatório avaliará, semestralmente, as condições pessoais e a capacidade para o desempenho das funções inerentes ao cargo.				

§ 1º O juiz de direito substituto que for promovido durante os dois primeiros anos de exercício do cargo continuará submetido ao estágio probatório para vitaliciamento.

§ 2º Se o Corregedor da Justiça propuser ao Conselho Especial instauração de processo administrativo, o procedimento previsto no *caput* será imediatamente iniciado. No caso de arquivamento, o acompanhamento do estágio probatório retomará o curso normal.

Continuará submetido ao estágio probatório para vitaliciamento	O juiz de direito substituto que for promovido durante os dois primeiros anos de exercício do cargo.
Se o Corregedor da Justiça propuser ao Conselho Especial instauração de processo administrativo contra o magistrado	O procedimento será imediatamente iniciado.
Se o processo administrativo for arquivado	O acompanhamento do estágio probatório retomará o curso normal.

Art. 441. Quando o juiz de direito substituto entrar em exercício no cargo, o Corregedor da Justiça determinará a abertura de procedimento administrativo individual de acompanhamento de estágio probatório, para fins de aquisição de vitaliciedade.

Parágrafo único. Todas as informações relacionadas ao magistrado vitaliciando serão juntadas no procedimento administrativo individual.

Art. 442. O desempenho do juiz de direito substituto, além da avaliação da conduta funcional, será aferido:

I – por avaliação qualitativa e quantitativa;

II – pelo número de sentenças proferidas semestralmente e pelo número de processos que lhe forem distribuídos;

III – pelos casos em que o juiz excedeu os prazos legais, especificando-se o tempo e a justificativa do excesso;

IV – pelos elogios recebidos;

V – pelas penalidades sofridas;

VI – pelo resultado alcançado em cursos de aperfeiçoamento ou por quaisquer títulos obtidos;

VII – pelas observações realizadas por desembargadores em acórdãos remetidos à Corregedoria para as providências necessárias;

VIII – por exercer, eventualmente, outras atividades relevantes na Justiça do Distrito Federal ou dos Territórios.

Parágrafo único. Para efeito da avaliação do inciso VI, o juiz vitaliciando deverá frequentar os cursos de aperfeiçoamento ministrados pela Escola de Formação Judiciária do TJDFT – Ministro Luiz Vicente Cernicchiaro.

Como é aferido o desempenho do juiz de direito substituto, além da avaliação da conduta funcional	- por avaliação qualitativa e quantitativa; - pelo número de sentenças proferidas semestralmente e pelo número de processos que lhe forem distribuídos; - pelos casos em que o juiz excedeu os prazos legais, especificando-se o tempo e a justificativa do excesso; - pelos elogios recebidos; - pelas penalidades sofridas; - pelo resultado alcançado em cursos de aperfeiçoamento(*) ou por quaisquer títulos obtidos; - pelas observações realizadas por desembargadores em acórdãos remetidos à Corregedoria para as providências necessárias; - por exercer, eventualmente, outras atividades relevantes na Justiça do Distrito Federal ou dos Territórios.

(*) O juiz vitaliciando deverá frequentar os cursos de aperfeiçoamento ministrados pela Escola de Formação Judiciária do TJDFT – Ministro Luiz Vicente Cernicchiaro.

Art. 443. Para o fim da avaliação de desempenho, a Corregedoria da Justiça instruirá, semestralmente, o procedimento administrativo do juiz vitaliciando com os seguintes dados estatísticos:

I – processos distribuídos;

II – audiências realizadas;

III – processos conclusos com excesso de prazo;

IV – sentenças proferidas.

Parágrafo único. Além dos elementos coligidos pela Corregedoria da Justiça, a Presidência do Tribunal Regional Eleitoral do Distrito Federal poderá apresentar outros que entenda relevantes para a avaliação do magistrado.

Art. 444. Para efeito da avaliação qualitativa, cada juiz vitaliciando remeterá, mensalmente, duas sentenças de mérito por ele proferidas para análise da Comissão de Acompanhamento de Estágio Probatório.

§ 1º Além das sentenças encaminhadas pelo juiz, a Comissão poderá escolher outras proferidas no período.

§ 2º A qualidade do trabalho será avaliada sob dois enfoques:

I – estrutura do ato sentencial e das decisões em geral;

II – presteza e segurança no exercício da função.

Art. 445. A avaliação da presteza e da segurança do vitaliciando no exercício da função será resultante das observações e das informações obtidas pelos membros da Comissão de Acompanhamento de Estágio Probatório.

Parágrafo único. A Comissão também obterá dos juízes titulares informações sobre o desempenho da rotina de trabalho do vitaliciando.

Art. 446. A avaliação quantitativa será realizada a cada seis meses, considerando-se, objetivamente, as estatísticas do período relativas aos processos conclusos ao juiz, às sentenças prolatadas, devidamente tipificadas, e aos processos não julgados.

Art. 447. Além das avaliações qualitativas e quantitativas, o processo será instruído com informações referentes ao desempenho do juiz vitaliciando, às correições nas varas onde atuaram e aos procedimentos disciplinares eventualmente instaurados.

TIPO DE AVALIAÇÃO	DADOS OBSERVADOS	
AVALIAÇÃO QUANTITATIVA	- processos distribuídos; - audiências realizadas; - processos conclusos com excesso de prazo; - sentenças proferidas; - outros elementos relevantes apresentados pela Presidência do Tribunal regional Eleitoral.	A avaliação será realizada a cada seis meses, considerando-se, objetivamente, as estatísticas do período relativas aos processos conclusos ao juiz, às sentenças prolatadas, devidamente tipificadas, e aos processos não julgados.
AVALIAÇÃO QUALITATIVA	- duas sentenças de mérito remetidas pelo vitaliciando para análise da Comissão de Acompanhamento de Estágio Probatório; - outras sentenças proferidas no período e escolhidas pela Comissão de Acompanhamento de Estágio Probatório;	A qualidade do trabalho será avaliada sob dois enfoques: - estrutura do ato sentencial e das decisões em geral; - presteza e segurança no exercício da função, resultante das observações e informações obtidas pelos membros da Comissão de Acompanhamento de Estágio Probatório. Também serão levadas em conta as informações prestadas pelos juízes titulares sobre o desempenho da rotina de trabalho do vitaliciando.
INFORMAÇÕES ADICIONAIS	O processo será também instruído com informações referentes ao desempenho do juiz vitaliciando, às correições nas varas onde atuaram e aos procedimentos disciplinares eventualmente instaurados.	

Art. 448. Qualquer membro da Comissão de Acompanhamento de Estágio Probatório poderá apresentar ou requerer outros elementos relevantes para a avaliação do magistrado, diretamente, a órgãos, comissões e unidades do Tribunal, ou por meio da Comissão e a juízo desta, a outros tribunais, órgãos públicos ou entidades.

Parágrafo único. Qualquer desembargador, juiz de direito, autoridades ou interessados poderão apresentar informações e elementos que entendam relevantes para a instrução do processo.

Art. 449. O juiz vitaliciando deverá manifestar-se, a cada seis meses, sobre a sua atuação nesse período, encaminhando à Comissão de Acompanhamento de Estágio Probatório relatório no qual prestará informações relacionadas aos seguintes aspectos, entre outros que entender pertinentes:

I – estrutura física e recursos materiais disponíveis nos juízos em que atuou;
II – critério de divisão do trabalho da vara;
III – dificuldades no desempenho do cargo;
IV – cumulação de atividade e volume de processos conclusos.

Quem pode apresentar ou requerer elementos para a avaliação do magistrado	- Qualquer membro da Comissão de Acompanhamento de Estágio Probatório; - Qualquer desembargador, juiz de direito, autoridades ou interessados.
A quem a Comissão de Acompanhamento de Estágio Probatório pode solicitar informações	A órgãos, comissões e unidades do Tribunal, a outros tribunais, órgãos públicos ou entidades.
Também deverá manifestar-se sobre a própria atuação no período	O juiz vitaliciando, encaminhando à Comissão de Acompanhamento de Estágio Probatório informações relacionadas aos seguintes aspectos: - estrutura física e recursos materiais disponíveis nos juízos em que atuou; - critério de divisão do trabalho da vara; - dificuldades no desempenho do cargo; - cumulação de atividade e volume de processos conclusos.

Art. 450. A cada seis meses, o Presidente da Comissão de Acompanhamento de Estágio Probatório encaminhará aos demais membros os autos dos procedimentos individuais, devidamente instruídos, para ciência e eventual manifestação.

Art. 451. Quando o juiz vitaliciando completar um ano e seis meses de exercício da magistratura, o Presidente da Comissão de Acompanhamento de Estágio Probatório designará data para votação do relatório final que será apresentado ao Tribunal Pleno.

§ 1º O Presidente da Comissão providenciará a remessa das cópias dos pareceres para os demais integrantes da Comissão.

§ 2º Realizada a votação de que trata o *caput*, o Presidente da Comissão enviará ao Presidente do Tribunal o relatório final, que será incluído em pauta de julgamento do Tribunal Pleno, o qual conterá a proposta de vitaliciamento do juiz ou de afastamento das respectivas funções.

§ 3º O afastamento ou o vitaliciamento só ocorrerá se a proposta, em um ou em outro sentido, for aprovada pela maioria absoluta.

§ 4º Em caso de aprovação, o magistrado tornar-se-á vitalício, ao completar os dois anos de exercício, se algum fato novo não determinar a reabertura do procedimento de avaliação.

Art. 452. Aprovada a proposta de não vitaliciedade, o Presidente do Tribunal oficiará ao magistrado, afastando-o de suas funções, e remeterá os autos do procedimento administrativo à distribuição.

Art. 453. O relator determinará a notificação pessoal do magistrado para oferecimento de defesa no prazo de 10 (dez) dias.

§ 1º Esgotado o prazo previsto no *caput* deste artigo e apresentada ou não a defesa, o relator determinará, em 15 (quinze) dias, a inclusão do procedimento administrativo em pauta de julgamento do Tribunal Pleno.

§ 2º A demissão ocorrerá se a proposta nesse sentido for aprovada pela maioria absoluta, editando o Presidente o respectivo ato.

§ 3º O procedimento administrativo regulamentado nesta Subseção terá caráter confidencial, e o ato de demissão terá a publicidade inerente aos atos administrativos em geral.

Art. 454. As dúvidas surgidas no decorrer do procedimento serão resolvidas pela Comissão de Acompanhamento de Estágio Probatório, e os casos omissos, pelo Tribunal Pleno.

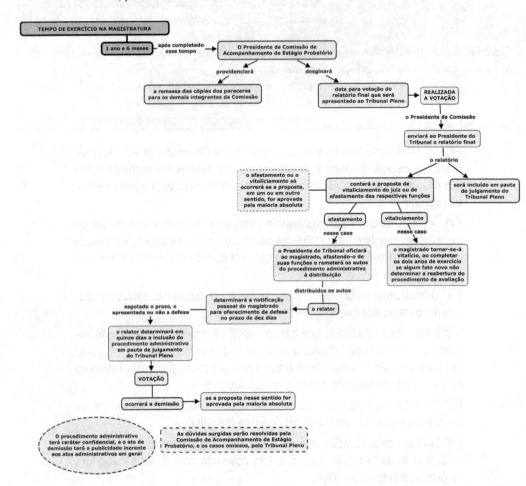

TÍTULO IV
DAS DISPOSIÇÕES FINAIS E TRANSITÓRIAS

Art. 455. Os atos normativos do Tribunal de Justiça obedecem à seguinte nomenclatura:

I – emenda regimental: suprime, acrescenta ou modifica disposições do Regimento Interno;

II – ato regimental: regulamenta a aplicação de norma estabelecida no Regimento Interno;

III – provimento: altera e regulamenta o Provimento-Geral da Corregedoria;

IV – resolução: regulamenta matéria não regimental;

V – portaria: destina-se a expedientes internos administrativos;

VI – instrução: transmite orientações e recomendações de natureza jurídico-administrativa.

NOMENCLATURA DOS ATOS NORMATIVOS	
Emenda regimental	Suprime, acrescenta ou modifica disposições do Regimento Interno.
Ato regimental	Regulamenta a aplicação de norma estabelecida no Regimento Interno.
Provimento	Altera e regulamenta o Provimento-Geral da Corregedoria.
Resolução	Regulamenta matéria não regimental.
Portaria	Destina-se a expedientes internos administrativos.
Instrução	Transmite orientações e recomendações de natureza jurídico-administrativa.

Art. 456. Os atos normativos são numerados como se segue:

I – emenda regimental e ato regimental: em séries próprias e numeração seguida, que prosseguem enquanto vigente o Regimento Interno, ao qual se referem;

II – provimento: em série própria e numeração seguida, que prossegue enquanto vigente o Provimento-Geral da Corregedoria, ao qual se refere;

III – resolução: em numeração sequencial anual própria;

IV – portaria e instrução: em numeração sequencial anual própria.

NUMERAÇÃO DOS ATOS NORMATIVOS		
Emenda regimental e ato regimental	Em séries próprias e numeração seguida	Prosseguem enquanto vigente o Regimento Interno, ao qual se referem.
Provimento	Em série própria e numeração seguida	Prossegue enquanto vigente o Provimento-Geral da Corregedoria, ao qual se refere.
Resolução	Em numeração sequencial anual própria.	
Portaria e instrução	Em numeração sequencial anual própria.	

Art. 457. As emendas regimentais e os atos regimentais poderão ser propostos por qualquer desembargador à Comissão de Regimento Interno, que emitirá parecer e solicitará ao Presidente do Tribunal a respectiva inclusão em pauta para deliberação do Tribunal Pleno.

§ 1º Cópias da proposta e do parecer da Comissão de Regimento serão encaminhadas aos desembargadores com 10 (dez) dias de antecedência.

§ 2º Em caso de urgência, emendas e atos regimentais propostos pelo Presidente, pelo Primeiro Vice-Presidente, pelo Segundo Vice-Presidente e pelo Corregedor da Justiça, relativos a matérias atinentes às suas atribuições, poderão ser levados diretamente ao Tribunal Pleno.

Art. 458. Considerar-se-á aprovada a emenda ou o ato regimental que obtiver voto favorável da maioria absoluta do Tribunal Pleno.

Parágrafo único. A emenda ou o ato regimental entrará em vigor na data de sua publicação, salvo deliberação diversa do Tribunal Pleno.

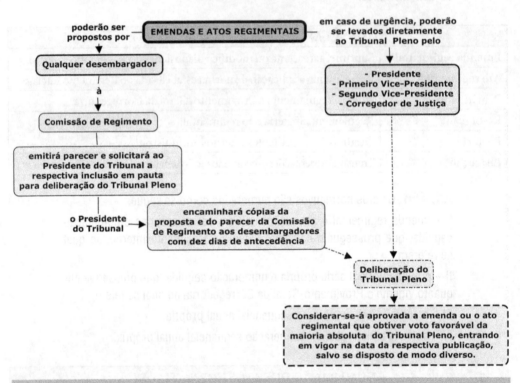

PARA PRATICAR

766. **(Cespe/TJDFT/Digitador/1997)** O Regimento Interno do Tribunal de Justiça do Distrito Federal e dos Territórios é modificado por meio dos chamados atos regimentais. ( )

767. **(Cespe/TJDFT/Digitador/1997)** As emendas regimentais podem ser aprovadas por voto da maioria simples dos membros do órgão competente para apreciá-las. ( )

768. **(Inédita)** Denomina-se ato regimental o ato normativo do Tribunal que suprime, acrescenta ou modifica disposições do Regimento Interno. ( )

769. (Inédita) A numeração das emendas regimentais, dos atos regimentais e dos provimentos será feita de forma contínua e seriada enquanto vigente o ato normativo respectivo. ( )

X. Com relação aos atos normativos do Tribunal de Justiça responda (C) quando a questão estiver correta e (E) quando estiver incorreta.

770. O provimento é o ato normativo que altera e regulamenta o Provimento Geral da Corregedoria. ( )

771. A portaria é o ato normativo destinado a regulamentar matéria não regimental. ( )

772. O ato regimental regulamenta a aplicação de norma estabelecida no Regimento Interno. ( )

COMENTÁRIOS

766. (E) O Regimento Interno é modificado, suprimido ou acrescentado por meio das chamadas "emendas regimentais" e não dos atos regimentais (art. 455, I). O ato regimental regulamenta a aplicação da norma estabelecida no Regimento Interno (art. 455, II).

767. (E) Para a aprovação de emendas regimentais é exigido o voto da maioria absoluta do Tribunal Pleno, e não da maioria simples como afirma a questão (art. 458).

768. (E) O ato normativo que suprime, acrescenta ou modifica disposições do Regimento Interno é denominado emenda regimental (art. 455, I). O ato regimental regulamenta a aplicação de norma estabelecida no Regimento Interno (art. 455, II).

769. (C) As emendas regimentais, os atos regimentais e os provimentos serão numerados em séries próprias e numeração seguida, que prossegue enquanto vigente o ato normativo ao qual se refere (art. 456, I e II).

770. (C) O provimento altera e regulamenta o Provimento Geral da Corregedoria (art. 455, III).

771. (E) A portaria destina-se a expedientes internos administrativos (art. 455, V). O ato que regulamenta matéria não regimental é a resolução (art. 455, IV).

772. (C) O ato regimental regulamenta a aplicação de norma estabelecida no Regimento Interno. (art. 455, II).

Art. 459. Até que seja editada lei específica sobre greve de servidores públicos, o julgamento das ações de que cuida o inciso VI do art. 21 obedecerá ao seguinte procedimento:

I – a petição inicial será devidamente instruída e atenderá às exigências da legislação processual;

II – distribuída a ação, o relator decidirá pedido de tutela provisória e determinará a citação do réu para contestar no prazo de 15 (quinze) dias;

III – decorrido o prazo de resposta, o Ministério Público será ouvido no prazo de 15 (quinze) dias;

IV – em seguida será lançado relatório nos autos e incluído o processo em pauta para julgamento.

§ 1º A qualquer tempo, o relator poderá, de ofício ou mediante pedido, designar audiência de conciliação.

§ 2º Na hipótese de greve em serviços ou atividades essenciais, o feito terá tramitação e julgamento prioritários.

§ 3º Aplicam-se subsidiariamente as normas do procedimento comum do Código de Processo Civil.

Art. 460. Até que sejam concluídos, os procedimentos de remoção em curso, bem como os de promoção deles provenientes, continuarão sendo regulados pelo Regimento Interno revogado.

Art. 461. As alterações de competência promovidas por este Regimento Interno não se aplicam aos processos distribuídos antes da data da sua entrada em vigor.

Art. 462. Este Regimento entra em vigor no dia 18 de março de 2016.

Art. 463. Fica revogado o Regimento Interno anterior.

Para finalizar a parte referente ao Regimento Interno, segue uma tabela esquematizada, sobre o *quorum* exigido pelo Tribunal para as reuniões dos diversos órgãos julgadores e tomadas de decisão dos magistrados.

QUADRO ESQUEMÁTICO SOBRE O *QUORUM* NO TJDFT	
2/3 de presença	- Sempre que exigir *quorum* qualificado para deliberação do Conselho Especial (art. 12, § 1º) - Sempre que exigir *quorum* qualificado para deliberação do Tribunal Pleno (art. 360, § 2º); - Reunião da Câmara de Uniformização (art. 17, § 3º); - Decisão pelo Conselho Especial sobre a constitucionalidade ou a inconstitucionalidade de lei ou de ato normativo (art. 155); - Eleição para os cargos de direção (art. 376); - Eleição de desembargador e Juiz de Direito para o Tribunal Regional Eleitoral (art. 378); - Indicação de advogados e membros do Ministério Público (art. 380).
2/3 de votos	- Modulação dos efeitos da ação direta de inconstitucionalidade (Conselho Especial (art. 160); - Modulação dos efeitos da revisão de tese jurídica firmada em incidente de resolução de demandas repetitivas (art. 311, parágrafo único); - Recusa do nome do juiz de direito substituto mais antigo para promoção ao tribunal pelo critério de antiguidade (art. 403); - Recusa do nome do magistrado mais antigo para acesso ao cargo de Desembargador (art. 407).
Maioria absoluta de presença (metade mais um dos componentes do órgão)	- Eleição do desembargador para integrar o Conselho Especial (arts. 9º, § 3º e 360, § 1º) - Reunião do Conselho Especial no exercício de suas funções jurisdicionais (art. 12) e administrativas (art. 362); - Reunião do Tribunal Pleno (art. 360, § 1º); - Reunião das Câmaras Especializadas (art. 19, § 3º).

QUADRO ESQUEMÁTICO SOBRE O *QUORUM* NO TJDFT	
Maioria absoluta de votos (metade mais um dos componentes do órgão)	- Convocação de juiz de direito para auxílio aos órgãos julgadores, aos desembargadores ou aos juízes de direito substitutos de segundo grau (art. 62); - Concessão de liminar na ação direta de inconstitucionalidade (art. 144); - Deferimento de liminar na ação declaratória de constitucionalidade (art. 154); - Proclamação a constitucionalidade ou a inconstitucionalidade da disposição ou da norma impugnada tanto na ADI quanto na ADC (art. 156); - Julgamento de recurso quando admitida a assunção de competência pela Câmara de Uniformização (art. 300, § 2º); - Declaração da inconstitucionalidade no Incidente de Arguição de inconstitucionalidade (art. 293); - Eleição para os cargos de direção (art. 376, parágrafo único); - Eleição de desembargador para cargo de direção (art. 377 §§ 5º e 7º); - Eleição de desembargador e juiz de direito para o Tribunal Regional eleitoral (art. 378, parágrafo único); - Elaboração de lista tríplice para preenchimento de cargo de desembargador em vaga do quinto constitucional (art. 381); - Deliberação sobre o Incidente de Resolução de Demandas Repetitivas (art. 308, § 2º); - Aprovação de súmula (art. 333); - Avocação para decisão, pelo Conselho Especial, no exercício de suas funções administrativas, de procedimentos administrativos em curso no Tribunal (art. 363, III); - Não aceitação da recusa do desembargador à eleição para cargo de direção (art. 375, § 1º); - Recusa pelo Tribunal Pleno de pedido de remoção de juiz (art. 398); Instauração pelo Conselho Especial do processo disciplinar contra magistrado (art. 413); deliberação sobre o afastamento do magistrado até decisão final do processo disciplinar (art. 414); punição (art. 418) e julgamento do magistrado (art. 428-D); - Decisão pelo Conselho pela incapacidade de magistrado (art. 438, § 2º); - Afastamento ou vitaliciamento do magistrado pelo Conselho Especial (art. 451, § 3º); - Demissão de magistrado (art. 453, § 2º); - Aprovação pelo Tribunal Pleno de ementa ou ato regimental (art. 458).

QUADRO ESQUEMÁTICO SOBRE O *QUORUM* NO TJDFT	
Maioria simples (metade mais um dos presentes na sessão)	- Eleição do desembargador para integrar o Conselho Especial (art. 9º, § 3º); - Decisão do incidente de arguição de inconstitucionalidade (art. 287, § 3º); - Declinação, pelo Conselho Especial, de matéria administrativa de grande relevância, pelo voto da maioria simples (art. 362, X); - Votação e indicação, após elaboração de lista tríplice, do nome do juiz de direito a cargo de desembargador quando houver apenas uma vaga (art. 404, § 3º); - Autorização para a prorrogação do prazo para a conclusão do processo administrativo disciplinar (art. 422).

Parte III
PROVIMENTO GERAL DA CORREGEDORIA APLICADO AOS JUÍZES E OFÍCIOS JUDICIAIS

PROVIMENTO GERAL DA CORREGEDORIA APLICADO AOS JUÍZES E OFÍCIOS JUDICIAIS

Dispõe acerca das rotinas de trabalho e da aplicabilidade de dispositivos de lei no âmbito da Primeira Instância do Tribunal de Justiça do Distrito Federal e dos Territórios – TJDFT.

> **O Provimento Geral da Corregedoria** é um conjunto de normas editadas pela Corregedoria de Justiça com o objetivo de regulamentar o funcionamento dos ofícios judiciais, ou seja, dos órgãos da Justiça de Primeira Instância do Distrito Federal e dos Territórios. Nele são estabelecidas regras de conduta e procedimentos a serem observados pelos juízes e servidores das varas no cumprimento de suas tarefas.
>
> Com a implantação do Processo Judicial Eletrônico (PJe), vários dispositivos deste Provimento ficaram obsoletos, os quais passaram a ser normatizados pelo Provimento Aplicado ao Processo Judicial Eletrônico.

TÍTULO I
DOS JUÍZES DE DIREITO E DOS OFÍCIOS JUDICIAIS

Capítulo I
DOS JUÍZES DE DIREITO

Seção I
Das Atribuições em Geral

Art. 1º Cabe ao Juiz, além de processar e julgar os feitos de sua competência:

> Além da função jurisdicional, que é processar e julgar as ações de sua competência, os juízes possuem outras atribuições de caráter administrativo que seguem relacionadas nos itens abaixo.

I – orientar os serviços do juízo, zelando pela prática dos atos processuais com observância da forma e dos prazos legais;

II – discriminar, mediante portaria, os atos meramente ordinatórios a serem praticados pelo diretor de secretaria e seus servidores, visando à celeridade da prestação jurisdicional;

> Para dar maior rapidez aos serviços e simplificar a atividade judicial, os juízes podem expedir portarias, delegando ao diretor de secretaria da vara e aos seus servidores a prática de alguns atos relacionados ao andamento do processo e ao bom funcionamento da Vara. Tais atos são denominados **atos ordinatórios** e diferenciam-se dos atos instrutórios e dos decisórios, cuja prática é reservada exclusivamente aos juízes.

III – submeter à Corregedoria as portarias baixadas, exceto aquelas em conformidade com os modelos por ela sugeridos;

> As portarias baixadas pelos Juízes somente serão submetidas à aprovação da Corregedoria quando forem expedidas em desconformidade com os modelos por esta sugeridos.

IV – indicar, por meio eletrônico, para fins de nomeação, o diretor da secretaria e, para fins de designação, seu substituto, dentre os bacharéis em Direito do Quadro de Pessoal do Tribunal, em efetivo exercício;

V – indicar, por meio eletrônico, os servidores para as demais funções comissionadas sob sua direção, dentre os ocupantes de cargos de provimento efetivo e em exercício;

Cabe aos juízes de direito titular da Vara(*) INDICAR por meio eletrônico	para fins de nomeação	O diretor da secretaria (entre os bacharéis em direito integrante do quadro de Pessoal do Tribunal, em efetivo exercício).
	para fins de designação	- O substituto do diretor (entre os bacharéis em direito integrante do quadro de Pessoal do Tribunal, em efetivo exercício); - Os servidores para as demais funções comissionadas sob sua direção (entre os ocupantes de cargos de provimento efetivo e em exercício).
Nota: A **nomeação** distingue-se da **designação** por ser a primeira destinada aos cargos comissionados e a segunda, às funções comissionadas. Aos juízes de direito titulares das varas cabe apenas **indicar** os servidores, pois o ato de nomeação e a designação propriamente ditos são atribuições exclusivas do Presidente do Tribunal (art. 367, III, RITJDFT).		
(*) Somente os **juízes de direito titulares das varas** possuem a prerrogativa de indicar à nomeação o diretor de secretaria e de indicar para designação o substituto do diretor e os servidores para as demais funções comissionadas (art. 1º, parágrafo único).		

VI – manter-se informado de todos os atos normativos expedidos pelo Conselho Nacional de Justiça – CNJ, pela Presidência, Primeira Vice-Presidência, Segunda Vice-Presidência e Corregedoria deste Tribunal, cumprindo-os e fazendo-os cumprir no que couber;

PROVIMENTO GERAL DA CORREGEDORIA APLICADO AOS JUÍZES E OFÍCIOS JUDICIAIS ART. 1º

VII – manter-se atualizado com a correspondência institucional enviada ao seu correio eletrônico;

VIII – comunicar à Procuradoria-Geral da Justiça, à seção local da Ordem dos Advogados do Brasil – OAB, à Procuradoria-Geral do Distrito Federal – PGDF e à Defensoria Pública do Distrito Federal – DPDF as faltas, omissões, ausências ou outros atos ou fatos praticados por membros dessas instituições e que lhes possam interessar, inclusive disciplinarmente;

Os Juízes deverão comunicar a ocorrência de faltas, omissões ou outros atos ou fatos praticados	por membros do Ministério Público	à Procuradoria-Geral da Justiça;
	por advogados em geral	à OAB-Seção/DF;
	por Procuradores	à Procuradoria-Geral do Distrito Federal;
	por Defensores do Distrito Federal	à Defensoria Pública do Distrito Federal.

IX – manter firmas registradas e atualizadas em todos os cartórios de notas do Distrito Federal.

Parágrafo único. O disposto nos incisos IV e V constitui prerrogativa do Juiz de Direito Titular da vara.

PARA PRATICAR

JULGUE OS ITENS A SEGUIR COM BASE NO PROVIMENTO-GERAL DA CORREGEDORIA, MARCANDO "C" QUANDO A QUESTÃO ESTIVER CORRETA E "E" QUANDO A QUESTÃO ESTIVER ERRADA.

773. **(Cespe/TJDFT/Analista Judiciário/Área Judiciária/ 2003)** Compete aos juízes de direito nomear o diretor da secretaria da vara em que oficiem. ( )

774. **(Cespe/TJDFT/Analista Judiciário/Área Judiciária/2000 – adaptada)** Cabe exclusivamente aos juízes praticar atos de natureza ordinatória. ( )

775. **(Cespe/TJDFT/Analista Judiciário/Execução de Mandados/1999)** Compete aos juízes de direito nomear o diretor da secretaria da vara respectiva. ( )

776. **(Inédita)** Somente o juiz de direito titular da vara em que oficie possui prerrogativa de indicar servidores para ocupar cargo de diretor de secretaria da vara respectiva. ( )

777. **(Inédita)** Com o objetivo de desburocratizar e racionalizar a tramitação dos feitos, o Juiz de Direito pode, mediante portaria, discriminar alguns atos processuais passíveis de serem praticados pelo diretor de secretaria e demais servidores da vara, entre eles, os atos instrutórios. ( )

COMENTÁRIOS

773. (E) Aos juízes de direito compete apenas indicar à nomeação o diretor de secretaria da vara em que oficiem. O ato de nomeação propriamente dito é atribuição do presidente do Tribunal (art. 1º, IV).

774. (E) A realização de atos ordinatórios não é tarefa exclusiva dos juízes. Alguns atos ordinatórios podem ser praticados por servidores da vara, pois segundo dispõe o art. 1º, II, cabe ao Juiz, além de processar e julgar os feitos de sua competência, discriminar, mediante portaria, os atos meramente ordinatórios a serem praticados pelo diretor de secretaria e seus servidores, visando à celeridade da prestação jurisdicional. Cabe esclarecer que os atos exclusivos dos juízes são os atos instrutórios e os decisórios.

775. (E) Aos juízes de direito compete apenas indicar à nomeação o diretor de secretaria da vara em que oficiem. O ato de nomeação propriamente dito é atribuição do presidente do Tribunal (art. 1º, IV).

776. (C) A prerrogativa de indicar servidores para ocupar cargo de diretor de secretaria é exclusiva dos juízes de direito titular da vara, não se estendendo aos juízes substitutos (art. 1º, parágrafo único).

777. (E) O Juiz de direito pode discriminar, mediante portaria, os atos a serem praticados pelo diretor de secretaria e seus servidores, visando à celeridade da prestação jurisdicional, mas somente os atos ordinatórios, e não os atos instrutórios (art. 1º, II).

Seção II
Dos Elogios

Art. 2º Os elogios feitos por Desembargadores, autoridades públicas, instituições públicas e privadas de reconhecida idoneidade serão averbados nos assentamentos funcionais do Juiz de Direito ou do Juiz de Direito Substituto agraciado.

§ 1º Os Juízes de Direito poderão encaminhar elogio para registro nos assentamentos funcionais de Juiz de Direito Substituto.

Serão averbados nas pastas funcionais	dos Juízes de Direito	os elogios feitos por	- desembargadores; - autoridades públicas; - instituições públicas e privadas de reconhecida idoneidade.
	dos Juízes de Direito Substitutos	os elogios feitos por	- desembargadores; - autoridades públicas; - instituições públicas e privadas de reconhecida idoneidade; - juízes de direito.

§ 2º Os elogios recebidos por meio da Ouvidoria serão encaminhados, para ciência, ao endereço eletrônico do Juiz agraciado e, após, submetidos à análise do Corregedor, que poderá determinar a anotação nos assentamentos funcionais do Magistrado.

Qualquer pessoa do povo pode enviar elogios aos magistrados por meio da Ouvidoria, que é o órgão encarregado de registrar a opinião (dúvidas, reclamações, sugestões e elogios) do cidadão sobre os serviços prestados pela Justiça do Distrito Federal e dos Territórios. Nesses casos, a Ouvidoria encaminha o elogio, via e-mail, para ciência pessoal do Juiz elogiado. Após, o elogio é submetido à análise do Corregedor, que poderá ou não determinar a anotação na pasta funcional do magistrado.

Sobre elogios feitos a servidores, ver art. 130.

PROVIMENTO GERAL DA CORREGEDORIA APLICADO AOS JUÍZES E OFÍCIOS JUDICIAIS — ART. 3º

PARA PRATICAR

778. (Cespe/TJDFT/Analista Judiciário/Área Judiciária/2013) Serão averbados nos assentamentos funcionais dos juízes todos os elogios encaminhados ao corregedor, independentemente da origem do elogio. ( )

COMENTÁRIOS

778. (E) Não são todos os elogios recebidos pelos juízes que são averbados em seus assentos funcionais, mas aqueles feitos por desembargadores, autoridades públicas, instituições públicas e privadas de reconhecida idoneidade (art. 2º, *caput*) e ainda aqueles feitos por juízes de direito aos juízes substitutos (art. 2º, § 1º). Os elogios recebidos por meio da Ouvidoria serão encaminhados por e-mail para ciência do juiz elogiado e, após, serão submetidos à análise do Corregedor, que poderá determinar a anotação nos assentamentos funcionais do Magistrado (art. 2º, § 2º).

Capítulo II
DOS OFÍCIOS JUDICIAIS

Ofícios judiciais é o nome dado à justiça de primeira instância. Englobam os diversos cartórios das varas existentes na Justiça do Distrito Federal e dos Territórios. São também chamados de varas, juízos ou serventias judiciais.

Seção I
Das Varas de Natureza Cível

Varas de natureza cível	São aquelas que processam e julgam as causas de natureza cível ou comercial: indenizações, cobranças, rescisões e revisões de contrato, alimentos, divórcio, inventário, anulação de multas de trânsito, obrigações de fazer e não fazer, execuções de títulos extrajudiciais, execuções fiscais, entre outras. São as Varas Cíveis, as Varas de Família, as Varas da Fazenda Pública, as Varas de Órfãos e Sucessões, as Varas do Meio Ambiente etc.

Art. 3º As varas de natureza cível, sem prejuízo de outras determinações do juízo, deverão registrar no sistema informatizado do Tribunal a ocorrência de:

I – retificação do nome das partes e de sua qualificação;

II – inclusão, exclusão e baixa de partes;

III – reconvenção, intervenção de terceiros, incidente de desconsideração da personalidade jurídica e conversão em cumprimento de sentença ou em execução;

IV – modificação da classe ou do assunto de processo;

V – remessa de processo a outro juízo.

As varas de natureza cível, sem prejuízo de outras determinações do juízo, deverão registrar no sistema informatizado do Tribunal a ocorrência de	- retificação do nome das partes e de sua qualificação(*); - inclusão, exclusão e baixa de partes; - reconvenção(**); - intervenção de terceiros; - incidente de desconsideração da personalidade jurídica; - conversão da ação em cumprimento de sentença ou em execução; - modificação da classe ou do assunto de processo; - remessa de processo a outro juízo.
(*) Qualificação é o registro de dados pessoais: identidade, CPF, estado civil, profissão, endereço etc.	
(**) Reconvenção é a ação do réu contra o autor.	

§ 1º A baixa de partes em processos nos quais for instituída a tutela ou a curatela somente será feita após o levantamento dessas restrições.

A tutela e a curatela são deferidas às pessoas incapacitadas para exercerem atos da vida civil. Levantamento da tutela ou da curatela é o retorno da pessoa à capacidade plena, seja porque alcançou a maioridade (no caso de tutela), seja porque foi extinta a causa que ensejou a interdição (no caso de curatela).

Ocorre a "baixa de partes" quando é excluído do serviço de distribuição o registro de que a parte litigante está sob tutela ou curatela. Isso só ocorre quando há o levantamento dessas restrições.

§ 2º Instituída ou destituída a curatela, ainda que provisória, haverá comunicação à Junta Comercial do Distrito Federal e à Associação dos Notários e Registradores do Distrito Federal – ANOREG/DF, sem prejuízo do disposto no art. 9º, III, do Código Civil; no art. 755, § 3º, do Código de Processo Civil; e nos artigos 29, V, 89, 92 e 107, § 1º, da Lei nº 6.015, de 31 de dezembro de 1973. (*Redação dada pelo Provimento 1, de 2016*)

Art. 4º As varas de natureza cível deverão registrar as condenações por improbidade administrativa, transitadas em julgado, no Cadastro Nacional de Condenados por Ato de Improbidade Administrativa – CNCIA, do Conselho Nacional de Justiça – CNJ, até o dia 10 (dez) do mês subsequente ao trânsito em julgado.

Art. 4º-A. A condução da audiência de conciliação e mediação poderá ser delegada a conciliador nomeado por ato da Segunda Vice-Presidência do Tribunal ou, em sua ausência, por servidor lotado no juízo.

Parágrafo único. A capacitação do conciliador se dará em conformidade com as diretrizes estabelecidas pela Segunda Vice-Presidência do Tribunal. (*Incluído pelo Provimento 1, de 2016*)

PROVIMENTO GERAL DA CORREGEDORIA APLICADO AOS JUÍZES E OFÍCIOS JUDICIAIS — ART. 4º-C

Nos processos em que for instituída a tutela e a curatela, a baixa de partes somente será feita	Após o levantamento dessas restrições.
Quando for instituída ou destituída a curatela, ainda que provisoriamente, haverá comunicação(*)	- à Junta Comercial do Distrito Federal; e - à Associação dos Notários e Registradores do Distrito Federal – ANOREG/DF.
As condenações por improbidade administrativa, transitadas em julgado deverão ser registradas pelas varas cíveis	No Cadastro Nacional de Condenados por Ato de Improbidade Administrativa – CNCIA, do Conselho Nacional de Justiça – CNJ, até o dia 10 (dez) do mês subsequente ao trânsito em julgado da sentença(*).
A condução da audiência de conciliação e mediação poderá ser delegada	Regra: A conciliador nomeado por ato da Segunda Vice-Presidência do Tribunal. Exceção: A servidor lotado no juízo, na ausência de conciliador nomeado.
Como é feita a capacitação do conciliador	Em conformidade com as diretrizes estabelecidas pela Segunda Vice-Presidência do Tribunal.
(*) A comunicação à Junta Comercial e à Anoreg/DF será feita sem prejuízo de outras comunicações previstas no Código Civil, no Código de Processo Civil e na Lei de Registros Públicos.	
(**) Diz-se que a sentença transitou em julgado quando contra ela não cabe mais recurso, ou seja, quando ela não puder ser mais modificada. Sentença transitada em julgado é aquela apta a ser cumprida de forma definitiva.	

Art. 4º-B. A audiência de instrução e julgamento poderá ser gravada por meio de sistema de áudio ou audiovisual, com certificação no termo de audiência.

§ 1º Caso haja solicitação, será fornecida cópia da gravação à parte interessada, às expensas desta.

§ 2º Para fins de recurso, a audiência gravada apenas em áudio poderá ser transcrita por iniciativa e às expensas do interessado.

§ 3º Não haverá transcrição no caso de registro da audiência por meio audiovisual.

§ 4º As gravações permanecerão disponíveis às partes.

§ 5º A gravação também poderá ser realizada diretamente por qualquer das partes. (*Incluído pelo Provimento 1, de 2016*)

Art. 4º-C. O recolhimento, em favor da União, das multas previstas no Código de Processo Civil – CPC, tais como as decorrentes de ato atentatório à dignidade da justiça, litigância de má-fé, descumprimento de ordem mandamental, interposição de embargos de declaração manifestamente protelatórios, descumprimento de prazos para devolução dos autos, deverá ser realizado por meio de Guia de Recolhimento da União – GRU, emitida pela Serventia Judicial. (*Incluído pelo Provimento 10, de 2016*)

Gravação da audiência de instrução e julgamento	- poderá ser feita por meio de sistema de áudio ou audiovisual, com certificação no termo de audiência; - caso haja solicitação, será fornecida cópia à parte interessada, às expensas desta; - permanecerá disponível às partes litigantes; - pode ser realizada diretamente por qualquer das partes.
Transcrição(*) da gravação da audiência	- poderá ser feita, para fins de recurso, por iniciativa e às expensas do interessado, quando gravada apenas em áudio. - não será feita no caso de gravação por meio audiovisual.
Será realizado por meio de Guia de Recolhimento da União – GRU, a ser emitida pela serventia judicial, o recolhimento, em favor da União, das multas previstas no CPC decorrentes de	- ato atentatório à dignidade da justiça; - litigância de má-fé; - descumprimento de ordem mandamental; - interposição de embargos de declaração manifestamente protelatórios; - descumprimento de prazos para devolução dos autos.

(*) Transcrever a audiência significa obter a versão escrita do seu conteúdo.

PARA PRATICAR

779. **(Cespe/TJDFT/Técnico Judiciário/2007)** Nos casos de tutela e curatela, extinto o processo, será imediatamente determinada a baixa do feito. ( )

780. **(Inédita)** Se no curso de um processo de natureza cível, for necessária a retificação do nome de uma das partes, a correção do erro deverá ser registrada no sistema informatizado do Tribunal. ( )

COMENTÁRIOS

779. **(E)** O art. 3º, § 1º, do PGC, estabelece que "a baixa de partes em processos nos quais for instituída a tutela ou a curatela somente será feita após o levantamento dessas restrições". Veja que o artigo fala em "baixa de partes" e não "baixa do feito". O Cespe, ao elaborar a questão, fez um "pega" para dificultar a vida do candidato, trocando "baixa de partes" por "baixa do feito". "Baixa de partes" significa excluir do sistema informatizado o registro de que a parte litigante está sob tutela ou curatela e isso só ocorre quando há o levantamento dessas restrições, ou seja, quando a parte retorna à sua capacidade plena (ou porque alcançou a maioridade, no caso de tutela, ou porque acabou a interdição, no caso de curatela). "Baixa do feito" é quando o processo retorna para o primeiro grau de jurisdição, vindo de outras instâncias superiores. A questão está errada, pois, no caso de tutela e curatela somente será determinada a baixa de partes após o levantamento dessas restrições e não quando for extinto o processo. Mesmo quando for extinto o processo em que haja tutela e curatela, a baixa de partes somente ocorre após o levantamento dessas restrições.

780. (C) As varas de natureza cível, sem prejuízo de outras determinações do juízo, deverão registrar no sistema informatizado do Tribunal a ocorrência de retificação do nome das partes e de sua qualificação (art. 3º, I). Além dessa ocorrência, outras também deverão ser registradas no sistema informatizado do Tribunal, a saber: a inclusão, exclusão e baixa de partes; reconvenção, intervenção de terceiros, incidente de desconsideração da personalidade jurídica e conversão em cumprimento de sentença ou em execução; modificação da classe ou do assunto de processo; remessa de processo a outro juízo (art. 3º, incisos II a V).

Seção II
Das Varas de Natureza Criminal

Varas de natureza criminal	São aquelas que processam e julgam as causas de natureza criminal ou que executam as penas aplicadas ao condenado. São as Varas Criminais, as Varas do Tribunal do Júri, as Varas de Entorpecentes e Contravenções Penais, a Vara de Execuções Penais, a Vara de Execução das Penas e Medidas Alternativas, entre outras.

Art. 5º As varas de natureza criminal, sem prejuízo de outras determinações do juízo, deverão registrar no sistema informatizado do Tribunal, bem como comunicar ao Instituto Nacional de Identificação – INI a ocorrência de: (*Redação dada pelo Provimento 1, de 2016*)

I – recebimento de denúncia ou queixa-crime;

II – recebimento de aditamento que importe em retificação de nomes, inclusão ou exclusão de réus e suas qualificações, modificação ou nova definição jurídica do fato;

III – transação penal, suspensões processuais realizadas na forma da Lei nº 9.099, de 26 de setembro de 1995, absolvição, desclassificação, impronúncia, condenação, extinção de punibilidade e arquivamento;

IV – desmembramentos e remembramentos de processos;

V – redistribuição de processos.

§1º O juízo poderá cadastrar as ocorrências descritas no caput diretamente no Sistema Nacional de Informações Criminais – SINIC, cujo acesso será fornecido pelo Departamento da Polícia Federal e, nessa hipótese, tornar-se-á desnecessária a comunicação ao INI.

§ 2º À Corregedoria da Polícia Civil do Distrito Federal serão encaminhadas as sentenças penais transitadas em julgado, bem como serão comunicadas as decisões declinatórias de competência e de retificação de nomes.

§ 3º As condenações transitadas em julgado deverão ser comunicadas à Corregedoria do Tribunal Regional Eleitoral do Distrito Federal – TRE/DF. (*Incluído pelo Provimento 1, de 2016*)

As varas de natureza criminal, sem prejuízo de outras determinações do juízo, deverão	- registrar no sistema informatizado do Tribunal - comunicar ao Instituto Nacional de Identificação – INI	a ocorrência de: - recebimento de denúncia ou de queixa-crime; - recebimento de aditamento que importe em retificação de nomes, inclusão ou exclusão de réus e suas qualificações, modificação ou nova definição jurídica do fato; - transação penal; - suspensões processuais realizadas na forma da Lei nº 9.099, de 26/9/1995; - absolvição; - desclassificação; - impronúncia; - condenação; - extinção de punibilidade; - arquivamento; - desmembramentos e remembramentos de processos; - redistribuição de processos.
	- cadastrar as ocorrências descritas acima	diretamente no Sistema Nacional de Informações Criminais – SINIC, cujo acesso será fornecido pelo Departamento da Polícia Federal
		Quando fornecido o acesso pelo DPF, tornar-se-á desnecessária a comunicação ao INI.
	- encaminhar à Corregedoria da Polícia Civil do Distrito Federal	as sentenças penais transitadas em julgado.
	- comunicar à Corregedoria da Polícia Civil do Distrito Federal	as decisões declinatórias de competência e de retificação de nomes.
	- comunicar à Corregedoria do Tribunal Regional Eleitoral do Distrito Federal – TRE/DF	as condenações transitadas em julgado.

Art. 5º-A As varas de natureza criminal, sem prejuízo de outras determinações do juízo, deverão inserir nos sistemas informatizados do Tribunal os seguintes dados:

PROVIMENTO GERAL DA CORREGEDORIA APLICADO AOS JUÍZES E OFÍCIOS JUDICIAIS
ART. 6º

I – data do fato;

II – incidência penal e data do oferecimento e do recebimento da denúncia;

III – data da suspensão do processo;

IV – data da citação;

V – data da sentença, bem como da sua publicação;

VI – espécie de recurso, data do acórdão, bem como da sua publicação;

VII – data do trânsito em julgado;

VIII – pena aplicada;

IX – dispositivo das decisões, das sentenças e dos acórdãos; (*Incluído pelo Provimento 1, de 2016*)

IX – as informações sobre a prisão, a soltura, a recomendação e o estabelecimento em que se encontra recolhido o preso provisório; (*Incluído pelo Provimento 13, de 2017*)

As varas de natureza criminal, sem prejuízo de outras determinações do juízo, deverão inserir nos sistemas informatizados do Tribunal os seguintes dados	– data do fato; – incidência penal e data do oferecimento e do recebimento da denúncia; – data da suspensão do processo; – data da citação; – data da sentença, bem como da sua publicação; – espécie de recurso, data do acórdão, bem como da sua publicação; – data do trânsito em julgado; – pena aplicada; – dispositivo das decisões, das sentenças e dos acórdãos; – informações sobre prisão, soltura, recomendação e o estabelecimento em que se encontra recolhido o preso provisório.

Art. 6º A secretaria da vara fará juntar aos autos, até o oferecimento da denúncia ou da queixa-crime, a folha de antecedentes penais do acusado disponibilizada pelo INI e as informações constantes do sistema informatizado do Tribunal, certificando sobre os antecedentes e esclarecendo as anotações ali constantes, sem prejuízo de novas atualizações.

Parágrafo único. Se o acusado for beneficiário de suspensão condicional do processo ou de transação penal, ou, ainda, se estiver em cumprimento de pena no Distrito Federal ou em outra unidade da Federação, a secretaria da vara comunicará ao juízo que fiscaliza o cumprimento do benefício ou que executa a pena o recebimento da denúncia ou da queixa-crime.

A secretaria da vara fará juntar aos autos, até o oferecimento da denúncia ou da queixa-crime	- a folha de antecedentes penais do acusado disponibilizada pelo INI; - as informações constantes do sistema informatizado do Tribunal;	certificando sobre os antecedentes e esclarecendo as anotações ali constantes, sem prejuízo de novas atualizações.
A secretaria da vara comunicará ao juízo que fiscaliza o cumprimento do benefício ou que executa a pena	- o recebimento da denúncia ou da queixa-crime	- se o acusado for beneficiário de suspensão condicional do processo ou de transação penal; - se o acusado estiver em cumprimento de pena no Distrito Federal ou em outra unidade da Federação.

Art. 7º O *habeas corpus*, os processos relativos a réus presos e aqueles com réus monitorados eletronicamente terão andamento prioritário. (*Redação dada pelo Provimento 15, de 2017*)

Art. 8º No caso de sentença absolutória, a vara deverá expedir, imediatamente, o alvará de soltura em favor do réu, se ainda não foi posto em liberdade.

Parágrafo único. Após o trânsito em julgado de sentença penal absolutória, retirar-se-á do sistema informatizado, para consulta externa, qualquer informação que possa identificar o réu.

Terão andamento prioritário	- o *habeas corpus*; - os processos relativos a réus presos; - os processos com réus monitorados eletronicamente.
Se o réu for absolvido e ainda estiver preso	A vara deverá expedir, imediatamente, o alvará de soltura em favor do réu.
Após o trânsito em julgado de sentença penal absolutória	Será retirado do sistema informatizado, para consulta externa, qualquer informação que possa identificar o réu.

Art. 9º O réu preso será intimado das sentenças e dos acórdãos por meio de oficial de justiça, dispensada a requisição.

Parágrafo único. Caso o réu manifeste interesse em recorrer, firmará, no momento da intimação, o termo respectivo.

Art. 10. O diretor de secretaria ou seu substituto dará conhecimento da sentença ao órgão do Ministério Público no prazo de 3 (três) dias após a publicação.

Art. 11. Se o Juiz acolher o requerimento do Ministério Público e determinar o arquivamento do inquérito policial ou do termo circunstanciado, deverá prolatar decisão de extinção e determinar a baixa nos órgãos respectivos. (*Redação dada pelo Provimento 1, de 2016*)

Art. 12. (*Revogado pelo Provimento 1, de 2016*)

O réu preso será intimado das sentenças e dos acórdãos	Por meio de oficial de justiça, dispensada a sua condução à vara.
Se o réu manifestar interesse em recorrer da sentença	Ele firmará, no momento da intimação, o termo respectivo.
Conhecimento da sentença ao órgão do Ministério Público	Será dado pelo diretor de secretaria ou seu substituto no prazo de três dias após a publicação.
Se o Juiz acolher o requerimento do Ministério Público e determinar o arquivamento do inquérito policial ou do termo circunstanciado	Deverá prolatar decisão de extinção e determinar a baixa nos órgãos respectivos.

Art. 13. A secretaria da vara, ao expedir a carta de guia definitiva, deverá conferir e atualizar no sistema informatizado os seguintes dados:

I – número do procedimento investigatório que a originou, acrescido da informação do órgão que deu início ao procedimento;

II – nome e qualificação do apenado;

III – pena a ser cumprida e o regime inicial de cumprimento;

IV – data do trânsito em julgado para acusação e defesa;

V – demais informações que julgar pertinentes.

Art. 14. O cumprimento do alvará de soltura, em caso de liberdade provisória, será precedido do recolhimento de fiança, se for o caso, e de assinatura do termo de compromisso, na forma do Código de Processo Penal.

A secretaria da vara, ao expedir a carta de guia definitiva, deverá conferir e atualizar no sistema informatizado os seguintes dados	- número do procedimento investigatório que a originou, acrescido da informação do órgão que deu início ao procedimento; - nome e qualificação do apenado; - pena a ser cumprida e o regime inicial de cumprimento; - data do trânsito em julgado para acusação e defesa; - demais informações que julgar pertinentes.
Em caso de liberdade provisória, o alvará de soltura somente será cumprido após	- o recolhimento de fiança, se for o caso; - a assinatura do termo de compromisso, na forma do Código de Processo Penal.

Art. 15. Caberá ao Juiz da Vara de Execuções Penais – VEP decidir sobre pedidos de concessão ou regulamentação de visitas, bem como de remoção, ingresso e permanência de quaisquer presos em estabelecimentos penais sujeitos à sua fiscalização, inclusive os que não tenham vinculação com a Justiça do Distrito Federal, sejam eles presos provisórios ou com condenação definitiva.

> Presos sem vinculação com a Justiça do Distrito Federal são aqueles presos no Distrito Federal por determinação de Juiz de outro Estado.

Parágrafo único. Os pedidos apresentados nas varas de natureza criminal deverão ser encaminhados ao juízo da VEP.

Caberá ao Juiz da Vara de Execuções Penais – VEP decidir sobre pedidos	- de concessão ou regulamentação de visitas; - de remoção, ingresso e permanência de quaisquer presos em estabelecimentos penais sujeitos à sua fiscalização	Inclusive dos presos que não tenham vinculação com a Justiça do Distrito Federal, sejam eles presos provisórios ou com condenação definitiva.
Deverão ser encaminhados ao juízo da VEP	Os pedidos acima relacionados quando apresentados nas varas de natureza criminal.	

Art. 16. A fiança e os valores apreendidos com o réu e que, por decisão judicial, devam ser restituídos, serão levantados ou reclamados no prazo de 90 (noventa) dias, a contar da sua ciência.

§ 1º O interessado será cientificado pelo mesmo instrumento que o intimar da sentença, salvo quando a fiança for paga por terceiro, hipótese em que a comunicação será feita por via postal.

§ 2º Decorrido o prazo estipulado no caput sem manifestação do interessado, as secretarias das varas, após decisão judicial, oficiarão à instituição financeira em que se encontra o depósito, determinando sua transferência ao Programa de Modernização e Aperfeiçoamento da Justiça do Distrito Federal e dos Territórios – PROJUS, mediante emissão de Guia de Recolhimento da União – GRU.

Se houver fiança e valores apreendidos com o réu e que, por decisão judicial, devam ser restituídos	A devolução será feita no prazo de noventa dias a contar da ciência da decisão.
Se houver fiança e valores a serem restituídos ao réu	Ele será cientificado pelo mesmo instrumento que o intimar da sentença.
Se a fiança for paga por terceiros	A comunicação será feita ao terceiro por via postal.

Se não houver manifestação do interessado sobre a restituição no prazo de noventa dias	As secretarias das varas, após decisão judicial, oficiarão à instituição financeira em que se encontra o depósito, determinando sua transferência ao Programa de Modernização e Aperfeiçoamento da Justiça do Distrito Federal e dos Territórios – PROJUS, mediante emissão de Guia de Recolhimento da União – GRU.

Art. 17. As penas de multa impostas em sentenças condenatórias com trânsito em julgado serão recolhidas pela parte por meio de Guia de Recolhimento da União – GRU, emitida pela Vara de Execuções Penais do Distrito Federal – VEP, pela Vara de Execuções das Penas e Medidas Alternativas do Distrito Federal – VEPEMA ou pela Vara de Execuções das Penas em Regime Aberto do Distrito Federal – VEPERA, ressalvada a hipótese do art. 84 da Lei nº 9.099, de 26 de setembro de 1995. (*Redação dada pelo Provimento 1, de 2016*)

§ 1º As secretarias dos Juizados Especiais Criminais providenciarão a emissão da GRU no caso de aplicação exclusiva de pena de multa.

§ 2º A VEP, a VEPEMA, a VEPERA e as secretarias dos Juizados Especiais Criminais encaminharão à unidade responsável pelo controle das custas e depósitos judiciais, até o 5º (quinto) dia útil do mês subsequente, relatório dos depósitos efetuados no mês, informando o valor, a data e o motivo.

§ 3º A VEP, a VEPEMA, a VEPERA e as secretarias dos Juizados Especiais Criminais comunicarão à Procuradoria-Geral da Fazenda Nacional os casos em que não houver o recolhimento da pena de multa, bem como as circunstâncias legais posteriores que desobriguem o seu cumprimento, tais como anistia, graça ou indulto. (*Redação dada pelo Provimento 1, de 2016*)

As penas de multa impostas em sentenças condenatórias com trânsito em julgado	serão recolhidas pela parte por meio de Guia de Recolhimento da União – GRU, emitida	- pela Vara de Execuções Penais do Distrito Federal – VEP; - pela Vara de Execuções das Penas e Medidas Alternativas do Distrito Federal – VEPEMA; ou - pela Vara de Execuções das Penas em Regime Aberto do Distrito Federal – VEPERA.
No caso de aplicação exclusiva de pena de multa	As secretarias dos Juizados Especiais Criminais providenciarão a emissão da GRU.	
No caso de fiança quebrada ou perdida(*)	A secretaria da vara em que tramita o processo oficiará à instituição financeira responsável pelo depósito, com vistas ao recolhimento dos valores ao Tesouro Nacional, mediante Guia de Recolhimento da União – GRU/DOC.	
(*) Considera-se quebrada a fiança quando o réu, sendo solto mediante o pagamento da fiança, descumpre a ordem judicial para a prática de determinado ato processual ou quando praticar outra infração penal.		

Art. 18. No caso de fiança quebrada ou perdida, a secretaria da vara em que tramita o processo oficiará à instituição financeira responsável pelo depósito, com vistas ao recolhimento dos valores ao Tesouro Nacional, mediante Guia de Recolhimento da União – GRU/DOC.

§ 1º As secretarias das varas encaminharão à unidade responsável pelo controle das custas e depósitos judiciais, até o 5º (quinto) dia útil do mês subsequente, relatório dos depósitos efetuados no mês, informando o valor, a data e o motivo.

§ 2º Os valores mencionados no caput deste artigo serão devolvidos quando houver determinação judicial nesse sentido.

Art. 18-A O recolhimento, em favor da União, das multas previstas nos artigos 436, § 2º, 442 e 458, do Código de Processo Penal, será feito por meio de Guia de Recolhimento da União – GRU, emitida pela Serventia Judicial. (*Incluído pelo Provimento 10, de 2016*)

Art. 19. A secretaria da vara deverá comunicar à Central de Guarda de Objetos de Crime – CEGOC o decreto de perdimento de bens apreendidos em até 48h (quarenta e oito horas) após o trânsito em julgado da decisão.

Perdimento de bens é a perda em favor do Estado dos instrumentos utilizados para a prática de crime e do produto auferido pelo agente criminoso (dinheiro, armas, drogas, veículos, celulares etc.).

Sobre a guarda de objetos de crime, ver arts. 162/164.

Parágrafo único. Caso seja deferida a restituição de objeto apreendido, a secretaria da vara encaminhará uma via do alvará de restituição à CEGOC, do qual constará os elementos para identificação do bem e a qualificação da pessoa autorizada a recebê-lo.

Quando os objetos apreendidos pertencerem a vítimas dos crimes ou a terceiros inocentes, poderão ser **restituídos** ao proprietário do bem.

Art. 20. A secretaria da vara deverá comunicar à CEGOC a redistribuição do inquérito ou da ação penal, na hipótese em que haja objeto apreendido relacionado ao feito sob a guarda da referida unidade.

PARA PRATICAR

781. (Cespe/TJDFT/Técnico Judiciário – Área Administrativa/2015) As varas criminais deverão registrar as condenações por improbidade administrativa, transitadas em julgado, no Cadastro Nacional de Condenados por Ato de Improbidade Administrativa (CNCIA), do Conselho Nacional de Justiça.

782. (Cespe/TJDFT/Analista Administrativo/2007) O réu preso deverá ser trazido ao cartório da vara criminal para ser intimado das sentenças. ( )

PROVIMENTO GERAL DA CORREGEDORIA APLICADO AOS JUÍZES E OFÍCIOS JUDICIAIS
ART. 20

783. **(Cespe/TJDFT/Analista Administrativo/2007)** Nas varas criminais, os processos relativos a réus presos terão andamento prioritário. ( )

784. **(Cespe/TJDFT/Técnico Judiciário/2007)** Em se tratando de prisão provisória, o juiz da vara criminal pode conhecer de pedidos de remoção de presos. ( )

785. **(Cespe/TJDFT/Analista Judiciário/2007)** Em casos de prisões provisórias, os juízes dos juizados especiais criminais poderão conhecer de pedidos de remoção de presos e da concessão ou regulamentação de visitas. ( )

786. **(Cespe/TJDF/Execução de Mandados/2003)** Nas ações penais, uma vez prolatada sentença condenatória, o réu, se desejar interpor apelação, deverá instar para esse fim seu advogado, pois não poderá fazê-lo pessoalmente. ( )

787. **(Cespe/TJDF/Execução de Mandados/2003)** Se réu preso por sentença transitada em julgado pretender a remoção de um para outro estabelecimento prisional, o requerimento para esse fim deverá ser apreciado pelo juiz da vara criminal que processou a ação penal. ( )

788. **(Cespe/TJDFT/Analista Administrativo/2000)** Se um réu estiver preso e for condenado, a secretaria deverá requisitar a presença dele à autoridade policial para que, na secretaria, seja pessoalmente intimado da sentença condenatória. ( )

789. **(Cespe/TJDFT/Oficial Avaliador/1997)** Não há necessidade de comunicação a qualquer órgão nos casos de simples retificação de nomes de réus, de simples mudança na definição legal da infração nem de extinção da punibilidade. ( )

790. **(Inédita)** Tão logo proferida sentença condenatória, o fato deverá ser comunicado à Corregedoria do Tribunal Regional Eleitoral do Distrito Federal – TRE/DF. ( )

791. **(Inédita)** Se o réu for absolvido na sentença e ainda se encontrar preso, a secretaria deverá, de imediato, expedir o alvará de libertação. ( )

792. **(Inédita)** Tão logo for proferida sentença de absolvição do réu, deverá ser retirada do sistema informatizado do tribunal, para consulta externa, qualquer informação que possa identificá-lo. ( )

793. **(Inédita)** Valores decorrentes de fianças quebradas ou perdidas devem ser repassados ao tesouro nacional. ( )

COMENTÁRIOS

781. (E) São as varas de natureza cível e não as de natureza criminal que deverão registrar as condenações por improbidade administrativa, transitadas em julgado, no Cadastro Nacional de Condenados por Ato de Improbidade Administrativa – CNCIA, do Conselho Nacional de Justiça – CNJ, até o dia dez do mês subsequente ao trânsito em julgado (art. 4º).

782. (E) O réu preso será intimado das sentenças e dos acórdãos por meio de oficial de justiça, dispensada a requisição (art. 9º).

783. (C) Na varas criminais, os processos relativos a réus presos – e ainda os habeas corpus e os processos com réus monitorados eletronicamente – terão andamento prioritário (art. 7º).

784. (E) Cabe ao juiz da Vara de Execuções Penais – VEP, e não o da Vara Criminal, decidir sobre pedidos de concessão ou regulamentação de visitas, de remoção, ingresso e permanência de quaisquer presos em estabelecimentos penais sujeitos à sua fiscalização, sejam eles presos provisórios ou com condenação definitiva. Assim, seja no caso de prisão provisória ou definitiva, os pedidos de remoção de presos não podem ser conhecidos por juiz de vara criminal como afirma a questão, mas sim da Vara de Execuções Penais (art. 15).

785. (E) Cabe ao juiz da Vara de Execuções Penais – VEP, e não ao juiz do juizado especial criminal, decidir sobre pedidos de concessão ou regulamentação de visitas, de remoção, ingresso e permanência de quaisquer presos em estabelecimentos penais sujeitos à sua fiscalização, sejam eles presos provisórios ou com condenação definitiva. Assim, seja no caso de prisão provisória ou definitiva, os pedidos de remoção de presos e concessão ou regulamentação de visitas não poderão ser conhecidos por juiz de juizado especial criminal como afirma a questão, mas sim da Vara de Execuções Penais (art. 15).

786. (E) Nas ações penais, caso o réu manifeste interesse em recorrer da sentença condenatória, firmará, no momento da intimação, o termo respectivo. Assim, não é necessário convocar seu advogado para essa finalidade (art. 9º, parágrafo único).

787. (E) Cabe ao juiz da Vara de Execuções Penais, e não o da Vara Criminal que processou a ação penal, decidir sobre pedidos de concessão ou regulamentação de visitas, de remoção, ingresso e permanência de quaisquer presos em estabelecimentos penais sujeitos à sua fiscalização inclusive os que não tenham vinculação com a Justiça do Distrito Federal, sejam eles presos provisórios ou com condenação definitiva. Assim, se um preso por sentença transitada em julgado pretender remoção de um para outro estabelecimento prisional, o requerimento para esse fim deverá ser apreciado pelo Juiz da Vara de Execuções Penais e não pelo juiz da vara criminal que processou a ação penal (art. 15).

788. (E) O réu preso será intimado das sentenças e dos acórdãos por meio de oficial de justiça, sendo dispensada a sua requisição ao cartório da vara para intimação pessoal (art. 9º).

789. (E) As varas de natureza criminal, sem prejuízo de outras determinações do juízo, deverão registrar no sistema informatizado do Tribunal, bem como comunicar ao Instituto Nacional de Identificação – INI as seguintes ocorrências: – recebimento de denúncia ou queixa-crime; – recebimento de aditamento que importe em **retificação de nomes,** inclusão ou exclusão de réus e suas qualificações, **modificação ou nova definição jurídica do fato;** – transação penal, suspensões processuais realizadas na forma da Lei nº 9.099, de 26 de setembro de 1995, absolvição, desclassificação, impronúncia, condenação, **extinção de punibilidade** e arquivamento; – desmembramentos e remembramentos de processos; – redistribuição de processos. Assim, havendo mudança na definição legal do crime ou extinção da punibilidade, deverá ser comunicado ao INI (art. 5º e incisos).

790. (E) As condenações deverão ser comunicadas à Corregedoria do Tribunal Regional Eleitoral do Distrito Federal – TRE/DF, mas somente após o trânsito em julgado, e não após a prolação da sentença condenatória como afirma a questão (art. 5º, § 3º).

791. (C) No caso de sentença absolutória, a vara deverá expedir, imediatamente, o alvará de soltura em favor do réu, se ainda não foi posto em liberdade (art. 8º).

792. (E) Somente após o trânsito em julgado da sentença absolutória é que poderão ser excluídas do sistema informatizado as informações que possam identificar o réu e não após a prolação da sentença como afirma a questão (art. 8º, parágrafo único).

793. (C) No caso de fiança quebrada ou perdida, a secretaria da vara em que tramita o processo oficiará à instituição financeira responsável pelo depósito, com vistas ao recolhimento dos valores ao Tesouro Nacional, mediante Guia de Recolhimento da União (art. 18).

Seção III
Dos Juizados Especiais

Os Juizados Especiais são juízos destinados a solucionar as causas de menor complexidade. Os **Juizados Especiais Cíveis** julgam causas que não excedam o valor de quarenta vezes o valor do salário mínimo; os **Juizados Especiais Criminais** julgam as contravenções penais e os crimes de menor potencial ofensivo, a que a lei comine pena máxima não superior a dois anos.

Subseção I
Das Normas Gerais

Art. 21. Nos Juizados Especiais Cíveis e Criminais, a audiência de conciliação será conduzida por conciliador nomeado por ato da Segunda Vice-Presidência do Tribunal ou, em sua ausência, por servidor lotado no juízo.

Parágrafo único. A capacitação do conciliador se dará em conformidade com a Resolução nº 125, de 29 de novembro de 2010, do Conselho Nacional de Justiça – CNJ, e seu exercício estará condicionado às diretrizes estabelecidas pela Segunda Vice-Presidência do Tribunal.

Art. 22. A audiência de instrução e julgamento poderá ser gravada por meio do sistema de áudio ou audiovisual, com certificação no termo de audiência.

Audiência de conciliação	É a audiência destinada à realização de acordo entre as partes litigantes, sem a intervenção do juiz.
Audiência de instrução e julgamento	É a audiência conduzida pelo juiz com o objetivo de julgar o conflito estabelecido entre as partes. Nela o juiz ouve as partes, as testemunhas, examina os documentos e demais provas e profere a sentença.

§ 1º Caso haja solicitação, será fornecida cópia da gravação à parte interessada, às expensas desta.

§ 2º Para fins de recurso, a audiência gravada apenas em áudio poderá ser transcrita por iniciativa e às expensas do interessado.

§ 3º Não haverá transcrição no caso de registro da audiência por meio audiovisual.

§ 4º As gravações permanecerão disponíveis às partes até o trânsito em julgado da sentença, quando poderão ser destruídas, exceto no caso de sentença penal condenatória.

	DOS JUIZADOS ESPECIAIS	
Audiência de conciliação	Regra	Será conduzida por conciliador nomeado por ato da Segunda Vice-Presidência do Tribunal.
	Exceção	Será conduzia por servidor lotado no juízo, na falta de conciliador nomeado.
Capacitação do conciliador	Será feita em conformidade com a Resolução nº 125, de 29/11/2010, do Conselho Nacional de Justiça – CNJ.	
Exercício da atividade do conciliador	Está condicionado às diretrizes estabelecidas pela Segunda Vice-Presidência do Tribunal.	
Audiência de instrução e julgamento	Poderá ser gravada, com certificação no termo de audiência	- por meio do sistema de áudio; - por meio do sistema de audiovisual.
Cópia da gravação da audiência de instrução e julgamento	Será fornecida à parte interessada, às expensas desta, caso haja solicitação.	
A audiência registrada por meio de audiovisual	Não será transcrita.	
A audiência gravada apenas em áudio	Poderá ser transcrita por iniciativa e às expensas do interessado, para fins de recurso.	
Disponibilidade das gravações	As gravações permanecerão disponíveis às partes até o trânsito em julgado da sentença, quando poderão ser destruídas, exceto no caso de sentença penal condenatória.	

Subseção II
Dos Juizados Especiais Cíveis e de Fazenda Pública

Juizados Especiais Cíveis	Os Juizados Especiais Cíveis têm competência para a conciliação, o processo e o julgamento das causas cíveis de menor complexidade, consideradas no art. 3º da Lei 9.099/1995
Juizados Especiais de Fazenda Pública	Os Juizados Especiais de Fazenda Pública têm competência para processar, conciliar e julgar causas cíveis de interesse dos Estados, do Distrito Federal, dos Territórios e dos Municípios, até o valor de 60 (sessenta) salários mínimos (art. 2º da Lei 12.153, de 22/12/2009). Na Justiça do Distrito Federal, a competência dos Juizados Especiais de Fazenda Pública restringe-se a causas de interesse do Distrito Federal.

Art. 23. O processo terá início, nos Juizados Especiais Cíveis e de Fazenda Pública, com a distribuição do pedido escrito elaborado pela própria parte, por seu advogado ou pelo serviço de redução a termo oferecido pelo Tribunal.

§ 1º O servidor responsável pela redução a termo colherá a narrativa dos fatos e elaborará a peça inicial de forma simples, sucinta e em linguagem acessível.

Nos juizados especiais, nas causas de valor até vinte salários mínimos, o cidadão pode ajuizar a ação sem a necessidade de advogado. Caso não pretenda contratar um advogado, a parte pode formular o seu pedido na forma escrita ou oral. Quando o pedido é feito oralmente, a parte requerente deve procurar o serviço de redução a termo, onde há um servidor responsável por ouvir a narrativa e transcrever o pedido. Todavia, o processo somente terá início com a distribuição do pedido escrito, seja elaborado pela própria parte, por seu advogado, quando houver, ou pelo servidor responsável pela redução a termo quando feito oralmente.

§ 2º O benefício do atendimento preferencial para a redução a termo apenas se aplica ao titular do direito de ação e não se estende a terceiros ou acompanhantes.

Art. 24. A autuação dos processos de conhecimento somente será obrigatória se for frustrada a conciliação.

Nos juizados especiais, o objetivo principal é a conciliação entre as partes. Não sendo possível o acordo, será dado início ao processo, por meio do qual o juiz terá conhecimento da causa.

§ 1º Havendo conciliação, constará, no instrumento homologatório, declaração das partes de que receberam as peças de seu interesse.

Nos Juizados Especiais Cíveis e de Fazenda Pública, o processo terá início	Com a distribuição do pedido escrito elaborado - pela própria parte; - por seu advogado; ou - pelo serviço de redução a termo oferecido pelo Tribunal.
Quando o pedido é feito oralmente pela parte	Será reduzido a termo pelo servidor responsável.
O que é reduzir a termo	É transcrever aquilo que foi dito oralmente pelo requerente. O funcionário colhe a narrativa dos fatos e elabora a peça inicial de forma simples, sucinta e em linguagem acessível.
Somente será beneficiado com o atendimento preferencial para a redução a termo	O titular do direito de ação, não se estendendo o benefício a terceiros ou acompanhantes.
Somente será obrigatória a autuação dos processos de conhecimento	Se for frustrada a conciliação.
Se houver conciliação	Constará, no instrumento homologatório, declaração das partes de que receberam as peças de seu interesse.

§ 2º As sentenças homologatórias de acordo serão arquivadas em pastas com índices de identificação.

Art. 25. As citações nos Juizados Especiais Cíveis serão efetuadas, preferencialmente, por via postal, nos termos da lei.

Art. 26. As intimações serão realizadas pela forma mais célere e menos onerosa, priorizando-se a comunicação telefônica ou por e-mail quando previamente indicado pela parte, lavrando-se certidão do ocorrido.

Parágrafo único. Nas intimações por telefone o servidor deverá identificar-se antes da prática do ato e assegurar-se da identificação do interlocutor, mediante solicitação de seu nome completo e do número do documento de identificação.

Art. 27. O cumprimento da sentença será processado nos autos principais, independentemente de distribuição, mediante a conversão do feito.

Parágrafo único. Nos casos em que os autos principais foram eliminados ou em que os documentos, após a conciliação, tenham sido restituídos às partes, o pedido de cumprimento de sentença será autuado e receberá o número originário do processo em que o título foi constituído, mediante reativação do feito.

Art. 28. A interposição do recurso exige o recolhimento das custas processuais e do preparo, em guias distintas, por cada um dos recorrentes.

Parágrafo único. Fica dispensado dos recolhimentos o beneficiário da gratuidade de justiça.

Art. 29. Aos Juizados Especiais Cíveis e de Fazenda Pública aplica-se ainda, no que couber, o disposto no Título I, Cap. II, Seção I deste Provimento.

As sentenças homologatórias de acordo	Serão arquivadas em pastas com índices de identificação.
Nos juizados especiais cíveis, as citações serão efetuadas	Preferencialmente, por via postal, nos termos da lei.
As intimações serão realizadas	Pela forma mais célere e menos onerosa, priorizando-se a comunicação telefônica ou por e-mail quando previamente indicado pela parte, lavrando-se certidão do ocorrido.
Nas intimações feitas por telefone	O servidor deverá identificar-se antes da prática do ato e assegurar-se da identificação do interlocutor, mediante solicitação de seu nome completo e do número do documento de identificação.
O cumprimento da sentença será processado	Nos autos principais, independentemente de distribuição, mediante a conversão do feito.
Nos casos em que os autos principais foram eliminados ou em que os documentos, após a conciliação, tenham sido restituídos às partes	O pedido de cumprimento de sentença será autuado e receberá o número originário do processo em que o título foi constituído, mediante reativação do feito.
A interposição do recurso exige	O recolhimento das custas processuais e do preparo, em guias distintas, por cada um dos recorrentes.
É dispensado de recolher as custas processuais e o preparo	O beneficiário da gratuidade de justiça.
Aplica-se aos Juizados Especiais Cíveis e de Fazenda Pública	O disposto para as varas de natureza cível (Título I, Cap. II, Seção I do Provimento), no que couber.

Subseção III
Dos Juizados Especiais Criminais

Os Juizados Especiais Criminais, providos por juízes togados ou togados e leigos, têm competência para a conciliação, o julgamento e a execução das infrações penais de menor potencial ofensivo, respeitadas as regras de conexão e continência (arts. 60 e ss. da Lei nº 9.099/1995). Consideram-se infrações penais de menor potencial ofensivo, para os efeitos da Lei nº 9.099/1995, as contravenções penais e os crimes a que a lei comine pena máxima não superior a dois anos, cumulada ou não com multa. São exemplos de contravenção penal: vias de fato, perturbação da tranquilidade, entre outras; são exemplos de crime de menor potencial ofensivo: lesão corporal leve, ameaça, dano, dirigir sem habilitação causando perigo a outrem, omissão de socorro.

Art. 30. As varas dos Juizados Especiais Criminais poderão disponibilizar às delegacias da respectiva circunscrição pauta com datas e horários para a marcação de audiências preliminares.

PROVIMENTO GERAL DA CORREGEDORIA APLICADO AOS JUÍZES E OFÍCIOS JUDICIAIS — ART. 32

> Nos juizados criminais, o processo inicia-se com a audiência preliminar, destinada à conciliação das partes litigantes (ofensor e vítima) ou à realização de um acordo com o Promotor. A audiência é conduzida por um conciliador sob a orientação do Juiz. O art. 30 do Provimento Geral da Corregedoria permite às varas dos Juizados Especiais Criminais disponibilizar às delegacias da respectiva circunscrição judiciária uma lista contendo as datas e horários para a marcação de audiências preliminares, de forma que as partes, ao comunicar o fato criminoso na delegacia, poderão já tomar ciência da data designada para a audiência preliminar.

§ 1º Na delegacia as partes serão informadas da data, do horário e do local onde se realizará a audiência.

> Ao fazer o comunicado de um crime de menor potencial ofensivo, o comunicante tomará conhecimento, na própria delegacia, da data, horário e local da audiência preliminar.

§ 2º A pauta será elaborada conjuntamente pelos Juízes dos Juizados Especiais Criminais da respectiva circunscrição.

> Havendo em uma circunscrição judiciária mais de um Juizado Especial Criminal, a pauta deverá ser elaborada em conjunto pelos juízes respectivos.

Art. 30-A. As intimações, nos Juizados Especiais Criminais, poderão ser realizadas na forma do parágrafo único do art. 26. (*Incluído pelo Provimento 1, de 2016*)

Art. 31. Havendo condenação, será expedida carta de guia a ser encaminhada ao juízo da Vara de Execuções Penais do Distrito Federal – VEP, à Vara de Execuções das Penas e Medidas Alternativas do Distrito Federal – VEPEMA ou à Vara de Execuções de Penas em Regime Aberto do Distrito Federal – VEPERA, conforme o caso. (*Redação dada pelo Provimento 1, de 2016*)

Art. 32. Aos Juizados Especiais Criminais aplica-se, no que couber, o disposto no Título I, Cap. II, Seção II deste Provimento.

Nos Juizados Especiais Criminais, as intimações, poderão ser realizadas	Na forma do parágrafo único do art. 26.
Se houver condenação, será expedida carta de guia a ser encaminhada	- ao juízo da Vara de Execuções Penais do Distrito Federal – VEP; - à Vara de Execuções das Penas e Medidas Alternativas do Distrito Federal – VEPEMA; ou - à Vara de Execuções de Penas em Regime Aberto do Distrito Federal – VEPERA, conforme o caso.
Aplica-se aos Juizados Especiais Criminais	O disposto para as varas de natureza criminal (Título I, Cap. II, Seção II do Provimento), no que couber.

PARA PRATICAR

794. **(Cespe/TJDFT/Técnico Judiciário – Área Administrativa/2015)** Fará jus ao atendimento preferencial para redução a termo nos juizados especiais cíveis homem que, na ocasião do atendimento, estiver acompanhado da esposa grávida, ainda que esta não seja parte na causa a ser ajuizada.

795. **(Cespe/TJDFT/Analista Judiciário/2007 – adaptada)** Nos juizados especiais cíveis, o cumprimento da sentença deverá ser feito nos autos principais, e independentemente de distribuição. ( )

796. **(Cespe/TJDFT/Analista Judiciário/2007)** Nos juizados especiais cíveis, o processo poderá ser instaurado mediante pedido oral à secretaria do juizado.

797. **(Cespe/TJDFT/Técnico Judiciário/2007 – adaptada)** Nos juizados especiais cíveis, o cumprimento da sentença deve ser distribuído e não pode ser realizado nos próprios autos. ( )

798. **(Cespe/TJDFT/Segurança e Transporte/2003)** Nos juizados especiais, todos os pedidos serão imediatamente autuados e enviados aos conciliadores, no prazo de até 24 horas. ( )

799. **(Cespe/TJDFT/Segurança e Transporte/2003)** Não há pagamento de despesas processuais nos juizados especiais. ( )

800. **(Cespe/TJDFT/Analista Judiciário/2003).** A despeito da celeridade e da simplicidade do procedimento nos juizados especiais, os pedidos que as partes formularem devem ser encaminhados já por escrito a esses órgãos, em face da necessidade de registro dos atos processuais. ( )

801. **(Cespe/TJDFT/Analista Judiciário/1997)** Nos juizados especiais cíveis, o pedido pode ser deduzido diretamente pelo autor, não sendo necessária a intermediação de advogado. Todavia, o pedido deve ser formulado por escrito, não se admitindo a sua formulação oral. ( )

802. **(Inédita)** Nos juizados especiais cíveis e da fazenda pública, é exigido o recolhimento das custas processuais e do preparo no caso de interposição de recurso, mas fica dispensada do pagamento a parte beneficiária da justiça gratuita. ( )

803. **(Inédita)** Nos juizados especiais cíveis, as citações são realizadas, de preferência, por via postal e as intimações podem ser realizadas por telefone ou e-mail ( )

804. **(Inédita)** Para atuarem junto aos juizados especiais, os conciliadores submeter-se-ão a concurso público de provas e títulos. ( )

805. **(Inédita)** Nos Juizados Cíveis e Criminais, a audiência de conciliação será conduzida por conciliador capacitado para essa finalidade; não havendo conciliador disponível, a audiência será conduzida por servidor lotado no juízo. ( )

806. **(Inédita)** As intimações, nos juizados especiais, podem ser feitas por telefone ou via e-mail. ( )

COMENTÁRIOS

794. (E) O benefício do atendimento preferencial para a redução a termo apenas se aplica ao titular do direito de ação e não se estende a terceiros ou acompanhantes (art. 23, § 2º).

795. (C) Nos juizados especiais cíveis (e da fazenda pública), o cumprimento da sentença será processado nos autos principais, independentemente de distribuição, mediante a conversão do feito (art. 27).

796. (E) Nos juizados especiais cíveis (e da fazenda pública) o processo somente poderá ser instaurado (terá início) mediante a distribuição do pedido por escrito. Mas o pedido poderá ser feito oralmente e reduzido a termo, ou seja, transcrito pelo servidor responsável pela redução a termo (art. 23, caput, e § 1º).

797. (E) Nos juizados especiais cíveis (e da fazenda pública), o cumprimento da sentença será processado nos autos principais, independentemente de distribuição, mediante a conversão do feito. (art. 27).

798. (E) Nos juizados especiais, o processo de conhecimento somente será autuado se for frustrada a conciliação (art. 24).

799. (E) Nos juizados especiais cíveis (e da fazenda pública), em regra, o ajuizamento da ação não obriga o pagamento de custas. Todavia, se a(s) parte(s) pretender(em) interpor recurso, ela(s) terá(ão) que recolher não só as custas processuais mas também o preparo (art. 28).

800. (E) Nos juizados especiais cíveis (e da fazenda pública) os pedidos poderão ser feitos oralmente e reduzidos a termo, ou seja, transcritos pelo servidor responsável pela redução a termo. Mas o processo somente se inicia mediante a distribuição do pedido por escrito (art. 23, caput, e § 1º).

801. (E) Nos juizados especiais cíveis (e da fazenda pública), de fato, o pedido pode ser formulado diretamente pelo autor, não sendo necessária a intermediação de advogado. Todavia, não é necessário que o pedido seja deduzido por escrito, podendo ser feito oralmente e reduzido a termo (art. 23, caput, e § 1º). Cabe lembrar, no entanto, que o pedido pode ser feito oralmente e deduzido a termo, mas o processo somente terá início com a distribuição do pedido escrito (art. 23).

802. (C) Nos juizados especiais cíveis e da fazenda pública exige-se o recolhimento das custas processuais e do preparo no caso de interposição de recurso, mas a parte beneficiária da justiça gratuita fica dispensada do recolhimento delas (art. 28, caput, e parágrafo único).

803. (C) Nos juizados especiais cíveis, as citações serão realizadas, preferencialmente, por via postal (art. 25) e as intimações serão realizadas pela forma mais célere e menos onerosa, priorizando-se a comunicação telefônica ou por e-mail, quando previamente indicado pela parte (art. 26).

804. (E) O conciliador não se submete a concurso de provas e títulos. É nomeado por ato da Segunda Vice-Presidência do Tribunal (art. 21) e devem ser capacitados em conformidade com a Resolução 125 do CNJ (art. 21, parágrafo único).

805. (C) Nos Juizados Especiais Cíveis e Criminais, a audiência de conciliação será conduzida por conciliador nomeado por ato da Segunda Vice-Presidência do Tribunal ou, em sua ausência, por servidor lotado no juízo (art. 21).

806. (C) Art. 26. As intimações serão realizadas pela forma mais célere e menos onerosa, priorizando-se a comunicação telefônica ou por e-mail quando previamente indicado pela parte, lavrando-se certidão do ocorrido (art. 26, dos juizados cíveis e da fazenda pública) (art. 30-A, dos juizados criminais).

Capítulo III
DAS SECRETARIAS DAS VARAS

A secretaria da vara, também denominada ofício judicial, serventia judicial ou juízo, é o local onde tramitam os processos de competência do Juiz respectivo. Existem varas de diversas especialidades: varas cíveis, varas criminais, varas de família, varas de fazenda pública, vara de órfãos e sucessões, entre outras.

Seção I
Dos Diretores de Secretaria

Diretor de secretaria é o servidor encarregado da direção da Vara.
São requisitos para ocupar o cargo: ser Bacharel em Direito do Quadro de Pessoal do Tribunal de Justiça do Distrito Federal e dos Territórios em efetivo exercício (art. 78 da LOJDFT).

Os artigos abaixo são autoexplicativos, por isso dispensam notas explicativas ou esquemas. Leia mais de uma vez os incisos para memorizar o conteúdo.
Atente-se para o parágrafo único do art. 33 em que constam as tarefas do diretor de secretaria sujeitas à delegação aos demais servidores da serventia.
Atente-se ainda para o art. 34, que prevê a apuração de responsabilidade administrativa do diretor de secretaria em caso de eventuais descumprimentos das normas que regulam as rotinas cartorárias.

Art. 33. Ao diretor de secretaria, sem prejuízo dos demais deveres inerentes ao servidor em geral e de outros dispostos neste Provimento, incumbe:

I – manter-se informado de todos os atos normativos expedidos pela Presidência, Primeira e Segunda Vice-Presidência, pela Corregedoria, pelo Conselho Especial, Conselho da Magistratura, pelo Conselho Nacional de Justiça e pelo juízo ao qual esteja subordinado, cumprindo-os e fazendo-os cumprir no que couber;

II – manter-se atualizado com a correspondência institucional enviada ao seu correio eletrônico e ao da vara;

III – assegurar a conservação e identificação dos documentos sob sua guarda;

IV – executar os atos processuais nos prazos estabelecidos em lei;

V – distribuir os serviços da secretaria da vara, orientar e supervisionar a sua execução e produtividade;

VI – organizar e manter em ordem o serviço da secretaria da vara de modo a permitir a localização imediata de autos e documentos;

VII – manter a secretaria da vara aberta ao público durante o horário de expediente;

VIII – cumprir e fazer cumprir as ordens e decisões judiciais;

IX – receber e encaminhar a correspondência oficial endereçada à vara;

X – fornecer, quando requerido, atestado de comparecimento àqueles chamados a juízo;

XI – permanecer na secretaria da vara, ausentando-se apenas quando ali estiver presente quem legalmente o substitua;

XII – afixar, em local visível e de fácil acesso, os editais encaminhados à publicação e outros atos que reclamem publicidade; (*Redação dada pelo Provimento 1, de 2016*)

XIII – zelar pelo cumprimento dos prazos de autos com carga, adotando as providências necessárias para a sua tempestiva devolução e certificando, sempre, qualquer irregularidade encontrada;

XIV – certificar a não devolução dos autos no prazo legal e intimar o advogado para restituí-los no prazo de três dias, sob pena de perda do direito de vista fora de cartório e de multa correspondente à metade do salário mínimo, a ser aplicada pela seção local da Ordem dos Advogados do Brasil;

XV – encaminhar ao Serviço Médico, em caráter reservado e com autorização do Juiz, o nome do servidor que apresentar transtorno psicológico capaz de afetar sua capacidade laboral;

XVI – comunicar ao Juiz qualquer irregularidade praticada por servidor da vara;

XVII – prestar informações e expedir certidões referentes a atos ou termos de processos sob sua guarda, observado o segredo de justiça disposto em lei, bem como autenticar documentos;

PROVIMENTO GERAL DA CORREGEDORIA APLICADO AOS JUÍZES E OFÍCIOS JUDICIAIS

ART. 34

> Sobre a autenticação de documentos, ver o art. 85, *caput*, e § 3º.

XVIII – zelar pela adequada utilização das senhas de acesso restrito sob a sua responsabilidade;

XIX – zelar pela organização e limpeza das instalações da vara;

XX – prestar informações solicitadas pela Ouvidoria, salvo quando a lei dispuser em contrário;

XXI – manter afixado nas instalações da secretaria da vara cartaz com informações sobre as formas de acesso à Ouvidoria;

XXII – disponibilizar aos usuários material de divulgação fornecido pelo Tribunal sobre as formas de acesso à Ouvidoria;

XXIII – manter os magistrados informados acerca dos processos pendentes relativos às metas determinadas pelo CNJ.

XXIV – nas varas de natureza cível, nos juizados especiais cíveis e de fazenda pública, intimar as partes do retorno dos autos à primeira instância. *(Redação dada pelo Provimento 38, de 2019)*

Parágrafo único. As incumbências dispostas nos incisos IV, X, XII, XIV e XVII poderão ser delegadas aos demais servidores da serventia.

São incumbências do diretor sujeitas a delegação aos demais servidores da vara	– executar os atos processuais nos prazos estabelecidos em lei; – fornecer, quando requerido, atestado de comparecimento àqueles chamados a juízo; – afixar, em local visível e de fácil acesso, os editais encaminhados à publicação e outros atos que reclamem publicidade; – certificar a não devolução dos autos no prazo legal e intimar o advogado para restituí-los no prazo de três dias, sob pena de perda do direito de vista fora de cartório e de multa correspondente à metade do salário mínimo, a ser aplicada pela seção local da Ordem dos Advogados do Brasil; – prestar informações e expedir certidões referentes a atos ou termos de processos sob sua guarda, observado o segredo de justiça disposto em lei, bem como autenticar documentos.

Art. 34. O descumprimento de normas que regulam as rotinas cartorárias ensejará a apuração da responsabilidade administrativa do diretor de secretaria.

PARA PRATICAR

807. (Cespe/TJDFT/Analista Judiciário – Área Judiciária/2015) Além dos deveres inerentes ao servidor em geral, o diretor de secretaria é responsável por várias incumbências indelegáveis, como, por exemplo, expedir certidões referentes a atos ou termos de processos sob sua guarda e autenticar documentos. ( )

808. (Cespe/TJDFT/Analista Judiciário/2013) Compete ao diretor de secretaria dos ofícios judiciais a distribuição dos serviços da secretaria da vara. ( )

809. (Cespe/TJDFT/Analista Judiciário/2000) Considere a seguinte situação hipotética: Émerson é diretor de secretaria de uma vara e, em certo dia, precisou ausentar-se dela para fazer o pagamento, em um banco, de um débito seu, cujo vencimento ocorria naquele dia, sob pena de multa em caso de não pagamento. Nesse dia, não compareceu ao trabalho o substituto legal de Émerson. Em razão disso, embora o estabelecimento bancário possuísse um posto no próprio fórum e apesar de colegas seus afirmarem que não haveria problema se ele se ausentasse por apenas alguns minutos, o diretor preferiu permanecer na vara e suportar a multa pelo pagamento fora do prazo. Nessa situação, Émerson agiu corretamente. ( )

810. (Inédita) Incumbe exclusivamente ao Diretor de Secretaria certificar a devolução dos autos fora do prazo legal ( )

811. (Inédita) A autenticação de documentos é atribuição do diretor de secretaria suscetível de delegação aos demais servidores da serventia. ( )

COMENTÁRIOS

807. (E) Incumbe ao Diretor de Secretaria, de fato, prestar informações e expedir certidões referentes a atos ou termos de processos sob sua guarda, observado o segredo de justiça disposto em lei, bem como autenticar documentos (art. 33, XVII). Todavia, tais incumbências, ao contrário do que afirma a questão, não são indelegáveis, mas delegáveis, conforme o disposto no parágrafo único do mesmo dispositivo legal: "As incumbências dispostas nos incisos IV, X, XII, XIV e XVII poderão ser delegadas aos demais servidores da serventia."

808. (C) É atribuição do diretor de secretaria dos ofícios judiciais distribuir os serviços da secretaria da vara, orientar e supervisionar a sua execução e produtividade. (art. 33, V).

809. (C) Na questão em análise, Émerson agiu corretamente ao não se ausentar da Vara, pois incumbe ao Diretor de Secretaria permanecer na secretaria da vara, ausentando-se apenas quando ali estiver presente quem legalmente o substitua (art. 33, XI).

810. (E) A expedição de certidão atestando a devolução dos autos fora do prazo legal não é atribuição exclusiva do diretor de secretaria, podendo ser realizada também pelos demais servidores da Vara, mediante delegação (art. 33, XIV, e seu parágrafo único).

811. (C) A autenticação de documentos é atribuição do diretor de secretaria sujeitas à delegação aos demais servidores da serventia (art. 33, XVII, e parágrafo único).

Seção II
Do Expediente e das Rotinas em Geral

Art. 35. O horário de expediente forense é das 12h às 19h, à exceção do 1º Juizado Especial Criminal de Brasília, o qual funcionará das 6h às 13h. (Redação dada pelo Provimento 24, de 2018)

Horário de expediente forense	Regra	Das 12h às 19h.
	Exceção	1º Juizado Especial Criminal de Brasília	Das 6h às 13h.

Parágrafo único. A comemoração de aniversário das cidades do Distrito Federal, exceto a de Brasília, não suspenderá o expediente forense nas respectivas circunscrições judiciárias.

A comemoração de aniversário de Brasília suspende o expediente forense em todas as circunscrições judiciárias do Distrito Federal. Já a comemoração de aniversário das demais cidades satélites não suspende o expediente forense, nem mesmo na respectiva circunscrição judiciária aniversariante.

Art. 36. Os atos processuais serão praticados por servidor mediante registro no sistema informatizado.

Parágrafo único. Os atos de mero expediente poderão ser praticados por estagiários, mediante registro nos sistemas eletrônicos, sob a supervisão do diretor de secretaria ou de seu substituto legal.

Os atos processuais serão praticados	Por servidor mediante registro no sistema informatizado.
Os atos de mero expediente(*) poderão ser praticados	Por estagiários, mediante registro nos sistemas eletrônicos, sob a supervisão do diretor de secretaria ou de seu substituto legal.
(*) Atos de mero expediente são atos relacionados ao andamento do processo.	

Art. 37. Os registros anteriormente conservados em pastas e livros próprios serão inseridos e gravados no sistema informatizado.

§ 1º Para fins de controle dos trâmites cartorários, as varas poderão manter pastas para registros temporários de carga, remessa, recebimento e entrega de autos sem traslado, mandados encaminhados para cumprimento, ofícios e memorandos recebidos e quaisquer outros documentos expedidos ou recebidos na secretaria.

§ 2º Em caráter excepcional, será admitida a utilização de livros quando o registro do ato pelo sistema informatizado não se mostrar adequado.

Os registros anteriormente conservados em pastas e livros próprios	Serão inseridos e gravados no sistema informatizado.
As varas poderão manter, para fins de controle dos trâmites cartorários	Pastas para registros temporários de carga, remessa, recebimento e entrega de autos sem traslado, mandados encaminhados para cumprimento, ofícios e memorandos recebidos e quaisquer outros documentos expedidos ou recebidos na secretaria.
Será admitida em caráter excepcional	A utilização de livros quando o registro do ato pelo sistema informatizado não se mostrar adequado.

Art. 38. O termo inicial e final dos prazos não constará dos andamentos processuais disponibilizados às partes, aos advogados e ao público em geral no sistema informatizado.

Art. 39. É vedada a adoção de qualquer rotina cartorária que retarde o lançamento do andamento de conclusão no sistema informatizado.

Parágrafo único. O descumprimento dessa norma ensejará a apuração da responsabilidade administrativa do diretor de secretaria ou do servidor responsável pelo lançamento de andamento diverso da conclusão.

Não constará dos andamentos processuais disponibilizados no sistema informatizado	O termo inicial e final dos prazos.
É vedada a adoção de qualquer rotina cartorária	Que retarde o lançamento do andamento de conclusão(*) no sistema informatizado.
O descumprimento de norma referente ao item anterior	Ensejará a apuração da responsabilidade administrativa do diretor de secretaria ou do servidor responsável pelo lançamento de andamento diverso da conclusão.
(*) Andamento de conclusão é o registro feito no sistema informatizado comunicando que os autos foram enviados ao juiz para despacho, decisão ou sentença.	

Art. 40. É vedado ao diretor de secretaria e aos servidores inserir dados no sistema informatizado que não reflitam a exata situação dos processos em tramitação na vara respectiva, bem como utilizarem códigos ou expedientes que possam comprometer a exatidão das estatísticas.

Parágrafo único. É vedada a repetição sequencial de andamentos processuais.

Art. 41. É vedada a retenção, na secretaria da vara, de autos conclusos, os quais devem ser entregues ao Juiz na mesma data constante do termo de conclusão neles lançado.

§ 1º Os autos serão sempre conclusos ao Juiz Titular da vara ou ao Substituto em exercício pleno, excetuados os casos de vinculação.

§ 2º Cessado o exercício pleno ou a vinculação, os autos serão imediatamente conclusos ao Juiz Titular ou ao Substituto designado para exercício pleno.

É vedado ao diretor de secretaria e aos servidores da vara	- inserir dados no sistema informatizado que não reflitam a exata situação dos processos em tramitação na vara respectiva; - utilizar códigos ou expedientes que possam comprometer a exatidão das estatísticas; - repetir, em sequência, o mesmo andamento processual; - reter, na secretaria da vara, autos conclusos(*), os quais devem ser entregues ao Juiz na mesma data constante do termo de conclusão neles lançado.

PROVIMENTO GERAL DA CORREGEDORIA APLICADO AOS JUÍZES E OFÍCIOS JUDICIAIS — ART. 42

Os autos serão sempre conclusos(*)	Ao Juiz Titular da vara ou ao Substituto em exercício pleno, excetuados os casos de vinculação(**).
Cessado o exercício pleno ou a vinculação	Os autos serão imediatamente conclusos ao Juiz Titular ou ao Substituto designado para exercício pleno.
(*) Dizem-se "conclusos os autos" quando o processo está em poder do juiz para prolação de despacho, decisão ou sentença. (**) O provimento não esclarece quais são os casos de vinculação.	

Art. 42. É vedado ao servidor da vara prestar informação por telefone sobre andamento processual, salvo ao oficial de justiça em cumprimento da ordem judicial.

Parágrafo único. Se o processo tramitar em segredo de justiça, o oficial de justiça somente poderá obter informações, pessoalmente, na secretaria da vara.

É vedado ao servidor da vara	Prestar informação por telefone sobre andamento processual, salvo ao oficial de justiça em cumprimento da ordem judicial.
Se o processo tramitar em segredo de justiça	O oficial de justiça somente poderá obter informações, pessoalmente, na secretaria da vara.

PARA PRATICAR

812. (Cespe/TJDFT/Analista Judiciário – Área Judiciária/2015) Os andamentos processuais disponibilizados no sistema informatizado conterão informações sobre o termo inicial dos prazos, mas não sobre o termo final. ( )

813. (Cespe/TJDFT/Técnico Judiciário/2013) À exceção do aniversário de Brasília, a comemoração de aniversário de cidade do Distrito Federal não suspende o expediente forense na respectiva circunscrição judiciária. ( )

814. (Cespe/TJDFT/Analista Judiciário/Área Processual/2007) A comemoração de aniversário das cidades-satélites do DF deverá suspender o expediente forense nas respectivas circunscrições judiciárias. ( )

815. (Cespe/TJDF/Analista Judiciário/Execução de Mandados/2003) Ao longo de todo o ano, o expediente forense irá das oito às dezenove horas. ( )

816. (Cespe/TJDFT/Oficial Avaliador/1997) O expediente forense dos ofícios judiciais do primeiro grau e da Corregedoria da Justiça vai das 13 às 19 horas. ( )

817. (Inédita) Com vistas à melhoria dos serviços cartorários, a secretaria da vara deverá lançar no sistema informatizado a data inicial e final dos prazos processuais. ( )

818. (Inédita) É vedado ao servidor da vara prestar informação por telefone sobre andamento processual, podendo fazê-lo, todavia, em qualquer caso, ao oficial de justiça em cumprimento da ordem judicial. ( )

819. (Inédita) Estagiários podem praticar atos processuais desde que sob a supervisão do diretor de secretaria ou de seu substituto legal. ( )

COMENTÁRIOS

812. (E) O termo inicial e final dos prazos não constará dos andamentos processuais disponibilizados às partes, aos advogados e ao público em geral no sistema informatizado (art. 38).

813. (C) A comemoração de aniversário das cidades do Distrito Federal, exceto a de Brasília, não suspenderá o expediente forense nas respectivas circunscrições judiciárias. Isso quer dizer que a comemoração de aniversário de Brasília suspende o expediente forense em todas as circunscrições judiciárias do Distrito Federal, mas a comemoração de aniversário das demais cidades do Distrito Federal não suspende o expediente forense nem mesmo na respectiva circunscrição judiciária aniversariante (art. 35, parágrafo único).

814. (E) A comemoração de aniversário das cidades do Distrito Federal, exceto a de Brasília, não suspenderá o expediente forense nas respectivas circunscrições judiciárias. Isso quer dizer que a comemoração de aniversário de Brasília suspende o expediente forense em todas as circunscrições judiciárias do Distrito Federal, mas a comemoração de aniversário das demais cidades do Distrito Federal não suspende o expediente forense nem mesmo na respectiva circunscrição judiciária aniversariante (art. 35, parágrafo único).

815. (E) Em regra, o horário de expediente forense é das 12h às 19h e não das oito às dezenove horas como afirma a questão (art. 35).

816. (E) Em regra, o horário de expediente forense dos ofícios judiciais do primeiro grau e da Corregedoria da Justiça é das 12h às 19h e não das 13 às 19 horas como afirma a questão (art. 35).

817. (E) O termo inicial e final dos prazos não constará dos andamentos processuais disponibilizados no sistema informatizado às partes, aos advogados e ao público em geral (art. 38).

818. (E) A locução "em qualquer caso" tornou a questão muito genérica e incorreta. De fato, é vedado ao servidor da vara prestar informação por telefone sobre andamento processual, exceto ao oficial de justiça, quando em cumprimento de ordem judicial, ressalvados os casos de processo em segredo de justiça em que o oficial de justiça somente poderá obter informações pessoalmente, na secretaria da vara (art. 42 e seu parágrafo único).

819. (E) Os ato processuais são praticados por servidores (art. 36). Estagiários poderão praticar atos de mero expediente, sob a supervisão do diretor de secretaria ou de seu substituto legal (art. 36, parágrafo único).

Seção III
Da Cor da Capa dos Autos

Art. 43. As capas dos autos obedecerão à padronização de cor quanto à competência da vara, à natureza da ação, do procedimento processual ou do incidente.

As capas dos autos obedecerão à padronização de cor quanto	- à competência da vara; - à natureza da ação, do procedimento processual ou do incidente.

Art. 44. As varas de natureza cível deverão utilizar as seguintes cores de capa:

I – VERDE para ações de procedimento comum;

II – BRANCA para carta precatória e carta arbitral; (*Redação dada pelo Provimento 1, de 2016*)

III – ROSA para processo cautelar, notificação, interpelação e embargos; (*Redação dada pelo Provimento 9, de 2016*)

IV – PALHA para registros públicos, monitória, separação judicial e divórcio;

V – AZUL para inventário, alvará, execução de alimentos e execução de título extrajudicial;

VI – CINZA para as ações decorrentes da Lei de Alimentos, excetuadas as execuções;

VII – AMARELO-OURO para ações de procedimento sumário ainda em trâmite, nos termos do art. 1.046, § 1º, do CPC; (*Redação dada pelo Provimento 1, de 2016*)

VIII – AMARELO para ação civil pública, ação de busca e apreensão fundada no Decreto-Lei nº 911, de 1 de outubro de 1969, ações possessórias e outras ações, incidentes e procedimentos não previstos nos itens anteriores.

Art. 45. As varas de natureza criminal deverão utilizar as seguintes cores de capa:

I – LARANJA para a comunicação de prisão em flagrante e para a ação penal, de iniciativa pública ou privada, inclusive aquelas decorrentes de crimes cometidos nas circunstâncias da Lei nº 11.340, de 7 de agosto de 2006;

II – BRANCA para habeas corpus, carta precatória, pedidos de liberdade provisória, revogação e relaxamento de prisão e incidentes relativos à Lei nº 11.340, de 7 de agosto de 2006;

III – AMARELO para termos circunstanciados, busca e apreensão, interceptação telefônica, pedido de prisão preventiva ou temporária, quebra de sigilo telefônico, quebra de sigilo bancário, reabilitação e demais incidentes.

Art. 46. Os Juizados Especiais Cíveis e os de Fazenda Pública deverão utilizar as seguintes cores de capa:

I – PALHA para ação de conhecimento, inclusive para os feitos reativados para cumprimento de sentença;

II – AZUL para execução de título extrajudicial.

Art. 47. Os Juizados Especiais Criminais deverão utilizar as seguintes cores de capa:

I – LARANJA para a ação penal de iniciativa pública ou privada;

II – BRANCA para habeas corpus, pedidos de liberdade provisória, revogação e relaxamento de prisão;

III – AMARELO para termos circunstanciados, busca e apreensão, interceptação telefônica, pedido de prisão preventiva ou temporária, quebra de sigilo telefônico, quebra de sigilo bancário, reabilitação e demais incidentes.

Art. 48. As Varas da Infância e da Juventude do Distrito Federal deverão utilizar as seguintes cores de capa:

I – VERDE para ação ordinária, exceto obrigação de fazer e de não fazer, remoção, modificação ou dispensa de tutela e curatela;

II – AMARELO para exceção de incompetência, execução provisória, habeas corpus, mandado de segurança, pedidos de quebra de sigilo, medida de proteção à criança e ao adolescente, se o menor não estiver cadastrado para adoção;

III – ROSA para ação cautelar inominada, busca e apreensão, adoção, impugnação ao valor da causa e medida de proteção à criança e ao adolescente quando o menor estiver cadastrado para adoção;

IV – AZUL para ação de guarda;

V – CINZA para os processos de apuração de ato infracional;

VI – PALHA para ação de suprimento de capacidade, perda, suspensão ou restabelecimento de poder familiar, prestação de contas, providências, regularização de registro civil e restauração de autos;

VII – BRANCA para ação civil pública, alimentos, agravo de instrumento, autorização judicial, suprimento de consentimento, apuração de irregularidade em entidade de atendimento, carta precatória, emancipação, execução de alimentos, execução por quantia certa, incidente de insanidade mental, apuração de infração administrativa, habilitação para adoção, averiguação de paternidade, oposição, obrigação de fazer e de não fazer, regulamentação de visitas, sindicância e outras ações, incidentes e procedimentos não previstos nos itens anteriores.

Art. 49. A Vara de Execução de Medidas Socioeducativas do Distrito Federal – VEMSE deverá utilizar as seguintes cores de capa:

I – LARANJA para medida de internação;

II – AMARELA para medida de semiliberdade;

III – VERDE para medida de liberdade assistida;

IV – AZUL para medida de prestação de serviços à comunidade;

V – CINZA para internação provisória.

Parágrafo único. Nas execuções de medidas de liberdade assistida em que houver cumulação com prestação de serviços à comunidade será utilizada a capa verde, com a aplicação de TARJA AZUL na lombada da capa, observando-se o disposto no art. 54 deste Provimento.

Art. 50. A Auditoria Militar do Distrito Federal deverá utilizar as seguintes cores de capa para os feitos de natureza criminal:

I – LARANJA para as ações penais referentes a bombeiros militares;

II – AZUL para as ações penais referentes a policiais militares;

III – AMARELO para as cartas de guia e para os termos circunstanciados, busca e apreensão, interceptação telefônica, pedido de prisão preventiva ou temporária, quebra de sigilo telefônico, quebra de sigilo bancário, reabilitação e demais incidentes.

Art. 51. A Vara de Execuções Penais do Distrito Federal – VEP, a Vara de Execução das Penas e Medidas Alternativas do Distrito Federal – VEPEMA e a Vara de Execuções de Penas em Regime Aberto do Distrito Federal –

VEPERA deverão utilizar as seguintes cores de capa: (*Redação dada pelo Provimento 1, de 2016*)

I – VERDE para as execuções de pena ou de medida de segurança de sentenciados do sexo masculino;

II – AMARELO para as execuções de pena ou de medida de segurança de sentenciadas do sexo feminino;

III – ROSA para o agravo em execução penal;

IV – BRANCA para habeas corpus e para carta precatória;

V – AZUL para os pedidos de providências;

VI – LARANJA para as precatórias de fiscalização de suspensão condicional do processo e de transação penal.

Art. 52. A Vara de Falências, Recuperações Judiciais, Insolvência Civil e Litígios Empresariais do Distrito Federal deverá utilizar as seguintes cores de capa:

I – PALHA para pedidos de falência e de recuperação judicial;

II – VERDE para ação de procedimento comum;

III – AZUL para execução de título extrajudicial; (*Redação dada pelo Provimento 1, de 2016*)

IV – ROSA para processo cautelar, notificação, interpelação e embargos; (*Redação dada pelo Provimento 1, de 2016*)

V – BRANCA para carta precatória;

VI – LARANJA para a comunicação de prisão em flagrante e para a ação penal;

VII – AMARELO para a habilitação de crédito e demais procedimentos não previstos nos itens anteriores.

Parágrafo único. Será aplicada TARJA AMARELA na lombada das ações de falência, que somente deverá ser retirada quando houver o decreto falimentar, na forma disciplinada no art. 54 deste Provimento.

Art. 53. Não havendo previsão expressa, as varas deverão observar as cores de capas definidas nos artigos 44 e 45 deste Provimento.

DA COR DA CAPA DOS AUTOS

	AMARELO	AMARELO-OURO	AZUL	BRANCA	CINZA	LARANJA	PALHA	ROSA	VERDE
Varas Cíveis	- ação civil pública; - ação de busca e apreensão (DL 911/69); - ações possessórias; - outras ações, incidentes e procedimentos não previstos nos demais itens.	- procedimento sumário ainda em trâmite.	- inventário; - alvará; - execução de alimentos; - execução de título extrajudicial.	- carta precatória; - carta arbitral.	- ações decorrentes da Lei de Alimentos, exceto as execuções.		- registros públicos; - monitória; - separação judicial; - divórcio.	- processo cautelar; - notificação; - interpelação; - embargos.	- ações de procedimento ordinário.
Varas Criminais	- termos circunstanciados; - busca e apreensão; - interceptação telefônica; - pedido de prisão preventiva ou temporária; - quebra de sigilo telefônico; - quebra de sigilo bancário; - reabilitação; - demais incidentes.			- *habeas corpus*; - carta precatória; - pedidos de liberdade provisória; - revogação e relaxamento de prisão; - incidentes relativos à Lei 11.340/2006 (Lei Maria da Penha).		- comunicação de prisão em flagrante; - ação penal, de iniciativa pública ou privada, inclusive aquelas decorrentes de crimes cometidos nas circunstâncias da Lei 11.340/2006 (Lei Maria da Penha).			

DA COR DA CAPA DOS AUTOS

	AMARELO	AMARELO-OURO	AZUL	BRANCA	CINZA	LARANJA	PALHA	ROSA	VERDE
Juizados Especiais Cíveis e de Fazenda Pública			- execução de título extrajudicial.				- ação de conhecimento inclusive para feitos reativados para cumprimento de sentença.		
Juizados Especiais Criminais	- termos circunstanciados; - busca e apreensão; - interceptação telefônica; - pedido de prisão preventiva ou temporária; - quebra de sigilo telefônico; - quebra de sigilo bancário; - reabilitação; - demais incidentes.			- *habeas corpus*; - pedidos de liberdade provisória; - revogação e relaxamento de prisão.		- ação penal de iniciativa pública ou privada.			

DA COR DA CAPA DOS AUTOS

	AMARELO	AMARELO-OURO	AZUL	BRANCA	CINZA	LARANJA	PALHA	ROSA	VERDE
Vara da Infância e Juventude	- exceção de incompetência; - execução provisória; - *habeas corpus*; - mandado de segurança; - pedidos de quebra de sigilo; - medida de proteção à criança e ao adolescente, se o menor não estiver cadastrado para adoção.		- ação de guarda.	- ação civil pública; - alimentos; - agravo de instrumento; - autorização judicial; - suprimento de consentimento; - apuração de irregularidade em entidade de atendimento; - carta precatória; - emancipação; - execução de alimentos; - execução por quantia certa; - incidente de insanidade mental; - apuração de infração administrativa; - habilitação para adoção; - averiguação de paternidade; - oposição;	- processos de apuração de ato infracional.		- ação de suprimento de capacidade; - perda, suspensão ou restabelecimento de poder familiar; - prestação de contas; - providências; - regularização de registro civil; - restauração de autos.	- ação cautelar inominada; - busca e apreensão; - adoção; - impugnação ao valor da causa; - medida de proteção à criança e ao adolescente quando o menor estiver cadastrado para adoção.	- ação ordinária, exceto obrigação de fazer e de não fazer; - remoção; - modificação ou dispensa de tutela e curatela.

PROVIMENTO GERAL DA CORREGEDORIA APLICADO AOS JUÍZES E OFÍCIOS JUDICIAIS — ART. 53

DA COR DA CAPA DOS AUTOS

	AMARELO	AMARELO-OURO	AZUL	BRANCA	CINZA	LARANJA	PALHA	ROSA	VERDE
VEMSE	- medida de semiliberdade.		- medida de prestação de serviços à comunidade.	- obrigação de fazer e de não fazer; - regulamentação de visitas; - sindicância; - outras ações, incidentes e procedimentos não previstos nos demais itens.	- internação provisória.	- medida de internação.			- medida de liberdade assistida. (*)
Auditoria Militar	- cartas de guia; - termos circunstanciados; - busca e apreensão; - interceptação telefônica; - pedido de prisão preventiva ou temporária; - quebra de sigilo telefônico; - quebra de sigilo bancário; - reabilitação; - demais incidentes.		- ações penais referentes a policiais militares.			- ações penais referentes a bombeiros militares.			

523

DA COR DA CAPA DOS AUTOS

	AMARELO	AMARELO-OURO	AZUL	BRANCA	CINZA	LARANJA	PALHA	ROSA	VERDE
VEP/VEPEMA/VEPERA	- execuções de pena ou de medida de segurança de sentenciadas do sexo feminino.		- pedidos de providências.	- *habeas corpus*; - carta precatória.		- precatórias de fiscalização de suspensão condicional do processo e de transação penal.		- agravo em execução penal.	- execuções de pena ou de medida de segurança de sentenciados do sexo masculino.
Vara de Falências, Recuperações Judiciais, Insolvência Civil e Litígios Empresariais(**)	- habilitação de crédito; - demais procedimentos não previstos nos demais itens.		- execução de título extrajudicial.	- carta precatória.		- comunicação de prisão em flagrante; - ação penal.	- pedidos de falência; - pedidos de recuperação judicial.	- processo cautelar; - notificação; - interpelação; - embargos.	- ação de procedimento comum.

(*) Nas execuções de medidas de liberdade assistida cumulada com prestação de serviços à comunidade, será utilizada a capa verde, com aplicação de tarja azul na lombada da capa.

(**) Nas ações de falência será aplicada tarja amarela na lombada, a qual somente deverá ser retirada quando houver o decreto falimentar, na forma disciplinada no art. 54 deste Provimento.

Inexistindo previsão expressa, as varas deverão observar as cores de capas definidas para as varas de natureza cível e criminal

Seção IV
Das Anotações na Capa dos Autos

Art. 54. Será aplicada fita adesiva estreita e colorida, na horizontal, no canto esquerdo e inferior da capa dos autos, atravessando a sua lombada, de modo a ser notada sob qualquer ângulo para destaque de informações relevantes para o processo.

Para destacar informações relevantes do processo	Será aplicada fita adesiva estreita e colorida, na horizontal, no canto esquerdo e inferior da capa dos autos, atravessando a sua lombada, de modo a ser notada sob qualquer ângulo.

Parágrafo único. Na hipótese de prioridade especial aos maiores de 80 (oitenta) anos, deverá ser aplicada etiqueta roxa na lombada dos autos. (*Incluído pelo Provimento 33, de 2016*).

Art. 55. Nas varas de natureza cível é obrigatória a utilização de:

I – TARJA VERDE, quando deferida pelo Juiz a tramitação prioritária dos feitos em que figurar como parte pessoa de idade igual ou superior a 60 (sessenta) anos e aos portadores de doença grave ou de necessidades especiais;

II – TARJA AZUL, quando o feito for convertido em cumprimento de sentença.

§ 1º É recomendável a utilização de:

I – TARJA BRANCA, nas hipóteses legais em que o defensor tenha direito à vista pessoal;

II – TARJA PRETA, quando houver atuação do Ministério Público.

§ 2º A critério do diretor de secretaria, poderão ser utilizadas outras tarjas para sinalização de situações que mereçam destaque.

Art. 56. Nas varas de natureza criminal é obrigatória a utilização de:

I – TARJA VERMELHA, quando houver réu preso;

II – TARJA AZUL, quando houver réu preso por outro processo;

III – TARJA VERDE, quando deferida pelo Juiz a tramitação prioritária nas seguintes hipóteses:

a) nos feitos que tenham por objeto quaisquer atos de violência praticados contra crianças e adolescentes; (*Redação dada pelo Provimento 1, de 2016*)

b) quando figurar parte com idade igual ou superior a 60 (sessenta) anos;

c) quando figurar como parte portadores de doença grave ou de necessidades especiais;

d) quando houver indiciado, acusado, vítima ou réu colaboradores, vítima ou testemunha protegidas pelos programas de que trata a Lei nº 9.807, de 13 de julho de 1999;

e) os processos que apurem a prática de crime hediondo. (*Incluído pelo Provimento 2, de 2016*)

IV – TARJA BRANCA, quando houver réu monitorado eletronicamente. (*Incluído pelo Provimento 15, de 2017*)

§ 1º É recomendável a utilização de:

I – TARJA AMARELA, quando houver a suspensão prevista no art. 89, da Lei nº 9.099, de 26 de setembro de 1995;

II – TARJA PRETA, quando houver a suspensão do processo por força do art. 366 do Código de Processo Penal em relação a um dos réus denunciados, devendo ser feita a anotação correspondente ao lado do nome do réu.

§ 2º A critério do diretor de secretaria, poderão ser utilizadas outras tarjas para sinalização de situações que mereçam destaque.

DAS ANOTAÇÕES NA CAPA DOS AUTOS				
	NAS VARAS DE NATUREZA CÍVEL (Cível, Família, Órfãos e Sucessões, Fazenda Pública, Execução Fiscal etc.)		NAS VARAS DE NATUREZA CRIMINAL (Criminal, Júri, Entorpecentes etc.)	
	SIGNIFICADO	TARJAS	SIGNIFICADO	
TARJAS VERDE (o)	Tramitação prioritária deferida pelo juiz	Processo em que figurar como parte pessoa com idade igual ou superior a sessenta anos.	VERDE (o)	Tramitação prioritária deferida pelo juiz	Processo que tenham por objeto quaisquer atos de violência praticados contra crianças e adolescentes;
^	^	^	^	^	Processo em que figurar como parte pessoa com idade igual ou superior a sessenta anos;
^	^	Processo em que figurar como parte portadores de doença grave ou de necessidades especiais.	^	^	Processo em que figurar como parte portadores de doença grave ou de necessidades especiais;
^	^	^	^	^	Processo em que houver indiciado, acusado, vítima ou réu colaboradores, vítima ou testemunha protegidas pelos programas de que trata a Lei nº 9.807, de 13/7/99;
^	^	^	^	^	Processo em que apurem a prática de crime hediondo.

PROVIMENTO GERAL DA CORREGEDORIA APLICADO AOS JUÍZES E OFÍCIOS JUDICIAIS — ART. 57

		VERMELHA (o)	Processo em que houver réu preso.
		BRANCA (o)	Processo em que houver réu monitorado eletronicamente.
AZUL (o)	Feito convertido em cumprimento de sentença.	AZUL (o)	Processo em que houver réu preso por outro processo.
PRETA (r)	Processos em que houver atuação do Ministério Público.	PRETA (r)	Em caso de suspensão do processo – art. 366 do CPP – em relação a um dos réus denunciados, devendo ser feita a anotação correspondente ao lado do nome do réu.
		AMARELA (r)	Em caso de suspensão do processo prevista no art. 89 da Lei 9.099/95.
BRANCA (r)	Processos em que o defensor tiver direito à vista pessoal.		
OUTRAS (op.)	A critério do diretor da Secretaria para sinalizar situações que mereçam destaque.	OUTRAS (op.)	A critério do diretor da Secretaria para sinalizar situações que mereçam destaque.

A tarja amarela também é aplicada nas ações de falência, que somente deverá ser retirada quando houver o decreto falimentar na forma disciplinada no art. 54 deste Provimento (art. 52, parágrafo único, incluído na Seção referente à cor da capa dos autos).

Etiqueta roxa: será aplicada na lombada dos autos, na hipótese de prioridade especial aos maiores de oitenta anos.

Legenda:
(o) = obrigatória
(r) = recomendável
(op.) = opcional

Art. 57. Será anotada na capa dos autos a ocorrência de impedimento ou suspeição de Juiz ou de membro do Ministério Público, bem como a penhora no rosto dos autos, deferimento dos benefícios da justiça gratuita e as informações dos patronos da causa. (*Redação dada pelo Provimento 1, de 2016*)

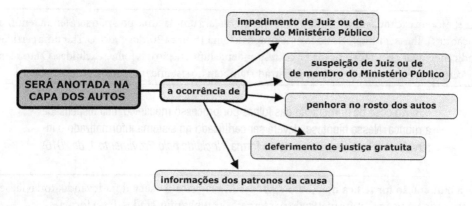

Seção V
Da Numeração das Folhas dos Autos

Alguns artigos desta Seção serão melhor esclarecidos por meio de exemplos, os quais serão identificados com a abreviatura Ex.

Art. 58. As folhas dos autos serão numeradas manual ou eletronicamente no canto superior direito, iniciando-se a contagem a partir da capa, sem, contudo, numerá-la. Imediatamente abaixo do número constará a rubrica de quem o grafou.

A numeração das folhas dos autos poderá ser feita de forma manual ou eletrônica, sempre no canto superior direito. Abaixo do número deverá constar a rubrica do servidor que a numerou. A capa dos autos, embora não seja numerada, é considerada a folha número um.

§ 1º Nos processos criminais, quando oferecida a denúncia e autuado o feito como ação penal, a secretaria poderá aproveitar a numeração do inquérito policial. Nessa hipótese, a primeira folha da peça acusatória receberá o número 2 (dois) e as demais receberão letras, iniciando-se por 2A (dois A), rotina que deverá ser certificada no sistema informatizado.

O inquérito oriundo da delegacia de polícia é remetido à vara com numeração própria. Logo após, a peça inquisitiva é enviada ao Ministério Público para o oferecimento ou não da denúncia. Oferecida a denúncia, o feito é autuado como ação penal. Nesses casos, a denúncia é juntada antes do inquérito e receberá o número 2; a numeração do inquérito será aproveitada recebendo letras, iniciando-se por 2-A. Essa rotina deverá ser certificada no sistema informatizado do Tribunal.

§ 2º Não se fará a renumeração das folhas dos autos quando houver desentranhamento de peças, bastando a inserção de uma folha com a certidão que indique a peça desentranhada e sua numeração, registrando-se o ato no sistema informatizado.

Ex.: Se forem excluídas as folhas de número 19 a 25, ficará uma lacuna, pois não será feita a renumeração das folhas seguintes. Neste caso, logo após a folha 18 virá a 26, devendo constar uma certidão indicando qual a peça foi retirada e a correspondente numeração das folhas excluídas. O ato, além de certificado nos autos, deverá ser registrado também no sistema informatizado do Tribunal.

§ 3º No caso de numeração das folhas por processo mecânico, fica dispensada a rubrica. Nessa hipótese, deverá ser certificado no sistema informatizado o intervalo de folhas numeradas dessa forma. (*Incluído pelo Provimento 1, de 2016*)

Se a numeração for feita à mão, será dispensada a rubrica do servidor, devendo, todavia, ser certificado no sistema informatizado o intervalo de folhas numeradas dessa forma.

Art. 59. Nos processos originários de outras varas, egressos de instância superior ou oriundos de outros órgãos da Justiça, especial ou comum, poderá ser aproveitada a numeração existente, com a respectiva certificação no sistema informatizado. (*Redação dada pelo Provimento 1, de 2016*)

> Se o processo iniciou-se em outra vara ou adveio de uma instância superior ou de outros órgãos da justiça, será aproveitada a numeração original, com a respectiva certificação no sistema informatizado do Tribunal.

§ 1º Os processos baixados à vara, em diligência, terão suas capas e numeração integralmente mantidas durante a sua permanência na primeira instância.

> Os processos recebem capas diferentes em cada instância julgadora. Ao ser distribuído no primeiro grau de jurisdição, ele recebe a primeira capa. Se houver recurso para o Tribunal de segunda instância, ele recebe a segunda capa, e assim por diante. Estando o processo em trâmite na instância superior, e sendo necessário o retorno à vara para alguma providência, deverão ser mantidas as capas e a numeração durante o tempo em que o feito permanecer na vara.

§ 2º Em se tratando de encaminhamento ou retorno definitivo, as capas de autuação de outras varas ou instâncias deverão ser retiradas e imediatamente descartadas.

> Retornando o processo à primeira instância de forma definitiva, deverão ser retiradas e descartadas todas as capas referentes à outra vara ou à outra instância julgadora.

Art. 60. Caso seja constatado erro material na numeração de folhas, deverá ser imediatamente sanada a incorreção, observando-se os seguintes procedimentos:

I – em caso de ausência de número, a folha imediatamente seguinte ao erro será renumerada de forma a englobar todos os números faltantes;

> Ex.: Se por equívoco a folha seguinte a de número 20 receber o número 31, esta deverá ser renumerada como fl. 21-31.

II – se houver duplicidade de números, todos os números repetidos serão acrescidos de letras, iniciando-se em A;

> Ex.: Se por equívoco houver duas folhas com o número 18, a primeira permanecerá com o número 18 e a segunda receberá o número 18-A.

III – na hipótese de folha não numerada, deverá ser repetido o número da folha anterior, acrescido de letra, iniciando-se em A.

Ex.: Deverá receber o número 44-A a folha sem numeração que se seguir à folha 44.

§ 1º Caso esses procedimentos não se mostrem adequados, proceder-se-á à renumeração das folhas dos autos a partir do erro constatado, inutilizando-se a numeração anterior com um traço.

Se nenhum dos procedimentos for adequado para corrigir o erro na numeração das folhas, deverá ser utilizado o seguinte método: será inutilizada com um traço a numeração de todas as folhas a partir daquela que apresentar a numeração incorreta e será feita nova numeração. Ex.: fl. 28, fl. 29, fl. 30, ⊠ fl. 38, fl. 39, fl. 40...

§ 2º Em todas as hipóteses o procedimento será certificado no sistema informatizado.

Em qualquer dos casos acima, será feito o registro no sistema informatizado do Tribunal certificando-se que foi feita a renumeração de folhas dos autos.

Art. 61. Os autos não excederão a 200 (duzentas) folhas por volume, permitido o acréscimo ou redução para evitar a cisão de peças processuais.

Em regra, cada volume do processo contém 200 folhas. O art. 61, que permite o acréscimo em hipóteses especiais, tem o propósito de evitar que uma peça processual (contestação, sentença, recurso, parecer etc.) seja repartida ao meio ficando parte dela em um volume, parte em outro. Assim, se, por exemplo, o processo contiver 190 folhas e for anexada uma sentença contendo 25 folhas, será permitida a juntada dela por inteiro para evitar que parte fique no primeiro volume e outra parte, no segundo. Nesse caso, o volume ficaria com 215 folhas.

Parágrafo único. O encerramento e a abertura de cada volume serão certificados em folhas suplementares não numeradas. A indicação do número do volume será anotada na capa dos autos.

Sempre que se encerrar ou for aberto um novo volume, a secretaria da vara atestará esse fato por meio de uma certidão, em folha separada, a qual não será numerada. Se os autos contiverem mais de um volume, será anotada na capa dos autos o número do volume correspondente. Ex.: Vol. I, Vol. II, Vol. III...

PARA PRATICAR

820. **(Cespe/TJDFT/Técnico Judiciário – Área Administrativa/2015)** A cor da capa dos autos varia conforme a competência da vara, assim como a natureza da ação, do procedimento processual ou do incidente; a colocação de fitas adesivas na capa também tem significados, como, por exemplo, o uso de tarja verde é estabelecido nos processos em que a tramitação prioritária do feito for deferida a idoso ou portador de doença grave.

PROVIMENTO GERAL DA CORREGEDORIA APLICADO AOS JUÍZES E OFÍCIOS JUDICIAIS — ART. 61

821. **(Cespe/TJDFT/Analista Judiciário/2007)** Impedimentos ou suspeições de juízes ou membros do Ministério Público deverão ser anotados na capa dos autos. ( )

822. **(Cespe/TJDFT/Execução de Mandados/2003)** Se um juiz ou membro do Ministério Público for considerado impedido ou suspeito para atuar em determinado processo, deverá o diretor de secretaria anotar essa circunstância na capa dos autos. ( )

823. **(Cespe/TJDFT/Execução de Mandados/2003)** Os autos de processos oriundos de outras varas, sejam elas do Distrito Federal ou de outra unidade da Federação, deverão ser renumerados na hipótese de redistribuição a outro ofício judicial. ( )

824. **(Cespe/TJDFT/Analista Judiciário/2003)** Quando houver ordem judicial para o desentranhamento de folha de autos de processo, as seguintes à extraída deverão ser automaticamente renumeradas, a fim de evitar descontinuidade na sequência dos documentos; além disso, o desentranhamento deverá ser certificado nos autos. ( )

825. **(Cespe/TJDFT/Oficial Avaliador/1997)** Quando peças forem desentranhadas de autos, as folhas seguintes às extraídas deverão sempre sofrer renumeração. ( )

826. **(Inédita)** As capas dos autos dos processos são diferenciadas pela cor. Nas varas de natureza criminal, os *habeas corpus* são autuados em capas brancas e as ações penais são autuadas em capas rosas. ( )

827. **(Inédita)** Quando o Ministério Público atuar em um processo de natureza cível, é obrigatória a aposição de uma tarja preta que será aplicada na horizontal, no canto esquerdo e inferior da capa dos autos. ( )

828. **(Inédita)** Quando a parte litigante obtiver os benefícios da justiça gratuita, essa circunstância será sempre anotada na capa dos autos. ( )

829. **(Inédita)** Quando não houver previsão expressa no Provimento, as varas deverão observar as cores de capas definidas para as varas de natureza cível e criminal. ( )

COMENTÁRIOS

820. (C) Tanto nas varas de natureza cível (art. 55, I), quanto nas varas de natureza criminal (art. 56, III, b e c), é obrigatória a utilização de tarja verde quando deferida a tramitação prioritária dos feitos em que figurar como parte pessoa de idade igual ou superior a sessenta anos e aos portadores de doença grave ou de necessidades especiais.

821. (C) Será anotada na capa dos autos a ocorrência de impedimento ou suspeição de Juiz ou de membro do Ministério Público, bem como a penhora no rosto dos autos, deferimento dos benefícios da justiça gratuita e as informações dos patronos da causa (art. 57).

822. (C) Será anotada na capa dos autos a ocorrência de impedimento ou suspeição de Juiz ou de membro do Ministério Público, bem como a penhora no rosto dos autos, deferimento dos benefícios da justiça gratuita e as informações dos patronos da causa (art. 57).

823. (E) Nos processos originários de outras varas, egressos de instância superior ou oriundos de outros órgãos da Justiça, especial ou comum, poderá ser aproveitada a numeração existente, com a respectiva certificação no sistema informatizado. Assim, não é necessária a renumeração dos autos na hipótese de redistribuição a outro ofício judicial (art. 59).

824. (E) Não se fará a renumeração das folhas dos autos quando houver desentranhamento de peças, bastando a inserção de uma folha com a certidão que indique a peça desentranhada e sua numeração, registrando-se o ato no sistema informatizado (art. 58, § 2º).

825. (E) Não se fará a renumeração das folhas dos autos quando houver desentranhamento de peças, bastando a inserção de uma folha com a certidão que indique a peça desentranhada e sua numeração, registrando-se o ato no sistema informatizado (58, § 2º).

826. (E) Os habeas corpus, de fato, são autuados em capas brancas (art. 45, II) mas as ações penais, públicas ou privadas, são autuadas em capas laranjas e não em capas rosas como afirma a questão (art. 45, I).

827. (E) Nas varas de natureza cível, quando houver atuação do Ministério Público, a utilização de tarja preta é recomendável e não obrigatória (art. 55, § 1º, II). As tarjas são, de fato, aplicadas na horizontal, no canto esquerdo e inferior da capa dos autos, atravessando a sua lombada (art. 54).

828. (C) Será anotada na capa dos autos a ocorrência de impedimento ou suspeição de Juiz ou de membro do Ministério Público, bem como a penhora no rosto dos autos, deferimento dos benefícios da justiça gratuita e as informações dos patronos da causa (art. 57).

829. (C) Não havendo previsão expressa, as varas deverão observar as cores de capas definidas nos artigos 44 e 45 deste Provimento, ou seja, as cores de capas definidas para as varas de natureza cível e criminal (art. 53).

Seção VI
Do Protocolo de Petições e Demais Documentos

> Protocolo é o registro de entrada de uma petição ou de um documento no cartório, ao qual é atribuído número e data. Também denomina-se protocolo o recibo da entrega da petição.

Art. 62. As petições e os demais documentos entregues na secretaria da vara, exceto avisos de recebimento – AR e mandados, serão protocolizados mediante aposição de etiqueta impressa pelo sistema informatizado.

§ 1º Em caso de indisponibilidade do sistema, o protocolo será efetuado por meio de relógio datador ou de carimbo do qual conste data, horário de recebimento, nome e matrícula do recebedor.

§ 2º O recebimento de petições e documentos será registrado, do mesmo modo, na via devolvida ao interessado.

§ 3º O documento protocolizado na unidade de protocolo judicial ou na Distribuição fica dispensado de novo protocolo na vara.

§ 4º As petições e os documentos protocolizados em vara diversa daquela em que o processo tramita deverão ser imediatamente encaminhados à secretaria da vara originária, onde serão protocolizados, mantido o registro do protocolo inicialmente recebido e vedada qualquer anotação que o torne sem efeito.

As petições e os demais documentos entregues na secretaria da vara, serão protocolizados	Regra	Mediante aposição de etiqueta impressa pelo sistema informatizado.
	Exceção	- avisos de recebimento – AR; e - mandados.
Em caso de indisponibilidade do sistema, o protocolo será efetuado		Por meio de relógio datador ou de carimbo do qual conste data, horário de recebimento, nome e matrícula do recebedor.
O recebimento de petições e documentos será registrado		Na via devolvida ao interessado, também mediante aposição de etiqueta impressa pelo sistema informatizado ou, em caso de indisponibilidade do sistema, por meio de relógio datador ou de carimbo do qual conste data, horário de recebimento, nome e matrícula do recebedor.

PROVIMENTO GERAL DA CORREGEDORIA APLICADO AOS JUÍZES E OFÍCIOS JUDICIAIS — ART. 63

Fica dispensado de novo protocolo na vara	O documento protocolizado na unidade de protocolo judicial ou na Distribuição.
As petições e os documentos protocolizados em vara diversa daquela em que o processo tramita	Deverão ser imediatamente encaminhados à secretaria da vara originária, onde serão protocolizados, mantido o registro do protocolo inicialmente recebido e vedada qualquer anotação que o torne sem efeito.

Seção VII
Da Juntada

Juntada é o ato de anexar no processo uma petição ou um documento. É feito por servidor da serventia judicial.

Art. 63. A juntada de petições, mandados, ofícios, Avisos de Recebimento – AR e demais documentos deverá ser realizada no prazo máximo de 48 (quarenta e oito) horas, salvo os casos que reclamem apreciação imediata pelo Juiz, hipótese em que serão imediatamente juntados e levados à conclusão.

§ 1º A juntada deverá ser certificada no sistema informatizado.

§ 2º O Aviso de Recebimento – AR será juntado no verso da cópia do respectivo documento a que alude o caput deste artigo. (*Redação dada pelo Provimento 9, de 2016*)

§ 3º O Aviso de Recebimento – AR devolvido sem o efetivo cumprimento não necessitará ser juntado aos autos, bastando que seja certificada a informação prestada pelos Correios quanto ao motivo do não cumprimento.

Prazo para a juntada de petições, mandados, ofícios, Avisos de Recebimento – AR e demais documentos	Regra	No máximo de 48 (quarenta e oito) horas.
	Exceção	Os casos que reclamem apreciação imediata pelo Juiz serão imediatamente juntados e levados à conclusão.
A juntada deverá ser certificada	No sistema informatizado.	
O Aviso de Recebimento – AR será juntado	No verso da cópia do respectivo documento a que alude o *caput* deste artigo (petições, mandados, ofícios, Avisos de Recebimento – AR e demais documentos).	
Não necessitará ser juntado aos autos	O Aviso de Recebimento – AR devolvido sem o efetivo cumprimento, bastando que seja certificada a informação prestada pelos Correios quanto ao motivo do não cumprimento.	

Art. 64. Caso haja a necessidade da juntada de documentos em autos de processos que estejam conclusos, é vedado o lançamento de andamentos que importem na retirada do processo da conclusão.

§ 1º A certificação da juntada deverá ser lançada no sistema com a informação sobre a manutenção dos autos na conclusão.

§ 2º Após a juntada, os autos deverão ser guardados no mesmo escaninho de onde foram retirados.

Se necessária a juntada de documentos em autos de processos que estejam conclusos	A certificação da juntada deverá ser lançada no sistema com a informação sobre a manutenção dos autos na conclusão. É vedado o lançamento de andamentos que importem na retirada do processo da conclusão.
Após feita a juntada	Os autos deverão ser guardados no mesmo escaninho de onde foram retirados.

PARA PRATICAR

830. **(Cespe/TJDFT/Analista Judiciário – Área Judiciária/2015)** Caso a petição seja protocolizada pelo advogado em vara diversa daquela em que tramita o processo, deverá o servidor anular o registro do protocolo realizado e, imediatamente, encaminhar a petição à vara correta, onde receberá novo e definitivo protocolo. ( )

831. **(Inédita)** Para garantia do princípio da informação, todas as petições e demais documentos entregues na secretaria da vara serão protocolizados mediante aposição de etiqueta impressa pelo sistema informatizado do Tribunal ou por meio de relógio datador ou carimbo em caso de indisponibilidade do sistema. ( )

832. **(Inédita)** A juntada de petições e demais documentos deverá ser realizada no prazo máximo de vinte e quatro horas, podendo esse prazo ser abreviado quando a urgência o exigir. ( )

833. **(Inédita)** Não é necessária a juntada aos autos de aviso de recebimento – AR devolvidos sem o devido cumprimento. ( )

834. **(Inédita)** Após a implantação do sistema eletrônico de andamento processual, o protocolo de petições e documentos serão feitos exclusivamente mediante aposição de etiqueta impressa pelo sistema informatizado do Tribunal. ( )

835. **(Inédita)** É vedada a juntada de documentos em autos que estejam conclusos ao juiz. ( )

COMENTÁRIOS

830. **(E)** As petições e os documentos protocolizados em vara diversa daquela em que o processo tramita deverão ser imediatamente encaminhados à secretaria da vara originária, onde serão protocolizados, mantido o registro do protocolo inicialmente recebido e vedada qualquer anotação que o torne sem efeito (art. 62, § 4º).

831. **(E)** Nem todas as petições e demais documentos entregues na secretaria da vara são protocolizados mediante aposição de etiqueta impressa pelo sistema informatizado. O art. 62 excepciona os avisos de recebimento – AR e os mandados.

832. **(E)** O prazo para a juntada de petições e demais documentos é de no máximo quarenta e oito horas e não de vinte e quatro horas como afirma a questão. Nos casos em que reclamem apreciação imediata pelo Juiz, os autos serão imediatamente juntados e levados à conclusão. (art. 63).

833. (C) O aviso de recebimento devolvido sem o efetivo cumprimento não necessitará ser juntado aos autos, bastando certidão da secretaria informando o motivo do não cumprimento pelos Correios (art. 63, § 3º).

834. (E) Em regra, as petições e os demais documentos entregues na secretaria da vara serão protocolizados mediante aposição de etiqueta impressa pelo sistema informatizado, exceto os avisos de recebimento e os mandados (art. 62, caput). Todavia, em caso de indisponibilidade do sistema, o protocolo será efetuado por meio de relógio datador ou de carimbo do qual conste data, horário de recebimento, nome e matrícula do recebedor (art. 62, § 1º).

835. (E) Não é vedada a juntada de documentos em autos que estejam conclusos ao juiz. O que não é permitido é o lançamento de andamentos que importem na retirada do processo da conclusão (art. 64).

Seção VIII
Das Publicações no Diário de Justiça eletrônico – DJe

Art. 65. O Diário de Justiça eletrônico – DJe do Tribunal de Justiça do Distrito Federal e dos Territórios é o instrumento oficial de publicação dos atos judiciais, administrativos e de comunicação em geral.

§ 1º A publicação eletrônica não substituirá a intimação ou vista pessoal nos casos em que a lei as exigir.

§ 2º É isenta de custas a publicação de atos no DJe.

O Diário de Justiça eletrônico – DJe do Tribunal de Justiça do Distrito Federal e dos Territórios	É o instrumento oficial de publicação dos atos judiciais, administrativos e de comunicação em geral.
As publicações dos atos no DJe	- Não substituem a intimação ou a vista pessoal nos casos em que a lei as exigir; - São isentas de custas.

Art. 66. A remessa de expediente para publicação no Diário da Justiça eletrônico será feita por meio eletrônico e deverá restringir-se aos atos judiciais que forem estritamente obrigatórios e essenciais, assim entendidos:

I – a parte dispositiva da sentença;

II – as decisões interlocutórias, os despachos e os atos ordinatórios que devam ser cumpridos ou atendidos pelas partes ou por terceiros interessados;

III – as datas designadas para a realização de atos processuais, tais como audiências, leilões e perícias judiciais; (*Redação dada pelo Provimento 1, de 2016*)

IV – os editais.

Parágrafo único. A publicação do edital de citação deverá ser feita na rede mundial de computadores, no sítio eletrônico do Tribunal e na plataforma de editais do Conselho Nacional de Justiça, sendo obrigatória a certificação do ato nos autos. (*Redação dada pelo Provimento 1, de 2016*)

ART. 66 — TJDFT – EM ESQUEMAS

Como é feita a remessa de expediente para publicação no Diário da Justiça eletrônico	Por meio eletrônico.
Estão sujeitos à publicação no DJe	Os atos judiciais que forem estritamente obrigatórios e essenciais, assim entendidos: - a parte dispositiva da sentença; - as decisões interlocutórias, os despachos e os atos ordinatórios que devam ser cumpridos ou atendidos pelas partes ou por terceiros interessados; - as datas designadas para a realização de atos processuais, tais como audiências, leilões e perícias judiciais; - os editais.
Onde deverá ser feita a publicação do edital de citação	Na rede mundial de computadores, no sítio eletrônico do Tribunal e na plataforma de editais do Conselho Nacional de Justiça, sendo obrigatória a certificação do ato nos autos.

PARA PRATICAR

836. **(Cespe/TJDFT/Técnico Judiciário/2013)** É obrigatória, sob pena de nulidade processual, a publicação do inteiro teor da sentença no órgão oficial da imprensa. ( )

837. **(Cespe/TJDFT/Segurança e Transporte/2003)** Nem todos os atos judiciais praticados em processos precisam ser enviados à publicação. ( )

838. **(Cespe/TJDFT/Oficial Avaliador/1997)** A publicidade de atos administrativos expedidos pelos juízes deve dar-se por meio da imprensa oficial. ( )

COMENTÁRIOS

836. (E) Não é obrigatória a publicação do inteiro teor da sentença, mas apenas de sua parte dispositiva. A publicação dos atos processuais no órgão oficial da imprensa (Diário de Justiça eletrônico) deverá restringir-se aos atos judiciais que forem estritamente obrigatórios e essenciais, assim entendidos: a parte dispositiva da sentença; as decisões interlocutórias, os despachos e os atos ordinatórios que devam ser cumpridos ou atendidos pelas partes ou por terceiros interessados; as datas designadas para a realização de atos processuais, tais como audiências, leilões e perícias judiciais; os editais (art. 66).

837. (C) A publicação dos atos processuais no órgão oficial da imprensa (Diário de Justiça eletrônico) restringe-se aos atos judiciais que forem estritamente obrigatórios e essenciais, assim entendidos: a parte dispositiva da sentença; as decisões interlocutórias, os despachos e os atos ordinatórios que devam ser cumpridos ou atendidos pelas partes ou por terceiros interessados; as datas designadas para a realização de atos processuais, tais como audiências, leilões e perícias judiciais; os editais. Assim, não são todos os atos judiciais praticados em processos que precisarão ser enviados à publicação (art. 66).

838. (C) A publicidade dos atos judiciais, administrativos e os de comunicação em geral é feita pelo Diário de Justiça eletrônico – DJe do Tribunal de Justiça do Distrito Federal e dos Territórios, o qual constitui-se o instrumento oficial de publicação dos atos na Justiça do Distrito Federal e dos Territórios (art. 65).

PROVIMENTO GERAL DA CORREGEDORIA APLICADO AOS JUÍZES E OFÍCIOS JUDICIAIS — ART. 70

Seção IX
Dos Mandados

Mandado é uma ordem expedida pelo Juiz para a realização de algum ato processual. Pode ser ordem de citação, intimação, busca e apreensão, penhora, libertação de preso, entre outras.

Art. 67. O diretor de secretaria adotará, como regra, a via postal para a comunicação dos atos processuais, utilizando-se do oficial de justiça, exclusivamente, nos casos previstos em lei.

Art. 68. A comunicação dos atos processuais por via postal será feita pela Empresa Brasileira de Correios e Telégrafos – ECT, mediante sistema de postagem com Aviso de Recebimento – AR ou Aviso de Recebimento em Mão Própria – AR/MP.

Parágrafo único. Para o cumprimento do disposto no caput deverão ser observadas as normas regulamentares de endereçamento e postagem definidas pela ECT.

Art. 69. O mandado de citação ou de intimação por via postal será expedido de modo a permitir a realização do ato, também, por meio de oficial de justiça.

Parágrafo único. Frustrada a citação ou intimação por via postal, o mandado será destacado do envelope para cumprimento por oficial de justiça.

	Regra	Pela via postal.
A comunicação dos atos processuais é feita	Exceção	Por meio de oficial de justiça, exclusivamente nos casos previstos em lei.
A comunicação dos atos processuais por via postal será feita	pela Empresa Brasileira de Correios e Telégrafos – ECT mediante	- sistema de postagem com Aviso de Recebimento – AR; ou - Aviso de Recebimento em Mão Própria – AR/MP.
Como é expedido o mandado de citação ou de intimação por via postal	É expedido de modo a permitir a realização do ato, também, por meio de oficial de justiça.	
Se frustrada a citação ou intimação por via postal	O mandado será destacado do envelope para cumprimento por oficial de justiça.	

Art. 70. O mandado será expedido pela secretaria da vara em uma única via contendo o endereço principal do destinatário indicado pela parte, observando-se os modelos padronizados pela Corregedoria.

§ 1º Não indicando a parte o endereço principal do destinatário, considerar-se-á como tal o primeiro endereço fornecido na petição inicial.

§ 2º Nos casos envolvendo vítimas ou pessoas em situação de perigo, o mandado deverá ser expedido separadamente para cada parte, de modo que apenas o endereço do destinatário conste do documento. (Inserido pelo Provimento 34, de 2019).

Art. 71. O mandado de intimação para audiência deverá ser encaminhado ao setor competente com antecedência mínima de 10 (dez) dias e máxima de 60 (sessenta) dias da data de realização do ato, salvo se a lei ou a urgência justificarem prazo diverso.

Art. 72. O mandado para constrição de bens deverá indicar todos os dados necessários para a sua consecução, inclusive o nome da pessoa indicada como depositária e o meio de contatá-la, sob pena de devolução sem o efetivo cumprimento.

Art. 73. O mandado que importe no encaminhamento de bens ao Depósito Público deverá ser expedido com uma via adicional para controle do depositário.

A expedição de mandados pela secretaria da vara é feita	- em uma única via contendo o endereço principal do destinatário indicado pela parte; - observados os modelos padronizados pela Corregedoria.
Se a parte não indicar o endereço principal do destinatário	Será considerado como principal o primeiro endereço fornecido na petição inicial.
Nos casos envolvendo vítimas ou pessoas em situação de perigo	O mandado deverá ser expedido separadamente para cada parte, de modo que apenas o endereço do destinatário conste do documento.
Mandado de intimação para audiência	Deverá ser encaminhado ao setor competente com antecedência mínima de dez dias e máxima de sessenta dias da data de realização do ato, salvo se a lei ou a urgência justificarem prazo diverso.
Mandado para constrição de bens	Deverá indicar todos os dados necessários para a sua consecução, inclusive o nome da pessoa indicada como depositária e o meio de contatá-la, sob pena de devolução sem o efetivo cumprimento.
Mandado que importe no encaminhamento de bens ao Depósito Público	Deverá ser expedido com uma via adicional para controle do depositário.

Art. 74. O mandado de prisão será expedido em conformidade com o parágrafo único do art. 285 do Código de Processo Penal.

§ 1º Do mandado de prisão constará, em destaque, o prazo de sua validade, assim considerado o da prescrição pela pena máxima cominada ao delito ou pela fixada na sentença condenatória.

§ 2º O mandado de prisão deverá ser registrado, de imediato, no Banco Nacional de Mandados de Prisão – BNMP, nos termos do art. 289-A do Código de Processo Penal e da Resolução nº 137, de 13 de julho de 2011, do CNJ, devendo a serventia encaminhar cópia, por meio eletrônico e em endereço específico para tal finalidade, ao órgão de capturas da Polícia Judiciária. (*Redação dada pelo Provimento 23, de 2018*)

§ 3º A vara deverá atualizar a informação de mandados de prisão registrados no BNMP e encaminhados à Polícia Judiciária no prazo máximo de 24 (vinte e quatro) horas, a contar da revogação da prisão ou do conhecimento do cumprimento da ordem, comunicando tal fato, eletronicamente e no endereço específico, ao órgão de capturas da Polícia Judiciária, para que se dê o imediato recolhimento do mandado. (*Redação dada pelo Provimento 23, de 2018*)

§ 4º Revogado o decreto de prisão ou absolvido o réu, o juízo requisitará imediatamente a devolução do mandado ao órgão encarregado de seu cumprimento.

Art. 75. Os mandados de prisão civil serão expedidos com validade de 1 (um) ano e renovados ao fim desse prazo, se ainda não cumprida a ordem judicial.

Art. 76. Nos mandados que possam exigir apoio policial deverá constar a expressão "em caso de necessidade, requisite-se reforço policial".

O mandado de prisão será expedido	Em conformidade com o parágrafo único do art. 285 do Código de Processo Penal.
Do mandado de prisão constará, em destaque	O prazo de sua validade, assim considerado o da prescrição pela pena máxima cominada ao delito ou pela fixada na sentença condenatória.
O mandado de prisão deverá ser registrado, de imediato	No Banco Nacional de Mandados de Prisão – BNMP, nos termos do art. 289-A do CPP e da Resolução nº 137, de 13/7/2011, do CNJ, devendo a serventia encaminhar cópia, por meio eletrônico e em endereço específico para tal finalidade, ao órgão de capturas da Polícia Judiciária.
Revogado o decreto de prisão ou absolvido o réu	O juízo requisitará imediatamente a devolução do mandado ao órgão encarregado de seu cumprimento.
Os mandados de prisão civil serão expedidos	Com validade de um ano e renovados ao fim desse prazo, se ainda não cumprida a ordem judicial.
Nos mandados que possam exigir apoio policial	Deverá constar a expressão "em caso de necessidade, requisite-se reforço policial".

(*) O mandado de prisão: será lavrado pelo escrivão e assinado pela autoridade; designará a pessoa, que tiver de ser presa, por seu nome, alcunha ou sinais característicos; mencionará a infração penal que motivar a prisão; declarará o valor da fiança arbitrada, quando afiançável a infração; será dirigido a quem tiver qualidade para dar-lhe execução.

ART. 77 — TJDFT – EM ESQUEMAS

Art. 77. Os mandados deverão ser entregues na unidade de distribuição de mandados das 12h às 18h, salvo aqueles que se destinarem ao cumprimento de medidas urgentes, os quais serão recebidos até as 19h30.

Parágrafo único. Após as 19h30, as varas deverão encaminhar os mandados para cumprimento de medidas urgentes, por meio eletrônico, diretamente ao Núcleo de Plantão Judicial – NUPLA.

	ONDE	QUANDO
Entrega de mandados	Na unidade de distribuição de mandados	Das 12h às 18h
	Na unidade de distribuição de mandados	Até as 19h30, para os que se destinarem ao cumprimento de medidas urgentes.
	Diretamente ao Núcleo de Plantão Judicial – NUPLA, por meio eletrônico	Após as 19h30, para cumprimento de medidas urgentes

PARA PRATICAR

839. (Cespe/TJDFT/Analista Judiciário/2000 – adaptada) Uma vez expedido mandado de prisão civil que não venha a ser cumprido, embora ainda em vigor, cabe ao juiz renová-lo periodicamente, a fim de que a medida tenha eficácia, independentemente de requerimento do ministério público. ( )

840. (Inédita) A comunicação dos atos processuais é feita, como regra, por meio de oficial de justiça, utilizando-se a via postal em casos excepcionais. ( )

841. (Inédita) O mandado será expedido pela secretaria da vara em duas vias, sendo uma entregue ao destinatário e a outra juntada aos autos mediante certificação. ( )

842. (Inédita) O mandado de intimação para comparecimento à audiência deverá ser encaminhado ao setor competente para cumprimento com antecedência mínima de dez dias e máxima de sessenta dias da data da realização do ato, podendo esse prazo ser reduzido se a lei ou a urgência justificarem. ( )

843. (Inédita) Os mandados de prisão civil serão expedidos com validade de seis meses e renovados no final desse prazo, se ainda não cumprida a ordem judicial. ( )

COMENTÁRIOS

839. (E) Se ainda estão em vigor, não há necessidade de renovação do mandado de prisão civil, pois os mandados de prisão civil serão expedidos com validade de um ano e renovados ao fim desse prazo, se ainda não cumprida a ordem judicial (art. 75).

840. (E) O diretor de secretaria adotará, como regra, a via postal para a comunicação dos atos processuais, utilizando-se do oficial de justiça, exclusivamente, nos casos previstos em lei (art. 67).

841. (E) O mandado será expedido pela secretaria da vara em uma única via contendo o endereço principal do destinatário indicado pela parte, observando-se os modelos padronizados pela Corregedoria (art. 70).

842. (C) O mandado de intimação para audiência deverá ser encaminhado ao setor competente com antecedência mínima de dez dias e máxima de sessenta dias da data de realização do ato, salvo se a lei ou a urgência justificarem prazo diverso (art. 71).

843. (E) O prazo de validade dos mandados de prisão civil é de um ano e não de seis meses como afirma a questão. Os mandados de prisão civil deverão ser renovados ao final do prazo de validade, se ainda não cumprida a ordem judicial (art. 75).

Seção X
Dos Depósitos Judiciais e dos Alvarás de Levantamento de Valores

Depósito judicial é o valor em dinheiro colocado à disposição da Justiça para garantir direitos ou satisfazer obrigações. É depositado em instituição bancária oficial e por ela administrado.
Alvará de levantamento é o documento por meio do qual o Juiz autoriza o credor a receber determinada quantia recolhida em depósito judicial.

Art. 78. O recolhimento dos depósitos judiciais será efetuado em instituição bancária oficial, a qual administrará os valores, nos termos de instrumento próprio firmado com o Tribunal.

Art. 79. Os valores decorrentes de depósitos judiciais serão levantados mediante alvará judicial.

§ 1º O alvará deverá ser expedido, obrigatoriamente, por meio do sistema informatizado, podendo ser substituído pela transferência eletrônica do valor depositado em conta corrente vinculada ao juízo para outra indicada pelo exequente. *(Redação dada pelo Provimento 41, de 2019)*

§ 2º *(Revogado pelo Provimento 6, de 2016)*

§ 3º A instituição bancária dispõe de até 24 (vinte e quatro) horas, contadas da apresentação do alvará, para a liberação do valor em favor do beneficiário.

§ 4º A instituição bancária consultará a autenticidade do alvará no site do Tribunal, por meio do código de certificação constante do documento.

§ 5º O alvará de levantamento será expedido em nome da parte, ou do advogado que detiver procuração válida nos autos com poderes expressos para receber e dar quitação, ou em nome de ambos.

O recolhimento dos depósitos judiciais será efetuado	Em instituição bancária oficial, a qual administrará os valores, nos termos de instrumento próprio firmado com o Tribunal.
Os valores decorrentes de depósitos judiciais serão levantados	Mediante alvará judicial, o qual deverá ser expedido, obrigatoriamente, por meio do sistema informatizado.
O alvará deverá ser expedido	- obrigatoriamente, por meio do sistema informatizado; - o alvará pode ser substituído pela transferência eletrônica do valor depositado em conta corrente vinculada ao juízo para outra indicada pelo exequente.
Prazo para a liberação do valor em favor do beneficiário	A instituição bancária dispõe de até vinte e quatro horas, contadas da apresentação do alvará.

Autenticidade do alvará	Será consultada pela instituição bancária no site do Tribunal, por meio do código de certificação constante do documento.
O alvará de levantamento será expedido	- em nome da parte; ou - em nome do advogado que detiver procuração válida nos autos com poderes expressos para receber e dar quitação; ou - em nome de ambos.

Seção XI
Das Certidões, dos Ofícios, dos Alvarás e dos Demais Documentos

Certidão é o documento passado por funcionário que tem fé pública (escrivão, tabelião etc.), no qual são reproduzidas peças processuais e/ou escritos constantes de suas notas, ou são certificados atos e fatos que ele conheça em razão do cargo exercido (definição extraída do site do Superior Tribunal de Justiça).

Ofício é uma correspondência oficial emitida pelo cartório da Vara com o objetivo de dar a uma autoridade, pública ou particular, conhecimento sobre determinado ato processual.

Alvará é o documento por meio do qual o juiz concede autorização para a prática de algum ato processual (alvará de libertação de preso, de levantamento de valores, de levantamento de bens em depósito público etc.).

Autenticação de documentos é o ato de validar fotocópias de um documento ou de peças do processo como se originais fossem.

Art. 80. É obrigatória a utilização da assinatura visual (logomarca) do Tribunal e dos modelos padronizados pela Corregedoria nos documentos expedidos.

Art. 81. Os documentos expedidos pela serventia deverão identificar o nome de quem os assinou. (*Redação dada pelo Provimento 1, de 2016*).

Nos documentos expedidos pela serventia (certidões, ofícios, alvarás e outros)	- É obrigatória a utilização da assinatura visual (logomarca) do Tribunal e dos modelos padronizados pela Corregedoria nos documentos expedidos; - Deve ser identificado o nome de quem os assinou.

Art. 82. Os ofícios expedidos serão datados e numerados em ordem crescente, reiniciando-se a cada ano, e farão referência ao número do processo, quando houver.

Art. 83. As correspondências concernentes a processos com réu preso serão remetidas pelo meio mais rápido e seguro, apondo-se carimbo com a palavra URGENTE, tanto no expediente quanto no envelope.

Os ofícios expedidos pelos cartórios das varas	Serão datados e numerados em ordem crescente, reiniciando-se a cada ano, e farão referência ao número do processo, quando houver.
As correspondências relativas a processos com réu preso	Serão remetidas pelo meio mais rápido e seguro, apondo-se carimbo com a palavra URGENTE, tanto no expediente quanto no envelope.

Art. 84. As certidões serão expedidas sem rasuras e com inutilização dos espaços não aproveitados, no prazo máximo de 5 (cinco) dias, salvo motivo justificado. (*Redação dada pelo Provimento 1, de 2016*)

§ 1º O fornecimento de certidão a pessoa estranha à relação processual dependerá de requerimento escrito, do qual conste a devida qualificação do requerente.

§ 2º O nome do requerente constará das certidões.

§ 3º O nome da vítima não poderá constar das certidões e dos documentos referentes a informações sobre o andamento de processos criminais.

§ 4º São gratuitas as certidões expedidas pelos ofícios judiciais e órgãos administrativos da Corregedoria.

Certidões	- serão expedidas sem rasuras; - serão expedidas no prazo máximo de cinco dias, salvo motivo justificado; - serão inutilizados os espaços não aproveitados; - poderão ser fornecidas a pessoa estranha à relação processual mediante requerimento escrito, do qual conste a devida qualificação do requerente; - deverá conter o nome do requerente; - não poderá constar o nome da vítima das certidões e dos documentos referentes a informações sobre o andamento de processos criminais; - são gratuitas as certidões expedidas pelos ofícios judiciais e órgãos administrativos da Corregedoria.

Art. 85. A autenticação de documentos é privativa do diretor de secretaria ou de seu substituto, limitando-se a cópias de documentos originais ou dos legalmente autenticados, desde que relacionados a processos do juízo.

§ 1º A autenticação de documentos está sujeita ao recolhimento prévio de custas.

§ 2º A secretaria da vara dispõe do prazo máximo de 5 (cinco) dias para a diligência, salvo nos casos de comprovada urgência para instrução de recursos, hipótese em que a autenticação se fará de imediato. (*Redação dada pelo Provimento 1, de 2016*)

§ 3º O Juiz poderá, mediante portaria, designar outros servidores a ele subordinados para autenticar documentos.

§ 4º Cópia integral de autos de processo destinado ao Tribunal pode ser autenticada por certidão única.

Autenticação de documentos	- é privativa do diretor de secretaria ou de seu substituto; - pode ser realizada por servidores da vara designados pelo Juiz mediante portaria; - restringe-se a cópias de documentos originais ou dos legalmente autenticados, desde que relacionados a processos do juízo. - está sujeita ao recolhimento prévio de custas. - será realizada no prazo máximo de cinco dias, salvo nos casos de comprovada urgência para instrução de recursos, hipótese em que a autenticação se fará de imediato. - pode ser realizada por certidão única quando se tratar de cópia integral de autos de processo destinado ao Tribunal.

Art. 86. O alvará de liberação do bem guardado no Depósito Público conterá a advertência expressa de que o bem deverá ser retirado pelo interessado em até 30 (trinta) dias corridos, sob pena de alienação em hasta pública ou doação a entidades sem fins lucrativos.

§ 1º O alvará somente será entregue ao interessado mediante comprovação do pagamento das custas de depósito.

§ 2º Para fiscalização do prazo de retirada do bem, a vara deverá encaminhar ao depositário público uma via do alvará com a informação da data da sua entrega ao interessado.

Alvará de liberação do bem guardado no Depósito Público	- Conterá a advertência expressa de que o bem deverá ser retirado pelo interessado em até trinta dias corridos, sob pena de alienação em hasta pública (*) ou doação a entidades sem fins lucrativos. - Somente será entregue ao interessado mediante comprovação do pagamento das custas de depósito(**). - Uma cópia deverá ser encaminhada ao depositário público com a informação da data da sua entrega ao interessado, para fiscalização do prazo de retirada do bem.
(*) Hasta pública é o mesmo que leilão judicial.	
(**) O alvará propriamente dito não está sujeito ao pagamento de custas, mas a sua expedição depende da comprovação do pagamento das custas de depósito.	

PARA PRATICAR

844. **(Cespe/TJDFT/Analista Judiciário – Área Judiciária/2015 - adaptada)** As quantias decorrentes de depósitos judiciais só poderão ser levantadas mediante alvará judicial, o qual deve ser expedido obrigatoriamente por meio do sistema informatizado. ( )

845. **(Cespe/TJDFT/Execução de Mandados/2003)** As certidões a serem emitidas pelos ofícios judiciais podem sê-lo no prazo de até cinco dias e serão válidas desde que ostentem a assinatura do diretor de secretaria. ( )

846. **(Cespe/TJDFT/Analista Judiciário/2003)** A despeito da necessidade de preservação da intimidade e dos demais direitos fundamentais das partes envolvidas em processo, é permitida a extração de certidão para entrega a pessoa estranha à relação processual. ( )

PROVIMENTO GERAL DA CORREGEDORIA APLICADO AOS JUÍZES E OFÍCIOS JUDICIAIS — ART. 87

847. **(Cespe/TJDFT/Oficial Avaliador/1997)** As certidões expedidas pelas secretarias das varas do Distrito Federal, destinadas à defesa de direitos e ao esclarecimento de situações de interesse pessoal, estão sujeitas ao pagamento de taxa pela expedição, a fim de cobrir os respectivos custos. ( )
848. **(Inédita)** A autenticação de documentos não esta sujeita a pagamento de taxa. ( )
849. **(Inédita)** O diretor de secretaria, por ser possuidor de fé pública, pode atestar a autenticação de qualquer documento que lhe for requerido no balcão da vara. ( )

COMENTÁRIOS

844. **(C)** Os valores decorrentes de depósitos judiciais serão levantados mediante alvará judicial (art. 79). O alvará deverá ser expedido, obrigatoriamente, por meio do sistema informatizado (art. 79, § 1º, 1ª parte).
845. **(E)** As certidões serão expedidas no prazo máximo de cinco dias, salvo motivo justificado (art. 84). Deverão identificar o nome de quem os assinou (art. 81). Não há previsão no provimento de que a assinatura deva ser obrigatoriamente do diretor de secretaria.
846. **(C)** De fato, o provimento não veda o fornecimento de certidão a pessoa estranha à relação processual, mas deverá haver requerimento por escrito, do qual conste a devida qualificação do requerente (art. 84, § 1º).
847. **(E)** São gratuitas as certidões expedidas pelos ofícios judiciais e órgãos administrativos da Corregedoria (art. 84, § 4º).
848. **(E)** A autenticação de documentos está sujeita ao recolhimento prévio de custas (art. 85, § 1º).
849. **(E)** A autenticação de documentos limita-se a cópias de documentos originais ou dos legalmente autenticados, desde que relacionados a processos do juízo (art. 85).

Seção XII
Dos Documentos e dos Feitos Sob Sigilo ou em Segredo de Justiça

São processos que tramitam em segredo de justiça os que exigir o interesse público ou social, os que versam sobre casamento, separação de corpos, divórcio, separação, união estável, filiação, alimentos e guarda de crianças e adolescentes; os que constem dados protegidos pelo direito constitucional à intimidade; os que versem sobre arbitragem, inclusive sobre cumprimento de carta arbitral, desde que a confidencialidade estipulada na arbitragem seja comprovada perante o juízo (art. 189, CPC), entre outros.

São procedimentos ou documentos que tramitam sob sigilo os que, como regra, envolvem investigações policiais, pedidos de escuta telefônica, quebra de sigilo bancário ou fiscal etc.

Art. 87. Os documentos, as medidas cautelares e os procedimentos criminais sigilosos exigirão cuidado diferenciado.

§ 1º Considera-se sob sigilo qualquer documento, medida cautelar ou procedimento que, por sua natureza, exija a preservação do segredo das informações nele contidas para assegurar a eficácia da investigação criminal, tais como os pedidos de quebra de sigilo e de escuta telefônica, de prisão preventiva ou temporária, e de quebra de sigilo bancário ou fiscal.

§ 2º O sigilo será mantido até que seja proferida decisão que afaste essa condição.

§ 3º Não serão prestadas quaisquer informações sobre documentos, medidas cautelares e procedimentos sob sigilo, salvo às autoridades diretamente envolvidas na investigação.

Art. 88. Os documentos e os feitos previstos no artigo anterior serão acondicionados em envelope lacrado, do qual constará apenas o número de distribuição e no qual será afixada etiqueta ou aposto carimbo com as palavras "SOB SIGILO".

§ 1º Os documentos ou feitos devolvidos pelo Ministério Público ou delegacia de polícia somente poderão ser recebidos pela vara de origem.

§ 2º Em razão do caráter sigiloso, os documentos tramitarão de modo diferenciado no sistema de protocolo e de endereçamento ao Ministério Público e às delegacias de polícia, e os responsáveis pela tramitação deverão acautelar-se da segurança e da proteção do seu conteúdo.

§ 3º Não constarão na etiqueta de distribuição e no sistema informatizado dados que comprometam o caráter sigiloso do feito, tal como o seu vínculo de dependência a outro processo.

DOS DOCUMENTOS, MEDIDAS CAUTELARES E PROCEDIMENTOS SIGILOSOS	
Considera-se sob sigilo	Qualquer documento, medida cautelar ou procedimento que, por sua natureza, exija a preservação do segredo das informações nele contidas para assegurar a eficácia da investigação criminal, tais como: - os pedidos de quebra de sigilo e de escuta telefônica; - os pedidos de prisão preventiva ou temporária; - os pedidos de quebra de sigilo bancário ou fiscal.
Os documentos, as medidas cautelares e os procedimentos criminais sigilosos	Exigirão cuidado diferenciado.
O sigilo será mantido	Até que seja proferida decisão que afaste essa condição.
Informações	Não serão prestadas, salvo às autoridades diretamente envolvidas na investigação.
Cuidados	- Serão acondicionados em envelope lacrado; - No envelope constará apenas o número de distribuição e será afixada etiqueta ou aposto carimbo com as palavras "SOB SIGILO".
Recebimento	Somente a vara de origem poderá receber os documentos ou feitos devolvidos pelo Ministério Público ou pela delegacia de polícia.
Trâmite	- Tramitarão de modo diferenciado no sistema de protocolo e de endereçamento ao Ministério Público e às delegacias de polícia; - Os responsáveis pela tramitação deverão acautelar-se da segurança e da proteção do seu conteúdo.
Não constarão na etiqueta de distribuição e no sistema informatizado	Dados que comprometam o caráter sigiloso do feito, tal como o seu vínculo de dependência a outro processo.

Art. 89. Na expedição e tramitação de documentos e de feitos sob segredo de justiça serão adotadas as seguintes medidas:

I – aposição de etiqueta ou carimbo no documento, no mandado ou na capa dos autos, com a informação "SEGREDO DE JUSTIÇA";

II – salvaguarda da identidade das partes na publicação de atos processuais na imprensa oficial, sendo que nas hipóteses de inobservância desta garantia, caberá ao juízo solicitar a retificação da publicação à unidade competente, mediante a inserção de tarja opaca para ocultação dos dados sensíveis. (*Redação dada pelo Provimento 40, de 2019*)

III – fornecimento de certidão acerca do feito apenas às partes e aos seus procuradores, salvo expressa autorização do Juiz.

O art. 84, § 1º, admite o fornecimento de certidões em geral a pessoa estranha ao processo desde que requerido por escrito e conste a qualificação do requerente. No caso específico de feitos em segredo de justiça, aplica-se a disposição do art. 89, III.

Parágrafo único. Na hipótese de citação com hora certa, a contrafé será entregue em envelope lacrado.

DOS DOCUMENTOS E DOS FEITOS SOB SEGREDO DE JUSTIÇA	
Serão adotadas as seguintes medidas na expedição e tramitação de documentos e de feitos sob segredo de justiça	- aposição de etiqueta ou carimbo no documento, no mandado ou na capa dos autos, com a informação "SEGREDO DE JUSTIÇA"; - salvaguarda da identidade das partes na publicação de atos processuais na imprensa oficial; - não sendo observada a salvaguarda da identidade, caberá ao juízo solicitar a retificação da publicação à unidade competente, mediante a inserção de tarja opaca para ocultação dos dados sensíveis. - fornecimento de certidão acerca do feito apenas às partes e aos seus procuradores, salvo expressa autorização do Juiz; - na hipótese de citação com hora certa, a contrafé será entregue em envelope lacrado.

PARA PRATICAR

850. (Cespe/TJDFT/Analista Judiciário/2003) Do processo em segredo de justiça nenhuma certidão que possa causar a divulgação do nome das partes ou do objeto do processo poderá ser expedida. ( )

851. (Cespe/TJDFT/Analista Judiciário/2003) Nos processos que tramitem em segredo de justiça, o dever de manter sigilo deixa de existir para os servidores dos ofícios judiciais após serem proferidas as decisões do juiz da causa. ( )

852. (Inédita) Nos processos que tramitam em segredo de justiça, é vedada qualquer publicação na imprensa oficial de atos a eles pertinentes. ( )

COMENTÁRIOS

850. (E) Nos processos que tramitam em segredo de justiça, é permitida a expedição e o fornecimento de certidão às partes e seus procuradores, podendo ainda ser fornecidas certidões em outros casos quando houver expressa autorização do juiz. Ao incluir a locução "nenhuma certidão", a banca restringiu o enunciado tornando-o incorreto. (art. 89, III).

851. (E) Para cessar o dever de sigilo, o juiz tem que proferir uma decisão específica, afastando o caráter sigiloso (art. 87, § 2º). Ao se referir a "decisões", de forma genérica, a banca tornou o enunciado incorreto. Além disso, a cessação do dever de sigilo é possível somente nos processos sigilosos, não nos processo que tramitem em segredo de justiça, pois, para estes, não há previsão de cessação do segredo.

852. (E) Não é proibida a publicação na imprensa de atos pertinentes a processos que tramitam em segredo de justiça; mas será resguardada a identidade das partes na publicação de atos processuais na imprensa oficial (art. 89, II, 1ª parte).

Seção XIII
Das Cartas de Guia

Carta de guia é o documento destinado ao cumprimento da execução da pena do condenado, seja privativa de liberdade, restritiva de direitos ou medidas de segurança.

Art. 90. A serventia deverá remeter à Vara de Execuções Penais do Distrito Federal – VEP, à Vara de Execuções das Penas e Medidas Alternativas do Distrito Federal – VEPEMA ou à Vara de Execuções das Penas em Regime Aberto do Distrito Federal – VEPERA, conforme o caso, a carta de guia, extraída do processo penal com sentença condenatória ou absolutória imprópria transitada em julgado, para execução da pena. (*Redação dada pelo Provimento 1, de 2016*)

Será remetida pela serventia para execução da pena	A carta de guia extraída do processo penal com sentença condenatória(*) ou absolutória imprópria(**) transitada em julgado.
A carta de guia será remetida, conforme o caso	À **VEP** – Vara de Execuções Penais do Distrito Federal (***)
	À **VEPEMA** – Vara de Execuções das Penas e Medidas Alternativas do Distrito Federal (****)
	À **VEPERA** – Vara de Execuções das Penas em Regime Aberto do Distrito Federal (*****)
(*) Denomina-se **sentença condenatória** aquela que aplica ao condenado pena de prisão ou penas restritivas de direito.		
(**) Denomina-se **sentença absolutória imprópria** aquela que aplica medida de segurança (tratamento em hospital de custódia ou ambulatorial aos criminosos inimputáveis).		
(***) A VEP executa penas de prisão (regime fechado ou semiaberto). (****) A VEPEMA executa penas restritivas de direito. (*****) A VEPERA executa penas dos sentenciados em regime aberto.		

Art. 91. Tratando-se de réu preso por sentença condenatória recorrível, será expedida carta de guia para execução provisória da pena privativa de liberdade, ainda que pendente recurso sem efeito suspensivo, caso em que o juízo da execução definirá o agendamento dos benefícios cabíveis.

§ 1º A carta de guia para execução provisória será remetida à VEP, à VEPEMA ou à VEPERA, conforme o caso, após o recebimento do recurso, independentemente de quem o tenha interposto, acompanhada, no que couber, das peças e informações previstas no artigo 1º da Resolução nº 113, de 20 de abril de 2010, do CNJ. (*Redação dada pelo Provimento 1, de 2016*)

§ 2º A expedição da carta de guia para execução provisória será certificada nos autos do processo criminal.

§ 3º Sobrevindo o trânsito em julgado da condenação, o juízo de conhecimento encaminhará as peças complementares, nos termos do art. 1º da Resolução nº 113, de 20 de abril de 2010, do CNJ, à VEP, à VEPEMA ou à VEPERA para as providências cabíveis. (*Redação dada pelo Provimento 1, de 2016*)

§ 4º Havendo, após o julgamento em segunda instância, decisão que determine o início imediato de execução da pena, a vara de origem, tão logo cientificada, expedirá a carta de guia provisória, instruída com a respectiva decisão e os demais documentos necessários, à VEP, à VEPEMA ou à VEPERA, conforme o caso, e, sobrevindo o trânsito em julgado da condenação, adotará as providências previstas no parágrafo antecedente. (*Incluído pelo Provimento 2, de 2016*)

Tratando-se de réu preso por sentença condenatória recorrível	Será expedida carta de guia para execução provisória da pena privativa de liberdade, ainda que pendente recurso sem efeito suspensivo, caso em que o juízo da execução definirá o agendamento dos benefícios cabíveis.	
A carta de guia para execução provisória será remetida, conforme o caso	- à VEP; - à VEPEMA ou - à VEPERA	após o recebimento do recurso, independentemente de quem o tenha interposto, acompanhada, no que couber, das peças e informações previstas no artigo 1º da Resolução nº 113, de 20/4/2010, do CNJ.
Será certificada nos autos do processo criminal	A expedição da carta de guia para execução provisória.	
Sobrevindo o trânsito em julgado da condenação	O juízo de conhecimento encaminhará as peças complementares, nos termos do art. 1º da Resolução nº 113, de 20/4/2010, do CNJ, para as providências cabíveis	- à VEP; - à VEPEMA ou - à VEPERA.

Se houver, após o julgamento em segunda instância, decisão que determine o início imediato de execução da pena	A vara de origem, tão logo cientificada, expedirá a carta de guia provisória, instruída com a respectiva decisão e os demais documentos necessários, conforme o caso	- à VEP, - à VEPEMA ou - à VEPERA.
	Sobrevindo o trânsito em julgado da condenação	O juízo de conhecimento encaminhará as peças complementares, nos termos do art. 1º da Resolução nº 113, de 20/4/2010, do CNJ, para as providências cabíveis.

Art. 92. A carta de guia, além dos requisitos legais, deverá conter:

I – data da suspensão processual, quando determinada nas hipóteses do § 3º do art. 89 da Lei nº 9.099, de 26 de setembro de 1995, e do art. 366 do Código de Processo Penal;

II – informações sobre substituição da pena privativa de liberdade por pena restritiva de direitos;

III – informação sobre a ocorrência de pagamento de fiança, hipótese em que deverá ser encaminhada cópia da guia de depósito.

A carta de guia deverá conter, além dos requisitos legais	- a data da suspensão processual, quando determinada nas hipóteses do § 3º do art. 89 da Lei nº 9.099/95, e do art. 366 do CPP; - as informações sobre substituição da pena privativa de liberdade por pena restritiva de direitos; - a informação sobre a ocorrência de pagamento de fiança, hipótese em que deverá ser encaminhada cópia da guia de depósito.

Seção XIV
Da Consulta e da Carga de Autos

A **consulta** é o simples acesso dos autos no balcão da secretaria da vara.
A **carga** é a retirada dos autos, mediante recibo.

Art. 93. As partes, os estagiários, os interessados e os advogados, mesmo sem procuração nos autos, poderão consultar, na secretaria da vara, autos de qualquer processo, salvo os que tramitam em segredo de justiça ou sob sigilo.

§ 1º Nos processos que tramitam em segredo de justiça a consulta aos autos será restrita às partes e aos seus advogados.

§ 2º Nos processos que tramitam sob sigilo deverá ser observado o disposto no § 3º do art. 87 deste Provimento.

§ 3º Poderão ser utilizados equipamentos eletrônicos portáteis para digitalização de documentos no balcão da vara, desde que não haja desmonte dos autos.

DA CONSULTA DOS AUTOS	
Quem pode consultar autos do processo na secretaria da vara	- as partes; - os estagiários; - os interessados; - os advogados, mesmo sem procuração nos autos.
Quais os processos podem ser consultados	Qualquer processo, salvo os que tramitam em segredo de justiça ou sob sigilo.
A consulta dos processos que tramitam em segredo de justiça será restrita	- às partes e - aos advogados das partes.
Nos processos que tramitam sob sigilo	Não serão prestadas quaisquer informações, salvo às autoridades diretamente envolvidas na investigação (art. 87, § 3º).
É permitida no balcão da vara a utilização	De equipamentos eletrônicos portáteis para digitalização de documentos, desde que não haja desmonte dos autos.

Art. 94. Para a segurança dos autos, os advogados, as pessoas credenciadas a pedido do advogado ou da sociedade de advogados, bem como estagiários de direito devidamente autorizados e os peritos somente poderão retirá-los da secretaria da vara por meio de carga. (*Redação dada pelo Provimento 1, de 2016*)

Parágrafo único. O advogado e o estagiário de direito serão identificados por meio do documento de identificação profissional, nos termos do art. 13, da Lei nº 8.906, de 4 de julho de 1994.

Art. 95. O estagiário de direito somente estará apto a ter carga dos autos se, munido da carteira de estagiário ou de declaração que a substitua, emitida pela Ordem dos Advogados do Brasil – OAB, estiver cadastrado no sistema informatizado do Tribunal e expressamente autorizado pelo procurador constituído.

§ 1º A autorização ou o substabelecimento deverá conter declaração do advogado na qual se responsabilize por todos os atos praticados pelo estagiário.

§ 2º A carga será gerada em nome do advogado constituído nos autos para fins de controle de prazos, geração de relatórios e eventual necessidade de intimação para restituição de autos, colhendo-se no ato a identificação do estagiário, da pessoa credenciada ou do representante da sociedade de advogados. (*Redação dada pelo Provimento 1, de 2016*)

Art. 96. A carga de autos será feita por meio do sistema informatizado, com a impressão de apenas uma cópia da guia, a qual será juntada ao processo após a assinatura do advogado ou estagiário, procedendo-se a digitalização e arquivamento em pasta virtual compartilhada na serventia. (*Redação dada pelo Provimento 4, de 2016*)

§ 1º Caso o sistema esteja inoperante, a carga será provisoriamente registrada em pasta, seguindo-se o seu lançamento no sistema tão logo disponível.

§ 2º Deverão constar da carga nome, endereço, telefone e prazo respectivo.

§ 3º A secretaria da vara deverá fornecer comprovante de recebimento no momento da devolução dos autos.

§ 4º É vedado reter documento de identificação de advogados, estagiários ou partes.

DA CARGA DOS AUTOS	
Os autos do processo somente podem ser retirados da vara	Por meio de carga.
Quem pode obter carga dos autos	- os advogados(*); - as pessoas credenciadas a pedido do advogado ou da sociedade de advogados; - os estagiários de direito devidamente autorizados; - os peritos.
Advogado sem procuração nos autos	Poderá obter carga pelo prazo de dez dias, **em se tratando de processo findo que permaneça na serventia judicial,** salvo nas hipóteses do art. 7º, § 1º, itens 1 e 2, da Lei nº 8.906, de 4/7/1994 (processos em segredo de justiça e quando existirem nos autos documentos originais de difícil restauração) (art. 98).
A identificação do advogado e do estagiário de direito será feita	Por meio do documento de identificação profissional, nos termos do art. 13 da Lei nº 8.906, de 4/7/1994.
O estagiário de direito somente estará apto a ter carga dos autos	- se estiver munido da carteira de estagiário ou de declaração que a substitua, emitida pela OAB; - se estiver cadastrado no sistema informatizado do Tribunal; - se estiver expressamente autorizado pelo procurador constituído.
A autorização concedida ao estagiário ou o substabelecimento deverá conter	Declaração do advogado na qual se responsabilize por todos os atos praticados pelo estagiário.
A carga será gerada	Em nome do advogado constituído nos autos para fins de controle de prazos, geração de relatórios e eventual necessidade de intimação para restituição de autos, colhendo-se no ato a identificação do estagiário, da pessoa credenciada ou do representante da sociedade de advogados.

PROVIMENTO GERAL DA CORREGEDORIA APLICADO AOS JUÍZES E OFÍCIOS JUDICIAIS — ART. 97

Como é feita a carga dos autos	É feita por meio do sistema informatizado, com a impressão de apenas uma cópia da guia, a qual será juntada ao processo após a assinatura do advogado ou estagiário, procedendo-se a digitalização e arquivamento em pasta virtual compartilhada na serventia.
Estando inoperante o sistema informatizado	A carga será provisoriamente registrada em pasta, seguindo-se o seu lançamento no sistema tão logo disponível.
Devem constar da carga	- o nome; - o endereço; - o telefone; - o prazo respectivo.
A secretaria da vara deverá fornecer comprovante de recebimento	Assim que forem devolvidos os autos ao cartório.
É vedado ao cartório da vara	Reter documento de identificação de advogados, de estagiários ou das partes.

Art. 97. O advogado sem procuração poderá, mediante certificação nos autos, obter cópia de processos em andamento, desde que acompanhado por servidor, salvo se tramitarem em segredo de justiça ou sob sigilo.

§ 1º Impossibilitado o acompanhamento por servidor ou a retirada de cópia nas dependências do Fórum, será feita carga ao advogado pelo prazo máximo de 24 (vinte e quatro) horas, salvo se houver prazo em curso, hipótese em que a carga somente poderá ser realizada pelo prazo de 2 (duas) a 6 (seis) horas, em analogia ao disposto no art. 107, § 3º, do Código de Processo Civil. (*Redação dada pelo Provimento 1, de 2016*)

§ 2º Por meio de ato próprio, o juízo poderá fixar horário para que partes e terceiros interessados possam tirar cópia dos autos, devidamente acompanhados por servidor.

DA CÓPIA DOS AUTOS		
Poderá obter cópia de autos em andamento	\multicolumn{2}{l}{O advogado sem procuração, mediante certificação nos autos, desde que acompanhado por servidor, salvo se tramitarem em segredo de justiça ou sob sigilo.}	
Impossibilitado o acompanhamento por servidor ou impossibilitada a retirada de cópia nas dependências do fórum	Regra	Será feita a carga ao advogado pelo prazo máximo de 24 horas.
	Exceção	Se houver prazo em curso, a carga somente poderá ser realizada pelo prazo de 2 a 6 horas, em analogia ao disposto no art. 107, § 3º, do CPC.
Extração de cópia pelas partes e por terceiros interessados	\multicolumn{2}{l}{É admitida, desde que devidamente acompanhados por servidor, caso em que, por meio de ato próprio, o juízo poderá fixar horário para essa finalidade.}	

Art. 98. Em se tratando de processo findo que permaneça na serventia judicial, o advogado sem procuração nos autos poderá obter carga pelo prazo de 10 (dez) dias, salvo nas hipóteses do art. 7º, § 1º, itens 1 e 2, da Lei nº 8.906, de 4 de julho de 1994. (*Redação dada pelo Provimento 1, de 2016*)

Art. 99. O cadastramento de advogados, pessoas indicadas por advogados ou sociedades de advogados para credenciamento e estagiários será realizado pelos setores de distribuição das Circunscrições Judiciárias do Distrito Federal e pelos diretores de secretaria. (*Redação dada pelo Provimento 1, de 2016*)

Será realizado pelos setores de distribuição das Circunscrições Judiciárias do Distrito Federal e pelos diretores de secretaria	O cadastramento: - de advogados; - de pessoas indicadas por advogados ou por sociedades de advogados para credenciamento; - de estagiários.

PARA PRATICAR

853. (Cespe/TJDFT/Oficial de Justiça/2013) O advogado sem procuração nos autos não poderá obter cópias do processo em andamento, independentemente de os autos tramitarem sob sigilo ou segredo de justiça. ( )

854. (Cespe/TJDFT/Analista Judiciário/2007) Será dispensada a carga de processo para cópia se ficar retido na vara o documento de identidade do advogado. ( )

855. (Cespe/TJDFT/Analista Judiciário/2007 – adaptada) A carga dos autos poderá ser feita a estagiário de direito que possuir procuração nos autos, independentemente de cadastramento no sistema informatizado do Tribunal. ( )

856. (Cespe/TJDFT/Analista Judiciário/2007 – adaptada) Nos processos que corram em segredo de justiça, o exame dos autos somente poderá ser feito por advogado com procuração nos autos. ( )

857. (Inédita) Tanto o advogado quanto o estagiário poderão retirar os autos do cartório mediante carga, mas esta será gerada exclusivamente em nome do advogado constituído. ( )

858. (Inédita) Em nenhuma hipótese será concedida carga a advogado sem procuração nos autos. ( )

COMENTÁRIOS

853. (E) O advogado sem procuração poderá, mediante certificação nos autos, obter cópia de processos em andamento, desde que acompanhado por servidor, salvo se tramitarem em segredo de justiça ou sob sigilo (art. 97).

854. (E) Os autos somente poderão ser retirados da secretaria da vara por meio de carga (art. 94). É vedado reter documento de identificação de advogados, estagiários ou partes (art. 96, § 4º).

855. (E) O estagiário de direito somente estará apto a ter carga dos autos se preenchidos três requisitos: I – deve estar munido da carteira de estagiário ou de declaração que a substitua, emitida pela OAB; II – deve estar cadastrado no sistema informatizado do Tribunal; e III – deve estar expressamente autorizado pelo procurador constituído. (art. 95).

856. (E) Nos processos que correm em segredo de justiça, a consulta dos autos pode ser feita não somente por advogado regularmente constituído, mas também pelas partes envolvidas no processo (art. 93, § 1º).

857. (C) Advogados, pessoas credenciadas a pedido do advogado ou da sociedade de advogados, estagiários de direito devidamente autorizados e peritos poderão retirar autos do cartório mediante carga (art. 94). A carga será gerada em nome do advogado constituído nos autos para fins de controle de prazos, geração de relatórios e eventual necessidade de intimação para restituição de autos, colhendo-se no ato a identificação do estagiário, da pessoa credenciada ou do representante da sociedade de advogados (art. 95, § 2º).

858. (E) Em se tratando de processo findo que permaneça na serventia judicial, o advogado sem procuração nos autos poderá obter carga pelo prazo de dez dias, salvo nas hipóteses de processos sobre segredo de

justiça e quando existirem documentos originais de difícil restauração (art. 98). Também será possível a carga a advogado sem procuração para extração de cópias quando impossível o acompanhamento por servidor ou a retirada de cópia nas dependências do fórum (art. 97, § 1º).

Seção XV
Da Baixa no Sistema Informatizado e do Arquivamento

> **Baixa dos autos** é o retorno do processo da instância superior para a instância inferior. Quando o processo retorna do Tribunal para o cartório da vara, diz-se que os autos "baixaram à origem". **Baixa no sistema informatizado** é a exclusão do registro do processo no sistema eletrônico de dados.

Art. 100. Findo o processo de natureza cível, os autos serão remetidos à contadoria judicial para a elaboração dos cálculos das custas finais, salvo se a parte responsável pelo pagamento for beneficiária da justiça gratuita.

§ 1º A parte sucumbente será intimada para pagamento das custas finais em 5 (cinco) dias, independentemente do valor.

§ 2º A intimação para pagamento das custas finais será realizada pelo Diário da Justiça eletrônico – DJe ou, não havendo advogado constituído, por edital disponibilizado no Diário da Justiça eletrônico – DJe. *(Redação dada pelo Provimento 34, de 2019)*

§ 3º No âmbito dos Juizados Especiais Cíveis, não havendo advogado constituído nos autos, aplica-se o disposto no artigo 26 do Provimento-Geral da Corregedoria Aplicado aos Juízes e Ofícios Judiciais. *(Redação dada pelo Provimento 34, de 2019)*

> Nos Juizados Especiais Cíveis, as intimações serão realizadas pela forma mais célere e menos onerosa, priorizando-se a comunicação telefônica ou por e-mail quando previamente indicado pela parte, lavrando-se certidão do ocorrido (art. 26).

§ 4º Na intimação para pagamento das custas finais deverá constar a advertência de que os documentos contidos nos autos de processos findos poderão ser eliminados de acordo com a tabela de temporalidade do Tribunal. *(Incluído pelo Provimento 34, de 2019)*

Art. 101. Escoado o prazo para o recolhimento das custas, a secretaria da vara deverá providenciar a baixa da parte requerida no sistema informatizado e o arquivamento dos autos, mesmo que não tenha havido o pagamento das custas.

§ 1º Não serão arquivados autos de processo sem que seja dada destinação definitiva a bens guardados no Depósito Público.

§ 2º Poderão ser arquivados os autos de processo em que não foi dada destinação ao depósito judicial, desde que previamente expedido alvará de levantamento em favor da parte credora.

§ 3º Caso as custas finais sejam superiores a R$ 1.000,00 (um mil reais) e não tenham sido recolhidas, o diretor de secretaria enviará ofício à Procuradoria da Fazenda Nacional para fins de inscrição na dívida ativa da União. *(Redação dada pelo Provimento 36, de 2019)*

DA BAIXA E ARQUIVAMENTO DOS PROCESSOS DE NATUREZA CÍVEL	
Findo o processo de natureza cível	Os autos serão remetidos à contadoria judicial para a elaboração dos cálculos das custas finais, salvo se a parte responsável pelo pagamento for beneficiária da justiça gratuita.
Intimação da parte sucumbente(*) para pagamento das custas finais	- será feita em 5 (cinco) dias, independentemente do valor; - será realizada pelo Diário da Justiça eletrônico – DJe; - será realizada por edital disponibilizado no DJe, se a parte não tiver advogado constituído; - no âmbito dos Juizados Especiais Cíveis, não havendo advogado constituído nos autos, a intimação será feita pela forma mais célere e menos onerosa, priorizando-se a comunicação telefônica ou por e-mail quando previamente indicado pela parte, lavrando-se certidão do ocorrido (art. 26).- deverá constar na intimação a advertência de que os documentos contidos nos autos de processos findos poderão ser eliminados de acordo com a tabela de temporalidade do Tribunal. - no âmbito dos Juizados Especiais Cíveis, não havendo advogado constituído nos autos, aplica-se o disposto no art. 26 deste Provimento.
Terminado o prazo para o recolhimento das custas, a secretaria da vara deverá providenciar	- a baixa da parte requerida no sistema informatizado; e - o arquivamento dos autos, mesmo que não tenha havido o pagamento das custas.
Poderão ser arquivados autos de processo	Em que não foi dada destinação ao depósito judicial, desde que previamente expedido alvará de levantamento em favor da parte credora.
Se não forem recolhidas as custas finais quando fixadas em valor superior a mil reais	O diretor de secretaria enviará ofício à Procuradoria da Fazenda Nacional para fins de inscrição na dívida ativa da União.
(*) Parte sucumbente é aquela que saiu derrotada no processo.	

Art. 102. Nas varas de natureza criminal, após a distribuição das cartas de guia definitivas em relação a todos os réus condenados, a secretaria deverá providenciar a baixa e o arquivamento dos autos.

§ 1º Não serão arquivados autos com mandado de prisão pendente de cumprimento ou de recolhimento.

§ 2º Não serão arquivados autos de inquérito ou de processo sem que seja dada destinação definitiva a todos os objetos, bens ou valores apreendidos a eles relacionados.

Art. 103. Finda a execução, a Vara de Execuções Penais do Distrito Federal – VEP, a Vara de Execuções das Penas e Medidas Alternativas do Distrito Federal – VEPEMA ou a Vara de Execuções das Penas em Regime Aberto do Distrito Federal – VEPERA promoverá a baixa e o arquivamento definitivo dos autos. (*Redação dada pelo Provimento 1, de 2016*)

PROVIMENTO GERAL DA CORREGEDORIA APLICADO AOS JUÍZES E OFÍCIOS JUDICIAIS — ART. 104

Parágrafo único. Nas execuções provisórias, sobrevindo absolvição ou ocorrendo anulação do processo de conhecimento, o juízo de execução promoverá o cancelamento da distribuição da guia, restituindo os documentos ao juízo de origem. (*Incluído pelo Provimento 1, de 2016*)

Art. 104. Serão desapensados e arquivados os incidentes processuais, cíveis ou criminais, de cuja decisão não caiba nenhum recurso.

§ 1º Serão trasladadas aos autos do processo principal cópias da decisão, dos atos e documentos essenciais.

§ 2º Caso o incidente processual seja de caráter sigiloso, não se aplica o disposto neste artigo.

DA BAIXA E ARQUIVAMENTO DOS PROCESSOS DE NATUREZA CRIMINAL	
Nas varas de natureza criminal, a secretaria deverá providenciar a baixa e o arquivamento dos autos	Após a distribuição das cartas de guia definitivas em relação a todos os réus condenados.
Não serão arquivados	- autos com mandado de prisão pendente de cumprimento ou de recolhimento. - autos de inquérito ou de processo sem que seja dada destinação definitiva a todos os objetos, bens ou valores apreendidos a eles relacionados.
Finda a execução	A VEP, a VEPEMA ou a VEPERA promoverá a baixa e o arquivamento definitivo dos autos.
Nas execuções provisórias, sobrevindo absolvição ou ocorrendo anulação do processo de conhecimento	O juízo de execução promoverá o cancelamento da distribuição da guia, restituindo os documentos ao juízo de origem.
Serão desapensados e arquivados	Os incidentes processuais, cíveis ou criminais, de cuja decisão não caiba nenhum recurso.
Serão trasladadas aos autos do processo principal	Cópias da decisão, dos atos e documentos essenciais, exceto se o incidente processual for de caráter sigiloso.

PARA PRATICAR

859. **(Inédita)** Nas causas de natureza cível, as custas finais serão rateadas entre as partes litigantes e o pagamento deverá ser feito em cinco dias, a contar da intimação, independentemente do valor. ( )

860. **(Inédita)** Nas causas de natureza cível, se as custas finais alcançarem quantia superior a mil reais e não forem recolhidas, será encaminhado ofício à Procuradoria da Fazenda Nacional para fins de inscrição do nome do devedor na dívida ativa da União. ( )

COMENTÁRIOS

859. (E) Nas causas de natureza cível, as custas finais serão pagas pela parte sucumbente, ou seja, por quem saiu derrotado no processo (art. 100, § 1º); A parte sucumbente, será, de fato, intimada para pagamento em cinco dias, independentemente do valor (art. 100, § 1º).

860. (C) Caso as custas finais sejam superiores a mil reais e não tenham sido recolhidas, o diretor de secretaria enviará ofício à Procuradoria da Fazenda Nacional para fins de inscrição do nome do devedor na dívida ativa da União (art. 101, § 3º).

Capítulo IV
DAS INSPEÇÕES E DAS CORREIÇÕES JUDICIAIS

Inspeções e correições	O Provimento Geral da Corregedoria não traz a definição de *inspeção* e *correição* mas ambas podem ser entendidas como a atividade por meio da qual é feita a apuração e correção de eventuais irregularidades verificadas nos cartórios e nos processos em trâmite nas varas e têm por objetivo a melhoria dos serviços judiciários. Da leitura dos dispositivos legais abaixo, pode-se concluir que a diferença entre inspeção e correição está no fato de ser a primeira realizada pelos juízes, e a segunda, mais abrangente, realizada pelo Corregedor de Justiça ou por delegação deste.

Seção I
Das Inspeções Judiciais

DAS INSPEÇÕES JUDICIAIS

Inspeção Ordinária	Inspeção Especial	Inspeção Extraordinária
- É realizada pelos juízes anualmente; - É realizada entre os meses de janeiro e junho; - Compreende todos os processos em tramitação na vara; - Não serão suspensos os prazos processuais durante a inspeção; - Poderão acompanhar a inspeção a Corregedoria, o Ministério Público, a OAB-DF e a Defensoria Pública, até mesmo dos processos sob segredo de justiça, caso em que, quando acessados, deverão ser relacionados na ata de inspeção; - A inspeção nas varas declaradas vagas para provimento, será realizada pelo Juiz Substituto em exercício pleno, enquanto durar a vacância.	- É realizada pelo Juiz removido ou promovido na Vara de destino, desde que outra não tenha sido realizada no ano em que se deu a remoção ou a promoção; - O prazo para a conclusão é de até cento e vinte dias, contados da data em que o juiz iniciou o exercício na Vara.	- Poderá ser realizada a qualquer tempo, total ou parcialmente, e independentemente de prévio aviso, sempre que identificar motivo ensejador para esse procedimento, atendendo, no que couber, ao procedimento previsto para as inspeções ordinárias.

Art. 105. Os Juízes realizarão, entre os meses de janeiro e junho, inspeção ordinária anual, que compreenderá todos os processos em tramitação na vara.

§1º Os Juízes encaminharão à COCIJU, por intermédio de correio eletrônico, até o dia 07 de fevereiro de cada ano, a cópia da publicação da portaria que define os dias de início e fim da inspeção. (*Redação dada pelo Provimento 46, de 2020*)

§ 2º Juiz oficiará à Corregedoria, ao Ministério Público, à Ordem dos Advogados do Brasil – Seção DF e à Defensoria Pública do Distrito Federal para, querendo, acompanharem a inspeção.

§ 3º A inspeção dos processos sob segredo de justiça poderá ser acompanhada pelos representantes das entidades mencionadas no parágrafo anterior, caso em que os processos por eles acessados deverão ser relacionados na ata de inspeção.

§ 4º A inspeção nas varas declaradas vagas para provimento, enquanto durar a vacância, será realizada pelo Juiz Substituto em exercício pleno. *(Redação dada pelo Provimento 46, de 2020)*

§ 5º Os prazos processuais não serão suspensos durante a inspeção. *(Incluído pelo Provimento 46, de 2020)*

Art. 106. Na inspeção será verificada a regularidade dos processos e os respectivos incidentes, abrangendo os seguintes aspectos:

I – numeração das folhas dos autos;

II – prazos processuais;

III – publicações;

IV – cumprimento dos mandados expedidos;

V – existência de ofícios não respondidos e de cartas precatórias e rogatórias não devolvidas;

VI – despachos e decisões ainda não cumpridos;

VII – estado geral do processo;

VIII – cumprimento das metas estabelecidas pelo Conselho Nacional de Justiça – CNJ e pelo Tribunal;

IX – expedição de mandados de prisão, seu registro no Banco Nacional de Mandados de Prisão – BNMP, do CNJ, e envio de cópia eletrônica, na forma determinada por este Provimento, para o órgão de capturas da Polícia Judiciária; *(Redação dada pelo Provimento 23, de 2018)*

X – registro dos dados relativos ao processo no Sistema Informatizado, incluindo, conforme o caso:

a) dados das partes, advogados e terceiros;

b) registro das preferências na tramitação;

c) classificação do processo;

d) baixa de documentos anexados;

e) cadastramento da incidência penal;

f) cadastramento de sentenças e decisões, conforme o caso;

g) anotação e controle de réu preso;

h) baixa de partes;

i) cadastro de informações sobre presos provisórios em rotina própria. *(Incluído pelo Provimento 13, de 2017)*

Na inspeção será verificada a regularidade dos processos e os respectivos incidentes, abrangendo os seguintes aspectos	- numeração das folhas dos autos;
	- prazos processuais;
	- publicações;
	- cumprimento dos mandados expedidos;
	- existência de ofícios não respondidos e de cartas precatórias e rogatórias não devolvidas;
	- despachos e decisões ainda não cumpridos;
	- estado geral do processo;
	- cumprimento das metas estabelecidas pelo Conselho Nacional de Justiça – CNJ e pelo Tribunal;
	- expedição de mandados de prisão, seu registro no Banco Nacional de Mandados de Prisão – BNMP, do CNJ, e envio de cópia eletrônica, na forma determinada por este Provimento, para o órgão de capturas da Polícia Judiciária;
	- registro dos dados relativos ao processo no Sistema Informatizado, incluindo, conforme o caso: * dados das partes, advogados e terceiros; * registro das preferências na tramitação; * classificação do processo; * baixa de documentos anexados; * cadastramento da incidência penal; * cadastramento de sentenças e decisões, conforme o caso; * anotação e controle de réu preso; * baixa de partes; * cadastro de informações sobre presos provisórios em rotina própria.

Parágrafo único. A situação de cada processo deverá ser registrada no Sistema Informatizado, observados os seguintes procedimentos:

I – em todos os feitos inspecionados será aplicada, na borda inferior direita da última folha dos autos, no momento da inspeção, etiqueta padronizada devidamente datada e rubricada, conforme modelo aprovado pela Corregedoria;

II – a ficha de inspeção somente será impressa e juntada aos autos se houver determinação do magistrado para saneamento de pendências;

III – não será impressa a ficha de inspeção para os feitos em ordem.

A situação de cada processo deverá ser registrada no Sistema Informatizado, observados os seguintes procedimentos	- em todos os feitos inspecionados será aplicada, na borda inferior direita da última folha dos autos, no momento da inspeção, etiqueta padronizada devidamente datada e rubricada, conforme modelo aprovado pela Corregedoria; - a ficha de inspeção somente será impressa e juntada aos autos se houver determinação do magistrado para saneamento de pendências; - não será impressa a ficha de inspeção para os feitos em ordem.

Art. 107. Nas varas de natureza criminal serão dispensados de inspeção os inquéritos policiais com carga às delegacias de polícia e ao Ministério Público, os quais deverão ser mencionados na ata de inspeção.

Serão dispensados de inspeção nas varas de natureza criminal	Os inquéritos policiais com carga às delegacias de polícia e ao Ministério Público, os quais deverão ser mencionados na ata de inspeção.

Art. 108. Concluída a inspeção, deverá ser lavrada ata conforme modelo aprovado pela Corregedoria.

Parágrafo único. A ata deverá ser encaminhada à Corregedoria, por intermédio do Sistema Eletrônico de Informações – SEI, em até 30 (trinta) dias após o término da inspeção. *(Redação dada pelo Provimento 46, de 2020)*

Após concluída a inspeção	- Deverá ser lavrada ata conforme modelo aprovado pela Corregedoria; - A ata deverá ser encaminhada à Corregedoria em até trinta dias após o término da inspeção, por intermédio do Sistema Eletrônico de Informações – SEI.

Art. 109. O Juiz poderá realizar inspeção extraordinária, total ou parcial, a qualquer tempo e independentemente de prévio aviso, sempre que identificar motivo ensejador para esse procedimento, atendendo, no que couber, ao disposto nos artigos anteriores.

Art. 110. O Juiz removido ou promovido realizará inspeção especial na vara de destino, desde que outra não tenha sido realizada no ano em que se deu a remoção ou a promoção.

Parágrafo único. O prazo para a conclusão da inspeção especial é de até 120 (cento e vinte) dias, contados da data de início do exercício.

Seção II
Das Correições Judiciais

Art. 111. O Corregedor realizará correição em todos os ofícios judiciais de Primeira Instância e Turmas Recursais dos Juizados Especiais, objetivando a apuração e prevenção de irregularidades, o aprimoramento dos serviços cartorários e a eficiência na prestação jurisdicional.

Art. 112. O Corregedor poderá realizar correição extraordinária quando houver fundada suspeita ou reclamação que indique a prática de erro ou omissão que prejudique a prestação jurisdicional ou o regular funcionamento dos serviços da justiça de Primeira Instância e das Turmas Recursais dos Juizados Especiais.

Parágrafo único. A correição extraordinária poderá ser realizada a qualquer tempo e independentemente de prévio aviso, alcançando a totalidade ou somente parte dos processos.

Art. 113. A correição, ordinária ou extraordinária, poderá ser delegada aos Juízes Assistentes da Corregedoria, mediante ato do Corregedor.

DAS CORREIÇÕES JUDICIAIS	
CORREIÇÃO ORDINÁRIA	**CORREIÇÃO EXTRAORDINÁRIA**
É realizada pelo Corregedor em todos os ofícios judiciais de Primeira Instância e Turmas Recursais dos Juizados Especiais, objetivando a apuração e prevenção de irregularidades, o aprimoramento dos serviços cartorários e a eficiência na prestação jurisdicional.	Poderá ser realizada pelo Corregedor quando houver fundada suspeita ou reclamação que indique a prática de erro ou omissão que prejudique a prestação jurisdicional ou o regular funcionamento dos serviços da justiça de Primeira Instância e das Turmas Recursais dos Juizados Especiais.
Pode ser delegada aos Juízes Assistentes da Corregedoria, mediante ato do Corregedor.	Pode ser delegada aos Juízes Assistentes da Corregedoria, mediante ato do Corregedor.
	Poderá ser realizada a qualquer tempo e independentemente de prévio aviso.
	Pode alcançar a totalidade ou somente parte dos processos.

Art. 114. O Corregedor oficiará ao Ministério Público, à Ordem dos Advogados do Brasil – Seção DF e à Defensoria Pública do Distrito Federal para, querendo, acompanharem a correição.

Parágrafo único. As correições dos processos sob segredo de justiça poderão ser acompanhadas pelos representantes das entidades mencionadas no caput, caso em que os processos por eles acessados deverão ser relacionados na ata de correição.

PROVIMENTO GERAL DA CORREGEDORIA APLICADO AOS JUÍZES E OFÍCIOS JUDICIAIS — ART. 114

Poderão acompanhar a correição, se quiserem, mediante ofício do Corregedor	- o Ministério Público; - a OAB do Brasil – Seção DF; - a Defensoria Pública.
As correições dos processos sob segredo de justiça poderão ser acompanhadas	Pelos representantes das entidades acima, caso em que os processos por eles acessados deverão ser relacionados na ata de correição.

PARA PRATICAR

861. **(Cespe/TJDFT/Técnico Judiciário – Área Administrativa/2015)** Durante a inspeção ordinária anual, realizada em todos os processos em tramitação na vara, os prazos processuais ficam suspensos.

862. **(Cespe/TJDFT/Analista Judiciário/2013)** As inspeções ordinárias nos processos em tramitam no TJDFT, realizadas anualmente pelos juízes, objetivam verificar a regularidade dos processos e seus incidentes, abrangendo, inclusive, a análise acerca da existência de ofícios que ainda não tenham sido respondidos. ( )

863. **(Cespe/TJDFT/Analista Administrativo/2007)** É facultado à Ordem dos Advogados do Brasil, seção do DF, acompanhar as inspeções judiciais. ( )

864. **(Cespe/TJDFT/Analista Administrativo/2007)** A inspeção extraordinária poderá ser feita a qualquer tempo, mediante aviso de situações específicas que a justifiquem. ( )

865. **(Cespe/TJDFT/Técnico Judiciário/2007 – adaptada)** Nas varas de natureza criminal, são dispensados de inspeção os inquéritos policiais baixados às delegacias de polícia. ( )

866. **(Cespe/TJDFT/Analista Judiciário/2003 – adaptada)** As correições e inspeções nos ofícios judiciais não podem realizar-se sem a presença de membro do Ministério Público para acompanhamento dos trabalhos. ( )

867. **(Cespe/TJDFT/Analista Administrativo/2000)** Cabe ao juiz determinar em cada ano o mês no qual realizará a inspeção anual do juízo. ( )

868. **(Cespe/TJDFT/Execução de Mandados/1999 – adaptada)** Os juízes devem realizar uma inspeção a cada ano, podendo examinar os processos em curso na vara por amostragem. ( )

869. **(Cespe/TJDFT/Execução de Mandados/1999)** Na inspeção feita nos cartórios, devem ser verificados, exclusivamente, o cumprimento dos prazos processuais, o cumprimento dos mandados, a existência de ofícios não respondidos e de cartas precatórias não devolvidas, bem assim despachos e decisões não cumpridos. ( )

870. **(Inédita)** A correição extraordinária pode ocorrer a qualquer tempo e independentemente de prévio aviso, alcançando a totalidade ou somente parte dos processos. ( )

871. **(Inédita)** Os Ofícios Judiciais estão sujeitos a duas espécies de Correição, a ordinária e a extraordinária. ( )

872. **(Inédita)** As correições ordinárias podem ser delegadas aos Juízes Assistentes da Corregedoria mediante ato do Corregedor. As extraordinárias, são feitas exclusivamente pelo Corregedor de Justiça. ( )

873. **(Inédita)** O prazo para a conclusão da inspeção especial é de até noventa dias, contados da data em que o juiz iniciou o exercício na vara. ( )

874. **(Inédita)** A inspeção especial pode ser realizada a qualquer tempo, e independentemente de prévio aviso, sempre que situações especiais a justificar. ( )

875. **(Inédita)** A inspeção de processos sob segredo de justiça poderá ser acompanhada pela OAB-DF. ( )

876. **(Inédita)** As varas declaradas vagas para provimento são dispensadas da inspeção ordinária enquanto perdurar a vacância. ( )

877. **(Inédita)** A inspeção extraordinária é realizada nas hipóteses em que o juiz é removido para outra vara. ( )

878. **(Inédita)** Sempre que um juiz for removido ou promovido, ele deverá realizar inspeção especial tanto na vara de origem quanto na vara de destino. ( )

879. **(Inédita)** Diante da notícia fundamentada em irregularidade, o corregedor deverá determinar a realização de correição nas serventias judiciais. ( )

ART. 114 — TJDFT – EM ESQUEMAS

COMENTÁRIOS

861. (E) A inspeção ordinária anual, de fato, compreende todos os processos em tramitação na vara (art. 105, caput. Mas durante a inspeção ordinária anual os prazos processuais não serão suspensos (art. 105, § 1º).

862. (C) As inspeções ordinárias são realizadas anualmente pelos juízes e objetivam verificar a regularidade dos processos e seus incidentes, abrangendo, entre outros aspectos, a existência de ofícios não respondidos (art. 106, V).

863. (C) O Juiz oficiará à Corregedoria, ao Ministério Público, à Ordem dos Advogados do Brasil – Seção DF e à Defensoria Pública do Distrito Federal para, querendo, acompanharem a inspeção (art. 105, § 2º).

864. (E) O juiz poderá realizar inspeção extraordinária, total ou parcial, a qualquer tempo sempre que identificar motivo ensejador para tal procedimento, mas, ao contrário do que afirma a questão, a realização da inspeção extraordinária não depende de prévio aviso. (art. 109).

865. (C) Nas varas de natureza criminal serão dispensados de inspeção os inquéritos policiais com carga às delegacias de polícia e ao Ministério Público, os quais deverão ser mencionados na ata da inspeção (art. 107).

866. (E) A presença do membro do Ministério Público, da OAB-DF e da Defensoria Pública é facultativa e não obrigatória como afirma a questão (podem acompanhar, se quiserem) (art. 105, § 2º e 114).

867. (E) O período para a realização das inspeções anuais não fica a critério de cada juízo. A inspeção ordinária anual será realizada entre os meses de janeiro e junho. (art. 105).

868. (E) A inspeção ordinária é, de fato, anual mas compreende todos os processos em tramitação na Vara, não podendo ser feita por amostragem como afirma a questão (art. 105).

869. (E) Na inspeção feita nas varas, será verificada a regularidade dos processos e os respectivos incidentes, abrangendo não somente os itens elencados na questão, mas os seguintes aspectos: – numeração das folhas dos autos; – prazos processuais; – publicações; – cumprimento dos mandados expedidos; – existência de ofícios não respondidos e de cartas precatórias e rogatórias não devolvidas; – despachos e decisões ainda não cumpridos; – estado geral do processo; – cumprimento das metas estabelecidas pelo Conselho Nacional de Justiça – CNJ e pelo Tribunal; – expedição de mandados de prisão, seu registro no Banco Nacional de Mandados de Prisão – BNMP, do CNJ, e envio de cópia eletrônica, na forma determinada por este Provimento, para o órgão de capturas da Polícia Judiciária; – registro dos dados relativos ao processo no Sistema Informatizado (art. 106).

870. (C) A correição extraordinária poderá ser realizada a qualquer tempo e independentemente de prévio aviso, alcançando a totalidade ou somente parte dos processos (art. 112, parágrafo único).

871. (C) Os ofícios judiciais estão sujeitos a duas espécies de correição, a ordinária e a extraordinária. A ordinária objetiva a apuração e prevenção de irregularidades, o aprimoramento dos serviços cartorários e a eficiência na prestação jurisdicional, compreendendo todos os ofícios judiciais de primeira instância e Turmas Recursais. A extraordinária é feita quando houver fundada suspeita ou reclamação que indique a prática de erro ou omissão que prejudique a prestação jurisdicional ou o regular funcionamento dos serviços da justiça de primeira instância e das Turmas Recursais dos Juizados Especiais (art. 113).

872. (E) Não só a correição ordinária mas também a extraordinária podem ser delegadas aos Juízes Assistentes da Corregedoria, mediante ato do Corregedor (art. 113).

873. (E) O prazo para a conclusão da inspeção especial é de até cento e vinte dias, e não de noventa dias como afirma a questão, contados da data de início do exercício do juiz na vara (art. 110, parágrafo único).

874. (E) A inspeção especial é aquela realizada pelo juiz removido ou promovido na vara de destino (art. 110). A inspeção que pode ser realizada a qualquer tempo e independentemente de prévio aviso é a extraordinária (art. 109).

875. (C) A inspeção – e também a correição – dos processos sob segredo de justiça poderá ser acompanhada pelo Ministério Público, pela OAB-DF e pela Defensoria Pública, caso em que os processos por eles acessados deverão ser relacionados na ata de inspeção (art. 105, § 3º) (art. 114, parágrafo único).

876. (E) A inspeção nas varas declaradas vagas para provimento, enquanto durar a vacância, será realizada pelo Juiz Substituto em exercício pleno (art. 105, § 4º).

877. (E) A inspeção realizada pelo juiz removido ou promovida é a especial, e não a extraordinária (art. 110). A inspeção extraordinária é realizada a qualquer tempo, sem prévio aviso e sempre que houver motivo que a justifique (art. 109).

878. (E) O juiz removido ou promovido realizará inspeção especial somente na vara de destino e não na vara de origem como afirma a questão. Não é sempre que o juiz removido ou promovido realizará a inspeção especial mas somente quando outra não tenha sido realizada no ano em que se deu a remoção ou promoção (art. 110).

879. (E) O art. 112 dispõe que o Corregedor poderá realizar correição extraordinária quando houver fundada suspeita ou reclamação que indique a prática de erro ou omissão que prejudique a prestação jurisdicional ou o regular funcionamento dos serviços da justiça de Primeira Instância e das Turmas Recursais dos Juizados Especiais. Assim, não se trata de uma obrigatoriedade, mas de faculdade do Corregedor determinar a realização de correição nas serventias judiciais diante de notícia fundamentada em irregularidade (art. 112).

TÍTULO II
DO PLANTÃO JUDICIAL

Capítulo I
DO PLANTÃO JUDICIÁRIO DE PRIMEIRO GRAU DE JURISDIÇÃO

Seção I
Disposições Gerais

> Os Juízes designados para o plantão decidem apenas medidas de natureza urgente ou urgentíssima, conforme estabelecido neste Provimento. Findo o plantão, a medida será distribuída ao Juiz natural da causa, ou seja, ao Juiz naturalmente competente para decidir em caráter definitivo o feito.

Art. 115. O plantão judiciário do Primeiro Grau de Jurisdição no Tribunal de Justiça do Distrito Federal e dos Territórios é constituído pelo plantão judiciário semanal e pelo plantão judiciário prestado no feriado forense compreendido entre 20 de dezembro e 6 de janeiro.

Art. 116. Os Juízes plantonistas serão designados pela Corregedoria da Justiça mediante sistema de revezamento, observada a ordem do mais moderno para o mais antigo.

§ 1º O ato de designação dos Juízes plantonistas será publicado no Diário da Justiça eletrônico – DJe e no link de publicações oficiais da internet do Tribunal, com antecedência máxima de 5 (cinco) dias da data do plantão.

§ 2º Os pedidos de permuta entre magistrados somente serão apreciados pela Corregedoria se apresentados com antecedência mínima de 5 (cinco) dias contados da data do plantão que será prestado.

§ 3º Em caso de ausência, suspeição ou impedimento, o Juiz plantonista será automaticamente substituído pelo Juiz plantonista designado para o plantão judiciário do horário seguinte.

§ 4º O Juiz plantonista que deixar de prestar o plantão judiciário para o qual foi designado será reinserido na escala tão logo retorne às suas atividades laborais.

DAS REGRAS GERAIS DO PLANTÃO	
O plantão judiciário do Primeiro Grau de Jurisdição é constituído	- Pelo plantão judiciário semanal; e - Pelo plantão judiciário prestado no feriado forense compreendido entre 20 de dezembro e 6 de janeiro.
Designação dos Juízes plantonistas	É feita pela Corregedoria da Justiça mediante sistema de revezamento, observada a ordem do mais moderno para o mais antigo.
Publicação do ato de designação dos Juízes plantonistas	- Será feita no Diário da Justiça eletrônico – DJe e no link de publicações oficiais da internet do Tribunal; - Será feita com antecedência máxima de 5 (cinco) dias da data do plantão.
Pedidos de permuta entre magistrados	Somente serão apreciados pela Corregedoria se apresentados com antecedência mínima de cinco dias contados da data do plantão que será prestado.
Em caso de ausência, suspeição ou impedimento do juiz plantonista	Ele será automaticamente substituído pelo Juiz plantonista designado para o plantão judiciário do horário seguinte.
O Juiz designado plantonista que deixar de prestar o plantão judiciário	Será reinserido na escala tão logo retorne às suas atividades laborais.

Art. 117. Ao Juiz plantonista compete:

I – apreciar pedidos de habeas corpus e mandados de segurança em que figurar como coatora autoridade submetida à competência jurisdicional do magistrado de Primeiro Grau;

II – em caso de justificada urgência, decidir sobre pedidos de prisão preventiva ou temporária, busca e apreensão de pessoas, bens ou valores;

III – receber comunicação de prisão em flagrante e apreciar sua legalidade, nos termos do artigo 310 do Código de Processo Penal;

IV – decidir os pedidos de liberdade provisória, com ou sem fiança, desde que a competência já não esteja afeta, por prevenção, a outro juízo;

O Juiz plantonista não poderá decidir pedidos de liberdade provisória quando outro Juízo já houver proferido alguma decisão sobre a mesma prisão.

V – decidir as medidas urgentes de que trata a Lei nº 11.340, de 7 de agosto de 2006, salvo se, a prudente arbítrio do magistrado, for possível aguardar o prazo previsto no artigo 18 do referido diploma legal, hipótese em que o Juiz deverá encaminhar o pedido ao Juiz natural da causa;

VI – decidir sobre pedidos de liberdade, em caso de prisão civil;

PROVIMENTO GERAL DA CORREGEDORIA APLICADO AOS JUÍZES E OFÍCIOS JUDICIAIS — ART. 118

VII – decidir medidas urgentes de competência da Vara da Infância e da Juventude – VIJ que não tenham sido apreciadas por qualquer órgão que trata dessa matéria;

VIII – decidir medidas urgentes de natureza cível ou criminal que não possam ser apreciadas no horário normal de expediente, estritamente nos casos de risco concreto de perecimento do direito, de lesão grave ou de difícil reparação.

Parágrafo único. Os procedimentos urgentes mencionados nos incisos I a VII deste artigo, iniciados no horário de expediente forense, deverão ser concluídos no juízo de origem.

Compete ao Juiz plantonista	- apreciar pedidos de *habeas corpus* e mandados de segurança em que figurar como coatora autoridade submetida à competência jurisdicional do magistrado de Primeiro Grau(*); - decidir, em caso de justificada urgência, sobre pedidos de prisão preventiva ou temporária, busca e apreensão de pessoas, bens ou valores(*); - receber comunicação de prisão em flagrante e apreciar sua legalidade, nos termos do artigo 310 do CPP(*); - decidir os pedidos de liberdade provisória, com ou sem fiança, desde que a competência já não esteja afeta, por prevenção, a outro juízo(*); - decidir as medidas urgentes de que trata a Lei nº 11.340, de 7/8/2006 (Lei Maria da Penha), salvo se, a prudente arbítrio do magistrado, for possível aguardar o prazo previsto no art. 18 do referido diploma legal, hipótese em que o Juiz deverá encaminhar o pedido ao Juiz natural da causa(*); - decidir sobre pedidos de liberdade, em caso de prisão civil(*); - decidir medidas urgentes de competência da Vara da Infância e da Juventude – VIJ que não tenham sido apreciadas por qualquer órgão que trata dessa matéria(*); - decidir medidas urgentes de natureza cível ou criminal que não possam ser apreciadas no horário normal de expediente, estritamente nos casos de risco concreto de perecimento do direito, de lesão grave ou de difícil reparação.
(*) Os procedimentos urgentes sinalizados com o asterisco, quando iniciados no horário de expediente forense, deverão ser concluídos no juízo de origem.	

Art. 118. Incumbe ao Juiz plantonista:

I – avaliar a urgência que mereça atendimento, fundamentando os pedidos que não considerar urgentes ou que não tiverem sido adequadamente instruídos;

II – apreciar todas as medidas protocoladas no período de sua designação, ressalvadas aquelas que não retornarem do Ministério Público até o encerramento do plantão para o qual foi designado;

III – formular e registrar os atos e as decisões judiciais no sistema informatizado do Tribunal, adotando, no que couber, as práticas cartorárias seguidas pelas serventias judiciais;

IV – determinar o encaminhamento de cópia da decisão proferida em sede de apreciação preliminar nos Autos de Prisão em Flagrante – APF ao MPDFT e à Defensoria Pública;
V – exercer o poder de polícia nas instalações destinadas ao funcionamento do plantão judiciário.
Parágrafo único. Consideram-se medidas de caráter urgente as que, sob pena de dano irreparável ou de difícil reparação, tiverem de ser apreciadas, inadiavelmente, fora do horário de expediente forense, ainda quando requeridas mediante carta precatória.

Incumbe ao Juiz plantonista	- avaliar a urgência que mereça atendimento, fundamentando os pedidos que não considerar urgentes ou que não tiverem sido adequadamente instruídos; - apreciar todas as medidas protocoladas no período de sua designação, ressalvadas aquelas que não retornarem do Ministério Público até o encerramento do plantão para o qual foi designado; - formular e registrar os atos e as decisões judiciais no sistema informatizado do Tribunal, adotando, no que couber, as práticas cartorárias seguidas pelas serventias judiciais; - determinar o encaminhamento de cópia da decisão proferida em sede de apreciação preliminar nos Autos de Prisão em Flagrante – APF ao MPDFT e à Defensoria Pública; - exercer o poder de polícia nas instalações destinadas ao funcionamento do plantão judiciário.

Art. 119. As medidas protocolizadas entre 19h e 12h do dia seguinte, nos dias úteis, sábados, domingos e feriados, somente serão apreciadas pelo Juiz plantonista caso sejam de natureza urgentíssima.
§ 1º Entende-se por medida de natureza urgentíssima aquela em que o perigo de dano irreparável ou de difícil reparação possa ocorrer no horário indicado no caput deste artigo.
§ 2º Caso o magistrado não reconheça que a medida é de natureza urgentíssima, e se esta abarcar qualquer das hipóteses previstas para o plantão judiciário, deverá determinar, por escrito, o seu encaminhamento ao plantonista designado para o próximo período ou, se não incluída nas referidas hipóteses, ao Juiz natural da causa.

Consideram-se de caráter urgente	As medidas que, sob pena de dano irreparável ou de difícil reparação, tiverem de ser apreciadas, inadiavelmente, fora do horário de expediente forense, ainda quando requeridas mediante carta precatória.
Entende-se de natureza urgentíssima	A medida em que o perigo de dano irreparável ou de difícil reparação possa ocorrer entre 19h e 12h do dia seguinte, nos dias úteis, sábados, domingos e feriados.

Medidas protocolizadas entre 19h e 12h do dia seguinte, nos dias úteis, sábados, domingos e feriados	Somente serão apreciadas pelo Juiz plantonista caso sejam de natureza urgentíssima.	
Caso o juiz não reconheça que a medida é de natureza urgentíssima	Determinará por escrito o seu encaminhamento ao plantonista designado	Se a medida estiver incluída nas hipóteses previstas para o plantão judiciário.
	Determinará por escrito seu encaminhamento ao juiz natural da causa	Se a medida não estiver incluída nas hipóteses previstas para o plantão judiciário.

Art. 120. Não se admitirá nos períodos de plantão judiciário:
I – reiteração de pedido já apreciado no órgão judicial de origem ou em plantão anterior, nem a sua reconsideração;
II – pedido de prorrogação de autorização judicial para escuta telefônica, ressalvada a hipótese excepcional e comprovada de risco iminente e grave à vida ou à integridade física de pessoas;
III – pedido de levantamento de importância em dinheiro ou valores;
IV – liberação de bens apreendidos;
V – recebimento de comunicação de prisões temporárias, preventivas ou outras diversas das efetuadas em flagrante;
VI – recebimento de quaisquer documentos impertinentes às matérias de competência do plantão;
VII – apreciação de matérias afetas à Vara de Execução Penal do Distrito Federal – VEP e à Vara de Execução das Penas e Medidas Alternativas do Distrito Federal – VEPEMA, salvo a hipótese prevista no art. 120, da Lei nº 7.210, de 11 de julho de 1984.

Não se admitirá nos períodos de plantão judiciário	- reiteração de pedido já apreciado no órgão judicial de origem ou em plantão anterior, nem a sua reconsideração; - pedido de prorrogação de autorização judicial para escuta telefônica, ressalvada a hipótese excepcional e comprovada de risco iminente e grave à vida ou à integridade física de pessoas; - pedido de levantamento de importância em dinheiro ou valores; - liberação de bens apreendidos; - recebimento de comunicação de prisões temporárias, preventivas ou outras diversas das efetuadas em flagrante; - recebimento de quaisquer documentos impertinentes às matérias de competência do plantão; - apreciação de matérias afetas à VEP e à VEPEMA, salvo a hipótese prevista no art. 120, da Lei nº 7.210, de 11/7/1984(*).

(*) Pedidos de saída de detentos de presídio em casos urgentes: tratamento médico, falecimento de familiares.

Art. 121. As medidas recebidas no plantão judiciário serão imediatamente distribuídas e, uma vez ultimado esse ato, conclusas ao Juiz plantonista.

§ 1º A retirada ou a reprodução de qualquer documento ou medida somente será permitida após a distribuição do feito.

§ 2º A propositura de qualquer medida no plantão não dispensa o recolhimento de custas em momento posterior, quando exigível, nem isenta o interessado da demonstração do preenchimento de seus requisitos formais de admissibilidade.

§ 3º As peças recebidas durante o plantão judiciário serão mantidas pela unidade plantonista até o término do período, quando serão remetidas aos juízos a que tiverem sido distribuídas.

§ 4º Nos dias úteis, somente serão recebidas no plantão judiciário as medidas de natureza urgentíssima.

§ 5º Nos sábados, domingos e feriados, as medidas advindas das delegacias de polícia somente serão recebidas no plantão judiciário no horário das 12h às 19h, salvo aquelas de natureza urgentíssima.

As medidas recebidas no plantão judiciário	Serão imediatamente distribuídas e, uma vez ultimado esse ato, conclusas ao Juiz plantonista.
Somente será permitida a retirada ou a reprodução de qualquer documento ou medida	Após a distribuição do feito.
A propositura de qualquer medida no plantão	- Não dispensa o recolhimento de custas em momento posterior, quando exigível. - Não isenta o interessado da demonstração do preenchimento dos requisitos formais de admissibilidade.
As peças recebidas durante o plantão judiciário	Serão mantidas pela unidade plantonista até o término do período, quando serão remetidas aos juízos a que tiverem sido distribuídas.
Nos dias úteis somente serão recebidas no plantão judiciário	As medidas de natureza urgentíssima.
Nos sábados, domingos e feriados, as medidas advindas das delegacias policiais somente serão recebidas no plantão judiciário	No horário das 12h às 19h, salvo aquelas de natureza urgentíssima.

PARA PRATICAR

880. **(Cespe/TJDFT/Analista Judiciário/2003)** No exercício do plantão semanal, os juízes do DF podem apreciar tanto processos e requerimentos de caráter penal quanto cível, em certos casos. ( )

881. **(Cespe/TJDFT/Analista Judiciário/2000)** Considere a seguinte situação hipotética: Tâmara, advogada de Bruna, impetrou *habeas corpus*, com pedido de medida liminar, contra ato ilegal praticado por um desembargador.

PROVIMENTO GERAL DA CORREGEDORIA APLICADO AOS JUÍZES E OFÍCIOS JUDICIAIS — ART. 121

Em razão das circunstâncias, o *habeas corpus* teve de ser ajuizado durante o horário de plantão, tendo a petição sido encaminhada ao juiz plantonista para análise. Nessa situação, não cabia ao juiz plantonista apreciar o *habeas corpus*. ( )

882. **(Cespe/TJDFT/Analista Administrativo/2000)** Os requerimentos de natureza cível distribuídos no plantão devem ser encaminhados para o juiz de direito especificamente designado para o plantão cível. ( )

883. **(Cespe/TJDFT/Oficial de Justiça Avaliador/1997)** Se, durante o plantão, for interposto *habeas corpus* de competência de juiz do primeiro grau de jurisdição, o juiz plantonista deverá determinar sua imediata distribuição e envio ao juiz a quem couber, para que o aprecie, ainda que fora do horário normal de funcionamento do fórum. ( )

884. **(Cespe/TJDFT/Analista Judiciário/1997 – desmembrada)** O juiz plantonista pode decidir acerca de pedidos de progressão de regime prisional. ( )

885. **(Cespe/TJDFT/Analista Judiciário/1997 – desmembrada)** O juiz plantonista pode deferir a suspensão condicional do processo. ( )

886. **(Cespe/TJDFT/Analista Judiciário/1997 – desmembrada)** O juiz plantonista pode despachar medidas urgentes nas causas de natureza cível. ( )

887. **(Cespe/TJDFT/Analista Judiciário/1997 – desmembrada)** O juiz plantonista pode decidir acerca de pedidos de prisão temporária e prisão preventiva. ( )

888. **(Inédita)** Os Juízes plantonistas serão designados pela Corregedoria da Justiça mediante sistema de revezamento, observada a ordem do mais antigo para o mais moderno. ( )

889. **(Inédita)** Em caso de impedimento, o Juiz plantonista será substituído pelo Juiz designado para o plantão judiciário do horário subsequente. ( )

890. **(Inédita)** Nos dias úteis, somente serão recebidas no plantão judiciário as medidas de natureza urgentíssima. ( )

891. **(Inédita)** Os requerimentos de natureza cível distribuídos no plantão deverão ser encaminhados para o juiz natural da causa, pois não é possível o exame de matéria cível pelo juiz plantonista. ( )

COMENTÁRIOS

880. **(C)** O juiz plantonista pode decidir medidas urgentes de natureza cível ou criminal que não possam ser apreciadas no horário normal de expediente, estritamente nos casos de risco concreto de perecimento do direito, de lesão grave ou de difícil reparação (art. 117, VIII).

881. **(C)** Ao Juiz plantonista compete apreciar pedidos de habeas corpus – e mandados de segurança – em que figurar como coatora autoridade submetida à competência jurisdicional do magistrado de Primeiro Grau (art. 117, I). O desembargador não é autoridade submetida à competência jurisdicional do magistrado de Primeiro Grau. A competência para decidir habeas corpus impetrado contra desembargador é do Superior Tribunal de Justiça, ainda que seja em regime de plantão (art. 105, I, *c*, CF).

882. **(E)** Não há juiz específico designado para o plantão cível. O juiz plantonista pode despachar medidas urgentes nas causas de natureza cível ou criminal (art. 117, VIII).

883. **(E)** Os *habeas corpus* são medidas apreciáveis no plantão judicial. Assim, compete ao próprio Juiz plantonista apreciar os pedidos de habeas corpus apresentados no plantão, e não distribuí-los a outro juiz. (art. 117, I).

884. **(E)** Não se admite nos períodos de plantão judiciário a apreciação de matérias afetas à Vara de Execução Penal – VEP, como é o caso de pedido de progressão de regime prisional, salvo hipóteses excepcionadas na lei (art. 120, VII).

885. **(E)** Não se admite nos períodos de plantão judiciário a apreciação de matérias afetas à Vara de Execução das Penas e Medidas Alternativas – VEPEMA, como é o caso de suspensão condicional do processo, salvo hipóteses excepcionadas na lei (art. 120, VII).

886. **(C)** O Juiz plantonista pode despachar medidas urgentes nas causas de natureza cível (art. 117, VIII).

887. **(C)** A prisão temporária e a prisão preventiva são matérias sujeitas à apreciação pelo juiz plantonista em caso de justificada urgência (art. 117, II).

888. **(E)** A ordem de revezamento dos juízes plantonistas é feita do mais moderno para o mais antigo e não do mais antigo para o mais moderno como afirma a questão (art. 116).

889. (C) Em caso de ausência, suspeição ou impedimento, o juiz plantonista será automaticamente substituído pelo Juiz plantonista designado para o plantão judiciário do horário seguinte (art. 116, § 3º).

890. (C) Nos dias úteis, somente serão recebidas no plantão judiciário as medidas de natureza urgentíssima (art. 121, § 4º).

891. (E) O juiz plantonista pode despachar medidas urgentes nas causas de natureza cível (art. 117, VIII). ( )

Seção II
Do Plantão Judiciário Semanal

Art. 122. O plantão judiciário semanal corresponde a feriados, fins de semana e dias úteis fora do horário ordinário do expediente forense, excetuado o período de 20 de dezembro a 6 de janeiro.

Parágrafo único. O plantão será prestado no Núcleo de Plantão Judicial – NUPLA por magistrado designado por ato da Corregedoria.

Art. 123. O atendimento no plantão judiciário disciplinado nesta seção será:

I – nos dias úteis, da 0h às 12h e das 19h às 24h, por Juiz plantonista acionado pelo NUPLA;

II – nos sábados, domingos e feriados, exceto de 20 de dezembro a 6 de janeiro:

a) da 0h às 14h e das 19h às 24h, por Juiz plantonista acionado pelo NUPLA;

b) das 14h às 19h, por Juiz plantonista presente no NUPLA.

Seção III
Do Plantão Judiciário no Período do Feriado Forense

Art. 124. O plantão judiciário no período do feriado forense de 20 de dezembro a 6 de janeiro será prestado, de modo ininterrupto, por magistrados designados por ato da Corregedoria, independente da listagem do plantão judiciário semanal.

Art. 125. A concessão de férias no período de dezembro ou de janeiro do ano subsequente não impede a designação do magistrado para o plantão judiciário referido nesta seção.

Art. 126. O atendimento do plantão judiciário disciplinado nesta seção será:

I – de segunda-feira a sexta-feira, exceto nos dias 24, 25 e 31/12 e 1º/1:

a) da 0h às 12h e das 19h às 24h, por Juiz plantonista acionado pelo NUPLA;

b) das 12h às 19h, por Juízes plantonistas presentes no NUPLA e em outras unidades judiciárias indicadas pela Corregedoria.

II – aos sábados, domingos, dias 24, 25, 31/12 e 1º/1:

PROVIMENTO GERAL DA CORREGEDORIA APLICADO AOS JUÍZES E OFÍCIOS JUDICIAIS — ART. 126

a) da 0h às 14h e das 19h às 24h, por Juiz plantonista acionado pelo NUPLA;
b) das 14h às 19h, por Juiz plantonista presente no NUPLA.

DO PLANTÃO JUDICIÁRIO			
PLANTÃO		LOCAL DE ATENDIMENTO	HORÁRIO DE ATENDIMENTO
Plantão semanal	Corresponde a feriados, fins de semana e dias úteis fora do horário ordinário do expediente forense, excetuado o período de 20 de dezembro a 6 de janeiro.	No Núcleo de Plantão Judicial – NUPLA, por magistrado designado por ato da Corregedoria.	- nos dias úteis: - da 0h às 12h e das 19h às 24h, por Juiz plantonista acionado pelo NUPLA; - aos sábados, domingos e feriados, exceto de 20 de dezembro a 6 de janeiro: - da 0h às 14h e das 19h às 24h, por Juiz plantonista acionado pelo NUPLA; - das 14h às 19h, por Juiz plantonista presente no NUPLA.
Plantão no feriado forense	Corresponde ao período do feriado forense de 20 de dezembro a 6 de janeiro e será prestado, de modo ininterrupto, por magistrados designados por ato da Corregedoria, independente da listagem do plantão judiciário semanal.	No Núcleo de Plantão Judicial – NUPLA, por magistrado designado por ato da Corregedoria. E Em outras unidades judiciárias indicadas pela Corregedoria.	- de segunda-feira a sexta-feira, exceto nos dias 24, 25 e 31 de dezembro e 1º de janeiro: - da 0h às 12h e das 19h às 24h, por Juiz plantonista acionado pelo NUPLA; - das 12h às 19h, por Juízes plantonistas presentes no NUPLA e em outras unidades judiciárias indicadas pela Corregedoria. - aos sábados, domingos, dias 24, 25 e 31 de dezembro e 1º de janeiro: - da 0h às 14h e das 19h às 24h, por Juiz plantonista acionado pelo NUPLA; - das 14h às 19h, por Juiz plantonista presente no NUPLA.
Nota: O Juiz plantonista estará presente no Nupla nos horários em que, comumente, estaria no fórum em dias normais de expediente. E será acionado pelo Nupla nos horários em que não estaria no fórum em dias normais de expediente.			

PARA PRATICAR

892. (Inédita) O plantão semanal será prestado no Núcleo de Plantão Judicial – NUPLA por magistrado designado por ato do Presidente do Tribunal. ( )

COMENTÁRIOS

892. (E) O plantão semanal será prestado no NUPLA por magistrado designado por ato da Corregedoria e não do Presidente do Tribunal como afirma a questão (art. 122, parágrafo único).

TÍTULO III
DOS SERVIDORES SUBORDINADOS À CORREGEDORIA

Capítulo I
DAS NORMAS GERAIS

Seção I
Dos Deveres

Art. 127. São deveres dos servidores dos ofícios judiciais e dos demais órgãos subordinados à Corregedoria, sem prejuízo dos demais deveres previstos em lei:

I – protocolizar os documentos recebidos e registrar o recebimento deles na via devolvida ao interessado;

II – apor nome e matrícula nos atos que subscrever, a fim de permitir sua identificação;

III – zelar pela conservação e pela segurança dos autos e dos demais documentos;

IV – manter sigilo sobre atos, diligências e decisões relativas a processos sigilosos ou que tramitem em segredo de justiça;

V – informar à Secretaria de Recursos Humanos qualquer alteração em seus assentamentos funcionais;

VI – comunicar, imediatamente, à Segurança do Tribunal a presença de vendedores, pessoas embriagadas, armadas ou que se portem de modo inconveniente nas dependências do fórum;

VII – observar a ordem de chegada para atendimento ao público, priorizando o idoso, a gestante e o deficiente físico.

Art. 128. É vedado aos servidores dos ofícios judiciais e dos demais órgãos subordinados à Corregedoria:

I – referir-se, por qualquer meio, de forma depreciativa a magistrado, promotor, advogado ou ao Tribunal;

II – retirar da serventia autos ou outros documentos de interesse de partes ou advogados, salvo se em cumprimento de ato de ofício ou de ordem superior;

III – sonegar informações essenciais ao convencimento da autoridade a que estiver subordinado, gerando dúvida, ou para ela concorrendo, inclusive em procedimento de natureza administrativa;

IV – usar ou permitir o uso de materiais ou equipamentos do Tribunal por pessoa estranha ou para fins alheios ao serviço;

V – prestar informações ou fazer certificações que não correspondam à verdade sobre quaisquer processos;

VI – violar sigilo ou segredo de justiça.

Art. 129. Os servidores deverão comparecer ao local de trabalho em trajes adequados ao exercício da função pública e portar crachá de identificação.
Parágrafo único. O Juiz poderá exigir dos servidores que atuam nas audiências o uso de vestimenta adequada.

DOS SERVIDORES SUBORDINADOS À CORREGEDORIA	
DOS DEVERES	**DAS PROIBIÇÕES (mesmo tom de azul)**
- protocolizar os documentos recebidos e registrar o recebimento deles na via devolvida ao interessado; - apor nome e matrícula nos atos que subscrever, a fim de permitir sua identificação; - zelar pela conservação e pela segurança dos autos e dos demais documentos; - manter sigilo sobre atos, diligências e decisões relativas a processos sigilosos ou que tramitem em segredo de justiça; - informar à Secretaria de Recursos Humanos qualquer alteração em seus assentamentos funcionais; - comunicar, imediatamente, à Segurança do Tribunal a presença de vendedores, pessoas embriagadas, armadas ou que se portem de modo inconveniente nas dependências do fórum; - observar a ordem de chegada para atendimento ao público, priorizando o idoso, a gestante e o deficiente físico. - deverão comparecer ao local de trabalho em trajes adequados ao exercício da função pública e portar crachá de identificação.	- referir-se, por qualquer meio, de forma depreciativa a magistrado, promotor, advogado ou ao Tribunal; - retirar da serventia autos ou outros documentos de interesse de partes ou advogados, salvo se em cumprimento de ato de ofício ou de ordem superior; - sonegar informações essenciais ao convencimento da autoridade a que estiver subordinado, gerando dúvida, ou para ela concorrendo, inclusive em procedimento de natureza administrativa; - usar ou permitir o uso de materiais ou equipamentos do Tribunal por pessoa estranha ou para fins alheios ao serviço; - prestar informações ou fazer certificações que não correspondam à verdade sobre quaisquer processos; - violar sigilo ou segredo de justiça.
O Juiz poderá exigir dos servidores que atuam nas audiências o uso de vestimenta adequada.	

PARA PRATICAR

893. (Cespe/TJDFT/Execução de Mandados/2003) Considere a seguinte situação hipotética. João é servidor de uma vara e tem como função o atendimento às partes e aos advogados que para lá se dirijam. Certa tarde, chegaram ao balcão os advogados Antônio, Bruno e Carlos, nessa ordem. O último a chegar, o advogado Carlos, disse a João que estava atrasado para uma audiência que se iniciaria em poucos instantes e precisava consultar autos de um processo na vara onde laborava João. Considerando a situação do advogado, João atendeu-o antes dos outros, apesar dos protestos destes. Nessa situação, João agiu corretamente, devido à urgência da situação e a fim de não causar atraso no início da audiência a iniciar-se na outra vara. ( )

ART. 130 | TJDFT – EM ESQUEMAS

894. (Cespe/TJDFT/Execução de Mandados/2003) Se servidor de ofício judicial do DF presenciar a existência de pessoa portando arma nas dependências da justiça do DF e souber que tal pessoa não detém autorização para o porte, deverá efetuar a prisão do indivíduo. ( )

895. (Cespe/TJDFT/Execução de Mandados/1999) A utilização de máquinas e equipamentos do Tribunal é autorizada exclusivamente a servidores públicos da justiça do Distrito Federal. ( )

896. (Cespe/TJDFT/Oficial Avaliador/1997 – adaptada) É vedado ao servidor portar autos ou outros papéis de interesse de partes ou de advogados, salvo se em cumprimento de ato de ofício ou de ordem legal superior. ( )

897. (Cespe/TJDFT/Oficial Avaliador/1997 – adaptada) É vedado ao servidor dar preferência a partes, preterindo outras que as tiverem antecedido no pedido de atendimento. ( )

COMENTÁRIOS

893. (E) João não agiu corretamente, dando prioridade ao advogado, mesmo estando este atrasado para a audiência, pois é dever do servidor observar a ordem de chegada para atendimento ao público, priorizando o idoso, a gestante e o deficiente físico (art. 127, VII).

894. (E) O servidor que presenciar pessoas portando arma sem a devida autorização – e também de vendedores, pessoas embriagadas ou que se portem de modo inconveniente – nas dependências da justiça do DF deverá comunicar, imediatamente, à Segurança do Tribunal (art. 127, VI).

895. (C) É vedado ao servidor da justiça usar ou permitir o uso de materiais ou equipamentos do Tribunal por pessoa estranha para fins alheios ao serviço. (art. 128, IV).

896. (C) É vedado aos servidores dos ofícios judiciais e dos demais órgãos subordinados à Corregedoria: retirar da serventia autos ou outros documentos de interesse de partes ou advogados, salvo se em cumprimento de ato de ofício ou de ordem superior (art. 128, II).

897. (C) É dever do servidor observar a ordem de chegada para atendimento ao público, priorizando o idoso, a gestante e o deficiente físico. Assim, é vedado dar preferência a partes, preterindo outras que tiverem antecedido no pedido de atendimento (art. 127, VII).

Seção II
Dos Elogios

Art. 130. As condecorações e os elogios feitos por magistrado, diretor de secretaria ou gestor de unidade administrativa serão averbados nos assentamentos funcionais do servidor.

§ 1º Elogio é a expressão de reconhecimento individual a servidor que, devido à competência, ao zelo, à iniciativa e à dedicação se destaque no desempenho de suas obrigações e de atribuições além daquelas inerentes ao cargo.

§ 2º A averbação em pasta funcional de elogio encaminhado por autoridade pública, instituição pública ou instituição privada de reconhecida idoneidade fica condicionada à anuência da chefia imediata.

DOS ELOGIOS			
Elogio	É a expressão de reconhecimento individual a servidor que, devido à competência, ao zelo, à iniciativa e à dedicação, se destaque no desempenho de suas obrigações e de atribuições além daquelas inerentes ao cargo.		
Serão averbados na pasta funcional do servidor	as condecorações e os elogios feitos por	- magistrado;	
		- diretor de secretaria ou gestor de unidade administrativa;	
		- autoridade pública;	condicionada à anuência da chefia imediata.
		- instituição pública;	condicionada à anuência da chefia imediata.
		- instituição privada de reconhecida idoneidade.	condicionada à anuência da chefia imediata.
Sobre elogios a Juízes, ver art. 2º.			

Capítulo II
DA APURAÇÃO DISCIPLINAR

Art. 131. Compete ao Corregedor supervisionar e exercer o poder disciplinar em relação aos servidores lotados nos ofícios judiciais, na Corregedoria da Justiça e nos órgãos a ela subordinados, por infração praticada no exercício de suas atribuições, ou que tenha relação com as atribuições do cargo em que se encontra investido, sem prejuízo da competência atribuída às demais autoridades.

Art. 132. Será considerada conduta funcional irregular aquela que infringir as normas relacionadas ao exercício das atribuições funcionais, bem como a que ferir os princípios que norteiam a Administração Pública.

DA APURAÇÃO DISCIPLINAR	
Compete ao Corregedor supervisionar e exercer o poder disciplinar em relação aos servidores	- lotados nos ofícios judiciais; - lotados na Corregedoria da Justiça; - lotados nos órgãos subordinados à Corregedoria de Justiça.
O poder disciplinar do Corregedor será exercido	Quando praticada infração pelo servidor no exercício de suas atribuições, ou que tenha relação com as atribuições do cargo em que se encontra investido, sem prejuízo da competência atribuída às demais autoridades.
Será considerada conduta funcional irregular	- Aquela que infringir as normas relacionadas ao exercício das atribuições funcionais; - Aquela que ferir os princípios que norteiam a Administração Pública.

Art. 133. O poder disciplinar será exercido pelo Juiz, independentemente da identidade física do magistrado, quando praticada falta funcional atribuída a servidor subordinado ao juízo, cabendo-lhe:

I – instaurar sindicância para apurar o fato e, se for o caso, aplicar penalidade de advertência ou de suspensão até 30 (trinta) dias;

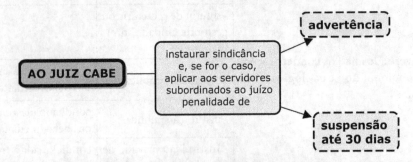

Nota: Do ponto de vista da LOJDFT (art. 45, II), o juiz pode aplicar aos servidores que lhes sejam subordinados penalidades disciplinares que não excedam a trinta dias de suspensão.

II – avaliar a possibilidade de aplicar o Termo de Compromisso de Adequação Funcional – TCAF, no caso de infração disciplinar leve, observado o disposto em ato normativo próprio;

Nota: A Portaria GC 33, de 31 de março de 2011, regulamenta o Compromisso de Adequação Funcional como medida alternativa à instauração de sindicância de processo disciplinar, em casos de infrações disciplinares leves (advertência ou de lesividade mínima), praticadas pelos servidores dos Ofícios Judiciais e da Corregedoria, bem como pelos notários ou registradores do Distrito Federal. O compromisso de adequação funcional será formalizado por intermédio de um Termo de Compromisso de Adequação Funcional – TCAF, por meio do qual o servidor, perante a Administração, se compromete a ajustar sua conduta às exigências legais e normativas.

III – determinar, quando entender necessário e mediante decisão fundamentada, que o processo administrativo tramite sob sigilo;

IV – determinar o arquivamento, de plano, da representação manifestamente infundada contra servidor.

Parágrafo único. Na impossibilidade de processar o feito ou quando verificada a possibilidade de imputação de pena mais severa ao servidor, o Juiz deverá remeter os autos ao Corregedor, o qual ficará responsável pelo seu processamento e julgamento.

Art. 134. As penalidades aplicadas pelo Juiz devem ser comunicadas à Corregedoria e à Secretaria de Recursos Humanos para fins de anotação.

PROVIMENTO GERAL DA CORREGEDORIA APLICADO AOS JUÍZES E OFÍCIOS JUDICIAIS — ART. 134

O poder disciplinar será exercido pelo Juiz da Vara, independentemente da pessoa do magistrado	Quando praticada falta funcional atribuída a servidor subordinado ao juízo.	
Cabe ao Juiz	- instaurar sindicância para apurar o fato e, se for o caso, aplicar penalidade de advertência ou de suspensão até trinta dias; - avaliar a possibilidade de aplicar o Termo de Compromisso de Adequação Funcional – TCAF, no caso de infração disciplinar leve, observado o disposto em ato normativo próprio; - determinar, quando entender necessário e mediante decisão fundamentada, que o processo administrativo tramite sob sigilo; - determinar o arquivamento, de plano, da representação manifestamente infundada contra servidor.	
O Juiz remeterá os autos ao Corregedor	- Na impossibilidade de processar o feito; ou - Quando verificada a possibilidade de imputação de pena mais severa ao servidor.	Neste caso, o Corregedor ficará responsável pelo processamento e julgamento do feito.
As penalidades aplicadas pelo Juiz devem ser comunicadas	- à Corregedoria; - à Secretaria de Recursos Humanos para fins de anotação.	

PARA PRATICAR

898. **(Cespe/TJDFT/Técnico Judiciário/2003)** Além do Corregedor da Justiça do DF, os juízes de direito têm competência para aplicar sanções disciplinares aos funcionários que lhes sejam subordinados, em certos casos. ( )

899. **(Cespe/TJDFT/Execução de Mandados/1999 – adaptada)** Compete aos juízes de direito instaurar sindicância para apurar falta de natureza disciplinar e aplicar, se for o caso, certas penalidades administrativas aos servidores que lhe são subordinados. ( )

900. **(Inédita)** Em caso de falta gravíssima, pode o Juiz de Direito aplicar aos servidores de sua serventia judicial penalidade de demissão. ( )

COMENTÁRIOS

898. (C) O Juiz pode aplicar penalidade de advertência ou de suspensão até trinta dias (art. 133, I).

899. (C) Cabe ao juiz instaurar sindicância para apurar falta de natureza disciplinar praticada por servidor subordinado ao juízo, podendo aplicar, se for o caso, penalidade de advertência ou de suspensão até trinta dias (art. 133, I).

900. (E) O juiz de direito somente pode aplicar aos servidores de sua serventia penalidade de advertência ou de suspensão até trinta dias, (art. 133, I).

TÍTULO IV
DOS ÓRGÃOS SUBORDINADOS À CORREGEDORIA
Capítulo I
DA DISTRIBUIÇÃO

Art. 135. À Distribuição compete distribuir, redistribuir, autuar e remeter os feitos aos juízos competentes.

> Na justiça do Distrito Federal há um serviço de Distribuição ao qual compete distribuir, redistribuir, autuar e remeter os feitos aos juízos competentes. Denomina-se distribuidor o servidor encarregado da distribuição dos processos. Distribuir é repartir igual e alternadamente os processos a serem julgados pelos magistrados de igual competência; redistribuir é deslocar um processo distribuído a um juízo para outro; autuar é reunir os documentos e formar os autos do processo, atribuindo-lhe um número específico; remeter os feitos é enviar os processos aos cartórios das varas competentes.

§ 1º A redistribuição de processos dentro do mesmo fórum será feita pela respectiva Distribuição.

§ 2º No Fórum Milton Sebastião Barbosa, os processos que devam ser redistribuídos para outros fóruns serão encaminhados ao Núcleo de Movimentação de Malotes Judiciais – NUMAJ.

§ 3º Nos demais fóruns, os processos a serem redistribuídos serão encaminhados ao Posto de Protocolo Judicial – PPJ, que providenciará a remessa à Distribuição do fórum de destino.

§ 4º Os processos a serem redistribuídos a outros tribunais ou comarcas deverão ser encaminhados à Subsecretaria de Protocolo Administrativo – SUPRA.

DA DISTRIBUIÇÃO		
Compete à Distribuição	Distribuir, redistribuir, autuar e remeter os feitos aos juízos competentes.	
A redistribuição de processos dentro do mesmo fórum será feita	Pela respectiva Distribuição.	
Os processos a serem redistribuídos	**Do Fórum Milton Sebastião Barbosa para outros fóruns**	Serão encaminhados ao Núcleo de Movimentação de Malotes Judiciais – NUMAJ.
	Dos demais fóruns	Serão encaminhados ao Posto de Protocolo Judicial – PPJ, que providenciará a remessa à Distribuição do fórum de destino.
	Para outros tribunais ou comarcas	Deverão ser encaminhados à Subsecretaria de Protocolo Administrativo – SUPRA.

Art. 136. O cancelamento da distribuição somente será realizado se houver determinação judicial e será providenciado, exclusivamente, pela Distribuição de cada fórum.

Parágrafo único. Nos casos de erro material quanto à seleção do órgão, o Distribuidor poderá efetuar o cancelamento de ofício.

Art. 137. Os feitos de qualquer natureza, principais ou acessórios, serão distribuídos e numerados em ordem crescente.

§ 1º O controle e o acompanhamento dos processos e dos atos processuais serão feitos pelo número de distribuição.

§ 2º A petição entregue diretamente na secretaria da vara e que exija distribuição será encaminhada à Distribuição.

§ 3º Não será objeto de nova distribuição:

I – o inquérito policial precedido de comunicação de prisão em flagrante, o qual deverá ser entregue diretamente na secretaria da vara respectiva;

II – a decisão que converter a prisão em flagrante em prisão preventiva, o requerimento para o cumprimento definitivo de sentença, a reconvenção e a intervenção de terceiros, salvo a oposição, o pedido de impugnação à assistência e os pedidos individuais de cumprimento de sentença lastreados em título formado em ação coletiva.

Somente será cancelada a distribuição	Se houver determinação judicial.
Havendo determinação judicial, o cancelamento da distribuição será feito	Exclusivamente pela Distribuição de cada fórum.
Nos casos de erro material quanto à seleção do órgão judicial(*)	O Distribuidor poderá efetuar o cancelamento de ofício.
Como são distribuídos e numerados os feitos, sejam principais ou acessórios	Em ordem crescente.
Como são feitos o controle e acompanhamento dos processos e dos atos processuais	Pelo número de distribuição.
Será encaminhada à Distribuição	A petição entregue diretamente na secretaria da vara e que exija distribuição.

Não será objeto de nova distribuião	- o inquérito policial precedido de comunicação de prisão em flagrante, o qual deverá ser entregue diretamente na secretaria da vara respectiva; - a decisão que converter a prisão em flagrante em prisão preventiva; - o requerimento para o cumprimento definitivo de sentença; - a reconvenção; - a intervenção de terceiros, salvo a oposição; - o pedido de impugnação à assistência; - os pedidos individuais de cumprimento de sentença lastreados em título formado em ação coletiva.
(*) Há erro de seleção do órgão quando o processo é distribuído por engano para uma determinada vara (Ex.: Vara de Família) quando deveria ser para outra (Ex.: Vara de Órfãos e Sucessões).	

Art. 138. O processo que, em virtude de decisão ulterior, voltar a tramitar na circunscrição de origem, terá seu número original reativado pela secretaria do juízo ou pela Distribuição.

Art. 139. Na distribuição dos feitos oriundos das Delegacias de Polícia do Distrito Federal será exigido o número de protocolo da Polícia Civil.

Art. 140. Os feitos, antes de distribuídos, deverão ser classificados de acordo com as tabelas unificadas de classes e assuntos processuais do CNJ.

Parágrafo único. A distribuição e a atuação do feito serão realizadas em até 48 (quarenta e oito) horas da entrega da petição à Distribuição, salvo por motivo justificado.

Art. 141. A ausência do pagamento das custas processuais iniciais não obsta a distribuição do feito.

Parágrafo único. As custas processuais emitidas em desconformidade com as respectivas normas regulamentares serão recusadas pela Distribuição e devolvidas ao peticionante.

Terá sua numeração original reativada	O processo que, em virtude de decisão ulterior, voltar a tramitar na circunscrição de origem.
A reativação do número é feita	Pela secretaria do juízo ou pela Distribuição.
Será exigido o número de protocolo da Polícia Civil	Na distribuição dos feitos oriundos das Delegacias de Polícia do Distrito Federal.
Antes de serem distribuídos os feitos deverão	Ser classificados de acordo com as tabelas unificadas de classes e assuntos processuais do CNJ.
A distribuição e a atuação do feito serão realizadas	Em até quarenta e oito horas da entrega da petição à Distribuição, salvo por motivo justificado.
Não impede a distribuição do feito	A ausência do pagamento das custas processuais iniciais.
Serão recusadas pela Distribuição e devolvidas ao peticionante	As custas processuais emitidas em desconformidade com as respectivas normas regulamentares.

Art. 142. A distribuição será feita por meio eletrônico com a emissão de etiquetas, as quais serão rubricadas pelo distribuidor, seu substituto ou servidor previamente autorizado pelo distribuidor.

Art. 143. Caso haja requerimento de medida de natureza urgente, a petição poderá, após a distribuição, ser entregue diretamente ao advogado, o qual se incumbirá de encaminhá-la ao juízo.

Parágrafo único. Nesse caso, após a apreciação da liminar ou caso não seja reconhecida a natureza urgente da medida, a petição poderá retornar à Distribuição para fins de autuação.

Art. 144. Havendo indisponibilidade do sistema informatizado, a distribuição dos feitos urgentes será realizada por sorteio manual e supervisionada pelo Juiz diretor do fórum.

Parágrafo único. Os dados constantes da petição, necessários ao registro da distribuição, serão anotados e, posteriormente, inseridos no sistema informatizado, por ocasião de seu restabelecimento.

A distribuição será feita	- por meio eletrônico; - com a emissão de etiquetas; - as etiquetas serão rubricadas pelo distribuidor, seu substituto ou servidor previamente autorizado pelo distribuidor.
Havendo requerimento de medida de natureza urgente	A petição poderá, após a distribuição, ser entregue diretamente ao advogado, o qual se incumbirá de encaminhá-la ao juízo. Nesse caso, após a apreciação da liminar ou caso não seja reconhecida a natureza urgente da medida, a petição poderá retornar à Distribuição para fins de autuação.
Havendo indisponibilidade do sistema informatizado	A distribuição dos feitos urgentes será realizada por sorteio manual e supervisionada pelo Juiz diretor do fórum.
Após o restabelecimento do sistema	Os dados constantes da petição, necessários ao registro da distribuição, serão anotados e, posteriormente, inseridos no sistema informatizado.

Art. 145. A distribuição será por dependência, quando:

I – houver pedido do peticionante ou determinação judicial;

II – o processo for extinto sem julgamento de mérito ou houver o cancelamento da distribuição e for reiterado o pedido;

III – ocorrer o ajuizamento de ações idênticas e houver juízo prevento.

Parágrafo único. Se o Juiz não reconhecer a dependência, determinará o retorno dos autos à Distribuição para fins de redistribuição.

A distribuição será por dependência(*), quando	- houver pedido do peticionante ou determinação judicial; - o processo for extinto sem julgamento de mérito ou houver o cancelamento da distribuição e for reiterado o pedido; - ocorrer o ajuizamento de ações idênticas e houver juízo prevento.
Se o Juiz não reconhecer a dependência	Determinará o retorno dos autos à Distribuição para fins de redistribuição.
(*) Distribuição por dependência é aquela feita ao mesmo juízo quando há causas que devem ser julgadas simultaneamente e quando se relacionarem por conexão ou continência (art. 286 do CPC).	

Art. 146. A Distribuição não receberá armas de fogo, acessórios, munições e demais objetos apreendidos em procedimentos criminais, os quais deverão ser entregues pela autoridade policial diretamente à Central de Guarda de Objetos de Crimes – CEGOC.

Art. 147. A Distribuição emitirá, para entrega na vara, relatório dos feitos distribuídos, com data e hora da realização do ato.

Parágrafo único. A Distribuição manterá arquivados os relatórios durante o prazo previsto na tabela de temporalidade da área fim, os quais, após o transcurso desse prazo, deverão ser encaminhados ao arquivo.

Art. 148. A distribuição de ação penal, inquérito ou qualquer procedimento criminal contra servidor deste Tribunal será comunicada, conforme o caso, ao Presidente ou ao Corregedor da Justiça.

A Distribuição não receberá	- armas de fogo; - acessórios; - munições e - demais objetos apreendidos em procedimentos criminais.
Os artefatos apreendidos em procedimentos criminais serão entregues	Pela autoridade policial diretamente à Central de Guarda de Objetos de Crimes – CEGOC.
A Distribuição emitirá, para entrega na vara	Relatório dos feitos distribuídos, com data e hora da realização do ato.
A Distribuição manterá arquivados os relatórios	Durante o prazo previsto na tabela de temporalidade da área fim. Após o transcurso do prazo, os relatórios deverão ser encaminhados ao arquivo.
Será comunicada, conforme o caso, ao Presidente(*) ou ao Corregedor da Justiça(**)	A distribuição de ação penal, inquérito ou qualquer procedimento criminal contra servidor deste Tribunal.
(*) Será comunicada ao Presidente do Tribunal, quando se tratar de servidor da Secretaria do Tribunal;	
(**) Será comunicada ao Corregedor da Justiça, quando se tratar de servidor dos Ofícios Judiciais, da Corregedoria ou de seus órgãos auxiliares.	

PROVIMENTO GERAL DA CORREGEDORIA APLICADO AOS JUÍZES E OFÍCIOS JUDICIAIS — ART. 148-A

Art. 148-A. As petições a que se refere o art. 340 do Código de Processo Civil serão recebidas diretamente pela Distribuição, devendo ser:

I – autuadas e distribuídas na circunscrição do domicílio apontado pelo réu, com a devida comunicação, de imediato e, preferencialmente, por meio eletrônico, ao juízo da causa, cabendo ao interessado indicar, de forma clara e precisa, o correto endereçamento e a causa a que se refere;

II – encaminhadas à Subsecretaria de Protocolo Administrativo – SUPRA, para envio ao juízo da causa;

III – baixadas do sistema de distribuição, com a devida comunicação ao juízo prevento no Distrito Federal.

§ 1º Não serão aceitas petições referentes a processos que tramitam por meio eletrônico.

§ 2º Definida a competência da Justiça do Distrito Federal e dos Territórios, a redistribuição do processo será feita ao juízo para o qual fora distribuída a petição, por prevenção, procedendo-se a reclassificação, se o caso. (*Incluído pelo Provimento 7, de 2016*)

As petições a que se refere o art. 340 do CPC(*) serão recebidas	Diretamente pela Distribuição.
As petições a que se refere o art. 340 do CPC(*) deverão ser	- autuadas e distribuídas na circunscrição do domicílio apontado pelo réu, com a devida comunicação, de imediato e, preferencialmente, por meio eletrônico, ao juízo da causa, cabendo ao interessado indicar, de forma clara e precisa, o correto endereçamento e a causa a que se refere; - encaminhadas à Subsecretaria de Protocolo Administrativo – SUPRA, para envio ao juízo da causa; - baixadas do sistema de distribuição, com a devida comunicação ao juízo prevento no Distrito Federal.
Não serão aceitas petições	Referentes a processos que tramitam por meio eletrônico.
Definida a competência da Justiça do Distrito Federal e dos Territórios	A redistribuição do processo será feita ao juízo para o qual fora distribuída a petição, por prevenção, procedendo-se a reclassificação, se o caso.

(*) "Havendo alegação de incompetência relativa ou absoluta, a contestação poderá ser protocolada no foro de domicílio do réu, fato que será imediatamente comunicado ao juiz da causa, preferencialmente por meio eletrônico" (art. 340, CPC).

PARA PRATICAR

901. (Cespe/TJDFT/Execução de Mandados/2003) Se petição urgente for distribuída, o advogado poderá encaminhá-la, em seguida, diretamente ao juiz competente. ( )

902. (Cespe/TJDFT/Execução de Mandados/2003) Após a implantação do sistema de distribuição por processamento eletrônico, não mais pode haver distribuição manual de processos. ( )

ART. 148-A TJDFT – EM ESQUEMAS

903. **(Cespe/TJDFT/Analista Judiciário/2003)** Quando um processo for redistribuído para outra vara dentro da mesma circunscrição judiciária, não deverá ser enviado pelo correio, mas pelo serviço de distribuição do respectivo fórum. ( )

904. **(Cespe/TJDFT/Segurança e Transporte/2003)** Sempre que o Ministério Público oferecer denúncia ou for instaurado inquérito policial contra servidor do TJDFT, o serviço de distribuição deverá comunicar o fato à Corregedoria do Tribunal ou ao Presidente do Tribunal, conforme o caso. ( )

905. **(Inédita)** Se juntamente com a resposta do réu for apresentada uma reconvenção, deverá haver nova distribuição dos autos. ( )

906. **(Inédita)** Se a parte ajuizar uma ação de conhecimento e não efetuar o pagamento das custas iniciais, não haverá a distribuição do feito, pois o recolhimento das custas é condição de admissibilidade da ação. ( )

907. **(Inédita)** A distribuição e a autuação do feito serão realizadas em até quarenta e oito horas da entrega da petição no setor competente, salvo motivo justificado. ( )

908. **(Inédita)** Distribuído um processo por dependência, não reconhecida pelo juiz, este determinará o retorno da petição para redistribuição. ( )

909. **(Inédita)** Certos incidentes, como impugnação ao pedido de assistência, não acarretam nova distribuição. ( )

COMENTÁRIOS

901. (C) Caso haja requerimento de medida de natureza urgente, a petição poderá, após a distribuição, ser entregue diretamente ao advogado, o qual se incumbirá de encaminhá-la ao juízo (art. 143).

902. (E) A distribuição será feita, em regra, por meio eletrônico (art. 142) mas, havendo indisponibilidade do sistema informatizado, a distribuição dos feitos urgentes será realizada por sorteio manual e supervisionada pelo Juiz diretor do fórum (art. 144).

903. (C) A redistribuição de processos dentro do mesmo fórum será feita pela respectiva Distribuição (art. 135, § 1º).

904. (C) A distribuição de ação penal, inquérito ou qualquer procedimento criminal contra servidor deste Tribunal será comunicada, conforme o caso, ao Presidente ou ao Corregedor da Justiça. (art. 148).

905. (E) A reconvenção não acarreta nova distribuição (art. 137, § 3º, II).

906. (E) A ausência do pagamento das custas processuais iniciais não obsta a distribuição do feito (art. 141).

907. (C) "A distribuição e a autuação do feito serão realizadas em até 48 (quarenta e oito) horas da entrega da petição à Distribuição, salvo por motivo justificado" (art. 140, parágrafo único).

908. (C) Se o Juiz não reconhecer a dependência, determinará o retorno dos autos à Distribuição para fins de redistribuição (art. 145, parágrafo único).

909. (C) O incidente de impugnação à assistência não acarreta nova distribuição, assim também o inquérito policial precedido de comunicação de prisão em flagrante, o qual deverá ser entregue diretamente na secretaria da vara respectiva; a decisão que converter a prisão em flagrante em prisão preventiva, o requerimento para o cumprimento definitivo de sentença, a reconvenção e a intervenção de terceiros, salvo a oposição e os pedidos individuais de cumprimento de sentença lastreados em título formado em ação coletiva (art. 137, § 3º, I e II).

Capítulo II
DOS DEPÓSITOS PÚBLICOS

Depósito público é o local onde ficam guardados e conservados os bens apreendidos por ordem judicial.
Depositário Público é o servidor responsável pela guarda e controle dos bens em depósito.

Art. 149. Caberá ao depositário público a guarda e conservação dos bens oriundos dos processos de natureza cível.

Art. 150. É vedada a guarda de bens imóveis sob a responsabilidade de depositário público. *(Redação dada pelo Provimento 45, de 2020)*

Art. 151. O depositário público deverá conferir, pormenorizadamente, no ato da entrega do mandado pelo oficial de justiça, as informações nele contidas, principalmente os dados e características dos bens depositados.

Art. 152. O depositário público cadastrará no sistema informatizado os dados referentes aos bens recolhidos ao Depósito Público, bem como baixará os bens dele retirados.

Art. 153. O auto de depósito será datado e assinado pelo depositário público e pelo portador da ordem judicial.

Art. 154. Todas as despesas com a remoção de bens para o Depósito Público são de responsabilidade do interessado.

Art. 155. Não serão guardados no Depósito Público semoventes, bens inflamáveis, explosivos, corrosivos, radioativos, sujeitos à combustão espontânea, perecíveis e medicamentos, cabendo ao Juiz determinar as providências necessárias para que sejam depositados em local adequado.

Parágrafo único. O depósito de dinheiro, joias, pedras e metais preciosos, bem como de papéis de crédito, será feito nos bancos oficiais.

DA GUARDA DE BENS	
Caberá ao depositário público	A guarda e conservação dos bens oriundos dos processos de natureza cível.
É vedada ao depositário público	A guarda de bens imóveis.
Incumbe ao depositário público	- Conferir, pormenorizadamente, no ato da entrega do mandado pelo oficial de justiça, as informações nele contidas, principalmente os dados e características dos bens depositados; - Cadastrar no sistema informatizado os dados referentes aos bens recolhidos ao Depósito Público, bem como baixar os bens dele retirados.
O auto de depósito será datado e assinado	Pelo depositário público e pelo portador da ordem judicial.
São de responsabilidade do interessado	Todas as despesas com a remoção de bens para o Depósito Público.

Não serão guardados no Depósito Público, cabendo ao juiz determinar as providências necessárias para que sejam depositados em local adequado	- semoventes; - bens inflamáveis; - bens explosivos; - bens corrosivos; - bens radioativos; - bens sujeitos à combustão espontânea; - bens perecíveis; - medicamentos.
Será feito nos bancos oficiais o depósito de	- dinheiro; - joias; - pedras e metais preciosos; - papéis de crédito.

Art. 156. O depositário público não poderá liberar o bem sem a apresentação da guia de custas processuais válida ou a comprovação da dispensa do seu recolhimento.

Art. 157. Os bens liberados pelo Juiz e não retirados do Depósito Público no prazo de 30 (trinta) dias, a contar da data do recebimento do alvará, serão levados a leilão público coletivo, deduzindo-se do valor da arrematação as custas do depósito e colocando-se o remanescente à disposição do juízo.

Parágrafo único. Não serão levados a leilão coletivo os bens cujo alvará de liberação não contenha a advertência do prazo de que trata o caput.

Art. 158. Os bens arrematados e não retirados do Depósito Público no prazo de 30 (trinta dias), a contar da data do recebimento do alvará, poderão ser doados a entidades sem fins lucrativos.

Parágrafo único. Não serão doados os bens cujo alvará de liberação não contenha a advertência do prazo de que trata o caput.

Art. 159. Os bens depositados por mais de 6 (seis) meses nos depósitos públicos serão alienados em leilão público coletivo, mediante prévia autorização do juízo.

DA LIBERAÇÃO DOS BENS	
O depositário público não poderá liberar o bem	Sem a apresentação da guia de custas processuais válida ou a comprovação da dispensa do seu recolhimento.
Serão levados a leilão público coletivo	Os bens liberados pelo Juiz e não retirados do Depósito Público no prazo de trinta dias, a contar da data do recebimento do alvará. Neste caso, será deduzido do valor da arrematação as custas do depósito e colocando-se o remanescente à disposição do juízo.

Não serão levados a leilão coletivo	Os bens cujo alvará de liberação não contenha a advertência do prazo de trinta dias de que trata o item acima.
Poderão ser doados a entidades sem fins lucrativos	Os bens arrematados e não retirados do Depósito Público no prazo de trinta dias, a contar da data do recebimento do alvará.
Não serão doados os bens	Cujo alvará de liberação não contenha a advertência do prazo de trinta dias que trata o item anterior.
Serão alienados em leilão público coletivo, mediante prévia autorização do juízo	Os bens depositados por mais de seis meses nos depósitos públicos.

Parágrafo único. O depositário público comunicará, mensalmente, ao Núcleo Permanente de Leilões Judiciais – NULEJ a existência de bens em condição de serem incluídos em leilão público coletivo.

Art. 160. O depositário público encaminhará à unidade responsável pelo controle das custas e depósitos judiciais o demonstrativo mensal das custas recolhidas e guias correspondentes, até o 5º (quinto) dia útil do mês subsequente.

Parágrafo único. O depositário público encaminhará à mesma unidade, até o 10º (décimo) dia útil do mês de janeiro, relatório com a síntese dos demonstrativos mensais do ano anterior.

Art. 161. Os depositários públicos realizarão inspeção anual e emitirão relatório circunstanciado das ocorrências e das condições gerais do depósito, o qual será encaminhado à unidade superior até o dia 10 (dez) de fevereiro.

Incumbe ao depositário público	- Comunicar, mensalmente, ao Núcleo Permanente de Leilões Judiciais – NULEJ a existência de bens em condição de serem incluídos em leilão público coletivo. - Encaminhar à unidade responsável pelo controle das custas e depósitos judiciais o demonstrativo mensal das custas recolhidas e guias correspondentes, até o 5º dia útil do mês subsequente. - Encaminhar à mesma unidade, até o 10º dia útil do mês de janeiro, relatório com a síntese dos demonstrativos mensais do ano anterior. - realizar inspeção anual e emitirá relatório circunstanciado das ocorrências e das condições gerais do depósito, o qual será encaminhado à unidade superior até o dia 10 de fevereiro.

PARA PRATICAR

910. (Cespe/TJDFT/Analista Judiciário/2003 – adaptada) Sempre que um bem permanecer por mais de seis meses no depósito público, deverá ser vendido em leilão o mais cedo possível, bastando que o depositário público comunique o fato ao juiz da causa. ( )

ART. 162 TJDFT – EM ESQUEMAS

911. (Cespe/TJDFT/Analista Judiciário/Execução de Mandados/1999) Se Pedro fosse proprietário de bem armazenado em depósito público e, com ordem judicial, conseguisse autorização a fim de que o bem fosse removido para outro local, caberiam ao depositário público as despesas com a remoção. ( )

912. (Cespe/TJDFT/Execução de Mandados/1999 – alterada) Considere a seguinte situação: Marluce arrematou, em leilão, bem guardado em depósito público, mas não o retirou dali no prazo estabelecido no Provimento Geral da Corregedoria. Nessa situação, o bem poderá ser doado a entidade sem fim lucrativo. ( )

913. (Cespe/TJDFT/Execução de Mandados/1999) Se, no curso de uma execução, vierem a ser penhorados bens inflamáveis, explosivos, corrosivos ou sujeitos a combustão espontânea, eles deverão ser guardados pelo depositário público em local próprio, que ofereça as necessárias condições de segurança e que seja isolado. ( )

COMENTÁRIOS

910. (E) Os bens permanecidos no depósito público por mais de seis meses serão alienados em leilão público coletivo, mas não basta a comunicação do depositário público ao juiz; deverá haver prévia autorização do juízo (art. 159).

911. (E) Todas as despesas com a remoção de bens para o Depósito Público são de responsabilidade do interessado e não do depositário público como afirma a questão (art. 154).

912. (C) Os bens arrematados e não retirados do Depósito Público no prazo de trinta dias, a contar da data do recebimento do alvará, poderão ser doados a entidades sem fins lucrativos (art. 158).

913. (E) Bens inflamáveis, explosivos, corrosivos ou sujeitos à combustão espontânea – além de semoventes, perecíveis e medicamentos – não serão guardados no Depósito Público, cabendo ao juiz da causa determinar as providências necessárias para que sejam depositados em local adequado (art. 155).

Capítulo III
DA GUARDA DE OBJETOS DE CRIME

Art. 162. Caberá à Central de Guarda de Objeto de Crime – CEGOC a guarda e a conservação dos bens oriundos dos processos de natureza criminal.

Art. 163. A CEGOC não receberá substâncias entorpecentes ou que determinem dependência física ou psíquica, substâncias químicas, tóxicas, inflamáveis, explosivas ou assemelhadas, radioativos, medicamentos, alimentos perecíveis, bem como objetos de qualquer natureza utilizados para a prática dos crimes definidos na Lei nº 11.343, de 23 de agosto de 2006, excetuadas as armas de fogo e munição, cabendo ao Juiz determinar as providências necessárias para que sejam depositados em local adequado.

Parágrafo único. O depósito de dinheiro, joias, pedras e metais preciosos, bem como de papéis de crédito, será feito nos bancos oficiais.

Art. 164. É proibida a utilização ou o empréstimo de arma de fogo ou de qualquer objeto apreendido em procedimento criminal, ainda que se trate de solicitação formulada por autoridades, ressalvadas as hipóteses legais de produção de provas.

PROVIMENTO GERAL DA CORREGEDORIA APLICADO AOS JUÍZES E OFÍCIOS JUDICIAIS — ART. 164

DA GUARDA DE OBJETOS DE CRIME	
Caberá à Central de Guarda de Objeto de Crime – CEGOC	A guarda e a conservação dos bens oriundos dos processos de natureza criminal.
A CEGOC não receberá, cabendo ao Juiz determinar as providências necessárias para que sejam depositados em local adequado	- substâncias entorpecentes ou que determinem dependência física ou psíquica; - substâncias químicas, tóxicas, inflamáveis, explosivas ou assemelhadas; - radioativos; - medicamentos; - alimentos perecíveis; - objetos de qualquer natureza utilizados para a prática dos crimes definidos na Lei nº 11.343, de 23 de agosto de 2006 (Lei antidrogas), excetuadas as armas de fogo e munição.
Será feito nos bancos oficiais o depósito de	- dinheiro; - joias; - pedras e metais preciosos; - papéis de crédito.
É proibida	A utilização ou o empréstimo de arma de fogo ou de qualquer objeto apreendido em procedimento criminal, ainda que se trate de solicitação formulada por autoridades, ressalvadas as hipóteses legais de produção de provas.

PARA PRATICAR

914. (Cespe/TJDFT/Execução de Mandados/1999) É proibido o empréstimo de objetos quaisquer apreendidos em razão de processo criminal, ainda que a solicitação do empréstimo parta de autoridade. ( )

915. (Cespe/TJDFT/Analista Administrativo/2000) Considere a seguinte situação hipotética: Em um processo criminal, foram apreendidas armas em situação irregular em poder dos réus. Tomando conhecimento disso, um juiz de vara criminal do DF expediu ofício ao juiz responsável pelo processo, solicitando-lhe, por empréstimo, a cessão de uma das armas para utilizá-la na própria defesa, em razão de ameaças que vinha sofrendo. Mesmo considerando que os magistrados têm, por lei, autorização para portar arma destinada à defesa pessoal, nessa situação o juiz do processo deveria indeferir o empréstimo da arma à autoridade solicitante. ( )

COMENTÁRIOS

914. (C) É proibida a utilização ou o empréstimo de arma de fogo ou de qualquer objeto apreendido em procedimento criminal, ainda que se trate de solicitação formulada por autoridade, ressalvadas as hipóteses legais de produção de provas (art. 164).

915. (C) É proibida a utilização ou o empréstimo de arma de fogo ou de qualquer objeto apreendido em procedimento criminal, ainda que se trate de solicitação formulada por autoridades, ressalvadas as hipóteses legais de produção de provas (art. 164).

Capítulo IV
DOS LEILÕES PÚBLICOS COLETIVOS

Art. 165. Os leilões públicos coletivos serão coordenados por um Juiz designado pelo Corregedor e administrados pelo Núcleo Permanente de Leilões Judiciais – NULEJ.

Art. 166. O NULEJ deverá solicitar autorização ao juízo para:

I – incluir, nos leilões coletivos, os bens que estejam nos depósitos públicos há mais de 6 (seis) meses;

II – realizar leilão com lance inicial no valor das custas do depósito, sempre quando não for obtida a arrematação do bem em 3 (três) leilões consecutivos;

III – doar, descartar, destruir ou inutilizar os bens imprestáveis ou sem valor econômico expressivo que se encontrem depositados há mais de 6 (seis) meses nos depósitos públicos.

Os leilões públicos coletivos	Serão coordenados	por um Juiz designado pelo Corregedor.
	Serão administrados	pelo Núcleo Permanente de Leilões Judiciais – NULEJ.
O NULEJ deverá solicitar autorização ao juízo para		- incluir, nos leilões coletivos, os bens que estejam nos depósitos públicos há mais de 6 (seis) meses; - realizar leilão com lance inicial no valor das custas do depósito, sempre quando não for obtida a arrematação do bem em três leilões consecutivos; - doar, descartar, destruir ou inutilizar os bens imprestáveis ou sem valor econômico expressivo que se encontrem depositados há mais de seis meses nos depósitos públicos.

Art. 167. O edital do leilão público coletivo deverá ser publicado 1 (uma) vez, no Diário de Justiça eletrônico – DJe.

Parágrafo único. O NULEJ providenciará a ampla divulgação dos leilões coletivos nos meios de comunicação.

Art. 168. O Juiz Coordenador poderá determinar a dispensa do recolhimento das custas referentes à permanência dos bens em depósito público para os casos de doação previstos neste Provimento.

Art. 169. O NULEJ deverá apresentar prestação de contas dos leilões públicos coletivos para aprovação pelo Juiz Coordenador.

Deverá ser publicado uma vez, no Diário de Justiça eletrônico – DJe	O edital do leilão público coletivo.

Procedimentos	- O NULEJ providenciará a ampla divulgação dos leilões coletivos nos meios de comunicação. - O Juiz Coordenador poderá determinar a dispensa do recolhimento das custas referentes à permanência dos bens em depósito público para os casos de doação previstos neste Provimento. - O NULEJ deverá apresentar prestação de contas dos leilões públicos coletivos para aprovação pelo Juiz Coordenador.

Capítulo V
Das Contadorias-Partidorias

Contadoria-Partidoria é o setor responsável pela elaboração e atualização monetária de cálculos processuais.
Contabilista-partidor é o servidor responsável pela Contadoria-Partidoria.

Art. 170. O contabilista-partidor tem o prazo de 48 (quarenta e oito) horas para elaborar os cálculos ou prestar informações, contado da data do recebimento dos autos, salvo outro prazo estabelecido pelo Juiz ou quando a matéria envolver cálculo de elevada complexidade. (*Redação dada pelo Provimento 1, de 2016*)

Art. 171. A data inicial de incidência de correção monetária e de juros deverá constar do demonstrativo de cálculos.

Art. 172. O contabilista-partidor poderá solicitar dados complementares ao juízo, se indispensáveis à elaboração dos cálculos. (*Redação dada pelo Provimento 1, de 2016*)

Art. 173. A movimentação de autos entre a contadoria e a secretaria da vara será realizada, exclusivamente, por servidor ou estagiário do Tribunal.

Art. 174. É vedada a consulta de autos por advogado ou parte enquanto estiverem com carga ao contabilista-partidor.

Parágrafo único. Caso o pedido de vista seja deferido pelo Juiz, o contabilista-partidor remeterá os autos à secretaria da vara. (*Redação dada pelo Provimento 1, de 2016*)

Prazo para o contabilista-partidor elaborar os cálculos ou prestar informações	Regra	48 horas, contadas da data do recebimento dos autos na Contadoria-Partidoria.
	Exceção	- quando o juiz estabelecer outro prazo; ou - quando a matéria envolver cálculo de elevada complexidade.

Deverá constar do demonstrativo de cálculos	A data inicial de incidência de correção monetária e de juros.
Poderão ser solicitados pelo contabilista-partidor	Dados complementares ao juízo, se indispensáveis à elaboração dos cálculos.
Será realizada, exclusivamente, por servidor ou estagiário do Tribunal	A movimentação de autos entre a contadoria e a secretaria da vara.
Não é permitida ao advogado ou à parte	A consulta de autos enquanto estiverem com carga ao contabilista-partidor. Caso o pedido de vista seja deferido pelo Juiz, o contabilista-partidor remeterá os autos à secretaria da vara.

Capítulo VI
Dos Oficiais de Justiça

Oficial de Justiça é o servidor encarregado de executar as ordens (ou mandados) emanadas dos juízes. São responsáveis pela realização de citações, intimações, notificações, penhoras, despejos, buscas e apreensões, avaliação de bens e valores, remoção de bens e pessoas, cumprimento de alvarás de libertação de preso, leilões, reintegrações e imissões de posse entre outros. Cumpre-lhe ainda desempenhar quaisquer outras diligências e atividades por determinação superior, além de certificar nos autos a realização dos atos sob sua responsabilidade.

Seção I
Das Atribuições dos Oficiais de Justiça

Art. 175. Incumbe ao oficial de justiça:

Os itens abaixo são autoexplicativos, por isso dispensam notas explicativas ou esquemas. Atente-se para os incisos III, V, IX e XIII, § 1º.

I – exercer as funções definidas pelas leis processuais e por este Provimento, além de cumprir as determinações do Corregedor, dos Juízes, da unidade administrativa superior e das comissões disciplinares;

II – cumprir pessoalmente as diligências, identificando-se pelo nome e pela função, portando o crachá em local visível e, se solicitado, apresentar a carteira de identidade funcional;

III – avaliar bens, salvo quando exigidos conhecimentos técnicos especializados;

IV – proceder à prévia avaliação na hipótese de bens a serem removidos ao Depósito Público;

V – realizar leilões públicos, coletivos ou individuais, exceto quando houver indicação de leiloeiro por credor em leilão público individual, admitido pelo juízo do feito; *(Redação dada pelo Provimento 1, de 2016)*

> Os leilões podem ser coletivos, para venda de vários bens, ou individuais, para a alienação de um único bem. O leilão público individual poderá ser realizado por leiloeiro particular quando houver indicação pelo credor e admitido pelo Juiz da causa.

VI – lavrar certidões circunstanciadas, conforme modelos aprovados pela Corregedoria;

VII – assinar o termo de carga dos mandados, conferi-los no prazo de 24 (vinte e quatro) horas e devolver aqueles em desacordo com este Provimento, sob pena de assumir o encargo de regularizá-lo junto à unidade expedidora.

VIII – devolver, sem cumprimento, no prazo máximo de 24 (vinte e quatro) horas contadas do recebimento, mandado de outro setor que lhe seja distribuído indevidamente ou, transcorrido esse prazo, cumpri-lo integralmente;

IX – comparecer à sala a ele destinada, durante o expediente forense, mediante agendamento realizado com as partes e advogados por e-mail institucional, salvo se disponibilizar número de telefone celular para o atendimento solicitado; *(Redação dada pelo Provimento 8, de 2016)*

X – acessar o correio eletrônico institucional nos dias de expediente forense; *(Redação dada pelo Provimento 8, de 2016)*

XI – responder, até o dia útil seguinte, às orientações encaminhadas pela Administração e pelos ofícios judiciais, bem como as mensagens eletrônicas enviadas pelas partes e advogados; *(Redação dada pelo Provimento 8, de 2016)*

XII – providenciar o depósito em banco credenciado dos valores provenientes das constrições sobre dinheiro, os quais ficarão à disposição do juízo, devendo juntar aos autos o respectivo comprovante nas 48 (quarenta e oito) horas subsequentes.

XIII – cumprir o plantão diário e dar cumprimento às diligências recebidas durante a escala de seu plantão.

§ 1º É vedado lavrar certidões manuscritas.

§ 2º O e-mail institucional do oficial de justiça será disponibilizado na consulta processual realizada no sítio eletrônico do TJDFT. *(Redação dada pelo Provimento 8, de 2016)*

§ 3º Os números dos telefones do Núcleo e dos Postos de Distribuição de Mandados serão divulgados no sítio eletrônico do TJDFT para que as partes e os advogados possam solicitar contato com os oficiais de justiça, caso necessário. *(Incluído pelo Provimento 8, de 2016)*

Art. 176. É proibido ao oficial de justiça receber valores ou vantagens, a qualquer título, para o exercício de suas atribuições.

Seção II
Da Distribuição, do Cumprimento e da Devolução dos Mandados

Art. 177. Os mandados serão distribuídos diariamente, observada a setorização e a equidade entre os oficiais de justiça, bem como a proximidade da data do ato processual ou a urgência da diligência.

Art. 178. Os mandados serão cumpridos e devolvidos no prazo improrrogável de 20 (vinte) dias, a contar da data de distribuição, salvo prazo diverso previsto em lei ou determinado pelo Juiz da causa ou, ainda, quando, por sua natureza, o cumprimento do mandado protrair-se no tempo.

§ 1º Os mandados de citação de réu preso deverão ser cumpridos e devolvidos em até 5 (cinco) dias a contar da sua distribuição.

§ 2º É vedada a devolução dos mandados diretamente nas secretarias das varas.

§ 3º Tratando-se de mandado de intimação para audiência ou leilão, o oficial de justiça deverá devolvê-lo com até 3 (três) dias úteis de antecedência, salvo se cumprido em regime de plantão. *(Redação dada pelo Provimento 1, de 2016)*

§ 4º Se não houver tempo hábil para a devolução do mandado no prazo determinado no parágrafo anterior, o oficial deverá informar à unidade expedidora o resultado da diligência por telefone ou e-mail, fazendo constar tal fato na certidão, bem como o nome e matrícula do servidor contatado.

Os mandados serão distribuídos		- diariamente; - observada a divisão por setores; - observada a equidade entre os oficiais de justiça; - observada a proximidade da data do ato processual; - observada a urgência da diligência.
Os mandados serão cumpridos e devolvidos	Regra	No prazo improrrogável de 20 (vinte) dias, a contar da data de distribuição.
	Exceção	- quando houver prazo diverso previsto em lei; - quando houver prazo diverso determinado pelo Juiz da causa; - quando, por sua natureza, o cumprimento do mandado prolongar-se no tempo.
Mandados de citação de réu preso		Deverão ser cumpridos e devolvidos em até cinco dias a contar da sua distribuição.
É vedada a devolução dos mandados		Diretamente nas secretarias das varas.

Tratando-se de mandado de intimação para audiência ou leilão	O oficial de justiça deverá devolvê-lo com até três dias úteis de antecedência, salvo se cumprido em regime de plantão.
Se não houver tempo hábil para a devolução do mandado no prazo de três dias úteis no caso do item anterior	O oficial deverá informar à unidade expedidora o resultado da diligência por telefone ou e-mail, fazendo constar tal fato na certidão, bem como o nome e matrícula do servidor contatado.

§ 5º Nos casos de ordem de despejo, de reintegração de posse de bem imóvel e de outras congêneres, se ausente o ocupante ou quedando-se inerte quanto à retirada de móveis e utensílios sem valor comercial, cujo estado de conservação seja precário, possibilitando a avaliação como entulho ou sucata, de nenhum valor econômico, o oficial de justiça poderá deixá-los no respectivo imóvel, cientificando o juízo para que determine as providências necessárias. *(Incluído pelo Provimento 16, de 2017)*

Art. 179. Nas comarcas dos municípios contíguos de Valparaíso de Goiás, Novo Gama, Águas Lindas de Goiás, Planaltina de Goiás, Santo Antônio do Descoberto e Cidade Ocidental, os oficiais de justiça deverão cumprir mandados de citação, intimação, notificação, penhora, avaliação e quaisquer outros atos executivos. *(Redação dada pelo Provimento 1, de 2016)*

Parágrafo único. (Revogado pelo Provimento 1, de 2016)

O oficial de justiça poderá	Nos casos de - ordem de despejo; - de reintegração de posse de bem imóvel; e - de outras congêneres	Deixar no respectivo imóvel móveis e utensílios sem valor comercial, cujo estado de conservação seja precário, possibilitando a avaliação como entulho ou sucata, de nenhum valor econômico	se ausente o ocupante do imóvel ou quedando-se este inerte quanto à retirada de tais móveis e utensílios.
Os oficiais de justiça deverão cumprir mandados de citação, intimação, notificação, penhora, avaliação e quaisquer outros atos executivos	Nas comarcas dos municípios contíguos de:	- Valparaíso de Goiás; - Novo Gama; - Águas Lindas de Goiás; - Planaltina de Goiás; - Santo Antônio do Descoberto; e - Cidade Ocidental.	

Art. 180. Os mandados encaminhados pelas secretarias dos juízos em desacordo com este Provimento e com as demais normas legais são passíveis

de devolução, devidamente justificada, atentando-se, em qualquer hipótese, ao prazo hábil para o efetivo cumprimento da diligência.

Art. 181. É vedado ao oficial de justiça devolver mandado sem cumprimento, salvo nas hipóteses excepcionadas neste Provimento.

§ 1º Mandado cumprido é aquele que alcança a finalidade do ato determinado pelo Juiz, produzindo os efeitos processuais pretendidos.

§ 2º Ainda que não atingida a sua finalidade, reputa-se cumprido o mandado nos seguintes casos, desde que esgotados os meios e certificados os atos realizados para o êxito da diligência:

I – se verificada a necessidade de autorização judicial específica para a sua consecução, tais como ordem de arrombamento, horário especial ou força policial;

II – se o destinatário estiver viajando com prazo para retorno desconhecido ou superior a 20 (vinte) dias;

III – se as informações contidas no mandado forem errôneas ou insuficientes para o seu cumprimento;

IV – nas demais circunstâncias que inviabilizem o seu cumprimento.

Art. 182. Somente serão cumpridas diligências nos estabelecimentos prisionais, em horário noturno, quando se cuidar de alvará de soltura, salvo se diversamente ordenar o Juiz.

São passíveis de devolução, devidamente justificada	Os mandados encaminhados pelas secretarias dos juízos em desacordo com o Provimento e com as demais normas legais, atentando-se, em qualquer hipótese, ao prazo hábil para o efetivo cumprimento da diligência.
É vedado ao oficial de justiça	Devolver mandado sem cumprimento, salvo nas hipóteses excepcionadas neste Provimento.
Mandado cumprido é aquele	Que alcança a finalidade do ato determinado pelo Juiz, produzindo os efeitos processuais pretendidos.
Considera-se cumprido o mandado, ainda que não atingida a finalidade e desde que esgotados os meios e certificados os atos realizados para o êxito da diligência	- se verificada a necessidade de autorização judicial específica para a sua consecução, tais como ordem de arrombamento, horário especial ou força policial; - se o destinatário estiver viajando com prazo para retorno desconhecido ou superior a vinte dias; - se as informações contidas no mandado forem errôneas ou insuficientes para o seu cumprimento; - nas demais circunstâncias que inviabilizem o seu cumprimento.
Diligências nos estabelecimentos prisionais, em horário noturno	Somente serão cumpridas quando se cuidar de alvará de soltura, salvo se diversamente ordenar o Juiz.

PROVIMENTO GERAL DA CORREGEDORIA APLICADO AOS JUÍZES E OFÍCIOS JUDICIAIS — ART. 182

PARA PRATICAR

X – (Cespe/TJDFT/Analista Judiciário/Oficial de Justiça Avaliador/2015) Acerca das atribuições do oficial de justiça, julgue os itens a seguir, conforme o Provimento Geral da Corregedoria Aplicado aos Juízes e Ofícios Judiciais.

916. Deverá ser expedida uma via adicional do mandado judicial que implique encaminhamento de bens ao depósito público, a fim de facilitar o controle pelo depositário. ( )

917. Os mandados serão cumpridos pelo oficial de justiça e devolvidos no prazo improrrogável de vinte dias, diretamente nas secretarias das varas, salvo prazo diverso previsto em lei ou fixado pelo juiz. ( )

918. Caso receba indevidamente mandado de outro setor, o oficial de justiça deverá devolvê-lo dentro de vinte e quatro horas. Se não observar o prazo, ficará responsável pelo cumprimento integral do mandado. ( )

919. Proferida sentença pelo juízo criminal, haverá a requisição do réu preso para que dela seja intimado e, caso queira recorrer, para que firme o termo respectivo, podendo, excepcionalmente, a intimação ser feita por intermédio de oficial de justiça. ( )

920. **(Cespe/TJDFT/Segurança e Transporte/2003 – adaptada)** Os mandados judiciais devem ser distribuídos aleatoriamente aos oficiais de justiça-avaliadores, para cumprimento em todo o território da circunscrição, com base na terminação numérica dos processos. ( )

921. **(Cespe/TJDFT/Execução de Mandados/1999 – adaptada)** São funções que o oficial de justiça-avaliador pode desempenhar: funcionar como avaliador de bens e realizar leilões. ( )

922. **(Inédita)** Incumbe ao depositário público proceder à prévia avaliação de bens a serem removidos ao Depósito Público. ( )

923. **(Inédita)** Apreendido bem em dinheiro, o oficial de justiça responsável pelo cumprimento do mandado deverá entregar o numerário imediatamente à secretaria do juízo, a qual ficará responsável pela guarda do bem até a determinação do Juiz. ( )

924. **(Inédita)** Em regra, os mandados serão cumpridos e devolvidos no prazo improrrogável de vinte dias, a contar da data da distribuição. Todavia, no caso de réu preso, o prazo para cumprimento e devolução é de apenas cinco dias. ( )

COMENTÁRIOS

916. (C) O mandado que importe no encaminhamento de bens ao Depósito Público deverá ser expedido com uma via adicional para controle do depositário (art. 73).

917. (E) Os mandados, de fato, serão cumpridos e devolvidos no prazo improrrogável de 20 (vinte) dias, a contar da data de distribuição, salvo prazo diverso previsto em lei ou determinado pelo Juiz da causa ou, ainda, quando, por sua natureza, o cumprimento do mandado protrair-se no tempo (art. 178). Mas é vedada a devolução dos mandados diretamente nas secretarias das varas (art. 178, § 2º).

918. (C) Incumbe ao oficial de justiça devolver, sem cumprimento, no prazo máximo de vinte e quatro horas contadas do recebimento, mandado de outro setor que lhe seja distribuído indevidamente ou, transcorrido esse prazo, cumpri-lo integralmente (art. 175, VIII).

919. (E) O réu preso será intimado das sentenças e dos acórdãos por meio de oficial de justiça, dispensada a requisição (art. 9º). Caso o réu manifeste interesse em recorrer, firmará, no momento da intimação, o termo respectivo (art. 9º, parágrafo único).

920. (E) Os mandados judiciais não são distribuídos aleatoriamente, mas "diariamente, observada a setorização e a equidade entre os oficiais de justiça, bem como a proximidade da data do ato processual ou a urgência da diligência" (art. 177).

921. (C) Incumbe ao oficial de justiça, além de outras atribuições, avaliar bens quando não exigidos conhecimentos técnicos especializados, bem ainda realizar leilões públicos coletivos ou individuais quando não indicado leiloeiro particular (art. 175, III e V).

922. (E) A avaliação de bens removidos ao Depósito Público é atribuição do oficial de justiça e não do depositário público como afirma a questão (art. 175, IV).

923. (E) Os valores provenientes das apreensões em dinheiro deverão ser depositados em banco credenciado, os quais ficarão à disposição do juízo, devendo o oficial de justiça responsável pela apreensão juntar aos autos o respectivo comprovante nas 48 horas subsequentes (art. 175, XII).

924. (C) "Os mandados serão cumpridos e devolvidos no prazo improrrogável de vinte dias, a contar da data de distribuição, salvo prazo diverso previsto em lei ou determinado pelo Juiz da causa ou, ainda, quando, por sua natureza, o cumprimento do mandado protrair-se no tempo". "Os mandados de citação de réu preso deverão ser cumpridos e devolvidos em até 5 (cinco) dias a contar da sua distribuição (art. 177, § 1º)".

Capítulo VII
Do Recolhimento e do Controle das Custas Processuais

Art. 183. O recolhimento das custas processuais no âmbito da Justiça do Distrito Federal e dos Territórios será efetuado de acordo com o disposto neste Provimento e no Decreto-Lei nº 115, de 25 de janeiro de 1967, que dispõe sobre o Regimento de Custas.

O recolhimento das custas processuais no âmbito da Justiça do Distrito Federal e dos Territórios será efetuado de acordo com o disposto	- neste Provimento;
	- no Decreto-Lei nº 115, de 25 de janeiro de 1967, que dispõe sobre o Regimento de Custas.

Art. 184. A cobrança de custas processuais para as ações sujeitas à distribuição, ressalvados os casos legais de isenção, será realizada de acordo com as Tabelas do Regimento de Custas da Justiça do Distrito Federal e dos Territórios, mediante a emissão de Guia de Recolhimento da União – GRU, que compreenderá os itens:

I – custas;

II – mandado;

III – distribuidor;

IV – contabilista-partidor; *(Redação dada pelo Provimento 1, de 2016)*

V – diligência;

VI – ofício de averbação de baixa.

A cobrança de custas processuais para as ações sujeitas à distribuição será realizada	De acordo com as Tabelas do Regimento de Custas da Justiça do Distrito Federal e dos Territórios, mediante a emissão de Guia de Recolhimento da União – GRU, ressalvados os casos legais de isenção.
A cobrança de custas processuais compreenderá	- custas; - mandado; - distribuidor; - contabilista-partidor; - diligência; - ofício de averbação de baixa.

§ 1º O pagamento de outros itens poderá ser exigido quando realizados atos processuais previstos no Regimento de Custas.

§ 2º As despesas processuais originadas da utilização dos serviços dos Correios para a prática de atos processuais serão recolhidas no decurso do processo e nas custas finais, de acordo com as tarifas da Empresa Brasileira de Correios e Telégrafos – ECT.

§ 3º O pedido de cumprimento de sentença, a reconvenção e a intervenção de terceiros sujeitam-se ao recolhimento de custas processuais. *(Redação dada pelo Provimento 1, de 2016)*

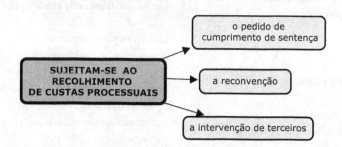

§ 4º As Tabelas do Regimento de Custas da Justiça do Distrito Federal e dos Territórios ficarão disponíveis para consulta dos interessados no site do Tribunal – www.tjdft.jus.br.

§ 5º A carta arbitral cumprida será devolvida ao juízo arbitral após o pagamento das custas pela parte. *(Incluído pelo Provimento 1, de 2016)*

Pagamento de outros itens	Poderá ser exigido quando realizados atos processuais previstos no Regimento de Custas.
Despesas processuais originadas da utilização dos serviços dos Correios para a prática de atos processuais	Serão recolhidas no decurso do processo e nas custas finais, de acordo com as tarifas da Empresa Brasileira de Correios e Telégrafos – ECT.
Ficarão disponíveis para consulta dos interessados no site do Tribunal – www.tjdft.jus.br.	As Tabelas do Regimento de Custas da Justiça do Distrito Federal e dos Territórios.
A carta arbitral cumprida	Será devolvida ao juízo arbitral após o pagamento das custas pela parte

Art. 185. São isentos do recolhimento de custas processuais:

I – o Distrito Federal e suas autarquias e fundações;

II – o Ministério Público;

III – os beneficiários de justiça gratuita.

Art. 186. Não há incidência de custas processuais:

I – nas ações populares;
II – nas ações civis públicas;
III – nas ações coletivas de que trata o Código de Defesa do Consumidor, ressalvada a hipótese de litigância de má-fé;
IV – no habeas corpus e no habeas data;
V – nas ações de competência das Varas da Infância e da Juventude, quando figurarem crianças ou adolescentes no polo ativo ou no passivo.

São isentos do recolhimento de custas processuais	Não há incidência de custas processuais
- o Distrito Federal e suas autarquias e fundações; - o Ministério Público; - os beneficiários de justiça gratuita.	- nas ações populares; - nas ações civis públicas; - nas ações coletivas de que trata o Código de Defesa do Consumidor, ressalvada a hipótese de litigância de má-fé; - no *habeas corpus* e no *habeas data*; - nas ações de competência das Varas da Infância e da Juventude, quando figurarem crianças ou adolescentes no polo ativo ou no passivo.

Nota: A **isenção de custas** e a **não incidência de custas**, embora produzam o mesmo efeito de dispensar o pagamento de custas processuais, têm naturezas distintas. No caso de **isenção**, é prevista a cobrança das custas, mas a lei dispensa o pagamento para algumas pessoas ou entes públicos. No caso de **não incidência**, é vedada a cobrança das custas, ou seja, a lei desautoriza a cobrança delas em algumas ações e incidentes, independentemente de quem seja a parte litigante.

Art. 187. As guias para recolhimento das custas processuais no âmbito da Justiça do Distrito Federal e dos Territórios serão emitidas exclusivamente por meio eletrônico, utilizando-se o sistema disponível no site www.tjdft.jus.br, no formato de Guia de Recolhimento da União – GRU.

Art. 188. A responsabilidade pelas informações inseridas no sistema de emissão de guias de custas processuais é do interessado.

Art. 189. As custas processuais recolhidas em desconformidade com este Provimento, com as Tabelas do Regimento de Custas da Justiça do Distrito Federal e dos Territórios e com os demais atos normativos referentes ao tema poderão ser restituídas mediante requerimento de devolução.

Art. 190. As guias para recolhimento de custas processuais intermediárias, finais e para a retirada de bens do Depósito Público estarão disponíveis para emissão no site do Tribunal, após o lançamento dos cálculos no sistema.

As guias para recolhimento das custas processuais no âmbito da Justiça do Distrito Federal e dos Territórios serão emitidas	Exclusivamente por meio eletrônico, utilizando-se o sistema disponível no site www.tjdft.jus.br, no formato de Guia de Recolhimento da União – GRU.
É da responsabilidade do interessado	As informações inseridas no sistema de emissão de guias de custas processuais.
Poderão ser restituídas mediante requerimento de devolução as custas processuais recolhidas em desconformidade	- com este Provimento; - com as Tabelas do Regimento de Custas da Justiça do Distrito Federal e dos Territórios; e - com os demais atos normativos referentes ao tema.
Estarão disponíveis para emissão no site do Tribunal, após o lançamento dos cálculos no sistema	As guias para recolhimento de - custas processuais intermediárias; - custas finais; e - para a retirada de bens do Depósito Público.

Art. 191. As custas processuais serão recolhidas em qualquer instituição financeira ou correspondentes bancários.

Parágrafo único. O recolhimento das custas processuais não poderá ser realizado diretamente na secretaria da vara ou por meio de cheque.

Art. 192. O interessado apresentará guia que contém as informações processuais, fazendo prova do recolhimento das custas processuais mediante apresentação de um dos seguintes documentos:

I – do original da guia autenticada mecanicamente;

II – do original do comprovante de pagamento emitido pela instituição financeira ou correspondente bancário;

III – do comprovante de pagamento impresso via internet.

§ 1º A guia apresentada deverá ser anexada ao processo com o respectivo comprovante de pagamento.

§ 2º No caso de extravio do comprovante, o pagamento poderá ser demonstrado mediante certidão emitida pela unidade responsável pelo controle das custas e depósitos judiciais, a pedido do interessado.

§ 3º Não será aceito comprovante de agendamento.

§ 4º Realizada a distribuição sem prévio recolhimento das custas processuais, a guia e o respectivo comprovante de pagamento deverão ser apresentados pelo interessado diretamente às varas, que procederão à vinculação da guia ao processo, utilizando o sistema informatizado do Tribunal.

§ 5º A unidade responsável pelo controle das custas e depósitos judiciais informará às serventias judiciais o eventual recolhimento de custas processuais em valor inferior ao discriminado na guia.

As custas processuais serão recolhidas	Em qualquer instituição financeira ou correspondentes bancários.
O recolhimento das custas processuais não poderá ser realizado	- diretamente na secretaria da vara; - por meio de cheque.
A prova do recolhimento das custas processuais é feita mediante apresentação de um dos seguintes documentos	- do original da guia autenticada mecanicamente; - do original do comprovante de pagamento emitido pela instituição financeira ou correspondente bancário; - do comprovante de pagamento impresso via internet.
A guia apresentada pelo interessado	- deverá conter as informações processuais; - deverá ser anexada ao processo com o respectivo comprovante de pagamento..
No caso de extravio do comprovante	O pagamento poderá ser demonstrado mediante certidão emitida pela unidade responsável pelo controle das custas e depósitos judiciais, a pedido do interessado.
Não será aceito como prova de pagamento	O comprovante de agendamento.
Se o processo for distribuído sem prévio recolhimento das custas processuais	A guia e o respectivo comprovante de pagamento deverão ser apresentados pelo interessado diretamente às varas, que procederão à vinculação da guia ao processo, utilizando o sistema informatizado do Tribunal.
Se as custas processuais forem pagas em valor inferior ao discriminado na guia	A unidade responsável pelo controle das custas e depósitos judiciais informará o fato às serventias judiciais.

Art. 193. Verificada a impossibilidade de emissão da guia em razão da indisponibilidade do sistema no último dia do prazo processual, a unidade responsável pelo controle das custas e depósitos judiciais emitirá certidão mediante solicitação do interessado, que deverá realizar o pagamento no primeiro dia útil subsequente.

Art. 194. A guia para recolhimento de custas processuais terá validade para pagamento de 10 (dez) dias corridos, contados da data de emissão.

§ 1º A guia emitida a partir de 21 de dezembro terá validade para pagamento limitada ao último dia útil do exercício.

§ 2º As guias destinadas à interposição de recurso e à retirada de bens do Depósito Público terão data de vencimento igual à data de emissão.

§ 3º O cálculo das custas processuais referentes aos bens retirados do depósito público será efetuado com base no período de permanência e no valor de avaliação dos bens.

§ 4º A guia com vencimento em feriado ou fim de semana deverá ser paga no primeiro dia útil subsequente.

§ 5º A guia de custas processuais somente será aceita se o valor pago corresponder ao da tabela vigente no momento da sua apresentação.

§ 6º O valor da autenticação de documentos será calculado com base no inciso XX, da Seção 1, da Tabela G, do Decreto-Lei nº 115, de 25 de janeiro de 1967.

Se impossibilitada a emissão da guia em razão da indisponibilidade do sistema no último dia do prazo processual	A unidade responsável pelo controle das custas e depósitos judiciais emitirá certidão mediante solicitação do interessado, que deverá realizar o pagamento no primeiro dia útil subsequente.
Prazo de validade para pagamento da guia de recolhimento de custas processuais	Dez dias corridos, contados da data de emissão.
A guia emitida a partir de 21 de dezembro	Terá validade para pagamento limitada ao último dia útil do exercício.
Vencerão na mesma data de emissão	- As guias destinadas à interposição de recurso; - As guias destinadas à retirada de bens do Depósito Público.
O cálculo das custas processuais referentes aos bens retirados do depósito público será efetuado	- com base no período de permanência; - com base no valor de avaliação dos bens.
A guia com vencimento em feriado ou fim de semana	Deverá ser paga no primeiro dia útil subsequente.
Somente será aceita a guia de custas processuais	Se o valor pago corresponder ao da tabela vigente no momento da sua apresentação.
O valor da autenticação de documentos será calculado	Com base no inciso XX, da Seção 1, da Tabela G, do Decreto-Lei nº 115, de 25 de janeiro de 1967.

Art. 195. Será cabível a devolução de custas processuais em caso de:

I – desistência do ajuizamento da ação ou da interposição do recurso;

II – recolhimento indevido decorrente de erro na emissão da guia;

III – recolhimento em duplicidade;

IV – concessão de gratuidade de justiça;

V – determinação judicial ou administrativa.

Art. 196. O valor da guia das custas processuais será devolvido em sua integralidade, vedada qualquer compensação com débitos existentes no processo.

Art. 197. O direito à devolução das custas processuais prescreve em 5 (cinco) anos contados da data do recolhimento.

Será cabível a devolução de custas processuais em caso de	- desistência do ajuizamento da ação ou da interposição do recurso; - recolhimento indevido decorrente de erro na emissão da guia; - recolhimento em duplicidade; - concessão de gratuidade de justiça; - determinação judicial ou administrativa.
O valor da guia das custas processuais	Será devolvido em sua integralidade, vedada qualquer compensação com débitos existentes no processo.
Prescreve em cinco anos contados da data do recolhimento	O direito à devolução das custas processuais.

PARA PRATICAR

925. **(Inédita)** O autor da ação popular não se sujeita ao pagamento de custas. ( )

926. **(Inédita)** O pedido de cumprimento de sentença, por constituir uma fase do processo de conhecimento, não se sujeita ao recolhimento de custas processuais. ( )

927. **(Inédita)** São isentos do pagamento de custas o Distrito Federal, suas autarquias e fundações, o Ministério Público e a Ordem dos Advogados do Brasil. ( )

928. **(Inédita)** Se a parte interpuser apelação e, ato contínuo, vier a desistir do recurso, ser-lhe-ão devolvidas as custas processuais. ( )

929. **(Inédita)** A guia para recolhimento de custas processuais terá validade para pagamento de 30 (trinta) dias corridos, contados da data de emissão. ( )

930. Considere por hipótese que João Carlos é réu em uma ação de cobrança ajuizada por Mário Sérgio e pretenda apresentar reconvenção. Neste caso, é correto afirmar que terá que efetuar o pagamento de custas processuais, pois a reconvenção está sujeita ao recolhimento delas. ( )

COMENTÁRIOS

925. (C) Não há incidência de custas processuais nas ações populares, e ainda nas ações civis públicas, nas ações coletivas de que trata o Código de Defesa do Consumidor, ressalvada a litigância de má-fé, no habeas corpus e no habeas data e nas ações de competência das Varas da Infância e da Juventude, quando figurarem crianças ou adolescentes no polo ativo ou no passivo (art. 186).

926. (E) O pedido para cumprimento de sentença sujeita-se ao recolhimento de custas processuais, assim como a reconvenção e a intervenção de terceiros (art. 184, § 3º).

927. (E) A OAB não se insere na lista de beneficiários da isenção de custas. São isentos do pagamento de custas o Distrito Federal, suas autarquias e fundações, o Ministério Público e as partes beneficiárias da justiça gratuita (art. 185).

928. (C) Será cabível a devolução de custas processuais em caso de desistência do ajuizamento da ação ou da interposição do recurso (art. 195, I). Além dessas hipóteses, também serão devolvidas as custas no caso de recolhimento indevido decorrente de erro na emissão da guia; recolhimento em duplicidade; concessão de gratuidade de justiça; e determinação judicial ou administrativa (art. 195, II a V).

929. (E) A guia para recolhimento de custas processuais terá validade para pagamento de dez dias corridos, contados da data de emissão, e não de trinta dias, conforme afirma a questão (art. 194).

930. (C) A reconvenção, assim como a intervenção de terceiros e o pedido de cumprimento de sentença, sujeitam-se ao recolhimento de custas processuais (184, § 4º).

TÍTULO V
DISPOSIÇÕES FINAIS E TRANSITÓRIAS

Art. 198. Não é necessária a reautuação dos feitos em que houve a alteração da cor da capa dos autos em razão deste Provimento.

Art. 199. Revoga-se o Provimento Geral da Corregedoria aplicado aos Juízes e Ofícios Judiciais, publicado no Diário da Justiça de 04 de janeiro de 2008, e disposições em contrário.

Art. 200. Este Provimento entra em vigor 30 (trinta) dias após a data da sua publicação.

REFERÊNCIAS

ASSOCIAÇÃO BRASILEIRA DE NORMAS TÉCNICAS NBR-6028: resumos. Rio de Janeiro: ABNT, 1990.

ALMEIDA, Napoleão Mendes. *Gramática Metódica da Língua Portuguesa*. 46. ed. São Paulo: Saraiva, 2009.

ALVIM, Ana Virgínia Christofoli. *Elaboração de Ementas*. Artigo extraído do portal www.prg.df.gov.br/sites/200/253/centro_estudos/.../ice_03_2003.doc.

AQUINO, Renato e DOUGLAS, William. *Manual de Português e Redação Jurídica*. 5. ed. Rio de Janeiro: Impetus, 2014.

BITTAR, Eduardo C. B. *Linguagem Jurídica: semiótica, discurso e direito*. 6. ed. São Paulo: Saraiva, 2015.

BUENO, Cassio Scarpinella. *Novo Código de Processo Civil anotado*. São Paulo: Saraiva, 2015.

CAPEZ, Fernando. *Curso de Direito Penal*: parte geral. 21. ed. São Paulo: Saraiva, 2017.

CAPEZ, Fernando. *Curso de Processo Penal*. 25. ed. São Paulo: Saraiva, 2018.

COSTA NETO, Raimundo Silvino e RODRIGUES, Rodrigo Cordeiro de Souza. *Sentença Cível*. Estrutura e técnicas de elaboração. 2. ed. São Paulo: Método 2016.

DIDIER JR., Fredie. *Curso de Direito Processual Civil*. 19. ed. Salvador: JusPodivm, 2017. v. 1, 2, 3 e 4.

DIDIER JR., Fredie. *Sentença constitutiva e execução forçada*. Artigo extraído do portal www.frediedidier.com.br.

DINIZ, Maria Helena. *Dicionário Jurídico Universitário*. São Paulo, Saraiva, 2017.

DONIZETTI, Elpídio. *Novo Código de Processo Civil comparado*. São Paulo: Atlas, 2015.

JESUS, Damásio de. *Código Penal anotado*. 23. ed. São Paulo: Saraiva, 2016.

MAGRI, Wallace. *Redação Forense*. OAB 2ª Fase. Rio de Janeiro: Brasil Jurídico, 2017. v. 1.

MANUAL DE REDAÇÃO DA PRESIDÊNCIA DA REPÚBLICA – Planalto. Texto com as alterações promovidas pelo Decreto 9.758/2019.

MARINONI, Luiz Guilherme; ARENHART, Sérgio Cruz; MITIDIERO, Daniel. *Novo Código de Processo Civil comentado*. São Paulo: Ed. RT, 2015.

MOREIRA, José Carlos Barbosa. *Comentários ao Código de Processo Civil*. 14. ed. Rio de Janeiro: Forense, 2008. v. V.

NEVES, Daniel Amorim Assumpção. *Manual de Direito Processual Civil*. 8. ed. Salvador, Jus Podivm, 2016. Volume único.

NEGRÃO, Theotônio. *Código de Processo Civil e legislação processual em vigor*. 47. ed. São Paulo: Saraiva, 2016.

NUCCI. Guilherme de Souza. *Código de Processo Penal comentado*. 1. ed. rev. e atual. São Paulo: Forense, 2017.

NUCCI. Guilherme de Souza. *Manual de Direito Penal*. 14. ed. Rio de Janeiro: Gen – Forense, 2018.

NUCCI. Guilherme de Souza. *Leis Penais e Processuais Penais comentadas*. 7. ed. São Paulo: Ed. RT, 2013.

OLIVEIRA, Eugênio Pacelli de. *Curso de Processo Penal*. 2.ª ed. São Paulo: Saraiva, 2017.

PAIVA, Marcelo. *Português jurídico*. Brasília, Alumnus, 2012.

RODRIGUEZ, Víctor Gabriel. *Argumentação jurídica*. Técnicas de persuasão e lógica informal. 4. ed. São Paulo: Martins Fontes, 2005.

SABBAG, Eduardo. *Manual de Português jurídico*. 8. ed. São Paulo: Saraiva, 2014.

SIDOU, J. M. OTHON. *Dicionário Jurídico*. 11. ed. Rio de Janeiro: Forense, 2016.

SILVA, De Plácido e. *Vocabulário jurídico*. Rio de Janeiro: Forense, 1989.

SOUZA, Bernardo Pimentel. *Introdução aos recursos cíveis e à ação rescisória*. 5. ed. São Paulo: Saraiva, 2008.

TOURINHO FILHO, Fernando da Costa. *Manual de Processo Penal*. 17. ed. São Paulo: Saraiva, 2017.

TOURINHO FILHO, Fernando da Costa. *Código de Processo Penal comentado*. 15. ed. São Paulo: Saraiva, 2014. v. 1 e 2.

ZAVASCKI, Teori Albino. *Sentenças declaratórias, sentenças condenatórias e eficácia executiva dos julgados*. Artigo extraído do portal www.buscalegis.ufsc.br – JusPodivm.